인간은 생명의 유한성을 자각하는 존재로, 모든 인간은 자신이 언젠가는 죽는다는 사실을 알고 있다. 이처럼 생명에 죽음이라는 한계가 있다는 것이 바로 생명의 유한성이고, 모두들 자신의 죽음을 예상하고 있기 때문에 모든 인간은 생명의 유한성을 자각하고 있다고 할 수 있다. 이러한 생명의 유한성에 대한 자각으로 많은 철학자들은 죽음의 윤리적 의미를 탐구해 왔다. 크게 서양 철학에서의 죽음의 윤리적 의미와 동양 철학에서의 죽음의 윤리적 의미를 나눠서 볼 수 있다.

자료로 확인하기 　동서양 윤리 사상의 죽음에 대한 입장

- 삶은 육체 안에 갇힌 영혼의 감금 생활이요, 죽음은 육체로부터 영혼의 해방이자 분리이다. — 플라톤, "파이돈"

- 죽음은 사실 우리에게 아무것도 아니다. 우리가 살아 있는 한 죽음은 우리와 함께 있지 않으며, 죽음에 이르면 우리는 존재하지 않는다. 죽음은 산 사람이나 죽은 사람 모두와 아무런 상관이 없다. — 에피쿠로스, "쾌락"

- 미리 달려가 봄은 가장 고유한 극단적인 존재 가능을 이해할 수 있는 가능성, 다시 말해서 '본래적 실존'의 가능성임이 입증된다. — 하이데거

- 기가 변해서 형체가 생기며, 형체가 변해서 생명을 갖추게 된다. 이제 다시 생명이 죽음으로 변한 것뿐이다. 마치 춘하추동이 서로 되풀이하여 운행함과 같다. — 장자, "장자"

- 전생에 뿌려진 씨앗은 이번 생에 받는 것이고, 다음 생에 거둘 열매는 이번 생에 행하는 바로 그것이다. — 불전간행회, "과거현재인과경"

하이데거는 죽음은 인간과 함께 있고, 현존재인 인간은 죽음을 주체적으로 받아들일 수 있다고 보았다. 죽음 앞으로 미리 달려가 보는 것은 인간이 자신에게 다가올 죽음을 자각하는 것을 의미하며, 이로써 삶을 더 가치 있고 충실하게 살 수 있게 한다. 이처럼 서양 철학에서는 죽음을 두려워하는 삶을 살기보다는 긍정적이고 이성적인 삶을 살아갈 것을 강조하였다. 한편 동양 사상 중 유교에서는 죽음을 인간의 삶에서 필연적으로 일어나는 자연스러운 일로 받아들였으며, 그래서 죽음보다는 도덕적으로 실천하는 삶을 더욱 중시하였다. 불교에서는 죽음을 인과응보의 윤회로 설명하였으며, 도가에서는 삶을 기(氣)가 모인 것으로, 죽음을 기가 흩어지는 것으로 보았다. 도가에서는 삶과 죽음도 자연적이고 필연적인 것으로 보아, 슬퍼할 이유가 없다고 주장하였다.

문제로 확인하기 　장자와 에피쿠로스의 죽음에 대한 입장

【제시문 분석】

> 갑 : 진인(眞人)은 분별심으로 도를 버리지 않고, 인위로 자연을 돕지 않는다. 자연은 삶을 주어 수고하게 하고, 죽음을 주어 쉬게 한다.
> 을 : 현자(賢者)는 죽음을 두려워하지 않는다. 삶이 해를 주는 것도 아니고, 죽음도 악으로 생각되지 않기 때문이다. 그는 긴 삶이 아니라 즐거운 시간을 향유하려고 노력한다.

　갑은 도가 사상가인 장자이다. 장자는 기가 자연스럽게 모이고 흩어지는 것을 삶과 죽음이라고 보았다. 인위적으로 조절하는 것이 아니라, 사계절이 변화하듯이 자연스럽게 변화하는 것이 곧 생사라고 보는 입장이다. 장자는 죽음은 자연스럽고 필연적인 과정이므로 죽음을 슬퍼하거나 삶에 집착하지 말 것을 강조하였다.
　을은 에피쿠로스이다. 에피쿠로스는 죽음은 원자가 흩어지는 것으로, 인간은 죽음을 경험할 수 없으므로 죽음을 두려워할 필요가 없다고 보았다.

【선지 분석】

> ① 갑 : 삶과 죽음은 사계절의 운행처럼 필연적인 과정이다. (O)
> ② 갑 : 삶과 죽음의 분별에서 벗어나야 도에 일치할 수 있다. (O)
> ③ 을 : 죽음을 통해 인간의 쾌락과 고통의 감각이 소멸된다. (O)
> ④ 을 : 불멸에 대한 욕망에서 벗어날 근거는 내세의 행복에 있다. (×)
> ⑤ 갑, 을 : 이상적 인간은 죽음을 두려움의 대상으로 보지 않는다. (O)

④ 에피쿠로스는 죽음을 맞이하게 되면 인간의 육체와 영혼이 해체되어 사라지기 때문에 어떠한 것도 느끼거나 생각할 수 없게 된다고 보았다. 따라서 현재 삶 이후에 내세가 존재한다고 믿지 않았다.

개인 윤리와 사회 윤리

현대 사회에서는 개인 윤리만으로 해결하기 어려운 윤리 문제가 발생하고 있다. 예를 들어 사회 계층 간의 갈등, 빈부 격차, 인종 차별, 부정부패 등과 같은 사회 문제는 개인의 양심이나 도덕성 회복만으로는 해결하기 어렵다. 이에 사회 구조와 제도 차원에서 이러한 문제에 접근하여 해결하고자 하는 도덕규범으로서의 사회 윤리가 더욱 강조되고 있다.

니부어의 사회 윤리

사회 윤리를 강조한 니부어는 **도덕적인 개인이라도 비도덕적인 사회에서는 비도덕적인 행동을 하기 쉽다**고 보았다. 이에 그는 정의를 사회의 도덕적 이상으로 제시하며 사회 구조나 제도의 도덕성에 관하여 관심을 기울일 필요가 있다고 주장하였다. 니부어는 개인의 도덕적 행위가 집단의 도덕성을 결정하지 못하며, 오히려 사회 집단의 구조와 제도가 개인 행위의 도덕성을 결정한다고 보았다. 니부어는 "도덕적 인간과 비도덕적 사회"를 통해 '개인적으로는 도덕적인 사람도 사회 내의 어느 집단에 속하게 되면 집단 이기주의로 변한다.'라고 주장하였다. 이는 개인이 아무리 도덕적으로 살고자 노력해도, 그 사회의 구조나 제도가 도덕적이지 않다면 개인의 노력이 무용지물이 된다는 뜻이다. 하지만 개인 윤리를 완전히 부정한 것은 아니며, 아무리 개인이 집단의 영향 아래에 있다고 하더라도 개인들이 자신의 도덕성을 유지하려는 자율적은 노력을 계속해야 한다는 점을 강조하였다.

자료로 확인하기　니부어의 사회 윤리

사회를 중심에 놓고 보면 최고의 도덕적 이상은 정의이고, 개인을 중심에 놓고 보면 최고의 도덕적 이상은 이타성이다. 사회는 여러 면에서 어쩔 수 없이 이기심, 반항, 강제력, 원한과 같이 도덕성이 높은 사람들로부터 전혀 도덕적 승인을 얻어낼 수 없는 방법을 사용하게 될지라도 궁극적으로 정의를 추구해야 한다. …… 정의를 달성하기 위한 비합리적인 수단은 도덕적 선의지의 통제를 받지 않는 한, 사회에 엄청난 위험을 가할 수 있다.

– 니부어, "도덕적 인간과 비도덕적 사회"

니부어는 개인의 도덕성에 비해 사회의 도덕성이 현저하게 떨어진다고 하면서 개인의 도덕성과 사회의 도덕성을 구분할 필요가 있다고 보았다. 그는 정의로운 사회가 되기 위해서는 개인의 도덕성을 기르는 것뿐만 아니라 사회의 비합리적인 수단을 동원해서라도 사회 부정의를 바로잡는 것이 필요하다고 주장하였다.

문제로 확인하기　니부어의 사회 윤리

【제시문 분석】

인간은 완전히 이성적일 수는 없다. 우리가 개인 생활에서 집단생활로 진행해 갈 경우, 충동을 제어할 수 있는 이성의 비중은 점점 줄어든다. 왜냐하면 집단 간의 공동의 지성은 항상 불완전하고 일시적이며, 집단은 그것을 맹목적이게 만드는 충동에 의지해 있기 때문이다.

〈문제 상황〉

A는 현대 사회에서 집단 이기주의가 만연하고 집단 간 갈등이 고조되고 있다는 사실을 알게 되었다. 그래서 A는 이런 문제의 발생 원인과 그 해결 방안에 대해 고민하고 있다.

제시문은 '개인에서 집단으로 진행해 갈 경우 충동을 제어할 수 있는 이성의 비중은 점점 줄어든다.'고 주장하고 있으므로 개인보다 집단의 도덕성이 떨어진다고 본 사회 윤리 사상가인 니부어의 입장이다.

【선지 분석】

ㄱ. 선의지의 통제를 받는 비합리적 수단의 필요성을 깨달으렴. (○)

ㄴ. 사회 갈등이 집단 간 권력 불균형에 의해 지속됨을 깨달으렴. (○)

ㄷ. 집단이 커질수록 도덕적 목적 실현이 수월해짐을 깨달으렴. (×)

ㄹ. 도덕적 설득과 정치적 강제력이 병행되어야 함을 깨달으렴. (○)

니부어에 의하면, 집단은 충동적이고 이기적으로 자신의 집단만의 이익을 추구하게 되는데, 각 집단 간 힘의 불균형으로 인해 사회 갈등이 발생하는 것이다. 니부어는 이러한 집단 이기주의 문제를 해결하기 위해서는 선의지의 통제를 받는 비합리적 수단, 즉 개인의 양심과 도덕적 성품 함양 등과 같은 개인 윤리적 측면과 함께 강제성을 띤 사회 제도 및 정책의 개선 등 사회 윤리적 측면의 노력이 동시에 필요함을 강조하였다.

ㄷ. 집단이 커질수록 맹목적 충동 또한 커지므로 도덕적 목적 실현은 더 어려워질 것이다.

롤스는 절차적 공정성이라는 개념을 주장했는데, 이는 공정한 절차가 있어서 그 절차만 제대로 따른다면, 그 내용에 상관없이 결과도 바르고 공정하게 된다는 의미이다. 즉, 분배 방식을 결정하는 논의의 절차와 원칙이 합리적으로 공정하게 마련되고 지켜졌는지가 중요한 것이다. 롤스는 이와 같은 절차적 공정성이 모든 사람이 합의할 수 있는 정의로움의 토대가 될 것이라고 주장하였다.

무지의 베일

롤스는 인간은 자신의 이익에는 관심이 있지만 상호 무관심한 합리적 행위자라고 보았다. 인간은 자신의 이익이 극대화되기를 바라는 존재이며 이를 위해 합리적인 선택을 할 수 있는 행위자이다. 하지만 자신이 아닌 타인에 대해서는 관심을 갖지 않는 행위자이기도 하다. 그런데 이러한 가정을 유지하면, 사람들은 자신의 천부적인 재능과 능력, 집안의 부유함 등을 알고 있기 때문에 사회적 약자에게 아무런 배려도 하지 않는 것이 자신에게는 더 큰 이익이 될 수 있다는 결정을 내릴 수 있다. 이렇게 사회적 약자에 대한 배려가 없는 상황에서는 정의로운 사회 형성에 필수적인 사회 구성원의 합의를 이끌어낼 수 없다. 이에 따라 롤스는 '무지의 베일'을 전제한다. 천부적인 재능과 능력, 집안의 부유함 등은 사회적·자연적 우연성의 결과로서 생겨나는 것이다. 우연히 얻게 된 것이니, 이를 배제한 상태에서 정의의 원칙을 선택해야 하는 것이다. 롤스는 사회적·자연적 우연성의 결과를 배제하기 위해 무지의 베일을 드리우고 사람들을 원초적 상황에 놓이게 해야 한다고 보았다. 사람들이 자신의 신분, 사회적 지위, 능력 등과 같은 자신의 지위에 영향을 미칠 수 있는 요인들을 전혀 모르게 하는 인위적 장치인 무지의 베일에 둘러싸여 있는 원초적 상황을 가정한 것이다. 사람들은 이 원초적 상황에서 자신이 사회에서 가장 열악한 상황에 놓일 가능성을 염두에 두고, 자신의 사회적 이익을 늘릴 방법을 고려할 것이다. 결국 무지의 베일을 드리운 원초적 상황에 놓인 사람들은 사회적 약자에 대한 양보와 배려에 대하여 약속하게 되는 결과를 만들어 내게 되고, 이는 롤스가 말한 정의로운 사회의 토대가 되는 것이다.

자료로 확인하기　**롤스의 절차적 정의의 원칙**

　　원초적 입장에서 채택되리라고 생각되는 정의의 두 원칙은 다음과 같다. 첫째, 모든 사람은 다른 사람들의 유사한 자유와 양립할 수 있는 가장 광범위한 기본적 자유에 대하여 동등한 권리를 가져야 한다. 둘째, 사회적·경제적 불평등은 다음 두 조건을 만족시키도록 조정되어야 한다. ⓐ 그 불평등이 모든 사람에게, 특히 최소 수혜자에게 최대의 이익이 되리라는 것이 합당하게 기대되고 ⓑ 그 불평등이 모든 사람에게 개방된 직위와 직책에 결부되어야 한다. 일반적으로 말하자면 이들 원칙은 1차적으로 사회의 기본 구조에 적용된다. 이들 원칙은 의무와 권리의 할당을 규제하고 사회적·경제적 이익의 배분을 규제한다.

– 롤스, "정의론"

롤스는 사람들이 무지의 베일에 싸여있는 원초적 상황에 놓인다면, 그 누구에게도 손해가 되지 않는 원칙을 선택하게 될 것이라고 생각하였다. 제1원칙 평등한 자유의 원칙은 모든 사람이 자유를 가져야 한다는 것으로, 기본적 자유의 평등한 분배에 대한 원칙이다. 이때 평등한 자유의 원칙의 대상이 되는 기본적 자유로는, 투표권과 공직에 대한 피선거권과 같은 정치적 자유, 언론과 집회의 자유, 신체적 자유, 법적으로 정당한 이유가 없는 한 체포나 구금을 거부할 수 있는 자유 등이 있다. 롤스는 이러한 기본적 자유에 대한 평등한 분배를 제1원칙을 통해 요구하였다. 그리고 정의의 원칙들 중에서 평등한 자유의 원칙이 가장 우선적으로 지켜져야 한다고 보았다.

제2원칙 사회적·경제적 불평등의 원칙은 사회적·경제적 불평등은 차등의 원칙과 기회균등의 원칙을 충족시킬 경우에만 허용될 수 있다는 원칙이다. 기회균등의 원칙은 불평등의 근원이 되는 사회적 지위 혹은 직무에 접근할 수 있는 기회가 모두에게 동등해야 한다는 것이다. 예를 들어, 국회의원이라는 지위에 접근할 수 있는 기회는 모든 사람에게 동등하게 주어져야 한다는 것이다. 차등의 원칙은 사회적·경제적 불평등은 최소 수혜자에게 최대 이익이 될 때만 허용될 수 있다는 것이다. 사람들은 무지의 베일에 싸인 원초적 상황에 놓여 있기 때문에 자신이 최악의 상황에 놓일 것을 가정하고 행동하게 된다. 롤스는 대부분의 사람들이 모험을 기피하는 성질을 갖고 있기 때문에, 자신의 이익을 최대화하는 대신 손해를 감소하는 방향으로 행동하게 된다고 보았다. 그것이 가장 합리적인 선택이라고 생각하기 때문이다. 즉, 최소 수혜자들의 이익을 위해서는 차등을 허용한다는 것이 가장 합리적인 선택이라고 주장하는 것이다.

롤스는 개인의 재능이나 능력에 따라 자연적으로 야기될 수밖에 없는 불평등을 어느 정도 감소시키기 위해 노력하는 것이 정의로운 사회 구축의 일환이라고 보았다. 따라서 롤스는 개인들의 타고난 재능이나 능력을 사회 공동의 자산으로 간주해야 한다고 주장한다.

법에 의한 처벌을 정당화하는 입장은 크게 **응보주의적 관점**과 **공리주의적 관점**으로 나누어 볼 수 있다.

응보주의적 관점에서는 처벌이 범죄자의 사악한 행위를 '되갚는' 방법이므로 정당하다고 보고, **처벌의 본질을 범죄 행위에 상응하는 처벌을 가하는 것**이라고 여긴다. 죄를 저질렀으면 그에 따른 처벌을 받는 것이 마땅하다는 입장이다. 처벌은 다른 목적이 있는 것이 아니라 범죄자에게 고통을 주는 처벌 그 자체가 목적이다. 하지만 이러한 관점은 처벌 그 자체를 목적으로 하기 때문에 범죄 예방에 도움이 되지 못한다는 문제점이 있다. 또한 처벌 과정에서 비용도 많이 들고, 전과자의 사회 적응을 어렵게 한다는 문제도 있다. 응보주의적 관점의 대표적인 사상가에는 칸트, 루소가 있다.

자료로 확인하기　사형 제도 찬성 : 루소, 칸트

- 모든 인간은 살인자에게 희생될 수 없다. 그렇기 때문에 살인자가 된다는 것은 자신이 죽임을 당해도 좋다고 동의한 것이라고 할 수 있다. 사회계약은 생명을 처분하기 위한 것이 아니라 생명을 보전하기 위한 것이다. 시민은 국가에게 생명 박탈의 권리를 양도했기 때문에 국가는 시민을 사형에 처할 권리가 있다.

  – 루소, "사회 계약론"

- 살인범은 반드시 죽어야만 한다. 정의를 실현하기 위해서는 다른 벌로 대체할 수 없다. 아무리 비참하더라도 삶은 죽음과 다르기 때문에 범죄에 응당한 벌을 받으려면 가해자는 사형당해야만 한다.

  – 칸트, "도덕 형이상학"

사실 사형 제도를 폐지하자는 주장은 인간의 기본권과 생명권 보장을 주장했던 계몽주의에서 기원을 찾을 수 있다. 하지만 실제로 인간 존엄성을 강조한 대표적 학자인 루소와 칸트는 사형 제도 폐지를 주장하지 않았다. 이들은 타인의 기본적 인권인 생명권을 침해한 살인범의 생명권도 마찬가지로 박탈당해야 한다고 보는 응보적 관점을 가지고 있었기 때문에 사형 제도를 지지하는 입장을 보였다.

공리주의적 관점에서는 사회 전체에 행복을 증진시키는 결과를 가져오는 행위를 바람직하다고 본다. 따라서 **처벌 역시 그 자체가 목적이 아니라 사회의 이익을 증진하기 위한 수단으로 간주**한다. 이 관점에 따르면 처벌은 사람들이 처벌에 대한 두려움으로 인해 사회의 범죄율이 줄어들거나 범죄 활동의 수위를 낮추는 데에 도움이 될 수 있고, 또한 처벌을 통해 범죄자를 교화시키고 범죄자를 사회에 복귀시키면서 장래의 범죄를 예방할 수 있기 때문에 처벌이 정당화된다고 보았다. 그러나 이러한 주장은 처벌받을 것을 알면서도 범죄를 저지르는 경우도 있기 때문에, 처벌의 예방적 효과를 증명하기 어렵다는 문제를 가진다. 또한 인간을 사회 안정의 수단으로 여겨 인간의 존엄성 및 가치를 훼손하고 정의를 실현하지 못하게 할 수 있다는 비판을 받고 있다. 공리주의적 관점의 대표적인 사상가에는 벤담이 있으며, 이러한 공리주의적 관점에 영향을 끼친 베카리아 역시 공리주의적 관점의 사상가로 분류할 수 있다.

자료로 확인하기　사형 제도 반대 : 베카리아

인간의 정신에 무엇보다 큰 효과를 끼치는 것은 형벌의 강도가 아니라 지속도이다. 우리의 감수성은 강력하지만 일시적인 충동보다는 비록 미약하더라도 반복된 이상에 의해 훨씬 쉽게, 영속적으로 자극받기 때문이다. 감각을 지닌 모든 존재는 습관의 지배를 받기 마련이다. 인간은 습관의 도움으로 말하고 움직이고 또 여러 욕구를 충족시킨다. 마찬가지로 도덕관념도 반복 · 지속된 인상을 통해 마음속에 새겨지는 것이다.

– 베카리아, "범죄와 형벌"

이탈리아의 법학자인 베카리아는 사형 제도는 범죄 예방에 효과적이지 않다고 보았기 때문에 사형 제도에 반대하였다. 그는 사형 제도 대신에 피해자의 생명을 앗아 간 범죄자에게 더 큰 공포를 안겨 주는 종신 노역형이 훨씬 효과적인 형벌이라고 보았다.

시민 불복종이란 법과 정부 정책의 변화를 가져오기 위해 법을 위반하는 행위를 의미한다. 자세히 말하자면 어떤 법률이 개인의 양심이나 사회 정의에 비추어 봤을 때 또는 최고의 상위법인 헌법에 비추어 봤을 때 잘못된 경우, 잘못된 법률에 대한 복종 의무를 따르지 않고 **공개적으로 위법을 저지르면서 저항하는 것**을 말한다. 역사적으로 정의롭지 못한 법률이나 잘못된 정책에 대해 바로잡기 위한 행위가 종종 나타났다. 대표적인 시민 불복종 사상가로는 소로, 롤스, 하버마스 등이 있다.

자료로 확인하기 · 롤스의 시민 불복종

평등한 개인들 간의 협동 체제인 민주 사회에서는 심각한 부정의로 고통을 받는 사람들은 복종할 필요가 없다. 그런데 시민 불복종(그리고 또는 양심적 거부)은 비록 불법적이기는 하지만 입헌 체제를 안정시키는 방도이다. 자유로운 정규 선거 및 헌법을 해석할 권한을 가진 독립적인 사법부와 더불어 적절한 제한 조건과 건실한 판단을 통해서 이용되는 시민 불복종은 정의로운 제도를 유지하고 강화하는 데 도움이 된다. 법에 대한 충실성의 한계 내에서 부정의에 항거함으로써 정의로부터의 이탈을 방지하고 그러한 일이 있어났을 때에는 그것을 교정하는 데 도움이 된다. 정당한 시민 불복종에 참여하고자 하는 일반적인 경향은 질서 정연한 사회나 혹은 거의 정의로운 사회 속에 안정을 가져다 준다.

– 롤스, "정의론"

시민 불복종 운동은 부정의를 개선하는 방편이지만 의도적 위법 행위이기 때문에 국가 체제를 혼란스럽게 할 수도 있다. 그래서 롤스는 **시민 불복종 운동은 법에 대한 충실성 내에서 전개되어야** 하며, 이렇게 적절한 제한 조건에 부합하는 시민 불복종 운동은 정의로운 제도를 강화시키고 사회를 더 안정시킨다고 주장하였다.

롤스는 시민 불복종의 대상은 **정의의 제1원칙인 평등한 자유의 원칙을 심각하게 위반하는 경우, 제 2원칙인 공정한 기회균등의 원칙을 현저하게 위반하는 경우**이며, 이런 부정의를 해소할 것을 정치적 다수에게 정상적으로 꾸준히 호소해 왔지만 그것이 성공하지 못했고 더 이상의 시도가 효과가 없을 때 시민 불복종이 정당화된다고 보았다.

문제로 확인하기 · 롤스와 소로의 시민 불복종

【제시문 분석】

> 갑 : 시민은 한 순간이라도 자신의 양심을 입법자에게 맡겨야 하는가? 우리는 먼저 인간이어야 하고 그다음에 국민이어야 한다. 단 한 명의 사람이라도 부당하게 가두는 정부 밑에서 의로운 사람이 진정 있을 곳은 감옥이다.
>
> 을 : 시민들의 부정의한 법에 대한 불복종은 공유된 정의관에 의해 정당화된다. 이러한 불복종은 거의 정의로운 국가에서 체제의 합법성을 인정하는 시민들에 의해서만 생긴다. 특히 평등한 기본적 자유 원칙의 침해는 굴종이 아니면 반항을 부른다.

갑은 법보다 정의에 대한 존경심을 강조한 소로이다. 소로는 악법에 대한 불복종은 도덕적이며 정의로운 행동으로 보았다. 양심에 따라 부정의에 적극적으로 대항할 것을 주장하였다.
을은 거의 정의로운 사회에서 사회적 다수가 공유하는 정의관을 시민 불복종의 성립 기준으로 본 롤스이다. 롤스는 평등한 기본적 자유 원칙의 침해 문제를 시민 불복종의 대상으로 보았다.

【선지 분석】

> ㄱ. 갑 : 개인은 법에 우선하여 양심과 정의에 따라 행동해야 한다. (○)
> ㄴ. 을 : 시민 불복종은 법에 대한 충실성을 거부하는 정치 행위이다. (×)
> ㄷ. 을 : 시민 불복종의 대상은 일부의 부정의한 법이나 정책들에 한정된다. (○)
> ㄹ. 갑, 을 : 정의감에 호소하는 시민 불복종이 비폭력적일 필요는 없다. (×)

ㄱ. 소로는 법보다 양심과 정의에 따를 것을 주장하였다.
ㄴ. 롤스는 법에 대한 충실성 내에서 시민 불복종 운동을 전개할 것을 주장하였다.
ㄷ. 롤스는 평등한 기본적 자유 원칙의 침해 문제를 시민 불복종의 대상으로 보았다.
ㄹ. 시민 불복종을 주장하는 사상가들 모두 비폭력을 조건으로 삼았다.

인간과 자연의 관계에 관한 윤리적 입장은 도덕적 고려의 대상을 어디까지 인정할 것인가에 따라 인간 중심주의, 동물 중심주의, 생명 중심주의, 생태 중심주의로 구분된다. 이중 동물 중심주의의 대표 사상가는 싱어와 레건이다. 특히, 싱어와 레건이 함께 출제된 2018학년도 6월 모의 평가에선 정답률이 34%에 불과할 정도라, 두 사상가의 공통점과 차이점을 잘 알아두는 것이 중요하다.

자료로 확인하기　싱어와 레건의 동물 중심주의

- 어떤 존재의 고통을 고려하지 않는 도덕적 논증은 있을 수 없다. 이익 평등 고려의 원리는 존재들 간의 동일한 고통을 동일하게 고려할 것을 요구한다.　－ 싱어

  싱어는 '이익의 평등한 고려 원칙'에 근거하여 인간과 동일한 쾌고 감수 능력을 지닌 동물을 인간과 다르게 대우하는 것은 종 차별주의라고 주장하였다.

- 쾌고 감수 능력을 가진 존재들의 이익을 평등하게 고려해야 한다. 평등의 논리를 인간에게만 적용하고 종들 간의 관계에 적용하지 않는 것은 임의적이다.　－ 싱어

- 우리는 지각, 기억, 믿음 등을 지닌 삶의 주체의 내재적 가치를 존중해야 한다. 그들의 가치는 도덕적 행위 능력과 무관하게 존중되어야 한다.　－ 레건

  레건에 따르면 인간은 도덕적 행위자로서의 도덕적 지위를 지닌다. 인간이 아닌 성장한 포유동물은 도덕적 무능력자이지만 감정적인 생활을 할 뿐만 아니라 희망과 목적을 추구할 수 있는 삶의 주체이기 때문에 도덕적 지위를 가진다고 주장하였다.

- 욕구, 지각, 기억, 감정 등 일련의 특징을 지니고 자신의 고유한 삶을 살아가는 삶의 주체만이 도덕적 권리를 지닌다.　－ 레건

- 자연의 다른 존재를 위한 유용성과는 독립적으로 쾌고(快苦)를 느끼며 목표를 위해 행위하는 삶의 주체는 비록 의무를 지닐 수 없다 해도 삶을 영위할 권리를 갖는다.　－ 레건

싱어와 레건은 쾌고 감수 능력을 지닌 동물의 도덕적 지위를 인정하지만 싱어는 선호 공리주의의 관점에서, 레건은 의무론적 관점에서 각각 동물의 도덕적 지위를 인정한다는 점에서 차이가 있다. 따라서 쾌고 감수 능력만 보고 싱어라고 판단해선 안 된다. 싱어의 가장 큰 특징은 '이익 평등 고려의 원칙'으로, 제시문에서 '이익 평등 고려의 원칙'과 관련된 키워드를 찾아야 하고, 싱어가 쾌고 감수 능력을 도덕적 지위를 갖는 충분조건으로 본 반면, 레건은 욕구, 지각, 기억, 믿음 등을 삶의 주체의 조건으로 본 점을 기억하고 관련된 키워드를 찾아야 한다.

문제로 확인하기　싱어, 레건, 테일러의 입장

【제시문 분석】

> 갑 : 쾌고 감수 능력을 가진 존재들의 이익을 평등하게 고려해야 한다. 평등의 논리를 인간에게만 적용하고 종들 간의 관계에 적용하지 않는 것은 임의적이다.
>
> 을 : 욕구를 가진 존재는 타자와 구분되는 자신의 복지를 갖고 있다. 이 존재는 희망과 목적을 가지고 있는 삶의 주체이며 수단으로만 대우받아서는 안 된다.
>
> 병 : 모든 생명체는 목적론적 활동의 중심이며 도덕적으로 대우받아야 할 존재이다. 인간은 생명체의 목적 달성을 방해하는 행동을 해서는 안 된다.

갑은 쾌고 감수 능력을 강조하는 싱어, 을은 삶의 주체를 강조하는 레건, 병은 목적론적 삶의 중심을 강조하는 테일러이다.

【선지 분석】

> ㄱ. 갑만의 입장 : 종의 차이만으로 도덕적 지위에 차별을 두어서는 안 된다. (×)
>
> ㄴ. 을만의 입장 : 삶의 주체인 동물의 권리를 의무론의 관점에서 존중해야 한다. (○)
>
> ㄷ. 병만의 입장 : 인간에게는 생명 공동체에 대한 불간섭의 의무가 있다. (○)
>
> ㄹ. 갑, 을만의 입장 : 개체는 쾌고 감수 능력을 지녀야만 도덕적 지위를 갖는다. (○)

ㄱ. 세 사상가 모두에게 해당하는 공통적인 내용이다.

ㄴ. 레건은 고등 동물도 인간과 마찬가지로 스스로의 삶의 주체이므로 수단으로 취급해서는 안 된다는 의무론의 관점에서 동물의 권리를 주장하였다.

ㄷ. 테일러는 인간이 개별 생명체의 자유를 간섭해서는 안 된다는 불간섭의 의무를 제시한 생명 중심주의 사상가이다.

ㄹ. 도덕적 지위를 판별하는 데 있어 쾌고 감수 능력은 싱어에게는 충분한 조건에 해당하며, 레건에게는 필요한 조건에 해당한다. 이에 반해 테일러는 쾌고 감수 능력이 없는 식물도 도덕적 지위를 갖는다고 본다.

지구촌은 국가 간의 전쟁으로 수많은 사람이 죽거나 난민, 기아 등으로 고통을 겪으며, 인권 침해를 겪고 있다. 이러한 까닭으로 이상주의 관점에서는 전쟁을 반대하지만, 현실주의 관점에서는 국가 간의 관계에서 도덕적 고려는 필요 없으며, 자국의 이익을 위해 전쟁을 수행할 수도 있다고 주장한다. 한편, 또 다른 관점인 정의 전쟁론에 따르면, 전쟁은 도덕적 제약을 받아야 하지만, 정의를 실현하기 위한 수단이 될 수 있다. 따라서 무고한 사람의 보호, 부당하게 침해된 권리의 회복, 적국의 침입에 대한 방어 등을 위해 전쟁을 수행하는 것은 정당하다. 이러한 정의 전쟁론의 관점에서 왈처는 전쟁을 시작하는 데 있어서 개전(開戰)에서의 정의의 영역, 전쟁 수행 과정상의 정의의 영역, 전쟁 종식 이후의 정의의 영역을 구분하였다. 그는 개전에 있어서 정당화할 수 없는 전쟁을 수행하는 경우라도 전쟁 수행의 과정은 정의롭게 진행해야 한다고 주장하였다.

자료로 확인하기　왈처와 아퀴나스의 정의 전쟁론

　정의로운 전쟁 이론은 무엇보다도 인간 행위로서의 전쟁이 가지는 도덕적 위상에 관한 논의이다. 그 논의는 크게 두 부분으로 나누어진다. 하나는 전쟁이 때로는 정당화될 수 있다는 것이며, 다른 하나는 전쟁의 수행은 언제나 도덕적 비판의 대상이 된다는 것이다. 앞의 명제는 전쟁이 범죄 행위라고 믿는 평화주의자들이 거부하고, 뒤의 명제는 "사랑과 전쟁에 있어서는 모든 것이 정당화될 수 있다."라고 생각하는 현실주의자들이 반대한다. 현실주의자들은 "전시에는 법률이 침묵해야 한다."라고 생각한다.　　　– 왈처, "전쟁과 정의"

　전쟁은 신법(神法)을 지키고 공동선과 평화를 위한 것이다. 전쟁이 정의롭기 위해서는 적법한 권위를 지닌 군주에 의해서만 수행되어야 하며, 공격의 정당한 이유와 올바른 의도가 있어야 한다. 전쟁은 한 국가가 백성들에게 가한 나쁜 짓을 바로잡길 거부하거나, 부당하게 차지한 것을 돌려주길 거부할 경우 그 악을 징벌하는 것이어야 한다. 처음부터 적을 죽이려는 의도가 아니어야 하고 필요 이상의 폭력을 가해서도 안 되며, 개인의 적개심이 아닌 공공선을 위한 것이어야 한다. 교전 중 자기 생명을 지키려는 목적 이상의 많은 희생을 야기하는 행위는 신법을 거스르는 것이다.　　　– 아퀴나스, "신학대전"

왈처는 평화주의자들의 입장을 비판하면서 때로는 전쟁이 도덕적으로 정당화될 수 있다고 주장하며, 다른 한편으로는 현실주의자들의 입장을 비판하면서 전쟁은 도덕적 비판의 대상이 될 수 있다고 주장한다. 한편, 아퀴나스는 정당한 전쟁은 세 가지 요건, 즉 적법한 군주의 권한(합법적 권위), 정당한 이유, 전쟁 수행자의 정당한 의도가 요구된다고 보았다.

문제로 확인하기　칸트와 왈처의 전쟁과 평화에 대한 입장

【제시문 분석】

> 갑 : 전쟁 중에는 장래의 평화 시기에 상호 신뢰를 불가능하게 하는 적대 행위를 해서는 안 된다. 영원한 평화를 위해서는 자유로운 국가들이 연합하여 세계 시민 사회로 나아가야 한다.
>
> 을 : 전쟁 개시가 정당화되려면 전쟁의 동기와 목표가 정의로워야 한다. 전쟁의 목적은 다른 국가를 섬멸하는 데 있는 것이 아니라 잃어버린 평화를 찾는 것이다.

갑은 칸트, 을은 왈처이다. 영구 평화론을 주장한 칸트는 전쟁 중이라도 간첩 활동과 같이 서로 간의 상호 신뢰를 깨뜨리는 적대 행위를 하지 않아야 한다고 본다. 정의 전쟁론을 주장한 왈처는 전쟁의 개시와 수행 과정 및 전후 처리가 정의롭다면 전쟁이 도덕적으로 정당화될 수 있다고 보았다.

【선지 분석】

① 갑 : 국가 간 적대 행위 중단이 영구적 평화를 보장하는 것은 아니다. (○)
② 갑 : 국가들의 통치 형태와는 상관없어 완전한 영구 평화는 가능하다. (×)
③ 을 : 타국의 인권 침해를 막기 위한 전쟁은 모두 부당한 내정 간섭이다. (×) 　정당화될 수도 있다
④ 을 : 전쟁 수행의 정당성은 전쟁 개시 명분과 정당성에 따라 결정된다. (×) 　전체 과정의 정의로움
⑤ 갑, 을 : 국가 간의 분쟁을 해결하기 위해서는 전쟁이 불가피하다. (×)

① 칸트에 따르면 영구 평화가 실현되려면 국내적으로는 공화제를 도입하고, 국제적으로는 보편적 우호 관계에 따라 국제법을 적용하는 국제 연맹이 창설되어야 한다.

국가 간 빈부 격차와 절대 빈곤에 따라 지구촌 분배 정의의 실현 문제가 윤리적 과제로 대두되고 있다. 국제 사회는 세계화에 따른 부작용을 해결하고 인류가 평화롭게 공존하기 위하여 해외 원조를 통해 지구촌 구성원에 대한 책임과 기여를 실현해 나가야 한다. 해외 원조의 윤리적 근거에 대한 입장에는 크게 의무의 관점과 자선의 관점이 있다. 의무의 관점에서 해외 원조를 바라보는 대표적인 사상가는 싱어, 롤스가 있고, 자선의 관점에서 해외 원조를 바라보는 대표적인 사상가로는 노직이 있다.

해외 원조에 대한 싱어의 관점

싱어는 고통받는 사람들은 이익 평등 고려의 원칙에 따라 누구나 차별 없이 도움을 받아야 한다고 주장한다. 싱어는 공리주의 입장에서 빈곤에 따른 개인의 고통을 덜어 주어야 할 의무가 있으며, 이를 위해 해외 원조가 필요하다고 보았다. 즉 해외 원조의 목적은 가난과 굶주림에 따른 고통을 없애기 위해 인류에게 주어진 의무라는 것이다. 싱어는 누군가 고통을 받는다는 것 자체가 우리가 그들을 도와야 할 의무이므로 도움을 줄 대상을 자신이 속한 공동체, 민족, 국경 내부로 한정하지 말고 지구촌 전체로 확대하여 해외 원조와 기부를 적극적으로 실천할 것을 강조하였다.

자료로 확인하기　싱어의 해외 원조에 대한 관점

- 우리가 만약 어떤 사람에게 매우 나쁜 일이 일어나는 것을 방지할 힘을 가지고 있고, 그 나쁜 일을 방지함으로써 우리의 중요한 일이 희생되지 않는다면 우리는 그렇게 해야만 한다. 우리가 이 원칙에 따라 행위를 한다면 우리의 삶과 세계는 근본적으로 바뀔 것이다. …… 우리는 절대 빈곤에 빠진 사람들을 도울 의무가 있다. …… 돕는 것은 칭찬할 만한 가치가 있다. 이러한 행위는 자선적인 행위가 아니며, 모든 사람이 마땅히 해야 하는 행위이다.

- 이익 평등 고려의 원칙에서 보면, 고통을 덜어 주어야 할 궁극적이고 도덕적인 이유는 고통이 그 자체로 바람직하지 않기 때문이다. …… 어떤 고통에 관하여 그것이 특정한 인종이 겪는 고통이라는 이유로 고려를 덜 한다면 이는 자의적인 차별이 될 것이다.

– 싱어, "실천 윤리학"

싱어는 공리주의적 관점에서 해외 원조를 인류의 윤리적 의무라고 보았다. 그는 해외 원조를 통해 빈곤으로 어려움을 겪는 사람의 고통을 덜어 주어야 하며, 세계 시민주의의 관점에서 누구나 차별 없이 도움을 받아야 한다고 주장하였다.

해외 원조에 대한 롤스의 관점

롤스는 해외 원조가 정의 실현을 위한 의무임을 강조하였다. 그에 따르면 해외 원조의 목적은 독재나 착취와 같이 사회 구조나 제도가 빈곤을 발생시키는 불리한 여건의 사회가 적정 수준의 문화를 형성하여 질서 정연한 사회가 되도록 돕는 것이다. 즉 원조를 통해 그들 스스로 빈곤 문제를 해결하고 질서 정연한 사회를 만들도록 도와야 할 의무가 우리에게 있다는 것이다. 이때 질서 정연한 사회란 독재나 착취와 같은 불합리한 사회 구조나 제도가 개선되어 정치적 전통, 법, 규범 등의 문화가 적정한 수준에 이른 사회를 말한다. 롤스는 고통받는 사회의 불리한 여건을 개선해 준다는 것이 전 지구적 차원의 부의 재분배나 복지 향상을 의미하는 것은 아니라고 말한다. 왜냐하면 국가 간의 부와 복지의 수준은 다양할 수 있으며 이는 자연스러운 것이기 때문이다. 따라서 가난한 나라일지라도 질서 정연하다면 원조를 할 필요가 없다고 보았다. 이러한 롤스의 관점은 빈곤으로 고통받는 개인의 복지 향상을 원조의 목적으로 하는 싱어와 대비된다.

해외 원조에 대한 노직의 관점

노직은 자선의 관점을 제시한다. 그에 따르면 개인은 정당한 절차를 통해 취득한 재산에 관한 배타적이고 절대적 소유권을 가진다. 따라서 자신의 부를 어떻게 이용할 것인지는 전적으로 개인의 자유이기 때문에 해외 원조나 기부를 실천해야 할 윤리적 의무는 존재하지 않는다. 노직은 해외 원조를 윤리적 의무로 인식한 싱어와 롤스의 주장에 반대한다. 그러나 그는 어떤 개인이 자발적으로 자신의 부를 빈곤으로 고통받는 사람을 위해 사용한다면 그것은 훌륭한 일이자 윤리적 행위라고 보았다.

BON.N제

생활과 윤리

Structure
구성과 특징

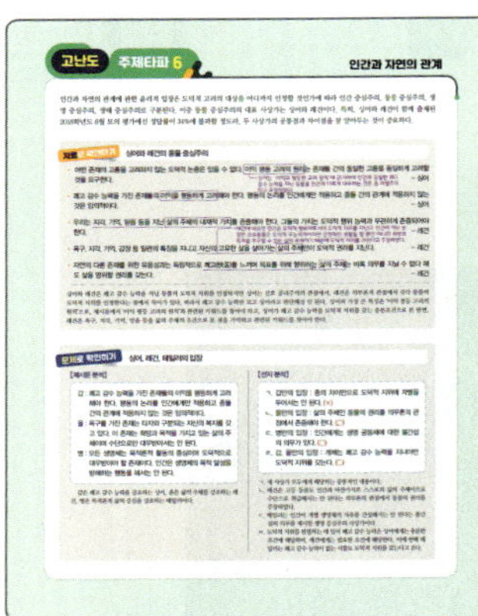

부록편

생활과 윤리에서 다뤄지는 여덟 가지 고난도 주제를 선정하여 핵심 개념을 보다 정확하게 이해할 수 있도록 하였습니다.

핵심 개념 정리

❶ 내용 정리 : 2015 교육 과정 교과서에서 학교 시험에 출제될 가능성이 높은 주제를 선정하여 기본 개념과 중요 개념을 쉽고 보기 좋게 정리하였습니다.

❷ 자료로 살펴보기 : 다수의 교과서에서 다룬 자료만을 골라 자세히 분석하고 정리하였습니다. 개념과 함께 관련지어 학습하세요.

❸ 학생용 첨삭 : 개념 이해를 돕기 위해 핵심 개념과 어려운 용어를 쉽게 풀어서 첨자로 제공합니다.

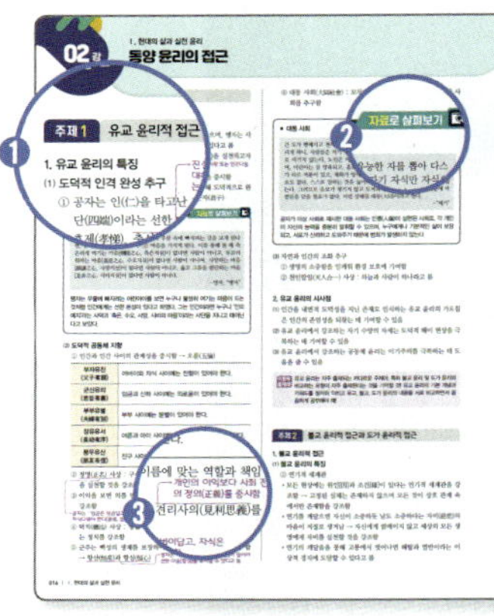

핵심 개념 CHECK

❶ 주제별 구성 : 주제별 개념 정리 후, 곧바로 개념을 점검할 수 있도록 구성하였습니다. 이해가 부족한 부분은 바로 앞 핵심 개념 정리를 통해 확인하세요.

❷ O/X 문제 풀이를 통해 개념 이해 정도를 보다 정확하게 확인할 수 있도록 구성하였습니다. 실제 기출된 함정 선지를 활용하여 실전을 완벽하게 대비할 수 있도록 하였습니다.

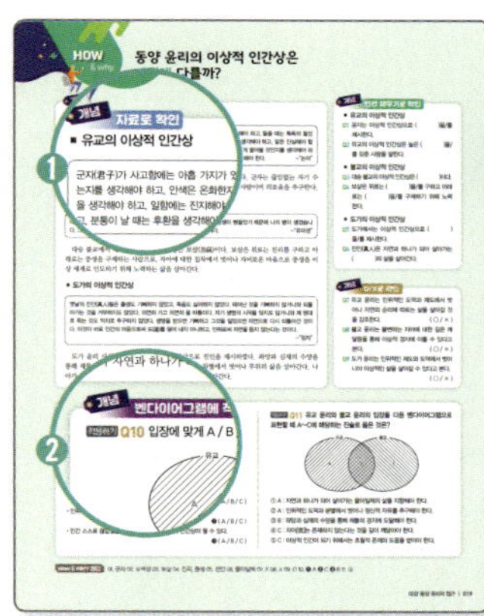

HOW & WHY

❶ 심화 자료를 자료에서부터 문제 적용에까지 한 번에 점검할 수 있는 자료 분석 코너입니다. 문제 풀이 교재에서 놓치기 쉬운 자료 분석을 별도로 제공하여 깊이 있는 자료 분석을 제공합니다.

❷ [자료로 확인] – [빈칸 채우기로 확인] – [○/×로 확인] – [벤다이어그램에 적용]을 통해 자료 분석에서 문제 적용까지 단계적으로 개념을 확인할 수 있습니다.

기출+예상 문제로 주제 정복하기

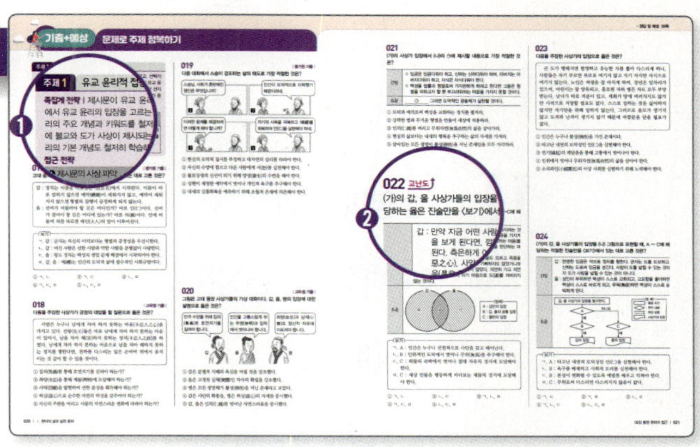

❶ 족집게 전략, 접근 전략 : 수능에서 출제 가능성이 가장 높은 대표 문항을 선별하여 문제 접근 전략을 알려줍니다. 또한 문제 풀이에 도움이 되는 방법을 접근 전략으로 제시해 줍니다.

❷ 기출 문항과 예상 문제를 모두 다뤄 수능을 완벽하게 대비할 수 있도록 하였습니다. 특히 고난도 문항은 1등급을 갈랐던 문항을 제시하여 특수한 문항에도 잘 대처할 수 있도록 하였습니다.

해설편

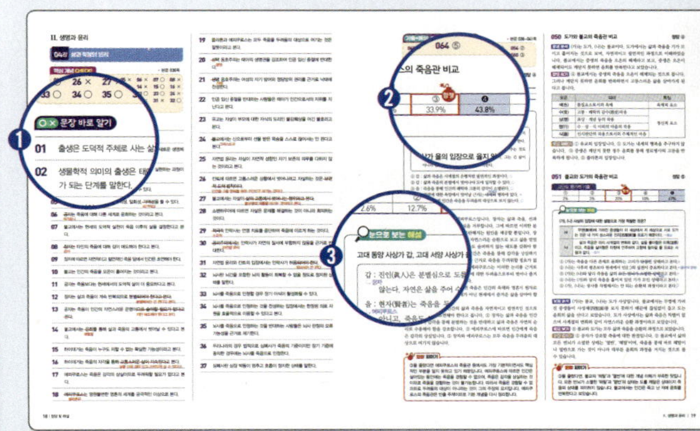

❶ O/X 문장 바로 알기 : O/X 확인 문제의 경우 빠른 정답과 눈으로 확인하는 정답을 함께 수록하여 학습자의 학습 속도 조절을 용이하게 하였습니다. 학습자가 쉽게 이해하고 넘어간 경우 빠른 정답으로 확인하고 문제 풀이로 바로 넘어갈 수 있으며, 학습자가 개념 이해가 어렵다고 판단한 경우, 눈으로 보는 해설을 통해 정확하게 오개념을 잡아낼 수 있습니다.

❸ 눈으로 보는 해설 : 문항 첨삭을 통해 해설을 빠르게 이해시켜주는 시스템입니다. 자료 및 제시문 분석, 정답 설명, 오답 선지의 틀린 부분을 바로바로 확인할 수 있습니다.

❷ 고난도 문항 해설 : 오답 선택지 선택률 20% 이상 또는 정답률 50% 이하의 문항을 선정하여 함정 선지와 함정을 피하는 방법을 알려 줍니다.

Contents
차례

I 현대의 삶과 실천 윤리

I 단원 개념 NAVIGATION

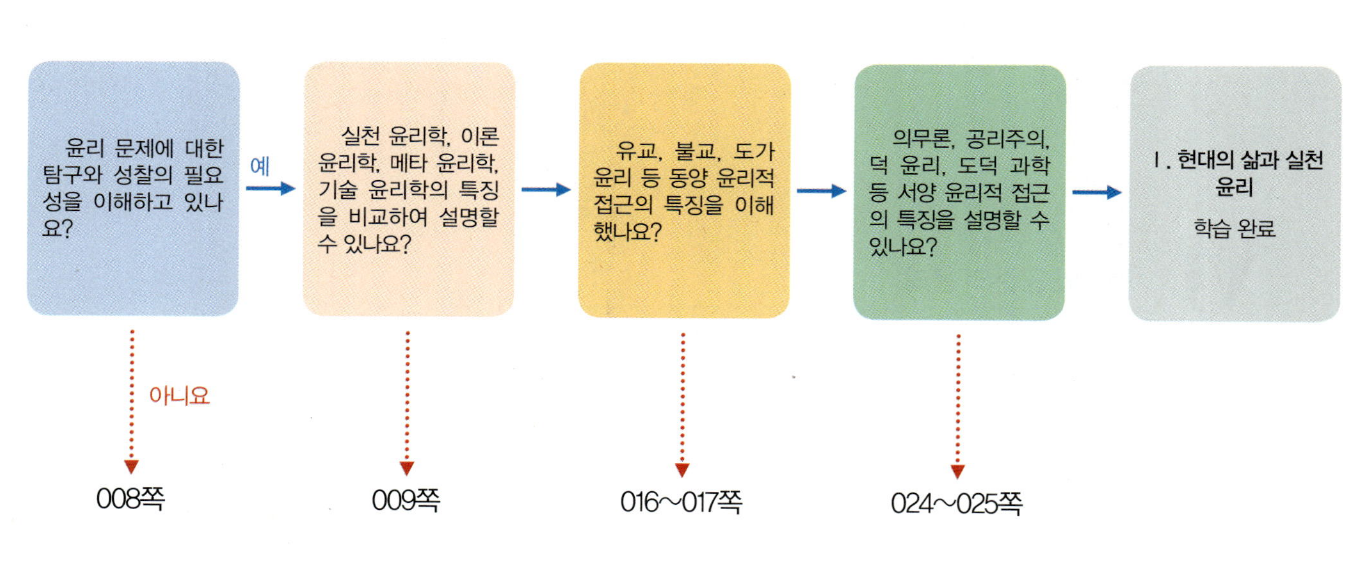

01강 현대 생활과 실천 윤리	주제 1 현대 사회의 윤리적 쟁점과 탐구	• 생명 윤리 • 사회 윤리 • 과학 윤리 • 문화 윤리 • 평화 윤리
	주제 2 실천 윤리학의 성격과 특징	• 실천 윤리학 • 이론 윤리학 • 메타 윤리학 • 기술 윤리학

02강 동양 윤리의 접근	주제 1 유교 윤리적 접근	• 군자 • 정명 • 덕치 • 대동 사회
	주제 2 불교 윤리적 접근과 도가 윤리적 접근	• 연기 • 자비 • 보살 • 무위자연 • 소국과민

03강 서양 윤리의 접근	주제 1 의무론적 접근과 공리주의적 접근	• 자연법 • 의무 의식 • 선의지 • 양적 공리주의 • 질적 공리주의 • 행위 공리주의 • 규칙 공리주의
	주제 2 덕 윤리적 접근과 도덕 과학적 접근	• 유덕한 품성 • 공동체 • 뇌 과학 • 자연 선택

▶ 윤리학의 분류는 각 윤리학의 탐구 목표를 중심으로 공부하자.

윤리학은 이론 윤리학, 실천 윤리학, 메타 윤리학, 기술 윤리학 등으로 분류된다. 이 내용을 공부할 때는 각각의 윤리학의 성격과 근본적인 탐구 과제가 무엇인지 반드시 확인해야 한다. 또한 많은 기출 문제를 풀어보면서 공부한 개념을 실전 문제에 적용해 보는 경험을 쌓아가는 것이 매우 중요하다.

▶ 동양 및 서양 윤리의 접근은 키워드 파악이 중요하다.

동양 윤리의 접근과 서양 윤리의 접근은 고난도로 출제되는 주제이다. 이를 대비하기 위해서는 각각의 사상을 전체적으로 이해한 뒤 키워드를 꼭 파악하고, 각각의 사상이 현대 사회의 윤리 문제 해결을 위해 어떠한 해법을 제시하는지 확인해야 한다. 또한 많은 기출 문제 풀이를 통해 문제 유형을 익히고 공부한 개념을 점검해야 한다.

01강 현대 생활과 실천 윤리

주제 1 현대 사회의 윤리적 쟁점과 탐구

1. 현대 사회의 다양한 윤리 문제

(1) 등장 배경
① 과학 기술이 급속하게 발달함
② 사회 구조가 복잡해지고 다양해짐

(2) 특징

> 예를 들어 환경 문제의 경우 현 세대는 물론 미래 세대의 삶의 조건까지 위협할 수 있음

> 예를 들어 환경 문제의 주된 원인이 개인, 기업, 국가 중 어디에 있는지 판단하기 어려움

① 파급 효과가 광범위함 : 윤리 문제가 영향을 주는 범위가 전 지구적이며, 현세대는 물론 미래 세대까지 위협할 수 있음
② 책임 소재가 불분명함 : 새로운 윤리 문제의 주된 원인과 그 책임이 누구에게 있는지 명확하게 판단하기 어려움 → 요나스는 책임 윤리를 통해 행위에 대한 책임을 강조함
③ 전통 윤리 규범만으로는 해결하기 어려움 : 전통적인 윤리 규범만을 토대로 새로운 윤리 문제를 설명하거나 해결하기 어려움

⑩ 인간 배아 복제 문제

> 요나스는 과학 기술의 발전과 이를 따라가지 못하는 윤리와의 간극을 '윤리적 공백'이라고 지칭하고, 과학 기술의 신중한 운용을 강조하였다. 그는 인간이 책임질 수 있는 능력을 가졌기 때문에 책임을 져야 한다는 의무를 지닌다고 보았다.

(3) 현대 사회의 다양한 윤리적 쟁점들

① 생명 윤리
- 생명의 시작과 끝에서 만나는 윤리는 무엇인가?
- 인간의 필요 때문에 동물의 생명을 수단으로 여겨도 되는가?
- 성의 가치는 무엇이고 사랑과 성의 바람직한 관계는 무엇인가?

② 사회 윤리
- 직업을 통해 어떻게 행복한 삶을 영위할 수 있는가?
- 공정한 사회로 발전하기 위해 우리에게 필요한 정의는 무엇인가?
- 참여는 시민의 의무인가?

③ 과학 윤리
- 과학 기술은 사실의 문제인가, 가치의 문제인가?
- 사이버 공간의 사이버 윤리와 현실의 윤리는 다른가?
- 지속 가능한 발전을 위해 필요한 윤리는 무엇인가?

④ 문화 윤리
- 예술과 도덕은 갈등할 수밖에 없는가?
- 왜 의식주와 소비가 윤리적인 문제로 등장하고 있는가?
- 문화를 초월한 보편적 가치는 존재할까?

⑤ 평화 윤리
- 사회의 다양한 갈등을 극복하는 데 필요한 소통의 윤리는 무엇인가?
- 통일이 지향해야 할 윤리적 가치는 무엇인가?
- 지구촌 평화에 기여할 수 있는 방법은 무엇이 있을까?

2. 윤리 문제에 대한 탐구와 성찰

(1) 도덕적 탐구
① 도덕적 탐구의 의미 : 도덕적 사고를 통해 도덕적 의미를 새롭게 구성하는 지적 활동으로, 윤리적 딜레마를 활용한 도덕적 추론으로 이루어짐

② 도덕적 탐구의 방법

윤리적 쟁점 또는 딜레마 확인	문제의 핵심이 무엇이며, 관련된 사람은 누구이며 어떤 관계인지, 문제 발생 원인은 무엇인지 등을 파악함
⇩	
자료 수집 및 분석	윤리 문제를 정확하게 이해하고 해결하기 위해 다양한 자료를 수집하고 분석함
⇩	
입장 채택 및 정당화 근거 제시	• 역할 교환 탐색과 보편화 가능성 탐색을 적용함 • 공감과 배려 같은 도덕적 정서도 고려함
⇩	
최선의 대안 도출	• 토론을 통해 최선의 대안을 마련함 • 토론의 순서: 주장하기 → 반론하기 → 재반론하기 → 정리하기
⇩	
반성적 성찰 및 입장 정리	탐구 과정에서의 나의 참여 태도, 배운 점, 생각이 변화된 점과 이유 등을 검토함

(2) 윤리적 성찰
① 윤리적 성찰의 의미 : 생활 속에서 자신의 마음가짐, 행동 또는 그 속에 담긴 자신의 정체성과 가치관에 관하여 윤리적 관점에서 깊이 있게 반성하고 살피는 태도
② 윤리적 성찰의 방법
- 유교 : 증자의 일일삼성(一日三省), 거경(居敬), 신독(愼獨)
- 불교 : 참선(參禪)
- 소크라테스 : '반성하지 않는 삶은 살 가치가 없다' → 성찰하는 삶의 자세를 강조함

자료로 살펴보기

■ 증자의 일일삼성(一日三省)

> 증자는 말했다. "나는 날마다 다음 세 가지 점에 대해 나 자신을 반성한다. 남을 위하여 일을 꾀하면서 진심을 다하지 못한 점은 없는가? 벗과 사귀면서 신의를 지키지 못한 일은 없는가? 배운 것을 제대로 익히지 못한 것은 없는가?"
> —"논어"

일일삼성이란 하루의 일 세 가지를 살핀다는 뜻으로, 공자의 제자인 증자는 항상 자신이 한 일에 대하여 잘못한 점이 없는지를 반성하는 윤리적 성찰을 실천하였다.

이렇게 출제돼! 현대 사회에 새롭게 등장한 윤리 문제의 특징과 등장 배경을 묻는 문제가 출제될 수 있으니 대비해야 해. 그리고 현대 사회의 다양한 윤리적 쟁점들을 이해하고 있는지 묻는 문제도 출제되고 있어. 한편 도덕적 탐구 과정도 눈여겨보아야 하고 유교, 불교, 소크라테스의 윤리적 성찰 방법도 출제될 수 있으니 꼼꼼히 정리해!

1. 윤리학의 의미와 분류

(1) 윤리학의 의미와 특징

① 윤리학의 의미 : 사회의 승인을 통해 구속력을 지니고, 당위의 형식으로 제시되는 규범과 가치의 총체인 윤리를 연구 대상으로 삼는 학문

> • 당위(當爲) : 마땅히 하거나 하지 말아야 할 것

② 윤리학의 특징
- 인간의 도덕적 행위의 실천을 목적으로 삼음
- 도덕적 행위로 인정받기 위한 조건이나 기준을 탐구함

③ 아리스토텔레스 : 윤리학을 실천 학문으로 분류함

이론 학문	• 의미 : 진리와 지식의 발견이 목적 • 사례 : 논리학, 수학
실천 학문	• 의미 : 진리나 지식의 발견과 더불어 그것의 실천에 주된 관심을 갖는 학문 • 사례 : 윤리학, 법철학, 정치학

자료로 살펴보기

■ 아리스토텔레스와 윤리학

> 탁월성[덕]은 두 종류가 있다. 하나는 지적 탁월성이고, 다른 하나는 성품적 탁월성이다 지적 탁월성은 가르침에 의해 생겨나기 때문에 경험과 시간이 있어야 한다. 한편 성품적 탁월성은 습관의 결과로 생겨난다. 이런 이유로 성품과 관련된 에티케(ethike)라는 말은 습관을 의미하는 에토스(ethos)라는 말을 변형해서 얻어진 것이다.
>
> – 아리스토텔레스, "니코마코스 윤리학"

아리스토텔레스(Aristoteles)는 도덕적인 덕은 습관, 즉 반복된 실천의 결과로 나타난다고 보았다. 또한 윤리학(ethics)이라는 말은 습관을 의미하는 에토스(ethos)의 변형된 말이라고 주장하였다. 어원에 비추어 볼 때, 윤리학은 실천과 깊은 연관이 있다. 따라서 윤리학은 우리가 어떤 문제를 마주했을 때 올바른 실천을 하도록 안내해 준다.

(2) 윤리학의 분류

> 메타 윤리학은 도덕 언어의 분석에 집중하며, 기술 윤리학은 도덕적 풍습과 관행의 기술에 주목하기 때문에 윤리 문제의 해결에는 한계가 있다.

규범 윤리학	• 도덕적 행위의 근거가 되는 도덕 원리나 인간의 성품에 관해 탐구하고, 이를 바탕으로 도덕적 문제의 해결과 실천 방법을 제시함 • 이론 윤리학과 실천 윤리학으로 구분됨
메타 윤리학	도덕 언어의 의미를 분석하고 도덕적 추론의 타당성을 입증하는 것을 주된 목표로 하는 윤리학
기술 윤리학	도덕적 풍습이나 관습에 관해 묘사하거나 객관적으로 기술하는 것을 주된 목표로 하는 윤리학

자료로 살펴보기

■ 메타 윤리학의 주요 물음

- '좋음(good)'과 '옳음(right)'이라는 말의 의미는 무엇인가?
- '해야 한다'는 것과 '해서는 안 된다'는 것의 의미는 무엇인가?
- 도덕 판단을 어떻게 논리적으로 정당화할 수 있는가?

메타 윤리학은 도덕 언어의 분석과 도덕 추론의 타당성을 검증을 통해 윤리학의 학문적 성립 가능성을 모색하고자 한다.

2. 실천 윤리학의 성격과 특징

(1) 실천 윤리학의 성격

> 실천 윤리학은 강한 실천 지향성을 갖기 때문에 '문제 중심 윤리학' 또는 '응용 윤리학'이라고도 함

① 학제적 성격 : 다양한 분야의 학문을 함께 탐구함

② 실천적 성격 : 이론 윤리학에서 도출한 도덕 원리를 활용하여 삶의 구체적인 윤리적 문제 상황을 해결하고자 함

(2) 이론 윤리학과 실천 윤리학 비교

	이론 윤리학	실천 윤리학
의미	윤리적 판단과 행위를 위한 근본 원리를 탐구하고 이에 대한 정당화 근거를 마련하는 데 초점을 두는 윤리학	이론 윤리를 현대 사회의 여러 윤리 문제에 적용하여 구체적인 윤리 문제를 해결하는 데 초점을 두는 윤리학
종류	의무론, 공리주의, 덕 윤리 등	생명 윤리, 환경 윤리, 정보 윤리 등
공통	윤리 문제의 해결과 도덕적 실천을 지향하며, 우리가 추구해야 할 바람직한 삶과 이상적인 사회의 모습을 안내함	

(3) 실천 윤리학의 특징

> '선천적 질병을 가진 태아의 인공 임신 중절을 허용해야 하는가?'라는 윤리적 쟁점을 탐구하기 위해 실천 윤리학은 생명 존중의 도덕 원리 뿐 아니라 의학, 법학 등의 지식을 적극 활용함

① 현대 사회에 발생하는 윤리 문제의 원인을 분석함

② 삶의 구체적인 영역에서 발생하는 윤리 문제의 해결책을 제시하고자 함

③ 윤리 문제를 학제적으로 접근함 → 다양한 학문과 긴밀하게 협력하여 문제를 해결하고자 함

> • 학제적(學際的) : 둘 이상의 학문 분야가 복합적으로 관계된 것

④ 이론 윤리학과 유기적인 관계임 : 실천 윤리학도 어떤 윤리 이론이 타당한 것인지 밝혀내는 데 관심을 가지며, 윤리 문제의 해결을 위해 이론 윤리학의 성과를 적극 활용함

자료로 살펴보기

■ 실천 윤리학의 성격

> 실천 윤리학이란 삶의 실천적 영역에서 제기되는 도덕 문제를 이해하고 해결하고자 하는 모든 체계적인 탐구를 포괄하는 학문 분야를 말한다. 예를 들어 의학, 기업 등과 관련된 문제 뿐만 아니라 고용 평등이나 사형 제도 등의 사회적 관심사 역시 실천 윤리학의 주제가 된다. 또한 실천 윤리학은 근본적인 윤리 이론이나 도덕 원리를 추구하는 이론 윤리학과 달리 "윤리 문제를 어떻게 해결할 것인가?"를 주된 물음으로 다루고 있다. 즉, 실천 윤리학에서는 구체적인 윤리 문제가 일차적 물음이고, 윤리 이론이나 도덕 원리는 이차적 의미를 지닌다.
>
> – 김상득, "서양 철학의 눈으로 본 응용 윤리학"

이론 윤리학과 실천 윤리학 모두 윤리 문제를 해결하고 도덕적 실천을 지향한다는 공통점이 있다. 하지만 실천 윤리학은 윤리 이론이나 도덕 원리를 규명하기보다는 현대 사회에서 발생하는 여러 윤리 문제들의 구체적인 해결책을 모색하는 것에 집중한다는 점에서 이론 윤리학과 차이가 있다. 실천 윤리학은 이론 윤리학과의 유기적 관계 속에서 다양한 학문 영역의 지식을 활용한다. 이러한 실천 윤리학이 궁극적으로 지향하는 것은 윤리 문제에 대한 구체적인 실천 방안을 모색하여 문제를 해결하는 것이다. 즉, 실천 윤리학은 문제 해결에 일차적으로 관심을 기울이는 실천 지향적인 성격을 갖는다.

이렇게 출제돼! 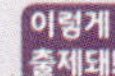 이론 윤리학, 실천 윤리학, 메타 윤리학, 기술 윤리학을 서로 비교하면서 공통점과 차이점을 묻는 문제가 많이 출제되었다. 이러한 문제를 대비하기 위해서는 각각의 윤리학이 관심을 갖는 근본적이고 핵심적인 탐구 과제가 무엇인지 꼭 확인해두어야 해!

핵심 개념 CHECK!

· 정답 및 해설 04쪽

🖊 다음 확인 문제 중 옳은 것에 ○, 옳지 않은 것에 ✕를 표기하세요.

주제 1 현대 사회의 윤리적 쟁점과 탐구

01 현대 사회의 새로운 윤리 문제의 특징은 파급 효과의 폭이 과거보다 좁다는 것이다. ○ ✕

02 현대 사회의 윤리 문제는 책임 소재가 분명한 경우가 많다. ○ ✕

03 전통적인 윤리 규범만을 토대로 새로운 윤리 문제를 설명하거나 해결하기 어렵다. ○ ✕

04 함정 인공 임신 중절, 자살, 안락사, 뇌사, 생명 복제 문제 등은 문화 윤리 영역에 속한다. ○ ✕

05 사회 윤리 영역의 쟁점으로는 '사형 제도를 허용할 것인가?'를 들 수 있다. ○ ✕

06 '과학 기술은 사실의 문제인가, 가치의 문제인가?'는 평화 윤리 영역의 물음에 해당한다. ○ ✕

07 문화 윤리 영역의 대표적인 윤리적 쟁점으로는 '낙태를 허용할 것인가'를 들 수 있다. ○ ✕

08 평화 윤리 영역에서는 국제 사회의 분쟁과 국가 간의 빈부 격차 문제 등이 발생하고 있다. ○ ✕

09 '예술과 도덕은 갈등할 수밖에 없는가?'를 탐구하는 영역은 문화 윤리 영역이다. ○ ✕

10 함정 인간 배아 복제 연구 허용 여부에 대한 해답은 전통적 윤리만으로 찾을 수 있다. ○ ✕

11 현대의 윤리 문제는 과거에 비해 옳고 그름의 판단을 내리기가 쉽다. ○ ✕

12 '통일이 지향해야 할 윤리적 가치는 무엇인가?'라는 물음은 과학 윤리 영역의 주제이다. ○ ✕

13 도덕적 탐구란 도덕적 사고를 통해 도덕적 의미를 새롭게 구성하는 지적 활동을 말한다. ○ ✕

14 도덕적 탐구의 첫 번째 단계는 입장을 채택하고 정당화 근거를 제시하는 것이다. ○ ✕

15 보편화 가능성 탐색이란 딜레마 속에 있는 다른 사람의 입장을 취해보는 것을 말한다. ○ ✕

16 토론의 일반적인 순서는 주장하기, 반론하기, 재반론하기, 정리하기이다. ○ ✕

17 윤리적 성찰이란 자신의 마음가짐, 행동, 등에 대해 윤리적 관점에서 반성하는 것이다. ○ ✕

18 일일삼성, 거경, 신독은 불교의 윤리적 성찰 방법에 해당한다. ○ ✕

19 '반성하지 않는 삶은 살 가치가 없다'는 소크라테스의 말은 윤리적 성찰의 중요성을 강조한다. ○ ✕

주제 2 실천 윤리학의 성격과 특징

20 윤리학은 당위의 영역보다는 주로 사실의 영역을 연구 대상으로 삼는다. ○ ✕

21 윤리학은 인간의 도덕적 행위의 실천을 목적으로 삼는다. ○ ✕

22 아리스토텔레스는 윤리학을 대표적인 이론 학문으로 분류하였다. ○ ✕

23 아리스토텔레스는 도덕적인 덕은 습관, 즉 반복된 실천의 결과로 나타난다고 보았다. ○ ✕

24 사회 구조나 제도 등 사회적 차원에서 윤리 문제의 해결을 모색하는 것은 개인 윤리이다. ○ ✕

25 개인의 도덕성에 중점을 두고 개인적 차원에서 윤리 문제의 해결을 모색하는 것은 사회 윤리이다. ○ ✕

26 규범 윤리학은 메타 윤리학과 실천 윤리학으로 구분된다. ○ ✕

27 기술 윤리학은 윤리학의 학문적 성립 가능성을 엄밀히 검토하고자 한다. ○ ✕

28 함정 실천 윤리학은 사회 규범을 조사하여 객관적으로 기술하는 것을 강조한다. ○ ✕

29 메타 윤리학은 도덕 언어의 개념을 분석하고 논증의 타당성을 입증하고자 한다. ○ ✕

30 실천 윤리학은 인접 학문과의 학제적 탐구의 필요성을 간과한다. ○ ✕

31 기술 윤리학은 당위의 학문이라는 윤리학의 본질적 성격을 강조한다. ○ ✕

32 함정 규범 윤리학은 도덕 언어의 논리적 타당성과 의미 분석이 일차적인 목표이다. ○ ✕

33 기술 윤리학은 도덕 현상을 기술할 때 문화적 특성을 고려한다. ○ ✕

34 도덕적 관행들을 역사적, 문화적, 인류학적으로 접근하여 서술하는 것은 기술 윤리학이다. ○ ✕

35 함정 실천 윤리학은 윤리 문제에 대한 가치 판단을 배제할 것을 강조한다. ○ ✕

36 함정 이론 윤리학과 기술 윤리학의 공통점은 인간의 행위에 대한 규범적 원리를 정립하고자 한다는 것이다. ○ ✕

37 메타 윤리학과 기술 윤리학은 윤리 문제 해결에 일정한 한계를 갖는다. ○ ✕

38 이론 윤리학과 실천 윤리학은 인간의 바람직한 삶의 방향을 안내하고자 한다. ○ ✕

실천 윤리학과 메타 윤리학은 어떻게 다를까?

개념 — 자료로 확인

■ 실천 윤리학의 특징

실천 윤리학은 삶의 실천적 영역에서 제기되는 도덕 문제를 이해하고 해결하고자 하는 모든 체계적인 탐구를 포괄하는 학문 분야이다. 예를 들어 의학, 과학 등과 관련된 문제뿐만 아니라 고용 평등이나 사형 제도 등의 사회적 관심사 역시 실천 윤리학의 탐구 과제가 된다. 또한 실천 윤리학은 근본적인 윤리 이론이나 도덕 원리를 탐구하는 이론 윤리학과 달리 "윤리 문제를 어떻게 해결할 것인가?"를 주요 물음으로 다룬다. 즉 실천 윤리학에서는 구체적인 윤리 문제가 일차적 물음이고 윤리 이론이나 도덕 원리는 이차적인 의미를 지닌다.

– 김상득, "서양 철학의 눈으로 본 응용 윤리학"

실천 윤리학은 법학, 의학, 종교 등 다양한 인접 학문들과 연계하여 생명 윤리, 사회 윤리, 과학 윤리, 문화 윤리, 평화 윤리 등 삶의 다양한 영역에서 제기되는 윤리적 문제와 쟁점에 대해 이론 윤리학과 유기적인 협조를 통해 문제를 해결하기 위해 노력한다.

└ 실천 윤리학은 윤리 문제를 학제적으로 접근한다. 학제적이라는 말은 둘 이상의 학문 분야와 관계 된다는 의미이다.

■ 메타 윤리학의 특징

20세기 들어 '윤리학이 학문적으로 성립할 수 있는가?'를 규명하기 위해 도덕적 언어의 의미 분석과 도덕적 추론의 정당성을 검증하기 위한 논리 분석에 주된 관심을 두는 메타 윤리학이 등장하였다. 이러한 메타 윤리학은 삶의 구체적인 상황에서 제기되는 실천적 문제에 대한 해답을 제시하기 보다는 도덕적인 개념 혹은 도덕적인 개념에 내포되어 있는 논리적 구조 분석에 집중한다. └ 메타 윤리학은 분석 윤리학이라고도 함

메타 윤리학은 윤리학의 학문적 성립 가능성을 모색하기 위해 도덕 언어의 의미 분석과 도덕적 추론의 타당성 검토를 주된 목표로 하는 윤리학이다. 따라서 메타 윤리학은 현실의 구체적인 도덕 문제의 해결에 한계를 갖는다.

개념 — 빈칸 채우기로 확인

■ 실천 윤리학의 특징

Q1 실천 윤리학은 현대 사회의 윤리 문제를 (   )하는 것이 주된 목표이다.

Q2 실천 윤리학은 윤리 문제를 해결하는 과정에서 (   )이/가 제공하는 도덕 원리를 활용한다.

■ 메타 윤리학의 특징

Q3 메타 윤리학은 윤리학의 (   )을/를 모색한다.

Q4 메타 윤리학은 (   )의 의미를 분석하고 도덕 추론의 타당성을 검토하는 것이 주된 과제이다.

개념 — O/X로 확인

Q5 실천 윤리학은 도덕적 행위를 위한 근본 원리를 탐구하는 것이 근본적인 과제이다. (○ / ×)

Q6 실천 윤리학은 다양한 도덕적 관습이나 풍습을 가치중립적으로 서술하고자 한다. (○ / ×)

Q7 메타 윤리학은 실천 윤리학이 현실의 구체적인 도덕 문제의 해결에 한계가 있다고 비판한다. (○ / ×)

Q8 메타 윤리학은 도덕적 논의에 사용되는 '좋음'과 '옳음' 등의 의미를 분석한다. (○ / ×)

개념 — 벤다이어그램에 적용

연습하기 Q9 입장에 맞게 A / B / C에 표시하시오.

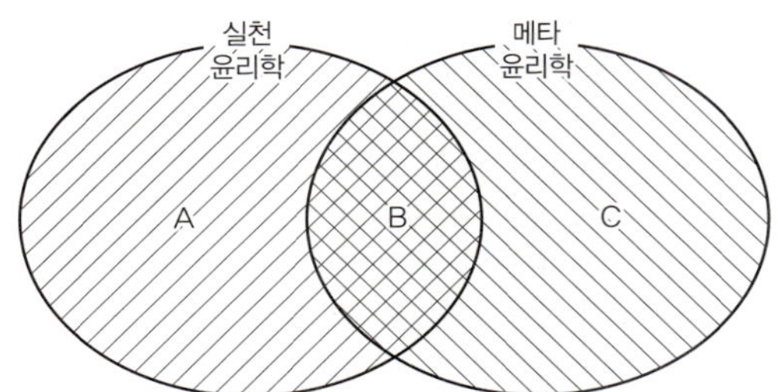

• 윤리학의 목표는 윤리 문제를 해결하는 것이다. ❶ (A / B / C)

• 윤리학의 핵심 과제는 도덕적 언어의 의미를 분석하는 것이다. ❷ (A / B / C)

적용하기 Q10 윤리학의 목표에 대한 실천 윤리학과 메타 윤리학의 입장을 다음 벤다이어그램으로 표현할 때 A∼C에 해당하는 진술로 옳은 것은?

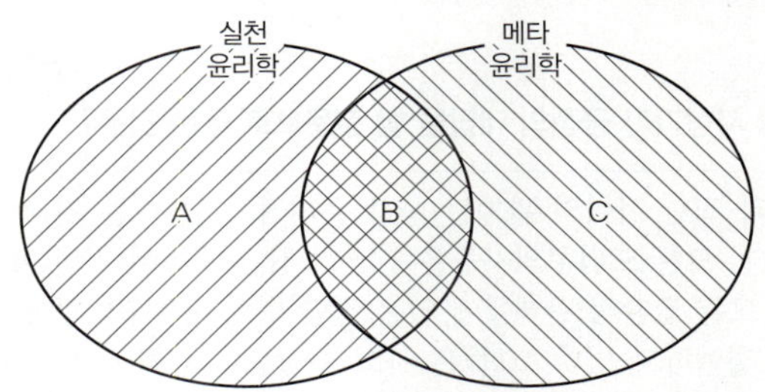

① A : 다양한 사회의 도덕 풍습을 가치 중립적으로 기술하는 것이다.

② A : 특정한 사회의 도덕 현상을 가치 중립적으로 기술하는 것이다.

③ B : 도덕적 관습의 설명보다 도덕 이론을 정립하는 것이다.

④ B : 옳고 그름의 판단 기준인 객관적 도덕규범을 제시하는 것이다.

⑤ C : 도덕적 언어의 개념과 도덕 판단의 타당성을 분석하는 것이다.

How & WHY 정답 01. 해결 02. 이론 윤리학 03. 학문적 성립 가능성 04. 도덕 언어 05. × 06. × 07. × 08. ○ 09. ❶A ❷C 10. ⑤

주제 1 현대 사회의 윤리적 쟁점과 탐구

족집게 전략 | 이 단원에서는 현대 사회에 새로운 윤리 문제의 등장 배경, 새로운 윤리 문제의 특징, 현대 사회의 다양한 영역의 윤리적 쟁점들을 이해하고 있는지를 묻는 문제가 출제될 것으로 예상된다.

접근 전략

❶ 현대 사회의 윤리적 쟁점 파악	❷ 선택지 적용
윤리의 어원과 윤리의 특징을 이해한 뒤 현대 사회의 다양한 영역의 윤리적 쟁점들을 이해하자.	❶에서 학습한 내용을 토대로 제시문을 분석한 뒤 함정 선지에 유의하면서 선택지를 꼼꼼하게 분석하자.

001 대표 문항
| 평가원 기출 |

갑, 을의 입장에 대한 옳은 설명만을 〈보기〉에서 있는 대로 고른 것은?

> 갑 : 몇 해 전 우리나라 법원은 환자가 원한다면 자기 생명을 종식시킬 수 있다는 걸 최초로 인정한 판결을 내렸어. 이것은 환자와 가족의 고통을 덜어 주고, 생명에 대한 자기 결정권을 공식적으로 허용한 올바른 판결로 봐야 해.
>
> 을 : 인간의 생명을 인간 스스로 결정할 수 있다는 판결은 잘못된 결정이야. 아무리 환자 본인의 요청이 있었다고 해도, 생명은 하늘이 부여한 것이므로 자기 생명은 자신도 함부로 할 수 없는 존엄한 것이야.

[보기]
> ㄱ. 갑은 개인이 자기 생명에 대해 배타적 권리가 있음을 주장한다.
> ㄴ. 갑은 안락사 허용이 결과적 이익을 고려한 결정임을 주장한다.
> ㄷ. 을은 생명의 종식 여부가 자율적 선택의 문제가 아님을 주장한다.
> ㄹ. 을은 안락사가 인간의 존엄성을 보호하는 도덕적 행위임을 주장한다.

① ㄱ, ㄷ   ② ㄱ, ㄹ   ③ ㄴ, ㄹ
④ ㄱ, ㄴ, ㄷ   ⑤ ㄴ, ㄷ, ㄹ

002
| 교육청 기출 |

다음 서양 사상가가 긍정의 대답을 할 질문으로 옳은 것은?

> 집단과 집단 사이의 관계는 항상 윤리적이기보다는 지극히 정치적이다. 모든 도덕주의자들은 인간의 집단 행동이 지닌 야수적 성격과 모든 집단적 관계들에 있는 집단적 이기주의의 힘에 대한 이해를 결여하고 있다. 그들은 사회적 갈등이 인류 역사에서 불가피한 것임을 제대로 인식하지 못한다.

① 개인 윤리적 이타성과 사회 윤리적 정의는 항상 상호 배타적인가?
② 개인들의 자발적 타협이 사회 정의를 실현하는 유일한 방법인가?
③ 개인의 도덕적 선의지 함양은 사회 정의 실현의 충분조건인가?
④ 개인 간 갈등은 도덕적이고 합리적인 방법으로 조정될 수 있는가?
⑤ 개인의 합리적 도덕성은 개인이 속한 집단의 도덕성보다 열등한가?

003
| 평가원 기출 |

다음 서양 사상가의 입장으로 옳은 것은?

> 인간은 행위하는 존재이므로 윤리는 반드시 있어야 한다. 행위는 인과적 파급 효과를 산출하기 때문에 행위의 힘이 커질수록 윤리적 책임은 더욱 강조되어야 한다. 따라서 과학 기술로 인해 인간이 갖게 되는 새로운 행위 능력을 규제할 새로운 윤리가 요청되는 것이다. 이러한 새로운 윤리 없이는 기술 능력을 실현시키고자 하는 압력으로 인해 심각한 윤리적 문제가 발생하게 될 것이다.

① 기술의 발달은 인간을 윤리적 책임에서 면제시켜 준다.
② 새로운 윤리는 행위의 결과가 아니라 동기를 고려해야 한다.
③ 기술 발전으로 생기는 문제를 기존의 윤리로 해결해야 한다.
④ 새로운 윤리는 기술에 대하여 가치 중립적 태도를 지녀야 한다.
⑤ 기술에 대한 윤리적 성찰이 결여될 때 윤리적 공백이 발생한다.

004
| 평가원 기출 |

다음 사상가의 입장으로 가장 적절한 것은?

> 폭력을 줄이는 것도 중요하지만, 폭력을 예방하는 것이 더 중요하다. 전자는 소극적 평화를 목표로 하지만, 후자는 적극적 평화를 지향하는 것이다. 따라서 전쟁, 테러, 폭행 등 신체에 직접 해를 가하는 직접적·물리적 폭력이 제거된 소극적 평화 상태뿐만 아니라, 억압, 착취 등의 구조적 폭력과 종교와 사상, 언어와 예술, 과학과 법, 대중 매체와 교육의 내부에 존재하는 문화적 폭력까지 모두 사라진 적극적 평화 상태를 추구해야 한다. 또한 목적이 수단을 정당화할 수 없듯이, 평화는 평화적 수단으로만 이루어져야 한다.

① 적극적 평화를 위한 직접적인 폭력 사용은 인정되어야 한다.
② 직접적인 폭력의 제거가 간접적인 폭력의 제거보다 중요하다.
③ 빈곤, 인권 침해 등으로 인간 삶의 질이 저하되는 상태도 폭력이다.
④ 국제 평화 개념은 국가 간에 전쟁이 없는 상태로 국한되어야 한다.
⑤ 폭력의 개념은 공인되지 않은 비합법적인 무력의 사용으로 한정된다.

005

(가)의 주장을 (나) 그림으로 나타낼 때, ㉠에 대한 반론의 근거로 가장 적절한 것은?

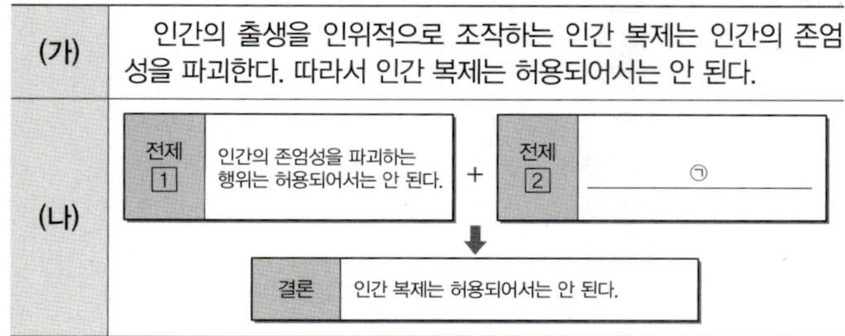

(가)	인간의 출생을 인위적으로 조작하는 인간 복제는 인간의 존엄성을 파괴한다. 따라서 인간 복제는 허용되어서는 안 된다.

① 모든 인간은 출생 방법과 관계없이 존엄성의 주체이다.
② 복제 인간은 독립적이고 고유한 유전 형질을 갖게 될 것이다.
③ 복제 인간은 만든 사람의 의도에 이용되는 도구로 전락할 것이다.
④ 자연스러운 출생만이 존엄성을 갖춘 인간으로 대우받게 될 것이다.
⑤ 남녀 간의 사랑과 상호 의존 관계에 의한 출산이 더욱 확대될 것이다.

006

(가)의 주장을 (나) 그림으로 탐구할 때, ㉠~㉤에 들어갈 내용으로 옳지 않은 것은?

(가)	과학 기술의 급속한 발전과 시대의 변화에 따라 예전에는 존재하지 않았던 윤리적 쟁점과 딜레마 상황이 초래되고 있다. 따라서 우리는 삶의 각 영역에서 등장하는 새로운 윤리적 쟁점들에 대해 알아야 할 필요가 있다.

영역	핵심 쟁점
생명 윤리	㉠
사회 윤리	㉡
과학 윤리	㉢
문화 윤리	㉣
평화 윤리	㉤

① ㉠ : 인간의 필요에 의한 동물 실험은 윤리적으로 정당한가?
② ㉡ : 정의를 실현하기 위한 공정한 분배와 처벌은 무엇인가?
③ ㉢ : 왜 의식주와 소비가 윤리적인 문제로 등장하고 있는가?
④ ㉣ : 예술과 도덕은 갈등할 수밖에 없는가?
⑤ ㉤ : 통일이 지향해야 할 윤리적 가치는 무엇인가?

007

밑줄 친 ㉠의 사례로 적절하지 않은 것은?

> 현대 사회는 과학 기술의 급속한 발달로 인해 많은 변화를 겪고 있다. 그 속에서 살아가는 현대인들은 물질적 풍요와 삶의 여유를 누리지만, 과거에는 나타나지 않았던 새로운 윤리적 쟁점에 직면하기도 한다. 그렇다면 현대 사회에서 ㉠ 과학 기술의 발전으로 인해 나타나는 새로운 윤리적 쟁점에는 어떤 것이 있을까?

① 적극적 안락사를 허용할 것인가?
② 인간 배아 복제를 허용할 것인가?
③ 뇌사를 죽음의 기준으로 인정해야 하는가?
④ 사이버 공간의 윤리와 현실의 윤리는 다른가?
⑤ 행위의 결과를 도덕 판단의 기준으로 삼아야 하는가?

008 고난도

(가)를 주장한 사상가의 입장에서 (나)와 같은 문제의 해결을 위해 제시할 조언으로 가장 적절한 것은?

(가)	인간은 책임을 질 수 있는 유일한 존재이다. 인간은 책임을 질 수 있는 능력을 지녔다는 것 자체로 책임을 져야 하는 정언적인 도덕적 의무가 존재한다. 나아가 우리는 인류의 존속이라는 무조건적 명령을 이행하기 위해 자연과 미래 세대에 대한 책임을 실천해야 한다.
(나)	오늘날 인류는 새로운 윤리 문제들에 직면해 있다. 핵무기의 위협으로 인해 인류의 존속이 위협받고 있으며, 생태계의 위기는 현 세대는 물론 미래 세대의 존속을 어렵게 만들고 있다.

① 과학 기술의 개발을 즉각 중단해야 한다.
② 의도하지 않은 환경 파괴에 대해서는 책임질 필요가 없다.
③ 자연에 대한 인간의 인위적인 개입을 전면 중단해야 한다.
④ 전통적인 윤리 규범을 적용하여 해결 방안을 모색해야 한다.
⑤ 미래 지향적인 당위적 책임을 자신의 의무로 수용해야 한다.

주제 2 실천 윤리학의 성격과 특징

족집게 전략 | 실천 윤리학, 이론 윤리학, 메타 윤리학, 기술 윤리학의 특징을 서로 비교하는 문제가 주로 출제된다. 따라서 평소 각각의 윤리학의 핵심적 특징을 꼼꼼하게 학습해야 하며, 각각의 윤리학이 서로 어떤 점을 비판하는지 확실하게 정리해두어야 한다.

접근 전략

❶ 제시문의 입장 파악하기

실천 윤리학, 이론 윤리학, 메타 윤리학, 기술 윤리학의 특징을 상기하면서 제시문이 어떤 윤리학의 입장에서 진술되고 있는지 파악한다.

▶

❷ 선택지 분석 및 정답 찾기

❶ 단계에서 제시문이 어떤 윤리학의 입장인지 파악했다면 함정에 유의하면서 선택지를 분석하여 정답을 찾아보자.

---

009 ◀ 대표 문항
| 평가원 기출 |

갑, 을의 입장으로 가장 적절한 것은?

> 갑 : '윤리학은 어떻게 살아야 하는가'라는 문제보다 개인의 생활, 사회의 구조와 기능 속에 존재해 온 도덕적 관행들을 역사적, 문화적, 인류학적으로 접근하여 서술해야 한다.
>
> 을 : 윤리학은 도덕적 관행 조사와 도덕적 개념 분석에 집중하기보다 윤리적 삶을 살고자 하는 사람들이 옳고 그름을 판단할 수 있도록 도덕 규칙의 근거인 도덕 원리를 정립해야 한다.

① 갑 : 도덕 현상을 기술할 때 문화적 특성을 고려하지 말아야 한다.

② 갑 : 도덕적 관습 비교보다 윤리적 개념 분석을 중시해야 한다.

③ 을 : 어떻게 행동해야 하는가에 대한 규범적 원리를 정립해야 한다.

④ 을 : 도덕적 명제의 논리 구조와 의미 분석이 탐구 목적이어야 한다.

⑤ 갑, 을 : 인간의 가치 판단을 배제하여 객관성을 확보해야 한다.

010
| 평가원 기출 |

㉠에 들어갈 진술로 가장 적절한 것은?

> 나는 윤리학의 문제가 올바른 대답으로 '해결' 될 수 있는 문제가 아니라 언어 분석으로 '해소' 되어야 할 문제라고 본다. 따라서 윤리학의 주된 과제는 도덕 이론을 전개하거나 도덕적 신념을 표현하는 데 사용되는 용어와 진술들을 논리적으로 분석하는 것이어야 한다. 그런데 과학 기술의 급속한 발달과 시대의 변화에 따라 정치, 경제, 의료, 환경 등 현대인의 다양한 삶의 영역에서 새롭게 제기되는 윤리 문제들을 해결하기 위한 윤리학이 등장하였다. 나는 이러한 윤리학이 [㉠]고 생각한다.

① 언어 분석을 통해 윤리적 딜레마를 해소해야 함을 강조한다

② 윤리적 문제 상황에 도덕 이론을 적용할 수 없음을 강조한다

③ 도덕적 삶의 지침이 될 도덕 원리를 제시해야 함을 간과한다

④ 도덕 이론의 적용보다 도덕 언어의 분석이 중요함을 간과한다

⑤ 각 시대의 다양한 도덕률을 과학적으로 서술해야 함을 강조한다

011
| 평가원 기출 |

(가), (나)의 입장으로 가장 적절한 것은?

> (가) 윤리학은 "인간이 지향해야 할 삶의 가치는 무엇인가?"를 탐구 주제로 삼아 바람직한 삶의 이상을 제안하고 올바른 판단과 행위의 근거인 보편적 도덕 원리를 정립해야 한다.
>
> (나) 윤리학은 "실생활의 도덕적 문제를 어떻게 해결할 것인가?"를 탐구 주제로 삼아 환경 오염, 연명 치료 중단, 사형 제도 등과 같은 현안에 대한 규범적 해결책을 제시해야 한다.

① (가) : 윤리학은 도덕 언어의 의미 분석을 핵심 과제로 삼는다.

② (가) : 윤리학은 도덕적 관습의 실태 조사를 핵심 과제로 삼는다.

③ (나) : 윤리학은 윤리학의 학문적 성립 가능성 검증을 핵심 과제로 삼는다.

④ (나) : 윤리학은 현실 문제에 대한 도덕 원리의 적용을 핵심 과제로 삼는다.

⑤ (가), (나) : 윤리학은 가치 판단을 배제한 결론 도출을 핵심 과제로 삼는다.

012
| 교육청 기출 |

갑, 을, 병의 입장에 대한 설명으로 가장 적절한 것은?

> 갑 : 윤리학의 본질은 모든 행위자들에게 타당한 도덕 규칙과 표준들의 체계를 탐구하고 제시하는 데 있다.
>
> 을 : 윤리학의 본질은 도덕적 용어들의 의미를 분석하고 도덕적 추론 규칙과 인식론적 방법을 탐구하는 데 있다.
>
> 병 : 윤리학의 본질은 개인 생활과 사회 구조 및 기능과 관련된 도덕 현상에 대해 과학적으로 기술하는 데 있다.

① 갑은 도덕적 진술의 옳고 그름에 대해 판단할 수 없다고 본다.

② 을은 윤리학이 보편적 도덕 원리와 규범을 제시해야 한다고 본다.

③ 병은 문화 현상과 관행을 도덕적으로 평가해야 한다고 본다.

④ 갑은 병과 달리 도덕 현상을 객관적으로 서술해야 한다고 본다.

⑤ 을은 갑과 달리 도덕 언어의 논리적 분석을 윤리학의 핵심 과제로 본다.

013

A~C의 입장으로 옳은 것은?

> 윤리학의 구분에 따르면, ⃞ A ⃞ 은/는 삶의 여러 영역에서 발생하는 윤리 문제에 대해 적절한 윤리 이론을 적용하여 이를 해결하고자 한다. 또한 ⃞ B ⃞ 은/는 선과 악, 옳고 그름 등의 가치 판단과 그러한 판단을 내릴 수 있게 해 주는 규칙이나 원리의 타당성에 대해 탐구하는 것에 중점을 둔다. 한편 ⃞ C ⃞ 은/는 윤리학이 하나의 학문으로서 성립 가능한지 여부를 파악하거나 윤리적 용어 및 개념의 의미를 분석하는 데 주된 목적을 둔다.

① A : 여러 사회의 도덕 현상에 대해 객관적으로 기술해야 한다.
② B : 도덕 언어의 의미 분석을 핵심적인 과제로 삼아야 한다.
③ C : 다양한 도덕 현상을 경험 과학적으로 탐구해야 한다.
④ A, B : 도덕적 삶을 위한 보편적 도덕 원리를 탐구해야 한다.
⑤ B, C : 도덕적 관습은 가치와 무관한 문화적 사실이다.

014 고난도↑

㉠에 들어갈 말로 가장 적절한 것은?

> '거짓말은 나쁜가?'와 같은 도덕 문제에 답하려면 관련된 문제들에 답해야 한다. 어떤 학자들은 '선악을 구분하는 도덕 원리가 무엇인가?'라는 물음에 대해 유용성, 정언명령 등의 답을 제시하였다. 다른 학자들은 "'나쁘다'의 의미는 무엇인가?'라는 물음에 대해 금지, 혐오 등의 답을 제시하였다. 하지만 위와 같은 대답들은 현실에서 제기되는 도덕 문제에 대한 구체적인 행위 지침을 제시하지 못한다. 따라서 ' ⃞ ㉠ ⃞ '와 같은 물음에 답하는 윤리학의 분야가 필요하다.

① 환자를 안심시키려는 의사의 거짓말은 의료 윤리에 위배되는가?
② 거짓말에 대한 도덕적 신념이 지역적, 시대적으로 어떻게 다른가?
③ 선의의 거짓말과 관련된 도덕적 딜레마의 논리적 구조는 무엇인가?
④ '절대로 거짓말을 하지 말라.'라는 도덕적 진술은 논리적으로 타당한가?
⑤ '거짓말은 나쁘니까 사소한 거짓말도 나쁘다.'가 보편타당한 도덕 규범인가?

015

| 평가원 기출 |

㉠에 들어갈 진술로 가장 적절한 것은?

> 나는 윤리학의 목적을 도덕적 논의의 의미론적, 논리적, 인식론적 구조를 분명하게 이해하는 데 두어야 한다고 본다. 그런데 어떤 이들은 윤리학의 목적을 보편적인 도덕 원리를 탐구하여 실제 삶의 다양한 윤리 문제를 해결하는 데 두어야 한다고 주장한다. 내가 보기에 이러한 입장은 윤리학의 핵심 과제가 ⃞ ㉠ ⃞

① 다양한 도덕적 관습과 풍습을 기술해야 함을 간과하고 있다.
② 도덕적 논증의 타당성 검토에 전념해야 함을 간과하고 있다.
③ 도덕적 삶을 위한 도덕 원리를 제시해야 함을 간과하고 있다.
④ 도덕 법칙을 정립하여 만인에게 적용해야 함을 간과하고 있다.
⑤ 현실 도덕 문제에 대한 해결책을 모색해야 함을 간과하고 있다.

016

| 평가원 기출 |

㉠에 들어갈 진술로 가장 적절한 것은?

> 나는 윤리학이 생명 윤리 문제, 정보 윤리 문제 등과 같은 다양한 삶의 영역에서 제기되는 구체적 문제에 대해 도덕적인 해결책을 제시해야 한다고 본다. 이러한 측면에서 윤리학은 이론 지향적이 아니라 실천 지향적이어야 한다. 그런데 어떤 윤리학자는 윤리학이 '옳다', '그르다'와 같은 도덕적 언어의 의미를 분석해야 한다고 주장한다. 나는 이러한 윤리학자의 입장이 ⃞ ㉠ ⃞ 고 생각한다.

① 도덕적 논증의 타당성 검토에 전념해야 함을 간과한다
② 윤리학의 학문적 성립가능성을 탐구해야 함을 간과한다
③ 도덕 문제의 해결보다는 도덕 관행을 기술해야 함을 강조한다
④ 실천적 규범을 통해 현실의 도덕 문제를 해결해야 함을 간과한다
⑤ 도덕 원리를 적용해 구체적 삶의 문제를 해결해야 함을 강조한다

02강 동양 윤리의 접근

주제 1 유교 윤리적 접근

1. 유교 윤리의 특징

(1) 도덕적 인격 완성 추구

① 공자는 인(仁)을 타고난 내면적 도덕성으로 보았으며, 맹자는 사단(四端)이라는 선한 마음이 누구에게나 주어져 있다고 봄

└ 진실된 마음으로 상대를 대하며, 자신이 원하지 않는 일을 남에게 하지 않음

② 효제(孝悌), 충서(忠恕), 오륜(五倫)을 통해 인(仁)을 실천하고자 함

└ 부모에 대한 효도와 형제 사이의 우애 └ 유교에서 말하는 5가지 기본적 실천덕목 └ 사랑 또는 인간다움

③ 사후 세계나 초월적 존재보다 현실의 도덕적 삶을 중시함

④ 내면의 도덕성을 바탕으로 지속적인 수양을 통해 도덕적으로 완성된 존재가 될 것을 강조함 → 성인(聖人), 군자(君子)

자료로 살펴보기

■ 맹자의 사단(四端)

만약 지금 어떤 사람이 한 어린아이가 우물 속에 빠지려는 것을 보게 된다면, 깜짝 놀라며 측은하게 여기는 마음을 가지게 된다. 이를 통해 볼 때 측은하게 여기는 마음[惻隱之心, 측은지심]이 없다면 사람이 아니고, 부끄러워하는 마음[羞惡之心, 수오지심]이 없다면 사람이 아니며, 사양하는 마음[辭讓之心, 사양지심]이 없다면 사람이 아니고, 옳고 그름을 판단하는 마음[是非之心, 시비지심]이 없다면 사람이 아니다.

–맹자, "맹자"

맹자는 우물에 빠지려는 어린아이를 보면 누구나 불쌍히 여기는 마음이 드는 것처럼 인간에게는 선한 본성이 있다고 하였다. 그는 인간이라면 누구나 '인의예지'라는 사덕과 '측은, 수오, 사양, 시비의 마음'이라는 사단을 지니고 태어난다고 보았다.

(2) 도덕적 공동체 지향

① 인간과 인간 사이의 관계성을 중시함 → 오륜(五倫)

부자유친 (父子有親)	어버이와 자식 사이에는 친함이 있어야 한다.
군신유의 (君臣有義)	임금과 신하 사이에는 의로움이 있어야 한다.
부부유별 (夫婦有別)	부부 사이에는 분별이 있어야 한다.
장유유서 (長幼有序)	어른과 아이 사이에는 차례와 질서가 있어야 한다.
붕우유신 (朋友有信)	친구 사이에는 믿음이 있어야 한다.

② 정명(正名) 사상 : 구성원 모두가 자기 이름에 맞는 역할과 책임을 실천할 것을 강조함

└ 개인의 이익보다 사회 전체의 정의(正義)를 중시함

③ 이익을 보면 의를 먼저 생각해야 한다는 견리사의(見利思義)를 강조함

└ 공자는 "임금은 임금답고, 신하는 신하다우며, 어버이는 어버이답고, 자식은 자식다워야 한다[君君, 臣臣, 父父, 子子]."라는 정명 사상을 주장함

④ 덕치(德治) 사상 : 형벌이나 무력보다는 도덕과 예의로써 교화라는 정치를 강조함

⑤ 군주는 백성의 생계를 보장하여 도덕성을 잃지 않도록 해야 함 → 항산(恒産)과 항심(恒心)

└ 맹자는 백성은 일정한 생업[항산]이 있어야 선한 마음[항심]을 유지할 수 있다고 봄

⑥ 대동 사회(大同社會) : 모두가 더불어 잘 사는 도덕적인 이상 사회를 추구함

자료로 살펴보기

■ 대동 사회

큰 도가 행해지고 천하가 모두의 것이다. 현명하고 유능한 자를 뽑아 다스리게 하니, 사람들은 자기 부모만 부모로 여기지 않고 자기 자식만 자식으로 여기지 않는다. 노인은 여생을 잘 마치게 하며, 장년은 일자리가 있으며, 어린이는 잘 양육되고, 홀로된 자와 병든 자도 모두 부양받는다. 남녀가 따로 직분이 있고, 재화가 땅에 버려지지도 않지만 사적으로 저장할 필요도 없다. 스스로 일하는 것을 싫어하지 않지만 자기만을 위해 일하지 않는다. 그러므로 음모가 생기지 않고 도적과 난적이 생기지 않기 때문에 바깥문을 닫을 필요가 없다. 이런 상태를 대동(大同)이라고 한다.

–"예기"

공자가 이상 사회로 제시한 대동 사회는 인륜(人倫)이 실현된 사회로, 각 개인이 자신의 능력을 충분히 발휘할 수 있으며, 누구에게나 기본적인 삶이 보장되고, 서로 신뢰하고 도와주기 때문에 범죄가 발생하지 않는다.

(3) 자연과 인간의 조화 추구

① 생명의 소중함을 일깨워 환경 보호에 기여함

② 천인합일(天人合一) 사상 : 하늘과 사람이 하나라고 봄

2. 유교 윤리의 시사점

(1) 인간을 내면적 도덕성을 지닌 존재로 인식하는 유교 윤리의 가르침은 인간의 존엄성을 되찾는 데 기여할 수 있음

(2) 유교 윤리에서 강조하는 자기 수양의 자세는 도덕적 해이 현상을 극복하는 데 기여할 수 있음

(3) 유교 윤리에서 강조하는 공동체 윤리는 이기주의를 극복하는 데 도움을 줄 수 있음

> **이렇게 출제돼!** 유교 윤리는 자주 출제되는 까다로운 주제야. 특히 불교 윤리 및 도가 윤리와 비교하는 유형이 자주 출제된다는 것을 기억할 것! 유교 윤리의 기본 개념과 키워드를 철저히 익히고 유교, 불교, 도가 윤리의 내용을 서로 비교하면서 꼼꼼하게 공부해야 해!

주제 2 불교 윤리적 접근과 도가 윤리적 접근

1. 불교 윤리적 접근

(1) 불교 윤리의 특징

① 연기적 세계관

• 모든 현상에는 원인[因]과 조건[緣]이 있다는 연기적 세계관을 강조함 → 고정된 실체는 존재하지 않으며 모든 것이 상호 관계 속에서만 존재함을 강조함

• 연기를 깨달으면 자신이 소중하듯 남도 소중하다는 자비(慈悲)의 마음이 저절로 생겨남 → 자신에게 얽매이지 않고 세상의 모든 생명에게 자비를 실천할 것을 강조함

• 연기의 깨달음을 통해 고통에서 벗어나면 해탈과 열반이라는 이상적 경지에 도달할 수 있다고 봄

■ 연기(緣起)

> 이것이 있기 때문에 저것이 있고, 이것이 생기기 때문에 저것이 생긴다. 이것이 없기 때문에 저것이 없고, 이것이 사라지기 때문에 저것이 사라진다. 비유하면 세 개의 갈대가 아무것도 없는 땅 위에 서려고 할 때 서로 의지해야 설 수 있는 것과 같다. 만일 그 가운데 한 개를 제거해 버리면 두 개의 갈대는 서지 못하고, 그 가운데 두 개의 갈대를 제거해 버리면 나머지 한 개도역시 서지 못한다. 세 개의 갈대는 서로 의지해야 설 수 있는 것이다.
> — "잡아함경"

연기설은 불교의 근본 사상이다. 연기는 모든 존재와 현상이 다양한 원인과 조건에 따라 생겨난다는 뜻으로, 삶과 우주를 설명하는 가장 근본적인 진리이다. 일체의 사물은 혼자만의 힘으로 생성하거나 발전할 수 없고, 반드시 원인[因]과 조건[緣]의 결합을 필요로 한다는 것이다.
불교에서는 모든 것이 상호 관계 속에서만 존재한다는 연기의 법칙을 깨닫게 되면 모든 것에 대하여 자비(慈悲)의 마음이 저절로 생길 뿐만 아니라 고통의 근본적인 원인인 탐욕에서 벗어날 수 있다고 본다.

② 평등적 세계관 → 부처가 될 수 있는 근본 성품이나 가능성
- 모든 존재는 불성(佛性)이 있으므로 평등하다고 봄
- 불성은 누구나 가지고 있는 부처의 마음으로, 불교에서는 누구나 깨달음을 얻어 부처가 될 수 있다고 봄
③ 주체적 인간관
- 인간은 누구나 주체적으로 계·정·혜의 삼학(三學)을 수행하면 진리를 깨달을 수 있다고 봄
- 대승 불교에서는 깨달음을 얻어 중생을 구제하고자 하는 보살(菩薩)을 이상적 인간상으로 제시함

(2) 불교 윤리의 시사점
① 인간의 내면을 성찰하고 정신 수양을 하는 데 기여함 → 참선과 같은 수행 방법을 제시함
② 생명 경시 풍조나 생태계 문제 해결에 필요한 시사점을 제공함
- 모든 생명체에 불성이 내재해 있다고 보아 무분별한 살생과 환경 파괴를 경계할 수 있게 함
- 불살생(不殺生)과 살생유택(殺生有擇)의 계율을 실천함으로써 생명의 존엄성을 일깨움
③ 보편적 인류애의 중요성을 되새기게 할 수 있음 → 자비의 실천으로 대중을 구제하려고 했던 불교 윤리는 보편적인 인류애와 연결되어 평화를 가져다줄 수 있음

계(戒)	몸과 입, 뜻으로 나쁜 짓을 하지 않도록 막는 것
정(定)	어지럽게 흩어진 마음을 한곳에 모으는 것
혜(慧)	분별심을 없애고 진리를 있는 그대로 보는 것

2. 도가 윤리적 접근
(1) 도가 윤리의 특징
① 자연의 순리에 따르는 삶 강조
- 노자 : "도(道)는 자연을 본받아 어긋나지 않는다." → 천지만물의 근원인 도(道)에 따라 인위적으로 강제하지 않고 자연스러움을 따르는 무위자연(無爲自然)의 삶을 이상적인 삶의 모습으로 제시함
- 무위자연 : 사람의 힘이 더해지지 않고, 자연 그대로의 질서를 따르는 것을 말함
- 무위의 다스림이 이루어지는 소국과민(小國寡民)을 이상 사회로 제시함

■ 소국과민

> 나라는 작고 백성은 적다. 많은 도구가 있더라도 쓸 일이 없고, 백성이 죽음을 중히 여겨 멀리 이사 가는 일이 없다. 배와 수레가 있더라도 탈 일이 없고, 갑옷과 무기가 있더라도 펼칠 일이 없다. 백성들이 다시 새끼를 묶어 사용하도록 한다. 음식을 달게 여기고 옷을 아름답게 여기며 거처를 편안해 하고 풍속을 즐거워한다. 이웃 나라와 서로 바라다 보이고 닭 우는 소리와 개 짖는 소리가 서로 들려도 백성들은 늙어 죽을 때까지 서로 왕래하지 않는다.
> — "도덕경"

노자는 작은 영토에 적은 백성이 모여 살아가는 소국과민을 이상 사회로 제시하였다. 소국과민은 분별과 차별, 인위적인 제도와 규범에서 벗어나 소박한 삶을 살아가는 사회이며, 문명을 거부하고 자연의 순리에 따라 살아가는 사회이다.

② 평등적 세계관 → 제물이란 자아의 정신세계로부터 나와 너의 대립을 해소하고, 모든 사건이나 사물을 차별하지 않는 상태를 말함
- 장자의 제물(齊物)론 : "도(道)의 관점에서 볼 때 무엇을 귀하게 여기고, 무엇을 천하게 여기겠는가?" → 세상 만물은 평등한 가치를 지님을 강조 → 좌망(坐忘)은 조용히 앉아서 자신을 구속하는 일체의 것을 잊어버리는 것을 말하며, 심재(心齋)는 마음을 비워서 깨끗이 하는 것을 말함
- 세상 만물을 평등하게 인식하는 제물의 경지에 이르기 위한 방법으로 좌망과 심재를 제시
- 모든 차별이 소멸된 정신적 자유의 경지에 오른 이상적 인간을 지인(至人), 진인(眞人), 신인(神人), 천인(天人)이라고 함

■ 도가의 이상적 인간상

> 옛날의 참된 사람[眞人]은 삶을 기뻐할 줄도 모르고 죽음을 싫어할 줄도 몰랐다. 세상에 태어남을 기뻐하지도 않았거니와 죽음으로 들어감을 거부하려 하지 않았다. 의연히 가고 의연히 올 따름이었다. 그는 시작을 꺼리지도 않거니와 종말을 구하지도 않았다. 삶을 받아도 기뻐하지 않고 잃어도 다시 그러하였다. 이것이 자기 마음으로 도를 저버리지 않는 것이며, 사람으로서 하늘을 돕지 않는다는 것이다.
> — "장자"

장자는 절대 자유의 경지에 올라선 이상적 인간으로 지인, 진인, 신인, 천인 등을 제시하였다. 장자에 따르면 이들은 어떠한 것에도 얽매이지 않기 때문에 옳고 그름과 선악을 분별하지 않으며, 자연과 하나가 되어 물아일체의 삶을 살아간다.

(2) 도가 윤리의 시사점
① 내면의 자유로움을 추구함으로써 세속적 가치에 대한 지나친 욕망에서 벗어나는 데 기여할 수 있음
② 자연의 질서에 따르는 삶의 자세를 강조하여 생태계 위기를 극복하는 데 도움을 줄 수 있음
③ 마음의 안정을 주고, 현대 사회의 인간성 상실 등의 문제 해결에 기여할 수 있음

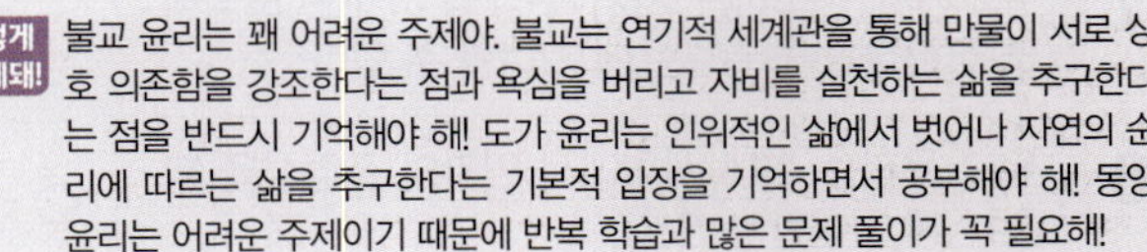
이렇게 출제돼! 불교 윤리는 꽤 어려운 주제야. 불교는 연기적 세계관을 통해 만물이 서로 상호 의존함을 강조한다는 점과 욕심을 버리고 자비를 실천하는 삶을 추구한다는 점을 반드시 기억해야 해! 도가 윤리는 인위적인 삶에서 벗어나 자연의 순리에 따르는 삶을 추구한다는 기본적 입장을 기억하면서 공부해야 해! 동양 윤리는 어려운 주제이기 때문에 반복 학습과 많은 문제 풀이가 꼭 필요해!

핵심 개념 CHECK!

• 정답 및 해설 08쪽

💧 다음 확인 문제 중 옳은 것에 ○, 옳지 않은 것에 ✕를 표기하세요.

주제 1   유교 윤리적 접근

01 공자는 인(仁)을 타고난 내면적 도덕성이라고 본다. ○ ✕

02 맹자는 사단(四端)이라는 선한 마음이 누구에게나 주어져 있다고 본다. ○ ✕

03 함정 유교는 현실의 도덕적 삶보다 사후 세계나 초월적 존재를 중시한다. ○ ✕

04 유교의 이상적 인간상은 보살이다. ○ ✕

05 맹자가 말하는 측은지심이란 불의를 보고 부끄러워하는 마음을 말한다. ○ ✕

06 맹자가 말하는 수오지심이란 옳고 그름을 판단하는 마음을 말한다. ○ ✕

07 맹자는 우물에 빠지려는 아이를 보면 누구나 불쌍히 여기는 마음이 드는 것은 인간이 선한 본성을 가진 증거라고 본다. ○ ✕

08 함정 유교는 도덕적 공동체보다는 개인의 자유와 권리를 강조한다. ○ ✕

09 오륜 중 부자유친이란 어버이와 자식 사이에는 친함이 있어야 한다는 것을 말한다. ○ ✕

10 오륜 중 군신유의란 어른과 아이 사이에는 차례와 질서가 있음을 강조하는 것이다. ○ ✕

11 친구 사이에는 믿음이 있어야 한다는 것은 오륜 중 붕우유신을 말한다. ○ ✕

12 정명(正名) 사상은 구성원 각자가 자신의 책임과 역할을 다할 것을 강조한다. ○ ✕

13 견리사의란 개인의 이익보다 사회 전체의 정의(正義)를 중시한다는 것을 말한다. ○ ✕

14 함정 유교의 덕치(德治)는 형벌과 무력을 통해 도덕적 사회를 지향하는 정치이다. ○ ✕

15 함정 맹자에 따르면 백성은 일정한 생업이 없어도 선한 마음을 유지할 수 있다. ○ ✕

16 유교의 이상 사회인 대동 사회는 모두가 더불어 잘 사는 도덕적인 이상 사회이다. ○ ✕

17 유교에서 강조하는 자기 수양의 자세는 도덕적 해이 현상을 극복하는 데 기여할 수 있다. ○ ✕

18 유교 윤리는 현대 사회에서 인간의 존엄성을 되찾는 데 기여할 수 있다. ○ ✕

주제 2   불교 윤리적 접근과 도가 윤리적 접근

19 불교의 연기적 세계관은 만물의 상호의존성을 강조한다. ○ ✕

20 함정 불교에서는 불변하는 자아를 깨달아 고통에서 벗어날 것을 강조한다. ○ ✕

21 불교 윤리는 만물이 독립적으로 존재함을 깨달아 해탈의 경지로 나아갈 것을 강조한다. ○ ✕

22 자비(慈悲)란 자신이 소중하듯 남도 소중하다는 마음을 말한다. ○ ✕

23 함정 불교에서는 지속적인 수행을 통해 불성(佛性)을 갖춰야 함을 강조한다. ○ ✕

24 불교에서는 누구나 깨달음을 얻어 부처가 될 수 있다고 본다. ○ ✕

25 참선과 같은 수행 방법을 제시한 불교는 오늘날 내면을 성찰하는 데 기여할 수 있다. ○ ✕

26 무위자연이란 사람의 힘이 더해지지 않고, 자연 그대로의 질서를 따르는 것을 말한다. ○ ✕

27 노자의 이상 사회인 소국과민은 무위의 다스림이 이루어지는 사회이다. ○ ✕

28 함정 도가에서는 인위적인 제도와 규범을 통해 사회 질서를 바로잡고자 한다. ○ ✕

29 제물의 경지란 세상 만물을 평등하게 인식하는 상태를 말한다. ○ ✕

30 도가에서는 제물의 경지에 이르기 위한 방법으로 좌망과 심재를 제시한다. ○ ✕

31 모든 차별이 소멸된 정신적 자유의 경지에 오른 이상적 인간이 지인(至人), 진인(眞人)이다. ○ ✕

32 도가 윤리는 선과 악, 옳고 그름을 명확히 구분할 때 이상적인 삶이 가능하다고 본다. ○ ✕

33 도가 윤리에서 강조하는 자연의 순리에 따르는 삶의 자세는 오늘날 환경 문제를 해결하는 데 기여할 수 있다. ○ ✕

34 도가에서는 자연과 하나가 되어 살아가는 물아일체(物我一體)의 삶을 강조한다. ○ ✕

35 좌망(坐忘)은 조용히 앉아서 자신을 구속하는 일체의 것을 잊어버리는 것을 말한다. ○ ✕

36 심재(心齋)는 마음을 비워서 깨끗이 하는 것을 말한다. ○ ✕

37 도가 윤리는 현대 사회의 인간성 상실 등의 문제 해결에 기여할 수 있다. ○ ✕

동양 윤리의 이상적 인간상은 어떻게 다를까?

개념 | 자료로 확인

■ 유교의 이상적 인간상

> 군자(君子)가 사고함에는 아홉 가지가 있다. 볼 때는 분명히 보았는지를 생각해야 하고, 들을 때는 똑똑히 들었는지를 생각해야 하고, 안색은 온화한지를 생각해야 하고, 용모는 단정한지를 생각해야 하고, 말은 진실해야 함을 생각해야 하고, 일함에는 진지해야 함을 생각해야 하고, 의문이 날 때는 어떻게 물어볼 것인지를 생각해야 하고, 분통이 날 때는 후환을 생각해야 하고, 이득을 볼 때는 의로운 것인지를 생각해야 한다. —"논어"

유교 윤리의 사상가인 공자는 군자를 이상적인 인간으로 보았다. 군자는 끊임없는 자기 수양을 통해 몸가짐과 마음가짐을 바르게 하여 높은 도덕성을 갖춘 사람이며 의로움을 추구한다.

■ 불교의 이상적 인간상

> 나의 병은 중생들의 미혹에 대한 안타까움 때문에 생겼습니다. 일체중생이 병들었기 때문에 나의 병이 생겼습니다. 그러므로 일체중생이 병이 없게 되면 나의 병도 없어질 것입니다. —"유마경"

대승 불교에서 제시하는 이상적 인간상은 보살(菩薩)이다. 보살은 위로는 진리를 구하고 아래로는 중생을 구제하는 사람으로, 자아에 대한 집착에서 벗어나 자비로운 마음으로 중생을 이상 세계로 인도하기 위해 노력하는 삶을 살아간다.

■ 도가의 이상적 인간상

> 옛날의 진인(眞人)들은 출생도 기뻐하지 않았고, 죽음도 싫어하지 않았다. 태어난 것을 기뻐하지 않거니와 되돌아가는 것을 거부하지도 않았다. 의연히 가고 의연히 올 따름이다. 자기 생명의 시작을 잊지 않거니와 제 명대로 죽는 것도 억지로 추구하지 않았다. 생명을 받으면 기뻐하고 그것을 잃었으면 자연으로 다시 되돌아간 것이다. 이것이 바로 인간의 마음으로써 도(道)를 덜어 내지 아니하고, 인위로써 자연을 돕지 않는다는 것이다. —"장자"

도가 윤리 사상가인 장자는 이상적 인간상으로 진인을 제시하였다. 좌망과 심재의 수양을 통해 제물의 경지에 이른 진인은 인위적인 분별과 차별에서 벗어나 무위의 삶을 살아간다. 나아가 자연과 하나가 되어 살아가는 물아일체의 삶을 살아간다.

개념 | 빈칸 채우기로 확인

■ 유교의 이상적 인간상

Q1 공자는 이상적 인간상으로 (   )을/를 제시한다.

Q2 유교의 이상적 인간상은 높은 (   )을/를 갖춘 사람을 말한다.

■ 불교의 이상적 인간상

Q3 대승 불교의 이상적 인간상은 (   )이다.

Q4 보살은 위로는 (   )을/를 구하고 아래로는 (   )을/를 구제하기 위해 노력한다.

■ 도가의 이상적 인간상

Q5 도가에서는 이상적 인간상으로 (   )을/를 제시한다.

Q6 진인(眞人)은 자연과 하나가 되어 살아가는 (   )의 삶을 살아간다.

개념 | O/X로 확인

Q7 유교 윤리는 인위적인 도덕과 제도에서 벗어나 자연의 순리에 따르는 삶을 살아갈 것을 강조한다. (○ / ×)

Q8 불교 윤리는 불변하는 자아에 대한 깊은 깨달음을 통해 이상적 경지에 이를 수 있다고 본다. (○ / ×)

Q9 도가 윤리는 인위적인 제도와 도덕에서 벗어나야 이상적인 삶을 살아갈 수 있다고 본다. (○ / ×)

개념 | 벤다이어그램에 적용

적용하기 Q10 입장에 맞게 A / B / C에 표시하시오.

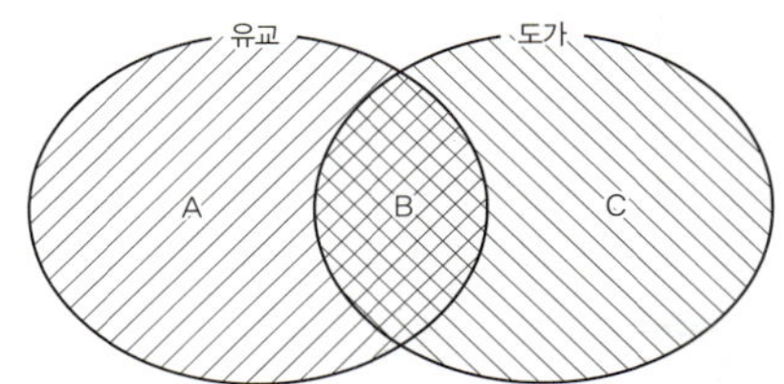

- 도덕적 완성을 지향하는 삶을 살아가야 한다. ❶ (A / B / C)
- 인위적인 도덕을 거부하고 자연의 순리에 따라 살아가야 한다. ❷ (A / B / C)
- 인간 스스로 끊임없는 자기 수양을 통해 이상적 인간상이 될 수 있다. ❸ (A / B / C)

적용하기 Q11 유교 윤리와 불교 윤리의 입장을 다음 벤다이어그램으로 표현할 때 A~C에 해당하는 진술로 옳은 것은?

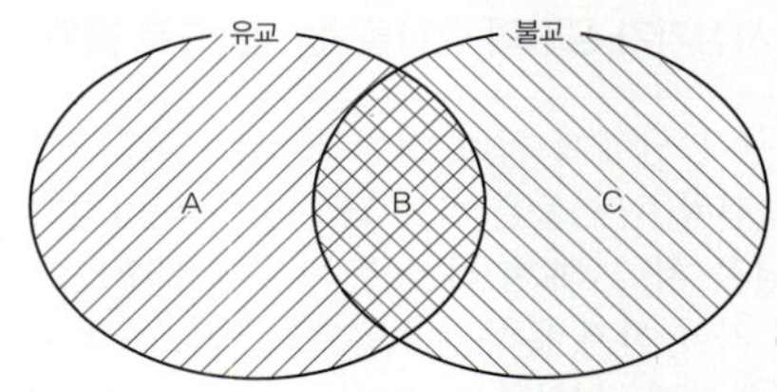

① A : 자연과 하나가 되어 살아가는 물아일체의 삶을 지향해야 한다.
② A : 인위적인 도덕과 분별에서 벗어나 정신적 자유를 추구해야 한다.
③ B : 좌망과 심재의 수양을 통해 제물의 경지에 도달해야 한다.
④ C : 자아[我]는 존재하지 않는다는 것을 깊이 깨달아야 한다.
⑤ C : 이상적 인간이 되기 위해서는 초월적 존재의 도움을 받아야 한다.

How & WHY 정답 01. 군자 02. 도덕성 03. 보살 04. 진리, 중생 05. 진인 06. 물아일체 07. × 08. × 09. ○ 10. ❶ A ❷ C ❸ B 11. ④

주제 1　유교 윤리적 접근

족집게 전략 | 제시문이 유교 윤리임을 이해하고 있는지 묻고, 선택지에서 유교 윤리의 입장을 고르는 유형이 주를 이룬다. 평소에 유교 윤리의 주요 개념과 키워드를 철저히 학습할 필요가 있으며, 오답 선지에 불교와 도가 사상이 제시되는 경우가 많으니 불교 윤리와 도가 윤리의 기본 개념도 철저히 학습해두자.

접근 전략

❶ 제시문의 사상 파악

정명, 인(仁), 군자, 예(禮), 호연지기 등 유교 윤리의 주요 키워드를 확인하고 유교 윤리임을 확정하자.

▶

❷ 제시된 사상에 부합하는 선택지 고르기

❶에서 유교 윤리임을 알았다면 입장에 부합하는 선택지를 신중하게 선택하자.

---

017 대표 문항
| 평가원 기출 |

고대 중국 사상가 갑, 을의 입장만을 〈보기〉에서 있는 대로 고른 것은?

> 갑 : 정치는 이름을 바로잡는 것[正名]에서 시작된다. 이름이 바로 잡히지 않으면 예악(禮樂)이 세워지지 않고, 예악이 세워지지 않으면 형벌의 집행이 공정하게 되지 않는다.
>
> 을 : 선비가 머물러야 할 곳은 어디인가? 바로 인(仁)이다. 선비가 걸어야 할 길은 어디에 있는가? 바로 의(義)이다. 인에 머물며 의를 따르면 대인(大人)의 일이 이루어진다.

〈보기〉
ㄱ. 갑 : 군자는 자신의 이익보다는 형벌의 공정성을 우선시한다.
ㄴ. 갑 : 어진 사람은 선한 사람과 악한 사람을 분별없이 사랑한다.
ㄷ. 을 : 왕도 정치는 백성의 생업 문제 해결에서 시작되어야 한다.
ㄹ. 갑, 을 : 예(禮)는 인간의 도덕적 삶에 필수적인 사회규범이다.

① ㄱ, ㄴ　　② ㄱ, ㄷ　　③ ㄴ, ㄹ
④ ㄱ, ㄷ, ㄹ　　⑤ ㄴ, ㄷ, ㄹ

018
| 교육청 기출 |

다음을 주장한 사상가가 긍정의 대답을 할 질문으로 옳은 것은?

> 사람은 누구나 남에게 차마 하지 못하는 마음[不忍人之心]을 가지고 있다. 선왕(先王)들은 바로 남에게 차마 하지 못하는 마음이 있어서, 남을 차마 해(害)하지 못하는 정치[不忍人之政]를 하였다. 남에게 차마 하지 못하는 마음으로 남을 차마 해하지 못하는 정치를 행한다면, 천하를 다스리는 일은 손바닥 위에서 움직이는 것 같이 할 수 있을 것이다.

① 집의(集義)를 통해 호연지기를 길러야 하는가?
② 좌망(坐忘)을 통해 제물(齊物)에 도달해야 하는가?
③ 사덕(四德)을 발현하여 선한 본성을 획득해야 하는가?
④ 허심(虛心)으로 순수한 자연의 덕성을 갖추어야 하는가?
⑤ 자신의 주관을 버리고 사물의 자연스러운 변화에 따라야 하는가?

019
| 평가원 기출 |

다음 대화에서 스승이 강조하는 삶의 태도로 가장 적절한 것은?

① 현실의 도덕적 질서를 부정하고 대자연의 섭리를 따라야 한다.
② 자신의 수양에 힘쓰고 다른 사람에게 서(恕)를 실천해야 한다.
③ 불로장생의 신선이 되기 위해 양생(養生)의 수련을 해야 한다.
④ 성현이 제정한 예약에서 벗어나 개인적 욕구를 추구해야 한다.
⑤ 내세의 길흉화복을 예측하기 위해 초월적 존재에 의존해야 한다.

020
| 교육청 기출 |

그림은 고대 동양 사상가들의 가상 대화이다. 갑, 을, 병의 입장에 대한 설명으로 옳은 것은?

① 갑은 분별적 지혜와 욕심을 버릴 것을 강조했다.
② 을은 고정된 실체(實體)인 자아의 확립을 강조했다.
③ 병은 모든 생명체가 불성(佛性)을 지닌 존재라고 보았다.
④ 갑은 사단의 확충을, 병은 허심(虛心)의 자세를 중시했다.
⑤ 갑, 을은 인의(仁義)를 벗어난 자연스러움을 중시했다.

021

(가)의 사상가 입장에서 (나)의 ㉠에 제시할 내용으로 가장 적절한 것은?

(가)	○ 임금은 임금다워야 하고, 신하는 신하다워야 하며, 아버지는 아버지다워야 하고, 자식은 자식다워야 한다. ○ 백성을 법률과 형벌로써 가지런하게 하려고 한다면 그들은 형벌을 피하고자 할 뿐 부끄러워하는 마음을 가지지 못할 것이다.
(나)	________ ㉠ ________ 그러면 도덕적인 공동체가 실현될 것이다.

① 도덕과 예의로써 백성을 교화하는 정치를 펼쳐라.

② 강력한 법과 무거운 형벌을 만들어 세상에 적용하라.

③ 인의(仁義)를 버리고 무위자연(無爲自然)의 삶을 살아가라.

④ 현실의 삶보다는 내세의 행복을 추구하는 삶의 자세를 가져라.

⑤ 살아있는 모든 생명이 불성(佛性)을 지닌 존재임을 모두 자각하라.

022 고난도

(가)의 갑, 을 사상가들의 입장을 (나) 그림으로 표현할 때, A~C에 해당하는 옳은 진술만을 〈보기〉에서 있는 대로 고른 것은?

(가)	갑 : 만약 지금 어떤 사람이 한 어린아이가 우물 속에 빠지려는 것을 보게 된다면, 깜짝 놀라며 측은하게 여기는 마음을 가지게 된다. 측은하게 여기는 마음(惻隱之心), 부끄러워하는 마음(羞惡之心), 사양하는 마음(辭讓之心), 옳고 그름을 판단하는 마음(是非之心)이 없다면 사람이 아니다. 을 : 옛날의 참된 사람[眞人]은 삶을 기뻐할 줄도 모르고 죽음을 싫어할 줄도 몰랐다. 세상에 태어남을 기뻐하지도 않았거니와 죽음으로 들어감을 거부하려 하지 않았다. 의연히 가고 의연히 올 따름이었다. 이것이 자기 마음으로 도(道)를 저버리지 않는 것이다.
(나)	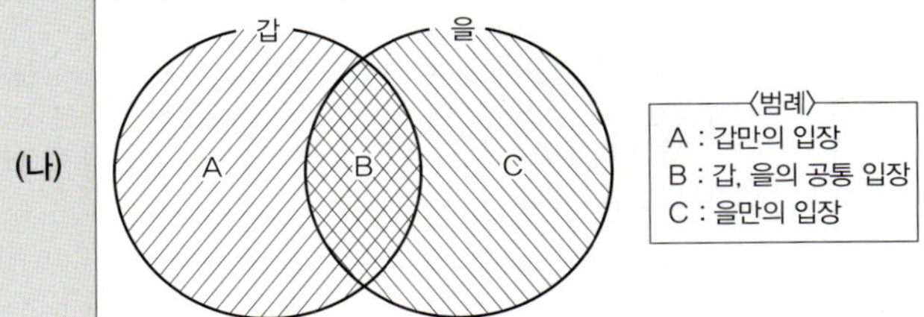

[보기]

ㄱ. A : 인간은 누구나 선천적으로 사단을 갖고 태어난다.

ㄴ. B : 인위적인 도덕에서 벗어나 무위(無爲)를 추구해야 한다.

ㄷ. C : 외물의 속박에서 벗어나 절대 자유의 경지에 도달해야 한다.

ㄹ. C : 세상 만물을 평등하게 바라보는 제물의 경지에 도달해야 한다.

① ㄱ, ㄴ   ② ㄴ, ㄷ   ③ ㄱ, ㄴ, ㄹ

④ ㄱ, ㄷ, ㄹ   ⑤ ㄴ, ㄷ, ㄹ

023

다음을 주장한 사상가의 입장으로 옳은 것은?

> 큰 도가 행해지면 현명하고 유능한 자를 뽑아 다스리게 하니, 사람들은 자기 부모만 부모로 여기지 않고 자기 자식만 자식으로 여기지 않는다. 노인은 여생을 잘 마치게 하며, 장년은 일자리가 있으며, 어린이는 잘 양육되고, 홀로된 자와 병든 자도 모두 부양받는다. 남녀가 따로 직분이 있고, 재화가 땅에 버려지지도 않지만 사적으로 저장할 필요도 없다. 스스로 일하는 것을 싫어하지 않지만 자기만을 위해 일하지 않는다. 그러므로 음모가 생기지 않고 도적과 난적이 생기지 않기 때문에 바깥문을 닫을 필요가 없다.

① 인간은 누구나 불성(佛性)을 가진 존재이다.

② 타고난 내면의 도덕성인 인(仁)을 실현해야 한다.

③ 연기(緣起)의 깨달음을 통해 고통에서 벗어나야 한다.

④ 인위에서 벗어나 무위자연(無爲自然)의 삶을 살아야 한다.

⑤ 소국과민(小國寡民)의 이상 사회를 실현하기 위해 노력해야 한다.

024

(가)의 갑, 을 사상가들의 입장을 (나) 그림으로 표현할 때, A ~ C에 해당하는 적절한 진술만을 〈보기〉에서 있는 대로 고른 것은?

(가)	갑 : 현명한 임금은 덕으로 정치를 행한다. 군자는 도를 도모하고, 신하는 도로써 임금을 섬긴다. 사람이 도를 넓힐 수 있는 것이지 도가 사람을 넓힐 수 있는 것이 아니다. 을 : 성인이 무위하면 백성이 스스로 교화되고, 고요함을 좋아하면 백성이 스스로 바르게 되고, 무욕(無欲)하면 백성이 스스로 순박하게 된다.
(나)	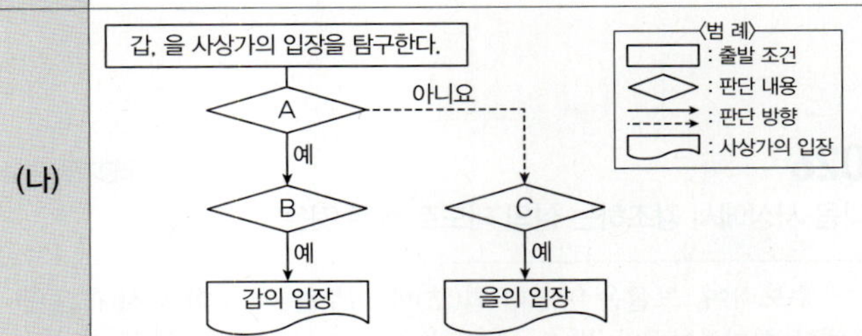

[보기]

ㄱ. A : 타고난 내면적 도덕성인 인(仁)을 실현해야 한다.

ㄴ. B : 욕구를 배제하고 사회적 도리를 실천해야 한다.

ㄷ. B : 본성이 변화될 수 있도록 예법를 배우고 익혀야 한다.

ㄹ. C : 무위로써 다스리면 다스려지지 않음이 없다.

① ㄱ, ㄷ   ② ㄱ, ㄹ   ③ ㄴ, ㄹ

④ ㄱ, ㄴ, ㄷ   ⑤ ㄴ, ㄷ, ㄹ

주제 2　불교 윤리적 접근과 도가 윤리적 접근

족집게 전략 | 제시문이 불교 또는 도가 윤리임을 이해하고 있는지 묻고, 선택지에서 입장을 고르는 유형이 주를 이룬다. 평소에 불교와 도가 윤리의 주요 개념과 키워드를 철저히 학습할 필요가 있으며, 선택지에 유교, 불교, 도가 윤리에 관한 설명이 제시되니 동양 윤리의 기본 개념들을 철저히 학습할 필요가 있다.

접근 전략

❶ 제시문의 사상 파악

무명, 인연, 불성, 소요, 제물, 좌망, 심재 등 불교와 도가 윤리의 주요 키워드를 통해 사상을 확정하자.

▶

❷ 제시된 사상에 부합하는 선택지 고르기

❶에서 어떤 사상인지 확인했다면 입장에 부합하는 선택지를 신중하게 선택하자.

025 〈대표 문항〉　| 평가원 기출 |

다음 사상에 대한 설명으로 옳지 _않은_ 것은?

> 이것이 있기 때문에 저것이 있고, 이것이 일어나기 때문에 저것이 일어난다. 곧 무명(無明)을 인연[緣]하여 행(行)이 있고, 나아가 온통 괴로움뿐인 덩어리가 생긴다. 무명이 멸(滅)하기 때문에 행이 멸하고, 나아가 온통 괴로움뿐인 덩어리가 멸한다.

① 연기(緣起)를 통해 만물의 실체가 형성된다고 본다.
② 수행을 통해 만물의 무상(無常)함을 깨닫는다고 본다.
③ 불성을 어둡게 하는 삼독(三毒)이 고통을 낳는다고 본다.
④ 오온(五蘊)으로 된 '나'에 대한 집착이 탐욕을 만든다고 본다.
⑤ 만물의 상호 의존성에 대한 자각이 자비(慈悲)를 일으킨다고 본다.

026　| 평가원 기출 |

다음 사상에서 강조하는 삶의 태도로 옳은 것은?

> 수보리여, 보살은 마땅히 법(法)에 머무는 바 없이 보시(布施)를 해야 한다. 이른바 색(色)에 머물지 말고 보시를 해야 할 것이며, 성(聲)·향(香)·미(味)·촉(觸)·법(法)에 머물지 말고 보시를 해야 한다. 이와 같이 상(相)에 머물지 말고 보시해야 할 것이다.

① 무아(無我)를 자각하여 타인에게 자비를 베푼다.
② 중도(中道)를 실천하여 실체로서의 나를 확립한다.
③ 바라밀(波羅蜜)을 행하여 타고난 이기심을 제거한다.
④ 무명(無明)에 이르기 위해 조건 없는 선행을 실천한다.
⑤ 만물의 불변성을 깨달아 초월적 무(無)의 세계를 추구한다.

027　| 평가원 기출 |

다음 고대 동양 사상가의 입장을 〈보기〉에서 고른 것은?

> 성인(聖人)은 아무것에도 얽매이지 않고 마음을 자유로이 노닐게 한다. 그는 지식을 재앙의 근원으로 여기고 예의 규범을 몸을 얽매는 것으로 생각한다. 세상의 도덕을 교제의 수단으로 간주하고 기교를 장사의 솜씨로 여긴다. 성인은 모략을 하지 않으니 어찌 지식이 필요하겠는가.

〈보기〉
ㄱ. 절대 자유의 경지에서 소요(逍遙)하는 삶을 추구해야 한다.
ㄴ. 시비선악을 엄격히 구별하고 정명(正名)을 실천해야 한다.
ㄷ. 선입견과 편견을 버리고 물아일체(物我一體)를 추구해야 한다.
ㄹ. 도덕적 본성의 실현을 위해 신독(愼獨)을 실천해야 한다.

① ㄱ, ㄴ　② ㄱ, ㄷ　③ ㄴ, ㄷ　④ ㄴ, ㄹ　⑤ ㄷ, ㄹ

028 〈고난도〉　| 평가원 기출 |

(가)의 고대 중국 사상가 갑, 을의 입장을 (나) 그림으로 표현할 때, A~C에 들어갈 내용으로 적절하지 _않은_ 것은?

(가)	갑 : 곱자에 의지하여 바로잡으려는 것은 자연스러움을 깎아내는 것이고, 노끈으로 묶어 견고하게 하는 것은 타고난 덕(德)을 해치는 것이며, 예악(禮樂)을 행하는 것은 자연 그대로의 모습을 잃어버리는 것이다. 을 : 버드나무의 본성을 해쳐야 그릇을 만들 수 있다고 하는 것은 사람의 본성을 거스른 후에 인의(仁義)를 행할 수 있다는 것과 같다. 물이 아래로 흐르지 않음이 없는 것처럼 사람의 본성은 선하지 않음이 없다.

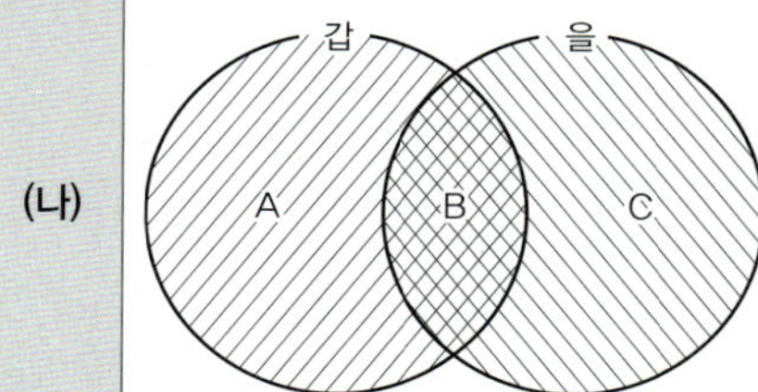

① A : 인의(仁義)는 사람다움을 해치는 인위적 도덕규범이다.
② A : 일체의 구속을 잊어[坐忘] 지인(至人)의 경지에 도달해야 한다.
③ B : 마음을 어지럽히지 말고 도(道)와 일치하는 삶을 살아야 한다.
④ C : 본성[性]대로 사는 것이 추구해야 하는 바람직한 삶이다.
⑤ C : 항산(恒産)이 없어도 본심을 잃지 않아야 선비라 할 수 있다.

029

다음을 주장한 고대 중국 사상가가 긍정의 대답을 할 질문으로 옳은 것은?

> 진인(眞人)은 삶을 기뻐할 줄 모르고, 죽음을 미워할 줄도 모른다. 태어남을 기뻐하지 않고, 죽음을 거역하지도 않는다. 무심히 자연을 따라가고 무심히 자연을 따라올 뿐이다. 그 시초(始初)를 모르고, 그 끝을 알려 하지 않는다.

① 인간의 필요에 따라 사물을 평가해야 하는가?
② 인간의 감각에 근거한 진리 추구를 해야 하는가?
③ 시비선악(是非善惡)의 분별에서 벗어나야 하는가?
④ 외물(外物)에 얽매이지 않는 삶을 거부해야 하는가?
⑤ 사회질서 유지를 위해 도덕규범을 만들어야 하는가?

030

다음을 주장한 고대 중국 사상가가 부정의 대답을 할 질문으로 옳은 것은?

> 나라는 작고 백성은 적다. 많은 도구가 있더라도 쓸 일이 없고, 백성이 죽음을 중히 여겨 멀리 이사 가는 일이 없다. 배와 수레가 있더라도 탈 일이 없고, 갑옷과 무기가 있더라도 펼칠 일이 없다. 백성들이 다시 새끼를 묶어 사용하도록 한다. 음식을 달게 여기고 옷을 아름답게 여기며 거처를 편안해 하고 풍속을 즐거워한다. 이웃 나라와 서로 바라다 보이고 닭 우는 소리와 개 짖는 소리가 서로 들려도 백성들은 늙어 죽을 때까지 서로 왕래하지 않는다.

① 자연 그대로의 질서를 따르는 것이 이상적인 삶인가?
② 나라가 크고 백성이 많을수록 이상적인 삶이 가능한가?
③ 무위의 다스림을 통해 백성들의 평화로운 삶이 가능한가?
④ 인위적인 제도와 문명을 거부하는 것이 이상적인 삶인가?
⑤ 백성들을 무위(無爲)와 무욕(無欲)의 상태로 이끄는 것이 이상적인 정치인가?

031

(가)의 고대 중국 사상가 갑, 을의 입장을 (나) 그림으로 탐구하고자 할 때, A~C에 들어갈 질문으로 옳은 것은?

(가)	갑 : 정치에서 중요한 것은 명분을 바로 세우는 것이다. 명분이 바로 서지 않으면 말[言]이 순조롭지 않고, 말이 순조롭지 않으면 일이 이루어지지 않는다. 군주는 군주답고 신하는 신하다워야 한다. 을 : 으뜸가는 선(善)은 물과 같다. 성인(聖人)은 만물을 이롭게 하고 다투는 일이 없으며 모두가 싫어하는 낮은 곳에 처한다. 성인의 다스림은 백성들의 마음을 비우고 배를 든든하게 한다.
(나)	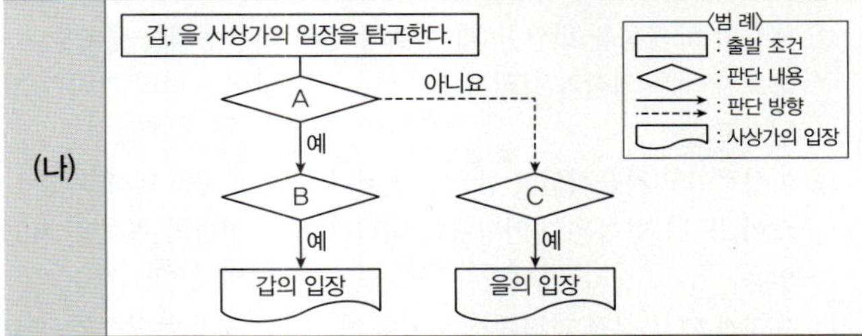

① A : 통치자의 덕은 백성에게 영향을 주는가?
② B : 덕을 버려야 최상의 통치가 이루어지는가?
③ B : 통치자는 백성의 본성을 선하게 변화시켜야 하는가?
④ C : 이상적인 정치는 다스리지 않음으로 다스리는 것인가?
⑤ C : 공동체의 질서를 위해 덕보다 법이 우선되어야 하는가?

032

다음 사상의 입장에 대한 설명으로 가장 적절한 것은?

> 모든 현상은 무수한 원인[因]과 조건[緣]에 의해 서로 관련되어 생겨나며, 원인과 조건이 없으면 결과[果]도 없다. 이러한 이치를 깨닫지 못하고 현상에 집착하면 모든 것은 괴로움[苦]으로 나타난다.

① 수양을 통해 만물의 불변함을 자각해야 한다.
② 오온(五蘊)으로 구성된 인간은 독립된 실체이다.
③ 연기를 깨달아 고통이 사라진 열반의 경지에 이르러야 한다.
④ 만물이 고정불변하는 실체임을 깨달아 고통에서 벗어나야 한다.
⑤ 불성(佛性)을 생성하기 위해서는 중생들에게 자비를 실천해야 한다.

03강 서양 윤리의 접근

주제 1 의무론적 접근과 공리주의적 접근

1. 의무론적 접근

(1) **의무론** : 언제 어디서나 따라야 할 보편타당한 법칙이 존재하며, 행위가 이 법칙을 따르면 옳고 따르지 않으면 그르다고 판단함

(2) **칸트의 의무론**
① 행위의 도덕성을 판단할 때 행위의 결과보다 동기를 중시함 → 오로지 의무 의식과 <u>선의지</u>에서 나온 행위만이 도덕적 가치를 지닌다고 봄
  └ 어떤 행위가 옳다는 이유 만으로 그 행위를 실천하려는 마음가짐을 말함
② 이성적이고 자율적인 인간은 보편적인 도덕 법칙을 의식할 수 있으며, 도덕 법칙은 <u>가언명령</u>이 아니라 <u>정언 명령</u>의 형식을 띠고 있음
  └ 조건적 명령   └ 무조건적 명령
③ 윤리적 의사 결정 과정에서 보편화 가능성과 인간 존엄성의 관점에서 검토할 것을 주장함
④ 칸트 윤리의 시사점 : 보편적인 윤리를 확립하여 도덕적 판단의 확고한 근거를 제시하며, 인간 존엄성을 강조하여 인권 보호에 기여할 수 있음

자료로 살펴보기

■ 칸트의 인간 중심주의

> 윤리적 의사 결정 과정의 첫 번째 단계는 우리가 하려는 행위의 밑바탕에 있는 행위의 준칙을 고려하는 것이다. 예를 들어 내가 곤경에 처한 어떤 사람을 도와줄 것인지를 생각할 때, 내가 하려는 행위의 밑바탕에 있는 준칙은 다음과 같다. 즉 '그 행위가 나에게 과도한 부담을 주지 않는 한 누군가 곤경에 처하면 나는 그를 도와주어야 한다.' 두 번째 단계는 이러한 준칙을 모든 사람에게 보편적으로 적용할 수 있는지를 고려하는 것이다. 즉 '그 행위가 자신에게 과도한 부담을 주지 않는 한 곤경에 처한 누군가를 발견하는 모든 사람은 그를 도와주어야 한다.' – 포이만 · 피저, "윤리학"

칸트는 어떤 준칙이 도덕 법칙이 될 수 있는지를 검토하기 위해 먼저 해당 준칙을 보편화 가능성과 인간 존엄성의 관점에서 검토할 것을 주장하였다. 다음으로, 그 진술이 이 검토를 통과하면 도덕 법칙으로 받아들이고 그렇지 못하다면 거부해야 한다고 보았다.

---

(3) **자연법 윤리**
  └ 인간 본성에 의거하는 절대적인 법이며 모든 인간에게 자연적으로 주어져 있는 보편적인 법을 말함. 실정법과 대비되는 개념임.
① 자연법에 따르는 행위는 옳지만 그것을 어기는 행위는 그르다고 봄
② 윤리적 의사 결정에서 행위가 자연의 질서에 부합하는지 어긋나는지를 검토함
③ '선을 행하고 악을 피하라.'라는 핵심 명제를 강조함
④ 아퀴나스 : 인간이 본성적으로 지니는 자연적 성향으로 자기 보존, 종족 보존, 신과 사회에 대한 진리 파악을 제시함 → 생명의 불가침성 및 존엄성, 인간 양심의 자유, 만민 평등 등 자연법적 권리를 도출함
⑤ 자연법 윤리의 시사점 : <u>인간의 자연적 생명권 및 신체의 완전성</u>을 해치는 행위를 반대하는 입장에 이론적 근거를 제공함
  └ 자연법 윤리는 인간 복제, 유전자 조작 등 인간의 생명 및 신체에 대한 인위적인 조작을 반대함

2. 공리주의적 접근

(1) **공리주의의 의미** : 쾌락/행복을 가져다주는 행위는 옳고, 고통/불행을 가져다주는 행위는 그르다고 판단함

(2) **공리주의의 특징**
① 행위의 동기보다는 이익과 행복이라는 결과를 중시함 → 유용성의 원리를 기준으로 윤리적 의사결정을 함
② 유용성의 원리 : 행위의 결과가 모든 사람의 쾌락이나 행복을 증가 또는 감소시키는 정도에 따라 어떤 행위를 승인하거나 부인하는 원리임
③ 행위의 결과가 쾌락과 행복을 가져오는 행위를 도덕적 행위로 봄

(3) **벤담**
  └ 벤담은 쾌락이 산출한 쾌락의 총량을 중시함
① 양적 공리주의
② 쾌락을 산출하고 고통을 피하는 행위 결과를 낳는 행위가 도덕적인 행위임
③ 모든 쾌락은 질적으로 같으며 양적인 차이만 있다고 가정하여 쾌락을 계산할 수 있다고 봄
④ 최대 다수의 최대 행복을 도덕과 입법의 원리로 제시함

자료로 살펴보기

■ 쾌락과 고통의 계산법

> 쾌락과 고통만을 평가함에 있어 고려해야 할 것은 강력성, 지속성, 확실성, 원근성이다. 그러나 쾌락과 고통의 가치가 그것을 낳는 행위의 영향을 평가한다는 목적을 위하여 고찰되는 경우에는, 다산성(쾌락인 경우에는 기타의 쾌락, 고통인 경우에는 기타의 고통을 수반할 가능성)과 순수성(쾌락인 경우에는 고통, 고통인 경우에는 쾌락을 수반하지 않을 가능성)을 계산에 넣어야 한다. 그리고 범위, 즉 쾌락과 고통의 영향을 받는 사람들의 수도 고려해야 한다. – 벤담, "도덕 및 입법의 원리 서설"

벤담은 쾌락의 양을 계산할 수 있다고 주장하며 쾌락과 고통을 계산하는 기준으로 '얼마나 강력한가? 얼마나 지속적인가? 얼마나 확실한가? 얼마나 신속한가? 다른 쾌락과 고통을 얼마만큼 산출하는가? 얼마나 순수한가? 얼마나 많은 사람에게 쾌락과 고통을 주는가?'를 제시하였다.

---

(4) **밀**
① 질적 공리주의
  └ 밀은 쾌락의 양과 질을 모두 고려해야 한다고 봄
② 쾌락의 양뿐만 아니라 질의 차이도 고려해야 한다고 주장하며, 질적 공리주의를 제시함 → 정상적인 인간이라면 누구나 질적으로 높고 고상한 쾌락을 추구할 것이라고 주장함

자료로 살펴보기

■ 밀의 질적 공리주의

> 어떤 종류의 쾌락이 다른 종류의 쾌락보다 더 좋고 더 가치가 있다는 사실을 인정하는 것은 공리의 원리에 조금도 어긋나지 않는다. 다른 모든 일을 헤아릴 때에는 양과 질을 다 함께 고려하면서 쾌락을 측정할 때에는 양에만 의거해야 한다고 여기는 것은 불합리한 일이다. (중략) 짐승의 쾌락을 허용한다는 약속이 있다고 해서 하등 동물로 변하는 것에 동의할 사람은 아무도 없을 것이다. – 밀, "공리주의"

밀은 벤담의 쾌락주의를 수용하면서도 쾌락에는 양뿐만 아니라 질적인 차이가 있으며 쾌락을 계산할 때 이를 모두 고려해야 한다고 보았다.

---

(5) 행위 공리주의와 규칙 공리주의

① 행위 공리주의
- '어떤 행위가 최대의 유용성을 가져오는가?'를 중시함 → 다른 행위보다 더 많은 공리를 가져오는 행위를 옳은 행위로 봄
- 한계 : 우리의 상식적 도덕과 일치하지 않을 수 있고, 각 상황마다 행위의 결과를 계산하기 어려움

② 규칙 공리주의
- '어떤 규칙이 최대의 유용성을 가져오는가?'를 중시함 → 규칙이 가져올 유용성을 비교하여 더욱 큰 유용성을 가져오는 규칙을 따르는 것을 옳은 행위로 봄
- 한계 : 구체적인 상황에서 좋지 않은 결과를 산출할 수 있고, 규칙이 충돌할 때 어떻게 할지 분명한 기준을 제시하기 어려움

■ **행위 공리주의와 규칙 공리주의 비교**

> 행위 공리주의는 어떤 행위가 가능한 다른 대안들만큼의 선(善)을 산출할 때 그리고 오직 그 때에만 그 행위가 옳다고 본다. 반면 규칙 공리주의는 어떤 행위가 가능한 다른 대안들보다 사회에서 더 큰 공리를 산출하는 규칙들의 집합에 속하는 규칙에 의해 요구되는 행위일 때 그리고 오직 그 때에만 그 행위는 옳다고 본다.
> – 루이스 포이만, 제임스 피저, "윤리학–옳고 그름의 발견"

행위 공리주의에 따르면, 어떤 행위가 옳은가는 그 개별적 행위가 최대의 행복 또는 유용성을 가져오는가에 의해 결정된다. 반면 규칙 공리주의에 따르면, 어떤 행위가 옳은가는 공리의 원리에 의해 정당화되는 규칙에 부합하는가에 의해 결정된다.

(6) 공리주의의 시사점 : 사익과 공익의 조화에 대한 하나의 해법을 제시하며, 융통성 있는 대안을 도출할 수 있음

> **이렇게 출제돼!** 칸트의 의무론과 공리주의의 입장을 비교하는 문제가 자주 출제된다는 점을 기억해야 해. 또한 도덕적 문제 상황을 제시하고 칸트의 의무론과 공리주의의 관점에서 어떤 조언이나 해법을 제시할 수 있는지 묻는 문제도 출제 빈도가 높아.

주제 2 덕 윤리적 접근과 도덕 과학적 접근

1. 덕 윤리적 접근

(1) 덕 윤리의 등장 배경 : 의무론과 공리주의의 한계를 극복하고자 함

(2) 덕 윤리의 특징
① 올바르게 행위하려면 유덕한 성품을 길러야 함
② 보편타당한 원리나 규칙에 따르라고 하기보다 "정직한 사람이 되어라.", "정직한 사람이 할 법한 행위를 하라."라고 요구함 → 성품에서 자연스럽게 우러나오는 행위를 추구함으로써 도덕적 실천력을 높일 수 있음
③ 아리스토텔레스의 사상에 뿌리를 둔 덕 윤리는 의무론과 공리주의가 행위자 내면의 도덕성과 인성의 중요성을 간과하고 공동체의 덕목을 무시한다고 비판함 → 덕 윤리는 행위자 내면의 인성과 더불어 사는 공동체 구성원의 삶을 강조함
④ 매킨타이어는 개인의 자유와 선택보다는 공동체의 역사와 전통을 중시하며, 도덕 판단은 구체적이며 맥락적인 사고를 반영해야 한다고 봄

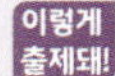

(3) 덕 윤리의 시사점 : 윤리학의 논의 범위를 확장하였으며, 도덕적 실천력을 높이는 데 기여하였음

(4) 덕 윤리의 한계 : 구체적 상황에서의 도덕 판단과 행위 강조 → 윤리적 상대주의로 흐를 수 있음

■ **아리스토텔레스의 덕**

> 덕에는 두 종류가 있다. 하나는 지성적 덕이며, 다른 하나는 품성적 덕이다. 지성적 덕은 그 기원과 성장을 주로 교육에 두고 있다. 그런 까닭에 그것은 경험과 시간을 필요로 한다. 반면 품성적 덕은 습관의 결과로 생겨난다. 품성적 덕은 어떤 것도 본성적으로 우리에게 생기는 것이 아니다. 본성적으로 생기는 것이라면 본성과 다르게는 습관을 들일 수 없기 때문이다. 품성적 덕을 획득하게 되는 것은 먼저 실천함으로써 이루어진다. 우리는 정의로운 일을 행함으로써 정의로운 사람이 되고, 절제 있는 일을 행함으로써 절제 있는 사람이 되며, 용감한 일을 행함으로써 용감한 사람이 되는 것이다.
> – 아리스토텔레스, "니코마코스 윤리학"

아리스토텔레스에 따르면 지성적 덕은 주로 교육을 통해 길러지며, 품성적 덕은 유덕한 행위를 지속적으로 실천하여 습관화함으로써 형성할 수 있다고 보았다.

2. 도덕 과학적 접근

(1) 의미
① 인간의 도덕성과 윤리적 문제를 과학에 근거하여 탐구하는 방식을 의미함
② 과학적 내용을 윤리학의 토대로 삼으려는 시도에서 시작됨 → 신경 윤리학과 진화 윤리학

(2) 신경 윤리학 ⓔ 뇌의 전면을 보여주는 영상 장치
① 이성과 정서의 역할, 자유 의지나 공감 능력 여부 등을 과학적 방법으로 측정하여 입증하고자 함
② 도덕적인 판단과 행위에 대한 이성 중심의 전통적인 견해를 재검토할 필요성을 경험적 근거를 통해 밝힘

(3) 진화 윤리학 진화 윤리학은 인간의 도덕적 행위를 추상적 도덕 원리가 아니라 생물학적 적응의 산물이라고 봄
① 도덕성을 진화의 측면에서 설명함 → 이타적 행동과 성품은 자연 선택을 통해 진화한 결과라고 봄
② 인간은 자신의 생존과 번식, 즉 자기 유전자를 복제하는 데 도움을 주기 때문에 이타적 행위를 한다고 봄

(4) 도덕 과학적 접근의 시사점
① 인간의 도덕성과 도덕적 행동을 새롭게 해석하여 이해의 폭을 넓혀 줌
② 도덕 판단이나 윤리 문제에 대한 과학적이고 객관적 정보를 제공해 줌
③ 현대 사회의 다양한 윤리 문제를 해결하는 데 이성뿐만 아니라 정서와 신체적인 부분까지 통합적으로 고려해야 한다는 점을 알게 해 줌

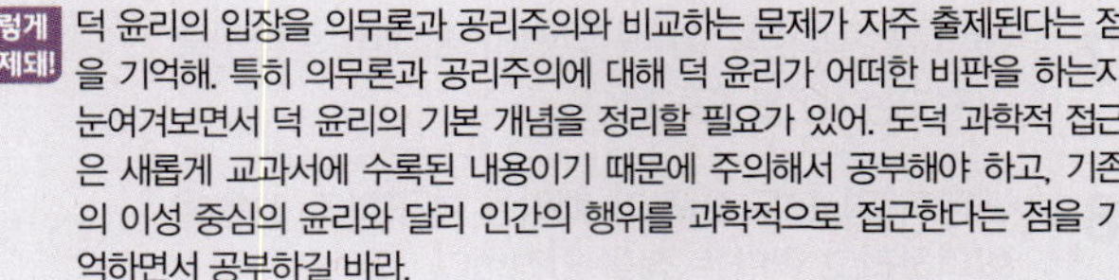
> **이렇게 출제돼!** 덕 윤리의 입장을 의무론과 공리주의와 비교하는 문제가 자주 출제된다는 점을 기억해. 특히 의무론과 공리주의에 대해 덕 윤리가 어떠한 비판을 하는지 눈여겨보면서 덕 윤리의 기본 개념을 정리할 필요가 있어. 도덕 과학적 접근은 새롭게 교과서에 수록된 내용이기 때문에 주의해서 공부해야 하고, 기존의 이성 중심의 윤리와 달리 인간의 행위를 과학적으로 접근한다는 점을 기억하면서 공부하길 바라.

핵심 개념 CHECK!

• 정답 및 해설 13쪽

🔖 다음 확인 문제 중 옳은 것에 ○, 옳지 않은 것에 ✕를 표기하세요.

주제 1 의무론적 접근과 공리주의적 접근

01 의무론 윤리에 따르면 인간이 언제 어디서나 따라야 할 보편타당한 법칙이 존재한다. ○ ✕

02 함정 칸트는 행위의 도덕성을 판단할 때 행위의 동기보다 결과를 중시한다. ○ ✕

03 칸트 윤리나 자연법은 윤리 문제에 대한 공리주의적 접근에 해당한다. ○ ✕

04 함정 칸트는 오로지 유용성을 산출한 행위만이 도덕적 가치를 지닌다고 본다. ○ ✕

05 칸트에 따르면 도덕 법칙은 가언 명령이 아니라 정언 명령의 형식을 띠고 있다. ○ ✕

06 칸트는 윤리적 의사 결정 과정에서 보편화 가능성과 인간 존엄성의 관점에서 검토할 것을 주장하였다. ○ ✕

07 칸트는 이성적이고 자율적인 인간은 보편적인 도덕 법칙을 의식할 수 있다고 본다. ○ ✕

08 자연법이란 모든 인간에게 자연적으로 주어져 있는 보편적인 법을 말한다. ○ ✕

09 자연법 윤리는 행위가 자연의 질서에 부합하는지 어긋나는지를 검토한다. ○ ✕

10 아퀴나스는 인간이 본성적으로 지니는 자연적 성향으로 이타심을 강조한다. ○ ✕

11 함정 공리주의는 인간 존엄성의 원리를 기준으로 윤리적 의사결정을 한다. ○ ✕

12 함정 공리주의는 행위의 동기가 쾌락과 행복을 가져오는 행위를 도덕적 행위로 본다. ○ ✕

13 벤담은 쾌락을 산출하고 고통을 피하는 결과를 낳는 행위가 도덕적인 행위라고 본다. ○ ✕

14 벤담은 최대 다수의 최대 행복을 도덕과 입법의 원리로 제시한다. ○ ✕

15 밀은 쾌락의 양뿐만 아니라 질의 차이도 고려해야 한다고 주장한다. ○ ✕

16 규칙 공리주의는 '어떤 행위가 최대의 유용성을 가져오는가?'를 중시한다. ○ ✕

17 행위 공리주의는 '어떤 규칙이 최대의 유용성을 가져오는가?'를 중시한다. ○ ✕

18 벤담과 밀 모두 인간이 쾌락을 추구하고 고통을 회피하려고 한다는 점을 인정한다. ○ ✕

19 밀은 정상적인 인간이라면 누구나 질적으로 높고 고상한 쾌락을 추구할 것이라고 본다. ○ ✕

20 함정 밀은 쾌락의 양적인 측면을 고려하는 것은 부당한 행동이라고 보았다. ○ ✕

21 공리주의는 행위의 내면적 동기를 소홀히 할 수 있다는 문제점이 있다. ○ ✕

주제 2 덕 윤리적 접근과 도덕 과학적 접근

22 덕 윤리에 따르면 도덕적 행위를 하려면 유덕한 성품을 길러야 한다. ○ ✕

23 함정 덕 윤리는 행위자 내면의 도덕성보다 보편적 도덕 법칙의 준수를 강조한다. ○ ✕

24 덕 윤리는 행위 자체의 옳고 그름보다는 행위자의 덕성과 인성을 중시한다. ○ ✕

25 덕 윤리는 의무론이나 공리주의에 비해 공동체가 강조하는 덕목들의 실천을 강조한다. ○ ✕

26 함정 현대 덕 윤리는 공동체의 역사와 전통보다는 개인의 자유와 선택을 중시한다. ○ ✕

27 매킨타이어에 따르면 도덕 판단은 구체적이며 맥락적인 사고를 반영해야 한다. ○ ✕

28 덕 윤리는 윤리학의 논의 범위를 확장하였으며, 도덕적 실천력을 높이는 데 기여하였다. ○ ✕

29 함정 아리스토텔레스에 따르면 품성적 덕은 주로 교육을 통해 길러진다. ○ ✕

30 덕 윤리는 의무론과 공리주의의 한계를 극복하고자 하였다. ○ ✕

31 도덕 과학적 접근이란 인간의 도덕성과 윤리적 문제를 과학에 근거하여 탐구하는 것이다. ○ ✕

32 신경 윤리학에서는 이성과 정서의 역할, 자유 의지나 공감 능력 여부 등을 과학적 방법으로 측정하여 입증하고자 한다. ○ ✕

33 함정 진화 윤리학은 인간의 이타적 행동과 성품은 도덕적 행위를 습관화한 결과라고 주장한다. ○ ✕

34 진화 윤리학에서는 인간의 이타적 행위가 자기 유전자를 복제해야 할 필요성에서 나온다고 본다. ○ ✕

35 도덕 과학적 접근은 도덕 판단이나 윤리 문제에 대한 과학적이고 객관적 정보를 제공해 준다는 의의가 있다. ○ ✕

벤담, 칸트, 아리스토텔레스의 옳은 행동의 기준은 어떻게 다를까?

개념 | 자료로 확인

■ 벤담의 옳은 행동의 기준

> 공리의 원리란 모든 행위에 관해 그것이 우리의 행복을 증진하느냐 혹은 감소하느냐에 따라 좋다거나 혹은 나쁘다고 평가하는 원리이다. …… 공리란 어떤 대상 속의 성질로서 그것이 관련된 당사자에게 이익·쾌락·선·행복을 가져다주고, 손해·고통·악·불행이 생기는 것을 방지하는 경향을 가지는 것을 의미한다.
> −벤담, "도덕과 입법의 원리 서설"

└ 공리주의는 행위의 동기가 아닌 결과를 중시!

공리주의 사상가 벤담은 쾌락을 산출하고 고통을 피하는 결과를 낳은 행위가 선(善)이라고 보고, 최대 다수의 최대 행복을 도덕과 입법의 원리로 제시하였다.

■ 칸트의 옳은 행동의 기준

└ 칸트는 모든 인간을 수단이 아닌 목적으로 대우해야 함을 강조함!

> 나는 이제 다음과 같이 말한다. 인간은 그리고 모든 이성적 존재 일반은 목적 자체로서 존재하며, 단지 이런저런 의지가 임의로 사용할 수 있는 수단으로 존재하지 않는다. 인간은 자신의 모든 행위가 자신을 향한 것이든 아니면 다른 사람을 향한 것이든 간에 항상 동시에 하나의 목적으로 간주하여야 한다.
> −칸트, "윤리 형이상학 정초"

칸트의 의무론은 행위의 도덕성을 판단할 때 행위의 결과보다 동기를 중시한다는 특징이 있다. 칸트에 따르면 오로지 의무 의식과 선의지에서 나온 행위만이 도덕적 가치를 갖는다.

└ 칸트는 행위의 동기를 중시해. 공리주의는 행위의 결과를 중시한다는 점과 비교하여 기억할 것!

■ 아리스토텔레스의 옳은 행동의 기준

> 어떤 행위가 옳다거나 절제 있다는 것은 그것이 옳은 사람 혹은 절제적인 사람이 항상 행하는 바와 같은 행위인 경우이다. 옳고 절제 있는 행위를 하는 사람이 곧 옳고 절제적인 사람인 것은 아니다. 그러한 행위를 하되 옳고 절제적인 사람이 하듯 행하는 사람은 옳은 사람이요, 절제있는 사람이다.
> − 아리스토텔레스, "니코마코스 윤리학"

덕 윤리 사상가인 아리스토텔레스에 따르면 구체적인 상황에서 도덕적인 행위를 하려면 유덕한 사람이 할 법한 행위를 해야 한다.

└ 유덕한 사람의 정의는 시대나 사회에 따라 달라지기 때문에 덕 윤리는 도덕적 행위가 시대나 사회에 따라 다를 수 있음을 인정해

개념 | 빈칸 채우기로 확인

■ 벤담의 옳은 행동의 기준

Q1 벤담은 (　　　)을/를 산출하고 (　　　)을/를 피하는 결과를 낳은 행위가 선(善)이라고 본다.

Q2 벤담에 따르면 (　　　)(이)란 모든 행위에 관해 그것이 우리의 (　　　)을/를 증진하느냐 혹은 감소하느냐에 따라 좋다거나 혹은 나쁘다고 평가하는 원리이다.

■ 칸트의 옳은 행동의 기준

Q3 칸트는 도덕성을 판단할 때 행위의 (　　　)을/를 중시한다.

Q4 칸트에 따르면 인간은 항상 하나의 (　　　)(으)로 대우해야 한다.

■ 아리스토텔레스의 옳은 행동의 기준

Q5 아리스토텔레스에 따르면 구체적인 상황에서 도덕적인 행위를 하려면 (　　　)이/가 할 법한 행위를 해야 한다.

개념 | O/X로 확인

Q6 벤담은 질적 공리주의를 주장하였다. (O / ×)

Q7 칸트는 오로지 의무 의식과 선의지에 따른 행위를 도덕적 행위라고 보았다. (O / ×)

Q8 아리스토텔레스는 정언 명령에 따른 행위를 도덕적 행위라고 보았다. (O / ×)

개념 | 벤다이어그램에 적용

연습하기 Q9 입장에 맞게 A / B / C에 표시하시오.

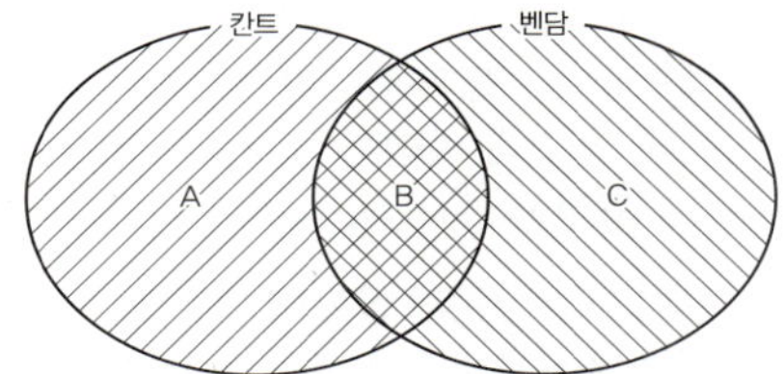

· 선의지와 의무 의식에 따른 행위만이 도덕적 행위이다. ❶ (A / B / C)

· 옳은 행위의 판단 기준이 되는 도덕 원리를 탐구해야 한다. ❷ (A / B / C)

· 윤리적 의사 결정을 할 때 행위의 결과를 토대로 판단해야 한다. ❸ (A / B / C)

적용하기 Q10 칸트와 벤담의 입장을 다음 벤다이어그램으로 표현할 때 A~C에 해당하는 진술로 옳은 것은?

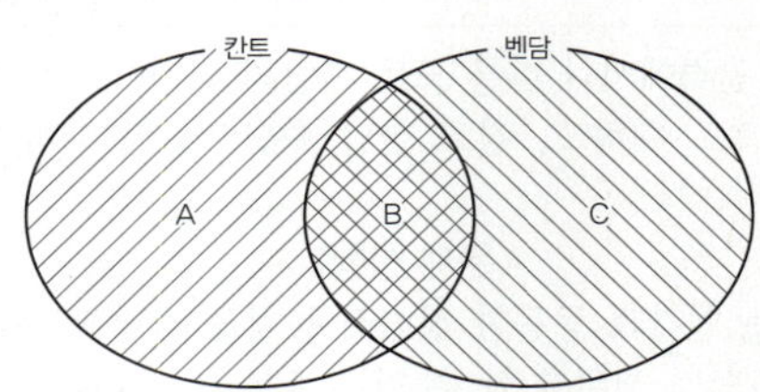

① A : 유용성을 산출한 행위는 도덕적 행위이다.

② A : 도덕적 행위 자체보다 행위자의 성품을 중시해야 한다.

③ B : 공리의 원리를 개별 행위가 아닌 규칙에 적용해야 한다.

④ B : 도덕적 행위는 쾌락을 증진하고 고통을 감소시키는 행위이다.

⑤ C : 행위의 결과 사회적 효용이 증진되었다면 그 행위는 도덕적 행위이다.

How & WHY 정답 01. 쾌락, 고통 02. 공리의 원리, 행복 03. 동기 04. 목적 05. 유덕한 사람 06. × 07. O 08. × 09. ❶ A ❷ B ❸ C 10. ⑤

주제 1 　의무론적 접근과 공리주의적 접근

족집게 전략 | 문제 상황을 제시하고 의무론과 공리주의의 입장에서 제시할 해법을 묻는 문제가 자주 출제된다. 한편 의무론과 공리주의의 개념을 묻는 문제도 출제된다. 따라서 칸트, 자연법 윤리의 입장을 정확히 파악해야 하며, 벤담과 밀, 행위 공리주의와 규칙 공리주의의 공통점과 차이점도 꼼꼼히 정리하자.

접근 전략

❶ 사상가 파악	❷ 선택지 적용
칸트, 자연법 윤리, 벤담, 밀, 행위 공리주의와 규칙 공리주의의 키워드를 통해 제시문의 사상가를 파악한다.	❶에서 파악한 사상가의 주요 개념을 떠올리면서 함정에 유의하면서 선택지의 진술을 침착하게 분석한다.

033 ◀대표 문항▶ 　　　　　　　　　　 | 교육청 기출 |

(가)의 갑, 을 사상가들의 입장에서 (나)의 A, B의 행위에 대해 제시할 수 있는 견해로 가장 적절한 것은?

(가)	갑 : 도덕은 인간에게 주어진 항구 불변하고 보편적인 법에 근거해야 한다. 신과 자연에 대한 직관적 통찰이 없는 행위는 도덕적 행위라고 할 수 없다. 을 : 도덕은 누구나 따라야 하는 무조건적 도덕 법칙에 근거해야 한다. 의무 의식에서 비롯되지 않은 행위는 도덕적 행위라고 할 수 없다.
(나)	의사 A는 안락사를 원하는 환자를 죽음에 이르게 도와준 반면, 의사 B는 안락사를 원하는 환자의 연명 치료를 중단하여 죽음에 이르게 하였다.

① 갑 : A의 행위는 환자의 생명을 조작한 비도덕적 행위이다.
② 갑 : B의 행위는 환자의 고통을 줄여 준 도덕적 행위이다.
③ 을 : A의 행위는 환자의 자율성을 존중한 도덕적 행위이다.
④ 을 : B의 행위는 환자의 욕구를 무시한 비도덕적 행위이다.
⑤ 갑, 을 : A, B의 행위는 환자의 입장을 배려한 도덕적 행위이다.

034 　　　　　　　　　　　　　　　 | 평가원 기출 |

다음 사상가의 입장에서 〈문제 상황〉 속 A 공학자에게 제시할 조언으로 가장 적절한 것은?

> 너 자신의 인격에서나 다른 모든 사람의 인격에서 인간을 항상 동시에 목적으로 대하고, 결코 한낱 수단으로만 대하지 않도록 행위하라.
>
> 〈문제 상황〉
>
> 공학자 A는 인간과 동등한 정신적 능력을 지닌 로봇을 제작할 수 있다면, 도덕적 행위를 할 수 있는 로봇을 어떻게 개발해야 할까 고민하고 있다.

① 로봇이 유덕한 품성을 지니도록 개발하세요.
② 로봇이 인간 존엄성을 존중하도록 개발하세요.
③ 로봇이 자기 보존 성향을 지니도록 개발하세요.
④ 로봇이 쾌락의 총량을 최대화하도록 개발하세요.
⑤ 로봇이 인간을 수단으로만 대하도록 개발하세요.

035 　　　　　　　　　　　　　　　 | 교육청 기출 |

다음은 서양 사상가들의 가상 대화이다. 갑, 을의 입장에 대한 옳은 설명만을 〈보기〉에서 있는 대로 고른 것은?

〈보기〉

ㄱ. 갑은 유용성의 증대를 도덕 판단을 위한 일반 원리로 본다.
ㄴ. 을은 쾌락의 추구와 고통의 감내를 행위의 동기로 삼는다.
ㄷ. 갑은 을과 달리 결과보다 행위 자체의 도덕성에 주목한다.
ㄹ. 을은 갑과 달리 도덕 판단에서 행복 추구의 경향성을 중시한다.

① ㄱ, ㄴ　　　　② ㄱ, ㄹ　　　　③ ㄷ, ㄹ
④ ㄱ, ㄴ, ㄷ　　　⑤ ㄴ, ㄷ, ㄹ

036 　　　　　　　　　　　　　　　 | 교육청 기출 |

갑, 을 사상가들의 입장에서 〈문제 상황〉의 'N 씨 부부'에게 제시할 수 있는 조언으로 가장 적절한 것은?

> 갑 : 합리적 개인들은 자신들이 속한 집단의 예측 가능한 행복을 극대화할 규범 체계를 선택한다. 이런 규범 체계는 개인들의 지성과 이기심에 부합하는 규칙들을 포함한다.
> 을 : 영원한 법칙으로부터 생겨난 규칙들은 인간의 자연적 성향들과 일치한다. 인간의 자연적 성향들은 선을 향하게 하고 신이 우리에게 규정한 목적들을 향하게 한다.
>
> 〈문제 상황〉
>
> N 씨 부부는 딸의 치료를 위해 선택적 출산이 필요하다는 의료진의 말을 들었다. 그들은 딸과 동일한 유전자를 지닌 배아를 선택하여 출산하는 것에 대해 고민하고 있다.

① 갑 : 가족을 살리려는 선의지에 따라 출산을 결정해야 합니다.
② 갑 : 유용성 극대화 원칙을 가족 문제에 적용해서는 안 됩니다.
③ 을 : 선택적 출산이 생명 과학 발전에 기여함을 알아야 합니다.
④ 을 : 배아 선택이 유일신의 섭리에 부합하는지 검토해야 합니다.
⑤ 갑, 을 : 자연의 섭리에 따라 고통을 견디지 않으면 안 됩니다.

037

(가) 사상가의 입장을 (나) 그림과 같이 탐구하고자 할 때 A, B에 들어갈 질문으로 적절하지 않은 것은?

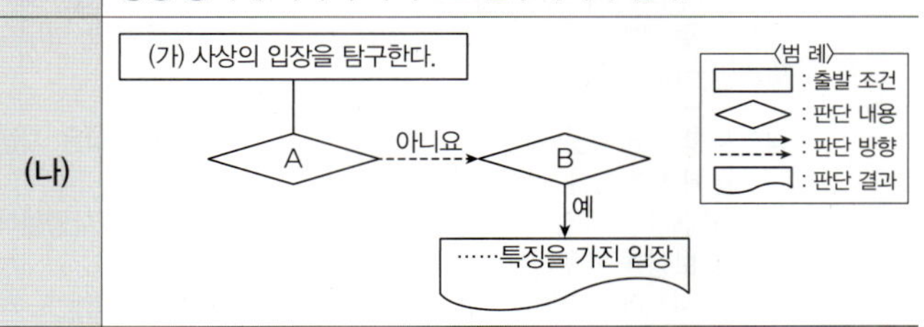

| (가) | 나는 이제 다음과 같이 말한다. 인간은 그리고 모든 이성적 존재 일반은 목적 자체로서 존재하며, 단지 이런저런 의지가 임의로 사용할 수 있는 수단으로 존재하지 않는다. 인간은 자신의 모든 행위가 자신을 향한 것이든 아니면 다른 사람을 향한 것이든 간에 항상 동시에 하나의 목적으로 간주하여야 한다. |

① A : 행위의 동기보다 행위의 결과를 중시하는가?
② A : 의무 의식에서 비롯된 행위가 도덕성을 갖는가?
③ B : 인간을 수단이 아닌 목적으로 대우해야 하는가?
④ B : 보편화 가능한 행위만을 해야 함을 강조하는가?
⑤ B : 도덕 법칙을 정언 명령의 형식으로 제시하는가?

038 고난도↗

다음 사상가의 입장에서 긍정의 대답을 할 질문에 모두 '✓'를 표시한 학생은?

> ○ "네 의지의 준칙이 언제나 동시에 보편적 입법의 원리가 될 수 있도록 행위하라."
> ○ "너 자신에게 있어서나 다른 사람에게 있어서 인격을 언제나 동시에 목적으로 대우하고 수단으로 대하지 마라."

질문＼학생	갑	을	병	정	무
동정심에 따른 행위는 도덕적 행위인가?	✓			✓	✓
쾌락의 총량을 증가시킨 행위는 도덕적 행위인가?	✓	✓		✓	
오로지 의무 의식에서 비롯된 행위가 도덕적 행위인가?			✓	✓	✓
모든 사람에게 적용 가능한 보편적 도덕 원리가 존재하는가?			✓	✓	✓

① 갑　　② 을　　③ 병　　④ 정　　⑤ 무

039

(가)의 갑, 을, 사상가들의 입장을 (나) 그림으로 표현할 때, A~C에 해당하는 옳은 진술만을 〈보기〉에서 있는 대로 고른 것은?

| (가) | 갑 : 어떤 행위가 옳은 것은 그 행위가 문제 상황에서 가능한 다른 대안들보다 더 큰 쾌락을 산출할 때이다.
을 : 어떤 행위가 옳은 것은 그 행위가 가능한 다른 대안보다 사회에 더 큰 쾌락을 산출하는 규칙들의 집합에 속한 규칙에 부합할 때이다. |

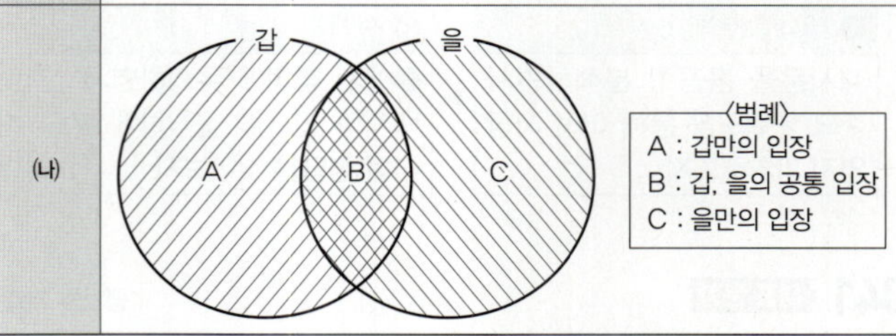

> 〈보기〉
> ㄱ. A : 행위의 동기가 옳은 행위를 판단하는 기준이다.
> ㄴ. A : 도덕적 행위 자체보다 행위자의 성품을 중시해야 한다.
> ㄷ. B : 도덕적 행위는 행복을 실현하는 것을 목적으로 해야 한다.
> ㄹ. C : 최대의 유용성을 가져오는 규칙을 따르는 것이 선(善)이다.

① ㄱ, ㄴ　　　② ㄴ, ㄷ　　　③ ㄷ, ㄹ
④ ㄱ, ㄴ, ㄹ　　⑤ ㄱ, ㄷ, ㄹ

040

갑 사상가가 을 사상가에게 제기할 반론으로 가장 적절한 것은?

> 갑 : 어떤 종류의 쾌락이 다른 종류의 쾌락보다 더 좋고 더 가치가 있다는 사실을 인정해야 한다. 쾌락을 측정할 때 양에만 의거해야 한다고 여기는 것은 불합리한 일이다.
> 을 : 쾌락과 고통을 평가할 때 고려해야 할 것은 강력성, 지속성, 확실성, 원근성, 다산성, 순수성, 범위이다. 즉 쾌락과 고통의 영향을 받는 사람들의 수도 고려해야 한다.

① 모든 쾌락은 양적인 차이만 있다는 것을 무시한다.
② 인간은 고통을 피하고 쾌락을 추구하는 존재임을 무시한다.
③ 보다 질적으로 높고 고상한 쾌락을 추구해야 함을 무시한다.
④ 도덕적 행위는 행위의 결과를 기준으로 판단해야 함을 무시한다.
⑤ 사회적 행복의 총량을 증진하는 것이 도덕적 행위임을 무시한다.

주제 2　덕 윤리적 접근과 도덕 과학적 접근

족집게 전략 | 덕 윤리적 접근과 도덕 과학적 접근의 특징을 묻는 문제가 주로 출제된다. 특히 덕 윤리의 특징과 공리주의 또는 의무론의 특징을 서로 비교하는 문제는 고난도 문제로 출제될 가능성이 높기 때문에 평소에 꼼꼼하게 정리해두자.

접근 전략

❶ 제시문 분석	❷ 선택지 적용
제시문을 꼼꼼히 분석하면서 주요 키워드를 통해 어떤 사상인지 파악해보자.	❶에서 함정에 유의하면서 선택지의 진술을 침착하게 분석하여 정답을 찾아보자.

041 대표 문항
| 평가원 기출 |

갑 사상가가 을 사상가에게 제기할 반론으로 가장 적절한 것은?

> 갑 : 개인은 가족, 이웃과 같은 공동체 속에서 자신의 도덕적 정체성을 찾아야 한다. 구체적 공동체를 벗어나면 덕을 실천할 기회도, 실천하는 방법을 배울 기회도 없다.
>
> 을 : 행복은 쾌락의 향유와 고통의 부재를 의미한다. 어떤 종류의 쾌락이 다른 종류의 쾌락보다 바람직하고 가치 있다는 사실을 인정하는 것은 유용성의 원리와 양립 가능하다.

① 인간은 고통을 피하고 쾌락을 추구하는 존재임을 무시한다.

② 자유로운 선택을 위해 구체적 맥락을 배제해야 함을 무시한다.

③ 도덕 판단의 기준이 행위의 동기가 아닌 결과임을 간과한다.

④ 사회 전체의 행복 최대화가 보편적 도덕 원리임을 간과한다.

⑤ 유용성의 합리적 계산보다 공동체의 전통이 중요함을 간과한다.

042
| 교육청 기출 |

㉠에 들어갈 진술로 가장 적절한 것은?

> 선을 행하려면 유덕한 성품을 길러야 한다. 유덕한 성품을 통해 자연스럽게 옳은 행위를 하게 되고, 훌륭한 사람이 되기 때문이다. 그런데 어떤 사상가는 의무에 맞을 뿐만 아니라 의무이기 때문에 한 행위만이 도덕적 가치를 갖는다고 주장한다. 나는 이 사상가가 　㉠　고 생각한다.

① 자연적 감정에서 비롯된 행위도 도덕적 가치를 가질 수 있음을 간과한다

② 구체적 상황보다 보편적인 원리를 고려하여 행위해야 함을 간과한다

③ 의무 의식에서 나온 행위는 도덕적 행위가 될 수 있음을 간과한다

④ 행위의 도덕성을 판단하는 유일한 근거가 선의지임을 간과한다

⑤ 맥락에 따라 도덕적 판단이 달라질 수 없음을 간과한다

043
| 교육청 기출 |

(가)의 사상적 관점에서 (나)의 ㉠에 들어갈 옳은 내용만을 〈보기〉에서 있는 대로 고른 것은?

(가)	나는 누군가의 아들이거나 딸 또는 사촌이고, 이 도시나 저 도시의 시민이다. 나는 이 친족, 저 부족, 이 나라에 속한다. 이처럼 나는 내 가족, 내 도시, 내 부족, 내 나라의 과거에서 다양한 빚과 유산을 물려받는다. 또한 조상들의 기대와 후손으로서의 의무도 물려받는다.
(나)	갑 : 사회적 약자를 위한 우대 정책은 그동안 차별을 받아온 사람들에게 보상을 해주는 것이므로 정당합니다. 을 : 아닙니다. 과거의 차별에 대해 잘못이 없는 현재의 사람들에게 보상을 요구하는 것은 옳지 않습니다. 갑 : 한 사회에서 일어난 과거의 차별에 대해 현재의 사람들도 책임을 져야 합니다. 왜냐하면 　㉠

> **보기**
>
> ㄱ. 개인은 공동체의 역사를 공유하는 존재이기 때문입니다.
>
> ㄴ. 개인은 관계적 존재가 아닌 독립적 존재이기 때문입니다.
>
> ㄷ. 사회가 개인의 삶에 도덕적 특수성을 부여하기 때문입니다.
>
> ㄹ. 개인은 공동체의 삶 속에서 정체성을 형성하기 때문입니다.

① ㄱ, ㄴ　　　　② ㄱ, ㄹ　　　　③ ㄴ, ㄷ

④ ㄱ, ㄷ, ㄹ　　　⑤ ㄴ, ㄷ, ㄹ

044
| 평가원 기출 |

㉠에 들어갈 진술로 가장 적절한 것은?

> 나는 윤리학의 근본 과제가 좋은 삶이란 무엇이고 그것을 구체적인 삶에서 어떻게 실천할 수 있는지를 규명하는 것이라고 본다. 도덕적 삶에서 중요한 것은 유덕한 품성을 갖추는 것이다. 따라서 윤리학은 덕을 함양한 사람의 도덕적 판단과 실천에 주목해야 한다. 그런데 의무론이나 공리주의와 같은 윤리학 이론들은 보편적인 도덕 규칙이나 원리만을 강조하여 도덕 문제를 해결하려고 하였다. 나는 이러한 윤리학 이론들이 　㉠　 고 생각한다.

① 도덕 행위자 내면의 도덕성과 인성이 중요함을 간과하였다

② 도덕 판단의 기준이 되는 도덕 원리가 중요함을 간과하였다

③ 도덕적 실천을 위해 맥락적 사고의 배제가 중요함을 간과하였다

④ 도덕적 관행을 있는 그대로 기술하는 것이 중요함을 간과하였다

⑤ 도덕 언어의 의미를 명료하게 분석하는 것이 중요함을 간과하였다

045

다음 사상가의 입장을 〈보기〉에서 고른 것은?

덕에는 두 종류가 있다. 하나는 지성적 덕이며, 다른 하나는 품성적 덕이다. 지성적 덕의 기원은 주로 교육이다. 반면 품성적 덕은 습관의 결과로 생겨난다. 품성적 덕은 어떤 것도 본성적으로 우리에게 생기는 것이 아니다. 우리는 정의로운 일을 행함으로써 정의로운 사람이 되고, 절제 있는 일을 행함으로써 절제 있는 사람이 되며, 용감한 일을 행함으로써 용감한 사람이 되는 것이다.

─ 보기 ─
ㄱ. 개인의 권리가 공동체의 전통이나 역사보다 중요하다.
ㄴ. 올바른 품성을 갖추기 위해서는 꾸준한 노력이 필요하다.
ㄷ. 사회 구성원으로서 갖추어야 할 훌륭한 인품을 갖춰야 한다.
ㄹ. 보편적 도덕 원리를 기준으로 행위의 도덕성을 판단해야 한다.

① ㄱ, ㄴ　　② ㄱ, ㄷ　　③ ㄴ, ㄷ　　④ ㄴ, ㄹ　　⑤ ㄷ, ㄹ

046

갑 사상가가 을 사상가에 비해 강조하는 내용으로 가장 적절한 것은?

갑 : 덕은 실천에 내재된 선의 성취를 가능하게 할 뿐만 아니라 고통, 위험, 유혹을 극복할 수 있게 함으로써 선에 대한 인식을 제공해주는 성향이다. 우리는 덕이 좋은 삶이 무엇인지 이해할 수 있게 해 준다는 점을 깨달아야 한다.
을 : 선의지에 스스로의 의도를 성취할 만한 능력이 전혀 없다 해도, 또한 이 의지가 아무리 노력을 해도 이루는 것이 아예 없다 해도, 선의지는 마치 보석과도 같이 그 자체로 빛나며 스스로의 모든 가치를 그 자체에 간직한다.

① 행위로 인해 산출될 유용성을 중시해야 한다.
② 행위의 결과보다는 행위의 동기를 중시해야 한다.
③ 인간을 단순히 수단으로만 대우하지 않아야 한다.
④ 유용성을 가져오는 규칙만을 따라 행위 해야 한다.
⑤ 행위 그 자체보다는 행위자의 내면적 품성을 중시해야 한다.

047 고난도↑

(가)의 갑, 을, 사상가들의 입장을 (나) 그림으로 표현할 때, A~C에 해당하는 옳은 진술만을 〈보기〉에서 있는 대로 고른 것은?

(가)	갑 : 품성적 덕은 본성적으로 우리에게 생기는 것이 아니다. 도덕적 품성은 습관을 통해 발전하므로 사람들은 후천적인 지도 아래 특정한 방식으로 자주 움직임으로써 습관이 들고, 마침내 그렇게 실천할 수 있게 된다. 을 : 용기와 같은 기질들은 선하고 바람직할 수 있다. 그러나 이런 것들도 의지가 선하지 않다면 해가 될 수 있다. 용감한 사람이 악당이 될 수도 있는 것이다. 그 자체로 선하다고 생각할 수 있는 것은 선한 의지뿐이다.

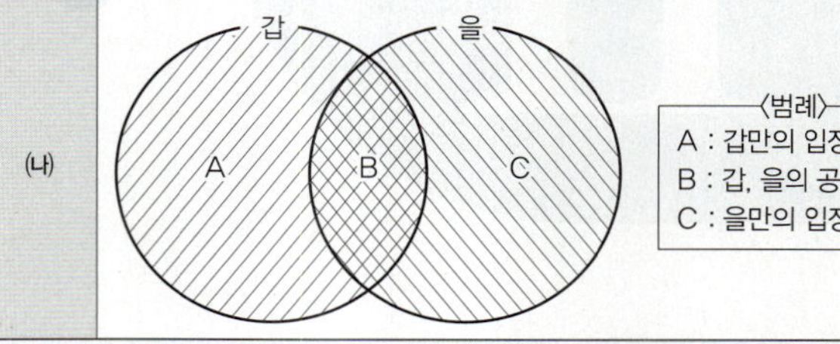

─ 보기 ─
ㄱ. A : 유덕한 성품은 옳은 행위의 반복적 실천을 통해 형성된다.
ㄴ. A : 타고난 품성적 덕을 발휘함으로써 도덕적 행위를 할 수 있다.
ㄷ. B : 자신의 행위가 초래할 최악의 결과를 고려하여 행동해야 한다.
ㄹ. C : 도덕적 행위는 도덕 법칙을 따르겠다는 동기에서 비롯된다.

① ㄱ, ㄴ　　　② ㄱ, ㄹ　　　③ ㄴ, ㄷ
④ ㄱ, ㄷ, ㄹ　　⑤ ㄴ, ㄷ, ㄹ

048

(가), (나)의 입장에 대한 옳은 설명을 〈보기〉에서 고른 것은?

(가)	도덕적 행위에 필요한 이성과 정서, 자유 의지와 공감 능력의 소유 여부는 과학적 측정 방법, 예를 들어 뇌의 전면을 영상으로 보여주는 장치 등을 활용하여 입증할 수 있다.
(나)	인간의 이타적 행동 및 성품과 관련된 도덕성은 추상적 도덕 원리를 따른 결과가 아니라 오랜 시간 동안 자연 선택을 통해 진화한 결과이다.

─ 보기 ─
ㄱ. (가)는 형이상학적 방법만이 도덕의 근원을 밝힐 수 있다고 본다.
ㄴ. (나)는 인간의 이타적 행위는 생물학적 적응의 산물이라고 본다.
ㄷ. (가)는 (나)와 달리 도덕 판단 과정의 규명보다 삶의 목적 제시를 중시한다.
ㄹ. (가), (나)는 도덕성 형성 과정을 과학적으로 해명할 수 있다고 본다.

① ㄱ, ㄴ　　② ㄱ, ㄷ　　③ ㄴ, ㄷ　　④ ㄴ, ㄹ　　⑤ ㄷ, ㄹ

II 생명과 윤리

II단원 개념 NAVIGATION

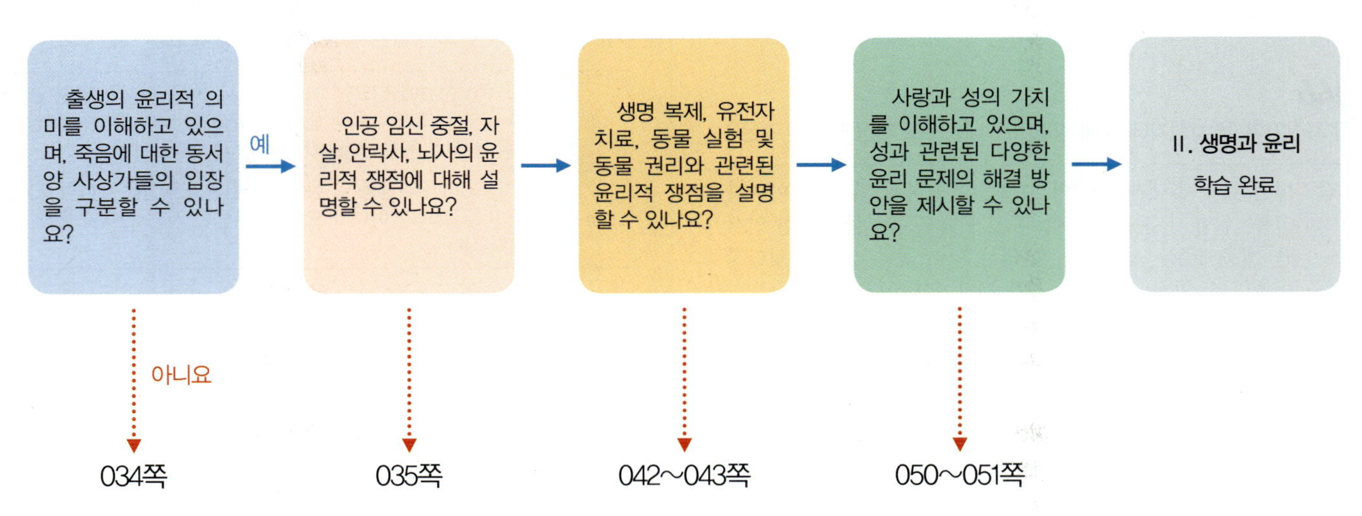

| 04강 | 주제 1 | 출생·죽음의 의미와 삶의 가치 | ·출생　·죽음　·삶의 가치 |
| 삶과 죽음의 윤리 | 주제 2 | 출생·죽음과 관련된 윤리적 쟁점 | ·인공 임신 중절　·자살　·안락사　·뇌사 |

| 05강 | 주제 1 | 생명 복제와 유전자 치료 문제 | ·생명 과학　·생명 윤리　·생명 복제 ·유전자 치료 |
| 생명 윤리 | 주제 2 | 동물 실험과 동물 권리의 문제 | ·동물 실험　·동물 권리 |

| 06강 | 주제 1 | 사랑과 성의 관계 | ·사랑과 성　·성차별　·성 상품화 ·성의 자기 결정권 |
| 사랑과 성 윤리 | 주제 2 | 결혼과 가족의 윤리 | ·부부상경　·음양론　·자애　·효도　·우애 |

▶삶과 죽음의 윤리는 각 사상가의 죽음관을 중점적으로 공부하자.

동서양 사상가들의 죽음관은 대단원 II에서 가장 고난도로 출제되는 주제이다. 여러 사상가들의 죽음관을 비교하는 문제가 주로 출제되므로 각 사상가의 입장을 꼼꼼하게 정리해 두어야 한다. 한편 낙태, 안락사, 뇌사 문제의 찬반 논거를 묻는 문제도 대비하자.

▶생명 윤리는 쟁점별 찬반 논거를 확실하게 이해해야 한다.

생명 복제, 유전자 치료, 동물 실험과 관련된 쟁점의 찬반 논거를 묻는 문제가 주로 출제되므로 쟁점별 찬반 논거를 꼼꼼히 정리해두자. 한편 동물 권리를 인정하는 입장과 부정하는 입장을 묻는 문제도 빈출 주제이므로 대비하자.

▶사랑과 성 윤리는 성과 사랑에 대한 관점, 가족 윤리 등이 출제된다.

성과 사랑의 관계와 관련된 보수주의, 중도주의, 자유주의의 입장을 비교하여 정리해두자. 또한 부부 및 가족 윤리와 관련된 전통 윤리는 학생들에게 낯선 용어들이 많기 때문에 나만의 노트를 만들어 용어들을 정리하여 출제에 대비하자.

삶과 죽음의 윤리

주제 1 | 출생·죽음의 의미와 삶의 가치

1. 출생의 윤리적 의미

생물학적 의미	태아가 모체로부터 분리되어 새로운 생명체가 되는 단계
윤리적 의미	• 인간의 자연적 성향을 실현하는 과정임 • 도덕적 주체로 사는 삶의 출발점임 • 가족 및 사회 구성원으로 사는 삶의 시작임

└ 자연법 윤리의 관점임

2. 죽음의 윤리적 의미

(1) **죽음의 특징**

보편성	인간은 누구나 죽음을 맞게 됨
불가피성	어느 누구도 죽음을 피할 수 없음
일회성	누구나 한번은 죽음
비가역성	죽은 사람을 다시 되살릴 수 없음

(2) **죽음의 윤리적 의미** : 삶의 소중함을 깨닫는 계기가 됨

(3) **동양의 죽음관**

수레바퀴가 끊임없이 구르는 것과 같이, 삶과 죽음의 세계가 그치지 않고 돌고 도는 일을 말함

공자	• 죽음을 자연의 과정으로 여기면서 애도(哀悼)하는 것을 마땅한 일로 여김 • 죽음보다는 현세의 도덕적 삶에 더 관심을 가짐
석가모니	• 죽음은 생로병과 더불어 하나의 고통임 • 죽음은 또 다른 세계로 윤회하는 것이며, 윤회 과정에서 인간의 선행과 악행은 죽음 이후의 삶을 결정한다고 봄
장자	• 삶과 죽음을 기(氣)가 모이고 흩어지는 것으로 보면서 자연적이고 필연적인 과정으로 이해함 → 삶과 죽음을 서로 연결된 순환 과정으로 봄 • 죽음을 너무 슬퍼하지도 말고, 삶에 지나치게 집착하지도 말라고 가르침

자료로 살펴보기

■ **동양의 죽음관**

○ 계로가 귀신 섬기는 일에 대하여 여쭙자, 공자께서 말씀하셨다. "사람도 제대로 섬기지 못하는데 어찌 귀신을 섬길 수 있겠느냐?" 그러자 "감히 죽음에 대하여 여쭙겠습니다." 공자께서 대답하셨다. "삶도 제대로 알지 못하는데 어찌 죽음을 알겠느냐?" — 논어

○ "전생에 뿌려진 씨앗은 이번 생에 받는 것이고, 다음 생에 거둘 열매는 이번 생에 행하는 바로 그것이다." —불전간행회, "과거현재인과경"

○ 망막하고 혼돈한 대도(大道) 속에 섞여 있던 것이 변해서 기(氣)가 되고, 기가 변해서 형체가 되고, 형체가 변해서 생명이 되었다. 그리고 그것이 변해서 죽음이 된 것이다. — 장자, "장자"

공자는 죽음을 애도의 대상으로 보면서도 죽음보다는 현세의 도덕적인 삶에 더 관심을 가져야 한다고 보았다. 불교에서는 죽음은 끝이 아니라 또 다른 세계로 윤회하는 것이며, <u>오온(五蘊)</u>이 흩어지는 것이라고 보았다. 장자는 삶과 죽음은 서로 연결된 순환 과정이라고 보았기 때문에 죽음에 대한 초연한 자세를 강조하였다.

└ 오온 : 인간의 육체와 정신을 구성하는 다섯 가지 요소

---

(4) **서양의 죽음관**

① 플라톤: 육체를 순수한 인식을 불가능하게 하는 감옥처럼 생각하였으며, 죽음을 육체에 갇혀 있던 영혼이 이데아(idea) 세계로 되돌아가는 것으로 봄

② 에피쿠로스

└ 인간의 육체와 영혼이 원자로 흩어지기 때문에 죽음 이후에 내세는 없다고 봄

• 죽음은 인간을 이루던 원자가 흩어지는 것임
• 우리는 죽음을 경험할 수 없기 때문에 죽음을 두려워할 필요가 없다고 봄

③ 하이데거

• 현존재인 인간만이 죽음을 인식할 수 있음
• 죽음에 대한 자각을 통해 삶을 더욱 의미 있고 가치 있게 살 수 있다고 봄

자료로 살펴보기

■ **서양의 죽음관**

○ 삶은 육체 안에 갇힌 영혼의 감금 생활이요, 죽음은 육체로부터 영혼의 해방이자 분리이다. —플라톤, "파이돈"

○ 죽음은 사실 우리에게 아무것도 아니다. 우리가 살아 있는 한 죽음은 우리와 함께 있지 않으며, 죽음에 이르면 우리는 존재하지 않는다. 죽음은 산 사람이나 죽은 사람 모두와 아무런 상관이 없다. —에피쿠로스, "쾌락"

○ 인간은 언제나 죽음과 함께하고 있다. 죽음을 외면하지 말고 항상 죽음이 자신의 것이라는 사실을 인지하면서 살아야 한다. —하이데거, "존재와 시간"

플라톤은 영혼이 죽음의 감옥에서 해방되는 것을 죽음이라고 보았다. 에피쿠로스는 죽음은 경험할 수 없으므로 두려워할 필요가 없다고 보았다. 하이데거는 삶을 더욱 가치 있게 살기 위해서는 죽음의 자각이 필요하다고 보았다.

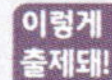 **이렇게 출제돼!** 동서양 사상가의 죽음관을 비교하는 문제가 많이 출제되고 있어. 각 사상가별로 기본 개념을 철저히 공부하는 것은 기본이고, 기출 문제를 풀어보면서 제시문과 선지를 꼼꼼하게 분석하면 많은 도움이 될 거야.

주제 2 | 출생·죽음과 관련된 윤리적 쟁점

1. 인공 임신 중절의 윤리적 쟁점

찬성 논거 (선택 옹호주의, pro-choice)	반대 논거 (생명 옹호주의, pro-life)
• 소유권 논거 : 태아는 여성 몸의 일부이므로 여성은 태아에 대한 권리를 지님 • 생산 논거 : 여성은 태아를 생산하므로 태아에 대한 권리를 지님 • 자율권 논거 : 여성은 자신의 삶을 자율적으로 결정할 권리가 있음 • 평등권 논거 : 여성이 낙태에 관한 자유로운 결정이 가능할 때 남성과 동등한 권리를 지님 • 정당방위 논거 : 여성은 자기 방어와 정당방위 권리를 가짐	• 존엄성 논거 : 모든 인간의 생명은 존엄하므로 태아의 생명도 존엄함 • 무고한 인간의 신성불가침 논거 : 잘못이 없는 인간을 해치는 것은 도덕적으로 옳지 않음 • 잠재성 논거 : 태아는 임신 순간부터 인간으로 성장할 잠재성이 있으므로 인간으로서의 지위를 가짐

■ 낙태죄에 대한 헌법 재판소의 의견

- 합헌 의견 : 헌법이 태아의 생명을 보호하는 것은 태아가 인간으로 성장할 예정인 생명체라는 이유 때문이지, 태아가 독립해 생존할 능력이 있다거나 사고 능력, 자아 인식 등 정신적 능력이 있는 생명체라는 이유 때문이 아니다. … 낙태를 처벌하지 않거나 형벌을 보다 가볍게 제재한다면 현재보다 훨씬 더 낙태가 만연할 수 있다.
- 위헌 의견 : 현대 의학 수준에서 태아가 임신 24주까지는 자존적 생존 가능성이 전혀 없다고 보고 있으며 … 임신 초기의 1~12주까지의 태아는 신경 생리학적 구조나 기능을 갖추지 못해 고통을 느끼지 못하고 임신부의 합병증과 사망률이 현저히 낮으므로 임신 초기에는 임신부의 자기 결정권을 존중해 낙태를 허용해 줄 필요가 있다.

자료는 2012년에 헌법 재판소가 낙태죄에 대해 재판관 4(합헌) 대 4(위헌)의 의견으로 합헌 결정을 내리며 발표한 의견이다. 이처럼 태아의 생명권과 여성의 선택권 중 어떤 권리를 중시할 것인지 여부가 낙태 관련 논쟁의 핵심 쟁점이다.

└→ 사회적 차원에서 볼 때 자살은 주변 사람들에게 슬픔과 고통을 주고, 공동체의 결속을 약화시킴

2. 자살의 윤리적 문제

유교	부모로부터 받은 자신의 신체를 훼손하지 않는 것이 효의 시작임 └→ 불감훼상
불교	불살생(不殺生)의 계율에 근거하여 생명을 해치는 것을 금함
그리스도교	신으로부터 선물 받은 목숨을 스스로 끊어서는 안 됨
자연법 윤리	자살은 자연적 성향인 자기 보존의 의무를 다하지 않는 것임
칸트	고통스러운 상황에서 벗어나려고 자살하는 것은 인간을 한낱 고통 완화의 수단으로 대우하는 것임

└→ 쇼펜하우어 : 자살은 문제를 해결하는 것이 아니라 회피하는 것임

■ 자살에 대한 칸트의 입장

자살하려는 사람은 과연 자신의 행위가 목적 그 자체로서의 인간성의 이념과 양립할 수 있는가를 스스로 물을 것이다. 만약 그가 힘겨운 상태에서 벗어나기 위해 자신의 생명을 파괴하는 것이라면, 그는 자신의 인격을 생이 끝날 때까지 견딜 만한 상태로 보존하기 위해 한낱 수단으로 이용하는 것이다.

—칸트, "윤리 형이상학 정초"

인간을 수단이 아닌 목적으로 대우해야 함을 주장한 칸트는 자살이 자기 자신을 고통 완화의 수단으로 이용하는 것임을 근거로 자살에 반대하였다. 또한 칸트는 인간이 자기 보존의 의무가 있음을 근거로 자살을 반대하였다.

3. 안락사의 윤리적 쟁점

(1) **안락사의 의미** : 불치병으로 극심한 고통을 겪고 있는 환자의 요구에 따라 의료진이 인위적으로 개입하여 생명을 단축하는 행위

(2) **안락사의 종류**

① 환자의 동의 여부에 따른 구분

자발적	환자의 직접적인 동의가 있을 경우
비자발적	환자의 직접적인 동의가 없고 가족 혹은 국가의 요구에 의한 경우
반자발적	환자의 의사에 반하는 경우

└→ 환자가 거부함에도 안락사를 시행하면 이는 살인임

② 안락사 시행 수단에 따른 구분

소극적 안락사	연명 치료를 중단하여 죽음에 이르게 함
적극적 안락사	약물 주입 등으로 환자를 죽음에 이르게 함

(3) **안락사에 대한 찬반 입장**

찬성 입장	반대 입장
• 인간은 자신이 어떤 방법으로 죽을 것인지 선택할 권리가 있으며, 인간답게 죽을 권리를 가짐 • 무의미한 연명 치료는 본인과 가족에게 심리적·경제적 부담을 주며, 한정된 의료 자원을 효율적으로 사용하지 못하게 하여 사회 전체 이익에도 부합하지 않음(공리주의적 관점)	• 모든 인간의 생명은 존엄하며 인간은 자신의 죽음을 인위적으로 선택할 권리를 갖고 있지 않음 • 죽음을 인위적으로 앞당기는 행위는 자연의 질서에 부합하지 않으며, 인간의 존엄성을 훼손함 • 의료인의 기본 의무는 생명을 살리는 것임

4. 뇌사의 윤리적 쟁점

└→ 사고 등으로 심장 및 폐의 기능보다 뇌의 기능이 먼저 멈추는 경우에 발생함

(1) **뇌사의 의미** : 뇌의 활동이 회복이 불가능하게 비가역적으로 정지된 상태를 말함

(2) **뇌사의 윤리적 쟁점**

① 뇌사를 죽음으로 인정하면 뇌사자의 장기를 다른 환자에게 이식할 수 있음 → 뇌사를 죽음의 판정 기준으로 인정해야 한다는 의견이 대두함

② 죽음 판정의 기준으로 뇌사 인정 여부에 대한 입장

찬성 입장	반대 입장
• 뇌는 인간의 생명 활동을 관장하는 핵심 기관이기 때문에 뇌 기능이 정지하면 이미 죽음의 단계에 들어선 것임 • 인공호흡기 등 의료 자원을 효율적으로 이용하는 데 도움을 줌 • 뇌사자의 장기를 장기 이식에 활용하여 다른 사람의 생명을 구할 수 있음	• 뇌사에 이르렀다 하더라도 연명 의료 기기를 이용하면 호흡과 심장 박동이 유지되므로 아직 죽음에 이른 것은 아님 • 의료 자원의 효율적 이용과 장기 이식을 위해 뇌사 문제에 접근하는 것은 생명의 존엄성을 경시하는 태도임 • 뇌사 판정의 오류 가능성이 존재함

■ 뇌사자와 식물인간

- 뇌사자 : 뇌간을 포함한 뇌전체의 손상을 입은 사람. 자가 호흡이 불가능하여 연명 장치가 필요하다. 소화, 순환, 혈압 조절이 불가능하며 연명 장치를 제거하면 일정 시간 후 심장이 멈춰 사망에 이른다.
- 식물인간 : 대뇌의 손상을 입었으나 생명 유지에 필요한 소뇌나 뇌간의 기능을 일부 유지하는 사람. 무의식 상태이나 호흡, 소화 흡수, 배변, 배뇨 등 생명 유지의 필수적인 기능은 유지하고 있다. 그러나 운동, 대화 등은 불가능하다.

뇌사자는 자가 호흡이 불가능하며 일정 시간이 경과하면 사망에 이른다. 식물인간은 자가 호흡이 가능하며 드물긴 하지만 의식이 회복 되는 경우가 있으며 장기 적출은 금지된다.

└→ 뇌사에 이르면 연명 의료 기기를 통해 호흡을 유지할 수 있지만 그럼에도 불구하고 가까운 시일에 심장과 폐기능이 정지함

> **이렇게 출제돼!** 인공 임신 중절, 안락사, 뇌사 등은 찬반 입장을 명확하게 구분할 수 있는지 묻는 문제가 출제 빈도가 높아. 한편 사상가들이 각각 어떠한 근거로 자살을 반대하는지 꼼꼼하게 정리해야 해!

핵심 개념 CHECK! 

• 정답 및 해설 18쪽

다음 확인 문제 중 옳은 것에 ○, 옳지 않은 것에 ✕를 표기하세요.

주제 1 출생 · 죽음의 의미와 삶의 가치

01 출생은 도덕적 주체로 사는 삶의 출발점이다.　○ ✕

02 생물학적 의미의 출생은 태아가 모체로부터 분리되어 새로운 생명체가 되는 단계를 말한다.　○ ✕

03 공리주의의 관점에서 출생은 인간의 자연적 성향을 실현하는 과정이다.　○ ✕

04 죽음을 통해 인간은 삶의 소중함을 깨달을 수 있다.　○ ✕

05 죽음의 특징으로는 보편성, 불가피성, 일회성, 가역성을 들 수 있다.　○ ✕

06 공자는 죽음에 대해 다른 세계로 윤회하는 것이라고 본다.　○ ✕

07 함정　불교에서는 현세의 도덕적 실천이 죽음 이후의 삶을 결정한다고 본다.　○ ✕

08 장자는 타인의 죽음에 대해 깊이 애도해야 한다고 본다.　○ ✕

09 장자에 따르면 자연적이고 필연적인 죽음 앞에서 인간은 초연해야 한다.　○ ✕

10 불교는 인간의 죽음을 오온이 흩어지는 것이라고 본다.　○ ✕

11 공자는 죽음보다는 현세에서의 도덕적 삶이 더 중요하다고 본다.　○ ✕

12 함정　장자는 삶과 죽음이 계속 반복되므로 분별되어야 한다고 본다.　○ ✕

13 공자는 죽음이 인간의 자연스러운 운명이므로 슬퍼할 필요가 없다고 본다.　○ ✕

14 함정　불교에서는 윤회를 통해 삶과 죽음의 고통에서 벗어날 수 있다고 본다.　○ ✕

15 하이데거는 죽음이 누구도 피할 수 없는 확실한 가능성이라고 본다.　○ ✕

16 하이데거는 죽음의 자각을 통해 고통스러운 삶이 지속된다고 본다.　○ ✕

17 에피쿠로스는 죽음은 감각의 상실이므로 두려워할 필요가 없다고 본다.　○ ✕

18 에피쿠로스는 영원불변한 영혼의 세계를 궁극적인 이상으로 본다.　○ ✕

19 함정　플라톤과 에피쿠로스는 모두 죽음을 두려움의 대상으로 여기는 것은 잘못이라고 본다.　○ ✕

주제 2 출생 · 죽음과 관련된 윤리적 쟁점

20 선택 옹호주의는 태아의 생명권을 강조하여 인공 임신 중절에 반대한다.　○ ✕

21 생명 옹호주의는 여성의 자기 방어와 정당방위 권리를 근거로 낙태에 찬성한다.　○ ✕

22 인공 임신 중절을 반대하는 사람들은 태아가 인간으로서의 지위를 지닌다고 본다.　○ ✕

23 유교는 자살이 부모에 대한 자식의 도리인 불감훼상을 어긴 불효라고 본다.　○ ✕

24 함정　불교에서는 신으로부터 선물 받은 목숨을 스스로 끊어서는 안 된다고 본다.　○ ✕

25 자연법 윤리는 자살이 자연적 성향인 자기 보존의 의무를 다하지 않는 것이라고 본다.　○ ✕

26 함정　칸트에 따르면 고통스러운 상황에서 벗어나려고 자살하는 것은 보편적 도덕 법칙이다.　○ ✕

27 함정　불교에서는 자살이 삶의 고통에서 벗어나는 행위라고 본다.　○ ✕

28 쇼펜하우어에 따르면 자살은 문제를 해결하는 것이 아니라 회피하는 것이다.　○ ✕

29 적극적 안락사는 연명 치료를 중단하여 죽음에 이르게 하는 것이다.　○ ✕

30 공리주의에서는 안락사가 자연의 질서에 부합하지 않음을 근거로 반대한다.　○ ✕

31 자연법 윤리와 칸트의 입장에서는 안락사가 허용되어야 한다.　○ ✕

32 뇌사란 뇌간을 포함한 뇌의 활동이 회복할 수 없을 정도로 정지된 상태를 말한다.　○ ✕

33 뇌사를 죽음으로 인정할 경우 장기 이식이 활성화될 수 있다.　○ ✕

34 뇌사를 죽음으로 인정하는 것을 찬성하는 입장에서는 한정된 의료 자원을 효율적으로 이용할 수 있다고 본다.　○ ✕

35 뇌사를 죽음으로 인정하는 것을 반대하는 사람들은 뇌사 판정의 오류 가능성을 근거로 제기한다.　○ ✕

36 우리나라의 경우 법적으로 심폐사가 죽음의 기준이지만 장기 기증에 동의한 경우에는 뇌사를 죽음으로 인정한다.　○ ✕

37 심폐사란 심장 박동이 멈추고 호흡이 정지한 상태를 말한다.　○ ✕

동서양의 죽음관은 어떻게 다를까?

개념 | 자료로 확인

■ 유교의 죽음관 빈출 제시문

삶을 모르는데 어찌 죽음을 알겠는가? 새가 죽을 때는 울음소리가 애처롭고, 사람이 죽을 때는 하는 말이 착한 법이라네. 지사(志士)는 삶을 영위하되 인(仁)을 해침이 없고, 자신을 희생함으로써 인을 이룬다네.

유교는 죽음보다는 현세의 도덕적으로 실천하는 삶이 더 중요하다고 보았다.

■ 불교의 죽음관 빈출 제시문

중생들의 무리로부터 떨어짐, 오온(五蘊)의 부서짐, 생명의 끊어짐을 죽음이라 한다. 태어남이 있을 때에만 죽음이 있다. 삶의 모든 현상은 꿈과 같고 이슬과 같고 그림자 같고 번개와 같으니 그대, 마땅히 그렇게 바라보아야 한다.

불교는 죽음이 오온의 해체이며, 또 다른 세계로 윤회하는 것이라고 보았다.

■ 도가의 죽음관 빈출 제시문

삶과 죽음은 차별이 없는데, 어찌 그것을 근심하겠는가? 만물은 하나이나 사람들은 아름다운 것을 신기하다 하고 추악한 것을 썩어 냄새난다고 한다. 썩어 냄새나는 것이 신기한 것이 되고 신기한 것이 다시 썩어 냄새나는 것이 되는 법이다.

도가는 삶과 죽음의 분별을 거부하고 삶과 죽음에 대해 초연해야 한다고 보았다.

■ 플라톤의 죽음관 빈출 제시문

죽음은 영혼이 육체의 속박으로부터 벗어나는 것이다. 영혼은 육체를 떠나 될 수 있는 대로 그것과 상관하지 않을 때 가장 잘 사유하게 된다.

플라톤은 육체에 갇혀있던 영혼이 죽음을 통해 이데아의 세계로 간다고 보았다.

■ 에피쿠로스의 죽음관 빈출 제시문

현자(賢者)는 죽음을 두려워하지 않는다. 삶이 해를 주는 것도 아니고, 죽음도 악으로 생각되지 않기 때문이다. 그는 긴 삶이 아니라 즐거운 시간을 향유하려고 노력한다.

에피쿠로스는 죽음을 두려워할 필요가 없으며 즐거운 삶이 더 중요하다고 보았다.

■ 하이데거의 죽음관 빈출 제시문

죽음으로 앞서 달려가 보는 순간에만 우리는 자유로울 수 있다. 자기의 고유한 죽음으로 달려가 보는 것은 현존재에게 주어진 가장 준엄한 과제이다.

하이데거는 인간은 죽음의 자각을 통해 삶의 소중함을 깨달을 수 있다고 보았다.

개념 | 빈칸 채우기로 확인

■ 동양의 죽음관

Q1 유교는 죽음이 자연의 과정이지만 (　　　　)하는 것이 마땅하다고 보았다.

Q2 불교는 죽음이 (　　　　)이/가 흩어지는 것이며 또 다른 세계로 (　　　　)하는 것이라고 보았다.

Q3 도가에서는 삶과 죽음은 (　　　　)이/가 모이고 흩어지는 것이라고 보았다.

■ 서양의 죽음관

Q4 플라톤은 (　　　　)이/가 영혼을 가두는 감옥이며, 죽음을 통해 영혼이 (　　　　)의 세계로 간다고 보았다.

Q5 에피쿠로스는 (　　　　)을/를 통해 육체와 영혼이 (　　　　)(으)로 흩어진다고 보았다.

Q6 하이데거는 (　　　　)을/를 통해 참된 실존을 회복할 수 있다고 보았다.

개념 | O/X로 확인

Q7 불교는 죽음과 달리 삶은 고통이 아니라고 보았다. （ ○ / × ）

Q8 에피쿠로스는 죽음 이후의 삶을 위해 선행을 실천해야 한다고 보았다. （ ○ / × ）

Q9 하이데거는 죽음에 대한 자각을 통해 참된 자아를 발견할 수 있다고 보았다. （ ○ / × ）

개념 | 벤다이어그램에 적용

연습하기 Q10 입장에 맞게 A / B / C에 표시하시오.

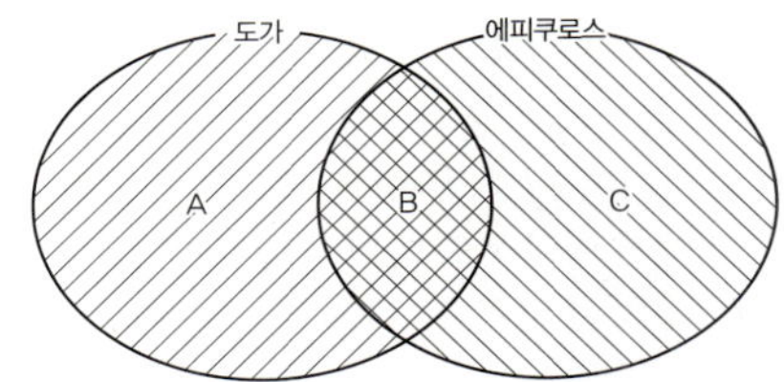

- 삶과 죽음은 사계절의 운행과 같다.　　❶ (A / B / C)
- 죽음을 두려워할 필요가 없다.　　❷ (A / B / C)
- 죽음은 감각적으로 경험할 수 없다.　　❸ (A / B / C)

적용하기 Q11 플라톤과 하이데거의 입장을 다음 벤다이어그램으로 표현할 때 A~C에 해당하는 진술로 옳은 것은?

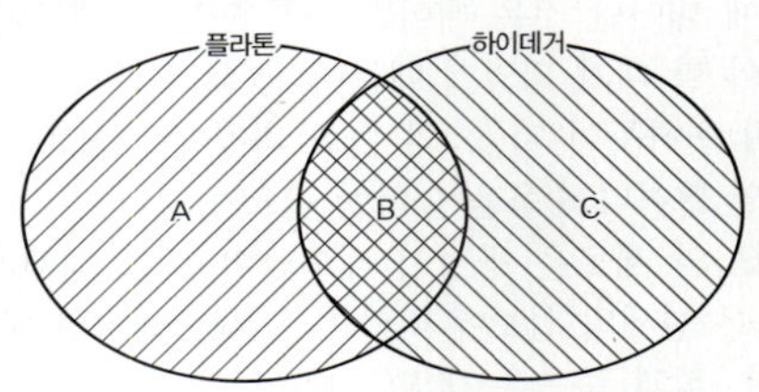

① A : 삶과 죽음은 지속적으로 반복되는 과정이다.
② A : 죽음 이후에 인간은 어떤 것도 인식할 수 없다.
③ B : 죽음은 인간이 피해야 할 궁극적인 고통이다.
④ B : 영원불변하는 영혼의 세계가 궁극적인 이상이다.
⑤ C : 죽음으로의 선구가 참된 자아를 발견하는 계기이다.

How & WHY 정답 01. 애도 02. 오온, 윤회 03. 기 04. 육체, 이데아 05. 죽음/, 원자 06. 죽음의 자각 07. × 08. × 09. ○ 10 ❶A ❷B ❸C 11. ⑤

주제 1　출생·죽음의 의미와 삶의 가치

족집게 전략 | 여러 사상가들의 죽음관을 비교하는 유형의 문제가 주로 출제된다. 이를 대비하기 위해서는 유교, 불교, 도가, 플라톤, 에피쿠로스, 하이데거의 죽음에 대한 입장을 꼼꼼하게 살펴보고 특징을 서로 비교해보아야 한다. 특히 각 사상가의 사상적 배경지식이 없는 경우 고난도 문제에서 어려움을 겪을 수 있기 때문에 사상적 배경까지 깊이 이해해야 한다.

접근 전략

❶ 사상가 파악	❷ 선택지 적용
제시문을 읽으면서 각 사상가의 죽음관과 관련된 키워드를 활용하여 사상가를 확정한다.	❶에서 사상가를 파악했다면 함정에 유의하면서 선택지의 진술을 침착하고 꼼꼼하게 분석한다.

049 대표 문항 고난도↑
|평가원 기출|

고대 동양 사상가 갑, 고대 서양 사상가 을의 입장으로 옳지 않은 것은?

> 갑 : 진인(眞人)은 분별심으로 도를 버리지 않고, 인위로 자연을 돕지 않는다. 자연은 삶을 주어 수고하게 하고, 죽음을 주어 쉬게 한다.
>
> 을 : 현자(賢者)는 죽음을 두려워하지 않는다. 삶이 해를 주는 것도 아니고, 죽음도 악으로 생각되지 않기 때문이다. 그는 긴 삶이 아니라 즐거운 시간을 향유하려고 노력한다.

① 갑 : 삶과 죽음은 사계절의 운행처럼 필연적인 과정이다.
② 갑 : 삶과 죽음의 분별에서 벗어나야 도에 일치할 수 있다.
③ 을 : 죽음을 통해 인간의 쾌락과 고통의 감각이 소멸된다.
④ 을 : 불멸에 대한 욕망에서 벗어날 근거는 내세의 행복에 있다.
⑤ 갑, 을 : 이상적 인간은 죽음을 두려움의 대상으로 보지 않는다.

050
|교육청 기출|

동양 사상 (가), (나)의 입장으로 가장 적절한 것은?

> (가) 이 세상에 태어난 것은 태어날 때를 만났기 때문이고, 죽음은 떠나야 할 때가 되었기 때문이다. 삶과 죽음은 운명이다. 사계절이 변하듯이 기(氣)의 변화 과정에서 삶과 죽음이 바뀌는 것일 뿐이니 죽음을 슬퍼할 필요가 없다.
>
> (나) 오온(五蘊)의 새로운 구성이 태어남이고 그 해체가 죽음이다. 죽음은 현세의 업보에 따라 다음 세상에서의 태어남으로 이어진다. 삶과 죽음은 생멸(生滅)의 과정에서 계속 반복되는 것이니 생사(生死)에 집착할 필요가 없다.

① (가) : 인(仁)의 구현을 위해서라면 나의 생명을 희생할 수 있다.
② (가) : 내세의 행복을 위해 현세의 욕망을 최대한 절제해야 한다.
③ (나) : 죽음은 고통이 없는 생(生)으로 이어지는 윤회의 과정이다.
④ (나) : 중생은 그의 오온이 해체되어도 생멸을 반복하게 된다.
⑤ (가), (나) : 참된 지혜는 육체의 구속에서 벗어난 사후에만 얻어진다.

051 고난도↑
|평가원 기출|

(가), (나) 사상의 입장에 대한 설명으로 가장 적절한 것은?

(가)	무명(無明)에 가려진 중생들이 이 세상에서 저 세상으로 서로 오가는 것은 네 가지 성스러운 진리[四聖諦]를 모르기 때문이다.
(나)	삶과 죽음은 마치 사계절의 변화와 같다. 삶을 좋아함은 미혹(迷惑)이고, 죽음을 싫어함은 타향에 안주하여 고향에 돌아갈 줄 모르는 사람과 같다.

① (가)는 죽음을 다른 존재로 윤회하는 고리가 단절된 상태라고 본다.
② (나)는 사후의 평온보다 현세에서 인(仁)의 실천이 중요하다고 본다.
③ (가)는 (나)와 달리 죽음을 삶의 모든 번뇌가 소멸한 상태라고 본다.
④ (나)는 (가)와 달리 죽음을 흩어져 있던 기가 모인 상태라고 본다.
⑤ (가), (나)는 생사를 차별해서는 안 되는 순환의 과정이라고 본다.

052
|평가원 기출|

갑, 을 사상가들의 입장으로 옳지 않은 것은?

> 갑 : 죽음을 가장 큰 악이라고 두려워하는 사람도 있고, 죽음이 인생의 악을 중지시켜 준다고 생각해서 죽음을 열망하는 사람도 있다. 하지만 현자(賢者)는 죽음을 두려워하지 않는다. 죽음은 우리에게 아무것도 아니기 때문이다.
>
> 을 : 죽음은 현존재의 종말이다. 하지만 현존재의 죽음을 단순히 다른 생물의 종말에 입각해 파악해서는 안 된다. 현존재는 죽음을 향한 존재이며 자신에게 주어진 시간이 유한하다는 것과 집착해서는 안 되는 것들이 무엇인지를 깨닫는다.

① 갑 : 살아 있는 사람과 죽은 사람 모두 자신의 죽음을 경험할 수 없다.
② 갑 : 죽음이라는 실체를 수용해야 불멸에 대한 열망을 실현할 수 있다.
③ 을 : 인간은 죽음에 대한 자각을 할 수 있다는 점에서 동물과 다르다.
④ 을 : 현존재는 죽음을 의식하며 어떻게 살 것인지 고뇌하는 존재이다.
⑤ 갑, 을 : 죽음을 회피하는 태도보다 죽음에 대한 바른 인식이 필요하다.

053

갑, 을의 입장으로 옳은 것은?

> 갑 : 아직 삶도 알지 못하는데 어떻게 죽음을 알겠는가? 일찍 죽고 오래 사는 것도 이상한 게 아니라네. 사람으로서 올바른 도리를 다하고, 주어진 삶을 아름답게 마치는 것이 참으로 중요하다네.
> 을 : 삶과 죽음은 춘하추동 사계절의 운행과 같다네. 태어나는 것을 기뻐하지 않고 죽는 것을 거부하지 않으니 자연을 따라가고 따라올 뿐이네. 이 경지에 있는 사람을 진인(眞人)이라 하네.

① 갑 : 죽음은 자연의 순리이므로 슬퍼할 필요가 없다.
② 갑 : 죽음은 육체로부터 해방되어 지혜를 완성하는 과정이다.
③ 을 : 죽음은 인간이 윤회의 과정에서 겪어야 할 괴로움이다.
④ 을 : 죽음보다는 인의(仁義)에 충실한 삶에 관심을 가져야한다.
⑤ 갑, 을 : 죽음은 인간의 삶에서 일어나는 자연스러운 현상이다.

054

갑, 을의 입장에 대한 옳은 설명을 〈보기〉에서 고른 것은?

> 갑 : 인간은 오직 죽음이라는 확실한 가능성 앞에서만 스스로 존재의 의미에 대해 물음을 던지며, 삶에 대해 진지하게 고민하고 자신의 참된 모습을 찾게 된다.
> 을 : 죽음은 우리에게 아무것도 아니다. 왜냐하면 해체된 것은 감각이 없기 때문이다. 이러한 앎은 불멸에 대한 갈망이 주는 고통을 제거하고 죽음에 대한 두려움을 없애 준다.

> **보기**
> ㄱ. 갑은 죽음으로의 선구를 통해 실존을 회복할 수 있다고 본다.
> ㄴ. 을은 죽음을 통해 영혼이 육체의 감옥에서 벗어난다고 본다.
> ㄷ. 을은 죽음을 통해 육체와 영혼이 원자로 회귀한다고 본다.
> ㄹ. 갑, 을은 죽음 이후의 내세에서 참된 삶을 살 수 있다고 본다.

① ㄱ, ㄴ　　② ㄱ, ㄷ　　③ ㄴ, ㄷ　　④ ㄴ, ㄹ　　⑤ ㄷ, ㄹ

055

(가), (나) 사상의 입장에 대한 옳은 설명만을 〈보기〉에서 있는 대로 고른 것은?

> (가) 삶과 죽음은 본래 형체가 따로 있는 것이 아니라 기(氣)의 변화에 불과하다. 이는 단지 춘하추동 사계절의 흐름이 되풀이하여 운행되는 것과 같다.
> (나) 이것이 있기 때문에 저것이 있다. 이를 일컬어 인연법(因緣法)이라고 한다. 삶이 있으므로 늙음과 죽음이 있고, 삶을 떠나서는 늙음과 죽음도 없다.

> **보기**
> ㄱ. (가) : 죽은자에 대해 인간은 마땅히 애도해야 함을 강조한다.
> ㄴ. (가) : 삶과 죽음은 기가 모이고 흩어지는 과정임을 강조한다.
> ㄷ. (나) : 죽음의 고통은 깨달음을 통해서만 해소될 수 있음을 강조한다.
> ㄹ. (가), (나) : 삶과 죽음을 분별할 때 죽음의 굴레에서 벗어날 수 있음을 강조한다.

① ㄱ, ㄴ　　　　② ㄴ, ㄷ　　　　③ ㄷ, ㄹ
④ ㄱ, ㄴ, ㄹ　　⑤ ㄱ, ㄷ, ㄹ

056

갑은 긍정, 을은 부정의 대답을 할 질문으로 옳은 것은?

> 갑 : 죽음이라는 공포는 우리에게 고통스러운 악(惡)이다. 하지만 죽음을 두려워할 필요는 없다. 왜냐하면 죽으면 모든 감각이 사라져서 어떠한 쾌락과 고통도 느낄 수 없기 때문이다.
> 을 : 잘 산다는 것은 영혼을 정화하는 것이다. 잘 죽는다는 것은 더 이상 정화될 필요 없이 순수한 상태의 영혼을 간직한 채로 삶을 마감하는 것이다.

① 죽음 이후에 인간은 어떤 것도 인식하지 못하는가?
② 죽음은 살아 있는 동안 자신이 했던 행위에 대한 벌인가?
③ 죽음을 통해 육체로부터 벗어나 참된 지혜를 얻을 수 있는가?
④ 죽음은 신과 하나 되기 위해 통과해야 하는 필수적 관문인가?
⑤ 죽음은 피할 수 없는 고통이므로 의연하게 받아들여야 하는가?

주제 2   출생 · 죽음과 관련된 윤리적 쟁점

족집게 전략 | 낙태 찬반 논쟁, 안락사 찬반 논쟁, 뇌사 관련 찬반 논쟁 등 주로 윤리적 쟁점의 찬반 논거들을 이해하고 있는지를 묻는 문제가 주로 출제된다.

접근 전략

❶ 쟁점에 대한 입장 파악	❷ 주장의 논거
제시문을 분석하면서 윤리적 쟁점에 대한 찬반 입장을 파악한다.	❶에서 찬반 입장을 파악했다면 그러한 입장을 뒷받침하는 논거가 논리적으로 제시되었는지 선택지를 꼼꼼하게 분석한다.

057 ◀ 대표 문항
| 평가원 기출 |

그림은 수업 장면이다. 소전제 ㉠에 대한 반론으로 가장 적절한 것은?

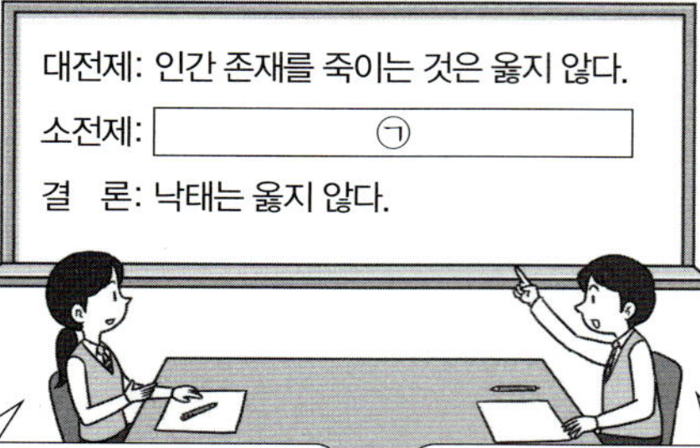

① 잠재적 인간인 태아도 성인과 동등한 권리를 지니고 있다.
② 태아는 완전한 인격체가 아니므로 인간 존재로 볼 수 없다.
③ 낙태는 법적으로 금지되지만 도덕적으로는 허용될 수 있다.
④ 태아는 수정과 동시에 인간의 본질적 특성을 갖는 존재이다.
⑤ 사회의 이익을 위해 때로는 인간 존재의 희생이 불가피하다.

058
| 교육청 기출 |

㉠에 들어갈 내용으로 적절하지 <u>않은</u> 것은?

갑 : 태아는 수정과 동시에 생명을 갖는 인간으로 여겨야 합니다. 태아는 수정된 순간부터 인간과 동일한 지위를 지닌 존재이므로 낙태를 전적으로 임신부의 결정에 맡기면 안 됩니다.
을 : 아닙니다. 태아는 임신부의 신체 중 일부이므로 낙태의 허용 여부는 임신부의 자유로운 결정에 맡겨야 합니다. 또한 태아는 인격체가 아니므로 인격체와 같은 생명의 권리를 갖지 못합니다.
갑 : 제 생각에 당신의 견해는 ㉠ 있습니다.

① 낙태는 잘못이 없는 인간을 죽이는 행위임을 간과하고
② 임신부와 태아가 지닌 생명의 가치가 동일함을 간과하고
③ 태아를 성인과 동등한 인격체로 대우해야 함을 간과하고
④ 태아의 생명을 수단이 아닌 목적으로 여겨야 함을 간과하고
⑤ 임신부에게 자신의 삶에 대한 자기 결정권이 있음을 간과하고

059
| 평가원 기출 |

갑은 긍정, 을은 부정의 대답을 할 질문으로 옳은 것은?

갑 : 오늘날 장기 이식 기술이 발달함에 따라, 뇌사를 죽음의 기준으로 인정하면 많은 생명을 살릴 수 있게 되었습니다.
을 : 그렇습니다. 하지만 사람의 생명은 실용적 가치로 평가할 수 없는 존엄성을 지니기 때문에 심폐사를 죽음으로 보는 것이 옳습니다.
갑 : 아닙니다. 뇌사를 죽음으로 보아야 합니다. 저는 사람의 인격은 심장이 아니라 뇌에서 비롯된다고 생각합니다.
을 : 저도 그 생각에는 동의합니다. 하지만 뇌의 명령 없이도 유지될 수 있는 사람의 생명 그 자체가 존엄한 것입니다. 또한 장기 이식을 위해 뇌사 판정이 악용될 가능성에도 유의할 필요가 있습니다.

① 뇌사 인정은 인간 생명의 존엄성을 침해할 수 있는가?
② 인간의 생명을 유용성에 의해 평가해서는 안 되는가?
③ 뇌사를 인정할 경우 다수의 생명을 살릴 수 있는가?
④ 인간의 인격은 뇌가 아니라 심장에 의존하는가?
⑤ 심폐사보다 뇌사가 죽음의 기준으로 적절한가?

060
| 평가원 기출 |

갑의 입장에서 을의 주장에 대해 제시할 적절한 견해만을 〈보기〉에서 있는 대로 고른 것은?

갑 : 회생 불가능한 환자의 불필요한 고통을 없애는 방법에는 인위적 개입으로 죽음을 앞당기는 것과 연명 치료 중단으로 죽음에 이르게 두는 것이 있다. 전자는 비도덕적인 살인이기에 금지되지만, 후자는 자연의 과정을 따르는 것이므로 허용될 수 있다.
을 : 인간의 생명은 절대적인 가치를 지닌다. 인간 생명의 존엄성은 불필요한 고통을 없앤다는 명분으로도 절대 훼손되어서는 안 된다. 인위적으로 죽음을 앞당기거나 연명 치료를 중단 하는 것은 모두 인간 생명의 존엄성을 경시하므로 허용될 수 없다.

┌─ 보기 ─┐
ㄱ. 적극적 안락사는 환자의 뜻에 따라 허용되어야 한다.
ㄴ. 안락사가 허용되면 인간 생명의 존엄성을 지킬 수 없다.
ㄷ. 환자가 회생할 가망이 없을 경우 연명 치료 중단이 가능하다.
ㄹ. 자연의 과정을 거스르지 않는 안락사 방법은 허용될 수 있다.

① ㄱ, ㄴ   ② ㄴ, ㄷ   ③ ㄷ, ㄹ
④ ㄱ, ㄴ, ㄹ   ⑤ ㄱ, ㄷ, ㄹ

061 고난도↑

다음 사상가의 입장에서 부정의 대답을 할 질문을 〈보기〉에서 고른 것은?

> 낙태 반대론자들의 오류는 태아가 호모 사피엔스라는 종(種)의 구성원이기 때문에 윤리적인 측면에서 우리와 똑같은 생명권을 갖고 있다고 주장하는 데 있다. 호모 사피엔스 집단의 구성원이라는 과학적 사실은 동일한 생명권을 부여하기 위한 충분조건이 될 수 없다. 또한 자의식이나 이성을 근거로 태아를 동물과 다르게 대우해야 한다고 주장하기도 어렵다. 태아의 지적 능력은 소나 돼지보다 낮기 때문이다. 그럼에도 병원 앞에서 낙태 반대 시위가 종종 벌어지는 것과 달리 도살장 앞에서 시위를 벌이는 장면은 좀처럼 찾아보기 어렵다. 자의식을 갖출 가능성을 갖고 있다는 사실만으로 우리는 왜 자의식을 갖춘 여성을 보호하지 않고, 또 아직 자의식을 갖추지 못한 존재의 삶을 마감하도록 하는 행위가 잘못된 것이라고 생각해야 하는가?

〈보기〉
ㄱ. 태아를 인격체인 인간과 동일시해야 하는가?
ㄴ. 태아는 자의식을 갖출 가능성을 가진 존재인가?
ㄷ. 태아와 임신부의 도덕적 지위와 가치는 동등한가?
ㄹ. 태아의 생명권보다 인간의 생명권이 더 중요한가?

① ㄱ, ㄴ ② ㄱ, ㄷ ③ ㄴ, ㄷ ④ ㄴ, ㄹ ⑤ ㄷ, ㄹ

062

다음 사상가의 입장에서 〈문제 상황〉 속 A에게 제시할 조언으로 가장 적절한 것은?

> 영원한 법칙으로부터 생겨난 규칙들은 인간의 자연적 성향들과 일치한다. 인간의 자연적 성향들은 선을 향하게 하고 신이 우리에게 규정한 목적들을 향하게 한다. 제 1의 자연 성향은 인간이 다른 모든 실체와 함께 소유하고 있는 자기 보존 본능이요, 제 2의 자연 성향은 동물과 함께 소유하고 있는 성향, 즉 종족 보존 본능이며, 제 3의 자연 성향은 신에 관한 진리를 알려 하고 다른 인간과 더불어 사회적인 삶을 영위하려는 성향이다.

〈문제 상황〉
> 불치병으로 극심한 고통을 겪고 있는 환자 A는 주치의로부터 잔여 수명이 3개월 이내라는 진단을 받았다. 이에 A는 안락사 여부에 대해 고민하고 있다.

① 가족의 고통을 줄여줄 수 있는 판단을 하세요.
② 쾌락의 질적인 측면을 고려하여 판단을 하세요.
③ 인간의 자기 보존 성향에 부합하는 판단을 하세요.
④ 유덕한 품성을 가진 사람이 할 법한 판단을 하세요.
⑤ 사회적 쾌락의 총량을 증진할 수 있는 판단을 하세요.

063

(가)의 갑, 을의 입장을 (나) 그림으로 표현할 때, A~C에 해당하는 옳은 진술만을 〈보기〉에서 있는 대로 고른 것은?

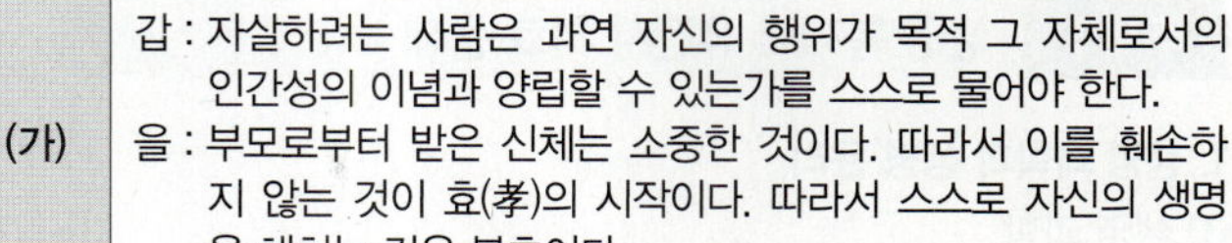

| (가) | 갑 : 자살하려는 사람은 과연 자신의 행위가 목적 그 자체로서의 인간성의 이념과 양립할 수 있는가를 스스로 물어야 한다.
을 : 부모로부터 받은 신체는 소중한 것이다. 따라서 이를 훼손하지 않는 것이 효(孝)의 시작이다. 따라서 스스로 자신의 생명을 해치는 것은 불효이다. |

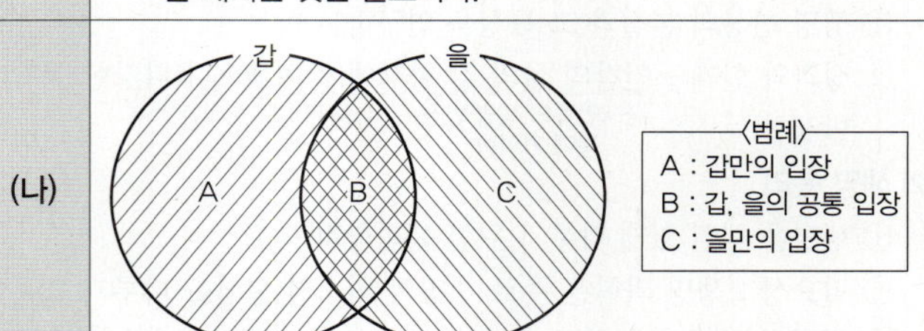

〈보기〉
ㄱ. A : 자살은 자기 자신을 고통 완화의 수단으로 삼는 것이다.
ㄴ. A : 자살은 문제를 해결하는 것이 아니라 회피하는 것이다.
ㄷ. B : 어떠한 경우에도 자살은 윤리적으로 허용될 수 없다.
ㄹ. C : 자살은 불감훼상(不敢毁傷)의 도리에 어긋나는 행위이다.

① ㄱ, ㄴ ② ㄱ, ㄹ ③ ㄴ, ㄷ
④ ㄱ, ㄷ, ㄹ ⑤ ㄴ, ㄷ, ㄹ

064

| 평가원 기출 |

갑이 을에게 제기할 수 있는 견해로 가장 적절한 것은?

> 갑 : 뇌는 인간의 생명 활동을 관장하는 핵심 기관이기 때문에 뇌 기능이 정지하면 이미 죽음의 단계에 들어선 것이다. 따라서 뇌사를 죽음으로 인정하면 장기 이식이 더욱 활성화될 수 있다.
> 을 : 뇌사에 이르렀다 하더라도 연명 의료 기기를 이용하면 호흡과 심장 박동이 유지되므로 아직 죽음에 이른 것은 아니다. 따라서 뇌사자의 장기를 적출하는 행위는 금지되어야 한다.

① 뇌사의 판정 과정에서 오류 가능성이 있음을 간과했다.
② 심장과 폐가 기능을 유지한다면 살아있는 사람이라는 사실을 간과했다.
③ 뇌사를 죽음으로 인정하면 환자 가족의 경제적 부담이 늘어남을 간과했다.
④ 뇌사를 죽음으로 인정하면 의료 자원의 효율적 이용이 어려워짐을 간과했다.
⑤ 뇌사를 죽음으로 인정하면 장기 이식을 통해 다른 생명을 살릴 수 있음을 간과했다.

05강 생명 윤리

주제 1 생명 복제와 유전자 치료 문제

1. 생명 과학과 생명 윤리

(1) 생명 과학

① 생명 현상의 본질과 그 특성을 연구하는 학문

② 성과와 한계 : 인간의 삶의 질 향상에 기여했으나 다양한 문제가 발생함
  → 인류의 생명 연장, 건강 증진 등에 기여함

(2) 생명 윤리

① 생명을 책임 있게 다루기 위한 윤리학적 숙고

② 필요성 : 생명 과학은 주로 생명의 외적인 현상을 다루기 때문에 생명의 존엄성에 대한 근거를 밝혀 주지 못함 → 생명 윤리가 필요함

(3) 동서양의 생명 윤리 사상

동양	• 유교 : 부모로부터 물려받은 생명을 소중히 여겨야 함 • 불교 : 연기의 가르침을 통해 생명의 상호 의존 관계를 강조하고, 불살생의 가르침을 통해 생명의 보존을 주장함 • 도가 : 자연스럽게 태어나고 자라는 것을 인위적으로 조장하는 일은 바람직하지 못하다고 주장함
서양	• 그리스도교 : 신의 피조물인 생명은 존엄하면서도 일정한 위계를 가짐 • 슈바이처 : 생명을 보존하고 촉진하는 것은 옳고, 그것을 파괴하거나 억제하는 것은 그름

(4) 생명 과학과 생명 윤리의 올바른 관계 : 공통적으로 생명의 존엄성 실현을 목적으로 하기 때문에 생명 윤리는 생명 과학의 지식을 바탕으로 제시되어야 하고, 생명 과학은 생명 윤리의 도움을 받아 문제를 최소화해야 함 → 상호 보완적 관계를 유지해야 함
  (동일한 유전 형질을 가진 생명체를 만들어 내는 기술)

자료로 살펴보기

■ 생명 의료 윤리의 원칙

- 자율성 존중의 원칙 : 인간의 자율적 의사를 최대한 존중해야 한다.
- 해악 금지의 원칙 : 진료나 실험을 할 때 신체적 해악, 정신적 상처, 사회적 위험을 초래하는 행위를 해서는 안되며 이러한 위험성이 있을 경우 진료나 실험을 중단해야 한다.
- 선행의 원칙 : 의료 및 생명 과학 연구자는 환자나 피험자의 이익을 도모하고 선행을 베풀어야 한다.
- 정의의 원칙 : 생명 과학의 연구 성과나 자원을 공정하게 분배해야 한다.

비첨과 칠드레스가 제시한 진료나 생명 과학 연구 과정에서 준수해야 할 생명 의료 윤리 원칙이다.

2. 생명 복제와 관련된 생명 윤리 문제

(1) 생명 복제 : 동일한 유전 형질을 가진 생명체를 만들어 내는 기술

(2) 동물 복제
  → 1996년 포유류인 양을 체세포 핵 이식을 통해 복제하는 데 성공한 이후 다른 포유류에서도 복제가 성공하고 있음

찬성 입장	• 동물 복제를 통해 우수한 품종을 개발·유지할 수 있음 • 희귀 동물을 보존하고, 멸종 동물을 복원할 수 있음
반대 입장	• 자연의 질서에 어긋나며, 종의 다양성을 해침 • 동물의 생명이 인간을 위한 도구로 전락함

(3) 인간 복제
  → 배아 줄기 세포를 얻기 위해 배아 단계까지만 발생을 진행

① 배아 복제 : 시키는 것을 말함
  * 배아 : 수정 후 2주에서 8주까지의 개체
  * 줄기 세포 : 특정한 조직이나 다양한 조직의 세포로 분화할 수 있는 능력이 있는 세포

찬성 입장	• 배아는 아직 완전한 인간이 아님 • 배아로부터 획득한 줄기세포를 활용해 난치병을 치료할 수 있음
반대 입장	• 배아는 초기 인간 생명이므로 보호되어야 함 • 배아 복제 과정에서 많은 난자의 사용은 여성의 인권을 침해하고 건강권을 훼손함

자료로 살펴보기

■ 인간 배아의 도덕적 지위 논거

- 잠재성 논거 : 배아는 인간이 될 수 있는 잠재성을 가진다.
- 종의 구성원 논거 : 배아는 인간 종(種)에 속하며 도덕적 주체가 될 수 있다.
- 연속성 논거 : 배아는 선명한 경계선이 없는 연속적인 인간 발달의 과정에 있다.
- 동일성 논거 : 배아는 도덕적 존중의 기초가 되는 속성을 인간과 동일하게 가진다.

인간 배아 복제를 반대하는 사람들은 인간 배아가 도덕적 지위를 지닌다고 주장한다. 이때 인간 배아의 도덕적 지위에 대한 논증은 위의 사례처럼 다양한 형태로 제시된다.

② 개체 복제 : 복제를 통해 새로운 인간 개체를 만들어 내는 것을 말함 = 인간 복제

찬성 입장	불임 부부의 고통을 해소할 수 있음
반대 입장	• 복제 인간이 도구로 이용될 수 있음 • 인간의 자연스러운 출산 과정에 위배됨 • 인간의 고유성을 위협하고 존엄성을 훼손함 • 가족 관계에 혼란을 초래함

자료로 살펴보기

■ 인간의 고유성과 복제 인간

자연이 만들어 내는 일란성 쌍둥이는 같은 유전자를 가지지만 누가 앞서 살아가지는 않는다. 자연적 생식을 통해 만들어진 유전자형(型)은 누구도 알 수 없는 새로운 것이며, 삶을 살아가면서 당사자와 주변 사람들에게 비로소 그 정체가 밝혀지기 시작한다. 이러한 무지야말로 자유의 전제 조건이 된다. 새롭게 던져진 주사위처럼 존재하는 인간은 아무런 인도자도 없이 스스로 자신을 발견하고, 독자적인 삶을 살아가기 위해 노력해야 한다.
– 요나스, "기술 의학 윤리"

요나스에 따르면 자연적 생식을 통해 만들어진 유전자형은 마치 새롭게 던져진 주사위와 같이 완전히 새로운 것이 되며 각자의 고유성을 갖게 되며 존엄성의 주체가 된다. 그러나 개체 복제를 통해 인위적으로 만들어진 복제 인간은 인간으로서의 고유성을 갖지 못한다.

3. 유전자 치료와 관련된 생명 윤리 문제
  → 유전자 치료는 난치병 치료의 해법이 될 수 있다는 전망 때문에 관심과 연구가 증가하고 있음

(1) 유전자 치료의 의미 : 질병을 치료하기 위해 체세포 또는 생식 세포 안에 정상 유전자를 넣어 유전자의 기능을 바로잡거나 이상 유전자 자체를 바꾸는 치료법

(2) 유전자 치료의 윤리적 쟁점

① 체세포 유전자 치료   →유전자 운반체인 바이러스를 이용해 유전 물질을 환자의 체세포에 삽입하여 질병을 치료하는 방법

- 의미 : 유전자 운반체인 바이러스를 이용해 유전 물질을 환자의 체세포에 삽입하여 질병을 치료하는 방법   →자연법 윤리의 관점임
- 특징 : 자연스러운 과정이 아니라고 반대하는 의견도 있으나, 치료를 위해 주입된 유전자는 주로 환자 개인에게만 영향을 끼치므로 환자의 질병 치료를 위해 제한적으로 허용하고 있음

② 생식 세포 유전자 치료

- 의미 : 수정란이나 발생 초기의 배아에 유전 물질을 삽입하여 질병을 치료하는 방법
- 특징 : 생식 세포에 영향을 주어 변형된 유전적 정보가 후세대에 직접적인 영향을 미침 → 윤리적 논란이 됨
- 생식 세포 유전자 치료 찬반 논거

찬성 입장	• 병의 유전을 막아 다음 세대의 병을 예방할 수 있음 • 유전병을 퇴치하는 등 의학적으로 유용함 • 유전 질환을 물려주지 않으려는 부모의 자율적 선택을 존중하는 것임 • 새로운 치료법 개발을 통해 경제적 효용 가치를 산출할 수 있음
반대 입장	• 미래 세대의 동의 여부가 불확실함 • 의학적으로 불확실하고 임상적으로 위험함 • 인간의 유전자를 조작하려는 우생학을 부추길 수 있음 • 고가의 치료비로 그 혜택이 일부 사람에게 치중되어 분배 정의에 어긋날 수 있음

 **이렇게 출제돼!** 생명 과학과 생명 윤리의 의미와 올바른 관계를 묻는 문제가 출제될 수 있어. 그리고 비첨과 칠드레스의 생명 의료 윤리 원칙도 출제 가능해. 한편, 생명 복제와 유전자 치료 문제는 빈출 주제이므로 찬반 논거를 잘 이해해 두어야 해!

* 동물 실험 3R 원칙
- 감소(reduction) : 실험에 이용하는 동물의 수를 감소시켜라.
- 개선(refinement) : 동물이 받는 고통을 최소화하기 위해 실험 절차를 개선하라.
- 대체(replacement) : 하등 동물이나 컴퓨터 모의실험과 같은 다른 실험으로 대체하라.

주제 2   동물 실험과 동물 권리의 문제

1. 동물 실험의 윤리적 쟁점

(1) **동물 실험의 의미** : 의학 및 생명 과학 연구 과정에서 살아 있는 동물을 대상으로 수행하는 실험

(2) **동물 실험 찬반 논거**   →동물 실험은 신약 개발 과정, 화장품 등 공산품의 안전성 검사 등에서 광범위하게 이루어지고 있음

찬성 입장	• 인간은 동물과 근본적으로 다른 존재 지위를 갖고 있으므로 동물을 이용할 수 있음 • 인간과 동물은 생물학적으로 유사하므로 동물 실험의 결과를 인간에게 적용할 수 있음 • 동물 실험을 통해 개발된 신약이나 치료법 등은 인간의 생명과 건강 증진에 기여할 수 있음 • 확실하고 믿을 만한 동물 실험의 대안이 없음
반대 입장	• 인간과 동물은 존재 지위에 별 차이가 없음 • 인간과 동물은 생물학적으로 유사하지 않으며 동물 실험 결과를 인간에게 그대로 적용하면 문제가 발생함 • 동물 실험으로 인해 동물들이 불필요한 고통을 받고 있으며, 동물 실험을 하는 사람은 동물에게 고통을 가하는 것에 둔감해져 정서적 문제가 생길 수 있음 • 조직 배양이나 컴퓨터 모의 실험 등의 대안적 방법이 존재함

탈리도마이드 사건 : 입덧 치료제인 탈리도마이드는 동물 실험에서는 안전한 약으로 판정받았지만, 이 약을 복용한 임산부는 기형아를 낳음

2. 동물 권리 논쟁

(1) **동물과 관련된 다양한 문제들**

① 음식을 위한 동물 사육 : 공장식 축산업에 따른 동물의 고통 증가
② 의복을 위한 동물 사육 : 인간의 멋과 만족을 위해 동물을 이용함
③ 유희를 위한 동물 활용 : 동물원, 동물 공연 등
④ 야생 동물의 생존권 위협 : 무분별한 개발과 포획 등
⑤ 동물 학대와 유기 : 동물을 인간의 소유물로만 여김

(2) **동물의 도덕적 권리를 부정하는 입장**

아리스토 텔레스	식물은 동물을 위해 존재하고 동물은 인간을 위해 존재하므로 인간이 동물을 사용하는 것은 문제가 되지 않음
데카르트	동물은 '자동인형' 또는 '움직이는 기계'에 불과하다고 주장함
아퀴나스	식물은 모두 동물을 위해 존재하고, 동물은 모두 인간을 위해 존재한다고 봄
칸트	동물은 이성을 갖고 있지 않아 직접적인 도덕적 지위를 갖지 못함. 그러나 동물을 학대하는 것은 인간의 품성에 부정적인 영향을 끼치므로 금지해야 함
코헨	어떤 존재가 권리를 소유하려면 윤리 규범의 고안 능력이나 자율성 등을 지녀야 하는데, 동물은 그러한 능력이 없기 때문에 권리를 소유할 수 없다고 봄

자료로 살펴보기

■ **동물 권리에 대한 아퀴나스와 칸트의 입장**

○ 아퀴나스 : 사물의 질서는 불완전한 것이 완전한 것을 위해 존재하는 방식으로 이루어져 있다. 식물은 모두 동물을 위해 존재하고, 동물은 모두 인간을 위해 존재한다. …… 인간이 동물에게 동정 어린 감정을 나타낸다면, 그는 그만큼 더 동료 인간들에게 관심을 가질 것이다.
  –"신학대전"

○ 칸트 : 인간은 동물과 관련해서 직접적 의무를 지지 않는다. 동물은 자의식적이지 못하므로 어떤 목적을 위한 수단일 뿐이다. 그 목적이란 인간이다. 동물에 대한 우리의 의무는 인간에 대한 간접적 의무에 불과하다. 우리가 동물에 대해 의무를 갖는 이유는 그렇게 함으로써 사람에 대한 의무를 계발할 수 있기 때문이다.
  –"윤리학 강의록"

아퀴나스와 칸트는 동물이 도덕적으로 고려받을 권리를 갖지는 않지만, 그렇다고 해서 동물을 함부로 다루어서도 안 된다고 주장한다. 왜냐하면 그것이 인간의 품성에 부정적인 영향을 끼치기 때문이다.

(3) **동물의 도덕적 권리를 인정하는 입장**

벤담	동물도 고통을 느끼기 때문에 도덕적으로 고려받을 권리를 가질 수 있다고 봄
싱어	벤담의 주장을 이어받아 동물이 쾌고 감수 능력을 갖고 있기 때문에 동물의 이익도 평등하게 고려되어야 한다고 주장함
레건	• 한 살 이상의 포유류는 자신의 삶을 영위할 수 있는 능력, 즉 믿음, 욕구, 지각, 기억, 감정 등을 가진 삶의 주체가 될 수 있으므로 인간처럼 내재적 가치를 지닌다고 봄 • 동물을 인간의 목적을 위한 수단으로 이용하는 것은 부당하다고 주장함

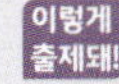 **이렇게 출제돼!** 동물 실험 찬반 입장을 묻는 문제가 출제되고 있어. 한편 동물 실험 관련 논란은 동물이 도덕적으로 고려받을 권리가 있는지 여부에 대한 논쟁과 관련 있으므로 동물의 도덕적 권리를 인정하는 입장과 부정하는 입장의 사상가들을 꼼꼼하게 정리해야 해.

핵심 개념 CHECK!

🔍 다음 확인 문제 중 옳은 것에 ○, 옳지 않은 것에 ✕를 표기하세요.

주제 1 생명 복제와 유전자 치료 문제

01 생명 과학이란 생명 현상의 본질과 그 특성을 연구하는 학문을 말한다. ○ ✕

02 생명을 책임 있게 다루기 위한 윤리학적 숙고를 생명 윤리라고 한다. ○ ✕

03 유교에서는 부모로부터 물려받은 생명을 소중히 여겨야 함을 강조한다. ○ ✕

04 (함정) 불교는 만물이 독립적인 실체임을 바탕으로 생명의 소중함을 강조한다. ○ ✕

05 도가에서는 자연스럽게 태어나고 자라는 것을 인위적으로 조장하지 않아야 한다고 본다. ○ ✕

06 생명 의료 윤리의 원칙 중 자율성 존중의 원칙은 생명 과학의 연구 성과나 자원을 공정하게 분배하라는 것이다. ○ ✕

07 비첨과 칠드레스가 제시한 생명 의료 윤리의 원칙에는 자율성 존중, 실험 금지, 선행, 정의의 원칙 등이 있다. ○ ✕

08 생명 복제란 동일한 유전 형질을 가진 생명체를 만들어 내는 기술을 말한다. ○ ✕

09 동물 복제에 반대하는 사람들은 동물 복제가 자연법 윤리에 부합한다고 본다. ○ ✕

10 동물 복제를 반대하는 사람들은 동물이 인간을 위한 수단이 되면 안 된다고 본다. ○ ✕

11 배아 복제란 복제를 통해 새로운 인간 개체를 만들어 내는 것을 말한다. ○ ✕

12 (함정) 배아 복제를 찬성하는 사람들은 배아와 인간의 도덕적 지위가 동등하다고 본다. ○ ✕

13 개체 복제는 인간의 고유성과 존엄성을 훼손할 수 있다는 비판을 받는다. ○ ✕

14 체세포 유전자 치료는 후세대에게 영향을 미치므로 윤리적 논쟁이 벌어지고 있다. ○ ✕

15 생식 세포 유전자 치료는 수정란이나 발생 초기의 배아에 유전 물질을 삽입하여 질병을 치료하는 방법이다. ○ ✕

16 생식 세포 유전자 치료는 우생학을 부추길 가능성이 있다. ○ ✕

17 생식 세포 유전자 치료를 찬성하는 사람들은 새로운 치료법이 경제적 가치를 산출할 수 있다고 본다. ○ ✕

주제 2 동물 실험과 동물 권리의 문제

18 동물 실험은 생명 과학 연구 과정에서 살아 있는 동물을 대상으로 수행하는 실험이다. ○ ✕

19 동물 실험을 반대하는 사람들은 인간과 동물은 다른 존재 지위를 갖고 있다고 본다. ○ ✕

20 입덧 치료제인 탈리도마이드 사례는 동물 실험을 찬성하는 사례로 들 수 있다. ○ ✕

21 동물 실험 3R 원칙은 동물의 복지보다는 실험의 효과를 높이기 위한 원칙을 말한다. ○ ✕

22 동물을 학대하거나 유기하는 것만을 동물과 관련된 윤리적 문제로 볼 수 있다. ○ ✕

23 아리스토텔레스는 인간이 동물을 사용하는 것을 반대하였다. ○ ✕

24 데카르트는 동물을 움직이는 기계에 불과하다고 본다. ○ ✕

25 아퀴나스는 식물은 동물을 위해 존재하고, 동물은 인간을 위해 존재한다고 본다. ○ ✕

26 (함정) 칸트는 인간이 동물을 존중해야 할 의무를 직접적인 의무라고 본다. ○ ✕

27 아퀴나스와 칸트는 동물이 도덕적으로 고려받을 수 있는 권리를 지닌다고 보았다. ○ ✕

28 코헨은 윤리 규범의 고안 능력이나 자율성이 없다는 이유로 동물의 권리를 부정한다. ○ ✕

29 (함정) 벤담은 동물도 고통을 느끼므로 도덕적으로 고려받을 권리를 지닌다고 본다. ○ ✕

30 싱어는 인간과 동물의 이익을 평등하게 고려해야 함을 강조한다. ○ ✕

31 싱어는 인간과 동물의 이익 관심을 차별하는 것을 종차별주의라고 본다. ○ ✕

32 (함정) 레건은 공리주의를 바탕으로 동물도 도덕적으로 고려받을 수 있는 권리가 있다고 본다. ○ ✕

33 레건은 모든 동물은 삶의 주체로서 내재적 가치를 갖는다고 본다. ○ ✕

34 (함정) 싱어와 레건은 모두 동물의 쾌고 감수 능력을 인정한다. ○ ✕

35 (함정) 레건은 동물 실험은 삶의 주체인 동물을 수단으로 여기는 행위라고 본다. ○ ✕

동물의 권리에 대한 사상가들의 입장은 어떻게 다를까?

개념 | 자료로 확인

■ 아리스토텔레스

> 식물은 동물을 위해 존재한다. 그리고 동물은 인간을 위해 존재한다. 길들인 동물은 식량만이 아니라 인간이 이용할 수 있는 다른 용도를 위해서도 존재한다. 야생 동물도 모두는 아닐지라도 대부분은 식량을 위해 그리고 다른 여러 방식으로 이용될 수 있다. 즉 옷과 도구들이 이것으로부터 만들어진다.
> — 아리스토텔레스, "정치학"

아리스토텔레스에 따르면 식물은 동물을 위해 존재하며 동물이 존재하는 목적은 인간을 위해서이다. 이러한 맥락에서 그는 동물의 권리를 인정하지 않는다.

■ 레건

> (믿음, 욕구, 지각, 기억, 감정 등을 지닌 존재로서 자기 삶을 영위할 수 있는 능력을 지닌 존재)
>
> 인간과 인간이 아닌 삶의 주체는 존중받을 도덕적 권리를 갖는다. 이러한 권리를 가진 개체들은 결코 마치 다른 것들을 위한 자원인 것처럼 대우 받아서는 안 된다. 특히 다른 것들의 이익을 위해서 의도적으로 해를 입어서는 안 된다.
> — 레건, "동물의 권리"

레건은 의무론을 바탕으로 동물의 권리를 인정한다. 그에 따르면 1년 이상의 포유동물은 삶의 주체이기 때문에 인간을 위한 수단이 되면 안 된다.

■ 칸트

> (칸트가 동물을 함부로 다루지 않아야 한다고 주장하는 이유는 인간을 위해서임)
>
> 동물은 비록 이성은 없을지라도 살아 있는 피조물임을 고려할 때, 동물을 폭력적으로 잔인하게 다루는 것은 삼가야 한다. 왜냐하면 이는 인간의 고통이라는 공유된 감정을 무디게 하며, 사람 간의 관계의 도덕성에 참으로 이바지할 수 있는 자연적인 소질을 약화시키고, 점차 그 소질을 제거하기 때문이다.
> — 칸트, "윤리 형이상학"

칸트는 동물의 권리를 인정하지 않는다. 그러나 인간성의 실현을 위해 동물을 함부로 대하지 않아야 한다고 보았다. 인간의 동물에 대한 의무는 간접적 의무라는 것이다.

■ 싱어

> (쾌고 감수 능력)
>
> 고통과 즐거움을 느낄 수 있는 능력은 어떤 존재가 이익 관심을 갖는다고 말할 수 있기 위한 필요조건일 뿐만 아니라 충분조건이기도 하다. 예를 들어 쥐는 발에 차이지 않을 이익 관심을 지닌다. 왜냐하면 쥐는 발에 차인다면 고통을 느낄 것이기 때문이다.
> — 싱어, "동물 해방"

싱어는 공리주의 관점에서 동물이 느끼는 고통을 감소시켜야 한다는 동물 해방론을 주장한다. 그는 동물도 도덕적으로 고려받을 수 있는 권리가 있다고 본다.

개념 | 빈칸 채우기로 확인

■ 아리스토텔레스와 칸트

Q1 아리스토텔레스는 동물은 (   )을/를 위해 존재한다고 본다.

Q2 칸트는 인간이 동물을 함부로 대하지 않아야 할 (직접적 / 간접적) 의무가 있다고 보았다.

Q3 칸트에 따르면 인간이 동물을 학대하지 않아야 하는 이유는 (   )을/를 위해서이다.

■ 레건과 싱어

Q4 레건은 (   )인 동물은 존중받을 도덕적 권리가 있다고 본다.

Q5 레건은 (   )을/를 바탕으로 동물은 인간을 위한 (수단 / 목적)이 아니라고 보았다.

Q6 싱어는 (   )을/를 바탕으로 (   )을/를 가진 동물은 도덕적으로 고려받을 수 있는 권리가 있다고 보았다.

개념 | O/X로 확인

Q7 아리스토텔레스는 동물의 권리를 인정한다. (○ / ×)

Q8 레건은 모든 동물은 권리의 주체가 될 수 있다고 본다. (○ / ×)

Q9 싱어는 동물이 도덕적으로 고려받을 수 있는 권리가 있다고 본다. (○ / ×)

개념 | 벤다이어그램에 적용

[연습하기] Q10 입장에 맞게 A / B / C에 표시하시오.

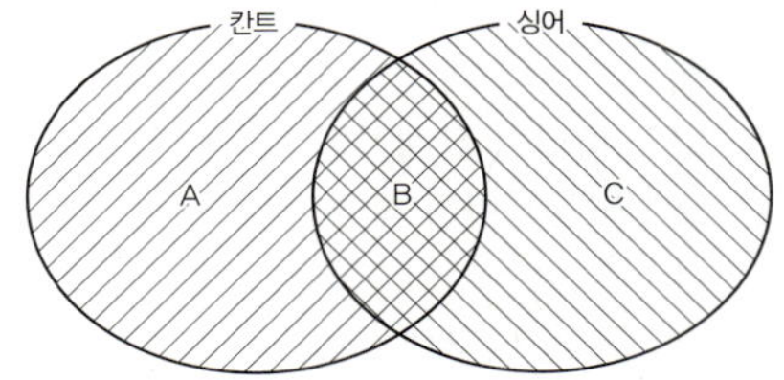

- 인간은 동물을 존중해야 할 간접적 의무가 있다.
  ❶ (A / B / C)

- 동물을 함부로 대하지 않아야 한다.
  ❷ (A / B / C)

- 인간과 동물의 이익을 평등하게 고려해야 한다.
  ❸ (A / B / C)

[적용하기] Q11 아리스토텔레스와 레건의 입장을 다음 벤다이어그램으로 표현할 때 A~C에 해당하는 진술로 옳은 것은?

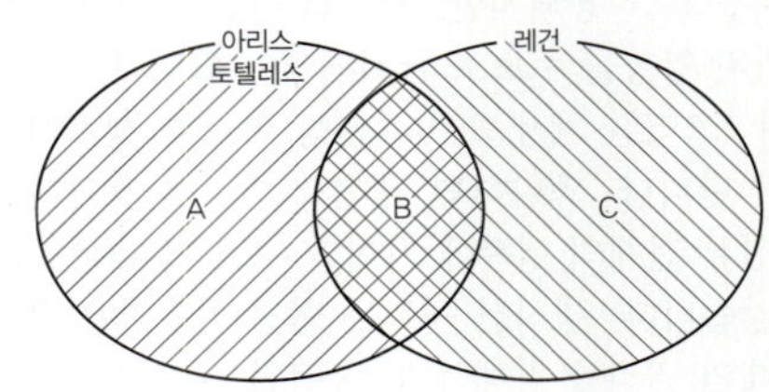

① A : 동물은 움직이는 기계에 불과하다.
② A : 인간과 동물의 이익 관심을 동등하게 고려해야 한다.
③ B : 인간은 동물의 고통을 감소시켜야 할 도덕적 의무가 있다.
④ B : 인간은 삶의 주체인 동물을 존중해야 할 직접적 의무가 있다.
⑤ C : 동물을 인간을 위한 수단으로 대우하지 않아야 한다.

How & WHY 정답 01. 인간 02. 간접적 03. 인간 04. 삶의 주체 05. 의무론, 수단 06. 공리 주의, 쾌고 감수 능력 07. X 08. X 09. O 10. ❶ A ❷ B ❸ C 11. ⑤

주제 1 생명 복제와 유전자 치료 문제

족집게 전략 | 이 주제에서 주로 출제되는 문제 유형은 동물 복제, 배아 복제, 인간 복제, 유전자 치료 등 생명 과학이 발전하면서 등장한 다양한 윤리적 쟁점들의 찬반 논거를 묻는 문제들이다. 이를 대비하기 위해서는 각각의 쟁점별로 찬반 논거를 확실하게 이해해 두어야 한다.

접근 전략

❶ 윤리적 쟁점 파악	❷ 선택지 분석
제시문을 읽으면서 생명 윤리와 관련된 윤리적 쟁점에 대해 어떤 입장인지 파악한다. ▶	❶에서 윤리적 쟁점을 파악했다면 찬반 논거를 떠올리면서 선택지를 분석하자.

---

065 ◀ 대표 문항

| 평가원 기출 |

다음 토론의 핵심 쟁점으로 가장 적절한 것은?

> 갑 : 유전적 질병을 치료하기 위한 유전자 치료는 크게 체세포 치료와 생식선 치료로 구분됩니다. 이러한 유전자 치료만이 유전적 질병에 대한 근본적인 해결책입니다.
>
> 을 : 동의합니다. 다만 체세포 치료는 환자 개인의 신체 세포에 영향을 주므로 허용되지만, 생식선 치료는 개인은 물론 후세대에게까지 영향을 주므로 금지되어야 합니다.
>
> 갑 : 아닙니다. 그러한 체세포 치료뿐만 아니라 생식선 치료까지 허용해야 합니다. 왜냐하면 유전자 치료의 효과가 후세대로 이어져 인류 전체의 행복에 기여할 수 있기 때문입니다.
>
> 을 : 그렇지 않습니다. 생식선 치료는 변경되지 않은 유전자를 가질 후세대의 권리를 침해하며, 유전적 다양성을 감소시켜 인류의 생존마저 위협할 수 있습니다.

① 생식선 치료가 유전자 치료의 범주에 포함되는가?
② 유전자 치료는 유전적 질병에 대한 근본적 해결책인가?
③ 생식선 치료는 개인뿐만 아니라 후세대에 영향을 주는가?
④ 유전적 질병의 치료를 위해 생식선 치료를 허용해야 하는가?
⑤ 후세대에 영향을 주지 않는 유전자 치료를 허용해야 하는가?

066

| 평가원 기출 |

(가)의 주장을 (나) 그림으로 나타낼 때, ㉠에 대한 반론의 근거로 가장 적절한 것은?

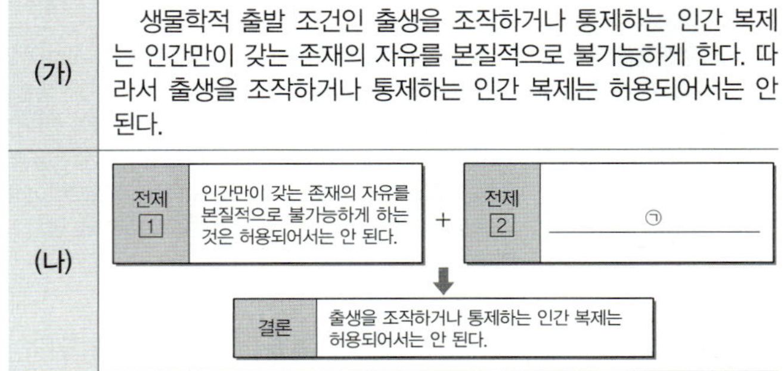

① 복제 인간은 자신의 자유의사와 무관하게 기획된 삶을 살게 될 것이다.
② 자연 발생적 출생만이 인간 존재의 자유를 본질적으로 가능하게 한다.
③ 복제 인간은 자연 발생적 인간과 동등한 존재의 자유를 갖는다.
④ 개인의 자유보다 복제 인간을 포함한 인류 전체의 행복이 중요하다.
⑤ 인간 복제로 인해 인간 상호 관계는 지배 종속 관계로 전락할 것이다.

067

| 평가원 기출 |

(가)의 관점에서 〈문제 상황〉에 대해 내릴 도덕 판단으로 가장 적절한 것은?

> (가) 모든 사물에는 자신의 목적을 완전히 실현할 수 있는 힘이 잠재되어 있다. 따라서 잠재적인 것은 현실적인 것과 같다고 볼 수 있다. 만일 도토리의 목적이 나무가 되는 것이라면, 도토리는 한 그루의 나무와 다름없다.
>
> 〈문제 상황〉
>
> 최근 난치병 치료를 위해 줄기 세포를 추출하는 과정에서 배아가 파괴되거나, 실험이 완료된 후에 폐기되는 문제가 발생하고 있다.

① 배아는 인간이 될 존재이므로 배아 실험은 정당하지 않다.
② 과학 발전을 위한 순수한 연구이므로 배아 실험은 정당하다.
③ 유전적 결함을 치료하기 위한 것이므로 배아 실험은 정당하다.
④ 배아는 신성한 생명권을 갖지 않으므로 배아 실험은 정당하다.
⑤ 배아 기증자를 수단으로 취급하므로 배아 실험은 정당하지 않다.

068

(가)의 주장을 (나) 그림으로 나타낼 때, ㉠에 대한 반론의 근거로 가장 적절한 것은?

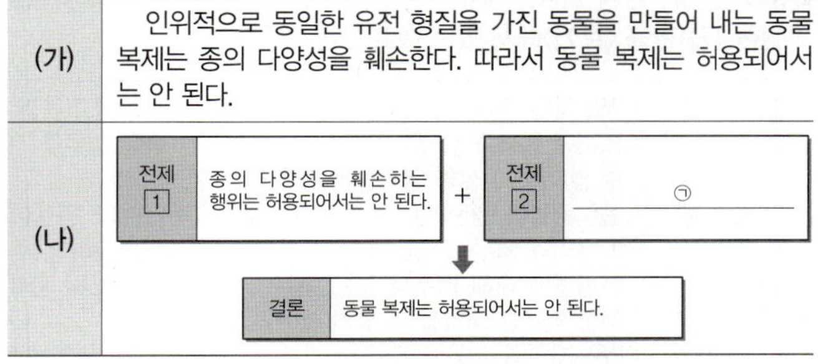

① 동물 복제는 동일한 유전 형질을 가진 동물을 생산한다.
② 동물 복제는 멸종 위기의 동물을 보전하는 방법을 제공한다.
③ 동물 복제는 인위적 유전자 조작으로 종의 다양성을 훼손한다.
④ 동물 복제는 인간의 존엄성을 침해하는 인간 복제로 진행된다.
⑤ 동물 복제는 인간의 권익을 위한 특정 종만으로 생태계를 재편한다.

069 고난도↑

다음을 주장한 사람의 관점에서 〈사례〉 속 A에게 제시할 조언만을 〈보기〉에서 있는 대로 고른 것은?

> 의료인이나 생명 과학 연구자들은 진료나 실험을 할 때 신체적 해악, 정신적 상처, 사회적 위험을 초래하는 행위를 해서는 안 되며 이러한 위험성이 있을 경우 진료나 실험을 중단해야 한다. 또한 실험에 참여하는 사람의 자율적 의사를 최대한 존중해야 한다. 또한 환자나 피험자의 이익을 도모하고 선행을 베풀어야 하며, 생명 과학의 연구 성과나 자원을 공정하게 분배해야 한다.

〈사례〉

> 생명 과학자 A는 새로운 치료제 개발의 마지막 단계로 임상 실험을 실시하려고 계획중이다.

〈보기〉

ㄱ. 피험자의 안전을 우선적으로 고려하세요.
ㄴ. 피험자에게 모든 정보를 투명하게 공개하세요.
ㄷ. 피험자의 피해보다 연구 성과를 먼저 고려하세요.
ㄹ. 피험자에게 최대한 많은 경제적 보상을 제공하세요.

① ㄱ, ㄴ   ② ㄴ, ㄷ   ③ ㄷ, ㄹ
④ ㄱ, ㄴ, ㄹ   ⑤ ㄱ, ㄷ, ㄹ

070

㉠에 들어갈 내용으로 적절하지 않은 것은?

> 갑 : 인간 배아는 단순한 세포 덩어리에 불과하므로 얼마든지 질병 치료를 위한 실험의 대상이 될 수 있다.
> 을 : 나는 인간 배아가 실험의 대상이 될 수 없다고 생각합니다. 왜냐하면 ______㉠______

① 인간 배아는 이미 인간 종에 속하기 때문입니다.
② 인간 배아는 인간이 될 잠재적 가능성을 가지고 있기 때문입니다.
③ 인간의 발달 과정은 연속적이며 선명한 경계선이 없기 때문입니다.
④ 인간 배아가 성장해서 존재할 생명체와 인간 배아는 동일하기 때문입니다.
⑤ 인간 배아의 생명권보다 난치병 환자의 행복추구권이 우선이기 때문입니다.

071

㉠에 대한 설명으로 옳지 않은 것은?

> 생명 과학은 인류의 삶의 질 향상에 기여했으나 주로 생명의 외적인 현상을 다루기 때문에 생명의 존엄성에 대한 근거를 밝혀 주기 어렵다. 따라서 생명 과학은 ______㉠______ 의 도움을 받아 문제를 최소화하면서 생명의 존엄성 실현에 기여해야 한다.

① 실천 윤리학의 한 분야이다.
② 생명 과학과 상호 대립적인 관계이다.
③ 생명의 존엄성의 실현을 목적으로 한다.
④ 생명을 책임 있게 다루려는 윤리학적 숙고이다.
⑤ 생명을 과학적으로 다룰 때 준수해야 할 윤리적 원칙을 제공한다.

072

(가)의 관점에서 〈사례〉에 대해 제시할 수 있는 견해로 가장 적절한 것은?

> (가) 인간 유전자 연구라는 공이 미끄러운 경사면에서 일단 구르기 시작하면 유전자 치료로 이어질 수 있고 이는 맞춤형 아기, 유전자에 의한 인간의 등급 매김 등 참혹한 결과로 이어질 수 있기 때문에 인간 유전자 연구는 즉각 중단되어야 한다.

〈사례〉

> 이상 유전자를 보유한 부모에게서 태어날 아기의 유전병을 예방하기 위한 근본적인 치료법은 생식 세포 단계에서 유전자 치료를 하는 것이다.

① 체세포 유전자 치료는 제한적으로 허용되어야 한다.
② 경제적 유용성을 산출하는 치료법은 모두 허용될 수 있다.
③ 유전병을 예방할 수 있는 모든 치료법이 연구되어야 한다.
④ 어떠한 이유로도 인간 유전자에 대한 연구는 허용될 수 없다.
⑤ 유전병을 물려주지 않으려는 부모의 자율성은 존중되어야 한다.

주제 2 　동물 실험과 동물 권리의 문제

족집게 전략 | 이 주제에서는 동물 실험 찬반 논거를 이해하고 있는지 묻는 문제가 출제된다. 또한 '동물이 도덕적으로 고려받을 권리가 있는가?'라는 물음과 관련하여 사상가의 입장을 묻는 문제가 주로 출제된다.

접근 전략

❶ 쟁점에 대한 입장 파악	❷ 주장의 논거
제시문을 분석하면서 동물 실험 찬반 논거, 동물 권리와 관련된 사상가의 입장을 파악하자.	❶에서 찬반 논거 또는 사상가의 입장을 파악했다면 함정에 유의하면서 선택지를 분석하자.

073 대표 문항
| 평가원 기출 |

다음 토론의 핵심 쟁점으로 가장 적절한 것은?

> 갑 : 인간의 생명과 건강을 위해 동물 실험은 꼭 필요합니다. 인간과 동물은 생물학적으로 유사하며, 동물 실험의 확실한 대안은 없습니다. 따라서 동물 실험은 정당합니다.
> 을 : 저는 당신이 제시한 논증의 모든 전제에 대해 찬성하지만 결론에는 반대합니다. 논증에 등장하는 '동물'을 모두 '인간'으로 바꿔 보세요. 당신이 제시한 논증을 이용하면 인간 실험마저 정당화할 수 있습니다.
> 갑 : 인간 실험은 부당합니다. 하지만 인간과 달리 동물은 기본적 권리를 갖지 않습니다. 당신의 비판은 동물도 기본적 권리를 갖는다는 선결 문제를 해결해야 합니다.
> 을 : 인간은 물론 동물도 삶의 주체이므로 기본적 권리를 갖습니다. 인간 실험과 마찬가지로 동물 실험도 부당합니다. 당신이야말로 동물의 기본적 권리를 단적으로 부정하고 있습니다.

① 동물 실험은 인간의 생명과 건강을 위해 필요한가?
② 동물 실험의 대안 중 확실한 것이 존재하는가?
③ 인간과 달리 동물은 기본적 권리를 갖는가?
④ 인간 실험과 달리 동물 실험은 정당한가?
⑤ 인간과 동물은 생물학적으로 유사한가?

074
| 평가원 기출 |

갑, 을의 관점에 대한 설명으로 옳지 않은 것은?

> 갑 : 인간은 자연을 고려해야 하는 간접적 의무를 갖는다. 인간이 자연을 파괴하는 행위는 인간의 동정심에 좋지 않은 영향을 미치기 때문이다.
> 을 : 고통과 쾌락의 감수 능력이 자신의 이익에 대한 관심을 갖는 전제 조건이 된다. 따라서 단지 종(種)이 다르다는 이유로 차별하는 것은 도덕적으로 잘못된 것이다.

① 갑은 인간을 위해 생태계를 고려할 의무가 있다고 본다.
② 갑은 자연보호가 인간의 도덕성 완성에 기여한다고 본다.
③ 을은 인간과 동물의 이익을 동등하게 고려해야 한다고 본다.
④ 을은 모든 생명체는 내재적 가치를 지니고 있다고 본다.
⑤ 갑, 을은 인간이 도덕적 가치를 지닌 존재라고 본다.

075 고난도↑

(가)의 갑, 을, 병의 입장을 (나) 그림으로 표현할 때, A~D에 해당하는 적절한 진술만을 〈보기〉에서 있는 대로 고른 것은?

(가)	갑 : 자연의 다른 존재를 위한 유용성과는 독립적으로, 쾌고(快苦)를 느끼며 목표를 위해 행위하는 삶의 주체는 비록 의무를 지닐 수 없다 해도 삶을 영위할 권리를 갖는다. 을 : 인간은 동물과 관련해서 직접적 의무를 지지 않는다. 동물에 대한 우리의 의무는 인간에 대한 간접적 의무에 불과하다. 우리가 동물에 대해 의무를 갖는 이유는 그렇게 함으로써 사람에 대한 의무를 계발할 수 있기 때문이다. 병 : 인간은 자연의 사용자 및 자연의 해석자로서 자연의 질서에 관해 실제로 관찰하고, 고찰한 것만큼 무엇인가를 할 수 있다. 그 이상의 것은 알 수도 없고, 할 수도 없다. 인간의 지식이 곧 인간의 힘이다.

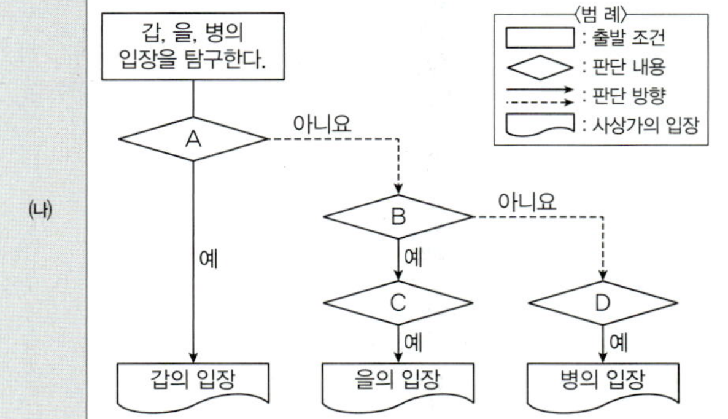

> [보기]
> ㄱ. A : 인간이 아닌 동물도 권리를 지닐 수 있는가?
> ㄴ. B : 자연 안의 어떠한 존재도 수단으로 대해서는 안 되는가?
> ㄷ. C : 인간만이 도덕적 의무를 실천할 능력을 소유하는가?
> ㄹ. D : 자연의 내재적 가치를 이해하여 자연을 지배해야 하는가?

① ㄱ, ㄷ　　② ㄱ, ㄹ　　③ ㄴ, ㄹ
④ ㄱ, ㄴ, ㄹ　　⑤ ㄴ, ㄷ, ㄹ

076
| 평가원 기출 |

서양 사상가 갑, 을의 입장에 대한 설명으로 옳은 것은?

> 갑 : 자기가 속한 종(種)의 이익을 옹호하면서 다른 종의 이익을 배척하는 차별적 태도는 도덕적으로 정당화될 수 없다. 인간이 좀 더 나은 지적 능력을 소유하고 있다고 해서 쾌락과 고통을 느낄 수 있는 존재를 착취할 권한을 가질 수는 없다.
> 을 : 이성이 없지만 생명이 있는 동물들을 잔학하게 다루는 것은 인간의 자기 자신에 대한 의무에 어긋난다. 그리고 자연 중에 생명이 없지만 아름다운 것을 파괴하려는 성향도 인간의 자기 자신에 대한 의무에 어긋난다.

① 갑은 인간만이 아니라 모든 생명체가 동등한 가치를 지닌다고 본다.
② 을은 식물을 보존하는 것이 간접적인 의무로 성립 가능하다고 본다.
③ 갑은 을과 달리 동정심을 동물에 대한 도덕적 의무의 근거로 본다.
④ 갑, 을은 인간 이외 존재의 도덕적 지위도 인정해야 한다고 본다.
⑤ 갑, 을은 인간과 동물을 동등하게 대우하는 것이 도덕적이라고 본다.

077

다음 사상가의 입장에서 긍정의 대답을 할 질문으로 옳은 것은?

> 우리가 어떤 결정을 내릴 때, 나 자신의 이익만을 고려할 것이 아니라 그 결정에 의해 영향을 받을 다른 사람들의 이익도 동등하게 고려해야 한다. 또한 고통이나 즐거움을 느끼는 능력이야말로 이익을 가지기 위한 전제이기 때문에, 만일 한 존재가 고통 감수 능력이 있다면, 그 존재가 느끼는 고통을 도덕적으로 고려해야 한다.

① 인간과 동물의 이익을 평등하게 고려해야 하는가?
② 인간과 동물은 종(種)이 다르기 때문에 차별은 정당한가?
③ 인간의 행복을 위한 모든 동물 실험은 허용해야 하는가?
④ 쾌고 감수 능력을 지닌 존재는 실험의 대상이 될 수 있는가?
⑤ 의무론적 관점에서 동물 실험 허용 여부를 판단해야 하는가?

078

갑, 을 사상가가 모두 긍정의 대답을 할 질문으로 옳은 것은?

> 갑 : 자연은 인류를 두 군주의 지배 아래 두었다. 하나는 쾌락이며, 다른 하나는 고통이다. 도덕적 고려의 대상이 되는 기준은 그들이 이성을 가졌는가, 말을 하는가가 아니라 그들이 고통을 느낄 수 있는가이다.
>
> 을 : 삶의 주체라는 것은 단지 살아 있다는 것, 또는 단지 의식을 갖고 있다는 것 이상을 의미한다. 삶의 주체가 된다는 것은 믿음, 욕구, 지각, 기억, 자신의 미래를 포함해 미래에 대한 의식, 쾌락과 고통 등의 감정을 느낄 수 있다는 것이다.

① 동물은 도덕적으로 고려받을 권리가 있는가?
② 동물은 도덕적 주체로서 존엄성을 지닌 존재인가?
③ 동물에 대한 간접적인 의무만을 실천해야 하는가?
④ 동물과 식물을 인간을 위한 수단으로 취급해야 하는가?
⑤ 동물을 비롯한 모든 생명체를 동등하게 대우해야 하는가?

079

다음 사상가의 입장을 〈보기〉에서 고른 것은?

> 인간은 동물과 관련해서 직접적 의무를 지지 않는다. 동물은 자의식을 갖지 못하므로 어떤 목적을 위한 수단일 뿐이다. 그 목적이란 인간이다. 동물에 대한 우리의 의무는 인간에 대한 간접적 의무에 불과하다. 우리가 동물에 대해 의무를 갖는 이유는 그렇게 함으로써 사람에 대한 의무를 계발할 수 있기 때문이다.

〔보기〕
ㄱ. 자연의 모든 존재는 목적으로 대우해야 한다.
ㄴ. 동물은 도덕적으로 고려 받아야 할 권리가 있다.
ㄷ. 동물에게 잔혹한 사람은 인간에게도 잔혹할 수 있다.
ㄹ. 인간의 도덕적 품성을 지키기 위해 동물을 존중해야 한다.

① ㄱ, ㄴ ② ㄱ, ㄷ ③ ㄴ, ㄷ ④ ㄴ, ㄹ ⑤ ㄷ, ㄹ

080

(가)의 갑, 을의 입장을 (나) 그림으로 표현할 때, A ~ C에 해당하는 옳은 진술만을 〈보기〉에서 있는 대로 고른 것은?

| (가) | 갑 : 식물은 동물을 위해 존재한다. 그리고 동물은 인간을 위해 존재한다. 길들인 동물은 식량만이 아니라 인간이 이용할 수 있는 다른 용도를 위해서도 존재한다. 야생 동물도 모두는 아닐지라도 대부분은 식량을 위해 그리고 다른 여러 방식으로 이용될 수 있다.
을 : 고통과 즐거움을 느낄 수 있는 능력은 어떤 존재가 이익 관심을 갖는다고 말할 수 있기 위한 필요조건일 뿐만 아니라 충분조건이기도 하다. 예를 들어 쥐는 발에 차이지 않을 이익 관심을 지닌다. 왜냐하면 쥐는 발에 차인다면 고통을 느낄 것이기 때문이다. |

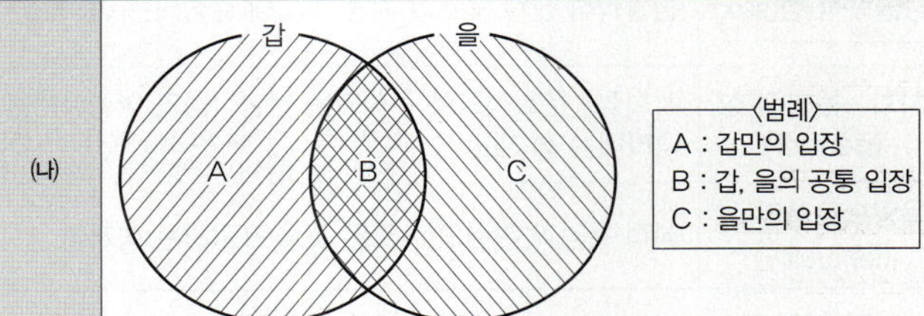

〔보기〕
ㄱ. A : 인간은 비이성적 존재를 이용할 권리가 있다.
ㄴ. A : 동물을 인간을 위한 수단으로 취급하지 않아야 한다.
ㄷ. B : 인간과 동물은 동등한 도덕적 권리를 지닌다.
ㄹ. C : 인간과 동물의 이익 관심을 평등하게 고려해야 한다.

① ㄱ, ㄷ   ② ㄱ, ㄹ   ③ ㄴ, ㄹ
④ ㄱ, ㄴ, ㄹ   ⑤ ㄴ, ㄷ, ㄹ

06강 사랑과 성 윤리

주제 1 사랑과 성의 관계

1. 사랑의 의미와 가치

(1) **사랑의 의미** : 사랑은 인간의 근원적인 정서로, 어떤 사람이나 존재를 아끼고 소중히 여기는 마음임

(2) **사랑의 가치**
① 인간이 지향하는 정서의 최고 단계로서 인간을 도덕적 생활로 이끎
② 인간 상호 간에 인격적 교감을 이루게 함

(3) **프롬의 사랑의 구성 요소** — 프롬은 사랑이 자연적이고 천부적인 것이 아니라 기술적인 일이라고 보고 훈련과 노력을 통해 습득해야 할 기술이라고 주장함
① 보호 : 사랑하는 사람을 보호하는 것
② 책임 : 사랑하는 사람의 요구를 배려하면서 자신의 행동에 책임을 지는 것
③ 존경 : 사랑하는 사람을 있는 그대로 받아들이며 존경하는 것
④ 이해(지식) : 사랑하는 사람을 올바로 이해하는 것

자료로 살펴보기

■ 프롬의 사랑관

사랑은 수동적 감정이 아니라 활동이다. 사랑은 '참여하는 것'이지 '빠지는 것'이 아니다. 가장 일반적인 방식으로 사랑의 능동적 성격을 말한다면, 사랑은 본래 '주는 것'이지 '받는 것'이 아니라고 설명할 수 있다. 그러나 준다고 하는 점에서 가장 중요한 영역은 물질적 영역이 아니라 인간적인 영역에 있다. 어떤 사람이 다른 사람에게 주는 것은 무엇인가? 그는 자기 자신, 자신이 갖고 있는 것중 가장 소중한 것, 다시 말하면 생명을 준다. 사랑의 능동적 성격은, 준다고 하는 요소 외에도, 언제나 모든 사랑의 형태에 공통된 어떤 기본적 요소들을 내포하고 있다는 사실에서도 분명해진다. 이러한 요소들은 보호, 책임, 존경, 지식 등이다. – 프롬, "사랑의 기술"

프롬에 따르면 참된 사랑은 수동적인 것이 아니라 능동적인 활동이며, 물질적인 것이 아니라 자신의 가장 소중한 것을 주는 것이다. 또한 그는 보호, 책임, 존경, 이해 등이 포함된 사랑이 진정한 사랑이라고 보았다.

2. 성의 의미와 가치

(1) **성의 의미**

생물학적 성(sex)	생물학적 신체 구조와 기능에 의해 결정되는 성 개념
사회·문화적 성 (gender)	사회적·문화적으로 구성되는 남성다움과 여성다움을 나타내는 성 개념
욕망으로서의 성 (sexuality)	성적 욕망과 관련되는 모든 것을 포괄하는 성개념

— 보부아르는 『제2의 성』에서 "여성은 태어나는 것이 아니라 여성으로서 만들어진다."라고 주장함

(2) **성의 가치**

생식적 가치	종족 보존과 관련된 가치로 새로운 생명을 탄생시키는 원천이 됨
쾌락적 가치	• 감각적인 욕구를 충족시켜 주는 가치를 지님 → 절제를 통해 쾌락의 역설을 주의해야 함 • 쾌락의 역설 : 감각적 쾌락을 지나치게 추구한 결과 오히려 고통이 증가하는 것임
인격적 가치	남녀 상호 간의 존중과 배려를 실현하게 해 주는 가치를 지님

3. 사랑과 성의 관계
— 보수주의, 중도주의, 자유주의는 서로 다른 성 윤리를 제시하지만 성적 관계가 인격적 가치에 바탕을 두어야 한다는 것은 공통적임

(1) **보수주의**
① 결혼과 출산 중심의 성 윤리를 제시함
② 성이 부부간의 신뢰와 사랑을 전제로 할 때만 도덕적임 → 결혼을 통해 이루어지는 성적 관계만이 윤리적으로 정당함
③ 성은 개인의 영역이기도 하지만 종족 보존을 통한 사회의 안정과 존속과도 관련이 있음

— 칸트는 어느 한쪽이 다른 쪽에게 자신의 성을 사용하도록 허락하는 것은 자신을 사물로 만드는 것이라며 부정적으로 보았지만 이러한 행위가 허용되는 유일한 조건은 결혼이라고 봄

(2) **중도주의**
① 사랑 중심의 성 윤리를 제시함
② 성을 결혼과 결부시키지 않으며, 사랑을 동반한 성적 관계는 윤리적으로 정당함

(3) **자유주의**
① 자발적 동의 중심의 성 윤리를 제시함
② 성숙한 성인의 자발적 동의로 이루어지는 성적 관계를 옹호하고, 성에 관한 개인의 자유로운 선택을 중시함
③ 성은 쾌락을 주는 것이며, 쾌락은 그 자체로 추구할만한 가치를 지니기 때문에 자유로운 합의에 따라 타인에게 피해를 주지 않는 범위에서 이루어지는 성적 관계는 윤리적으로 정당함
④ 사랑과 성을 결부하여 성적 자유를 제한하는 것은 옳지 않다고 봄

자료로 살펴보기

■ 아퀴나스의 보수주의 성 윤리

성은 적절한 자손의 번식과 자손의 양육을 위한 것이다. 따라서 생식이 이루어질 수 없는 방식으로 성적 결합이 이루어지는 것은 인간의 선과 명백히 반대되며, 분명히 죄가 된다. 생식이 가능하더라도 적절한 양육이 방해받을 수 있는 성적 관계 역시 인간의 선에 배치된다. 여성은 혼자서 자손을 양육할 수 없으므로 자녀를 출산한 후 남성은 여성의 곁에 함께 있어야 한다. 다른 여성을 찾아 부인과 자녀의 곁을 떠나는 것은 인간 본성에 부합하는 일이 아니다.

– 아퀴나스, "신학대전"

아퀴나스는 사랑과 성의 관계에 대하여 결혼과 출산 중심의 성 윤리를 강조하는 보수주의의 관점을 제시하였다. 보수주의는 결혼과 출산 중심의 성 윤리를 강조하며, 부부 간의 성적 관계만을 도덕적이라고 주장한다.

■ 성과 사랑의 관계에 대한 다양한 입장

성과 사랑의 관계에 대해서는 다양한 입장이 존재한다. 보수주의 입장에서는 결혼을 전제로 한 부부간의 신뢰와 사랑으로 인한 성적 관계만을 도덕적으로 정당하다고 본다. 따라서 혼전·혼외 성적 관계는 부도덕하다는 입장이다. 반면 자유주의 입장에서는 개인의 자유로운 선택을 중시하여 성숙한 성인들의 자발적인 동의에 따르는 성적 관계를 옹호한다. 이들은 자신들의 선택에 따른 성적 행위가 다른 사람에게 피해를 주지 않는 한 허용될 수 있다고 본다. 그리고 중도주의 입장에서는 성과 사랑을 결부시키지 않지만 사랑이 동반된 성적 관계를 인간의 육체적 정서적 교감이 이루어지게 한다는 점에서 긍정적으로 평가한다.

보수주의, 자유주의, 중도주의는 성과 사랑을 바라보는 시각이 모두 다르다. 하지만 성과 사랑이 인격적 가치와 관련된다고 보는 것은 공통적이다. 따라서 성과 사랑에 대한 잘못된 인식이나 태도가 윤리적 문제를 초래할 수 있음을 인지하고, 성과 사랑을 자신과 상대방의 인격을 표현해주고 품위를 고양할 수 있는 것으로 이해해야 한다.

4. 성과 관련된 윤리적 문제

(1) 성차별

① 의미 : 남녀 간의 차이를 잘못 이해하여 발생하는 차별

② 원인 : 남자다움과 여자다움을 사회적·문화적으로 규정한 후 이를 따르게 할 때 발생함

③ 문제점 : 남녀의 자아실현을 방해하고, 인간으로서 평등성과 존엄성을 훼손하고, 사회적 손실로 이어짐 → 양성평등의 관점과 남녀의 차이를 인정하고 차별하지 않는 문화 조성이 필요함

└ 성 차별은 남녀 각 개인의 잠재력을 발휘할 수 없게 하여 국가 차원에서 인적 자원의 낭비를 초래함

(2) 성의 자기 결정권

① 의미 : 인간이 자신의 성적 행동을 스스로 결정할 수 있는 권리

② 성의 자기 결정권 남용에 따른 윤리 문제

- 타인이 갖는 성에 대한 자기 결정권을 침해할 수 있음
- 생명을 훼손하는 부도덕한 결과를 초래할 수 있음

③ 해결 방안 : 타인의 성에 대한 자기 결정권을 존중해야 하고, 자신의 결정에 책임을 지는 자세를 가져야 함

(3) 성 상품화

└ 예를들어 성매매나 성품 판매를 위해 성적 이미지를 이용하는 것을 말함

① 의미 : 성 자체를 상품처럼 사고팔거나, 다른 상품을 팔기 위한 수단으로 성을 이용하는 행위

② 상 상품화 관련 찬반 입장

찬성 입장	반대 입장
• 성에 대한 자기 결정권과 표현의 자유를 인정해야 함 • 이윤 극대화를 추구하는 자본주의 논리에 부합함 • 소비자의 선호를 반영하는 것이라면 허용할 수 있음	• 인간의 성이 지닌 인격적 가치의 의미를 훼손함 • 칸트 윤리의 관점에서 성 상품화는 인간을 수단화하고 도구화하는 것임 • 외모 지상주의를 조장함

자료로 살펴보기 🔍

■ 성매매에 대한 칸트의 입장

만약 사람이 이익을 위해 자기 자신을 타인의 성욕 충족의 대상으로 삼는 데 동의한다면, 그래서 자기 자신을 타인의 욕구의 대상으로 만든다면 이때 그는 마치 물건을 처분하듯이 자기 자신을 함부로 처분하고 있는 것이다. 이는 마치 고기구이로 허기를 채우듯이 자기 자신을 단지 미각을 만족시키기 위한 음식물로 취급하는 것과 마찬가지이다. 타인의 욕구가 지향하고 있는 것은 성일 뿐 인간성이 아니기 때문에, 그는 부분적으로 자신의 인간성을 포기하고 있는 것이며, 따라서 도덕적 목적의 견지에서 볼 때 그의 인격은 위기에 처해 있는 것이다. – 칸트, "윤리학 강의"

칸트에 따르면 성매매는 자기 자신을 타인의 성적 욕구 충족을 위한 도구로 이용하는 것이기 때문에 윤리적으로 정당화될 수 없다.

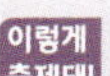 **이렇게 출제돼!** 프롬의 사랑의 구성 요소, 성의 의미와 성의 가치, 성과 관련된 윤리 문제 등이 자주 출제되었어. 그리고 사랑과 성의 관계에 대한 보수주의, 중도주의, 자유주의의 입장은 꼭 출제 되는 중요한 주제이니 각각의 입장을 비교하여 잘 정리해야 해!

주제 2　**결혼과 가족의 윤리**

1. 결혼의 윤리적 의미와 부부 간의 윤리

(1) 결혼의 윤리적 의미 : 부부가 서로에 대한 사랑을 지키겠다는 약속, 남녀가 서로의 차이를 존중하겠다는 의미의 표현

(2) 부부 간의 윤리 : 전통 사회에서는 음양론(陰陽論)에 바탕을 둔 부부 윤리를 강조하였으며, 부부유별(夫婦有別)과 부부상경(夫婦相敬), 상경여빈(相敬如賓)의 윤리를 강조함 → 서로 동등한 존재임을 인식하고, 서로 존중하고 협력하며, 신의(信義)를 지켜야 함

음양론	음양의 운동과 변화로 우주 만물의 생성소멸을 설명하는 이론. 음과 양의 상호 보완적 관계를 강조함
부부유별	부부 사이에는 서로 침범하지 못할 본분과 구별이 있음
부부상경	부부간에 서로 존중하고 공경해야 함
상경여빈	부부는 서로를 공경하기를 마치 귀한 손님을 대하듯이 해야 함

2. 가족의 가치와 가족 윤리

(1) 가족의 가치 : 정서적 안정, 사회화, 사회의 유지 등에 기여함

(2) 가족 간의 윤리

① 부모와 자녀 간의 윤리

부자유친	부모와 자녀는 친애가 있어야 함
부자자효	부모는 자녀를 사랑하고 자녀는 부모에게 효를 실천함

- 자애와 효도를 실천해야 함 : 전통 사회에서는 부자유친(父子有親)과 부자자효(父子子孝)의 덕목을 강조함
- 부모는 자녀가 신체적·정신적으로 건강하게 성장할 수 있도록 양육해야 하고, 자녀를 독립된 인격체로 존중해야 함
- 자녀는 부모의 은혜에 감사하는 마음을 가지며, 이 마음을 적절한 형식으로 표현해야 함

자료로 살펴보기 🔍

■ 전통적인 효의 실천 방법

불감훼상(不敢毁傷)	효의 시작으로, 부모로부터 물려받은 몸을 깨끗하고 온전하게 하는 것
봉양(奉養)	부모를 실질적으로 잘 모시는 것
양지(養志)	부모의 뜻을 헤아려 실천함으로써 부모를 기쁘게 해 드리는 것
공대(恭待)	표정을 항상 부드럽게 하여 부모가 편안한 마음을 지닐 수 있도록 해 드리는 것
불욕(不辱)	부모를 욕되지 않게 해 드리는 것
혼정신성(昏定晨省)	아침저녁으로 부모에게 문안을 드리는 것
입신양명(立身揚名)	효의 마침으로, 후세에 이름을 떨쳐 부모를 영광되게 해 드리는 것

전통사회에서는 구체적인 효의 실천 방법을 제시하고 이를 실천하기 위해 노력하였다.

② 형제자매 간의 윤리

└ 형제자매는 부모의 기운을 함께 나누어 가진 사이로 동기간(同氣間)이라고도 함

수족지의	형제자매는 사람의 손과 발처럼 세상에서 가장 가까운 사이임
형우제공	형은 동생을 사랑하고, 동생은 형을 공경함

- 서로 우애 있게 지내야 함 → 형제자매는 수족지의(手足之義)의 관계임
- 형우제공(兄友弟恭)을 실천해야 함 → 형제자매 간에 지켜야 할 규범을 익히는 것은 사회적 관계의 규범을 익히는 밑거름이 됨

이렇게 출제돼! 부부 간의 윤리, 부모 자녀 간의 윤리, 형제자매 간의 윤리 등이 지속적으로 출제되고 있어. 그런데 전통 윤리와 관련된 내용들이라 사자성어의 의미를 정확히 기억해야 해!

핵심 개념 CHECK!

· 정답 및 해설 27쪽

 다음 확인 문제 중 옳은 것에 ○, 옳지 않은 것에 ×를 표기하세요.

주제 1 사랑과 성의 관계

01 사랑은 인간의 근원적인 정서로, 어떤 사람이나 존재를 아끼고 소중히 여기는 마음이다. ○ ×

02 사랑은 인간을 도덕적인 생활로 이끌고, 인간 상호 간에 인격적 교감을 이루게 한다. ○ ×

03 프롬은 사랑의 구성 요소로 보호, 소유, 존경, 이해를 제시하였다. ○ ×

04 (함정) 프롬에 따르면 진정한 사랑은 수동적인 것이 아니라 능동적인 것이다. ○ ×

05 프롬은 사랑이란 자연적이고 천부적인 것이라고 보았다. ○ ×

06 생물학적 성이란 성적 욕망과 관련되는 모든 것을 포괄하는 성개념을 말한다. ○ ×

07 사회·문화적인 남성다움과 여성다움을 나타내는 성 개념은 사회·문화적 성이다. ○ ×

08 (함정) 성이 종족 보존에 기여할 때 쾌락적 가치가 실현되는 것이다. ○ ×

09 감각적 쾌락을 지나치게 추구한 결과 쾌락이 증가하는 것을 쾌락의 역설이라고 한다. ○ ×

10 (함정) 보수주의는 성적 관계가 결혼 제도 안에서만 정당화 된다고 본다. ○ ×

11 (함정) 중도주의는 사랑과 성을 결부하여 성적 자유를 제한하는 것은 옳지 않다고 본다. ○ ×

12 자유주의는 사랑이 전제된다면 자발적 동의에 따라 성적 관계가 허용될 수 있다고 본다. ○ ×

13 보수주의, 중도주의, 자유주의는 성적 관계가 인격적 가치에 바탕을 두어야 한다고 본다. ○ ×

14 아퀴나스는 사랑과 성의 관계에 대해 보수주의의 관점을 제시하였다. ○ ×

15 중도주의와 자유주의에 따르면 결혼이 전제되지 않은 성도 윤리적으로 정당화될 수 있다. ○ ×

16 성차별은 국가적 차원의 인적 자원의 낭비로 이어질 수 있다. ○ ×

17 성의 자기 결정권은 인간이 자신의 성적 행동을 스스로 결정할 수 있는 권리이다. ○ ×

18 성 상품화를 반대하는 사람들은 성 상품화가 자본주의 논리에 부합한다고 본다. ○ ×

19 성 상품화를 반대하는 사람들은 성에 대한 자기 결정권과 표현의 자유를 강조한다. ○ ×

20 (함정) 칸트는 성 상품화가 자신을 타인의 성적 욕구 충족을 위한 도구로 이용하는 것이라고 본다. ○ ×

21 성 상품화란 성을 상품처럼 사고팔거나, 다른 상품을 팔기 위한 수단으로 이용하는 것이다. ○ ×

22 성 상품화를 반대하는 사람들은 성 상품화가 외모 지상주의를 조장할 수 있다고 본다. ○ ×

주제 2 결혼과 가족의 윤리

23 결혼이란 남녀가 서로의 차이를 존중하겠다는 의미를 표현하는 것이다. ○ ×

24 음양론에 따르면 남녀의 역할은 고정되어 변하지 않는다. ○ ×

25 (함정) 음양론에 따르면 남녀는 위계적 관계를 바탕으로 조화로운 관계를 형성해야 한다. ○ ×

26 부부유별이란 부부 사이의 역할에 구별이 있음을 강조하는 것이다. ○ ×

27 부부는 부부상경(夫婦相敬)의 자세로 서로를 존중해야 한다. ○ ×

28 전통사회에서는 효도가 입신양명에서 시작된다고 보았다. ○ ×

29 효는 양지(養志)의 마음으로 상황에 따라 적절히 실천하는 것이다. ○ ×

30 봉양이란 표정을 항상 부드럽게 하여 부모가 편안한 마음을 지니게 하는 것을 말한다. ○ ×

31 혼정신성이란 부모님을 욕되게 하지 않는 것을 말한다. ○ ×

32 (함정) 형제자매 간에 지켜야 할 규범은 사회적 관계의 규범으로 확대된다. ○ ×

33 형제자매는 부모의 기운을 함께 나누어 가진 사이로 동기간(同氣間)이라고도 한다. ○ ×

34 수족지의란 형제자매는 사람의 손과 발처럼 세상에서 가장 가까운 사이라는 의미이다. ○ ×

35 형우제공은 형은 동생을 사랑하고, 동생은 형을 공경해야 한다는 것이다. ○ ×

36 형제자매 관계는 장유유서의 도리를 배우는 기회가 된다. ○ ×

37 형제자매 관계는 수직적이면서 수평적인 관계이며, 경쟁과 협동이 공존하는 관계이다. ○ ×

보수주의·자유주의·중도주의의 성 윤리는 어떻게 다를까?

개념 | 자료로 확인

■ 보수주의 성 윤리

> 보수주의는 도덕적 성의 기준으로 결혼과 출산을 제시한다. 보수주의는 성의 자연적 목적을 출산이라고 보고, 출산에 기여하는 것만이 성의 진정한 가치라고 본다. 또한 출산과 안정적인 양육은 가정, 즉 결혼의 틀 내에서만 일어날 수 있기 때문이라는 것이다. 그러므로 보수주의 성 윤리는 '사랑'하는 남녀가 '결혼'이라는 사회적 승인을 거쳐서 '출산'과 관련하여 이루어지는 성적 활동만이 도덕적으로 정당하다고 본다. ─ 류지한, "도덕적 성의 조건"

보수주의 성 윤리는 결혼한 사람들이 출산을 목적으로 이루어지는 성적 관계만이 도덕적으로 정당화될 수 있다고 본다.

■ 자유주의 성 윤리

> 자유주의는 성적 쾌락의 추구는 그 자체가 목적이 될 수 있다고 본다. 이를 위해 성적 관계는 반드시 당사자들 간의 자발적 합의에 의해서 이루어져야 할 뿐만 아니라, 합의하는 당사자들은 자신들의 행위의 영향을 충분히 알 정도로 분별력 있는 사람이어야 함을 강조한다. 따라서 강제, 무지, 기만에 의한 성은 '자율성 존중의 원리'에 어긋나므로 도덕적으로 옳지 않다. 이런 관점에서 보면, 성적 쾌락의 추구를 혼인과 출산 및 사랑으로 제약하는 것은 성적 자유에 대한 부당한 침해이다. ─ 류지한, "도덕적 성의 조건"

자유주의 성 윤리는 결혼 또는 사랑을 도덕적 성적 관계의 기준이라는 주장을 거부하고 자발적인 합의에 따른 성적 관계는 도덕적으로 정당화될 수 있다고 본다.

■ 중도주의 성 윤리

> 중도주의는 '사랑'을 도덕적 성의 기준으로 제시한다. 이 입장에 따르면 '사랑 있는 성'은 도덕적으로 옳고, '사랑 없는 성'은 비도덕적이다. 인간의 성은 사랑을 통해 동물적 차원을 벗어나서 인격적 차원으로 고양된다는 것이다. 그래서 이들은 성적 관계에서 서로 사랑한다면, 굳이 성에 혼인이나 출산과 같은 제약을 가할 필요가 없다고 본다. 비록 결혼 및 출산과 무관한 성이라고 할지라도, 서로를 존중하고 사랑하는 성적 관계라면 도덕적으로 정당하다는 것이다. ─ 류지한, "도덕적 성의 조건"

중도주의 성 윤리는 사랑이 동반된 성적 관계는 정당하다고 본다. 따라서 결혼과 출산 중심의 보수주의 성 윤리와 자발적 합의 중심의 자유주의 성 윤리를 모두 비판한다.

개념 | 빈칸 채우기로 확인

■ 보수주의 성 윤리

Q1 보수주의 성 윤리는 (   )을/를 통해 (   )(와)과 관련하여 이루어지는 성적 관계만이 윤리적으로 정당하다고 본다.

Q2 보수주의는 (   ) 중심의 중도주의와 합의 중심의 자유주의를 모두 비판한다.

■ 자유주의 성 윤리

Q3 자유주의에 따르면 성적 관계가 추구하는 가치는 (   )이다.

Q4 자유주의 성 윤리에 따르면 자발적 (   )에 따른 성적 관계는 윤리적으로 정당하다.

■ 중도주의 성 윤리

Q5 중도주의 성 윤리에 따르면 (   )이/가 동반된 성적 관계는 도덕적으로 옳다.

Q6 중도주의 성 윤리는 성적 관계를 통해 (   ) 가치가 실현되어야 한다고 본다.

개념 | O/X로 확인

Q7 보수주의 성 윤리에 따르면 부부만이 정당한 성적 관계의 주체이다. (○ / ×)

Q8 자유주의 성 윤리에 따르면 성인 간의 자율적인 동의에 의한 성적 관계는 윤리적으로 정당하다. (○ / ×)

Q9 중도주의 성 윤리에 따르면 결혼한 사람 간의 사랑이 동반된 성적 관계만이 도덕적이다. (○ / ×)

개념 | 벤다이어그램에 적용

연습하기 Q10 입장에 맞게 A / B / C에 표시하시오.

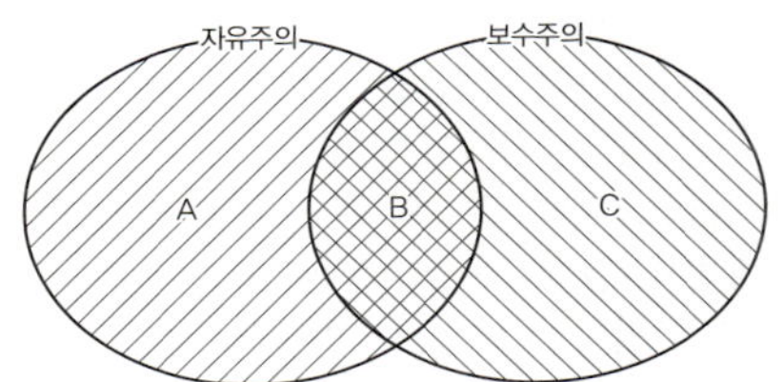

- 성적 관계는 종족 보존에 기여해야 한다.
  ❶ (A / B / C)

- 성은 인격적 가치에 바탕을 두어야 한다.
  ❷ (A / B / C)

- 자발적 동의에 따른 성적 관계는 윤리적으로 정당하다.
  ❸ (A / B / C)

적용하기 Q11 보수주의와 중도주의의 입장을 다음 벤다이어그램으로 표현할 때 A~C에 해당하는 진술로 옳은 것은?

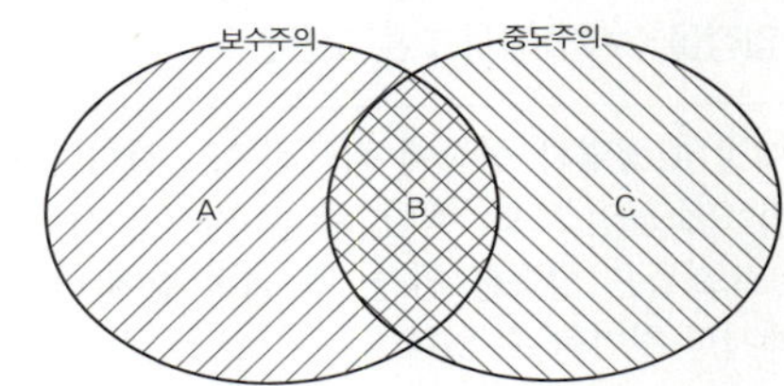

① A : 성적 관계가 추구하는 궁극적인 목적은 쾌락이다.
② A : 성은 사회 안정과 책임 있는 성 문화 실현에 기여해야 한다.
③ B : 부부만이 정당한 성적 관계의 주체가 될 수 있다.
④ B : 혼인 여부가 도덕적 성의 필수 조건은 아니다.
⑤ C : 성적 관계에서 서로의 인격적 가치를 존중해야 한다.

How & WHY 정답  01. 결혼, 출산 02. 사랑 03. 쾌락 04. 합의 05. 사랑 06. 인격적 07. ○ 08. ○ 09. × 10 ❶ C ❷ B ❸ A 11. ②

주제 1   사랑과 성의 관계

족집게 전략 | 보수주의, 중도주의, 자유주의의 성 윤리를 비교하는 문제가 가장 중요한 출제 포인트이다. 이를 대비하기 위해서는 각각의 개념을 공부한 뒤 서로 어떤 차이점이 있는지 유심히 살피자. 한편 프롬의 사랑관, 성 상품화, 성 차별 등의 주제도 출제되는데 독해로 무난히 해결 가능한 문제가 출제된다.

접근 전략

❶ 제시문 분석

제시문을 꼼꼼히 읽으면서 각각의 입장이 강조하는 부분이 무엇인지 파악한다.

❷ 선택지 적용

❶에서 제시문의 요지를 파악했다면 함정에 유의하면서 선택지를 분석한다.

---

081 〈대표 문항〉
| 평가원 기출 |

갑, 을의 입장에 대한 설명으로 가장 적절한 것은?

> 갑 : '결혼 없는 성'은 비도덕적이다. 부부만이 성적 관계에서 서로의 인격을 존중해야 할 의무를 다할 수 있으며, 출산을 통한 사회 안정과 책임 있는 성 문화 유지에 기여할 수 있다. 부부 사이의 성적 관계만이 도덕적으로 정당하다.
>
> 을 : '사랑 없는 성'은 비도덕적이다. 결혼이 아니라 사랑이 도덕적 성의 조건이며, 사랑하는 사람들만이 성적 관계에서 서로의 인격을 존중해야 할 의무를 다할 수 있다. 사랑하는 사람들 사이의 성적 관계만이 도덕적으로 정당하다.

① 갑은 부부만이 정당한 성적 관계의 주체는 아니라고 본다.
② 갑은 성적 관계의 정당성이 사회 존속과는 무관하다고 본다.
③ 을은 자발적인 동의에 근거한 성적 관계는 항상 정당하다고 본다.
④ 을은 성적 관계가 부부 사이에서만 정당화될 수 있다고 본다.
⑤ 갑, 을은 성적 관계에서 서로의 인격적 가치를 존중해야 한다고 본다.

082
| 교육청 기출 |

다음 사상가의 입장을 〈보기〉에서 고른 것은?

> 사랑은 상대방의 생명과 성장에 적극적으로 관여하는 것이다. 사랑의 기본적 요소들인 보호, 책임, 존경, 지식은 서로 의존하고 있다. 그러한 요소들은 성숙한 인간, 즉 내적 힘에 바탕을 둔 겸손한 사람에게서만 찾아볼 수 있다.

〔보기〕

ㄱ. 사랑은 상대방을 나의 입장에서 파악하고 보호하는 것이다.
ㄴ. 사랑은 상대방에 대한 참된 이해에 의해 인도되어야 한다.
ㄷ. 사랑은 상대방에게 적극적 관심을 갖는 능동적 활동이다.
ㄹ. 사랑은 상대방에 대한 외경으로써 자신을 희생하는 것이다.

① ㄱ, ㄴ   ② ㄱ, ㄷ   ③ ㄴ, ㄷ   ④ ㄴ, ㄹ   ⑤ ㄷ, ㄹ

083
| 교육청 기출 |

갑 사상가가 〈문제 상황〉의 A에게 제시할 수 있는 조언으로 가장 적절한 것은?

> 갑 : 인격을 지닌 인간은 목적적 존재이며 소유할 수 있는 사물이 아니므로 자신의 의지대로 처분할 수 없다. 신체는 절대적 통일체인 인격의 일부이다.
>
> 〈문제 상황〉
>
> A는 성적 수치심을 느낄 정도의 노출을 요구하는 고액 광고 촬영 제안을 받고 이를 받아들일지 말지 고민하고 있다.

① 신체는 교환 가능한 물건이 아니라는 점을 명심하렴.
② 아름다움의 기준은 사람마다 다르다는 점을 인정하렴.
③ 자신의 결정이 행복을 증진시킬 수 있는지를 따져보렴.
④ 신체에 대한 결정권이 자기 자신에게 있음을 고려하렴.
⑤ 자신의 선택이 타인의 이익에 도움이 되는지를 확인하렴.

084
| 교육청 기출 |

갑, 을 사상가들의 입장을 〈보기〉에서 고른 것은?

> 갑 : 여성의 운명은 법률, 제도, 풍습, 여론 등에 의해 주도면밀하게 형성되어 왔다. 남성들이 여성으로 하여금 타자(他者)로서 살도록 강제하는 사회에서 여성은 자신이 자주적이고 자유로운 존재임을 발견해야 한다.
>
> 을 : 여성이 지닌 도덕적 관심의 본질은 남성과 다르다. 여성은 인간관계에서 자신의 목소리를 내야 한다. 여성이 자신의 목소리를 내지 않고 이타적으로만 행동하는 것은 인간관계에서 지녀야 할 책임을 회피하는 것이다.

〔보기〕

ㄱ. 갑 : 여성은 주체적 존재라는 점에서 남성과 다르지 않다.
ㄴ. 갑 : 남녀의 성역할을 전통과 관습에 따라 규정해야 한다.
ㄷ. 을 : 여성의 도덕적 특성인 배려와 공감을 중시해야 한다.
ㄹ. 갑, 을 : 여성과 남성의 도덕적 지향성은 양립불가능하다.

① ㄱ, ㄴ   ② ㄱ, ㄷ   ③ ㄴ, ㄷ   ④ ㄴ, ㄹ   ⑤ ㄷ, ㄹ

085

성(性)에 대한 갑, 을, 병의 입장에 대한 설명으로 옳은 것은?

> 갑 : 성적 관계는 자발적 동의에 따르고, 타인에게 피해를 주지 않는 한 허용될 수 있습니다. 성적 관계의 목적은 쾌락적 가치의 실현에 있기 때문입니다.
> 을 : 성적 관계가 쾌락을 준다는 것은 동의합니다. 그러나 성욕은 본능적 욕구이면서 동시에 인간의 존엄과 관련된 욕구이기 때문에 사랑이 없는 성은 도덕적인 성이 아닙니다.
> 병 : 성적 관계의 목적은 2세를 낳아 가계(家系)를 이어가는 것이므로 결혼이 전제되어야만 합니다. 결혼은 아이를 양육하는 바탕이 되며 이를 통해 가정과 사회의 존속이 가능해집니다.

① 갑은 사랑이 전제된 성만이 도덕적이라고 본다.
② 을은 성은 혼인 관계 내에서만 도덕적이라고 본다.
③ 병은 성의 쾌락적 가치보다 생식적 가치를 중시한다.
④ 을은 병과 달리 성의 생식적 가치 실현을 강조한다.
⑤ 병은 갑, 을과 달리 자유의지를 전제로 한 성을 강조한다.

086

다음 사상가의 입장을 〈보기〉에서 있는 대로 고른 것은?

> 사랑은 본래 '주는 것'이다. 시장형 성격의 사람은 사랑을 받는 것에 대한 교환의 의미로만 주어야 한다고 본다. 비생산적인 성격의 사람은 주는 것을 가난해지는 것으로 생각해서 대부분은 주려고 하지 않는다. 다만 어떤 사람은 환희의 경험보다 고통을 감수하는 희생이라는 의미에서 사랑을 주는 것을 덕으로 삼는다. 그들은 모두 사랑에 대해 오해하고 있다. 생산적인 성격의 사람은 사랑을 주는 것이 잠재적인 능력의 최고 표현이며 생산적인 활동이라고 본다. 이것은 상대방의 생명과 성장에 적극적인 관심을 가지는 것이고, 자발적으로 책임지는 것이며, 착취 없이 존경하는 것이다.

> [보기]
> ㄱ. 사랑은 후천적인 노력과 훈련을 통해 배워야 할 기술이다.
> ㄴ. 사랑은 자신을 희생하여 상대방의 요청을 충족시켜주는 것이다.
> ㄷ. 사랑은 사랑하는 사람을 있는 그대로 받아들이며 존경하는 것이다.
> ㄹ. 사랑은 사랑하는 사람의 요구를 배려하면서 자신의 행동에 책임을 지는 것이다.

① ㄱ, ㄴ ② ㄴ, ㄷ ③ ㄷ, ㄹ
④ ㄱ, ㄴ, ㄹ ⑤ ㄱ, ㄷ, ㄹ

087

다음을 주장한 사상가의 입장에서 긍정의 대답을 할 질문으로 옳은 것은?

> 남녀가 상대의 성(性)을 사용하는 것은 일종의 향유로서, 어느 한쪽이 다른 쪽에게 자신의 성을 사용하도록 허락한 것이다. 이는 자신을 사물로 만드는 것으로 인간에게 고유한 인격체의 권리와 모순된다. 어느 한 인격체가 다른 인격체에 의해 사물처럼 사용될 수 있고, 다시 후자의 인격체가 전자의 인격체에 의해 사용될 수 있는 유일한 조건은 결혼이다. 이것이 순수 이성의 법칙에 따른 필연이고 이럴 경우에만 인간은 자기 자신을 다시 찾고 인격성을 회복할 수 있다.

① 성적 관계의 목적은 쾌락적 가치의 실현에 있는가?
② 자발적 동의가 전제된 모든 성적 관계는 도덕적인가?
③ 부부 간의 성은 인간을 인격체로서 존재 가능하게 하는가?
④ 타인에게 해악을 주지 않는 모든 성은 도덕적으로 정당한가?
⑤ 사랑하는 사람 간의 성적 관계는 언제나 도덕적으로 정당한가?

088 고난도↑

갑, 을의 입장으로 옳은 것은?

> 갑 : '사랑 있는 성'은 도덕적으로 옳고, '사랑 없는 성'은 비도덕적이다. 인간의 성은 사랑을 통해 동물적 차원을 벗어나서 인격적 차원으로 고양된다. 그래서 성적 관계에서 서로 사랑한다면, 굳이 성에 혼인이나 출산과 같은 제약을 가할 필요가 없다
> 을 : 성의 자연적 목적은 출산이며, 출산에 기여하는 것만이 성의 진정한 가치이다. 출산과 안정적인 양육은 가정, 즉 결혼의 틀 내에서만 일어날 수 있기 때문에 결혼이라는 사회적 승인을 거친 사람 간의 성적 활동만이 도덕적으로 정당하다.

① 갑 : 성은 결혼 제도 안에서만 도덕적으로 정당화될 수 있다.
② 갑 : 성의 목적은 출산을 통해 사회 존속에 기여하는 것이다.
③ 을 : 성의 유일한 목적은 쾌락의 가치를 추구하는 것이다.
④ 을 : 도덕적인 성은 자율적인 동의에 따라 이루어지는 것이다.
⑤ 갑, 을 : 인간의 성은 인격적 가치를 바탕으로 이루어져야 한다.

주제2 결혼과 가족의 윤리

족집게 전략 | 결혼과 부부 윤리와 관련해서는 동양의 음양론에 입각하여 남성과 여성이 상호 대등한 보완적 관계임을 이해하고 있는지를 묻는 문제, 그리고 유교의 오륜 사상과 관련하여 부자 관계, 부부 관계, 형제자매 관계에 대해 파악하는 문항이 주로 출제된다.

접근 전략

❶ 유교 윤리 이해	❷ 제시된 관계 파악 및 분석
부자유친, 부부유별, 장유유서 등의 의미를 바르게 이해한다.	❶을 토대로 문제에 제시된 관계가 부부, 부자, 형제자매 중 어떠한 관계에 해당하는지를 먼저 파악한 후, 이에 부합하는 선택지를 고른다.

089 **대표 문항**
| 평가원 기출 |

(가) 사상의 입장에서 볼 때, (나)의 ㉠에 대한 설명으로 가장 적절한 것은?

(가)	부모와 자녀 간에는 친함이 있어야 하고, 임금과 신하 간에는 의리가 있어야 하고, 남편과 부인 간에는 분별이 있어야 하고, 친구 간에는 믿음이 있어야 하고, 어른과 아이 간에는 차례가 있어야 한다.
(나)	섬기는 일 중에 무엇이 가장 큰 것인가? 가장 큰 섬김에는 물질적 봉양[奉養], 정신적 공경[養志], 사회적으로 명예를 얻는 입신양명(立身揚名) 등이 있다. 그러므로 ㉠ 은/는 개나 말을 잘 먹여 기르는 것과는 다르다.

① 서로 손님처럼 공경하는 상경여빈(相敬如賓)으로 완성되는 것이다.

② 공동 이익을 추구하는 상부상조(相扶相助)로 완성되는 것이다.

③ 사랑하며 함께 늙어가는 백년해로(百年偕老)로 완성되는 것이다.

④ 몸과 마음으로 헌신하는 사군이충(事君以忠)으로 시작되는 것이다.

⑤ 몸을 온전하게 보전하는 불감훼상(不敢毀傷)으로 시작되는 것이다.

090
| 교육청 기출 |

(가), (나)가 공통으로 강조하는 덕목에 대한 설명으로 가장 적절한 것은?

> (가) 나이 칠십에 아이처럼 장난하며 색동옷을 입고, 물을 떠 당(堂)에 오르다가 일부러 넘어져 아이 울음소리를 내었으며, 부모 곁에서 새끼 새랑 놀며 기쁘게 해 드리고자 하였다.
> (나) 과실(過失)이 있으시면 기(氣)를 내리고 낯빛을 온화하게 하고 음성을 가다듬어 간(諫)한다. 그래도 들어주지 않으시면 공경심을 일으키고, 기뻐하시면 다시 간한다.

① 동기간(同氣間)에 서로 이롭게 하며 허물을 바로잡는 것이다.

② 양지(養志)의 마음으로 상황에 따라 적절히 실천하는 것이다.

③ 친애와 경쟁을 바탕으로 권면하여 믿음[信]을 실천하는 것이다.

④ 수평적 관계에서 구휼(救恤)의 의무를 부과하고 실천하는 것이다.

⑤ 음양(陰陽)의 이치에 따라 동등한 관계에서 서로 존중하는 것이다.

091
| 평가원 기출 |

다음 가상 편지의 ㉠에 대한 옳은 설명을 〈보기〉에서 고른 것은?

> ○○에게
> 얼마 전 자네가 가정을 이루었다는 말을 듣고 몹시 기뻤다네. 공자는 "경(敬)으로써 자신을 수양하고, 자신을 수양하여 다른 사람을 편안하게 해 주어라." 라고 말했다네. 이러한 가르침은 ㉠ 간의 도리에 대해서도 마찬가지라고 생각하네. ㉠ 은/는 서로 다른 환경에서 오랫동안 성장하여 만난 두 사람 이지만, 자네가 상대를 아끼는 마음으로 손님을 대하듯 존중한다면 어찌 백년해로(百年偕老)할 수 없겠는가? …(후략)…

보기

ㄱ. 혼인(婚姻)을 통해 맺어진 가족 관계이다.

ㄴ. 상경여빈(相敬如賓)을 실천해야 하는 관계이다.

ㄷ. 항렬(行列)에 따라 서로 역할을 분담하는 관계이다.

ㄹ. 동기간(同氣間)으로서 배려해야 하는 가족 관계이다.

① ㄱ, ㄴ ② ㄱ, ㄷ ③ ㄴ, ㄷ ④ ㄴ, ㄹ ⑤ ㄷ, ㄹ

092
| 평가원 기출 |

(가) 사상의 입장에서 볼 때, (나)의 ㉠에 대한 설명으로 가장 적절한 것은?

(가)	어진[仁] 사람만이 능히 사람을 좋아하고 미워할 수 있으며, 자신이 서고자 할 때 남도 서게 해 주고 자신이 목적을 이루고자 할 때 남도 이루게 해 준다. 따라서 자신이 하기 싫은 일은 남에게도 시키지 말아야 한다[恕].
(나)	㉠ 은/는 나와 더불어 한 몸과 같은 존재이며, 사람의 손과 발처럼 서로 아끼고 도와주는 관계이다[手足之義]. 상대방이 좋지 못한 행실을 하면 마땅히 정성을 다해 충고해서 올바른 도리를 깨닫도록 해야 한다.

① 서로 간에 자애(慈愛)와 효도를 실천해야 하는 관계이다.

② 계약을 바탕으로 서로 이익을 추구하는 사회적 관계이다.

③ 동기간(同氣間)으로서 사랑과 공경을 실천해야 하는 관계이다.

④ 가깝게 오래 사귄 벗으로서 우정을 중시하는 선택적 관계이다.

⑤ 삶의 동반자인 배우자로서 서로 정조를 지켜야 하는 관계이다.

093 고난도↑

(가) 사상의 입장에서 제시할 (나)의 ㉠, ㉡에 대한 옳은 설명만을 〈보기〉에서 있는 대로 고른 것은?

(가)	한 집안에 어짊[仁]의 덕목이 갖추어지면 한 나라에 어짊의 기풍이 일어나고, 한 집안에 겸양[讓]의 덕목이 갖추어지면 한 나라에 겸양의 기풍이 일어난다.
(나)	○ 　㉠　은/는 서로에 대한 사랑을 지키겠다는 약속이며 서로의 차이를 존중하겠다는 의지의 표현을 통해 맺어진 관계이다. ○ 　㉡　은/는 동기간(同氣間)으로 사람의 손과 발처럼 세상에서 가장 가까운 사이[手足之義]이며 서로 화목함으로써 효(孝)를 실천해야 하는 관계이다.

〔보기〕
ㄱ. ㉠은 천륜(天倫)으로 맺어진 관계이다.
ㄴ. ㉠은 상호 존중하면서도 역할을 분별[別]하는 관계이다.
ㄷ. ㉡은 장유유서(長幼有序)의 도리를 배우는 관계이다.
ㄹ. ㉡은 서로 권면(勸勉)과 신의를 실천해야 하는 관계이다.

① ㄱ, ㄴ　　　　② ㄱ, ㄷ　　　　③ ㄴ, ㄹ
④ ㄱ, ㄷ, ㄹ　　　　⑤ ㄴ, ㄷ, ㄹ

094

(가)의 관점에서 (나)의 ㉠에 대한 설명으로 옳은 것은?

(가)	양(陽)은 남성적인 것, 능동성, 더위, 밝음, 건조, 굳음 등을 나타내고, 음(陰)은 여성적인 것, 수동성, 추위, 어두움, 습기, 부드러움 등을 뜻하게 되었다. 이 양대 원동력의 상호 작용에 의하여 우주의 삼라만상이 발생하였다.
(나)	㉠　은/는 인류의 시초가 되기 때문에 삼가지 아니한다면 곧 그 인류의 질서가 어지러워진다. 그러므로 예(禮)는 　㉠　이/가 서로 삼가는 데에서 비롯되며, 상대의 역할을 존중하며 서로 조화를 이루기 위해 노력해야 한다.

① 동기간(同氣間)으로서 서로 존중하며 우애를 실천한다.
② 남녀 간의 차이에 따라 여성을 우월한 존재로 인정한다.
③ 서로 부족한 면을 보완하며 부부상경(夫婦相敬)을 실천한다.
④ 음양의 원리에 따라 우열의 구분을 토대로 서로를 대우한다.
⑤ 항렬(行列)과 촌수(寸數)를 고려하여 서로를 극진히 대우한다.

095

다음은 어느 고등학생의 효행 실천 일기이다. ㉠~㉢과 관련 깊은 개념을 바르게 짝지은 것은?

　나는 ㉠ 매일 아침 저녁으로 부모님께 문안 인사를 드린다. 또한 부모님이 말씀하시기 전에 ㉡ 부모님의 뜻을 미리 헤아려 실천하여 항상 부모님을 기쁘게 해드리려고 노력한다. 그리고 항상 집에 부모님과 함께 있을 때는 ㉢ 표정을 부드럽게 하여 부모님이 편안한 마음을 지닐 수 있도록 노력하며, 집 밖에서는 ㉣ 항상 언행에 주의하여 나의 잘못으로 부모님 성함에 먹칠을 하지 않도록 노력한다.

	㉠	㉡	㉢	㉣
①	혼정신성	공대	봉양	양지
②	불감훼상	불욕	양지	혼정신성
③	공대	불욕	혼정신성	양지
④	불욕	혼정신성	공대	입신양명
⑤	혼정신성	양지	공대	불욕

096

다음은 '나'를 중심으로 한 인간관계도이다. ㉠~㉢에 대한 설명으로 옳은 것은?

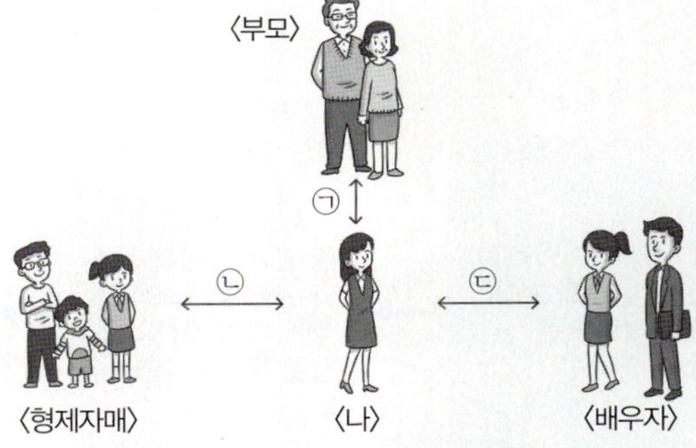

① ㉠관계에서 나는 부모에게 무조건 복종할 때 효를 실천하는 것이다.
② ㉡관계에서 서로 협력하며 화목하게 지내는 것은 효를 실천하는 것이다.
③ ㉢관계는 매우 친밀한 사이이며 음양의 원리에 따라 우열의 질서를 세워야 한다.
④ ㉢관계는 촌수와 항렬을 따져 그에 맞는 예를 실천해야 하는 관계이다.
⑤ ㉡관계는 ㉠, ㉢관계와 달리 경제적 이익을 위한 계약에 바탕을 두는 관계이다.

Ⅲ 사회와 윤리

Ⅲ단원 개념 NAVIGATION

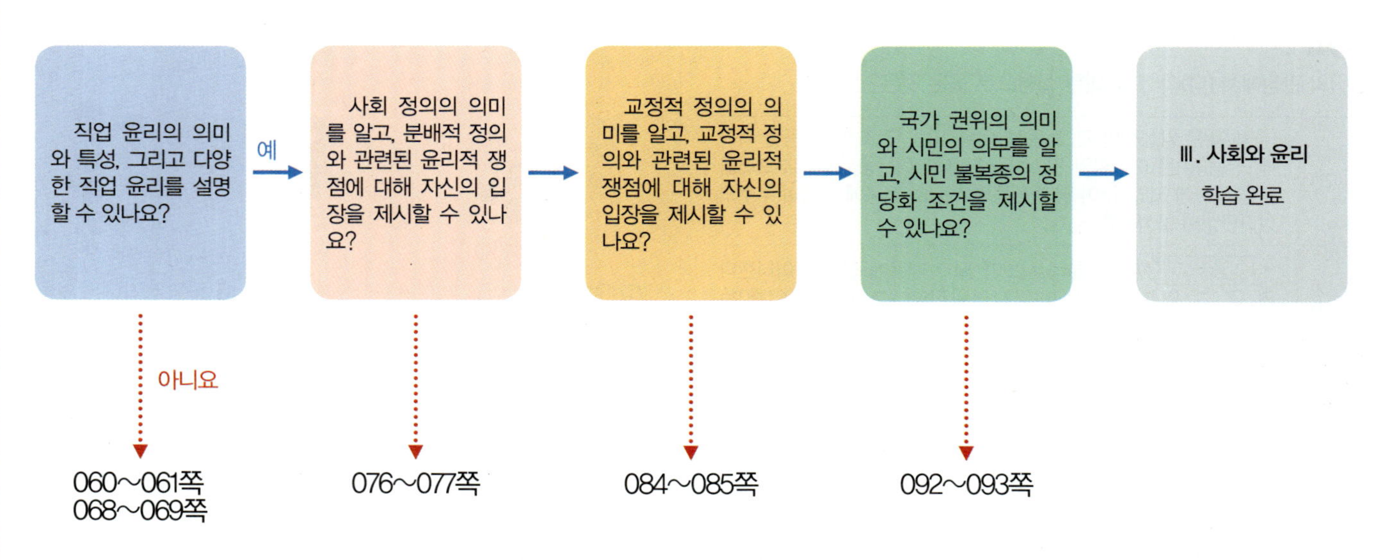

| **07강**
직업과 동서양의
직업윤리 | **주제 1** 서양의 직업윤리 | • 프로테스탄티즘   • 소명 의식 |
| | **주제 2** 동양의 직업윤리 | • 정명 정신   • 노력자   • 노심자
• 항심   • 항산   • 노동 소외 |

| **08강**
다양한 직업윤리 | **주제 1** 기업가와 근로자의 윤리 | • 프리드먼   • 애로우 |
| | **주제 2** 전문직과 공직자의 윤리 | • 노블리스 오블리주   • 장인 정신
• 청백리 정신 • 선공후사 • 견리사의 |

| **09강**
사회 윤리와
분배 정의 | **주제 1** 사회 윤리와 사회 정의 | • 개인 윤리   • 사회 윤리
• 분배적 정의   • 시정적 정의 |
| | **주제 2** 분배 정의 | • 원초적 입장   • 무지의 베일
• 롤스   • 노직   • 마르크스   • 벤담 |

| **10강**
우대 정책과
사형 제도 | **주제 1** 차별과 소수자 우대 정책 | • 소수자 우대 정책   • 역차별
• 업적주의   • 부유세 |
| | **주제 2** 교정적 정의와 사형 제도 | • 응보주의   • 공리주의
• 일반 예방주의   • 특수 예방주의 |

| **11강**
국가와 시민의
윤리 | **주제 1** 국가의 권위와 시민에 대한 의무 | • 본성론   • 동의론   • 혜택론
• 정의론   • 민본주의 |
| | **주제 2** 민주 시민의 참여와 시민 불복종 | • 개인의 양심
• 사회적 다수의 정의관 |

III 단원   학습 SOLUTION

▶ 분배 정의론은 심도 있게 공부하자.

롤스와 노직의 기본 입장은 키워드로 쪼개서 암기하기보다 반드시 전체적인 흐름을 알고, 각각의 정의 원칙이 어떤 맥락에서 어떻게 적용되는지까지 파악해야 한다. 아리스토텔레스, 마르크스의 분배 정의론까지 포함하여 세 명의 사상가를 한꺼번에 묻는 문항이 자주 출제되고 있으므로 어느 하나 소홀하게 공부해서는 안 된다.

▶ 니부어는 기출 선택지와 제시문 분석을 중심으로 공부하자.

니부어는 나오고 또 나와도 오답률이 높은 주제에 속한다. 니부어의 기본 개념을 우선 숙지한 다음, 기출 문제의 선택지를 한데 모아 목록을 만들고 O/X로 체크하며 개념을 발전시켜 나가는 것이 좋다.

07강 직업과 동서양의 직업윤리

주제 1 서양의 직업윤리

1. 직업의 의미와 기능

(1) 직업의 의미

① 사회적 지위나 역할을 나타내는 '직(職)'과 생계를 유지하는 노동을 뜻하는 '업(業)'이 합쳐진 말

② 한 인간이 독립적인 삶을 꾸려가기 위해 경제적 보상을 받으면서 행하는 자발적이고 지속적인 일 또는 활동

③ 직업의 도덕적 의미

- 자아실현 : 직업을 통해 성취감과 만족, 삶의 의미를 발견함
- 천직, 소명 의식, 사회적 책임 : 자신의 능력과 역량에 따라 맡은 직분을 직업적 양심을 가지고 성실하게 수행해야 함 → 사회 공동체의 발전에 기여
- 전문성 : 맡은 업무를 탁월하게 수행하는 특성 → 해당 업무에 대한 전문적인 기술과 지식을 지녀야 함
- 인간애와 연대 의식 : 자신이 속해 있는 직업 공동체를 건강하게 가꾸어야 함

④ 직업이라는 말의 유의어

- 오큐페이션(occupation), 잡(job) : 생계유지나 경제적 보수를 얻기 위한 생계직의 성격을 의미함
- 프로페션(profession) : 사회적 위상이나 지위가 담겨 있는 전문직을 의미함
- 보케이션(vocation), 콜링(calling) : 신으로부터 부여된 소명직으로서의 직업을 의미함

⑤ 직업과 직업이 아닌 것의 구분 : <u>경제적 보상, 자발성, 지속성의</u> 여부
└─▸직업의 특성

(2) 직업의 기능

개인적 차원의 기능	생계유지
	한 개인이 독립되고 안정된 삶을 꾸려나갈 수 있도록 함
	자아실현
	직업을 통해 재능을 발휘하고, 성취감, 자긍심을 느낄 수 있음
사회적 차원의 기능	사회적 역할 분담과 봉사
	사회적 역할을 분담하여 사회 구성원으로서의 역할을 수행하고 사회 발전에 기여함

(3) 직업윤리

① 직업인으로서 자신이 맡은 일에서 지켜야 할 행동 기준과 규범

② 개인의 행복과 <u>사회의 발전</u>을 이룰 수 있게 함

③ 직업윤리의 기본 원칙 └─▸부정부패와 비리를 예방하여 사회에 기여함

- 직업윤리는 일반인에게 요구되는 정직, 성실, 신의같은 덕목에 바탕을 둠
- 특정 직업에 요구되는, 즉 해당 직업의 특성에 알맞은 윤리도 지켜야 함
- 특수성을 지나치게 강조하면 윤리적 상대주의나 회의주의에 빠질 수 있음

(4) 직업윤리의 일반성과 특수성

① 일반성 : 모든 직업에서 공통적으로 지켜야 하는 행동 규범

② 특수성 : 각각의 직업에서 지켜야 하는 특수한 행동 규범
└─▸직업 윤리의 특수성은 일반성 위에 정립되어야 함

2. 서양의 직업관

(1) 고대 그리스

① 직업을 통해 각자가 지닌 고유한 기능을 탁월하게 발휘하여 덕을 실현할 수 있다고 봄

② 플라톤

- 각자 타고난 기질에 따라 통치자, 방위자, 생산자 등의 적합한 일에 배치되어야 함
- 육체노동을 정신노동보다 열등한 것으로 간주함

자료로 살펴보기 🔍

■ 플라톤의 직업관

> 우리 각자는 서로가 그다지 닮지 않았고, 각기 성향에 있어서 서로가 다르게 태어나므로 저마다 다른 일에 매달리게 된다. 각각의 것이 더 많이, 더 훌륭하게, 더 쉽게 이루어지는 것은 한 사람이 한 가지 일을 타고난 자신의 성향에 따라 일하기에 가장 알맞은 시기에 하되, 그 시기에 다른 일들에 대해서는 한가로이 대할 때이다.

플라톤은 사람들은 다양한 성향을 가지고 태어나며 각자 성향에 맞는 일을 하면서 서로가 조화를 이룰 때 올바른 국가가 된다고 보았다.

---

(2) 중세 그리스도교

① 노동을 원죄에 대한 벌로 여김

② 인간은 속죄의 차원에서 죽을 때까지 노동을 해야 한다고 봄

(3) 근대 프로테스탄티즘

① 근면하고 성실한 자세로 직업에 임해야 한다는 소명 의식을 강조함

② 칼뱅

- 직업을 '신으로부터 부름 받은 자기 몫의 일'로 여김 ─▸직업 소명설
- 자신의 직업에 충실히 임하는 것이 신의 명령을 따르는 것임을 강조함

자료로 살펴보기 🔍

■ 프로테스탄트의 직업관

> 직업이라는 개념에는 모든 프로테스탄트 교파의 중심 교리가 표현되어 있다. 이 교리는 신을 기쁘게 하는 유일한 방법이 수도승적 금욕주의를 통해 현세적 도덕을 경시하는 것이 아니라 오직 현세적 의무를 완수하는 것이라고 보았다. 이러한 현세적 의무는 각 개인의 사회적 지위에서 발생하는 것으로서 곧 그의 직업이 된다.

프로테스탄티즘에서는 신이 정해 준 소명으로서의 직업관을 바탕으로 직업 활동에 최선을 다하는 것이 신의 뜻에 따라 사는 길이라고 보았고 직업에서의 성공이 구원의 증거가 된다고 보았다.

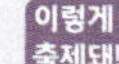 **이렇게 출제돼!** 서양 사상가들의 다양한 직업관을 비교하여 묻는 문제로 주로 출제되고 있으므로 각 사상가의 기본 입장, 공통점과 차이점 등을 잘 정리해 두어야 해.

주제 2 동양의 직업윤리

1. 동양의 직업관

(1) 공자

① 자신이 맡은 직분에 충실해야 한다는 정명 정신을 강조함
② "임금은 임금다워야 하고, 신하는 신하다워야 하고, 부모는 부모다워야 하고, 자식은 자식다워야 한다."

자료로 살펴보기

■ **공자의 직업관**

임금은 임금답고 신하는 신하다워야 한다. 임금이 나라를 다스릴 때에는 백성들의 신뢰를 얻어야 하며, 씀씀이를 줄이고 백성을 사랑해야 한다. 신하는 먼저 맡은 직분을 경건히 수행하고 녹봉은 그 다음에 생각해야 한다.

공자는 정명 정신을 바탕으로 사회 구성원들이 각자의 지위에 알맞은 역할과 도리를 다해야 한다고 보았다.

(2) 맹자

① 직업의 수행을 윤리적 인격과 정서적 안정의 조건으로 봄
② 정신노동과 육체노동을 구분하고 양자의 상보성을 강조함
③ 노력자(勞力者)에 대한 노심자(勞心者)의 세심한 배려를 강조함

자료로 살펴보기

■ **맹자의 직업관**

일반 백성에게 일정한 생활 근거[항산(恒産)]가 없다면 그로 인해 일정한 마음[항심(恒心)]도 없게 된다. 항심이 없으면 방탕하고 편벽되며 간사하고 사치스러워져서 못하는 짓이 없게 된다. 그렇기 때문에 통치자는 백성들의 생업을 관장할 때 반드시 위로는 부모를 봉양하고 아래로는 처자식을 부양하기에 부족함이 없게 해 준다. 이에 따라 풍년에는 내내 배부르고 흉년에도 굶어 죽거나 도망가지 않게 된다. 그런 연후에 백성들을 선한 데로 나아가게 인도한다.

맹자는 직업을 통해 백성에게 일정한 생활 근거를 마련해 주는 것을 통치자의 우선 과제로 보았다. 그래야만 백성들이 나라에서 살아갈 수 있고 교육을 통한 교화도 가능하다고 보았기 때문이다.

(3) 순자

① 물질적 욕망을 추구하는 데 필요한 직업 활동의 중요성을 강조하였으며 예(禮)를 통해 인간의 욕망을 적절하게 절제할 필요가 있다고 봄 →사람의 적성과 능력에 따라 사회적 역할 분담을 규정하는 규범
② 덕을 헤아려서 지위를 정하고, 능력을 헤아려서 직업을 맡겨야 한다는 역할 분담론을 주장함

자료로 살펴보기

■ **순자의 직업관**

사람들의 욕망에 비해 물건은 충분하지 않다. 따라서 사람들을 분별해서 대우하는 예를 제정하고, 이를 바탕으로 사람들에게 능력에 맞는 일을 주어야 한다.

순자는 예를 통해 각 사람의 능력에 따라 합당한 직업을 갖게 하여 자신의 욕망을 적절하게 충족시킬 수 있게 해야 한다고 보았다.

(4) 실학

① 개인의 재능과 학식에 따른 사회 분업적 관점 유지 → 노동을 하지 않는 양반들을 비판함 →생업 활동에 의한 물질적 풍요가 백성들의 교양과 도덕적 인격의 기초가 된다고 봄

② 정약용 : 능력에 맞게 관직을 부여해야 한다고 주장함

(5) 전통적 직업관

① 장인 정신을 강조함
② '두레'를 통한 상부상조의 근로 의식과 협동 정신 고취

2. 현대 직업 생활과 행복

(1) 직업과 행복

① 현대 사회에서 행복은 인생의 많은 부분을 차지하는 직업 생활을 통해 달성될 수 있음
② 소외 문제와 직업의 귀천 문제는 극복해야 할 과제

(2) 마르크스

① 자본주의적 분업 방식이 생산 과정에서 노동력 착취와 노동의 소외 문제를 낳았다고 봄
② 노동을 통해 자기 본질을 실현하는 인간 존재의 특성을 되찾아야 한다고 주장함

자료로 살펴보기

■ **마르크스의 노동관**

매뉴팩처는 이전에는 독립적이었던 노동자를 자본의 지휘와 규율에 복종시킬 뿐만 아니라 노동자 자신들 사이에 등급적 계층을 만들어 낸다. 단순 협업은 개개인들의 노동 방식을 대체로 변경시키지 않지만 매뉴팩처는 그것을 철저히 변혁시키며 개별 노동력을 완전히 장악한다. 매뉴팩처는 노동자의 일체의 생산적인 능력과 소질을 억압하면서 특수한 기능만을 촉진함으로써 노동자를 기형적인 불구로 만든다.

마르크스는 매뉴팩처가 발달하면 노동자는 직업 과정에서 특수한 기능만을 담당하는 노동자로 전락하여 창조적인 능력을 발휘하지 못하고 소외된 노동을 하게 된다고 주장하였다.

(3) 프롬

① 자본주의 사회는 소유 지향적이므로 존재가 소유에 가려지기 쉽다고 봄
② 이타심에 근거한 연대를 추구하는 존재 지향적 직업 생활을 영위할 때 인간은 잠재 능력을 능동적으로 발휘하고 자아실현을 할 수 있다고 봄

(4) 극복해야 할 직업관

① 소외의 문제 : 산업화 시대에 인간의 개성, 창의성 및 자기 반성이 약해지면서 발생함
② 직업의 귀천을 따짐 : 부의 획득 수단이나 자기 과시 수단으로만 생각함
③ 다양한 직업관
• 수단적 직업관 : 직업을 출세나 생계유지와 같은 명예와 부를 획득하기 위한 수단으로 생각하는 이기주의적 직업관
• 참여적 직업관 : 개인의 필요보다는 사회와 국가에 대한 봉사를 강조하여 사회적 역할 분담의 의무를 이행하려는 전체주의적 직업관
• 자아실현적 직업관 : 직업을 자신의 능력과 소질의 실현을 위한 것으로 보는 직업관

> **이렇게 출제돼!** 동양의 사상가들의 다양한 직업관을 비교하여 묻는 문제로 주로 출제되고 있고, 어려운 문제의 경우 맹자와 순자 윤리 사상의 기본 입장을 바탕으로 한 선택지들이 나오기도 해.

핵심 개념 CHECK!

• 정답 및 해설 32쪽

✎ 다음 확인 문제 중 옳은 것에 ○, 옳지 않은 것에 ×를 표기하세요.

주제 1 　서양의 직업윤리

01 직업은 경제적 보상을 받으며 행하는 자발적이고 지속적인 활동이다. ○ ×

02 직업은 생계 수단 외에도 자아실현, 사회봉사의 의미가 있다. ○ ×

03 모든 직업에서 공통적으로 지켜야 하는 행동 규범은 없다. ○ ×

04 플라톤은 국가 성원들이 각자의 성향에 따라 일을 맡아야 한다고 보았다. ○ ×

05 플라톤은 모든 구성원이 사유 재산을 가져서는 안 된다고 보았다. ○ ×

06 함정 　프로테스탄트는 직업 노동을 신에게 선택받았다는 확신에 이르기 위한 가장 훌륭한 수단이라고 보았다. ○ ×

07 프로테스탄트는 자신의 구원 여부가 예정되어 있지 않다고 보았다. ○ ×

08 칼뱅은 신이 사람들에게 각자 해야 할 일을 정해 주었다고 보았다. ○ ×

09 함정 　베버는 프로테스탄트의 금욕이 향락과 낭비를 막으며 재화의 획득이 구원의 증표로 정당화될 수 있다고 보았다. ○ ×

10 칼뱅은 모든 직업은 소명이며 노동은 신과 이웃에 봉사하는 것이라고 보았다. ○ ×

11 플라톤은 인간이 구원을 예정해 놓은 신의 부르심에 노동을 통해 응답해야 한다고 보았다. ○ ×

12 플라톤은 각자 다른 일에 관심을 두지 말고 자신이 맡은 일에 충실해야 한다고 보았다. ○ ×

13 플라톤은 세 계층이 각각의 덕목을 발휘하여 조화를 이룰 때 정의로운 사회가 될 수 있다고 보았다. ○ ×

14 함정 　중세 그리스도교에서는 노동을 원죄에 대한 벌로 보았다. ○ ×

15 플라톤은 육체노동의 가치와 정신노동의 가치가 대등하다고 보았다. ○ ×

16 함정 　마르크스와 칼뱅은 모두 노동이 가진 생계 수단 이상의 가치를 중시한다. ○ ×

17 칼뱅은 직업에는 귀천이 없으며 노동을 신성한 것으로 간주한다. ○ ×

18 플라톤과 정약용은 공직자의 엄격한 자기 절제를 강조한다. ○ ×

주제 2 　동양의 직업윤리

19 마르크스는 공산 사회가 되면 분업에 예속되는 상태가 사라진다고 보았다. ○ ×

20 맹자는 백성의 경우 일정한 생업이 없어도 일정한 마음을 가질 수 있다고 보았다. ○ ×

21 함정 　맹자는 대인은 마음을 수고롭게 하고, 소인은 몸을 수고롭게 한다고 보았다. ○ ×

22 마르크스는 사회주의 사회에서 노동자는 작업장의 부속물로서 자본의 소유물이 된다고 보았다. ○ ×

23 맹자는 한 사람이 모든 일을 하면서 살아간다면 지치게 될 것이므로 분업이 필요하다고 보았다. ○ ×

24 함정 　마르크스는 기술적 분업의 확대가 노동자의 능력을 온전히 발휘하지 못하게 만든다고 보았다. ○ ×

25 장자는 정명 사상을 바탕으로 임금이 나라를 다스릴 때에는 덕을 바탕으로 하여 백성들의 신뢰를 얻어야 한다고 보았다. ○ ×

26 공자는 사회 구성원들이 각자의 지위에 알맞은 역할과 도리를 다해야 한다고 보았다. ○ ×

27 함정 　순자는 사람들의 욕망에 비해 물건은 부족하므로 사람들을 분별해서 대우하는 예를 제정해야 한다고 보았다. ○ ×

28 순자는 예를 바탕으로 사람들이 선호하는 일을 주어야 한다고 보았다. ○ ×

29 함정 　맹자는 대인이 할 일이 있고 소인이 할 일이 있다고 보았다. ○ ×

30 실학에서는 능력과 노력보다는 신분에 의해 직업이 정해져야 한다고 보았다. ○ ×

31 프롬은 인간이 능력을 발휘하고 자아실현을 하려면 존재 지향적 직업 생활을 영위해야 한다고 보았다. ○ ×

32 현대 사회에서 직업은 행복을 달성하는 데 중요한 부분을 차지한다. ○ ×

33 직업의 귀천 문제와 소외 문제는 현대 사회에서 극복해야 할 과제가 아니다. ○ ×

34 실학자는 선비가 육체노동을 피하고 학문에 전념할 것을 강조한다. ○ ×

35 순자와 실학자는 사회 분업의 폐지와 직업 선택의 자유를 주장한다. ○ ×

36 순자는 백성들의 직업 활동이 욕망 충족과 무관해야 함을 강조한다. ○ ×

맹자의 직업관과 순자의 직업관은 어떻게 다를까?

개념 | 자료로 확인

■ 맹자의 직업관

> 대인이 할 일이 있고 소인이 할 일이 있다. 또 한 사람의 몸에도 여러 장인들이 만든 것을 필요로 하는데, 만약 반드시 자신이 스스로 만든 것으로만 사용한다면 그것은 천하의 사람들을 끌어다가 지치게 만드는 것이다. 그렇기 때문에 어떤 사람은 마음을 수고롭게 하고, 어떤 사람은 몸을 수고롭게 한다고 말하는 것이다. 마음을 수고롭게 하는 사람은 다스리는 사람이요, 몸을 수고롭게 하는 사람은 다스림을 받는 사람이다. 다스림을 받는 사람은 남을 먹여주고, 다스리는 사람은 남한테서 먹는 것이 천하에 통용되는 원칙이다.
>
> – "맹자"

맹자는 경제적으로 불안정하면 도덕적 마음을 지키기 어려우므로, 직업을 통한 경제적 안정이 도덕적 삶의 기반이 된다고 보았다. 맹자는 각기 자신이 해야 될 일을 해야 한다는 분업의 원리를 중시하였고, 몸을 수고롭게 하는 육체노동과 정신을 수고롭게 하는 정신노동이 있음을 인정하였으며 직업 간의 상호 보완적인 관계를 강조하였다.

■ 순자의 직업관

> 농군은 밭일에 정통하지만 농사일을 지도하는 관리가 될 수는 없고, 상인은 장사하는 일에 정통하지만 장사하는 일을 지도하는 관리가 될 수 없으며, 공인은 그릇을 만드는 일에 정통하지만 그릇을 만드는 일을 지도하는 관리가 될 수는 없다. 여기 한 사람이 있어 이상 세 가지 일을 하나도 못하지만, 이들 세 가지 일을 다스릴 수 있는 것은 그가 도에 정통했기 때문이며, 사물에 정통했기 때문이다. 사물에 정통한 사람은 사물들을 사물대로 처리하고, 도에 정통한 사람은 사물들을 사물대로 아울러 잘 이해한다.
>
> – "순자"

순자도 맹자처럼 각기 자신의 일을 해야 한다는 분업의 원리를 받아들였으며, 생산에 종사하는 사람과 이들을 지도하고 관리하고 모든 것을 조율할 수 있는 군자의 일이 서로 다르다고 주장하였다. 순자는 직업이 사회적 역할을 분담하게 한다고 보았다. 그는 사람의 적성과 능력에 따라 사회적 역할 분담을 규정해 주는 기준을 예(禮)라고 하였으며, 예에 따른 여러 사람들의 직분을 중시하였다. 순자는 모든 사람들이 자기 직분을 올바로 수행한다면 천하가 태평해진다고 보았다.

개념 | 빈칸 채우기로 확인

■ 맹자의 직업관

Q1 맹자는 어떤 사람은 (　　　　)을/를 쓰고 어떤 사람은 힘을 쓴다고 보았다.

Q2 맹자는 (　　　　)은/는 일정한 생업이 없으면 이로 인해 일정한 마음을 가질 수 없다고 보았다.

■ 순자의 직업관

Q3 순자는 선왕이 (　　　　)을/를 제정한 것은 백성들에게 구별을 알게 하고자 함이었다고 보았다.

Q4 순자는 예에 정통한 사람만이 (　　　　)이/가 될 수 있다고 보았다.

개념 | O/X로 확인

Q5 맹자는 노력자와 노심자는 각자의 수고로움으로 서로 기여한다고 보았다. (○ / ×)

Q6 맹자는 분업을 통해 사회적 직분 간의 유기적 관계를 이루어야 한다고 보았다. (○ / ×)

Q7 순자는 사대부의 자손이라도 예에 합하지 않으면 서민이 되어야 한다고 보았다. (○ / ×)

Q8 순자는 사회적 신분은 개인의 자유로운 선택에 따라 정해져야 한다고 보았다. (○ / ×)

개념 | 벤다이어그램에 적용

연습하기 Q9 물음에 맞게 A / B / C에 표시하시오.

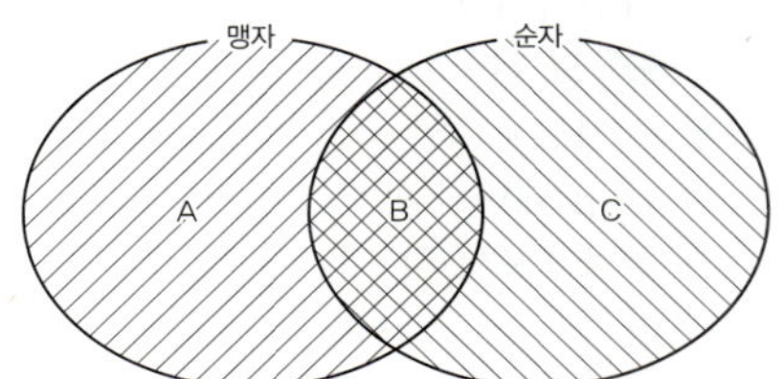

• 생산과 통치에 대한 역할 분담이 이루어져야 한다.
❶ (A / B / C)

• 구성원들이 자신의 직분에 충실할 때 사회 질서가 유지될 수 있다.
❷ (A / B / C)

• 예를 기준으로 사회적 역할 분담이 이루어져야 한다.
❸ (A / B / C)

적용하기 Q10 맹자와 순자의 입장을 다음 벤다이어그램으로 표현할 때 A~C에 해당하는 진술로 옳은 것은?

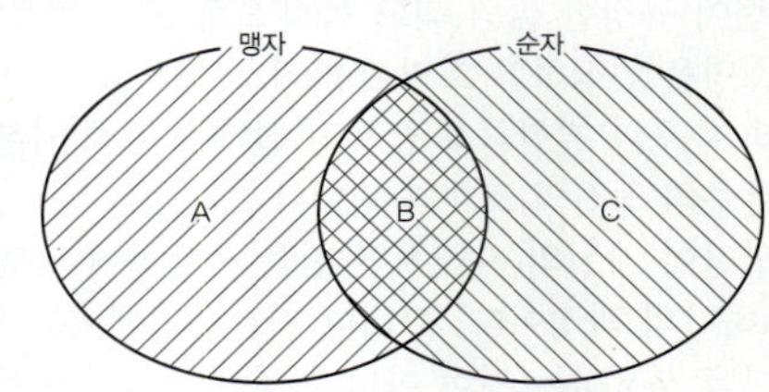

① A : 누구나 이익을 좋아하기에 힘든 일은 싫어한다.
② A : 직업을 선택할 때 생계유지의 문제는 고려할 필요가 없다.
③ B : 직업 선택은 각자의 선호에 따라 이루어져야 한다.
④ B : 사회적 분업이 사회의 질서를 유지하는 데 기여한다.
⑤ C : 직업 노동에 충실하기 위해 욕망을 제거해야 한다.

How & WHY 정답 01. 마음 02. 백성 03. 예의 04. 관리 05. ○ 06. ○ 07. ○ 08. × 09. ❶B ❷B ❸C 10. ④

주제 1　서양의 직업윤리

족집게 전략 | 제시문을 통해 서양 사상가가 누구인가를 파악하고 직업과 노동에 대한 해당 사상가의 입장을 찾아내는 유형의 문제이다. 근대 프로테스탄티즘의 직업관, 칼뱅과 베버의 입장을 공부해 두어야 한다.

접근 전략

❶ 사상가 파악	❷ 선택지 적용
직업과 노동에 대한 제시문의 내용을 통해 이를 주장한 사상가가 누구인지 파악한다. ▶	❶에서 파악한 사상가의 입장에 따라 선택지에서 서술하고 있는 각각의 내용이 알맞은 것인지 분석한다.

097 〈대표 문항〉　| 평가원 기출 |

다음 사상가가 부정의 대답을 할 질문으로 가장 적절한 것은?

> 프로테스탄트는 자신의 구원의 여부가 예정되어 있다고 보았으며, 직업 노동을 신에게 선택받았다는 확신에 이르기 위한 가장 훌륭한 수단이라고 여겼다. 이들의 금욕주의가 세속의 윤리를 지배하게 되면서 근대적 경제 질서를 구축하는 데 일조하였다. 직업이 정신적 가치와 직접 관련을 맺지 않거나 경제적 강제로 느껴질 경우 인간은 영혼 없는 전문가, 열정 없는 향락주의자로 전락할 것이다.

① 프로테스탄트는 직업적 성공이 구원의 징표라고 보는가?
② 프로테스탄트는 직업이 정신적 가치와 무관하지 않다고 보는가?
③ 금욕주의 직업윤리는 자본주의 정신 형성에 기여할 수 있는가?
④ 프로테스탄트는 직업을 신으로부터 부름 받은 것으로 보는가?
⑤ 프로테스탄트는 노동을 통한 부의 추구를 영혼의 타락으로 보는가?

098 〈고난도〉　| 평가원 기출 |

갑, 을 사상가들의 입장에 대한 설명으로 적절하지 않은 것은?

> 갑 : 노동을 '신이 규정한 삶의 최고 목적'으로 보는 입장에서, 청교도는 소명을 인식하고 소명에 따라 노동하였다. 이러한 노동이 영리 추구와 결합하고 금욕적 절약을 통해 자본을 형성하여 자본주의 정신의 토대가 되었다.
>
> 을 : 노동은 인간이 자신의 자연적인 힘을 사용하여 자연과 관계를 맺는 하나의 과정이다. 그러나 자본주의에서는 노동자가 생산 수단을 사용하는 것이 아니라 생산 수단이 노동자를 사용하는 왜곡이 일어난다.

① 갑은 청교도가 노동을 신의 명령으로 간주했다고 본다.
② 갑은 청교도가 부의 축적을 구원의 수단으로 간주했다고 본다.
③ 을은 자본주의의 노동 분업이 노동 소외의 원인이라고 본다.
④ 을은 자본주의에서는 노동자의 자아실현이 불가능하다고 본다.
⑤ 갑은 소명 정신, 을은 노동 착취를 자본 축적의 원천으로 본다.

099　| 평가원 기출 |

갑, 을 사상가의 직업관에 대한 설명으로 옳지 않은 것은?

> 갑 : 누구나 본성적으로 이익만 좋아하기에 쉬운 일만을 원하고 힘든 일을 싫어한다. 그래도 도(道)에 정통한 군자는 사람들마다 가볍고 무거움을 나누어[別] 서로 어울리게 한다.
>
> 을 : 각자는 타고난 성향에 따라 한 가지 일에 배치되어야 한다. 이는 각자가 폴리스에서 자신의 한 가지 일에 종사함으로써 여럿 아닌 하나가 되도록 하기 위한 것이다.

① 갑은 백성들의 직업 활동이 욕망 충족과 무관해야 함을 강조한다.
② 을은 각자의 덕을 발휘하여 국가 공동체에 헌신할 것을 강조한다.
③ 갑은 직업 분담에서 예(禮)를, 을은 각자의 탁월성을 중시한다.
④ 갑, 을은 사회적 분업을 토대로 한 사회 질서 유지를 중시한다.
⑤ 갑, 을은 구성원 각자가 직분을 충실히 이행할 것을 강조한다.

100　| 평가원 기출 |

서양 사상가 갑, 을의 입장에 대한 적절한 설명만을 〈보기〉에서 있는 대로 고른 것은?

> 갑 : 인간은 노동을 통해 자기의 본질을 실현하고자 한다. 그러나 자본주의하에서는 노동의 본질이 왜곡된다. 노동자는 생계 유지를 위해 자신의 노동을 자본가에게 팔아야 하기 때문에 생산을 위한 도구로 전락한다.
>
> 을 : 인간은 구원을 예정해 놓은 신의 부르심[召命]에 노동을 통해 응답해야 한다. 왜냐하면 신은 여러 가지 삶의 양식(樣式)들을 구분해 놓음으로써 각 개인이 해야 할 일을 정해 두었기 때문이다.

〔보기〕
ㄱ. 갑은 인간 소외의 극복을 위해 사회적 분업을 강조한다.
ㄴ. 을은 노동을 통하여 이웃 사랑을 실천할 것을 강조한다.
ㄷ. 갑은 을과 달리 노동을 통한 사유 재산 축적을 중시한다.
ㄹ. 갑, 을은 노동이 가진 생계 수단 이상의 가치를 중시한다.

① ㄱ, ㄴ　　② ㄱ, ㄷ　　③ ㄴ, ㄹ
④ ㄱ, ㄷ, ㄹ　　⑤ ㄴ, ㄷ, ㄹ

101

다음을 주장한 사상가의 입장에 대한 설명으로 옳지 <u>않은</u> 것은?

> 신(神)은 여러 가지 삶의 계층과 삶의 양식들을 구분해 놓음으로써 각 사람이 해야 할 일의 순서를 정해 두었다. 그러므로 사람들은 자기 자신의 위치를 신께서 정해 주신 초소라고 생각해야 한다.

① 모든 직업은 신이 내린 소명이라고 본다.
② 노동으로 얻은 것은 모두 신의 선물이라고 본다.
③ 직업이 이웃 사랑을 실현하는 통로가 된다고 본다.
④ 직업 노동은 신의 영광을 실현하는 수단이라고 본다.
⑤ 노동을 통해 부를 축적하면 구원을 받게 된다고 본다.

102

서양 사상가 갑, 을의 입장에 대한 옳은 설명만을 〈보기〉에서 있는 대로 고른 것은?

> 갑 : 자본주의 사회에서의 노동은 상품만을 생산하는 것이 아니라 그러한 생산을 통하여 자기 자신과 노동자를 하나의 상품으로 생산해 낸다. 즉 노동자가 자신에게 속하지 않고 타자에게 속하게 된다.
> 을 : 근대 자본주의 정신, 그리고 직업 정신에 기초한 합리적 생활양식은 프로테스탄트의 금욕주의 정신에서 탄생하였다. 금욕주의가 수도원의 골방에서 나와 직업 생활 영역으로 이행하면서 세속적 도덕을 지배하기 시작하였다.

> 〔보기〕
> ㄱ. 갑은 자본주의 사회의 노동이 인간을 소외시킨다고 본다.
> ㄴ. 을은 금욕적 직업윤리가 자본주의 발달의 토대가 된다고 본다.
> ㄷ. 갑은 을과 달리 직업 노동은 속죄의 의미에서 수행된다고 본다.
> ㄹ. 을은 갑과 달리 청교도가 노동을 통한 부의 추구를 신의 뜻에 어긋난다고 여겼다고 본다.

① ㄱ, ㄴ   ② ㄱ, ㄹ   ③ ㄴ, ㄷ
④ ㄱ, ㄷ, ㄹ   ⑤ ㄴ, ㄷ, ㄹ

103

서양 사상가 갑, 을이 서로에게 제기할 비판으로 가장 적절한 것은?

> 갑 : 현대의 노동자 계급은 일거리가 있을 때만 생존할 수 있으며, 그들의 노동이 자본을 증식시키는 한에서만 일거리를 얻을 수 있다. 노동자들은 다른 온갖 판매품과 마찬가지로 하나의 상품이 된다.
> 을 : 국가의 세 부류인 통치자, 방위자, 생산자가 저마다 제 일을 함으로써 나라가 정의롭게 되듯이, 개인도 자신 안의 세 부분인 이성, 기개, 욕구가 각각 제 일을 함에 의해서 정의로운 사람이 된다.

① 갑이 을에게 : 계급이 사라지고 경제적으로 평등한 사회가 되어야 한다.
② 갑이 을에게 : 통치자는 공익 창출에 전념하기 위해 재산을 공유해야 한다.
③ 을이 갑에게 : 누구나 정신노동에 종사할 수 있도록 배려해야 한다.
④ 을이 갑에게 : 노동자가 노동으로부터 소외되지 않는 사회가 되어야 한다.
⑤ 을이 갑에게 : 사유 재산이 철폐되어야 인간의 본질이 온전히 실현될 수 있다.

104

다음을 주장한 서양 사상가가 긍정의 대답을 할 질문만을 〈보기〉에서 있는 대로 고른 것은?

> 한 국가가 올바른 나라로 여겨지는 것은 이 국가 안에 있는 성향이 다른 세 부류가 저마다 제 일을 하기 때문이며 또한 이 국가가 절제 있고 용기 있으며 지혜로운 나라인 것도 이들 세 부류가 처한 상이한 상태 때문이다.

> 〔보기〕
> ㄱ. 각자 자신의 직업에서 탁월성을 발휘해야 하는가?
> ㄴ. 분업보다 협업을 바탕으로 정의를 실현해야 하는가?
> ㄷ. 구성원 모두가 절제의 덕을 갖추고 살아가야 하는가?
> ㄹ. 사회 구성원들 간의 역할 교환이 허용되어야 하는가?

① ㄱ, ㄴ   ② ㄱ, ㄷ   ③ ㄴ, ㄹ
④ ㄱ, ㄷ, ㄹ   ⑤ ㄴ, ㄷ, ㄹ

주제 2 동양의 직업윤리

족집게 전략 | 제시문을 통해 갑, 을에 해당하는 동양 사상가가 누구인 가를 파악하고 직업과 노동에 대한 해당 사상가들의 입장을 비교하여 파악하는 유형의 문제이다. 동양의 직업윤리를 대표하는 사상가인 맹 자와 순자의 입장을 깊이 있게 공부해 두어야 한다.

접근 전략

❶ 사상가 파악	❷ 선택지 적용
직업과 노동에 대한 제시문의 내용을 통해 이를 주장한 갑, 을 사상가들이 누구인지 파악한다.	❶에서 파악한 사상가의 입장에 따라 선택지에서 서술하고 있는 각각의 내용이 알맞은 것인지 평가한다.

105 대표 문항
| 평가원 기출 |

갑, 을 사상가들의 입장으로 옳지 _않은_ 것은?

> 갑 : 선왕(先王)이 예(禮)를 제정하여 사람들에게 귀함과 천함의 등급을 분별하게 하였다. 사대부의 자손이라도 예에 합하지 않으면 서민이 되어야 하고, 서민의 자손이라도 학문을 닦고 품행이 단정하여 예에 합하면 사대부가 되어야 한다.
>
> 을 : 왕도정치가 구현된 사회에서 농부와 목수와 기술자는 각자 생산물이나 재능을 교환함으로써 사회에 기여한다. 힘을 쓰는 노력자(勞力子)와 마음을 쓰는 노심자(勞心子) 역시 각자의 수고로움으로 서로 기여한다.

① 갑 : 예(禮)를 기준으로 삼아 사회적 역할 분담이 정해져야 한다.
② 갑 : 사회적 신분은 개인의 자유로운 선택에 따라 정해져야 한다.
③ 을 : 분업을 통해 사회적 직분 간의 유기적 관계를 이루어야 한다.
④ 을 : 노력자(勞力子)는 생계가 안정되어야 도덕심을 유지할 수 있다.
⑤ 갑, 을 : 자신의 직분에 충실할 때 사회 질서가 유지될 수 있다.

106
| 평가원 기출 |

다음 동양 사상가의 입장으로 가장 적절한 것은?

> ○ 만약 백성에게 살아갈 수 있는 일정한 재산이나 생업[恒産]이 없으면 순수하고 변함없는 마음[恒心]을 유지하기 어려우며, 그러한 마음이 없으면 편벽되고 악해질 것이다.
> ○ 사람은 남에게 차마 하지 못하는 마음[不忍人之心]이 있다. 그러한 선한 마음은 직업 활동을 통해 확충될 수 있다. 예를 들어 갑옷을 만드는 사람은 날마다 자신이 만든 갑옷으로 사람 살리는 일에 관심을 갖게 되니 선한 마음을 지켜 나갈 수 있다. 그러므로 직업을 선택할 때에는 신중하지 아니할 수 없다.

① 직업을 선택할 때 생계유지의 문제는 중요하지 않다.
② 직업의 역할 분담은 공동체의 발전을 위해 없어져야 한다.
③ 직업 선택의 기준에서 경제적 보상을 가장 중시해야 한다.
④ 직업을 선택할 때에는 인격에 미치는 영향을 고려해야 한다.
⑤ 직업 선택에서 사회적 기여보다 개인의 출세를 더 중시해야 한다.

107 고난도↑
| 평가원 기출 |

그림은 서술형 평가 문제와 학생 답안이다. 학생 답안의 ㉠~㉤ 중 옳지 _않은_ 것은?

> **서술형 평가**
>
> ◎ 문제 : 사상가 갑, 을의 직업 노동에 대한 입장을 비교하여 서술하시오.
>
> 갑 : 모든 것을 손수 만들어 사용해야 한다면, 그것은 천하의 사람들을 바쁘게 만드는 것이다. 어떤 사람은 마음을 수고롭게 하고[勞心], 어떤 사람은 몸을 수고롭게 한다[勞力]. 백성은 항산[恒産]이 없다면 항심[恒心]도 없게 된다.
>
> 을 : 노동이 분업에 의한 방식으로 바뀌면서 고용주는 자본가가 되어 지휘와 감독, 조절 기능을 담당한다. 분업은 특수한 기능에 적합한 부분 노동자를 양산하며, 노동자는 작업장의 부속물로서 자본의 소유물이 된다.
>
> ◎ 학생 답안
>
> 사상가 갑, 을의 직업 노동에 대한 입장을 비교해 보면, 갑은 ㉠ 직업에는 대인과 소인의 역할 분담이 있으므로 각자의 역할에 충실해야 한다고 보며, ㉡ 직업을 통해 백성의 생활 기반이 마련되어야 한다고 주장한다. 이에 비해 을은 ㉢ 노동자는 생산 수단이 없으므로 생계를 위해 자본가에게 예속된다고 보며, ㉣ 노동자는 노동을 통해 자아를 실현하고 행복을 누릴 수 있어야 한다고 주장한다. 한편, 갑, 을은 모두 ㉤ 인간은 분업에 참여함으로써 인간다움을 실현해야 한다고 주장한다.

① ㉠   ② ㉡   ③ ㉢   ④ ㉣   ⑤ ㉤

108
| 평가원 기출 |

갑, 을 사상가의 직업관에 대한 설명으로 옳은 것은?

> 갑 : 왕공의 자손이라도 예(禮)에 합하지 않으면 서민에 편입하고, 서민의 자손이라도 학문을 닦고 품행을 단정히 하여 예에 합하면 재상에 올린다.
>
> 을 : 사농공상(士農工商)에 관계없이 놀고먹는 자는 관에서 벌칙을 내려야 한다. 재능과 학식이 있으면 비록 농사꾼의 자식이 벼슬길에 올라도 분수에 넘치는 것이 아니다.

① 갑은 사회적 역할 분담에 있어 예의 중요성을 강조한다.
② 을은 선비가 육체노동을 피하고 학문에 전념할 것을 강조한다.
③ 갑은 을과 달리 후천적 노력보다 타고난 능력을 중시한다.
④ 을은 갑과 달리 세습적 신분에 따라 직업을 정할 것을 강조한다.
⑤ 갑, 을은 사회 분업의 폐지와 직업 선택의 자유를 주장한다.

109

동양 사상가 갑, 을의 입장에 대한 설명으로 옳은 것은?

> 갑 : 백성은 일정한 소득이 없으면 일정한 마음을 가질 수 없다. 군주는 백성의 소득을 마련하되 위로는 부모를 섬기기에 충분하고 아래로는 처자식을 먹이기에 풍족하게 해야 한다.
> 을 : 백성을 이끌기를 덕으로써 하고 예를 써서 그들을 규율한다면 백성들은 부끄러워할 줄 아는 마음을 가질 뿐 아니라 진심으로 복종하게 된다.

① 갑은 각자가 자신이 좋아하는 일에 종사해야 한다고 본다.
② 을은 통치자가 사적인 것을 일체 갖지 않아야 한다고 본다.
③ 갑은 을과 달리 통치자가 도덕의 실현을 추구해야 한다고 본다.
④ 을은 갑과 달리 백성을 통치의 근본으로 삼아야 한다고 본다.
⑤ 갑, 을은 정명을 바탕으로 각자 자신의 직분에 충실해야 한다고 본다.

110

갑, 을의 입장에 대한 설명으로 옳지 <u>않은</u> 것은?

> 갑 : 왕(王), 공(公), 사(士), 대부(大夫)의 자손이라도 능히 예의를 따르지 않으면 서인(庶人)으로 돌아가게 하고 서인의 자손이라도 본성을 변화시켜 학문을 쌓고 행실이 바르고 능히 예의를 따르면 경(卿)이나 상(相), 사나 대부로 삼는다.
> 을 : 노동하는 인간이 경제적으로 예속되어 있는 것은 사회적 빈곤과 도덕적 타락 및 정치적 종속의 주된 원인이다. 따라서 노동자 계급의 경제적 해방이야말로 중요한 궁극적 목적이며, 모든 정치운동은 이 목적 아래에 놓여야 한다.

① 갑은 어질고 능력 있는 사람을 등용해야 한다고 본다.
② 갑은 예에 따라 각자 합당한 직업을 가져야 한다고 본다.
③ 을은 공장에서의 분업이 노동 소외를 초래한다고 본다.
④ 을은 노동을 통해 인간의 본질을 실현할 수 있다고 본다.
⑤ 갑, 을은 직업으로 성공하려면 욕망을 제거해야 한다고 본다.

111

(개)의 갑, 을, 병 사상가들의 입장을 (내) 그림으로 탐구할 때, A~D에 들어갈 적절한 질문만을 〈보기〉에서 있는 대로 고른 것은?

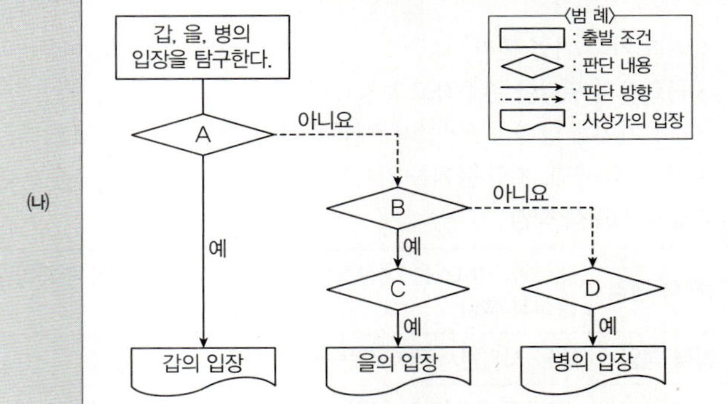

> (개)
> 갑 : 대인이 하는 일이 있고 소인이 하는 일이 있다. 한 사람이 모든 것을 스스로 만들어 사용하면서 살아갈 수는 없다.
> 을 : 사회를 이루는 세 계층인 통치자, 군인, 생산자는 각자 자신이 맡은 일에서 탁월함을 발휘해야 한다.
> 병 : 농부, 상인, 공인은 각자가 정통한 일에 종사해야 한다. 예에 정통한 사람은 이들의 일은 못하지만 관리가 될 수 있다.

> 보기
> ㄱ. A : 정신노동과 육체노동을 할 사람이 따로 있는가?
> ㄴ. B : 각자의 직업은 신이 정해준 소명이라고 보아야 하는가?
> ㄷ. C : 각자 타고난 성향에 따라 한 가지 일에 배치되어야 하는가?
> ㄹ. D : 사람들은 본성상 이익을 좋아하여 쉬운 일만 하려고 하는가?

① ㄱ, ㄴ   ② ㄱ, ㄷ   ③ ㄷ, ㄹ
④ ㄱ, ㄴ, ㄹ   ⑤ ㄴ, ㄷ, ㄹ

112

동양 사상가 갑, 을의 입장에 대한 설명으로 옳은 것은?

> 갑 : 마음을 수고롭게 하는 사람은 다스리는 사람이고, 몸을 수고롭게 하는 사람은 다스림을 받는 사람이다. 다스림을 받는 사람은 남을 먹여 살리고, 남을 다스리는 사람은 남에 의해 먹고 산다.
> 을 : 농부와 상인과 공인은 각각 밭일, 장사하는 일, 그릇 만드는 일에 정통하지만 관리가 될 수는 없다. 관리는 이 일들을 못하지만 예에 정통하여 이 일들을 다스릴 수 있다.

① 갑은 모두가 자급자족하는 삶을 살아가야 한다고 본다.
② 갑은 각자의 선호에 따라 직업이 결정되어야 한다고 본다.
③ 을은 노력보다 타고난 신분이 직업을 결정한다고 본다.
④ 을은 예에 따라 사회적 역할 분담이 이루어진다고 본다.
⑤ 갑, 을은 구성원 간의 역할 교환을 허용해야 한다고 본다.

08강 다양한 직업윤리

주제 1 기업가와 근로자의 윤리

1. 기업의 윤리

(1) 기업과 기업가의 윤리

① 기업 : 이윤 추구를 목적으로 재화나 서비스를 생산하거나 공급하는 사회 조직

② 기업가의 기업 윤리
- 근로자의 권리를 존중하고 보장해야 함
- 소비자에게 양질의 서비스와 제품을 제공해야 함
- 법, 사회 규범, 기업 윤리를 지키면서 건전하게 이윤을 추구해야 함

(2) 기업의 사회적 책임

경제적 책임	재화와 서비스를 생산하는 책임 → 기업 목적에 부합하는 본질적 책임
법적 책임	법을 지키면서 경제 활동을 할 책임
윤리적 책임	• 법으로 규정되어 있진 않지만 기업이 사회의 기대치에 맞는 윤리적 행동을 할 책임 • (예) 근로자에 대한 인간적 대우와 복지 향상, 고객에 대한 배려와 친절, 불량 상품에 대한 자발적 리콜 등
자선적 책임	사회적 기부 행위, 보육 시설 운영, 사회 복지 시설 운영 등 사회의 공익을 위한 자선 활동

2. 기업의 사회적 책임에 대한 입장

(1) 기업의 이윤 추구를 중시하는 입장

① 애덤 스미스 : 개개인이 사회의 이익이 아니라 자기 이익을 추구할 때 '보이지 않는 손', 즉 시장 질서에 의해 사회 전체에 큰 이익을 줄 수 있음

② 프리드먼
- 기업에 이윤 극대화 외의 사회적 책임을 요구하면 자유 시장 경제의 틀을 깨게 됨
- 기업의 유일한 책임은 사회 규칙을 준수하면서 기업 이익의 극대화를 추구하는 것

자료로 살펴보기

■ 기업의 사회적 책임에 대한 프리드먼의 입장

회사의 임원이나 직원에게 자기 주주나 회사 구성원의 이익 제공을 넘어선 사회적 책임이 있다는 견해가 폭넓게 승인되고 있는 실정이다. 이런 견해는 자유 시장 경제의 특질과 본성에 대한 근본적인 왜곡이다. 자유 시장 경제에서 기업의 사회적 책임은 오로지 한 가지뿐이다. 그것은 기만이나 부정 이득의 발생 없이 공개된 자유 경쟁 참여라는 게임 규칙 안에서 기업의 이윤을 늘리는 활동을 하는 것과 그런 방식으로 자원을 사용하는 데에 전념하는 것이다.

프리드먼은 기업에 이윤 추구 이외의 다른 사회적 책임을 강요해서는 안 된다고 보았고, 기업 이익의 극대화를 추구하는 것이 기업의 유일한 사회적 책임이라고 주장하였다.

(2) 기업의 사회적 책임을 중시하는 입장

① 애로우
- 기업의 사회적 책임 수행은 장기적 이익을 위해 필요함
- 기업가는 사회의 일원이며 사회 구성원들 없이는 이윤을 창출할 수 없음

② 보겔 : 기업은 법을 지키며 이윤을 추구하는 차원을 넘어 <u>자발적으로 사회적 책임을 이행해야 함</u>
└ 장기적으로 이윤 추구에 도움이 되기 때문임

3. 근로자의 윤리

(1) 근로자 : 사용자가 제공하는 생산 수단에 참여하여 정신노동 혹은 육체노동을 제공함으로써 임금 등의 수입에 의하여 생활하는 사람

(2) 근로자의 의무

기업과의 관계	노동 생산성의 향상을 위해 노력할 것 → 근로자의 권리 보장의 전제 조건인 기업의 건강한 존속에 필수 조건임
개인적 측면	자신의 잠재력을 발휘하고 자신이 맡은 분야에서 전문가가 될 수 있도록 노력할 것 → 근로자가 전문성을 가지고 창의적으로 일할 때 소비자에게 만족을 줄 수 있는 좋은 제품을 생산할 수 있음
사회적 측면	• 동료 근로자와의 유대감과 연대 의식 • 기업가와의 협력

(3) 근로자의 권리

① 인간다운 삶을 누릴 권리
- 인종, 종교 등의 차이로 말미암은 차별을 받지 않아야 함
- 심신의 건강을 해치지 않는 작업 환경, 과도한 불안감에 시달리지 않는 여건 등이 제공되어야 함
- 계약에 따라 적정 임금을 받을 수 있어야 하며, 법적으로 최저 생계비를 보장받을 수 있어야 함

② 근로 조건의 유지와 개선을 위한 권리(노동 3권) : 근로자는 자신들의 이해와 요구를 효과적으로 수렴하고 대변할 수 있는 집단을 형성할 권리가 있음 → 노동조합을 통해서 자신들의 생활을 향상시키고, 노동 조건을 개선할 수 있음

단결권	근로자가 사용자와 대등한 위치에서 근로 조건을 개선하고 근로자의 경제적 지위 향상을 위해 단체를 결성할 수 있는 권리
단체 교섭권	노동조합이 사용자와 근로 조건에 관하여 교섭하고 단체 협약을 체결할 수 있는 권리
단체 행동권	노동 쟁의 발생 시, 근로자가 사용자에게 대항하여 파업 등의 단체 행동을 할 수 있는 권리

4. 기업가와 근로자의 관계

(1) 기업가와 근로자의 이해관계

상보적 관계	서로에게 의지하여 이익을 얻고 임금을 취득함
대립적 관계	사용자와 근로자의 이해관계는 대립적임

(2) 기업가와 근로자의 바람직한 관계 : 기업가와 근로자가 소통하고 협력할 때 근로자의 권리가 보장되고 기업이 성장할 수 있음

이렇게 출제돼! 프리드먼의 입장을 묻는 문제로 출제될 수 있고, 프리드먼의 입장과 애로우나 보겔 등 사회적 책임을 강조하는 입장을 비교하여 묻는 문제로도 출제될 수 있어.

1. 전문직 윤리

(1) **전문직의 의미** : 고도의 전문적 교육과 훈련을 거쳐서 일정한 자격 또는 면허를 취득하거나 이에 상응하는 전문적인 기술과 식견을 가지고 종사할 수 있는 직업

(2) **전문직의 특성**

① 전문성 : 고도의 직업 훈련을 통한 전문 지식의 습득이 요구됨

② 독점성 : 일정한 자격을 갖추지 않으면 전문직에 종사할 수 없음

③ 자율성 : 제3자의 간섭이나 개입 없이 업무를 자율적으로 수행함

(3) **전문직 윤리의 특징**

① 모든 직업인에 해당하는 직업적 양심, 공동체 의식이 함께 요구됨

② 다른 직업보다 더욱 높은 수준의 윤리 의식이 필요함

③ 전문직 직업윤리의 필요성

• 전문적 지식과 기술은 사회 발전에 크게 이바지할 수 있음

• 일반인이 모르는 지식이나 정보를 이용하여 부당 이득을 취할 수 있음

• 자신의 전문적 지식이나 기술이 바르게 쓰일 수 있도록 공공의식을 갖고 직무에 임함으로써 사회적 책임을 다해야 함

2. 공직자 윤리

(1) **공직자의 의미** : 국가 기관이나 공공 단체의 일을 보는 직책이나 직무를 맡은 사람

(2) **공직자의 특징**

① 법이나 정책을 결정하고 집행하는 권한을 가지고 있으므로 이를 악용하여 부당한 이득을 얻고자 하는 유혹에 빠질 수 있음

② 국민보다 우월한 지위에서 권한을 행사하므로 공직자의 의사 결정이나 행위는 사회적 영향력이 큼

③ 국민 삶의 질 향상, 국가 유지 및 발전에 중요한 역할을 담당함

④ 높은 수준의 직업윤리를 지킴으로써 사회적 의무를 다해야 함

(3) **공직자 윤리**

① 업무 수행에서 공익과 사익을 엄격히 구분하고 공익을 우선적으로 실현하기 위해 노력해야 함

② 공직자의 권한은 국민으로부터 위임받은 것이므로 국민을 위해 봉사하는 자세를 가져야 함

③ 노블레스 오블리주를 실천해야 함

> 프랑스어로 귀족의 의무를 의미하고 보통 부와 권력, 명성은 사회에 대한 책임과 함께 해야 한다는 의미로 쓰임

■ **정약용의 공직자 윤리**

> 백성을 다스리는 목민관이 백성을 위해 있는 것인가, 백성이 목민관을 위해서 있는 것인가? 백성이 곡식과 옷감을 생산하여 목민관을 섬기고, 수레와 수레꾼을 보내어 목민관을 전송하고 환영하며, 모든 노력과 정성을 다하여 목민관을 살찌우고 있으니, 백성이 과연 목민관을 위하여 있는 것일까? 아니다. 목민관이 백성을 위해 있는 것이다.

> 정약용은 목민관이 백성을 위해 있으므로 목민관은 백성을 위해 일해야 한다고 보았다. 현대 사회의 공직자도 역시 국민으로부터 권한을 위임받아 임무를 수행하는 자, 즉 국가와 사회의 심부름꾼인 공복(公僕)이다. 따라서 국민을 섬기는 봉사 정신을 가져야 한다.

3. 부패 방지

(1) **부패의 의미** : 불법적이거나 부당한 방법으로 재물이나 사회적 지위, 기회 등과 같은 금전적이고 사회적인 이득을 얻거나 다른 사람이 그것을 얻도록 돕는 일탈 행위

(2) **부패의 문제점**

① 사회에 부패가 만연하면 개인의 권리가 부당하게 침해받고, 사회 구성원은 공동체의 일원으로서 책임과 의무를 다하고자 하는 시민 의식을 갖기 어렵게 됨

> 부패는 공정한 경쟁의 틀을 깨뜨려 국민 간에 위화감을 조성하고 사회 통합을 어렵게 함

② 부패는 비효율적 업무 처리로 시간과 노력을 낭비하게 되므로 사회의 비용 낭비로 이어져 사회 발전을 저해할 수 있음

■ **부패를 설명하는 이론**

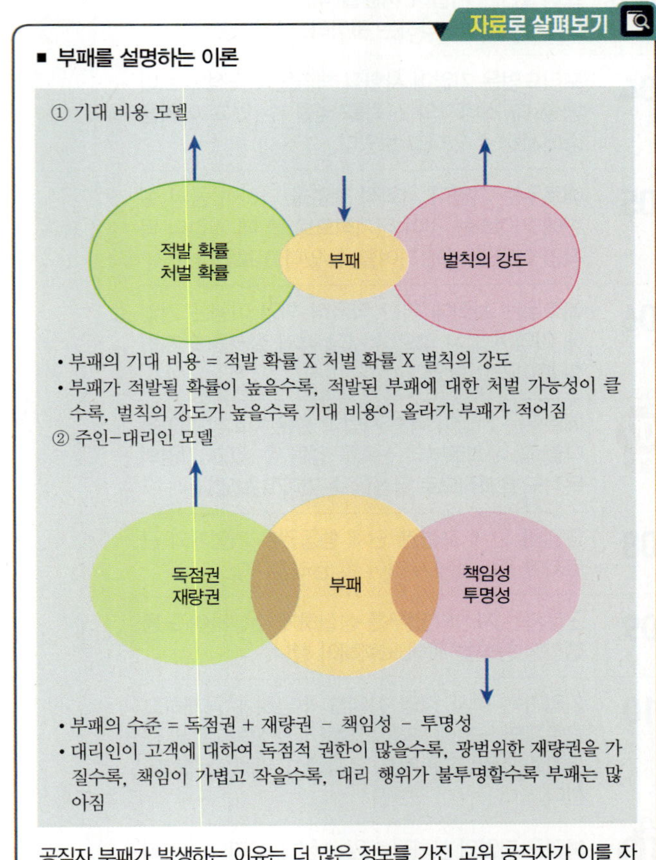

• 부패의 기대 비용 = 적발 확률 X 처벌 확률 X 벌칙의 강도

• 부패가 적발될 확률이 높을수록, 적발된 부패에 대한 처벌 가능성이 클수록, 벌칙의 강도가 높을수록 기대 비용이 올라가 부패가 적어짐

• 부패의 수준 = 독점권 + 재량권 − 책임성 − 투명성

• 대리인이 고객에 대하여 독점적 권한이 많을수록, 광범위한 재량권을 가질수록, 책임이 가볍고 작을수록, 대리 행위가 불투명할수록 부패는 많아짐

공직자 부패가 발생하는 이유는 더 많은 정보를 가진 고위 공직자가 이를 자신에게 유리하게 이용하려는 정보의 비대칭성과 주인인 국민이 대리인인 공직자를 일일이 감시하거나 통제하기 어려운 상황이 원인이다.

4. 청렴 문화

> 바람직하고 깨끗한 공직자가 갖추어야 할 덕목

(1) **청렴** : 뜻과 행동이 맑고 염치를 알아 탐욕을 부리지 않는 상태

(2) **청렴을 강조한 전통 윤리**

① 청백리(淸白吏) 정신 : 청빈한 생활 태도를 유지하면서 국가의 일에 충심을 다하는 정신

② 견리사의(見利思義) : 눈앞의 이익을 보면 옳음을 먼저 생각해야 함을 중시하는 태도

③ 선공후사(先公後私) : 사익보다는 공익을 우선하는 태도

> **이렇게 출제돼!** 정약용을 입장을 통해 공직자 윤리를 묻는 문제로 주로 출제되고 있고, 내부 고발이나 사회적 자본과 같은 관련 내용으로도 출제되고 있어.

핵심 개념 CHECK!

· 정답 및 해설 35쪽

✎ 다음 확인 문제 중 옳은 것에 ○, 옳지 않은 것에 ×를 표기하세요.

주제 1 기업가와 근로자의 윤리

01 기업의 궁극적인 목적은 이윤 추구에 있다. ○ ×

02 (함정) 프리드먼은 기업에 이윤 극대화 외에 사회적 책임을 강조하게 되면 기업의 소유주나 주주들의 이익을 침해할 수 있다고 보았다. ○ ×

03 프리드먼은 기업이 이윤을 극대화하는 것만으로도 모든 책임을 다하는 것이라고 보았다. ○ ×

04 프리드먼은 기업이 사회적 책임을 적극적으로 이행할 때 소비자의 신뢰를 얻을 수 있고 이익을 증대시킬 수 있다고 보았다. ○ ×

05 애로우는 기업이 사회적 책임을 다하여 공익 실현에 기여하는 것이 장기적으로 볼 때 기업의 목적인 이익 증대에 기여할 수 있다고 보았다. ○ ×

06 애로우는 사회에 대한 적극적 책임 이행은 기업에 이익이 되지 않으며 시장 경제 질서를 어지럽힐 뿐이라고 보았다. ○ ×

07 (함정) 애로우는 기업이 복지 사업과 같은 사회적 책임을 다할 때 사회로부터 신뢰를 얻을 수 있고 기업의 목적도 효과적으로 달성할 수 있다고 보았다. ○ ×

08 단결권, 단체 교섭권, 단체 행동권은 기업가와 근로자가 동등하게 누려야 할 권리들이다. ○ ×

09 근로자는 자신의 업무를 성실하게 수행하여 노동 생산성 향상을 위해 노력해야 한다. ○ ×

10 기업가는 회사 경영 상태를 투명하게 공개하고 근로자의 노고에 대해 적절하게 보상함으로써 근로자와 상생의 관계를 유지하기 위해 노력해야 한다. ○ ×

11 (함정) 보겔은 기업의 사회적 책임 수행을, 프리드먼은 기업의 이익 극대화를 기업의 최종 목적으로 본다. ○ ×

주제 2 전문직과 공직자의 윤리

12 전문직은 전문성, 독점성, 자율성을 특징으로 한다. ○ ×

13 전문직 종사자들이 비윤리적으로 행동할 경우 사회에 미치는 영향이 일반직 종사자들보다 크므로 더 수준 높은 윤리 의식이 요구된다. ○ ×

14 전문직의 독점성은 전문직 종사자는 고도의 전문적 훈련을 통해 전문 지식을 가져야 한다는 것을 의미한다. ○ ×

15 전문직 종사자들은 자신의 지식과 기술을 오직 사회의 행복을 추구하는 데 사용해야 한다. ○ ×

16 전문직 종사자는 자신의 지식이나 기술이 사회 발전에 기여할 수 있도록 사회적 책임을 다해야 한다. ○ ×

17 공직자는 공권력의 근원이 국민에게 있음을 인식하고 대리인으로서의 역할에 충실해야 한다. ○ ×

18 공직자는 국민보다 우월한 지위에서 권한을 행사하므로 높은 수준의 직업윤리를 준수해야 한다. ○ ×

19 (함정) 공직자는 업무 수행 과정에서 사익과 공익을 동등하게 추구해야 한다. ○ ×

20 (함정) 공직자는 사회에 대한 책임 의식을 바탕으로 노블레스 오블리주를 실천해야 한다. ○ ×

21 공직자는 효율적이고 공정하게 업무를 수행해야 하며 국민을 위해 봉사하는 자세를 가져야 한다. ○ ×

22 부패는 사람들이 옳지 않은 일을 하는 것을 의미하며, 부정은 개인의 이익을 위해 자신의 직위를 이용하는 위법 행위를 말한다. ○ ×

23 (함정) 부패는 적발 확률이 높을수록, 처벌 가능성이 클수록, 벌칙의 강도가 높을수록 적어진다. ○ ×

24 (함정) 부패는 대리인이 독점 권한이 많을수록, 재량권이 적을수록, 책임이 작을수록, 대리 행위가 불투명할수록 많아진다. ○ ×

25 부패가 많을수록 국가 경쟁력이 약화되고 공동체의 발전이 저해된다. ○ ×

26 뇌물을 주고받으면서 이익을 챙기거나 학연이나 지연으로 유리한 기회를 얻는 행위는 대표적인 부패의 사례들이다. ○ ×

27 부패를 방지하기 위해서는 청렴 문화를 확산시켜야 한다. ○ ×

28 (함정) 청백리 정신은 청빈한 생활 태도를 유지하면서 국가의 일에 충심을 다하려는 정신이다. ○ ×

29 정약용은 목민관은 자애로워야 하고 청렴해야 한다고 주장하였다. ○ ×

30 청렴은 공동체의 발전을 도모할 수 있게 해 주고 사회를 투명하게 만들어 준다. ○ ×

31 청렴 계약제는 조직의 구성원이 내부에서 벌어지는 불법적이고 비윤리적인 행위를 대중에게 알리는 것이다. ○ ×

기업에 대한 프리드먼의 입장과 보겔의 입장은 어떻게 다를까?

개념 · 자료로 확인

■ 기업의 사회적 책임에 대한 프리드먼의 입장

> 자유 경제 체제에서 경영자들은 오직 기업의 소유주들에 대해서만 직접적인 책임을 진다. 그 책임은 일반적으로 게임의 규칙을 준수하는 한에서 기업 이익을 극대화하기 위하여 자원을 활용하고 이를 위한 활동에 매진하는 것, 즉 속임수나 기만행위 없이 공개적이고 자유로운 경쟁에 전념하는 것이다. 사회적 이익을 위한다는 것은 누군가의 돈을 마음대로 쓰는 것이며, 정부의 일에 주제넘게 나서는 것이다.   – 프리드먼, "자본주의와 자유"

프리드먼은 기업에 이윤 극대화 외의 사회적 책임을 강조하는 것은 기업가가 그에게 자본을 맡긴 기업의 소유주나 주주의 권익을 보호하는 책임을 이행하지 못하도록 막는 것이라고 보았다. 그는 사회 규칙을 준수하면서 기업 이익의 극대화를 추구하는 것이 기업의 유일한 사회적 책임이라고 보았다.

■ 기업의 사회적 책임에 대한 보겔의 입장

> 기업들은 앞으로 점점 더 책임 있게 행동하게 될 것이다. 기업 경영자들의 공공 의식이 높아서라기보다는 훌륭한 시민이 되는 것이 경쟁 우위를 점하는 데 하나의 자원이 된다고 믿는 경영자들이 많아지기 때문이다. 책임 있게 경영하는 기업은 그렇지 못한 경쟁자들에 비해 사업상의 위험에 덜 노출될 것이다. 그런 기업들은 헌신적인 직원과 충성스러운 소비자들의 지지를 얻는 데 훨씬 더 유리하기 때문이다.   – 보겔, "기업은 왜 사회적 책임에 주목하는가"

보겔은 기업의 사회적 책임 수행이 기업에 장기적으로 이익이 될 수 있다고 보았다. 보겔은 기업의 사회적 책임 수행이 기업의 체질을 강화하고 기업의 이윤 창출을 극대화하는 데 도움이 될 수 있다고 여겼다.

개념 · 빈칸 채우기로 확인

■ 프리드먼의 기업관

Q1 프리드먼은 (　　　) 이외의 다른 사회적 책임을 기업에 강요해서는 안 된다고 보았다.

Q2 (　　　)은/는 자유 시장 경제에서 기업은 이윤을 늘리는 활동에 전념해야 한다고 보았다.

■ 보겔의 기업관

Q3 보겔은 장기적인 관점에서 기업의 다양한 사회적 책임 수행이 (　　　)이/가 될 수 있다고 보았다.

Q4 보겔은 기업의 (　　　)에는 경제적 책임과 법적 책임 외에도 윤리적 책임과 자선적 책임도 있다고 보았다.

개념 · O/X로 확인

Q5 기업은 기본적으로 이윤을 목적으로 재화와 서비스를 생산하거나 공급하는 조직이다.   (○ / ×)

Q6 프리드먼은 공익을 실현하기 위해 기업이 적극적으로 노력해야 한다고 보았다.   (○ / ×)

Q7 기업의 적극적인 사회적 책임을 강조하는 입장에서는 기업이 경제적 효율성만 추구해서는 안 된다고 본다.   (○ / ×)

Q8 보겔은 기업이 장기적으로 생존하려면 사회적으로 더 책임 있게 행동해야 한다고 보았다.   (○ / ×)

개념 · 벤다이어그램에 적용

연습하기 Q9 물음에 맞게 A / B / C에 표시하시오.

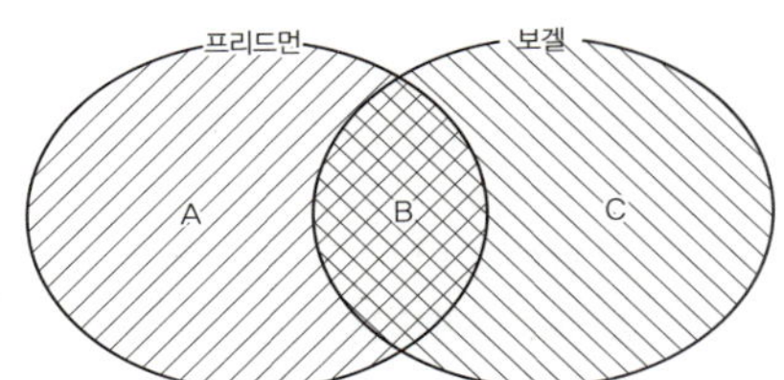

- 기업은 본질적으로 이윤을 추구하는 집단이다.   ❶ (A / B / C)
- 기업의 사회적 책임은 이윤을 추구하는 것뿐이다.   ❷ (A / B / C)
- 기업은 이윤 추구뿐만 아니라 공익사업에도 참여해야 한다.   ❸ (A / B / C)

적용하기 Q10 프리드먼과 보겔의 입장을 다음 벤다이어그램으로 표현할 때 A~C에 해당하는 진술로 옳은 것은?

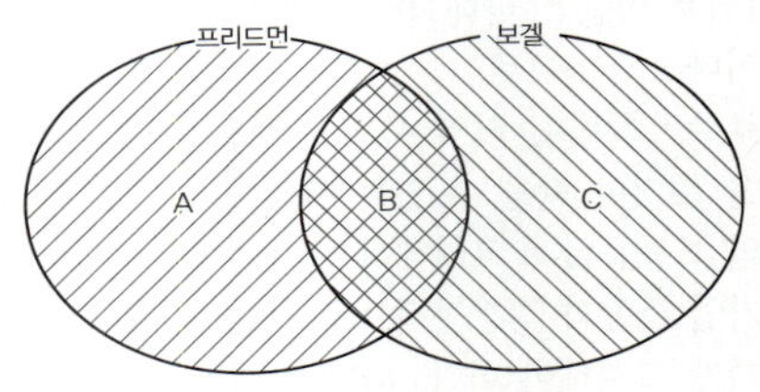

① A : 기업은 어떤 사회적 책임도 가지지 않는다.
② A : 기업의 목적은 이윤 추구에만 있는 것이 아니다.
③ B : 기업이 이윤 추구에만 몰두하는 것은 비효율적이다.
④ B : 기업은 속임수나 기만행위 없이 이윤을 추구해야 한다.
⑤ C : 기업의 사회적 책임 이행과 이윤 창출은 반비례한다.

How & WHY 정답   01. 이윤 극대화   02. 프리드먼   03. 이익   04. 사회적 책임   05. ○   06. ×   07. ○   08. ○   09. ❶ B ❷ A ❸ C   10. ④

주제 1　기업가와 근로자의 윤리

족집게 전략 | 제시문에 나타난 기업의 사회적 책임에 대한 입장을 이해하고 이에 해당하는 주장을 찾아내는 유형의 문제이다. 기업의 사회적 책임을 이윤 추구로 제한하는 입장과 공익 실현에 기여해야 한다고 보는 입장의 공통점과 차이점을 파악해 두어야 한다.

접근 전략

❶ 기업관 파악	❷ 선택지 적용
기업의 사회적 책임을 중심으로 강연에 나타난 강연자의 입장을 파악한다.	❶에서 파악한 강연자의 입장에 따라 선택지에서 서술하고 있는 각각의 내용이 알맞은 것인지 꼼꼼하게 파악한다.

113 대표 문항
| 평가원 기출 |

그림의 강연자가 부정의 대답을 할 질문으로 가장 적절한 것은?

"기업은 자유 시장에서 이윤 극대화 이외의 사회적 책임을 지지 않아도 된다."라는 주장은 시장 실패를 통해 그 부당성이 입증될 수 있습니다. 시장 실패의 대표적 사례는 기업 활동으로 인한 환경오염과 같은 부정적 외부효과입니다. 이에 따른 문제의 핵심은 환경오염의 처리 비용은 당사자인 기업이 아니라 일반 시민이나 미래 세대 같은 제삼자가 부담해야 한다는 사실입니다. 그러나 이는 분명 잘못입니다. 윤리적 관점에서 볼 때, 부정적 외부효과 발생의 책임은 해당 기업이 져야 합니다. 설령 이윤이 감소하더라도 기업은 사회적 문제에 대한 적극적 책임을 지는 것이 마땅합니다.

① 기업은 외부효과 방지를 위해 이윤 극대화 활동에 전념해야 하는가?
② 기업은 깨끗한 공기와 같은 공공재에 대한 책무를 인정해야 하는가?
③ 기업은 미래 세대의 생존과 삶의 질 문제에 관심을 기울여야 하는가?
④ 기업은 공공선을 위해 이윤 추구에 대한 제약을 승인해야 하는가?
⑤ 기업은 시장 실패가 지역 사회에 불이익을 초래한다고 보아야 하는가?

114
| 평가원 기출 |

갑, 을, 병의 입장으로 가장 적절한 것은?

갑 : 기업은 기업 활동을 기업의 이윤 추구라는 목적에 한정해야 한다. 기업은 이윤을 극대화하는 것만으로도 모든 책임을 다 하는 것이다.
을 : 기업은 주주, 소비자, 지역 사회 구성원 등과 같이 기업 활동에 영향을 주거나 받을 수 있는 사람들, 즉 모든 이해 당사자들의 이익을 동등하게 고려해야 한다.
병 : 기업은 기업 활동과 직간접적으로 관련된 모든 사람들의 이익을 동등하게 고려해야 한다. 다만 이해 당사자들 간의 이익이 충돌할 경우 주주의 이익을 우선적으로 고려해야 한다.

① 갑 : 기업은 모든 지역 사회 구성원의 이익을 극대화해야 한다.
② 을 : 기업은 투자자와 소비자의 이익을 차등적으로 고려해야 한다.
③ 병 : 기업은 항상 주주의 이익만을 우선적으로 고려해야 한다.
④ 갑, 을 : 기업은 기업의 이윤 극대화 이외의 책임을 가지고 있다.
⑤ 을, 병 : 기업은 모든 이해 당사자의 이익을 고려할 책임을 가진다.

115
| 평가원 기출 |

㉠에 들어갈 내용으로 가장 적절한 것은?

나는 기업의 사회적 책임은 오로지 법을 준수하면서 자유로운 경쟁에 전념하여 수익을 내는 것뿐이라고 생각한다. 사회를 향한 기업인의 선의가 사회에 반드시 좋은 결과를 가져오는 것은 아니기 때문이다. 그런데 어떤 학자는 "기업은 법의 테두리 내에서의 경영을 통한 재무적 성과에 대한 책임만이 아니라 인권, 환경 등의 개선에 대해서도 사회적 책임을 다해야 한다. 이것은 공익 증진을 위한 것뿐만 아니라, 기업이 보다 유리한 경쟁력을 갖게 되어 장기적으로 볼 때 기업의 목적인 이익 증대에 기여할 수 있기 때문이다."라고 주장한다. 나는 이 학자의 견해가 ⃞　㉠　⃞ 고 생각한다.

① 기업의 책임과 주주들의 이익 증진은 무관함을 강조하고 있다
② 기업의 이윤 추구와 공익이 양립될 수 없음을 강조하고 있다
③ 공동선의 추구는 기업의 사회적 책임이 아님을 간과하고 있다
④ 기업의 공익 활동이 기업 경쟁력 상실의 원인임을 강조하고 있다
⑤ 합법적인 경영이 합리적인 이윤 추구의 수단임을 간과하고 있다

116 고난도
| 평가원 기출 |

다음 글에서 추론할 수 있는 기업 활동에 대한 주장으로 가장 적절한 것은?

사회악의 근원을 개인의 이기심에만 돌리는 것은 진부한 처방일 뿐만 아니라 바람직하지 않은 결과를 낳는다. 자신의 이익을 합리적 방법을 통하여 성취하는 것은 자유 민주주의와 시장 경제 체제에서는 지극히 당연한 일이다. 그래서 혈연, 지연, 학연 등에 의해 이윤 추구의 경쟁이 제한되는 비합리적인 관행은 타파되어야 한다. 장기적으로 볼 때, 이러한 요인들에 의해서 공정한 경쟁이 제한되는 것은 결국 기업뿐만 아니라 사회 전체를 패배자로 만들 것이다.

① 기업의 사적 이익보다 공공의 이익이 우선시되어야 한다.
② 기업에 대한 평가는 과정보다 결과에 의해 측정되어야 한다.
③ 기업의 이윤 추구를 위한 비합리적 관행은 인정되어야 한다.
④ 기업의 이윤 추구는 사회에 대한 책임을 이행할 때 보장되어야 한다.
⑤ 기업의 합리적인 활동에 의한 최대 이윤 추구는 보장되어야 한다.

117

그림은 서술형 평가 문제와 학생 답안이다. 학생 답안의 ㉠~㉤ 중 옳지 <u>않은</u> 것은?

서술형 평가

◎ 문제 : 갑, 을의 입장을 비교하여 서술하시오.

> 갑 : 기업 경영자들이 주주들을 위해 가능한 한 많은 돈을 벌어 주는 것 외의 사회적 책임을 가져야 한다는 것은 자유 사회의 기초를 철저하게 손상시키고 사회를 파괴할 수 있는 원리이다.
> 을 : 사회적으로 책임 있게 행동하는 기업들은 소비자 불매운동을 예방하고, 보다 낮은 비용으로 자본을 조달할 수 있으며, 헌신적인 직원과 충성스러운 소비자들의 지지를 얻는 데 훨씬 유리하다.

◎ 학생 답안

기업에 대한 갑, 을의 입장을 비교하면, 갑은 ㉠ 기업 활동의 가장 중요한 목적은 이윤 극대화에 있다고 보고, ㉡ 기업에게 법적 책임이나 경제적 책임 이상의 것을 요구해서는 안 된다고 본다. 을은 ㉢ 기업이 사회적 책임을 수행하는 것이 장기적 이익에도 들어맞는다고 보고, ㉣ 기업은 법적 의무 이상으로 작업장 환경과 사회 복지를 향상하는 데 노력할 필요가 있다고 본다. 한편 ㉤ 갑, 을은 모두 기업 활동이 사회의 공적인 목표에 이바지하는 한에서만 정당화된다고 본다.

---

① ㉠   ② ㉡   ③ ㉢   ④ ㉣   ⑤ ㉤

118

갑, 을의 입장만을 〈보기〉에서 있는 대로 고른 것은?

> 갑 : 자유 경제에서 기업은 게임의 규칙을 준수하는 한에서 기업 이익의 극대화를 위해 자원을 활용하고 이를 위한 활동에 매진하는 것에 전념해야 한다.
> 을 : 자본가들에게 경제적으로 예속되어 있는 노동자들에게는 보호해야 할 자기 것이라고는 아무것도 없다. 그들은 지금까지 사적 소유를 보호하고 보장해 온 일체의 것을 박살내지 않으면 안 된다.

〈보기〉
ㄱ. 갑 : 기업이 어떤 사회적 책임도 지게 해서는 안 된다.
ㄴ. 갑 : 기업 경영자의 사회적 책임은 주주 이익에 봉사하는 것이다.
ㄷ. 을 : 자본가와 노동자의 연대로 인간다운 세상을 만들어야 한다.
ㄹ. 을 : 노동자 혁명으로 경제적으로 평등한 사회를 만들어야 한다.

① ㄱ, ㄷ   ② ㄱ, ㄹ   ③ ㄴ, ㄹ
④ ㄱ, ㄴ, ㄷ   ⑤ ㄴ, ㄷ, ㄹ

119

다음 글은 신문 칼럼이다. ㉠에 들어갈 내용으로 가장 적절한 것은?

제○○호 ○○신문 ○○○○년 ○월 ○일

사람들은 대학 지원과 같은 자선적 행동을 하는 것을 기업의 사회적 책임 중 한 부분이라고 주장한다. 그러나 이는 기업 자금을 부적절하게 사용하는 것이다. 이와 관련하여 어느 서양 사상가의 주장에 주목할 필요가 있다. 그는 "기업은 그 기업을 소유하는 주주들의 것이다. 만약 기업이 사회적 기부를 한다면, 이는 기업의 주인인 주주가 자기 자금을 어떻게 사용할 것인지를 결정하는 것을 방해하는 것이다."라고 주장하였다. 이 사상가에 따르면 ㉠

① 기업은 오직 이윤을 극대화하기 위해 힘써야 한다.
② 기업에게는 어떤 사회적 책임도 부여해서는 안 된다.
③ 기업은 장기적 이익을 위해 윤리 경영에 힘써야 한다.
④ 기업은 공익 증진 활동을 적극적으로 실천해야 한다.
⑤ 기업의 이익은 주주와 노동자에게 균등 분배해야 한다.

120

갑의 입장에 비해 을의 입장이 갖는 상대적 특징을 그림의 ㉠~㉤ 중에서 고른 것은?

> 갑 : 기업의 사회적 책임은 자유 경쟁 체제 속에서 공정하게 경쟁하며 기업의 이윤을 늘리는 활동을 하는 것과 그런 방식으로 자원을 사용하는 데 집중하는 것뿐이다.
> 을 : 기업은 사회적 책임을 다해야 한다. 기업이 작업장 환경과 사회 복지 향상 등을 위해 노력하는 것은 사회적 책임을 수행하는 것이 장기적 이익에도 들어맞기 때문이다.

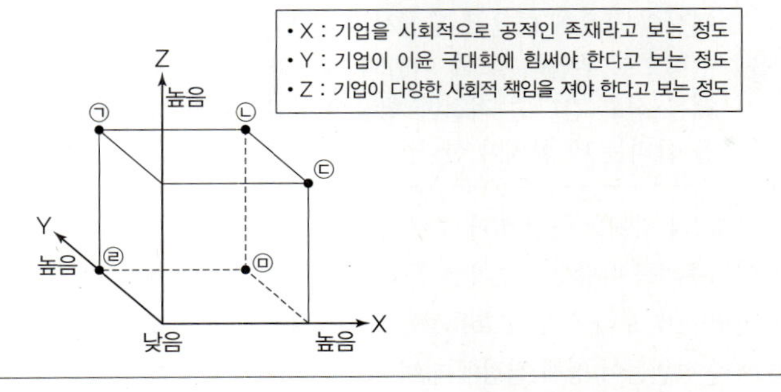

① ㉠   ② ㉡   ③ ㉢   ④ ㉣   ⑤ ㉤

주제 2 전문직과 공직자의 윤리

족집게 전략 | 칼럼에 나타난 공직자의 윤리를 이해하고 '노블레스 오블리주'에 해당하지 않는 설명을 찾아내는 유형의 문제이다. 공직자 윤리의 특징 및 공직자의 도덕적 책임에 대해 학습해 두어야 한다.

접근 전략

❶ ㉠에 들어갈 개념 찾기

칼럼의 내용에 제시된 ㉠에 대한 정의를 바탕으로 ㉠의 개념을 파악한다.

❷ 선택지 적용

❶에서 파악한 ㉠의 개념에 대한 설명으로 각 선택지에서 서술하고 있는 내용이 알맞은 것인지 꼼꼼하게 파악한다.

121 대표 문항 고난도

| 평가원 기출 |

다음 신문 칼럼의 입장에서 볼 때, ㉠에 대한 설명으로 적절하지 **않은** 것은?

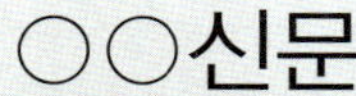

제○○호　　　○○**신문**　　　○○○○년 ○월 ○일

　　고위 공직자들은 법률 제도와 별도로 권한에 상응하는 책무 의식을 스스로 내면화해야 한다. 귀족의 책무를 뜻하는 ㉠ 은/는 서양의 전통에서 유래하였지만 고위 공직을 담당한 지도자에게 여전히 요청되는 덕목이다. 이 덕목은 더 강한 책임 의식, 더 높은 도덕성, 더 많은 희생을 요구한다. 이 덕목의 실현으로 사회 구성원 상호간의 신뢰와 연대는 강화되고 준법과 참여가 원활해진다. 나아가 국가가 내우외환에 봉착할 경우 구성원 모두 위기 극복을 위한 공동의 노력에 기꺼이 나서게 된다. …(후략)….

① 공직자의 권한 남용과 부패 방지를 위한 법적 규제를 의미한다.

② 시민들의 자율적 질서 유지와 사회 계층 간 화합에 기여한다.

③ 정치권력의 사익 추구를 방지하여 국가 전반의 청렴성을 고양한다.

④ 전통 사회와 현대 사회 모두에 공통으로 강조되어야 하는 덕목이다.

⑤ 국가가 위기를 맞을 경우 일반 시민들의 솔선과 협력을 유도한다.

122

| 평가원 기출 |

갑, 을 사상가 모두가 강조하는 공직자의 자세로 옳은 것은?

갑 : 통치자는 사유 재산을 가져서는 안 되며 공동생활을 해야 한다. 통치자는 오직 나라를 정의롭게 하기 위해 존재하므로 세상의 금은에 마음을 두어서는 안 된다.

을 : 수령으로 부임해 갈 때 이불과 베개와 솜옷 그리고 책 한 수레를 싣고 간다면 적절한 행장이다. 부임 후에는 백성의 삶을 살피는 데 힘써야 한다.

① 부(富)와 명예를 균형 있게 추구한다.

② 연고주의를 바탕으로 인재를 등용한다.

③ 민생(民生)보다 업무의 효율성을 중시한다.

④ 사회 성원들이 정책 결정에 참여하도록 이끈다.

⑤ 올바른 직무 수행을 위해 검약(儉約)을 실천한다.

123

| 평가원 기출 |

그림의 강연자가 지지할 주장으로 적절하지 **않은** 것은?

① 사회적 자본은 시민의 청렴성과 연대의식을 함께 강화시킨다.

② 사회 구성원 간 갈등 차단이 사회적 자본 형성의 선결 조건이다.

③ 시민의 참여 의식이 높아질수록 사회 제도 개혁은 용이해진다.

④ 사회적 자본의 축적은 정치적·경제적 효율성 증진에 기여한다.

⑤ 처벌보다 자율적 규범의 내면화가 부패 방지에 더 효과적이다.

124

| 평가원 기출 |

다음 한국 사상가의 입장으로 가장 적절한 것은?

　　청렴하지 않고서 수령 노릇을 제대로 한 사람은 지금까지 한 명도 없었다. 수령이 청렴하지 않으면 백성들이 그를 도적이라 욕하며 원성이 드높을 것이니, 부끄러운 일이다. 청렴은 큰 장사[賈]이다. 그래서 포부가 큰 사람은 반드시 청렴하고자 한다. 청렴하지 못한 것은 지혜가 모자라기 때문이다. 뇌물을 주고받는 일을 몰래 하지 않겠는가마는 밤에 한 일도 아침이면 드러난다. 선물이 아무리 하찮은 것이라도 신세지는 정[恩情]이 맺어지면 이미 사사로움[私]이 행해진 것이다.

① 청렴은 목민관의 어떤 과오도 면책시켜 주는 지혜로운 덕목이다.

② 청렴한 목민관에게 청백리(淸白吏) 칭호는 관직 상승의 수단이다.

③ 포부가 원대하고 지혜로운 목민관은 부패를 저지르기 마련이다.

④ 백성들의 원성을 사지 않는다면 사사로운 청탁(請託)은 가능하다.

⑤ 목민관의 청렴은 애민(愛民)과 봉공(奉公)을 위해 필요한 덕목이다.

125

다음을 주장한 사상가의 입장에 대한 설명으로 옳지 <u>않은</u> 것은?

> ○ 지혜가 높고 사려가 깊은 사람은 그 욕심이 크므로 염리(廉吏)가 되고, 지혜가 짧고 사려가 얕은 사람은 그 욕심이 작으므로 탐리(貪吏)가 되는 것이니 진실로 생각이 능히 여기에 미친다면 청렴하지 않을 사람이 거의 없을 것이다.
> ○ 뇌물을 주고받는 일을 몰래 하지 않겠는가마는 밤에 한 일도 아침이면 드러난다. 선물이 아무리 하찮은 것이라도 신세지는 정이 맺어지면 이미 사사로움이 행해진 것이다.

① 공직자는 백성에 대해 자애로워야 한다고 본다.
② 공직자는 사익보다 공익을 추구해야 한다고 본다.
③ 공직자는 검소하고 청렴하게 생활해야 한다고 본다.
④ 공직자는 백성과 함께하는 정치를 해야 한다고 본다.
⑤ 공직자는 백성들이 선출로 직접 뽑아야 한다고 본다.

126

갑, 을의 입장에 대한 옳은 설명만을 〈보기〉에서 있는 대로 고른 것은?

> 갑 : 명(名)이 바르지 않으면 말에 순서가 없게 되고 말에 순서가 없어지면 일이 이루어지지 않는다. 임금은 임금다워야 하고 신하는 신하다워야 하며 어버이는 어버이다워야 하고 자식은 자식다워야 한다.
> 을 : 철학자가 나라의 왕이 되거나 최고 권력자들이 진정으로 철학을 하지 않는 한 악은 사라지지 않을 것이다. 통치자는 사회를 이루는 각 계층의 사람들이 각자의 직분을 충실히 수행하게 해야 한다.

> **보기**
> ㄱ. 갑은 통치자가 무엇보다 명분을 바로잡는 데 힘써야 한다고 본다.
> ㄴ. 을은 통치자가 공익 실현을 위해 사유 재산을 가져서는 안 된다고 본다.
> ㄷ. 갑은 을과 달리 통치자는 재화의 적음을 가장 걱정해야 한다고 본다.
> ㄹ. 갑, 을은 통치자가 구성원의 뜻에 따라 정책을 결정해야 한다고 본다.

① ㄱ, ㄴ   ② ㄱ, ㄷ   ③ ㄷ, ㄹ
④ ㄱ, ㄴ, ㄹ   ⑤ ㄴ, ㄷ, ㄹ

127

그림은 서술형 평가 문제와 학생 답안이다. 학생 답안의 ㉠~㉢ 중 옳지 <u>않은</u> 것은?

> **서술형 평가**
> ◎ 문제 : 갑, 을 사상가들의 입장을 비교하여 서술하시오.
>
> > 갑 : 수령 노릇을 잘하려는 자는 반드시 자애로워야 하고, 자애로우려면 반드시 청렴해야 하며, 청렴하려는 자는 반드시 검약해야 한다. 절용이란 목민관의 으뜸 되는 임무이다.
> > 을 : 철학자들이 한 나라에서 최고 지배자들이 되어 세속적인 명예들을 저속하며 아무런 가치도 없는 것들이라 생각하는 한편, 올바른 것을 받들고 증대시켜 나라의 질서를 바로잡을 때 정의가 실현된다.
>
> ◎ 학생 답안
> 갑, 을의 입장을 비교하면, 갑은 ㉠ 지혜가 높고 사려 깊은 사람은 욕심이 크므로 청렴한 관리가 된다고 보고, ㉡ 공직자는 업무의 효율성보다 공정성을 중시해야 한다고 본다. 을은 ㉢ 죽음 자체에 대한 인식과 인격을 겸비한 사람이 국가를 통치해야 한다고 보고, ㉣ 통치자는 무엇보다 지혜의 덕을 갖추어야 한다고 본다. 한편 갑, 을은 모두 ㉤ 통치자가 사익과 공익을 균형 있게 추구해야 한다고 본다.

① ㉠   ② ㉡   ③ ㉢   ④ ㉣   ⑤ ㉤

128

갑, 을 사상가들이 모두 긍정의 대답을 할 질문으로 가장 적절한 것은?

> 갑 : 청렴하지 않고서 수령 노릇을 제대로 한 사람은 지금까지 한 명도 없었다. 수령이 청렴하지 않으면 백성들이 그를 도둑이라 욕하며 원성이 드높을 것이다.
> 을 : 사람들은 다른 사람을 차마 해치지 못하는 마음을 갖고 있다. 군주는 이 마음으로 사람을 차마 해치지 못하는 정치를 해야 한다.

① 통치자의 역할은 구성원 모두가 번갈아가며 교대로 맡아야 하는가?
② 통치자가 될 사람은 백성을 사랑하고 백성을 위한 정치를 해야 하는가?
③ 통치자가 우선 할 일은 백성이 도덕적으로 행동하도록 교육하는 것인가?
④ 통치자가 백성에 뜻에 어긋나는 정치를 하더라도 바꾸는 것은 불가능한가?
⑤ 통치자가 나라를 공정하게 다스리려면 사적인 것을 일체 갖지 않아야 하는가?

09강 사회 윤리와 분배 정의

주제 1 사회 윤리와 사회 정의

1. 개인 윤리와 사회 윤리

(1) 개인 윤리
① 의미 : 개인적인 삶의 영역과 관련된 윤리로, 개인들이 양심을 지키고 도덕적 행위를 함으로써 도덕적 완성을 추구함
② 문제 발생 원인 : 개인의 도덕성 결핍으로 인해 사회 문제 발생
③ 문제 해결 방안 : 개인의 도덕성 함양, 실천 의지 강화, 바람직한 습관 형성, 양심 등으로 해결

(2) 사회 윤리

의미	사회 구조나 제도와 관련된 윤리 문제에 관심을 두고, 개인적 차원의 도덕성 함양과 더불어 사회의 구조적인 문제를 해결하려는 윤리
등장 배경	• 현대 사회에서 개인 윤리만으로 해결하기 어려운 윤리 문제 발생 • 사회가 복잡해지면서 집단 이기주의나 계층 간 갈등 등 다양한 이해관계가 충돌함
필요성	• 사회는 개인의 단순한 집합체가 아니라 독자적인 원리와 논리에 따르는 하나의 실체임 • 인간은 사회의 영향을 받으며 살아가기 때문
문제 발생 원인 및 해결 방안	• 발생 원인 : 불합리하고 부정의한 사회 구조나 제도 • 해결 방안 : 사회 구조나 제도, 법과 정책의 개혁으로 해결

└▶ 개인의 도덕성 함양도 여전히 중요함

(3) 니부어의 사회 윤리적 관점
① "도덕적 인간과 비도덕적 사회" : 도덕적 개인이 모인 사회를 비도덕적으로 만드는 집단 이기주의를 비판함
② 개인적으로는 도덕적인 사람도 자신이 속한 집단의 이익을 위해서는 비도덕적으로 행동하기 쉬움
③ 사회 집단이 개인보다 비도덕적인 이유는 자연적 충동을 억제할 합리적인 능력을 갖추고 있지 않기 때문임
④ 집단 내 구성원 간의 문제는 도덕적이고 합리적인 조정과 설득을 통해 해결 가능하지만, 집단 간 문제는 윤리적이기 보다 정치적이므로 쉽게 해결되지 않음
⑤ 사회 문제를 해결하기 위해서는 정치적 강제력에 의한 방법이 병행되어야 함

자료로 살펴보기

■ 니부어의 사회 윤리

사회는 여러 면에서 어쩔 수 없이 이기심, 반항, 강제력, 원한 등과 같이 도덕성이 높은 사람들로부터 전혀 도덕적 승인을 얻어낼 수 없는 방법을 사용하게 될지라도 종국적으로 정의를 추구해야 한다. 그리고 개인은 자신보다 뛰어난 것을 보고서 자신을 잃기도 하면서 스스로의 삶을 실현해 가도록 노력해야 한다. 이 두 도덕적인 입장은 서로 배타적이지 않으며, 양자 사이의 모순도 절대적이지 않다.

니부어는 정의로운 사회가 되기 위해서는 개인의 도덕성을 기르는 것뿐만 아니라 사회의 비합리적인 수단을 동원해서라도 사회 부정의를 바로잡는 것이 필요하다고 주장하였다.

---

2. 사회 정의의 의미와 종류

(1) 정의의 의미 : 개인 간의 올바른 도리 또는 사회를 유지하고 구성하는 공정한 도리
(2) 사회 정의의 의미 : 사회 제도가 추구해야 할 올바르고 공정한 도리이자 사회 제도의 기본 덕목
(3) 사회 정의의 종류

분배적 정의	• 각자가 자신의 몫을 누릴 수 있게 하는 것 • 사회에서 가치 있는 것이나 이익, 부담 등을 공정하게 분배하는 것
교정적 정의	• 범죄에 대한 대응이 공정한 것인지를 강조함 → 잘못에 대한 처벌과 배상을 피해의 정도에 따라 공정하게 보상함 • 법적 정의와 관련이 깊음 → 주로 국가가 불법 행위나 부정의를 바로잡음으로써 실현되는 정의
절차적 정의	공정한 절차를 강조하며 합의 과정의 투명성과 공정성에 초점을 둠 → 공정한 절차를 통해 분배의 결과는 정당하다고 봄

(4) 사회 정의의 필요성
① 사회가 정의로울 때 개인의 자유와 권리를 존중받을 수 있음
② 구성원 각자의 몫이 보장되기 위해서 필요함

이렇게 출제돼! 니부어의 입장을 묻는 문제로 주로 출제되고 있고, 아리스토텔레스의 입장은 롤스와 노직의 입장과 비교하여 묻는 문제로 출제될 수 있어.

주제 2 분배 정의

1. 분배적 정의의 의미와 필요성

의미	사회적 이익과 부담에 관하여 각자가 자신의 몫을 누릴 수 있게 하는 정의로, 다양한 사회적·경제적 가치를 공정하게 분배함으로써 실현됨
필요성	• 사회 구성원의 욕구를 모두 충족하기엔 재화가 한정되어 있음 • 재화 분배의 형평성이 보장되지 않으면 사회 구성원들이 불만을 가지게 됨

자료로 살펴보기

■ 아리스토텔레스의 분배 정의

서로 균등하지 않은 사람들이 균등한 사물을 가져서는 안 된다. 균등한 사람들이 균등하지 않은 사물을 받거나, 균등하지 않은 사람들이 균등한 몫을 차지하는 경우에 분쟁과 불평이 생긴다. 이것은 그 사람의 가치에 따라 마땅한 상을 주어야 한다는 점에서 당연한 일이다. 왜냐하면 분배에서의 옳음은 어떤 의미에서든 가치에 따라야 한다는 데 모두가 동의하기 때문이다.

아리스토텔레스는 정의를 일반적 정의와 특수적 정의로 구분하였다. 우선 일반적 정의는 사람들이 법을 준수하는 행위, 법을 지키려는 품성 상태라고 보았다. 그리고 특수적 정의를 분배적 정의와 교정적 정의로 설명하였다. 여기서 분배적 정의란 각자에게 돌아가야 할 몫을 각자의 가치에 비례하여 공정하게 분배하는 것을 의미하며, 교정적 정의란 상호 교섭에서 발생하는 이익과 손해의 불균형을 바로잡아 균등하게 하는 것을 의미한다.

2. 분배의 다양한 기준

> 분배의 기준은 각각 장·단점이 있으므로 사회 구성원 간 합의 도출을 위한 절차 방법을 강조하는 롤스·노직 등이 등장함

절대적 평등	• 장점 : 기회와 혜택이 균등하게 보장됨 • 단점 : 생산 의욕 및 효율성이 저하되고 개인의 자유와 책임 의식이 약화됨
업적	• 장점 : 객관적 평가 및 측정이 쉽고 동기 부여 및 생산성이 높아짐 • 단점 : 서로 다른 종류의 업적에 대한 양과 질의 평가가 어렵고 사회적 약자를 배려하기 어려움
능력	• 장점 : 능력이 뛰어난 사람에게 적절한 보상을 할 수 있음 • 단점 : 능력 획득에 선천적인 요소가 개입되고 능력을 평가하는 기준이 모호할 수 있음
필요	• 장점 : 사회적 약자를 보호할 수 있음 • 단점 : 모든 사람의 필요를 충족시킬 수 없으며 경제적 효율성이 저하됨

3. 롤스의 분배 정의

(1) **공정으로서의 정의** : 공정한 절차를 통해 합의된 것이라면 정의로움

(2) 사회 구성원들 간의 합의를 통해 정의의 원칙을 도출할 수 있음

(3) **원초적 입장**

① 정의의 원칙을 도출하기 위한 최초의 가상적 상황으로 사람들은 타인의 이해관계에 무관심하며 자신의 이익을 합리적으로 추구함

② 사람들은 무지의 베일을 쓰고 있어 자신의 사회적 지위나 능력, 재능, 가치관 등을 모르고 있다고 가정함

③ 사람들은 개인의 자유를 평등하게 보장하고, <u>사회적 약자를 배려하는</u> 정의의 두 원칙에 합의하게 됨

> 자신이 최소 수혜자가 될 가능성을 염두에 둠

(4) **정의의 두 원칙**

① 제1원칙 : 모든 사람은 기본적 자유에서 평등한 권리를 지닌다(평등한 자유의 원칙).

② 제2원칙 : 사회적 · 경제적 불평등은 최소 수혜자에게 최대의 이익을 보장해야 하며, 그 불평등이 모든 사람에게 이득이 되리라는 것이 합당하게 기대되고(차등의 원칙), 불평등의 계기가 되는 지위는 공정한 기회균등의 원칙에 따라 모든 사람에게 개방되어야 한다(기회균등의 원칙).

③ 제1원칙은 자유의 우선성을 추구하는 것으로 제2원칙보다 선행함

자료로 살펴보기

■ **롤스의 원초적 입장**

원초적 입장이라는 관념은 거기에서 합의된 어떤 원칙도 정의로운 것이 되게끔 하는 공정한 절차를 설정하기 위한 것으로 순수 절차적 정의의 관념을 이론의 기초로 사용하려는 것이다. 어떻게든 우리는 사람들을 불화하게 하고 그들의 사회적 · 자연적 여건을 그들 자신에게 유리하게 하도록 유혹하는 우연성의 결과들을 무효화시켜야 한다. 이를 위해 당사자들은 무지의 베일 속에 있어야 한다.

롤스는 사회적 · 자연적 우연성을 배제한 공정한 상황인 원초적 입장에서 당사자들이 일반적 고려 사항만을 기초로 해서 정의의 원칙을 도출하게 된다고 주장하였다.

4. 노직의 분배 정의

> 자기 소유권 원칙에 입각하여 정당하게 소유물을 취득했다면 그 소유물을 얼마든지 자유롭게 처분할 수 있으며 국가에 의한 재분배는 개인의 소유권을 침해함

(1) **소유 권리로서의 정의** : 자유 지상주의의 입장에서 정의를 자기 소유 및 재산 소유에 대한 개인의 권리를 존중하는 것으로 봄

(2) **정의의 원칙**

① 노동을 통해 어떤 것을 소유할 때, 타인의 처지를 악화시키지 않는 한 그 소유물을 취득할 응분의 권한을 가진다.(취득의 원칙)

② 자신의 노동에 의한 결과뿐만 아니라 타인에 의해 자유로이 양도된 것에 대해서도 정당한 소유권을 가진다.(양도의 원칙)

③ 취득과 양도 시 과오나 그릇된 절차에 의한 소유가 발생했을 때에는 이를 바로잡아야 한다.(교정의 원칙)

자료로 살펴보기 

■ **노직의 소유 권리**

사람들이 그들의 자연적 자산을 마땅히 받을 만하다고 말할 수는 없어도 그에 대한 소유 권리를 가진다고 말할 수 있다면 다음 논변이 성립한다. 개인들은 그들의 자연적 자산에 대한 소유 권리를 갖는다. 그리고 개인들은 어떤 것에 대한 소유 권리가 있는 경우 이로부터 유출되는 것에 대해서도 소유 권리를 갖는다.

노직은 사람들에게 그들이 가진 천부적 자질에 대한 소유 권리가 있으며 그 자질로 인해 발생한 소유물에 대해서도 소유 권리가 있다고 보았다.

5. 왈처의 분배 정의

(1) **복합 평등** : 한 영역의 재화나 가치를 소유한 것이 다른 영역의 재화나 가치를 소유하게 되는 이유가 되어서는 안 된다고 봄 → 지배를 막을 정의의 기준이 필요함

(2) **다원적 정의** : 삶의 다양한 영역에서 각기 다른 기준에 따라 사회적 가치가 분배될 때 사회 정의가 실현됨 → 영역에 따라 각각 다른 정의의 기준이 필요하다고 주장함

자료로 살펴보기

■ **왈처의 다원적 평등**

정의의 원칙들은 그 형식에서 그 자체가 다원주의적이다. 상이한 사회적 가치들은, 상이한 근거들에 따라 상이한 절차에 맞게 상이한 주체에 의해 분배되어야 한다. …… 어떠한 사회적 가치 x도, x의 의미와는 상관없이 단지 누군가가 다른 가치 y를 가지고 있다는 이유만으로 y를 소유한 사람들에게 분배되어서는 안 된다.

– 왈처, "정의와 다원적 평등"

미국의 정치 철학자인 왈처는 한 영역에서 지배적인 영향력을 가진 사람이 다른 영역에서도 유리한 위치를 차지하는 것을 경계하였다. 따라서 그는 사회적으로 유용한 가치들은 다양하므로 그것들을 분배할 때는 가치의 성격에 따라 각각 다른 기준을 적용해야 한다고 주장하였다.

6. 마르크스와 공리주의의 분배 정의

(1) **마르크스의 분배 정의** : 자본주의 사회는 양극화를 초래하여 사회적 갈등을 야기함 → 능력에 따라 일하고 필요에 따라 분배할 것을 주장함

(2) **공리주의의 분배 정의** : 재산권의 보장에 따른 <u>사회적 효용의 극대화</u>를 지향함

> 벤담 : 정의로운 분배는 사회 전체가 얻게 될 이익의 총량을 극대화하는 것

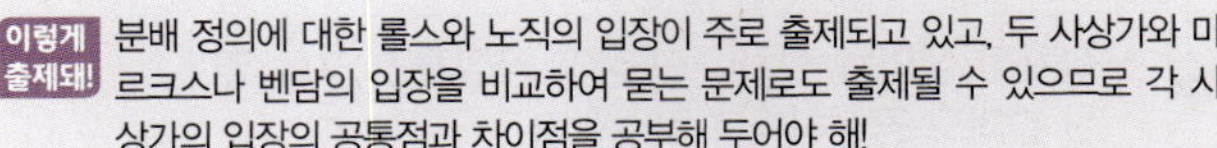

분배 정의에 대한 롤스와 노직의 입장이 주로 출제되고 있고, 두 사상가와 마르크스나 벤담의 입장을 비교하여 묻는 문제로도 출제될 수 있으므로 각 사상가의 입장의 공통점과 차이점을 공부해 두어야 해!

핵심 개념 CHECK!

• 정답 및 해설 39쪽

✎ 다음 확인 문제 중 옳은 것에 ○, 옳지 않은 것에 ✕를 표기하세요.

주제 1 사회 윤리와 사회 정의

01 개인 윤리는 개인의 양심이나 윤리 의식 등 개인의 도덕성에 중점을 둔다. ○ ✕

02 사회 윤리는 개인의 도덕성보다 사회 구조나 제도에서 사회 문제의 원인과 해결책을 찾는다. ○ ✕

03 니부어는 개인 윤리적 관점에서 사회 구조나 제도의 도덕성 실현을 모색하였다. ○ ✕

04 함정 니부어는 "비도덕적 인간과 도덕적 사회"라는 저술을 통해 개인과 사회 문제를 탐구하였다. ○ ✕

05 니부어는 개인적으로는 도덕적인 사람도 자신이 속한 집단의 이익을 위해서는 비도덕적으로 행동한다고 보았다. ○ ✕

06 함정 니부어는 사회의 정의 실현을 위해서는 외적 강제력이 필요하다고 보았다. ○ ✕

07 함정 니부어는 사회 정의를 실현하기 위한 정치적인 방법은 개인의 도덕성에 대해 배타적이라고 보았다. ○ ✕

08 아리스토텔레스는 정의를 일반적 정의와 특수적 정의로 구분하였다. ○ ✕

09 아리스토텔레스는 권력이나 명예, 재화 등은 각자의 가치에 비례하여 분배해야 한다고 보았다. ○ ✕

10 함정 아리스토텔레스는 타인에게 해를 끼치면 그보다 더 많이 보상해야 한다고 보았다. ○ ✕

주제 2 분배 정의

11 분배의 기준은 절대적 평등, 업적, 능력, 필요 등 다양하게 제시될 수 있다. ○ ✕

12 절대적 평등에 따른 분배는 기회와 혜택을 균등하게 배분하게 된다. ○ ✕

13 필요에 따른 분배는 생산성을 높게 하고 노동의 동기를 부여한다는 장점이 있다. ○ ✕

14 함정 능력에 따른 분배는 사회적 약자를 보호해야 한다는 도덕의식에 부합한다. ○ ✕

15 업적에 따른 분배는 과열 경쟁을 부추기고 사회적 약자를 배려하기 어렵다는 단점이 있다. ○ ✕

16 절차적 정의는 절차나 과정이 공정하면 그로 인한 결과도 공정하다고 간주한다. ○ ✕

17 롤스는 공정한 절차를 강조한 공정으로서의 정의를 제시하였다. ○ ✕

18 롤스는 정의의 원칙이 원초적 상황에서 합의를 통해 도출된다고 보았다. ○ ✕

19 함정 원초적 상황은 사람들이 무지의 베일을 쓰고 있어 개인에 대한 정보와 일반적 사실을 모르는 상황이다. ○ ✕

20 롤스는 정의의 제1원칙으로 기회균등의 원칙을 제시하였다. ○ ✕

21 함정 롤스는 정의의 제1원칙이 제2원칙보다 우선한다고 보았다. ○ ✕

22 롤스는 사회적·경제적 불평등이 있어도 정의로운 사회가 될 수 있다고 보았다. ○ ✕

23 노직은 자유 지상주의의 입장에서 소유 권리로서의 정의를 제시하였다. ○ ✕

24 함정 노직은 천부적 자질을 사회의 공유 자산으로 보았다. ○ ✕

25 노직은 취득과 양도의 과정이 정의로우면 그로 인한 분배 상태는 정의롭다고 보았다. ○ ✕

26 노직은 국가의 재분배 정책은 개인의 소유 권리를 침해한다고 보았다. ○ ✕

27 노직은 개인의 소유 권리를 보장하는 최소 국가를 바람직한 국가로 보았다. ○ ✕

28 마르크스는 자본주의 사회에서 필요에 따른 분배가 실현될 수 있다고 보았다. ○ ✕

29 마르크스는 능력에 따라 일하고 필요에 따라 분배받는 사회를 추구하였다. ○ ✕

30 공리주의는 사회적 효용의 극대화를 지향하는 분배를 정의롭다고 본다. ○ ✕

31 함정 왈처는 사회적으로 유용한 가치들을 분배할 때에는 가치의 성격에 따라 각각 다른 기준을 적용해야 한다고 보았다. ○ ✕

32 마르크스와 롤스는 모두 사적 소유권은 인간의 기본적인 권리로 승인될 수 없다고 본다. ○ ✕

33 노직과 롤스는 모두 분배 절차가 정당하다면 그 결과도 정당하다고 본다. ○ ✕

34 함정 노직은 정당한 자기 노동의 산물에 대해서는 소유 권리를 지닌다고 본다. ○ ✕

35 롤스와 노직은 모두 정의로운 사회 실현을 위한 국가의 역할을 인정한다. ○ ✕

분배에 대한 롤스와 노직의 입장은 어떻게 다를까?

개념 자료로 확인

■ 롤스의 공정으로서의 정의

> 원초적 입장에서 사람들은 다음과 같은 두 개의 상이한 원칙을 채택할 것이다. 첫 번째는 기본적인 권리와 의무의 할당에 있어 평등을 요구하는 것이며, 두 번째는 사회적, 경제적 불평등, 예를 들면 재산과 권력의 불평등을 허용하되 그것이 모든 사람, 특히 사회의 최소 수혜자에게 그 불평등을 보상할 만한 이득을 가져 오는 경우에만 정당한 것임을 내세우는 것이다.
>
> – 롤스, "정의론"

롤스는 절차적 정의가 확보될 때 사회 정의가 실현될 수 있다고 보았다. 그래서 정의의 원칙을 도출하기 위해 원초적 입장을 가정하였다. 원초적 입장은 무지의 베일이 드리워 있어서 자신의 능력, 신분, 재산 등 사회적 조건을 전혀 알 수 없는 상태이다. 롤스는 이러한 무지의 베일을 통해 모든 사람들이 자신의 이익을 위해 유리한 조건을 악용하지 않고 정의의 원칙에 합의하게 될 것이라고 보았다. 롤스는 정의로운 사회에도 불평등이 존재할 수 있다고 보았으며, 다만 최소 수혜자에게 이익이 될 것이라고 예견되는 불평등만이 허용될 수 있다고 보았다.

■ 노직의 소유 권리로서의 정의

> 취득에서의 정의의 원리에 따라 소유물을 취득한 자는 그 소유물에 대한 소유 권리가 있다. 이전에서의 정의의 원리에 따라 한 소유물을, 이 소유물에 대한 소유 권리가 있는 자로부터 취득한 자는 그 소유물에 대한 소유 권리가 있다. 어느 누구도 이 두 가지의 적용에 의하지 않고서는 소유물에 대한 소유 권리가 없다.
>
> – 노직, "아나키에서 유토피아로"

노직은 정의의 원칙으로 정당한 취득의 원칙, 정당한 양도의 원칙, 시정의 원칙을 제시하였으며, 취득과 양도 과정에 잘못이 없는 한 빈부 격차가 아무리 크더라도 정의롭다고 보았다. 자유 지상주의자인 노직은 다른 무엇보다도 개인의 자유를 보장해야 한다고 주장하였다. 국가 역시 개인의 자유와 권리, 소유권을 최대한 보장하기 위한 최소한의 임무만을 수행해야 한다고 보았다. 이러한 맥락에서 사회적 가치와 재화의 분배를 전적으로 개인의 자유에 맡겨야 한다고 주장하였으며, 국가에 의한 재화의 재분배 정책이 개인의 정당한 소유권을 침해한다고 보아 반대하였다.

개념 빈칸 채우기로 확인

■ 롤스의 정의관

Q1 롤스는 (　　　　)의 원칙을 정의의 제1원칙으로 제시하였다.

Q2 차등의 원칙은 (　　　　)에게 최대의 이득이 되어야 한다는 원칙이다.

■ 노직의 정의관

Q3 노직은 취득의 원칙, (　　　　)의 원칙, 시정의 원칙을 정의의 원칙으로 제시하였다.

Q4 노직은 정의를 자기 소유 및 재산 소유에 대한 개인의 (　　　　)을/를 존중하는 것으로 보았다.

개념 O/X로 확인

Q5 롤스는 자유를 보장하면서도 사회적·경제적 불평등을 최소화해야 한다고 보았다.
(○ / ×)

Q6 롤스는 원초적 상황을 사회가 형성되기 이전의 실제 상황으로 보았다. (○ / ×)

Q7 노직은 분배의 과정만 정의롭다면 그로 인한 결과가 어떻든 공정하다고 보았다.
(○ / ×)

Q8 노직은 사회적 약자의 인간다운 삶은 복지 제도를 통해 보장해야 한다고 보았다.
(○ / ×)

개념 벤다이어그램에 적용

연습하기 **Q9** 물음에 맞게 A / B / C에 표시하시오.

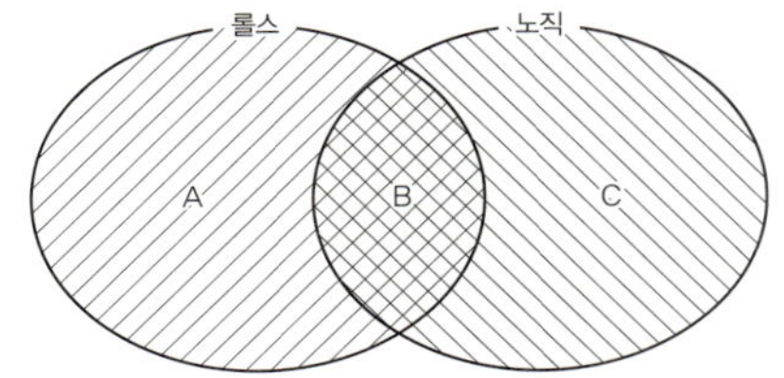

• 천부적 자질의 분포는 사회적 자산으로 간주해야 한다.
❶ (A / B / C)

• 분배 절차나 과정이 공정하면 결과도 정의롭다고 보아야 한다.
❷ (A / B / C)

• 부유세를 부과하는 것은 부자의 소유 권리를 침해하는 것이다.
❸ (A / B / C)

적용하기 **Q10** 롤스와 노직의 입장을 다음 벤다이어그램으로 표현할 때 A~C에 해당하는 진술로 옳은 것은?

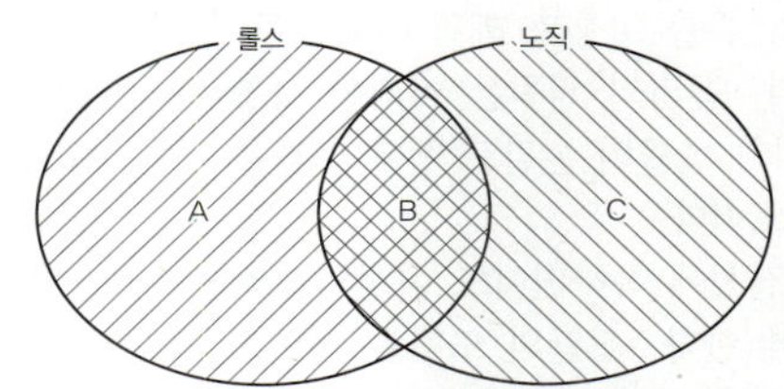

① A : 정의 실현을 위해서는 국가의 재분배 정책이 필요하다.
② A : 복지 실현을 위해서는 기본적 자유의 보장을 제한해야 한다.
③ B : 다수의 행복과 이익을 위해 소수의 권리를 제한할 수 있다.
④ B : 부와 소득은 모두 업적에 따라 분배되어야 한다.
⑤ C : 천부적 재능을 한 개인의 소유물로 보아서는 안 된다.

How & WHY 정답 01. 평등한 자유 02. 최소 수혜자 03. 이전 04. 권리 05. ○ 06. × 07. ○ 08. × 09. ❶A ❷B ❸C 10. ①

주제 1 사회 윤리와 사회 정의

족집게 전략 | 제시문에 나타난 개인과 집단에 대한 사상가의 입장을 이해하고 이에 해당하는 주장을 찾아내는 유형의 문제이다. 개인 윤리와 사회 윤리의 기본 관점을 파악해 두어야 한다.

접근 전략

❶ 제시문 파악	❷ 선택지 적용
인간과 사회의 도덕성을 중심으로 제시문에 나타난 사상가의 입장을 파악한다.	❶에서 파악한 사상가의 입장에 따라 선택지에서 서술하고 있는 각각의 내용이 알맞은 것인지 꼼꼼하게 파악한다.

129 대표 문항 고난도↑
| 평가원 기출 |

다음 사상가의 입장만을 〈보기〉에서 있는 대로 고른 것은?

> 집단은 개인과 비교할 때 충동을 억제할 수 있는 이성과 자기 극복 능력, 그리고 다른 사람들의 욕구를 수용하는 능력이 훨씬 결여되어 있다. 그리하여 개인 간의 관계에 나타나는 것보다 심한 비도덕성이 집단 간의 관계에 나타난다. 따라서 집단 간의 평등과 사회 정의는 투쟁에 의해 실현될 수 있다.

〔 보기 〕
ㄱ. 애국심은 개인의 이타심을 국가 이기주의로 전환시킨다.
ㄴ. 개인 간의 도덕적 관계 수렴은 설득과 조정으로는 불가능하다.
ㄷ. 최소한의 강제력으로 정의를 실현하는 것이 합리적이다.
ㄹ. 개인은 타인의 이익을 존중할 수 있는 도덕성을 갖고 있다.

① ㄱ, ㄴ   ② ㄴ, ㄷ   ③ ㄷ, ㄹ
④ ㄱ, ㄴ, ㄹ   ⑤ ㄱ, ㄷ, ㄹ

130
| 평가원 기출 |

서양 사상가 갑, 을의 입장에 대한 설명으로 옳은 것은?

> 갑 : 자연은 인류를 고통과 쾌락이라는 두 주인에게 지배받도록 만들었다. 공리의 원칙은 이러한 복종 관계를 인식시켜 주고, 이성과 법률의 손길로 행복의 틀을 짜는 목적을 지닌 체계의 기초이다.
> 을 : 자연의 질서에 속하면서도 이성의 지배를 받지 않는 요소를 파악해야 한다. 집단의 도덕은 자연적 충동에 버금갈 만한 사회 세력을 형성하기 어렵기 때문에 개인의 도덕에 비해 열등하다.

① 갑은 행위에 대한 도덕 판단은 행위의 결과와 무관하다고 본다.
② 을은 개인의 도덕적 이상과 사회의 도덕적 이상이 같다고 본다.
③ 갑은 을과 달리 사회보다 개인이 도덕성 측면에서 우월하다고 본다.
④ 을은 갑과 달리 사회의 이익을 개인들의 이익의 총합으로 본다.
⑤ 갑, 을은 사회 문제를 해결하기 위해 강제력이 필요하다고 본다

131 고난도↑
| 평가원 기출 |

다음 사상가의 입장에서 〈문제 상황〉 속 A에게 해 줄 수 있는 적절한 조언만을 〈보기〉에서 있는 대로 고른 것은?

> 인간은 완전히 이성적일 수는 없다. 우리가 개인 생활에서 집단생활로 진행해 갈 경우, 충동을 제어할 수 있는 이성의 비중은 점점 줄어든다. 왜냐하면 집단 간의 공동의 지성은 항상 불완전하고 일시적이며, 집단은 그것을 맹목적이게 만드는 충동에 의지해 있기 때문이다.

〈문제 상황〉

> A는 현대 사회에서 집단 이기주의가 만연하고 집단 간 갈등이 고조되고 있다는 사실을 알게 되었다. 그래서 A는 이런 문제의 발생 원인과 그 해결 방안에 대해 고민하고 있다.

〔 보기 〕
ㄱ. 선의지의 통제를 받는 비합리적 수단의 필요성을 깨달으렴.
ㄴ. 사회 갈등이 집단 간 권력 불균형에 의해 지속됨을 깨달으렴.
ㄷ. 집단이 커질수록 도덕적 목적 실현이 수월해짐을 깨달으렴.
ㄹ. 도덕적 설득과 정치적 강제력이 병행되어야 함을 깨달으렴.

① ㄱ, ㄷ   ② ㄴ, ㄷ   ③ ㄴ, ㄹ
④ ㄱ, ㄴ, ㄹ   ⑤ ㄱ, ㄷ, ㄹ

132
| 평가원 기출 |

다음 가상 편지를 쓴 사상가가 지지할 입장만을 〈보기〉에서 있는 대로 고른 것은?

> ○○ 선생님께
> 지난 편지에서 선생님께서는 개인의 이기심이 선의지에 의해 견제되고 있어 모든 집단은 조화를 이룰 것이라 하시며, 개인의 선의지 함양을 권고하셨습니다. 하지만 제 생각은 다릅니다. 선생님께서는 집단 이기주의가 갖는 힘, 범위, 지속성을 깨닫지 못하고 있습니다. 개인 간의 관계를 순전히 합리적인 조정과 설득에 의해 확립하는 일은 불가능하지는 않을 것입니다. 그러나 집단 간의 관계는 윤리적이기보다는 정치적이기 때문에, 개인의 양심은 집단 간의 갈등을 부분적으로 억제할 수는 있겠지만 완전히 해결하지는 못합니다. …(후략)….

〔 보기 〕
ㄱ. 집단 간 관계는 각 집단이 갖는 힘의 비율에 따라 수립된다.
ㄴ. 선의지는 정의 실현을 위한 비합리적인 수단을 통제해야 한다.
ㄷ. 사회 정의는 사회적 억제와 힘을 통해 실현되어서는 안 된다.
ㄹ. 사회적 협력이 아무리 확대되어도 사회적 분쟁은 불가피하다.

① ㄱ, ㄴ   ② ㄱ, ㄷ   ③ ㄷ, ㄹ
④ ㄱ, ㄴ, ㄹ   ⑤ ㄴ, ㄷ, ㄹ

133

다음을 주장한 사상가의 입장에 대한 설명으로 옳지 <u>않은</u> 것은?

> 인간관계가 친밀한 곳에서는 사랑의 길이 정의에 이를 수 있는 유일한 길이다. 그러나 이해관계가 복잡하게 얽혀 있는 곳에서는 서로의 이해를 현명하고 지혜롭게 계산하는 것은 불가능하다. 또한 서로 경쟁하고 있는 집단들이 상대방의 도덕적 역량을 높이 평가하여 자신의 이익을 포기하는 것은 생각조차 할 수 없다. 집단의 이기심은 이에 맞서는 다른 집단들의 이기심에 의해서만 견제될 수 있다.

① 집단 간의 공동의 지성은 항상 불완전하고 일시적이라고 본다.
② 집단 간의 관계는 각 집단이 가진 힘의 비율에 따라 형성된다고 본다.
③ 사회의 요구와 개인의 양심 사이에 지속적인 갈등이 존재한다고 본다.
④ 개인이 타인의 이익을 이해하지 못하면 사회 정의는 달성될 수 없다고 본다.
⑤ 자연적 충동을 억제할 합리적 사회 세력을 만드는 것은 어렵지 않다고 본다.

134

㈎를 주장한 사상가가 ㈏의 입장과 관련하여 제시할 견해만을 〈보기〉에서 있는 대로 고른 것은?

㈎	사회의 요구와 양심의 요청 사이에는 여간해서는 화합하기 힘든 지속적인 모순과 갈등이 발견된다. 간단히 정치와 윤리의 갈등이라고 규정할 수 있는 모순과 갈등은 도덕 생활의 이중적 성격으로 인해 불가피하게 발생하는 것인데, 그 하나는 개인의 내면적 생활이고, 다른 하나는 사회생활의 요구이다. 개인의 최고의 도덕적 이상은 이타성이지만 사회를 중심에 놓고 보면 강제력과 같은 방법을 사용하더라도 정의를 추구해야 한다.
㈏	

〔보기〕
ㄱ. 집단 간의 문제는 집단 간의 공동의 지성으로 극복해야 한다.
ㄴ. 개인과 사회의 도덕적 이상은 다르지만 서로 배타적이지 않다.
ㄷ. 집단의 이기적 충동에 대항하려면 사회적 억제력이 필수적이다.
ㄹ. 도덕적 개인도 소속 집단에 대해서는 맹목적으로 충성하기 쉽다.

① ㄱ, ㄴ　　　　② ㄱ, ㄷ　　　　③ ㄷ, ㄹ
④ ㄱ, ㄴ, ㄹ　　　⑤ ㄴ, ㄷ, ㄹ

135

갑, 을의 입장에 대한 옳은 설명만을 〈보기〉에서 있는 대로 고른 것은?

> 갑 : 사회의 평화는 이성과 양심을 발전시킴으로써 달성할 수 있다. 즉 진정한 평화는 오직 이익과 권리를 이성적이고 합리적으로 조정하고 타협함으로써 얻어질 수 있다.
> 을 : 사회를 중심에 놓고 보면 최고의 도덕적 이상은 정의이다. 사회는 도덕성이 높은 사람들로부터 도덕적 승인을 얻어낼 수 없는 방법을 사용하더라도 정의를 추구해야 한다.

〔보기〕
ㄱ. 갑은 사회 문제를 지성과 선의지의 확충으로 해결할 수 있다고 본다.
ㄴ. 을은 정의 실현을 위해 정치적 강제력도 이용할 수 있다고 본다.
ㄷ. 갑은 을과 달리 유덕한 사람이라도 정의로운 시민이 되기 어렵다고 본다.
ㄹ. 을은 갑과 달리 이타심은 사회 정의 실현에 기여하지 못한다고 본다.

① ㄱ, ㄴ　　　　② ㄱ, ㄹ　　　　③ ㄷ, ㄹ
④ ㄱ, ㄴ, ㄷ　　　⑤ ㄴ, ㄷ, ㄹ

136

㈎의 갑, 을 사상가들의 입장을 ㈏ 그림으로 탐구할 때, A~C에 들어갈 적절한 질문만을 〈보기〉에서 있는 대로 고른 것은?

㈎	갑 : 사회는 여러 면에서 어쩔 수 없이 이기심, 반항, 강제력, 원한 등과 같이 도덕성이 높은 사람들로부터 전혀 도덕적 승인을 얻어낼 수 없는 방법을 사용하게 될지라도 정의를 추구해야 한다. 을 : 사람들이 전쟁 상태인 자연 상태에서 벗어나 국가를 생성하는 것은 그들의 권력과 힘을 한 사람 혹은 하나의 합의체에 부여함으로써 생명을 보존하고 쾌적하게 살아가기 위함이다.
㈏	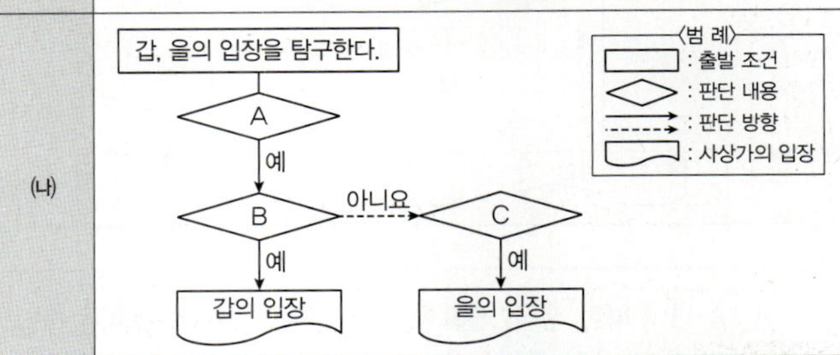

〔보기〕
ㄱ. A : 사회의 정의를 실현하기 위해서는 강제력이 필요한가?
ㄴ. A : 도덕적 개인들로 이루어진 사회는 도덕적으로 행위하는가?
ㄷ. B : 국가가 기능을 다하려면 그 권력이 절대적이어야 하는가?
ㄹ. C : 국가는 개인의 생명을 보장받기 위한 수단이 되는가?

① ㄱ, ㄷ　　　　② ㄱ, ㄹ　　　　③ ㄴ, ㄷ
④ ㄱ, ㄴ, ㄹ　　　⑤ ㄴ, ㄷ, ㄹ

주제 2 　분배 정의

족집게 전략 | 분배 정의에 대한 갑, 을, 병의 입장을 이해하고 각각의 입장에 해당하는 설명을 찾아내는 유형의 문제이다. 마르크스, 롤스, 노직의 입장의 공통점과 차이점을 파악해야 한다.

접근 전략

❶ 갑, 을, 병의 입장 파악	❷ 선택지 적용
제시문의 내용을 통해 분배 정의에 대한 갑, 을, 병 사상가들의 입장을 파악한다.	❶에서 파악한 사상가들의 입장에 대한 설명으로 각 선택지에서 서술하고 있는 내용이 알맞은 것인지 꼼꼼하게 파악한다.

137 　대표 문항 　고난도↑

| 평가원 기출 |

⑺의 사상가 갑, 을, 병의 입장을 ⑴ 그림으로 탐구할 때, A~D에 해당하는 적절한 질문만을 〈보기〉에서 있는 대로 고른 것은?

⑺	갑 : 공산 사회가 도래하면 지배 계급의 이익을 대변하던 국가와 계급 착취의 역사는 끝나고 인간의 자유로운 연합체가 성립된다. 을 : 재산 소유 민주주의는 시장 체계를 구비하고 있으면서 평등한 기본적 자유와 공정한 기회 균등을 이유로 자본 소유의 분산을 시도한다. 병 : 최소 국가는 도덕적으로 용인될 수 있는 방법에 의해 발생하며, 자연 상태에서 개인이 갖고 있던 그 어떤 권리도 침해하지 않는다.
⑴	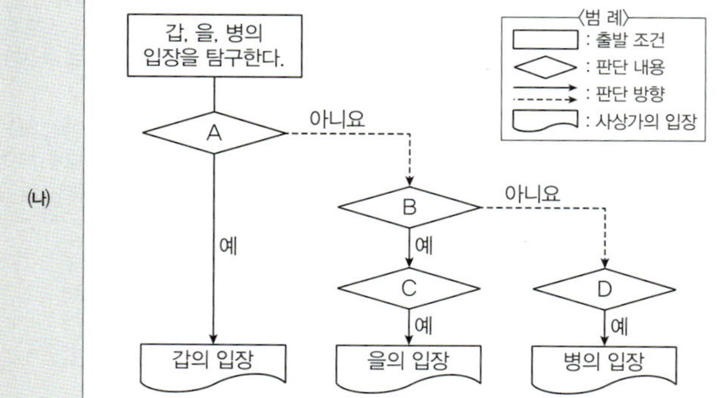

〈보기〉

ㄱ. A : 능력에 따른 생산, 필요에 따른 분배를 지향해야 하는가?
ㄴ. B : 사유 재산의 불평등은 모두의 이익을 보장해야만 정당한가?
ㄷ. C : 무지의 베일 속의 사람은 자기 이익에 대해 무지하고 무관심한가?
ㄹ. D : 자유롭게 이전된 소유물은 모두 교정 대상에서 제외되는가?

① ㄱ, ㄴ　　　② ㄱ, ㄷ　　　③ ㄷ, ㄹ
④ ㄱ, ㄴ, ㄹ　　　⑤ ㄴ, ㄷ, ㄹ

138 　고난도↑

| 평가원 기출 |

⑺의 사상가 갑, 을, 병의 입장을 ⑴ 그림으로 탐구할 때, A~D에 해당하는 적절한 질문만을 〈보기〉에서 있는 대로 고른 것은?

⑺	갑 : 정의는 자신이 선택하는 바에 따라 소유권이 행사되는 것이다. 취득과 이전에서의 정의의 원칙을 따라 소유물을 취득한 자는 그것에 대한 소유권이 있다. 을 : 정의의 원칙은 원초적 상황에서 합의로 도출된다. 정의로운 사회에서는 시민들에게 공통된 정의감이 존재하며 시민적 유대와 체제의 안정성이 보장된다. 병 : 정의는 동등한 사람에게 동등한 몫을 분배하는 것이다. 분배에서의 옳음은 일종의 비례인데 그것은 비율과 비율의 균등성을 의미한다.
⑴	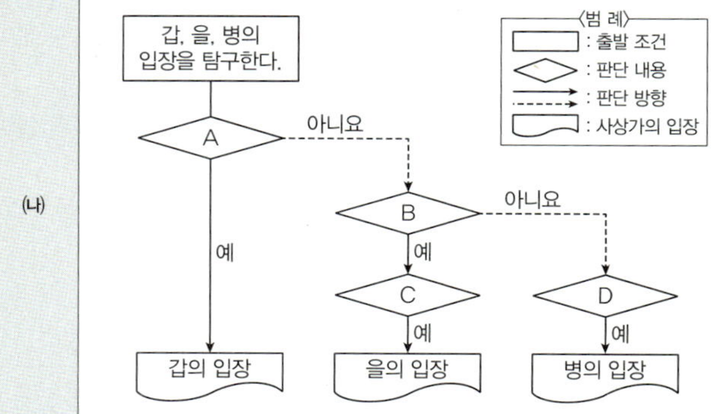

〈보기〉

ㄱ. A : 재화는 개인의 자유로운 선택에 의해서만 이전되는가?
ㄴ. B : 정의로운 사회의 시민은 타인의 처지와 이익에 무관심한가?
ㄷ. C : 공정한 기회균등 원칙은 경제적 불평등을 허용하는가?
ㄹ. D : 분배와 교환의 정의는 모두 비례의 동등함을 따라야 하는가?

① ㄱ, ㄴ　　　② ㄴ, ㄹ　　　③ ㄷ, ㄹ
④ ㄱ, ㄴ, ㄷ　　　⑤ ㄱ, ㄷ, ㄹ

139 　고난도↑

| 평가원 기출 |

⑺를 주장한 사상가가 ⑴의 상황 S₁~S₄에 대해 제시할 주장으로 옳지 않은 것은?

⑺	차등의 원칙은 '그의 ∼에 따라서 각자에게'라는 구절을 완성하려는 정형(定型)적인 정의의 원칙이다. 그런데 고정된 정형적 원칙은 개인의 선택의 자유를 침해할 수밖에 없다. 따라서 비정형적인 정의의 원칙에 입각한 소유 권리론만이 개인의 자유를 침해하지 않는다.
⑴	S₁ : 갑은 정당한 노동으로 재화 g를 취득했다. ⇩ S₂ : 을은 갑에게서 g를 자유롭게 양도받았다. ⇩ S₃ : 병은 을에게서 g를 강제적으로 빼앗았다. ⇩ S₄ : 정은 병에게서 g를 자유롭게 양도받았다.

*화살표(⇩)는 상황(S)의 경과를 나타낸다.

① S₁에서 갑은 g에 대한 소유 권리를 지닌다.

② S₁이 정의로운 분배 상황이라면 S₂도 그렇다.

③ S₃에서 을은 g에 대한 소유 권리를 지닌다.

④ S₄는 S₃과 달리 정의로운 분배 상황이다.

⑤ S₄에서 정은 g에 대한 소유 권리가 없다.

140

갑, 을, 병이 서로에게 제기할 비판으로 가장 적절한 것은?

① 갑이 을에게 : 생산 의욕이 저하되고 책임 의식이 약화된다.

② 을이 갑에게 : 평가 기준을 정확하게 마련하기가 쉽지 않다.

③ 을이 병에게 : 우연적이고 선천적인 영향을 배제할 수 없다.

④ 병이 갑에게 : 한정된 재화로 모두의 필요를 충족할 수 없다.

⑤ 병이 을에게 : 과열 경쟁으로 사회적 갈등을 유발할 수 있다.

141

서양 사상가 갑, 을, 병 중 적어도 두 사람 이상이 부정의 대답을 할 질문만을 〈보기〉에서 있는 대로 고른 것은?

> 갑 : 노동자 혁명을 통해 자본주의는 붕괴되고 능력껏 일하고 필요에 따라 분배받는 사회가 실현될 것이다.
> 을 : 자연적 · 사회적 우연성으로 인해 얻어진 부는 최소 수혜자를 포함하여 모두에게 이익이 되도록 조정되어야 한다.
> 병 : 취득과 이전의 과정이 정당하다면 그로 인한 소유물에 대한 권리도 정당하며 어떤 경우에도 침해될 수 없다.

〈보기〉
ㄱ. 소득과 부의 분배는 개개인의 자율적인 선택에 맡겨야 하는가?
ㄴ. 분배 절차와 무관하게 분배 결과를 평가할 독립된 기준이 필요한가?
ㄷ. 다수의 이익을 위해 소수의 자유와 권리를 침해하는 것은 부당한가?
ㄹ. 분배의 원리와 법칙은 구성원들의 합의와 계약으로 만들어야 하는가?

① ㄱ, ㄴ   ② ㄱ, ㄷ   ③ ㄷ, ㄹ

④ ㄱ, ㄴ, ㄹ   ⑤ ㄴ, ㄷ, ㄹ

142

(가)의 갑, 을, 병 사상가들의 입장을 (나) 그림으로 탐구할 때, A~D에 들어갈 적절한 질문만을 〈보기〉에서 있는 대로 고른 것은?

| (가) | 갑 : 공리의 원리에 따른 판단과 행위를 해야 한다. 행위에는 개인의 사적인 모든 행위는 물론이고 정부의 모든 정책까지 포함된다.
을 : 사회적 · 경제적 불평등은 그것이 모든 사람, 특히 사회의 최소 수혜자에게 그 불평등을 보상할 만한 이득을 가져 오는 경우에만 정당하다.
병 : 취득과 이전의 정의의 원리에 따라 어떤 소유물을 갖게 된 자는 그 소유물에 대한 소유 권리가 있다. |

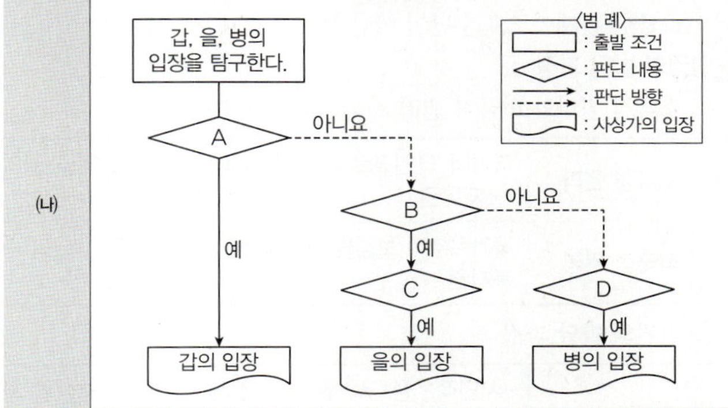

〈보기〉
ㄱ. A : 결과의 유용성을 기준으로 분배의 정당성을 판단해야 하는가?
ㄴ. B : 실질적 평등 실현을 위해 소득 재분배 정책을 시행해야 하는가?
ㄷ. C : 분배 정의 실현을 위해 천부적 자질의 분포를 조정해야 하는가?
ㄹ. D : 과정의 공정함으로 분배의 공정성을 평가하는 것은 잘못인가?

① ㄱ, ㄴ   ② ㄱ, ㄷ   ③ ㄷ, ㄹ

④ ㄱ, ㄴ, ㄹ   ⑤ ㄴ, ㄷ, ㄹ

143

(가)의 갑, 을 사상가의 입장에서 (나)의 밑줄 친 질문에 대해 제시할 답변으로 가장 적절한 것은?

| (가) | 갑 : 사회적 · 경제적 불평등은 차등의 원칙과 기회 균등의 원칙이 충족될 때 허용될 수 있다.
을 : 누구도 정당한 취득의 원칙과 정당한 양도의 원칙에 의하지 않고서는 어떤 소유물에 대한 권리를 가질 수 없다. |
| (나) | 농구 선수로서 천재적 자질을 타고난 챔벌린은 입장권 당 25센트를 자신의 몫으로 받기로 소속팀과 계약한다. 백만 명의 관객이 그의 홈 게임을 관전하여 챔벌린은 25만 달러의 수입을 얻게 되었다. 25만 달러는 모두 챔벌린의 것이라고 볼 수 있을까? |

① 갑 : 소유권은 불가침의 권리이므로 모두 챔벌린의 것이다.

② 갑 : 경제적 불평등은 사라져야 하므로 챔벌린의 것이 아니다.

③ 을 : 관객들이 자발적으로 양도하였으므로 챔벌린의 것이다.

④ 을 : 천부적 재능은 우연적인 것이므로 챔벌린의 것이 아니다.

⑤ 갑, 을 : 재물은 능력에 따라 분배해야 하므로 모두 챔벌린의 것이다.

10강 우대 정책과 사형 제도

주제 1 차별과 소수자 우대 정책

1. 인권의 의미와 발달 과정

(1) 인권의 의미

① 의미 : 인간의 기본적인 권리 → 인간이라는 이유만으로 개인이 마땅히 누려야 할 권리

② 인권 개념의 기본 가치 : 인간 존엄성 → 인간은 그 자체만으로 소중한 존재이므로 수단이 아닌 목적으로 대우받아야 함

(2) 인권의 발달 과정

① 소극적 권리와 적극적 권리

소극적 권리	국가나 타인으로부터 간섭이나 침해받지 않을 권리 → 자유권
적극적 권리	국가로부터 보장받아야 할 인간다운 삶을 살 권리 → 복지권

② 인권의 발달 과정

1세대 인권	• 시민적·정치적 권리 → 신체의 자유와 사상의 자유로 구분됨 • 목적 : 국가 권력의 부당한 인권 침해 방지, 국민 개개인의 자유 증대
2세대 인권	• 경제적·사회적·문화적 권리 • 인권에 사회권 포함 → 근본적 평등과 자유의 보장을 위해 국가가 관여할 것을 요구함 • 사회 보장에 대한 권리, 일할 수 있는 권리와 실업으로부터 보호받을 수 있는 권리, 일정 기간 유급 휴가를 포함한 휴식과 여유를 즐길 권리 등
3세대 인권	• 연대와 단결의 권리 → 집단권이라고도 부름 • 전쟁이 없는 평화로운 사회생활을 누릴 수 있는 권리, 환경에 대한 권리 등

2. 차별의 윤리적 문제

(1) 차별의 의미 : 정당하지 못한 기준을 적용하여 사람들을 사회적으로 불리하게 또는 유리하게 대우하는 것 ⓔ 경제적 취약 계층에 대한 차별, 유리 천장과 같은 성차별, 장애인에 대한 고용 차별 등

(2) 차별이 갖는 문제

① 차별은 평등권이라는 기본적 인권을 침해함

② 차별을 받은 사람은 존엄성과 자존감에 심한 상처를 받게 됨

③ 차별은 반목과 갈등을 유발해 사회 통합과 발전에 부정적 영향을 미침

(3) 차별을 없애기 위한 노력

개인적 차원	인권 의식 함양, 역지사지의 태도, 차별 문제 해결에 대한 적극적 관심 등
사회적 차원	차별금지법 마련(소극적 노력), 소수 집단 및 여성 우대 정책, 장애인 의무 고용 제도(적극적 노력) 등 시행

3. 소수자 우대 정책

(1) 소수자 우대 정책의 의미

└→ 구성원의 권리를 보장하기 위한 적극적 조치임

① 차별을 받아온 사회적 약자에게 대학 입학이나 취업 등에서 가산점을 주거나 혜택을 주는 사회 정책 ⓔ 장애인 우대 정책, 여성 우대 정책, 소수 인종 우대 정책

② 과거의 오류를 바로잡고 공정한 기회균등을 실현하기 위해 교육이나 고용 분야에서 주로 시행됨

(2) 소수자 우대 정책의 찬성 논거

보상의 논리	과거의 차별 때문에 받아 온 고통에 대해 보상받을 권리가 있음
재분배의 논리	사회적 약자에게 경제적 부나 사회적 지위를 얻을 수 있는 유리한 기회를 부여할 필요가 있음
공리주의 논리	사회적 약자를 배려함으로써 사회적 긴장을 완화하고 사회 전체의 평화와 행복을 증진할 수 있음

(3) 소수자 우대 정책의 반대 논거

역차별의 논리	사회적 약자에 대한 특혜는 일반 사람의 기회를 박탈하여 또 다른 차별을 낳을 수 있음
보상 책임의 부당성 논리	과거의 차별에 대해 잘못이 없는 후손에게 보상의 책임을 지우는 것은 부당함
업적주의 원칙 위배 논리	우대 정책에 따라 노력이나 성취를 무시하는 것은 공정하지 못함

└→ 우대 정책 입안 과정에서 시민 참여를 보장하고 사회적 합의를 도출해야 함

4. 부유세

(1) 의미 : 일정액 이상의 자산을 보유하고 있는 사람에게 비례적으로 또는 누진적으로 과세하는 것

(2) 부유세 찬성 논거

① 부의 재분배를 통해 불평등을 해소할 수 있음

② 세금을 사회적 약자의 복지를 위해 사용한다면 빈부 격차를 완화하여 사회 통합에 기여할 수 있음

(3) 부유세 반대 논거

① 정당하게 얻은 개인의 재산권을 과도하게 침해함

② 세금을 두 번 부과하는 것과 같아서 부자들에게 대한 또 다른 차별을 가져올 수 있음

자료로 살펴보기

■ **부유세에 대한 노직의 입장**

n 시간분의 소득을 세금으로 취하는 것은 그 노동자로부터 n 시간을 빼앗는 것과 같다. 이는 마치 그 사람으로 하여금 다른 사람을 위해 n 시간 일하게 하는 것과 같다. 만약 당신이 강제 노동에 반대한다면, 히피 실업자들로 하여금 곤궁한 자들을 위해 일하도록 강요하는 데에는 반대할 것이다. 또한 모든 개인들에게 곤궁한 자들을 위해 매주 5시간씩 가외로 일하도록 강제하는 것에도 반대할 것이다.

노직은 소득에 세금을 부과하는 것을 강제 노동을 시키는 것으로 보았으며, 경제적 불평등을 해결하기 위해 부유한 사람에게 높은 세금을 부과하는 것은 개인의 소유 권리를 침해하는 것으로 보았다.

이렇게 출제돼! 소수자 우대 정책에 대한 찬반 입장을 묻는 문제로 출제될 수 있고, 반대 입장을 묻는 경우 다양한 논거를 구분하여 비교하여 묻는 문제로 출제될 수 있어.

 교정적 정의와 사형 제도

1. 교정적 정의

(1) 교정적 정의의 의미

① 사람 사이의 동등하지 않은 관계를 바로잡거나 위반 혹은 침해를 일으킨 사람에 대해 형벌을 가함으로써 공정함을 확보하는 것

② 법은 교정적 정의를 실현하기 위해 제도화된 것 → 법적 정의를 구현하기 위해서는 공정하게 재판하고 엄중하게 처벌해야 함

(2) 응보주의적 관점

① 형벌의 본질은 범죄 행위에 상응하는 처벌을 가하는 것

② 단지 처벌을 저질렀기 때문에 그에게 응분의 처벌을 내리는 것

③ 처벌의 근거 : 타인에게 해악을 준 사실

(3) 공리주의적 관점

① 처벌은 사회적 이익을 증진하기 위한 수단임 ─ 처벌로 생긴 손실이 위법 행위로 인한 이익보다 커야 함

② 형벌의 목적은 응보가 아니라 범죄를 예방하여 사회 전체의 행복을 증진할 때 가치가 있음

③ 처벌의 근거 : 사회 전체의 이익

(4) 공정한 처벌의 조건

① 유죄 조건

• 죄형 법정주의에 근거하여 유죄 조건에 부합할 때만 처벌해야 함

• 처벌 근거인 법이 존재해야 하며 그 법이 공정해야 함

② 비례성의 원칙

• 처벌의 목적 자체가 정당해야 함

• 처벌의 수단이 처벌의 목적에 적합해야 함

• 처벌로 인한 기본권 제한이나 침해는 최소한이어야 함

• 처벌이 의도하는 공익상의 효과를 능가해서는 안 됨

2. 사형 제도

(1) 사형 제도의 의미 : 국가가 범죄자의 생명을 인위적으로 박탈한다는 점에서 생명형이라고 하며 가장 강력한 형벌이라는 점에서 극형임

(2) 사형 제도를 찬성하는 입장

① 사형은 생명을 박탈하는 극형이므로 범죄 억제의 효과가 큼

② 처벌의 목적은 근본적으로 인과응보적 응징에 있음

③ 흉악 범죄인의 생명을 박탈하는 것은 사회적 정의임

④ 종신형 제도는 경제적 부담이 크고 오히려 비인간적일 수 있음

(3) 사형 제도를 반대하는 입장

① 사형은 범죄 억제의 효과가 없으며 교육과 교화를 근원적으로 포기하는 것으로, 처벌의 본질에 반하는 제도임

② 사형은 생명권을 부정하는 것이며 인도적인 이유에서 존속시킬 수 없음

③ 사형은 오판 가능성이 있으며 정치적 반대자나 정적을 제거하는 수단으로 악용될 수 있음

■ **사형 제도에 대한 다양한 관점**

① 응보주의적 관점 : 타인의 생명을 앗아간 중대 범죄를 저지른 사람의 생명을 박탈하는 사형 제도는 정당함

② 공리주의적 관점 : 범죄 예방과 사회 전체의 행복 증진에 기여한 정도에 따라 찬반 여부를 판단함

• 일반 예방주의 : 사형은 흉악 범죄에 대한 예방 효과가 있기 때문에 존치해야 함

• 특수 예방주의 : 형벌의 목적은 범죄자를 교육하여 더 이상 범죄를 저지르지 않도록 예장하는 것인데, 사형은 그러한 목적 자체를 부정하게 됨

③ 생명권의 측면에서 보는 관점

• 폐지론 : 사형은 오판 가능성으로 인해 무고한 사람의 생명권을 침해할 수 있음. 살인범이라고 생명권을 함부로 박탈할 수 없음

• 존치론 : 무고한 피해자의 생명권을 고려하지 않고 범죄자의 생명권을 주장하는 것은 옳지 않음

3. 형벌과 사형에 대한 다양한 입장

(1) 칸트

① 사형은 살인자에게 자신의 자율적인 행위, 즉 살인에 대해 응분의 책임을 지우는 것이므로 살인자의 인격을 존중하는 것

② 살인과 동등한 형벌로 사형을 규정한 형벌의 법칙은 일종의 정언 명령이라고 할 수 있음

(2) 벤담

① 형벌은 그 자체가 목적이 아니라 사회 이익 증진의 수단으로서의 의미를 가짐

② 사회적 효용성의 관점에서 사형 존폐 여부를 결정해야 함

(3) 베카리아

① 사형은 공익에 이바지하는 바가 적고 비효율적이라는 점에서 부당한 형벌임 → 사형보다 종신 노역형이 범죄 예방에 더 효과적임

② 생명권을 위임하는 것은 사회 계약의 내용에 포함되지 않음

■ **사형 제도에 대한 베카리아의 관점**

수년간 혹은 자기 인생의 전부를 노예 생활이나 비참함 속에서 보내야만 하는 형을 받은 사람은, 막연하고 참담한 미래 속에서 인생을 보내야 하므로 효과 있는 보복이 될 수 있지만, 순간의 시간은 오히려 범죄자가 사형 전까지 주어진 두려움의 시간을 마음대로 향유해 버릴 수 있다.

베카리아는 종신 노역형이 살인자에게 더 큰 공포를 안겨주므로 사형보다 훨씬 효과적인 보복 행위라고 보았다.

(4) 루소

① 사회 계약은 계약자의 생명 보존을 목적으로 함

② 살인자는 일반 의지로부터 규정된 사회 계약으로서의 법을 위반한 사람으로 사회의 적으로 간주됨

■ **사형 제도에 대한 루소의 관점**

그는 군주가 "나라를 위해 그대가 죽어야 한다."고 말한다면 죽어야 한다. 그가 안전하게 살아온 것은 계약 덕분이었으며, 그의 생명은 단지 자연이 베푼 은혜일뿐만 아니라 국가가 조건부로 준 선물이기도 하기 때문이다. 범죄자에게 선고되는 사형도 거의 같은 관점에서 고려될 수 있다.

루소는 사회 계약에 바탕하여 사형 제도에 찬성하였다. 그는 사회 구성원들이 살인으로부터 보호받기 위해 살인자를 사형에 처하는 데 동의한다고 보았다.

 형벌과 사형 제도에 대한 사상가들의 입장이 주로 출제되고 있으므로, 칸트와 벤담, 베카리아와 루소의 입장의 공통점과 차이점을 비교하여 공부해야 한다.

핵심 개념 CHECK!

• 정답 및 해설 44쪽

다음 확인 문제 중 옳은 것에 ○, 옳지 않은 것에 ×를 표기하세요.

주제 1 차별과 소수자 우대 정책

01 차별은 성별이나 인종 등을 이유로 사회 구성원을 불평등하게 대우하는 것을 말한다. ○ ×

02 차별은 평등권이라는 기본적 인권을 침해하는 윤리적 문제가 있다. ○ ×

03 우대 정책은 차별을 받아 온 사회적 약자에게 혜택을 주는 사회 정책을 말한다. ○ ×

04 공리주의 논리는 사회적 약자를 배려하면서 사회적 긴장을 완화하고 사회 전체의 평화와 행복을 증진할 수 있다는 입장에서 우대 정책을 반대하는 논거이다. ○ ×

05 함정 재분배의 논리는 사회적 약자에게 경제적 부나 사회적 지위를 얻을 수 있는 유리한 기회를 부여할 필요가 있다는 것으로 우대 정책을 찬성하는 논거이다. ○ ×

06 보상의 논리는 과거의 차별 때문에 받아 온 고통에 대해 보상받을 권리가 있다는 것으로 우대 정책을 찬성하는 논거이다. ○ ×

07 다양성의 논리는 사회적 약자에 대한 특혜는 또 다른 차별을 낳을 수 있다는 것으로 우대 정책을 반대하는 논거이다. ○ ×

08 함정 보상 책임의 정당성 논리는 과거의 차별에 대해 잘못이 없는 후손에게 책임을 지우는 것은 안 된다는 것으로 우대 정책을 반대하는 논거이다. ○ ×

09 업적주의 원칙 위배 논리는 우대 정책에 따라 노력이나 성취를 무시하는 것은 공정하지 못하다는 것이다. ○ ×

10 노직은 부자에게 세금을 걷어 사회적 약자를 지원하는 것은 정당하다고 보았다. ○ ×

11 인권은 인간으로서 당연히 누려야 하는 기본적인 권리이다. ○ ×

12 함정 자유권적 인권은 국가에 의해 보장받아야 할 권리로서, 인간으로서 최소한의 삶을 누릴 권리이다. ○ ×

주제 2 교정적 정의와 사형 제도

13 교정적 정의는 잘못된 것을 올바르게 바로잡는 것이다. ○ ×

14 응보주의는 처벌을 사회적 이익 증진을 위한 수단으로 본다. ○ ×

15 공리주의는 형벌의 본질은 범죄 행위에 상응하는 처벌을 가하는 것이라고 본다. ○ ×

16 공정한 처벌은 유죄 조건과 비례성의 원칙을 바탕으로 해야 한다. ○ ×

17 사형은 생명형이라고도 하며 가장 강력한 형벌이란 의미에서 극형이라고도 한다. ○ ×

18 사형 제도를 찬성하는 입장에서는 처벌의 목적은 인과응보적 응징에 있다고 본다. ○ ×

19 사형 제도를 반대하는 입장에서는 종신형이 더 경제적 부담이 크고 비인간적임을 강조한다. ○ ×

20 사형을 반대하는 사람들은 오판 가능성과 정치적 악용의 가능성을 근거로 제시한다. ○ ×

21 특수 예방주의는 사형이 흉악 범죄 예방의 효과가 있으므로 존치해야 한다고 본다. ○ ×

22 살인범의 생명권을 강조하는 입장에서는 사형에 반대한다. ○ ×

23 함정 칸트는 인간 존엄성의 관점에서 사형을 반대하였다. ○ ×

24 칸트는 동등성의 원리에 따라 형벌이 가해져야 한다고 보았다. ○ ×

25 칸트는 형벌이 보복의 차원에서 가해진다고 보았다. ○ ×

26 벤담은 형벌은 사회적 효용성의 측면에서 평가되어야 한다고 보았다. ○ ×

27 벤담은 처벌은 그 자체로는 해악이라고 보았다. ○ ×

28 벤담은 사형은 한 시민에 대한 국가의 전쟁이라고 보고 폐지를 주장하였다. ○ ×

29 함정 베카리아는 계약론과 공리주의적 관점에서 형벌을 이해하였다. ○ ×

30 베카리아는 범죄 예방에 가장 효과적인 형벌은 사형이라고 보았다. ○ ×

31 루소는 사회 계약에 따라 살인자는 사형에 처해질 수 있다고 보았다. ○ ×

32 루소는 살인자는 사회의 구성원이 아니라 공공의 적이라고 보았다. ○ ×

33 공리주의에서는 사형의 목적이 인과응보적 응징에 있다고 본다. ○ ×

34 공리주의에서는 범죄를 예방하는 데 도움이 된다면 사형을 실시해도 좋다고 본다. ○ ×

형벌에 대한 칸트와 벤담의 입장은 어떻게 다를까?

자료로 확인 〔개념〕

■ 칸트의 형벌관

> 공적인 정의가 원칙과 표준으로 삼는 것은 어떤 종류의 형벌이고 어느 정도의 형벌인가? 그것은 다름 아니라 다른 한쪽보다 한쪽으로 더 기울지 않는 동등성의 원칙이다. 그가 살인했다면 그는 죽어야만 한다. 이 경우에 정의의 충족을 위한 대체물은 없다. 제아무리 고통 가득한 생이라 해도 생(生)과 사(死) 사이의 동등성은 없다.
> – 칸트, "윤리 형이상학"

칸트는 응보주의적 관점에서 동등성(평형)의 원리에 따라 형벌이 주어져야 한다고 보았으며, 오직 보복법만이 형벌의 양과 질을 명확하게 제시할 수 있다고 보았다. 칸트는 타인을 죽인 사람은 마땅히 사형에 처해져야 한다고 보았으며, 사형은 자율적 존재인 인간이 자신의 잘못에 대해 응분의 책임을 지는 것이기 때문에 오히려 인간의 존엄성과 가치를 인정하는 것이라고 보았다.

■ 벤담의 형벌관

> 모든 법령이 지녀야 하는 일반적 목적은 공동체 전체의 행복이다. 그렇기 때문에 가능한 한 그러한 행복을 감소시키는 경향이 있는 모든 것을, 달리 말하면 폐해를 없애고자 한다. 그렇지만 모든 처벌은 폐해이고 그 자체로 악이다. 공리의 원리에 의할 때, 만일 처벌이 인정될 수 있다면, 그것은 더욱 큰 어떤 악을 없애는 것을 보장하는 한에 있어서만 인정되어야 한다.
> – 벤담, "도덕과 입법의 원리 서설"

공리주의는 '최대 다수의 최대 행복'의 원리에 따라 공동체의 행복을 증가시키는 것을 선으로, 감소시키는 것을 악으로 규정한다. 이러한 공리주의적 관점에 따르면, 처벌은 공동체의 이익이나 행복을 증진시키는 방향으로 이루어져야 한다. 따라서 범죄를 예방하여 사회 전체의 행복을 높여준다면 사형 제도는 존치되어야 한다고 본다. 벤담은 공리주의자로서 형벌은 그 자체가 목적이 아니라 사회 전체의 이익을 증진하기 위한 수단이 될 때 정당화될 수 있다고 보았다. 벤담은 처벌의 가치는 위법 행위로부터 얻는 이득의 가치를 능가하기에 충분한 수준보다 작아서는 안 된다고 주장하였다.

빈칸 채우기로 확인 〔개념〕

■ 칸트의 형벌관

Q1 칸트는 (　　　)의 원리에 따라 형벌의 종류와 정도가 정해진다고 보았다.

Q2 칸트는 사형을 (　　　)의 인격을 존중하는 것으로 보았다.

■ 벤담의 형벌관

Q3 벤담은 형벌은 사회의 (　　　) 증진에 기여해야 한다고 보았다.

Q4 벤담은 최대 다수의 행복을 추구하는 (　　　)의 관점에서 형벌은 범죄 예방을 목적으로 해야 한다고 보았다.

O/X로 확인 〔개념〕

Q5 칸트는 형벌의 질과 양은 보복법에 따라 정해진다고 보았다. （ ○ / × ）

Q6 칸트는 동해 보복주의의 입장에서 형벌이 정해져야 한다고 보았다. （ ○ / × ）

Q7 벤담은 형벌은 그 자체로 악이므로 정당화되기 어렵다고 보았다. （ ○ / × ）

Q8 벤담은 사형 제도를 유용성 증진을 위한 필요악으로 보았다. （ ○ / × ）

벤다이어그램에 적용 〔개념〕

〔연습하기〕 Q9 물음에 맞게 A / B / C에 표시하시오.

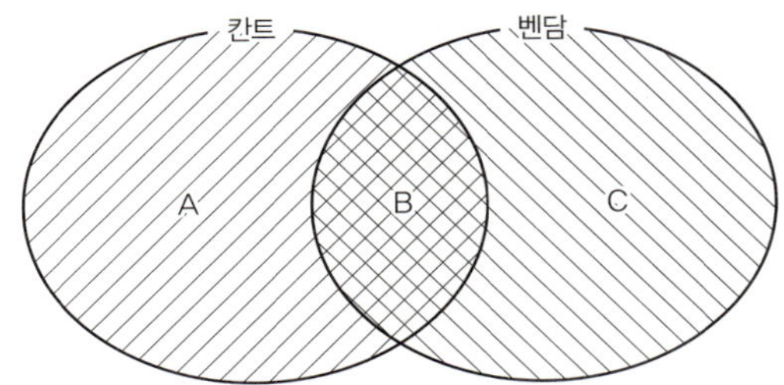

- 형벌은 범죄를 저질렀으므로 가해지는 응분의 처벌이다. ❶ (A / B / C)

- 형벌은 사회적 선을 위한 수단으로써 가해져야 한다. ❷ (A / B / C)

- 형벌은 더 큰 악을 없앨 경우에만 정당화될 수 있다. ❸ (A / B / C)

〔적용하기〕 Q10 칸트와 벤담의 입장을 다음 벤다이어그램으로 표현할 때 A∼C에 해당하는 진술로 옳은 것은?

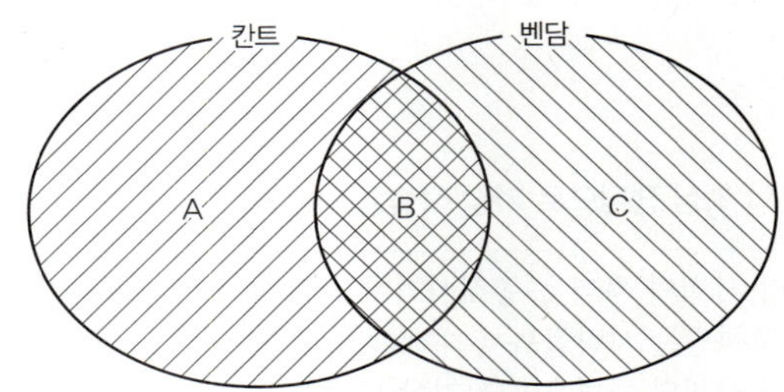

① A : 사형은 살인자의 생명권을 침해하므로 부당하다.
② A : 살인자는 사형을 의욕했으므로 처벌을 받는 것이다.
③ B : 사형은 인간의 존엄성에 위배되는 형벌이다.
④ B : 살인자는 언제나 반드시 사형에 처해져야 한다.
⑤ C : 사형의 존폐는 사회적 효용의 관점에서 논해야 한다.

How & WHY 정답 01. 동등성(평형) 02. 살인범 03. 이익(행복) 04. 공리주의 05. ○ 06. ○ 07. × 08. ○ 09. ❶ A ❷ C ❸ C 10. ⑤

족집게 전략 | 우대 정책인 대학 입학 할당제에 대한 각 제시문의 입장을 이해하고 이에 해당하는 주장을 찾아내는 유형의 문제이다. 우대 정책에 찬성하는 입장과 반대하는 입장의 논거들을 알고 있어야 한다.

접근 전략

❶ 제시문 파악	❷ 선택지 적용
소수자 우대 정책을 중심으로 갑, 을, 병의 입장을 파악한다. ▶	❶에서 파악한 갑, 을, 병의 입장에 따라 선택지에서 서술하고 있는 각각의 내용이 알맞은 것인지 꼼꼼하게 파악한다.

144 대표 문항
| 평가원 기출 |

갑, 을, 병의 입장으로 가장 적절한 것은?

갑 : 교육 환경 같은 우연적 요인에 의해 실질적으로 평등한 교육 기회를 부여받지 못하는 것은 부당하다. 이를 바로잡기 위해 교육 환경이 불리한 특정 지역 학생들에게 일정한 대학 입학 정원을 할당하는 대학 입학 할당제를 실시해야 한다.

을 : 대학 입학 제도는 모두에게 형식적으로 동등한 지원 기회만 주어진다면 정당하다. 입학 전형에서 교육 환경의 차이는 고려할 필요가 없으며 학업 능력을 기준으로 입학 권리가 주어져야 한다. 따라서 대학 입학 할당제는 부당하다.

병 : 개인의 학업 능력보다는 사회 전체의 이익을 입학 전형의 기준으로 삼아야 한다. 대학 입학 할당제는 해당 지역의 발전을 촉진하여 결국 사회 전체의 이익을 증진하게 된다. 따라서 대학 입학 할당제는 필요하다.

① 갑 : 교육 환경 같은 우연적 요인으로 인한 불평등은 부당하다.
② 을 : 대학 입학 할당제는 누구의 입학 권리도 침해하지 않는다.
③ 병 : 성적 우수자가 할당제로 불이익을 받는 것은 정당화될 수 없다.
④ 갑, 을 : 대학 입학 전형에서 교육 환경의 차이를 고려하면 안 된다.
⑤ 을, 병 : 오직 학업 능력만을 대학 입학 전형의 기준으로 삼아야 한다.

145
| 교육청 기출 |

다음 토론의 핵심 쟁점으로 가장 적절한 것은?

갑 : 우리 사회의 차별을 종식시키기 위해서는 과거의 차별로 인해 고통받는 사람들을 우대해야 합니다.

을 : 우리 사회의 차별은 사라져야 합니다. 그러나 과거의 차별을 근거로 특정 집단을 우대하는 것은 역차별입니다.

갑 : 과거의 차별에 대한 보상은 역차별이 아니라 출발선을 같게 하려는 것입니다. 차별받아 온 집단에 대한 배려 없이는 공정한 사회를 기대할 수 없습니다.

을 : 과거의 차별에 대해 잘못이 없는 현세대에게 부담을 주는 것은 부당합니다. 이것은 잘못이 없는 사람에게 벌을 주는 것과 같습니다.

① 업적과 성과를 기준으로 한 사회적 차별은 정당한가?
② 소수자 집단을 사회적으로 차별하는 것은 불공정한가?
③ 과거의 차별 때문에 고통받는 집단을 우대해야 하는가?
④ 사회적 차별을 철폐해야 공정한 사회를 이룰 수 있는가?
⑤ 특정 집단에 대한 보상은 능력을 기준으로 해야 하는가?

146
| 평가원 기출 |

(가)의 입장에 비해 (나)의 입장이 갖는 상대적 특징을 그림의 ㉠~㉤ 중에서 고른 것은?

(가) 사회적 약자에 대한 적극적 우대 정책은 또 다른 차별을 가져오기 때문에 거부되어야 한다. 사회적 약자라는 이유만으로 기회의 평등에서 예외를 인정하거나, 과거의 불평등을 잘못이 없는 후대에게 책임지우는 것은 부당하다.

(나) 사회적 약자에 대한 적극적 우대 정책을 실시해야 한다. 오랫동안 부당한 차별로 고통받았던 사람들에게 응분의 보상을 하고, 사회 전체의 평화와 행복을 증진하는 등 여러 사회적 가치를 실현해야 한다.

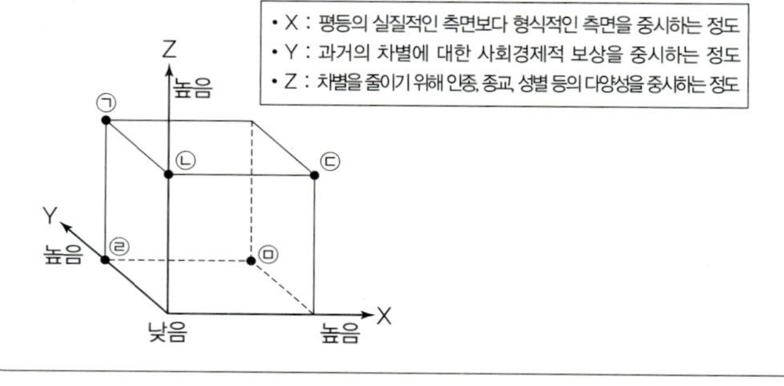

① ㉠ ② ㉡ ③ ㉢ ④ ㉣ ⑤ ㉤

147
| 평가원 기출 |

갑, 을이 〈사례〉에 대해 취할 입장으로 적절하지 않은 것은?

갑 : 소수 집단 우대 정책은 소수자들이 받은 과거의 차별을 보상하기 위한 것이다. 이러한 정책은 기회의 재조정을 통해 실질적인 정의를 구현할 뿐만 아니라 사회의 다양성을 확보하여 사회 발전에 기여할 수 있다.

을 : 소수 집단 우대 정책은 노력이나 업적과는 무관하게 소수자에게 과도한 혜택을 주는 것이다. 이러한 정책은 일반 사람들의 본질적 권리를 침해하거나 그들의 기회를 박탈함으로써 또 다른 차별을 낳을 수 있다.

〈사례〉

유럽계 미국인 A는 미국의 B 의과 대학에 지원했다. 그런데 이 대학은 소수 집단 학생의 수를 늘리기 위해 입학 정원의 16%를 그들에게 할당하는 규정을 두고 있었다. A는 우수한 입학시험 성적에도 불구하고 불합격했다. 이에 A는 학교를 상대로 소송을 제기했다.

① 갑 : 입학 정원에서 소수자의 몫을 할당하는 것은 정당하다.
② 갑 : 소수자를 우대하는 입학 정책은 실질적 평등을 실현한다.
③ 을 : 과거의 차별을 보상하는 입학 정책은 공정 경쟁을 해친다.
④ 을 : 소수자의 입학을 위해 다른 지원자에게 해를 끼쳐서는 안 된다.
⑤ 갑, 을 : 소수자를 우대하는 입학 정책은 부당한 역차별을 심화시킨다.

148

다음 칼럼의 입장에서 강조할 내용으로 가장 적절한 것은?

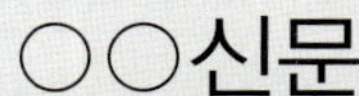

○○신문

제○○호　　　　　○○○○년 ○월 ○일

　입학 허가는 사회적으로 가치 있는 목적을 실현하기 위한 수단이다. 학교에 여러 인종이 섞여 있는 게 바람직하다. 출신 배경이 비슷한 학생들끼리 모여 있을 때보다 서로에게서 더 많은 것들을 배울 수 있기 때문이다. 그리고 여러 조건에서 불리한 소수 집단 학생들을 교육시켜 공직이나 전문직에서 리더십을 발휘하도록 한다면 대학의 시민적 목적을 실현하고 공공선에도 기여할 수 있다.

① 나와 다르다는 이유로 차별해서는 안 된다.
② 사회가 효율적이려면 공정하고 투명해야 한다.
③ 업적과 성취를 무시하는 것은 공정하지 못하다.
④ 누구도 다른 사람의 기본권을 침해해서는 안 된다.
⑤ 사회 발전을 위해 사회의 다양성을 증대시켜야 한다.

149

갑에 비해 을이 강조할 내용으로 가장 적절한 것은?

① 차별받아온 사람에게 보상받을 권리를 부여해야 한다.
② 사회 통합을 위해 소수자의 권익 향상에 힘써야 한다.
③ 사회적 약자도 동등한 이익을 누리도록 배려해야 한다.
④ 모두에게 형식적 측면의 기회가 동등하게 주어져야 한다.
⑤ 사회 발전을 위해 사회의 다양성이 증진되도록 해야 한다.

150 고난도↑

㉠에 들어갈 수 있는 적절한 진술만을 〈보기〉에서 있는 대로 고른 것은?

> 갑 : 대학 입시에서 사회적 약자들을 배려하는 사회 배려자 전형이 확대된다는 소식을 들었어. 사회 배려자 전형이 확대되면 우리 사회가 좀 더 공정한 사회가 될 거야.
> 을 : 난 그렇게 생각하지 않아. 사회 배려자 전형이 확대되어 사회적 약자들을 우대하게 되면 그 전형으로 인해 지원하지 못하는 사람들에게는 역차별이 될 수 있어.
> 갑 : 너는 ________________㉠________________

〔보기〕
ㄱ. 자격 조건에 기초하여 사람을 뽑는 것이 중요함을 간과하고 있어.
ㄴ. 사회의 다양성 증진이 사회 발전에 필요하다는 것을 간과하고 있어.
ㄷ. 구성원 모두가 동등하게 이익을 누릴 권리가 있음을 간과하고 있어.
ㄹ. 과거 차별로 고통 받은 사람들을 보상할 필요가 있음을 간과하고 있어.

① ㄱ, ㄴ　　　　② ㄱ, ㄷ　　　　③ ㄷ, ㄹ
④ ㄱ, ㄴ, ㄹ　　　⑤ ㄴ, ㄷ, ㄹ

151

갑, 을의 입장에 대한 옳은 설명만을 〈보기〉에서 있는 대로 고른 것은?

> 갑 : 차별 때문에 육체적·정신적 고통을 받아온 사회적 약자는 그 고통에 대해 보상받을 권리가 있다. 장애인, 여성, 소수 인종은 오랜 기간 동안 부당한 대우를 받아왔으므로 우대 정책을 통해 고통에 상응하는 보상을 받을 필요가 있다.
> 을 : 과거에 장애인, 여성, 소수 인종을 차별한 것은 잘못이지만 잘못이 없는 후손에게 보상의 책임을 지우는 것은 부당하다. 비장애인이나 남성의 기회를 박탈하여 또 다른 차별을 낳을 수도 있고 뛰어난 자격을 가진 사람이 불이익을 받을 수도 있다.

〔보기〕
ㄱ. 갑은 정의 실현을 위해 사회적 약자를 보호해야 한다고 본다.
ㄴ. 을은 우대 정책으로 인해 권리를 침해받는 사람이 있다고 본다.
ㄷ. 갑은 을과 달리 모든 성원들이 동등하게 이익을 누려야 한다고 본다.
ㄹ. 을은 갑과 달리 업적을 중시할 경우 과열 경쟁이 초래된다고 본다.

① ㄱ, ㄷ　　　　② ㄱ, ㄹ　　　　③ ㄴ, ㄹ
④ ㄱ, ㄴ, ㄷ　　　⑤ ㄴ, ㄷ, ㄹ

족집게 전략 | 제시문에 나타난 갑, 을의 형벌관을 이해하고 각 사상가의 입장에 해당하는 설명을 찾아내는 유형의 문제이다. 칸트와 베카리아의 입장을 비교하여 학습해 두어야 한다.

접근 전략

❶ 제시문 파악	❷ 선택지 적용
형벌과 사형 제도에 대한 갑, 을 사상가들의 입장을 파악한다. ▶	❶에서 파악한 사상가의 입장에 대한 설명으로 각 선택지에서 서술하고 있는 내용이 알맞은 것인지 꼼꼼하게 파악한다.

152 ◀대표 문항

| 평가원 기출 |

갑, 을 사상가들의 입장으로 가장 적절한 것은?

> 갑 : 누구든 그가 처벌받아야 할 행동을 원했기 때문에 처벌받는 것이다. 아무리 고통이 가득한 삶이라도 삶과 죽음은 같은 종류의 것이 아니다 법정의 심판대 앞에서 살인죄에 대한 최상의 균형자는 사형이다.
> 을 : 누구든 자신의 생명을 빼앗을 권한을 기꺼이 양도하지 않을 것이다. 사회 계약의 목적은 공리, 즉 최대 다수의 최대 행복이며, 이것이 인간적 정의의 기초이다. 사형보다 종신 노역형이 공리에 부합한다.

① 갑 : 범죄자는 범행이 아닌 처벌을 원했기 때문에 처벌받는 것이다.

② 갑 : 사형은 살인범을 수단으로서만 대하려는 응분의 보복 행위이다.

③ 을 : 종신 노역형은 비공개로 집행하는 것이 범죄 예방에 효과적이다.

④ 을 : 사형은 범죄 억제력이 최대이므로 사회 계약의 목적에 부합한다.

⑤ 갑, 을 : 형벌은 사적인 보복이 아니라 공적인 정의를 실현해야만 한다.

153

| 평가원 기출 |

갑, 을 사상가들 모두가 부정의 대답을 할 질문으로 가장 적절한 것은?

① 살인범을 사형하는 것은 그를 국가의 적으로 간주하는 것인가?

② 사회 계약을 위반한 살인범을 국가 구성원에서 배제해야 하는가?

③ 사형은 살인죄에 대해 법적으로 집행되는 응당한 보복의 방법인가?

④ 살인범을 사형하지 않는 것은 공적으로 정의를 침해하는 것인가?

⑤ 사형제는 인간 존엄성의 이념에 위배되는 것이므로 부당한 제도인가?

154 고난도↑

| 평가원 기출 |

⑺의 갑, 을, 병 사상가들의 입장을 ⒁ 그림으로 탐구할 때, A~D에 들어갈 옳은 질문만을 〈보기〉에서 있는 대로 고른 것은?

⑺	갑 : 모든 형벌은 강도, 지속성, 보편성을 근거로 과도하지 않게 집행되어야 한다. 형벌의 가장 중요한 목적은 처벌을 본보기로 삼아 전체의 효용을 증진하는 것이다. 을 : 모든 인간은 목적으로 대우받아야 한다. 사형은 살인범의 인간성을 훼손할 수 있는 모든 가혹 행위로부터 살인범의 인격을 존중하는 것이다. 병 : 모든 사람들에게 살인범의 끝없는 비참한 상태를 보여주는 것이 사형보다 범죄 예방에 더 효과적이다. 형벌의 강도보다 지속성이 사람들에게 더 큰 영향을 준다.
⒁	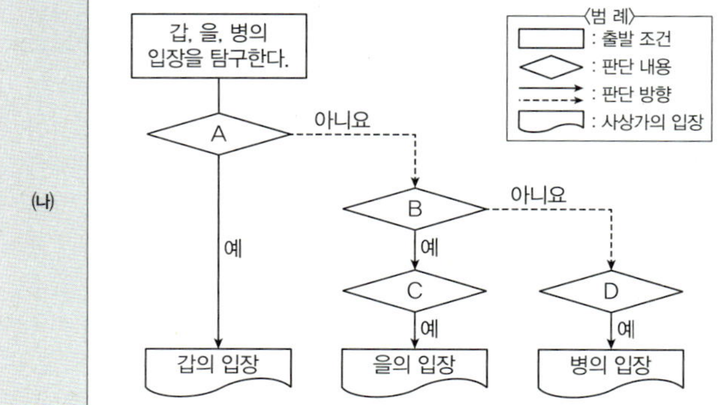

〈보기〉

ㄱ. A : 사회 전체의 이익보다 살인범의 생명권을 우선해야 하는가?

ㄴ. B : 사형은 범죄 억제 목적을 달성하기 위한 응보적 처벌인가?

ㄷ. C : 사형은 살인죄에 대한 동등성 원리에 부합하는 정당한 처벌인가?

ㄹ. D : 사형은 종신형에 비해 처벌의 사회적 효용이 낮은 형벌인가?

① ㄱ, ㄴ　　　② ㄱ, ㄷ　　　③ ㄷ, ㄹ

④ ㄱ, ㄴ, ㄹ　　　⑤ ㄴ, ㄷ, ㄹ

155

다음 사상가의 관점에만 모두 '✓'를 표시한 학생은?

> 우리의 감수성은 강력하지만 일시적인 충동보다는 비록 미약하더라도 반복된 인상에 의해 훨씬 쉽게 그리고 영속적으로 자극을 받으며, 도덕관념도 반복되고 지속되는 인상을 통해서만 마음속에 새겨진다. 범죄에 대해 형벌을 가하는 경우 자유롭고 평온한 체제 하에서는 강력하지만 일시적인 인상보다는 약하더라도 빈번한 인상을 제공해야 한다.

관점　　　　　　　　　　　　　　　　　학생	갑	을	병	정	무
자신의 생명 박탈권을 다른 사람에게 양도할 사람은 없다.	✓			✓	✓
형벌은 범죄자의 인간으로서의 존엄성을 존중하는 행위이다.			✓	✓	✓
사형은 한 시민의 존재를 파괴하는 부적절한 전쟁 행위이다.	✓		✓	✓	
처형되는 장면은 범죄에 대한 가장 강력한 억제력을 제공한다.			✓	✓	✓

① 갑　　　② 을　　　③ 병　　　④ 정　　　⑤ 무

156

그림은 서술형 평가 문제와 학생 답안이다. 학생 답안의 ㉠~㉣ 중 옳은 것만을 있는 대로 고른 것은?

> ### 서술형 평가
> ◎ 문제 : 갑, 을의 입장을 비교하여 서술하시오.
>
> > 갑 : 인간은 결코 타인의 의도를 위한 수단으로 취급될 수 없고, 물권의 대상이 될 수 없다. 사법적 형벌은 오직 범죄자가 범죄를 저질렀기 때문에 그에게 가해져야 하는 것이다.
> > 을 : 인간의 도덕관념은 반복되고 지속된 인상을 통해서만 마음속에 새겨진다. 범죄에 대한 억제력도 마찬가지이다. 범죄에 대한 가장 강력한 억제력은 처형되는 장면을 목격하는 데서 생겨나지 않는다.
>
> ◎ 학생 답안
> 갑, 을의 입장을 비교하면, 갑은 ㉠ 보복의 차원에서 범죄와 동등한 형벌을 가해야 한다고 보았고, ㉡ 사형은 사회 질서를 유지하기 위한 수단에 해당한다고 보았다. 이에 비해 을은 ㉢ 형벌은 사회의 이익 증진을 위해 행해지는 것이라고 보았고, ㉣ 사회 질서 유지를 위해 각자가 자신의 생명권을 기꺼이 사회에 양도해야 한다고 보았다.

① ㉠, ㉡　　　② ㉠, ㉢　　　③ ㉡, ㉣
④ ㉠, ㉢, ㉣　　　⑤ ㉡, ㉢, ㉣

157

다음 사상가의 관점에만 모두 '✓'를 표시한 학생은?

> 모든 법령이 지니고 있거나 지녀야 하는 일반적 목적은 공동체의 전체 행복이다. 그러므로 가능한 한 우선적으로 그러한 행복을 감소시키는 경향이 있는 모든 것을, 달리 말하면 폐해를 없애고자 한다. 처벌은 그것이 더 큰 악을 없애는 것을 보장하는 한에 있어서만 인정되어야 한다.

관점　　　　　　　　　　　　　　　　　학생	갑	을	병	정	무
처벌은 실효성이 없는 경우에도 집행되어야 한다.	✓	✓		✓	
처벌의 목적은 사회 전체의 효용을 증진하는 것이다.	✓		✓		✓
처벌이 초래할 폐해가 예방할 폐해보다 더 커서는 안 된다.			✓	✓	✓
처벌의 가치는 위법 행위에서 얻는 이득의 가치를 능가하기에 충분해야 한다.		✓		✓	✓

① 갑　　　② 을　　　③ 병　　　④ 정　　　⑤ 무

158

(가)의 갑, 을, 병 사상가들의 입장을 (나) 그림으로 표현할 때, A~D에 해당하는 적절한 진술만을 〈보기〉에서 있는 대로 고른 것은?

(가)
> 갑 : 처벌에서의 형량은 어떤 경우에도 범죄자가 위법 행위로 인해 얻게 되는 이득보다 적어서는 안 된다. 그러나 처벌은 그 자체로 해악이다.
> 을 : 사회 계약을 통해 우리가 살인을 한 사람이 사형 선고를 받는 데 동의하는 것은 우리가 그와 같은 살인자에 의해 희생당하지 않도록 하기 위해서이다.
> 병 : 인간은 오류 가능한 존재이므로 사형을 내릴 만큼 충분한 확실성이 결코 보장될 수 없다. 또한 형벌의 강도가 아니라 지속성이 인간의 정신에 더 큰 효과를 끼친다.

(나)
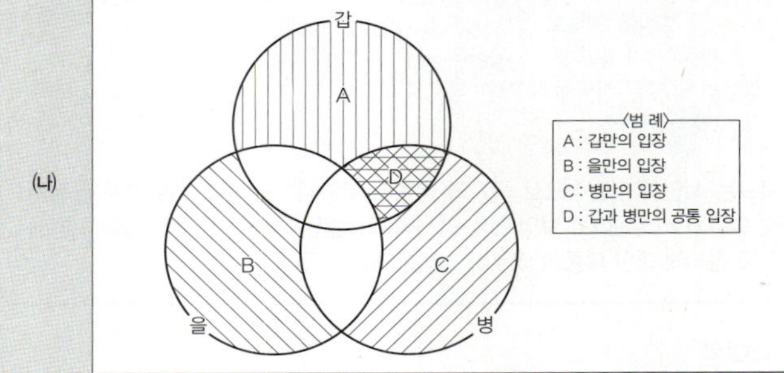

〈보기〉
ㄱ. A : 살인을 한 자는 반드시 사형에 처해져야 한다.
ㄴ. B : 사형 집행은 살인자의 인격을 존중하는 것이다.
ㄷ. C : 범죄 억제의 측면에서 볼 때 사형은 폐지돼야 한다.
ㄹ. D : 형벌은 최대 다수의 최대 행복을 지향해야 한다.

① ㄱ, ㄴ　　　② ㄱ, ㄷ　　　③ ㄷ, ㄹ
④ ㄱ, ㄴ, ㄹ　　　⑤ ㄴ, ㄷ, ㄹ

11 강 Ⅲ. 사회와 윤리

국가와 시민의 윤리

주제 1 **국가의 권위와 시민에 대한 의무**

1. 국가의 권위
(1) **국가의 권위** : 국민에게 명령을 내릴 수 있는 권리 혹은 통치할 수 있는 권리
(2) **국가 권위의 특성**
① 국가는 일정한 영토 안의 사람들의 권리를 규정하고 의무를 부과할 수 있음
② 시민의 삶 전체 영역에서 복종과 헌신을 요구할 수 있고 다른 집단에 대한 의무보다 우선할 것을 요구할 수 있음

2. 국가 권위의 정당화 근거
(1) **본성론**
→ 국가 권위가 남용될 경우 시민의 권리와 자유가 억압되므로 국가 권위의 정당화 근거가 중요함
① 국가는 본질적으로 인간의 정치적 본성에 의해 형성됨
② 국가의 권위도 인간 본성의 관점에서 정당화됨
③ 아리스토텔레스 : "국가는 자연적으로 존재하는 것들에 속하며 인간은 본질적으로 국가에서 살게 되어 있는 동물이다."
→ 인간은 정치적 동물로 공동체 안에서만 행복을 달성할 수 있음
(2) **동의론**
① 각 개인은 국가가 자신의 생명, 자유, 재산을 보호해 준다는 조건으로 국가의 명령에 복종하기로 약속함
② 개인의 동의를 얻은 국가는 개인에게 국가의 명령을 내리거나 이들을 통치할 수 있는 권리를 갖게 됨
③ 로크 : 어떤 사람이 한 나라의 영토의 일부분을 소유하거나 향유한다면 묵시적 동의를 한 셈이며 복종의 의무가 발생함

자료로 살펴보기

■ **로크의 동의론**

어느 누구도 사회에 들어가겠다는 어떤 사람의 명시적인 동의가 그를 그 사회의 완전한 구성원이자 그 정부의 신민으로 만든다는 점은 의심하지 않는다. 그런데 명시적 동의를 하지 않은 경우는 어떻게 보아야 하는가? 나는 어떤 정부의 영토의 일부분을 소유하거나 향유하는 사람은 누구나 그럼으로써 묵시적 동의를 한 셈이며 적어도 그러한 향유를 지속하는 동안 그 정부하에 있는 사람들과 같은 정도로 그 정부의 법률에 복종할 의무를 진다고 말하겠다.

로크는 시민이 자발적으로 국가의 명령에 복종하기로 약속하는 것에서 정치적 의무가 비롯된다고 보았으며, 명시적 동의뿐만 아니라 묵시적 동의를 통해서도 정부에 대한 복종의 의무가 발생한다고 보았다.

(3) **혜택론**
① 국가가 제공하는 여러 가지 혜택 때문에 국가에 복종해야 함
② 국가는 국방, 치안 등 공공재를 공급하고, 사회적 관행을 정하며, 잘못된 관행을 교정하는 역할 등을 함
(4) **자연적 의무의 관점**
① 국가는 정의, 행복과 같은 도덕적 선을 증진하므로, 인간이라면 마땅히 이를 따라야 함
② 한계 : 국가가 정의나 공동선에 위배되는 경우, 시민의 정의로운 행동이 정치적 의무와 일치하지 않을 가능성 등이 있음

(5) **천명의 관점**
→ 동양에서는 국가의 권위를 민의에 기초한 천명의 관점에서 정당화함
① 군주의 통치권은 하늘로부터 주어진 것[天命]이며 군주는 백성을 위한 통치를 해야 함
② 국가가 백성을 바르고 평안하게 살도록 만들어 줄 때 백성의 마음을 얻을 수 있고 그 때 국가의 권위가 정당화됨

3. 시민에 대한 국가의 의무
(1) **동양에서의 국가의 역할과 의무**
① 공자와 맹자(유교 사상)

공자	누구에게나 기본적인 삶이 보장되는 대동 사회를 이상사회로 제시함
맹자	군주는 덕으로써 인(仁)을 행하는 왕도 정치를 해야 하며, 국가는 백성들이 올바른 생각과 행동을 할 수 있도록 생업 보장에 힘써야 함
민본주의 사상	백성이 나라의 근본이므로 백성을 위한 통치를 해야 함. 군주가 스스로 인격을 닦아 덕(德)을 베풀어야 백성들이 교화되어 사회 질서를 유지할 수 있음

자료로 살펴보기

■ **공자가 생각하는 국가의 의무**

큰 도(道)가 행해지고 천하가 모두의 것이다. 현명하고 유능한 사람을 뽑아 나라를 다스리게 하며, 사람들은 자기 부모만 부모로 여기지 않으며, 자기 자식만 자식으로 여기지 않는다. 노인은 여생을 잘 마칠 수 있고, 장년에게는 일자리가 있으며 어린아이는 잘 양육되고, 외롭고 홀로된 자나 병든 자는 모두 보살핌을 받는다. …… 이를 일러 대동(大同)이라 한다.
– "예기"

공자는 재화의 많고 적음보다 고른 분배의 중요성을 강조하였다. 그래서 국가는 재화를 고르게 분배하여 백성들 사이의 화목과 국가의 안정을 꾀해야 한다고 보았다. 공자는 이러한 사회를 대동 사회라고 하였다.

② 묵자
• 남의 나라를 내 나라 돌보는 것과 같이 하고, 남을 내 자신을 돌보는 것과 같이 해야 천하에 혼란이 없다고 주장함
• 모든 사람이 평등하고 서로 사랑하며[兼愛] 이익을 나누는 [交利] 사회를 이상 사회로 봄
→ 공자와 맹자는 덕치를 강조한 반면 한비자는 법치를 강조함
③ 한비자 : 군주가 포상과 처벌을 적절하게 제공하면서 백성을 통치할 때 사회 질서가 유지될 수 있다고 봄
④ 정약용 : 백성들의 삶을 위한 통치자의 헌신을 강조하였으며, 특히 지방 관리의 애민(愛民) 실천을 강조함
(2) **서양에서의 국가의 역할과 의무**
→ 사유 재산으로 인한 불평등의 심화로 사회 계약이 요청됨
① 사회 계약론자 : 자연 상태의 불완전함을 보완하기 위해 자발적으로 상호 간 동의와 계약을 맺어 국가를 수립한다고 봄

구분	홉스	로크	루소
자연 상태	만인의 만인에 대한 투쟁	평화롭지만 잠재적으로 전쟁 가능성이 있음	평화와 자유의 상태
국가의 역할	시민의 생명과 재산, 자유를 보호해야 함		

■ 홉스의 사회 계약론

공통의 권력은 외적의 침입과 상호 간의 권리 침해를 방지하고, 또한 스스로 노동과 대지의 열매로 일용할 양식을 마련하여 쾌적한 생활을 보낼 수 있도록 하기 위해서이다. …… 이리하여 바로 저 위대한 리바이어던(Leviathan)이 탄생한다.

– 홉스, "리바이어던"

홉스에 따르면 국가는 사람들의 생명과 재산을 보호하고 사회의 질서를 형성해야 할 의무를 지니며, 이러한 의무를 수행하기 위해 국가의 권위는 절대성을 가진다. 그러나 로크는 시민들이 자연 상태에서 명시적 또는 묵시적 동의를 통해 국가의 권위에 복종할 의무를 가지게 된다고 보았으며, 따라서 국가가 계약의 목적인 시민의 권리를 보장하지 못한다면 국가에 대한 저항권을 행사할 수 있다고 보았다.

② 밀 : 국가는 시민이 타인에게 해악을 끼칠 경우를 제외하고는 시민의 자유 등 기본권을 보장해야 함

③ 소극적 국가관과 적극적 국가관

구분	역할	한계
소극적 국가관	시장에 대한 국가의 개입을 최소화하고 국방, 외교 치안 등의 역할을 해야 함	빈부 격차, 시민의 최소한의 인간다운 삶을 보장하지 못함
적극적 국가관	시민의 기본 욕구를 충복시키고 의료, 주택, 교육 등의 영역에서 복지를 제공해야 함	국가 기능의 비대화와 비효율성, 복지 과잉으로 인한 도덕적 해이 현상 발생

이렇게 출제돼! 국가 권위의 정당화 근거를 묻는 문제로 출제될 수 있고, 국가의 역할에 대한 다양한 입장을 묻는 문제로도 출제될 수 있어.

주제 2 **민주 시민의 참여와 시민 불복종**

1. 민주 시민의 참여

(1) 시민의 의무와 시민 참여

① 국가는 시민의 자유와 권리를 보장하기 위해 노력해야 하며, 각 개인은 시민으로서의 의무를 다해야 함

② 정치 참여

• 대표적인 시민의 의무 중 하나

• 시민의 권리를 적극적으로 행사할 기회를 제공하여, 시민으로서 정치적 의무를 성실하게 수행하게 함

• 고대 그리스 : 국가의 일에 관심을 갖고 직접 참여하는 것을 시민의 핵심적 자질로 여김

(2) 시민 참여가 필요한 이유 → 대의 민주주의의 한계 : 선출된 대표가 시민의 의견을 충분히 반영하지 못함

① 시민은 주인이므로 주인 의식을 가지고 정치에 참여해야 함

② 시민은 정치 참여를 통해 자신들의 의사를 실질적으로 반영할 수 있음

③ 정치 참여를 통해 국가 권력의 남용을 견제하고 공동체의 문제를 협력적으로 해결함으로써 국가 발전을 도모할 수 있음

(3) 시민 참여의 의의

① 선거로 뽑힌 시민 대표가 정치 활동 과정에서 시민을 대변하는

대의 민주주의는 선출된 대표들이 각계각층의 입장을 제대로 대변하지 못하는 한계가 있음

• 주인–대리인 문제가 발생함

• 시민은 정치에 대한 혐오감을 갖고 무관심해지기 쉬움

② 시민의 다양한 참여는 직접 민주주의를 실현하는 방식으로서 대의 민주주의를 보완하는 역할을 함

• 시민 각자의 정치적 견해나 선호를 공공 정책에 반영할 수 있음

• 사회 구성원으로서의 정체성을 획득하게 하여 개인의 자아실현에 이바지함

• 국가 권력이 부당하게 개인의 권리를 침해하는 것을 경계할 수 있음

2. 시민 불복종

(1) 시민 불복종의 의미 : 법이나 정부 정책에 변화를 가져올 목적으로 행해지는 공공적이고 비폭력적이며 양심적이기는 하지만 법에 반하는 정치적 행위

(2) 시민 불복종의 이론적 근거

① 소로 : 법에 대한 존경보다는 인간으로서의 양심을 우선해야 함

② 롤스 : 개인의 양심보다 사회적 다수의 정의관에 근거하여 평등한 자유의 원칙이나 공정한 기회균등의 원칙에 어긋나는 법과 정책에 대해 저항할 수 있음

③ 드워킨 : 헌법 정신에 반하는 법률에 대해 저항할 수 있음

④ 싱어 : 시민 불복종이 산출할 이익과 손해, 불복종 행위의 성공 가능성을 고려해야 함

■ 시민 불복종에 대한 소로의 입장

불의가 당신으로 하여금 다른 사람에게 불의를 행하는 하수인이 되라고 요구한다면, 분명히 말하는데, 그 법을 어겨라. 당신의 생명으로 하여금 그 기계를 멈추는 역마찰이 되도록 하라. 내가 해야 할 일은, 내가 극력 비난하는 해악에게 나 자신을 빌려주는 일은 없도록 하는 것이다.

소로는 양심에 어긋나는 불의한 법에 대해서는 복종해서는 안 된다고 주장하였으며, 정부가 올바른 방법을 마련할 때까지 기다려보라는 주장에 대해서는 회의적이었다.

(3) 시민 불복종의 기원과 사례

① 로크 : 자연법에 근거하여 국민의 생명, 재산, 자유를 침해하는 통치에 대한 저항권을 인정함

② 저항권 사상 : 도덕 원리를 근거로 부패한 권력에 대한 저항을 정당화함으로써 시민 불복종 운동에 영향을 줌

③ 사례 : 소로의 납세 거부 운동, 간디의 소금법 거부 운동, 킹 목사의 흑인 차별 철폐 운동

(4) 시민 불복종의 정당화 요건 → 모든 불복종 행위가 시민 불복종으로 정당화되지 않음

① 행위의 목적이 정당하고 공공적 행위여야 함

② 비폭력적이어야 함

③ 최후의 수단이어야 함

④ 처벌을 감수해야 함

이렇게 출제돼! 시민 불복종에 대한 소로와 롤스의 입장을 묻는 문제로 주로 출제되고 있으므로, 두 사상가의 입장의 공통점과 차이점을 비교하여 공부해 두어야 해.

핵심 개념 CHECK!

· 정답 및 해설 47쪽

📝 다음 확인 문제 중 옳은 것에 ○, 옳지 않은 것에 ✕를 표기하세요.

주제 1 국가의 권위와 시민에 대한 의무

01 국가는 국민을 통치하고 명령을 내릴 수 있는 권위를 가진다. ○ ✕

02 본성론은 국가에 복종할 의무가 인간의 정치적인 본성에서 비롯된다고 보는 입장이다. ○ ✕

03 함정 동의론은 국가에 복종할 의무가 개개인의 동의로부터 비롯된다고 보는 입장이다. ○ ✕

04 로크는 명시적 동의를 통해서만 국가에 대한 개인의 복종의 의무가 성립한다고 보았다. ○ ✕

05 함정 정의론은 국가가 제공하는 여러 가지 혜택 때문에 국민의 복종의 의무가 생긴다고 본다. ○ ✕

06 유교에서는 민본주의의 입장에서 통치자는 백성을 위한 정치를 해야 한다고 본다. ○ ✕

07 민본주의는 통치자를 국가의 근본으로 본 사상이다. ○ ✕

08 맹자는 나라를 다스리는 통치자가 무엇보다 백성의 생업을 보장하는 데 힘써야 한다고 보았다. ○ ✕

09 공자의 대동 사회는 사회적 약자가 인간답게 살 수 있는 사회를 지향하였다. ○ ✕

10 정약용은 백성을 다스리는 사람은 개인의 이익보다 공익을 위해 힘써야 한다고 보았다. ○ ✕

11 소극적 국가는 모든 국민의 인간다운 삶을 보장하기 위해 힘쓰는 국가이다. ○ ✕

12 적극적 국가는 시장에 대한 국가의 개입을 최소화하고 국방과 치안에 힘쓰는 국가이다. ○ ✕

13 국가는 시민의 생명과 재산을 보호하고 보장해야 한다. ○ ✕

14 국가는 사회 보장과 복지 증진에 힘써야 한다. ○ ✕

15 국가는 구성원의 인권을 보장하는 데 힘써야 한다. ○ ✕

16 함정 홉스는 '만인의 만인에 대한 투쟁' 상태에서 벗어나기 위해서는 계약을 통해 자신의 권리를 국가에 양도할 것을 주장하였다. ○ ✕

17 맹자는 군주가 인격을 수양하고 백성의 입장에서 통치할 것을 강조하였다. ○ ✕

18 사회 계약론자들에게 국가란 인간의 본성에 의해 자연스럽게 구성된 공동체이다. ○ ✕

19 맹자는 군주를 교체할 수 있다는 저항 가능성을 인정하였다. ○ ✕

주제 2 민주 시민의 참여와 시민 불복종

20 시민은 권리를 누림과 동시에 의무를 져야 하는 존재이다. ○ ✕

21 정치 참여는 시민이 담당해야 할 의무 중 하나이다. ○ ✕

22 시민의 정치 참여는 직접 민주주의로 인한 한계를 보완하는 데 기여한다. ○ ✕

23 함정 시민 불복종도 시민의 정치 참여 중 한 가지에 해당한다. ○ ✕

24 선거로 뽑힌 사람은 대리인으로서 주인인 시민의 의사를 대변할 수 있어야 한다. ○ ✕

25 정치 참여를 통해 시민들은 국가 권력이 부당하게 개인의 권리를 침해하는 것을 경계할 수 있다. ○ ✕

26 시민 불복종은 법이나 정책에 변화를 가져올 목적으로 행해지는 합법적인 행위이다. ○ ✕

27 함정 소로는 법에 대한 존경보다 정의에 대한 존경심으로 살아야 한다고 보았다. ○ ✕

28 소로는 국민이기 이전에 한 인간으로서 살아야 한다고 보았다. ○ ✕

29 소로는 양심을 근거로 시민 불복종을 행해야 한다고 보았다. ○ ✕

30 롤스가 제시한 시민 불복종은 민주적인 입헌 체제를 바탕으로 하였다. ○ ✕

31 함정 롤스는 거의 정의로운 사회에서만 개인이 국가에 저항할 수 있다고 보았다. ○ ✕

32 롤스는 시민 불복종은 필요할 경우 폭력이 허용된다고 보았다. ○ ✕

33 롤스는 모든 법이 시민 불복종의 대상이 된다고 보았다. ○ ✕

34 롤스는 공적인 정의관을 바탕으로 시민 불복종을 행사해야 한다고 보았다. ○ ✕

35 함정 소로는 양심에 어긋나는 모든 법에 불복종해야 한다고 보았다. ○ ✕

36 소로는 개인은 법에 우선하여 양심과 정의에 따라 행동해야 한다고 보았다. ○ ✕

37 롤스는 불복종에 따른 처벌을 감수하는 것이 옳지 않다고 본다. ○ ✕

38 롤스와 소로는 모두 불복종을 정의의 실현을 위한 합법적 행위로 본다. ○ ✕

시민 불복종에 대한 소로와 롤스의 입장은 어떻게 다를까?

개념 | 자료로 확인

■ 소로의 시민 불복종

> 우리는 먼저 인간이어야 하고, 그 다음에 국민이어야 한다고 나는 생각한다. 법에 대한 존경심보다 먼저 정의에 대한 존경심을 기르는 것이 바람직하다. 내가 떠맡을 권리가 있는 나의 유일한 책무는, 어떤 때이고 간에 내가 옳다고 생각하는 일을 행하는 일이다. 단체에는 양심이 없다는 말이 있는데 그것은 참으로 옳은 말이다. 그러나 양심적인 사람들이 모인 단체는 양심을 가진 단체이다. 법이 사람들을 조금이라도 더 정의로운 인간으로 만든 적은 없다.
>
> – 소로, "시민 불복종"

소로는 자신의 양심에 따라 정의롭지 못한 국가 권력이나 부당한 법률에 대해 불복종해야 한다고 주장하였다.

■ 롤스의 시민 불복종

> 만일 우리가 시민 불복종을 공동체의 정의감에 호소하는 정치적 행위로 본다면 다른 조건이 같을 경우, 그것을 구체적이고 분명한 부정의 사례나 더욱이 다른 부정의를 제거하는 길을 방해하는 것에 한정하는 것이 합당하다고 생각된다. 이러한 이유로 시민 불복종을 정의의 제1원칙인 평등한 자유의 원칙에 대한 심한 위반이나 제2원칙의 두 번째 부분인 공정한 기회균등의 원칙에 대한 현저한 위배에 국한할 것을 내세우는 데는 나름의 추정 근거가 존재한다.
>
> – 롤스, "정의론"

롤스는 사회적 다수의 정의관을 근거로 부정의한 법이나 정책에 대해 시민 불복종을 할 수 있다고 보았으며, 시민 불복종의 범위를 평등한 자유의 원칙과 기회 균등의 원칙을 현저하게 위배하는 경우로 제한하였다.

소로는 악법에 대하여 타협을 하거나 시간을 갖고 기다려 보자는 주장으로는 근본적으로 악법을 바꾸기 어렵기 때문에 자신이 옳다고 믿는 양심에 어긋나는 불의한 법에 복종하지 말아야 한다고 주장하였다. 한편 롤스는 어느 정도 정의로운 사회에서 사회 구성원 다수의 정의관에 어긋나는 법과 정책의 개선을 위하여 시민 불복종이 행해질 수 있다고 주장하였다.

개념 | 빈칸 채우기로 확인

■ 소로의 시민 불복종

Q1 소로는 (　　　)에 근거하여 시민 불복종을 행사해야 한다고 보았다.

Q2 소로는 우리는 먼저 (　　　)이어야 하고 그 다음에 국민이어야 한다고 주장하였다.

■ 롤스의 시민 불복종

Q3 롤스는 다수의 공적인 (　　　)에 근거하여 시민 불복종을 행사해야 한다고 보았다.

Q4 롤스는 평등한 (　　　)의 원칙과 기회 균등의 원칙에 위배되는 법이나 정책에 대해 시민 불복종을 행사할 수 있다고 보았다.

개념 | O/X로 확인

Q5 소로는 법보다 정의에 따라 살 것을 강조하였다. （ ○ / × ）

Q6 소로는 다수의 시민이 참여할 때에만 시민 불복종이 성립한다고 보았다. （ ○ / × ）

Q7 롤스는 차등의 원칙을 위배하는 법과 정책에 대해 시민 불복종을 행사해야 한다고 주장하였다. （ ○ / × ）

Q8 롤스는 민주 사회의 시민은 시민 불복종을 행사할 수 있다고 보았다. （ ○ / × ）

개념 | 벤다이어그램에 적용

[연습하기] Q9 물음에 맞게 A / B / C에 표시하시오.

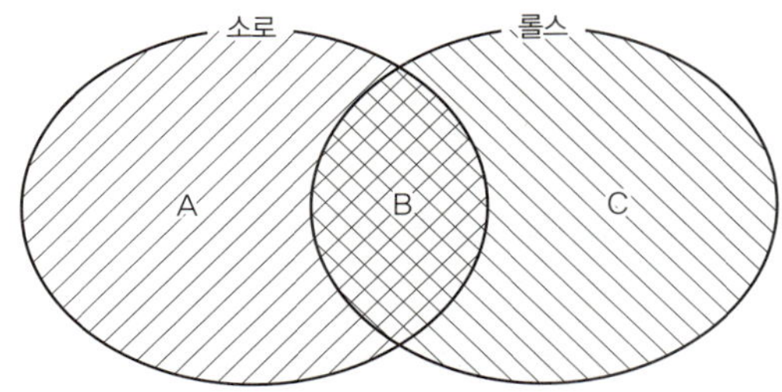

- 시민 불복종은 양심을 근거로 행해져야 한다.　❶（A / B / C）
- 시민 불복종은 정의를 실현하기 위한 위법 행위이다.　❷（A / B / C）
- 시민 불복종은 정의의 원칙에 의해 지도되는 행위이다.　❸（A / B / C）

[적용하기] Q10 소로와 롤스의 입장을 다음 벤다이어그램으로 표현할 때 A~C에 해당하는 진술로 옳은 것은?

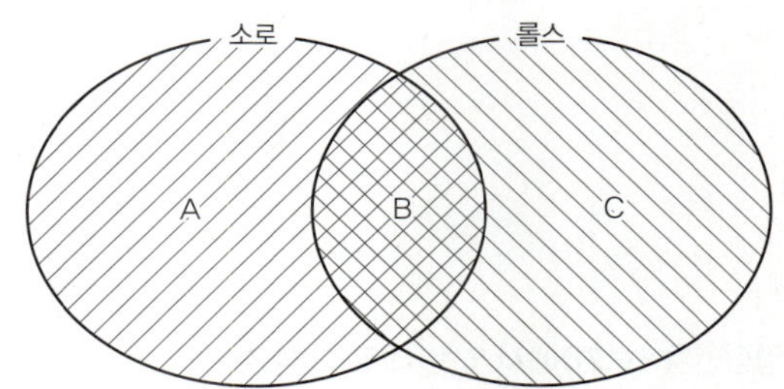

① A : 시민 불복종은 도덕적이고 합법적인 행위이다.
② A : 시민 불복종은 거의 정의로운 사회에서만 행해진다.
③ B : 시민 불복종은 체제의 변혁을 목적으로 하는 행위이다.
④ B : 시민 불복종의 목적을 달성하기 위해서는 폭력도 허용된다.
⑤ C : 시민 불복종은 공적인 정의관을 근거로 행해져야 한다.

How & WHY 정답　01. 양심 02. 인간 03. 정의관 04. 자유 05. ○ 06. × 07. × 08. ○ 09. ❶ A ❷ B ❸ C 10. ⑤

| 주제 1 | 국가의 권위와 시민에 대한 의무 |

족집게 전략 | 인권에 대한 각 제시문의 입장을 이해하고 이에 해당하는 주장을 찾아내는 유형의 문제이다. 자유권과 복지권의 특징을 비교하여 알고 있어야 한다.

접근 전략

❶ 제시문 파악	❷ 선택지 적용
인권에 대한 입장을 중심으로 갑, 을의 입장을 파악한다.	❶에서 파악한 갑, 을의 입장에 따라 선택지에서 서술하고 있는 각각의 내용이 알맞은 것인지 꼼꼼하게 파악한다.

159 ◀대표 문항
| 평가원 기출 |

갑, 을 중 적어도 한 사람이 부정의 대답을 할 질문만을 〈보기〉에서 있는 대로 고른 것은?

> 갑 : 인권은 개인이 국가나 타인으로부터 간섭이나 침해를 받지 않을 권리와 정치에 참여할 평등한 기회를 가질 권리로 국한되어야 한다. 국가가 사회적·경제적 평등을 실현하기 위해 개인의 자유와 권리를 침해하는 것은 부당하다.
> 을 : 인권은 인간이 최소한의 인간다운 삶을 누리며 살 권리이다. 인권을 소극적 권리로 한정해서는 사회적 약자들의 인간다운 삶을 보장할 수 없다. 국가는 구성원 모두의 인권 보장을 위해 사회적·경제적 평등을 실현해야 한다.

> 〈보기〉
> ㄱ. 인권은 자유권과 참정권으로 국한되어야 하는가?
> ㄴ. 인권은 인간으로서 마땅히 누려야 할 권리인가?
> ㄷ. 인권은 자유권과 함께 복지권을 포함하는 권리인가?
> ㄹ. 인권은 사회적·경제적 평등의 실현을 통해 보장되어야 하는가?

① ㄱ, ㄴ　　　② ㄱ, ㄹ　　　③ ㄴ, ㄷ
④ ㄱ, ㄷ, ㄹ　　　⑤ ㄴ, ㄷ, ㄹ

160
| 교육청 기출 |

갑, 을의 입장만을 〈보기〉에서 있는 대로 고른 것은?

> 갑 : 인간은 본래 자유로우며 정부는 인민의 동의에 의해 세워졌다. 통치권은 오직 공공선을 목적으로 위탁된 것이며 자유인은 자신의 동의를 통해서만 복종의 의무를 진다.
> 을 : 인간은 모두 기본적 자유를 평등하게 누릴 권리가 있으며 사회 구조와 제도가 정의롭다면 그것에 따라야 한다. 불복종은 오직 시민들 간의 자발적인 사회 협동체의 원칙이 침해될 때 행사될 수 있다.

> 〈보기〉
> ㄱ. 갑 : 모든 인간은 나면서부터 정부에 복종할 의무를 갖는다.
> ㄴ. 을 : 정치 체제의 변혁은 시민 불복종의 목표가 아니다.
> ㄷ. 을 : 시민 불복종은 정의로운 제도 유지와 강화에 기여한다.
> ㄹ. 갑, 을 : 복종의 의무는 개인의 선택과 무관하게 발생한다.

① ㄱ, ㄴ　　　② ㄱ, ㄹ　　　③ ㄴ, ㄷ
④ ㄱ, ㄷ, ㄹ　　　⑤ ㄴ, ㄷ, ㄹ

161
| 교육청 기출 |

㉮~㉰의 입장에 대한 설명으로 옳지 <u>않은</u> 것은?

> ㉮ 모든 국민은 복지를 동등하게 누릴 권리가 있다. 국가가 모든 국민에게 동등한 복지를 제공해야 계층 간의 갈등이 줄어들 수 있다.
> ㉯ 국가는 자산을 기준으로 가난한 사람들에게 복지를 제공해야 한다. 선별적으로 복지를 제공해야 자원의 낭비가 줄어들 수 있다.
> ㉰ 가난한 사람들에게 도움을 줄 것인지의 여부는 각 개인의 선택에 맡겨야 한다. 국가가 가난한 사람들을 돕는다는 명분으로 세금을 걷는 것은 부당한 권리 침해이다.

① ㉮는 복지 제도를 통한 사회 통합을 강조한다.
② ㉯는 선택적 복지가 자원의 효율적 배분에 기여한다고 본다.
③ ㉰는 복지 비용에 대한 개인과 국가의 공동 부담을 강조한다.
④ ㉮, ㉯는 국민의 복지에 대한 국가의 책임을 인정한다.
⑤ ㉮는 ㉯, ㉰와 달리 보편적 복지의 실현을 강조한다.

162
| 교육청 기출 |

㉮의 입장에서 ㉯의 A에게 해줄 수 있는 조언으로 가장 적절한 것은?

㉮	고을에 부임한 목민관은 친척이나 친구 관계를 단단히 단속하여야 한다. 백성을 보살피는 일에 신경 쓸 것이지 손님을 접대하는 일에 신경 쓸 것이 아니다.
㉯	인사 업무를 맡은 공무원 A는 승진에 도움이 되는 새로운 정보를 친한 후배에게 알려 주어야 할지 갈등하고 있다.

① 공정성보다는 유용성을 고려해서 결정해야 하네.
② 업무를 처리할 때 연고(緣故)를 무시하지 않아야 하네.
③ 도움을 받은 사람에게 보은(報恩)의 정을 표현해야 하네.
④ 공적인 일에 사적인 친분 관계를 개입시키지 말아야 하네.
⑤ 원칙을 고수하기보다는 상황에 맞게 융통성을 발휘해야 하네.

163 고난도↑

갑, 을, 병의 입장에 대한 옳은 설명만을 〈보기〉에서 있는 대로 고른 것은?

> 갑 : 본성적으로 국가 없이 생존할 수 있는 인간은 사악한 인간이거나 인간을 넘어선 존재이다. 국가는 자연의 피조물이며, 인간은 사회적 동물임이 명백하다.
>
> 을 : 인간은 재산을 안전하게 향유하기 위하여 시민 사회의 구속을 받아들인다. 어떤 인간도 자신의 동의 없이 자연 상태를 떠나서 다른 사람의 정치권력에 복종할 수 없다.
>
> 병 : 만일 사회의 기본 구조가 정의로울 경우에 모든 사람은 현존 체제에서 자신의 본분을 다해야 할 자연적 의무를 갖게 된다.

[보기]
ㄱ. 갑은 국가의 형성이 인간의 정치적 본성에서 비롯된다고 본다.
ㄴ. 을은 묵시적 동의를 통해서도 국가에 복종할 의무가 생긴다고 본다.
ㄷ. 병은 거의 정의로운 사회에서 국민은 법을 지킬 의무가 있다고 본다.
ㄹ. 을, 병은 국민은 통치 권력에 대해 저항할 수 없다고 본다.

① ㄱ, ㄴ 　② ㄱ, ㄹ 　③ ㄷ, ㄹ
④ ㄱ, ㄴ, ㄷ 　⑤ ㄴ, ㄷ, ㄹ

164

갑의 입장에 비해 을의 입장이 갖는 상대적 특징을 그림의 ㉠~㉤ 중에서 고른 것은?

> 갑 : 인권을 존중하기 위해서는 국가나 타인의 간섭을 받지 않을 시민적 권리와 개인이 공적 업무에 참여하고 통제하기 위한 정치적 권리를 보장해야 한다.
>
> 을 : 인권을 존중하기 위해서는 사회 보장과 복지, 노동과 직업의 권리, 교육권 등을 보장함으로써 인간의 존엄과 인격의 가치를 구현해야 한다.

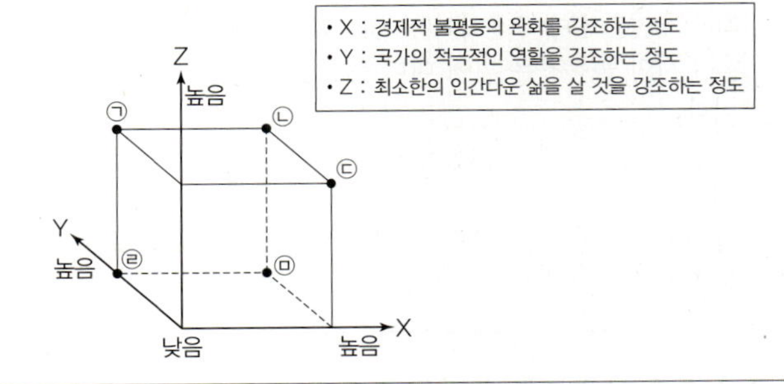

① ㉠ 　② ㉡ 　③ ㉢ 　④ ㉣ 　⑤ ㉤

165

다음을 주장한 사상가의 관점에만 모두 '✓' 표시를 한 학생은?

> ○ 인을 해치는 자를 적(賊)이라 하고 의를 해치는 자를 잔(殘)이라고 하며 잔적한 자를 일개 사내라 하니, 일개 사내에 불과한 주(紂)를 베었다는 말은 들었어도 신하가 군주를 죽였다는 말은 듣지 못하였다.
>
> ○ 백성이 가장 귀하고 사직이 다음이며 군주는 가볍다. 백성의 마음을 얻어야 천자가 된다. 천자에게 신임을 얻으면 제후가 되고 제후에게 신임을 얻으면 대부가 된다.

관점　　　　　　　　　　　학생	갑	을	병	정	무
백성을 고통스럽게 하는 군주는 바꿀 수 있다.	✓	✓		✓	
군주는 백성을 사랑하는 마음으로 통치해야 한다.			✓	✓	✓
군주는 힘으로 백성을 다스리되 공평무사해야 한다.	✓			✓	✓
군주는 백성에게 일정한 생업을 보장해 주어야 한다.		✓		✓	✓

① 갑 　② 을 　③ 병 　④ 정 　⑤ 무

166

다음 사회의 특징만을 〈보기〉에서 있는 대로 고른 것은?

> 도가 실현된 세상에서는 천하가 모두의 것이 된다. 현명하고 유능한 자가 다스리고 자기 부모나 자식만 사랑하지 않고 남의 부모나 자식도 사랑한다. 늙은이는 편안하게 삶을 마칠 수 있고 젊은이는 일할 자리를 얻으며 고아와 과부 그리고 병든 사람들은 모두 부양을 받는다.

[보기]
ㄱ. 도덕적 인격을 갖춘 통치자가 다스리는 사회이다.
ㄴ. 통치자가 분별적인 지혜를 갖지 않는 사회이다.
ㄷ. 재화가 구성원에게 고르게 분배되는 사회이다.
ㄹ. 사회적 약자가 소외되지 않는 사회이다.

① ㄱ, ㄴ 　② ㄱ, ㄷ 　③ ㄴ, ㄹ
④ ㄱ, ㄷ, ㄹ 　⑤ ㄴ, ㄷ, ㄹ

주제 2 민주 시민의 참여와 시민 불복종

족집게 전략 | 제시문에 나타난 시민 불복종에 대한 입장을 이해하고 이를 주장한 사상가의 입장에 해당하는 설명을 찾아내는 유형의 문제이다. 롤스의 입장을 자세하게 학습해 두어야 한다.

접근 전략

❶ 제시문 파악	❷ 선택지 적용
제시문을 주장한 사상가의 시민 불복종에 대한 입장을 파악한다.	❶에서 파악한 사상가의 입장에 대한 설명으로 각 선택지에서 서술하고 있는 내용이 알맞은 것인지 꼼꼼하게 파악한다.

167 대표 문항 고난도↑
| 평가원 기출 |
다음 사상가의 입장만을 〈보기〉에서 있는 대로 고른 것은?

거의 정의로운 사회는 심각한 부정의가 존재할지도 모르지만 일종의 민주적 정부의 형태를 갖춘 사회이다. 이러한 사회에서 정의의 원칙들은 자유롭고 평등한 인간들 간의 자발적인 협동의 기본 조항으로서 공공적으로 인정된다. 그래서 시민 불복종에 참여함으로써 사람들이 의도하는 것은 다수의 정의감에 호소하여 자유로운 협동의 조건이 침해되었다는 것을 정당하게 알리는 것이다.

〔보기〕
ㄱ. 시민 불복종은 정당한 폭력으로 다수의 정의감에 호소하는 행위이다.
ㄴ. 시민 불복종은 사회적 협동의 기본 원리에 근거한 양심적 항거이다.
ㄷ. 시민 불복종은 도덕적으로는 옳지 못하지만 불가피한 위법 행위이다.
ㄹ. 민주적 정부의 법도 부정의하면 시민 불복종의 대상이 될 수 있다.

① ㄱ, ㄴ ② ㄱ, ㄷ ③ ㄴ, ㄹ
④ ㄱ, ㄷ, ㄹ ⑤ ㄴ, ㄷ, ㄹ

168 고난도↑
| 평가원 기출 |
갑, 을 사상가들의 입장으로 가장 적절한 것은?

갑 : 법에 대한 존경심보다 먼저 정의에 대한 존경심을 기르는 것이 바람직하다. 내가 떠맡을 권리가 있는 나의 유일한 책무는 내가 옳다고 생각하는 일을 행하는 것이다. 법에 대한 존경심 때문에 선량한 사람들조차 불의의 하수인이 되고 있다.
을 : 사회의 기본 구조가 합당하게 정의로운 것인 경우, 그 부정의가 지나치지만 않으면 부정의한 법도 구속력이 있음을 인정해야 한다. 시민 불복종은 법에 대한 충실성의 한계 내에서 법에 대한 불복종을 나타내는 것이어야 한다.

① 갑 : 시민 불복종은 다수 국민이 공유한 정의관에 근거해야 한다.
② 갑 : 법률과 양심을 시민 불복종의 정당성 판별 근거로 삼아야 한다.
③ 을 : 양심에 충실한 거부라도 정당한 시민 불복종이 아닌 경우가 있다.
④ 을 : 시민 불복종은 체제의 정당성에 대한 비폭력적·공개적 저항이다.
⑤ 갑, 을 : 시민 불복종은 공권력에 의한 처벌을 거부하는 수단이다.

169
| 평가원 기출 |
다음 서양 사상가가 부정의 대답을 할 질문으로 가장 적절한 것은?

거의 정의롭지만 정의에 대해 심각한 위반이 발생하기도 하는 사회에서 시민 불복종이 성립한다. 시민 불복종은 신중하고 양심적인 정치적 신념의 표현인 청원의 한 형태이므로 공개 석상에서 이루어지며, 어떤 개인적 도덕 원칙이나 종교적 교설이 아닌 공유된 정의관에 의거해야 한다. 정당한 시민 불복종이 시민 화합을 해치는 것으로 보이면, 그 책임은 불복종하는 자들이 아니라 권위와 권력을 남용한 자들에게 있는 것이다.

① 시민 불복종의 주체는 체제의 합법성을 인정하는 시민인가?
② 시민 불복종의 의도는 동료 시민들에게 공표되어야 하는가?
③ 시민 불복종은 공동체의 정의감에 호소하는 정치 행위인가?
④ 시민 불복종의 목적에서 정부 정책의 개혁은 제외되어야 하는가?
⑤ 시민 불복종은 어떠한 합법적 방법도 효과가 없을 때 행해져야 하는가?

170 고난도↑
| 평가원 기출 |
갑, 을 사상가들의 입장만을 〈보기〉에서 있는 대로 고른 것은?

갑 : 시민은 한 순간이라도 자신의 양심을 입법자에게 맡겨야 하는가? 우리는 먼저 인간이어야 하고 그 다음에 국민이어야 한다. 단 한 명의 사람이라도 부당하게 가두는 정부 밑에서 의로운 사람이 진정 있을 곳은 감옥이다.
을 : 시민들의 부정의한 법에 대한 불복종은 공유된 정의관에 의해 정당화된다. 이러한 불복종은 거의 정의로운 국가에서 체제의 합법성을 인정하는 시민들에 의해서만 생긴다. 특히 평등한 기본적 자유 원칙의 침해는 굴종이 아니면 반항을 부른다.

〔보기〕
ㄱ. 갑 : 개인은 법에 우선하여 양심과 정의에 따라 행동해야 한다.
ㄴ. 을 : 시민 불복종은 법에 대한 충실성을 거부하는 정치 행위이다.
ㄷ. 을 : 시민 불복종의 대상은 일부의 부정의한 법이나 정책들에 한정된다.
ㄹ. 갑, 을 : 정의감에 호소하는 시민 불복종이 비폭력적일 필요는 없다.

① ㄱ, ㄷ ② ㄱ, ㄹ ③ ㄴ, ㄹ
④ ㄱ, ㄴ, ㄷ ⑤ ㄴ, ㄷ, ㄹ

171

다음 사상가가 강조할 내용으로 가장 적절한 것은?

> 법에 대한 존경심보다는 정의에 대한 존경심을 기르는 것이 바람직하다. 법이 사람들을 조금이라도 더 정의로운 인간으로 만든 적은 없다. 오히려 법에 대한 존경심 때문에 선량한 사람들조차도 매일매일 불의의 하수인이 되고 있다.

① 불의한 법이라도 개정될 때까지는 준수해야 한다.
② 불의한 법은 다수가 동참할 때를 기다려 어겨야 한다.
③ 개인의 자유와 평화를 위해 무정부주의를 추구해야 한다.
④ 좋은 사회를 만들기 위해 모두 양심에 따라 살아야 한다.
⑤ 우리는 먼저 국민이어야 하고 그다음에 인간이어야 한다.

172

다음을 주장한 사상가의 입장으로 가장 적절한 것은?

> 실제 상황에서 시민 불복종과 양심적 거부를 구분하기는 어렵지만 시민 불복종과 양심적 거부는 몇 가지 차이점이 있다. 우선 양심적 거부는 다수자의 정의감에 호소하는 청원의 형식이 아니다. 그리고 공개석상에서의 행위도 아니다. 또한 양심적 거부는 반드시 정치적 원칙에 바탕을 두는 것이 아니며 종교적 원리나 다른 어떤 원리에 기초할 수도 있다.

① 시민 불복종은 도덕적으로 옳은 합법적 행위이다.
② 시민 불복종은 법에 대한 충실성의 한계를 벗어난 행위이다.
③ 시민 불복종은 정의로운 체제의 안정성 유지에 기여할 수 있다.
④ 시민 불복종은 부정의를 시정하기 위해 우선 시도해야 하는 방법이다.
⑤ 시민 불복종은 정치 수준과 무관하게 모든 사회에서 실천할 수 있다.

173

다음을 주장한 사람의 법에 대한 입장으로 가장 적절한 것은?

> 저는 부당한 법률을 빠져나가거나 무시하라고 주장하는 것이 아닙니다. 그렇게 되면 우리 사회는 무정부 상태가 될 것입니다. 부당한 법률을 위반하는 사람은 솔직하고 겸허한 태도를 가져야 하며, 어떤 형벌도 달갑게 받아들여야 합니다. 양심적으로 볼 때 부당하다고 판단되는 법률을 위반하되, 지역 사회의 양심에 그 법률의 부당성을 호소하기 위해서 징역형도 불사하는 사람이야말로 법률을 지극히 존중하는 사람입니다.

① 다수결의 원리에 따라 제정된 법은 항상 정의롭다.
② 불공정한 법이나 정책은 교정하려고 노력해야 한다.
③ 사회 구성원은 국가의 모든 법을 반드시 지켜야 한다.
④ 법이나 정책은 국민의 정당한 권리라도 침해할 수 있다.
⑤ 시민 불복종으로 사익 추구를 제한하는 법적 규제를 완화해야 한다.

174

갑, 을의 입장에 대한 설명으로 옳은 것은?

> 갑 : 시민 불복종을 통해 우리는 사회의 다수자가 갖는 정의감을 나타내게 되고, 자유롭고 평등한 인간들 간에 사회 협동체의 원칙이 존중되지 않고 있음을 선언하게 된다. 이러한 시민 불복종은 정의의 원칙들에 의해 지도되고 정당화되는 행위라는 의미에서 정치적 행위로 볼 수 있다.
>
> 을 : 입법부가 인민의 생명, 자유 및 재산을 보호하지 못하고 오히려 침해하게 되면 인민이 그것과 상반된 목적으로 그들에게 맡긴 권력을 신탁 위반으로 상실하게 된다. 이 경우 인민은 새로운 입법부를 설립함으로써 그들 자신의 안전과 안보를 강구할 권리를 가진다.

① 갑은 시민 불복종은 위법 행위로 도덕적 명분을 갖지 못한다고 본다.
② 갑은 시민 불복종은 청원의 한 형태로 공공적으로 행해져야 한다고 본다.
③ 을은 국민이 되기로 동의한 사람은 권력에 저항할 수 없다고 본다.
④ 을은 묵시적 동의를 통해서는 준법의 의무가 생기지 않는다고 본다.
⑤ 갑, 을은 질서 유지를 위해 국가는 절대 권력을 가져야 한다고 본다.

175

갑, 을의 입장에 대한 설명으로 옳은 것은?

> 갑 : 시작이 아무리 작은 듯이 보여도 그것은 문제가 되지 않는다. 한 번 행해진 옳은 일은 영원히 행해지기 때문이다. 단 한 명의 정직한 사람이라도 노예 소유하기를 그만두고 그 때문에 감옥에 갇힌다면 노예 제도는 폐지되리라는 것을 나는 알고 있다.
>
> 을 : 나는 정의의 원칙들이 자유롭고 평등한 인간들 간의 자발적인 협동의 기본 조항으로서 공공적으로 인정되고 있다고 생각한다. 사람들은 시민 불복종에 참여함으로써 자유로운 협동의 조건이 침해되었다는 것을 다수의 정의감에 호소하는 것이다.

① 갑은 사회적 유용성을 증진할 때 불복종이 정당화된다고 본다.
② 갑은 양심보다 헌법 정신에 비추어 불복종을 결정해야 한다고 본다.
③ 을은 기본적 자유가 현저하게 침해되는 경우 불복종을 행사할 수 있다고 본다.
④ 을은 개인적 양심이나 종교적인 신념을 위한 불복종 행위도 허용되어야 한다고 본다.
⑤ 갑, 을은 불복종에 대한 처벌은 위법이므로 거부해야 한다고 본다.

IV 과학과 윤리

IV단원 개념 NAVIGATION

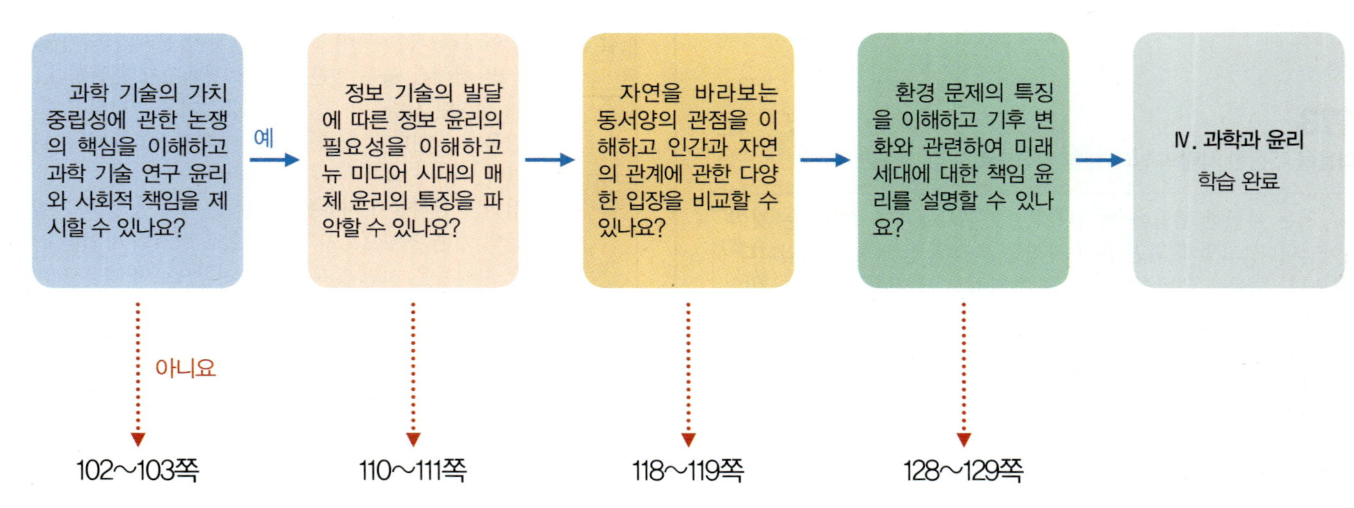

| **12강**
과학 기술과 윤리 | **주제 1** 과학 기술의 가치 중립성 논쟁 | · 과학 기술의 가치 중립성
· 정당화 과정 · 발견과 활용 과정 |
| | **주제 2** 과학 기술의 사회적 책임 | · 책임 윤리
· 연구 윤리 · 사회적 책임 |

| **13강**
정보 사회와 윤리 | **주제 1** 정보 기술 발달과 정보 윤리 | · 저작권 보호 · 정보 공유 권리
· 정보 윤리의 기본 원칙 |
| | **주제 2** 정보 사회에서의 매체 윤리 | · 알 권리 · 인격권
· 잊힐 권리 · 표현의 자유 |

14강 자연을 바라보는 동서양의 관점	**주제 1** 유교 · 불교 · 도가의 자연관	· 천인합일 · 연기설 · 자타불이 · 무위자연 · 물아일체
	주제 2 인간 중심주의와 동물 중심주의	· 이분법적 세계관 · 삶의 주체 · 이익 평등 고려의 원칙
	주제 3 생명 중심주의와 생태 중심주의	· 생명 외경 · 목적론적 삶의 중심 · 대지 윤리 · 심층 생태주의

| **15강**
환경 문제에 대한
윤리적 쟁점 | **주제 1** 환경 문제의 특징과 기후 변화 | · 지구 온난화 · 기후 정의
· 탄소 배출권 거래 제도 |
| | **주제 2** 미래 세대에 대한 책임과 생태 지속 가능성 | · 책임 윤리 · 개발과 보존의 딜레마
· 환경적으로 건전하고 지속 가능한 발전 |

▶과학 기술과 윤리는 제시문을 꼼꼼하게 읽자.

내용적으로 어렵지 않지만, 과학 기술의 가치 중립성과 과학 기술의 사회적 책임 논쟁까지 한데 묶여 출제되면 의외로 문제 풀기가 복잡해진다. 제시문을 꼼꼼하게 분석하며 읽는 습관이 필요하다. 또한 요나스의 책임 윤리와 함께 출제될 가능성도 있다.

▶자연과 윤리는 문제 풀이와 선지 이해를 중심으로 공부하자.

단골 고난도 주제라는 점을 기억하고 학습에 임하자. 대체로 벤다이어그램이나 순서도를 활용해 복잡하게 출제되므로 인간 중심주의, 동물 중심주의, 생명 중심주의, 생태 중심주의로 나누어 개념을 암기하는 것에 그치지 말고 문제를 많이 풀어 보면서 복잡하게 꼬인 선지를 이해하는 연습을 반복적으로 해야 한다.

과학 기술과 윤리

주제 1 과학 기술의 가치 중립성 논쟁

1. 과학 기술의 성과와 윤리적 문제

(1) **과학 기술의 성과** — 관찰, 실험 등의 객관적 방법으로 얻은 과학적 지식을 응용 및 활용하는 것을 뜻함

① 물질적 풍요와 안락한 삶을 누리게 함
- 기계 공학의 발달과 신소재의 개발로 의식주와 관련된 재화의 대량 생산 → 물질적으로 풍요로운 삶을 누리게 됨
- 자동화의 진전으로 더 많은 여가 확보 → 편리하고 안락한 삶을 누리게 됨

② 시공간적 제약에서 벗어날 수 있게 함 : 교통과 정보 통신 기술의 발달로 자유로운 여행 및 세계인들과 실시간 교류가 가능해짐

③ 인간의 건강을 증진하고 생명을 연장해 줌 : 생명 공학 기술의 발달과 새로운 치료법과 신약이 개발되어 난치병 예방 및 치료가 가능해짐

(2) **과학 기술의 윤리적 문제**

① 환경 문제의 발생 : 자연을 개발하고 활용하면서 자원 고갈, 기후 변화, 동식물의 종(種) 감소, 생태계 파괴 등의 환경 문제가 발생함

② 인권 및 사생활 침해
- 인터넷을 통한 개인 정보 유출과 사이버 폭력 문제 발생
- 위치 추적 시스템, 감시 카메라를 이용한 감시와 통제 → '판옵티콘' 사회와 '빅브라더'의 출현이 우려됨

③ 생명의 존엄성 훼손 : 생명 복제, 유전자 조작 등 → 생명의 도구화·수단화를 초래함

④ 인간의 주체성 약화 및 비인간화 현상 초래 : 인간이 과학 기술에 지나치게 의존하거나 종속됨 → 기술 지배 현상과 인간 소외 현상 등이 발생함

> **자료로 살펴보기**
>
> ■ **전자·정보 판옵티콘**
>
> 판옵티콘(panopticon)은 죄수를 감시할 목적으로 영국 철학자 벤담이 설계한 원형 감옥이다. 판옵티콘 바깥쪽은 죄수의 밝은 방이고, 어두운 중앙은 간수의 감시 공간이다. 죄수는 간수에게 자신의 일상을 다 드러내 놓을 수밖에 없는 위치에 있으며, 간수는 보이지 않는 곳에서 죄수를 감시할 수 있다.
>
> 판옵티콘은 간수의 존재를 드러내지 않으면서 끊임없이 죄수를 감시할 수 있는 구조이다. 판옵티콘의 이러한 점에 주목한 미국의 사회학자 포스터는 과학 기술의 발달로 인해 전자·정보 판옵티콘이 더욱 공고하게 우리의 삶을 감시할 수 있다고 주장하였다.

2. 과학 기술을 바라보는 관점

(1) **과학 기술 지상주의와 과학 기술 혐오주의**

과학 기술 지상주의	• 과학 기술의 발전을 지나치게 낙관적으로 바라보는 입장 • 인류가 과학 기술을 이용하여 사회의 모든 문제를 해결할 것이라고 봄 • 문제점: 과학 기술이 갖는 부정적 측면을 간과하고, 인간의 반성적 사고 능력을 훼손할 수 있음
과학 기술 혐오주의	• 과학 기술의 발전을 비관적으로 바라보는 입장 • 과학 기술의 비윤리적인 측면을 부각하거나, 과학의 합리성 자체를 문제 삼음 • 문제점: 과학 기술의 가치를 인정하지 않고, 과학 기술이 인류에게 가져다준 여러 성과를 부정함

(2) **바람직한 태도** : 과학 기술의 성과를 누리면서도 이에 내재한 부작용을 최소화하기 위해 비판적으로 성찰하는 자세

3. 과학 기술과 가치 중립성

(1) **과학 기술의 가치 중립성을 강조하는 입장**

① 과학 기술 그 자체는 좋은 것도 나쁜 것도 아니라고 봄

② 사실과 가치의 영역을 명확하게 구분함

③ 과학 기술은 윤리적 규제나 평가로부터 자유로워야 함

(2) **과학 기술의 가치 중립성을 부정하는 입장**

① 연구 목적을 설정하거나 결과를 현실에 적용할 때 가치 판단이 개입됨

② 과학 기술은 가치 판단으로부터 자유로울 수 없음

③ 과학 기술에 대한 윤리적 성찰이 필요함

> **자료로 살펴보기**
>
> ■ **과학 기술의 가치 중립성 논쟁**
>
> • 기술은 수단일 뿐이며 그 자체로 선도 아니고 악도 아니다. 과학 기술이 선한지 악한지는 인간이 기술로부터 무엇을 만들어 내고, 기술을 어디에 사용하고, 어떤 조건에서 기술이 만들어지느냐에 달려 있다.
> – 야스퍼스, "역사의 기원과 목표"
> • 오늘날 우리는 어디서나 과학 기술에 붙들려 있다. 따라서 최악의 경우는 기술을 중립적인 것으로 고찰하여 우리와 무관한 것으로 보게 되는 것이다. 이 경우 우리는 무방비 상태로 기술에 내맡겨진다.
> – 하이데거, "기술과 전향"
>
> 칼을 사용할 때, 그것을 맛있는 요리를 하는 데 사용할지 아니면 타인의 생명을 위협하는 데 사용할지는 칼을 사용하는 인간에게 달려 있다. 이와 마찬가지로 야스퍼스는 과학 기술 그 자체는 칼과 같은 수단에 불과하며, 인간의 의지에 따라 그 성격이 변하는 가치 중립적인 것으로 보아 과학 기술에 가치 판단이 개입해서는 안 된다고 주장하였다. 반면 하이데거는 오늘날 증대되고 있는 과학 기술의 영향력에 무방비로 내맡겨진 인간에게 과학 기술에 대한 사유와 숙고의 필요성을 강조하며, 과학 기술에 대한 가치 판단이 필요하다고 주장하였다.

(3) **과학 기술과 윤리의 관계** : 과학 기술이 궁극적으로 지향하는 바는 인간의 존엄성 구현과 삶의 질 향상이라는 윤리적 목적과 연결됨

4. 과학 기술의 두 가지 과정과 가치 판단

(1) **과학 기술의 두 가지 과정**

연구 과정	• 과학 기술이 객관적 타당성을 갖춘 지식이나 원리로 인정받기 위한 과정 • 과학 기술의 객관적 타당성을 확보하기 위해 연구자 개인의 가치 판단이 들어가서는 안 됨 ⑩ 물리학 이론이 객관적 타당성이 있는 원리인지를 검증하는 과정

발견과 활용 과정	• 연구의 대상과 목적을 선정하고 그 결과가 활용되는 과정 • 연구자 개인의 가치관이나 기업의 이익, 사회적 필요, 정치적 목적 등 다양한 가치가 개입될 수 있음 예) 물리학 이론을 적용한 원자 폭탄 개발을 연구 대상으로 삼거나 전쟁에 활용하는 과정

(2) 가치 판단에 대한 바람직한 입장

① 연구 과정에서의 가치 중립성 : 과학 기술의 이론적 정당화 맥락, 즉 과학 기술이 객관적 타당성을 갖춘 지식이나 원리로 인정받는 과정에서는 가치 중립적이어야 함

② 발견과 활용 과정에서의 가치 판단 : 과학 기술의 연구 목적을 설정하고, 연구 결과를 현실에 활용하는 과정에서는 윤리적 가치 평가에 의해 지도 및 규제받아야 함

이렇게 출제돼! 과학 기술의 성과와 윤리적 문제는 제시문에서 강조하는 내용이나 토론의 핵심 쟁점을 묻는 형태로 출제될 가능성이 있어. 하지만 과학 기술의 가치 중립성에 대한 입장을 비교하는 문제가 주로 출제되고 있다는 점을 기억해야 해!

주제 2 과학 기술의 사회적 책임

1. 과학 기술과 책임 윤리

(1) 과학 기술에 대한 윤리적 책임 문제 등장 배경

① 결과의 모호성 : 과학 기술의 결과에 대한 예측이 불분명하고, 과학 기술자의 의도와 상관없는 결과가 생길 수 있음

② 적용의 강제성 : 비윤리적인 과학 기술일지라도 개발과 적용을 막기가 어려움

③ 시공간적 광역성 : 과학 기술의 결과는 장기간에 걸쳐 광범위하게 영향력을 행사함

(2) 과학 기술에 대한 윤리적 책임 의식 함양

① 동양 : 순천절물(順天節物)

• 자연에 따르고 절도에 맞게 행동하는 것임

• 자연의 섭리에 따라 소박하게 살아가야 함을 강조함

② 서양 : 요나스의 책임 윤리

• 책임의 범위를 현세대로 한정하는 기존의 전통적 윤리관은 과학 기술 시대에 발생하는 문제를 해결하는 데 한계를 지님

• 윤리적 책임의 범위를 확대해 인간뿐만 아니라 자연과 미래 세대에 대한 책임까지 고려해야 함 → 예견적 책임

• 인류의 생존에 방해되는 어떠한 행동도 하지 말아야 하며, 그 행동의 결과가 생명이 살 수 있는 미래를 파괴하지 않도록 해야 함

자료로 살펴보기

■ **요나스의 책임 윤리**

• 프로메테우스는 과학을 통해 이제까지 알려지지 않았던 힘을 부여받아 사슬로부터 풀려났지만, 그는 자신의 힘이 불행을 자초하지 않도록 스스로를 제어해야 한다.

• 책임의 범위를 현세대로 한정하는 기존의 윤리관으로는 과학 기술 시대에 발생하는 문제를 해결하는 데 한계가 있다. 새롭게 요구되는 윤리는 과학 기술로 인한 상황을 적극적으로 반성하는 책임 윤리로서 두려움, 겸손, 검소, 절제, 성스러운 것에 대한 외경심 등의 덕목들이다.

요나스가 주장한 새로운 책임 윤리의 핵심은 단지 인간이 과거에 행했던 것에 대한 책임만이 아니라, 인간의 행위가 앞으로 발생시킬 문제를 예측하고 고려하여 그에 대한 책임도 지고자 하는 태도이다.

2. 과학 기술의 사회적 책임

(1) 과학 기술자의 책임

① 연구 윤리 준수(내적 책임) ┐→ 과학 기술 연구 과정에서 나타날 수 있는 비윤리적 문제를 해결하고자 하는 규범을 의미함

• 연구 과정에서 위조, 변조, 표절, 부당한 저자 표기 등의 비윤리적 행위를 하지 말아야 함

• 실험 대상을 윤리적으로 대우해야 함

• 연구 결과를 완전하게 공표하고, 연구 공로를 공정하게 배분해야 함

② 사회적 책임 인식(외적 책임)

• 결과물이 사회에 미칠 부정적 영향을 충분히 검토하고 예방적 조치를 해야 함

• 인류의 당면 과제를 해결할 수 있는 과학 기술을 개발해야 함

(2) 과학 기술자의 책임에 대한 입장

① 과학 기술 자체에 대한 책임만 강조하는 입장

• 과학적 지식 자체는 객관적이며 가치 중립적인 것임

• 과학 기술자는 연구에 거짓이나 속임이 없어야 하며, 연구 결과 활용에 대해서는 책임이 없음

② 과학 기술과 관련한 사회적 책임까지 강조하는 입장

• 과학의 영역은 가치 중립적인 영역이 아님

• 과학 기술자는 자신의 연구 결과가 사회에 미치는 영향에 대해서도 책임을 져야 함

(3) 과학 기술자의 책임에 관한 논쟁

	과학 기술자의 책임에 관한 논쟁
오펜하이머	"내가 원자 폭탄을 만든 것은 사실이지만, 원자 폭탄의 사용에 관한 결정은 정치인이 내린 것이며, 나는 주어진 역할에 충실했을 뿐이다." → 과학 기술자의 사회적 책임을 부정하는 입장
하이젠베르크	"히틀러의 손에 원자 폭탄이 들어가게 하는, 인류에게 씻을 수 없는 죄를 지을 수는 없다. 우리의 연구는 평화로운 에너지 활용 방안에 한정되어야 한다." → 과학 기술자의 사회적 책임을 인정하는 입장

3. 과학 기술의 바람직한 활용을 위한 노력

(1) 부작용의 검토 및 대처 : 과학 기술이 개발 단계에서부터 그 결과물이 가져올 수 있는 부정적인 영향과 위험을 검토하여 예방적 조치를 해야 함

(2) 책임 윤리 의식의 함양 : 과학 기술 시대에 걸맞은 책임 윤리의 확립

(3) 새로운 과학 기술의 개발 : 기아나 환경 문제 등의 해결을 위해 적정 기술, 식량 증산 기술, 대체 에너지 기술 등을 개발해야 함

(4) 사회적 차원 · 시민의 노력

사회적 차원의 노력	• 각종 위원회 활동으로 과학 기술 연구에 대한 윤리적 규제를 강화함 • 기술 영향 평가 제도를 시행함 → 과학 기술이 사회 전반에 미치는 영향을 파악하여 바람직한 발전 방향을 모색하고 부정적 영향을 최소화하려는 시도임
시민의 노력	• 과학 기술이 인간의 존엄성에 공헌하고 있는지 관심을 가져야 함 • 과학 기술 연구와 관련된 사회적 토론과 합의 과정에 적극적으로 참여해야 함

이렇게 출제돼! 과학 기술자의 책임에 대한 입장을 비교하는 문제가 자주 출제되므로 중점적으로 학습해야 해! 그리고 과학 기술자의 책임에 대한 입장은 과학 기술의 가치 중립성 논쟁과 연결된다는 점을 꼭 기억해야 해!

핵심 개념 CHECK!

· 정답 및 해설 52쪽

🔹 다음 확인 문제 중 옳은 것에 ○, 옳지 않은 것에 ✕를 표기하세요.

주제 1 과학 기술의 가치 중립성 논쟁

01 과학 기술의 발달로 인간은 시공간적 제약에서 벗어날 수 있게 되었다. ○ ✕

02 과학 기술은 인간의 주체성을 약화시키고 비인간화 현상을 초래하기도 한다. ○ ✕

03 과학 기술 지상주의는 과학 기술에 대한 근거 없는 두려움을 조장할 수 있다. ○ ✕

04 과학 기술 혐오주의는 과학 기술에 대한 비판적 성찰을 가로막을 수 있다. ○ ✕

05 과학 기술의 발달로 전자 · 정보 판옵티콘은 더욱 공고해질 수 있다. ○ ✕

06 과학 기술의 가치 중립성을 강조하는 사람들은 과학 기술 그 자체는 선도 악도 아니라고 본다. ○ ✕

07 (함정) 과학 기술의 가치 중립성을 부정하는 입장에서는 사실과 가치의 영역을 명확하게 나눈다. ○ ✕

08 과학 기술의 가치 중립성을 부정하는 사람들은 과학 기술에 대한 윤리적 성찰이 필요하다고 본다. ○ ✕

09 과학 기술은 객관적 사실의 영역이므로 가치 판단과 무관하다는 입장을 가치 중립의 입장이라고 한다. ○ ✕

10 하이데거는 과학 기술의 가치 중립성을 강조하는 입장에 대해 비판하였다. ○ ✕

11 하이데거는 과학 기술에 가치 판단이 개입해서는 안 된다고 보았다. ○ ✕

12 야스퍼스는 기술을 수단으로 보고 과학 기술의 가치 중립성을 강조하였다. ○ ✕

13 과학 기술자는 연구 과정에서 주관적 판단을 바탕으로 이론을 체계화해야 한다. ○ ✕

14 과학 기술의 정당화 맥락에서는 가치 중립성을 확보하는 것이 요구된다. ○ ✕

15 과학 기술의 개발은 인간의 존엄성 구현과 삶의 질 향상이라는 윤리적 목적과 무관하다. ○ ✕

16 과학 기술은 정당화 과정을 거치면서 객관적 타당성이 있는 지식으로 확립된다. ○ ✕

17 과학 기술의 연구 목적을 설정하고, 연구 결과를 현실에 활용하는 과정에서는 과학 기술자의 가치가 개입될 수밖에 없다. ○ ✕

18 과학 기술이 미치는 영향력은 그것을 사용하는 사람들에게 한정되어 있다. ○ ✕

주제 2 과학 기술의 사회적 책임

19 요나스는 현재가 아니라 미래의 위험만을 고려해야 한다고 보았다. ○ ✕

20 요나스는 생태계 전체를 예방적 책임 대상에 포함시켜야 한다고 보았다. ○ ✕

21 요나스는 과학 기술에 대한 인간의 반성을 촉구하였다. ○ ✕

22 (함정) 요나스는 세대 간 호혜성의 원칙에 따라 미래 세대를 책임져야 한다고 보았다. ○ ✕

23 과학 기술자의 책임은 내적 책임과 외적 책임으로 구분할 수 있다. ○ ✕

24 과학 기술자의 내적 책임은 연구 결과의 사회적 활용에 대한 책임이다. ○ ✕

25 과학 기술자는 자료를 위조해서라도 사회적 책임을 다해야 한다. ○ ✕

26 과학 기술자는 자신의 연구가 사회에 미칠 영향력을 인식하여 사회적 책임을 다하는 외적 책임을 져야 한다. ○ ✕

27 오펜하이머는 과학 연구 결과의 활용과 관련된 책임은 그것을 활용하는 사람이 져야 한다고 보았다. ○ ✕

28 오펜하이머는 과학적 발견 자체는 가치 중립적 영역이므로 사회적 책임의 대상이 아니라고 주장하였다. ○ ✕

29 하이젠베르크는 과학 연구 결과에 대한 과학 기술자의 사회적 책임을 강조하였다. ○ ✕

30 하이젠베르크는 과학 기술을 윤리적 관점에서 평가해서는 안 된다고 본다. ○ ✕

31 과학 기술과 관련한 사회적 책임까지 강조하는 입장에서는 과학의 영역이 가치 중립적 영역이라고 본다. ○ ✕

32 요나스는 과학 기술 시대에 걸맞은 책임 윤리를 새롭게 확립해야 한다고 주장하였다. ○ ✕

33 요나스는 책임을 과거 행위에 대한 소급적 영역으로 한정해야 한다고 보았다. ○ ✕

34 (함정) 요나스는 인간과 자연은 공존을 위해 서로를 책임져야 한다고 보았다. ○ ✕

35 시민들은 과학 기술의 사용 방향에 대한 선택과 결정에 적극적으로 참여해야 한다. ○ ✕

36 요나스에 따르면 책임질 수 있는 능력은 책임져야 한다는 당위로 연결된다. ○ ✕

HOW & why

과학 기술자의 책임에 대한 입장은 어떻게 다를까?

개념 · 자료로 확인

■ 과학 기술자의 책임에 대한 입장

> → 과학 기술은 가치 판단으로부터 자유로울 수 없음
>
> (가) 과학 기술을 가치 중립적인 것으로 간주해서는 안 된다. 과학 기술 연구 및 그 결과 활용에 대한 과학자의 공적인 책임 의식과 외부 규제가 없다면, 인류는 과학 기술에 종속당하여 제어할 수도 없고 돌이킬 수도 없는 불행한 미래에 봉착하게 된다.
>
> → 과학 기술 자체는 윤리적 평가의 대상이 아님
>
> (나) 과학 기술 자체에 선악의 잣대를 적용할 수 없으며, 연구 성과의 활용과 초래되는 결과에 대해 과학자에게 어떠한 책임도 물어서는 안 된다. 외부 간섭에서 벗어나 연구에만 전념할 때 과학 기술은 발전 가능하며, 그 결과 인류는 지속적으로 번영하게 된다.
>
> – 2017학년도 대수능 19번

(가)는 과학 기술의 가치 중립성을 부정하는 입장으로, 과학 기술 연구 및 그 결과 활용에 대한 과학자의 공적인 책임을 강조한다. 반면 (나)는 과학 기술의 가치 중립성을 강조하는 입장으로, 과학자에게 연구 성과의 활용과 결과에 대한 책임을 부과해서는 안 된다고 본다.

■ 과학 기술자의 책임에 대한 오펜하이머의 입장

> 어떤 과학자도 자신의 연구와 실험 결과가 인류의 복지에 얼마나 기여할 것인가 또는 유해할 것인가를 측정할 수 없다. 그리고 그와 같은 가치 판단의 문제는 과학의 영역이 아니다. 과학자는 자신의 연구를 통하여 발견한 진리를 공표할 책임만을 가진다. 그 학문적 성과가 인류 복지에 이용될 것인가, 그렇지 않으면 인류의 절멸과 범죄 행위에 악용될 것인가의 문제는 이미 과학의 영역이 아니다.
>
> – 오펜하이머

오펜하이머는 미국의 이론 물리학자로, 제2차 세계 대전 중에 미국의 원자 폭탄 완성에 지도적 역할을 하였다. 그에 따르면 가치 판단의 문제는 과학의 영역이 아니며, 과학적 발견의 결과를 활용하는 것과 관련된 책임(사회적 책임)은 과학자가 아니라 그것을 활용한 사람들이 져야 한다.

개념 · 빈칸 채우기로 확인

■ 과학 기술자의 책임

Q1 과학 기술 (   )(이)란 과학 기술 연구 과정에서 나타날 수 있는 (윤리적 / 비윤리적) 문제를 해결하고자 하는 규범이다.

Q2 과학 기술자는 위조, 변조, 표절 등 연구 부정행위를 하지 않는 (   )을/를 져야 한다.

Q3 과학 기술자는 연구와 개발, 그 활용에 관하여 사회적 책임을 다하는 등 (   )을/를 져야 한다.

개념 · O/X로 확인

■ 오펜하이머의 입장으로 옳은 것에 ○, 옳지 않은 것에 ×를 표기하시오.

Q4 과학 기술자는 자신의 연구 결과가 미칠 사회적 영향을 인식하여 사회적 책임을 다해야 한다. (○ / ×)

Q5 과학 기술자의 연구가 부정적 결과를 가져오더라도 그것은 연구 결과를 실제로 이용한 사람들의 책임이다. (○ / ×)

Q6 가치 판단의 문제는 과학의 영역이 아니다. (○ / ×)

개념 · 문제에 적용

연습하기 Q7 다음은 과학 기술의 가치 중립성을 부정하는 입장에 비해 강조하는 입장이 갖는 상대적 특징을 찾는 과정이다.

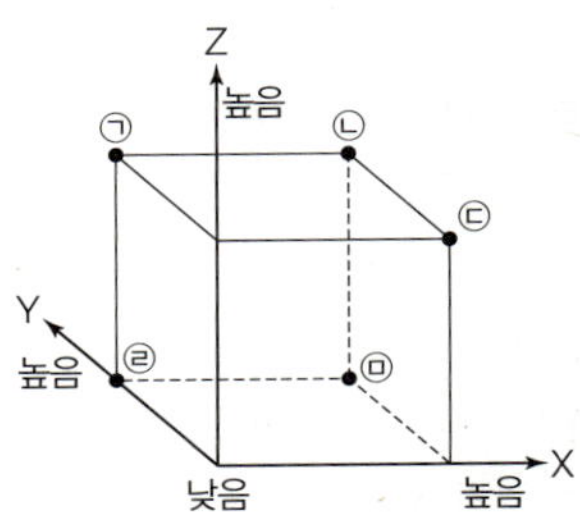

- X : 과학 기술 연구의 독립성이 인류 진보에 공헌함을 강조하는 정도
  ❶ (높음 / 낮음)
- Y : 과학 기술 자체에 대한 윤리적 판단을 배제해야 함을 강조하는 정도
  ❷ (높음 / 낮음)
- Z : 과학 기술 연구 결과의 활용에 대한 과학자의 사회적 책임을 강조하는 정도
  ❸ (높음 / 낮음)

적용하기 Q8 A, B 항목으로 가장 적절한 것은?

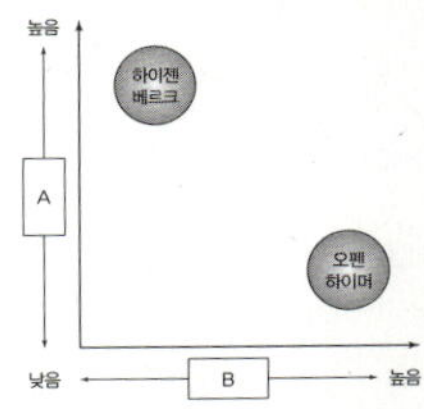

	A	B
①	과학 기술자의 사회적 책임을 중시하는 정도	과학 기술의 가치 중립성을 강조하는 정도
②	과학 기술의 가치 중립성을 강조하는 정도	과학 기술자의 사회적 책임을 중시하는 정도
③	가치 판단의 문제는 과학의 영역이 아니라고 보는 정도	과학 기술의 가치 중립성을 부정하는 정도
④	가치 판단의 문제는 과학의 영역이 아니라고 보는 정도	과학 기술자의 사회적 책임을 중시하는 정도

How & WHY 정답 01. 연구 윤리, 비윤리적 02. 내적 책임 03. 외적 책임 04. × 05. ○ 06. ○ 07. ❶ 높음 ❷ 높음 ❸ 낮음 08. ①

주제 1 과학 기술의 가치 중립성 논쟁

족집게 전략 | 과학 기술의 가치 중립성에 대한 입장을 대전제(전제①)와 소전제(전제②)의 형태로 나타내거나, 각각의 입장을 알고 있는지를 묻는 유형의 문제가 출제된다. 과학 기술의 가치 중립성을 강조하는 입장과 부정하는 입장을 명확하게 파악해 두어야 한다.

접근 전략

❶ 소전제에 들어갈 내용 찾기	❷ 소전제에 대한 반론 찾기
과학 기술의 가치 중립성 논쟁에 대한 입장을 파악하고, 소전제에 들어갈 내용을 찾는다.	❶에서 찾은 소전제(전제②)의 내용에 대한 반론 또는 반론의 근거를 선택지에서 고른다.

176 대표 문항 | 평가원 기출 |

(가)의 주장을 (나) 그림으로 나타낼 때, ㉠에 대한 반론의 근거로 가장 적절한 것은?

(가)	과학 기술은 객관적 지식, 즉 객관적인 방법으로 발견한 자연 현상에 대한 체계적인 지식과 그 지식을 활용하여 무엇인가를 만들어 내는 과정입니다. 따라서 과학 기술에는 주관적 가치가 개입되어서는 안 됩니다.

(나)

전제① 과학 기술은 객관적인 지식과 그 활용 과정이다.	+	전제② ㉠

↓

결론	과학 기술에는 주관적 가치가 개입되어서는 안 된다.

① 과학 기술은 객관적인 기준에 의해서만 평가되어야 한다.
② 모든 지식은 활용의 맥락에서 주관적 도덕 판단을 요구한다.
③ 과학적 사실과 주관적 가치는 별개의 독립된 영역에 속한다.
④ 모든 지식은 객관적 진위를 판별할 수 있는 인식론적 대상이다.
⑤ 객관적 지식의 활용은 그 목적 설정을 위해 가치 판단을 배제해야 한다.

177 | 평가원 기출 |

그림은 수업 장면이다. 소전제 ㉠에 대한 반론으로 가장 적절한 것은?

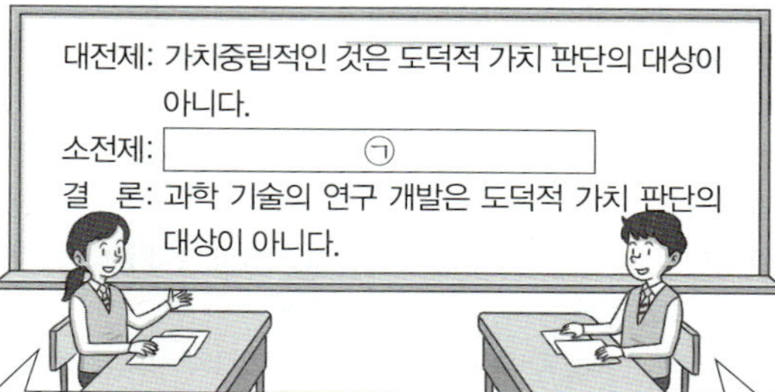

① 과학 기술은 도덕적 가치 판단으로부터 자유로워야 한다.
② 과학 기술의 연구 목표를 설정할 때 가치 판단이 개입한다.
③ 과학 기술의 발전을 위해 가치중립적 태도를 유지해야 한다.
④ 과학적 사실 판단은 도덕적 가치 판단에 종속되어서는 안 된다.
⑤ 과학 기술의 연구 대상과 도덕의 탐구 대상은 서로 구별된다.

178

그림은 서술형 평가 문제와 학생 답안이다. 학생 답안의 ㉠~㉤ 중 옳지 않은 것은?

서술형 평가

◎ 문제 : 과학과 윤리의 관계에 대한 갑, 을의 입장을 비교하시오.

> 갑 : 과학은 사회적 적용을 전제로 한다. 과학은 연구 활동 및 그 결과의 활용 과정에서 인간과 사회에 해악을 줄 가능성이 있다. 따라서 과학은 윤리적 평가 대상이 된다.
> 을 : 과학은 과학적 진리의 발견을 목적으로 한다. 그 연구 결과를 활용할 때 발생하는 해악은 기술 개발자와 이용자의 책임이다. 따라서 과학 연구 활동은 윤리적 평가 대상이 아니다.

◎ 학생 답안

과학과 윤리의 관계에 대한 갑, 을의 입장을 비교하면, ㉠ 갑은 과학이 도덕적 가치와 연관된다고 보며, ㉡ 을은 과학 연구 결과의 활용이 도덕적 가치와 연관된다고 본다. 그러므로 ㉢ 갑은 과학이 인간과 사회에 미치는 영향에 주의할 것을 요구하지만, ㉣ 을은 과학 연구 활동은 규범적 평가에서 제외되어야 한다고 본다. 한편, ㉤ 갑, 을은 과학 연구 활동은 그 결과의 활용과 분리되어 평가될 수 없다고 본다.

① ㉠　　② ㉡　　③ ㉢　　④ ㉣　　⑤ ㉤

179 | 평가원 기출 |

다음 글의 입장에서 긍정의 대답을 할 옳은 질문을 〈보기〉에서 고른 것은?

> 과학은 사회·문화적 맥락에서 이해되어야 한다. 과학에는 사회 집단의 정치적 관계, 가치관 등이 반영될 수밖에 없다. 과학이 스스로 발전하는 것이 아니라 사회의 요구나 가치를 반영하여 발전하는 것이다. 따라서 과학이 올바른 방향으로 나아가도록 하기 위해서는 사회적 관심이 요구된다. 특히 위험과 불확실성이 증대될수록 과학자와 일반 대중이 함께하는 '확장된 동료 공동체'가 절실히 요구된다.

〈보기〉

ㄱ. 과학의 발전은 다양한 사회적 이해관계의 영향을 받는가?
ㄴ. 과학과 관련된 중요 결정을 내릴 때 시민 참여가 필요한가?
ㄷ. 과학은 연구 대상 선정에 있어 가치중립적이어야 하는가?
ㄹ. 과학 관련 논의에서 과학자의 독립적 지위를 보장해야 하는가?

① ㄱ, ㄴ　　② ㄱ, ㄷ　　③ ㄴ, ㄷ　　④ ㄴ, ㄹ　　⑤ ㄷ, ㄹ

180 고난도

㈎의 갑, 을의 입장을 ㈏ 그림으로 탐구할 때, A~C에 해당하는 적절한 질문만을 〈보기〉에서 있는 대로 고른 것은?

㈎	갑 : 과학 기술을 연구하고 활용하는 존재는 인간이다. 따라서 과학 기술과 윤리적 가치는 분리하여 생각할 수 없다. 과학 기술자는 과학 기술의 계속적인 발전을 위해, 연구하고 활용하는 전 단계에서 과학 기술을 인간의 삶과 불가분의 영역으로 보아야 한다. 을 : 과학 기술은 본질적으로 객관적 사실을 전제로 한다. 과학 기술이 객관성을 확보하지 못하면 과학 기술의 지속적인 발전은 가로막힌다. 따라서 과학 기술자는 연구에서 활용의 단계에 이르기까지 항상 객관적 태도를 유지하고, 과학 기술의 독립적 영역을 지켜 나가야 한다.
㈏	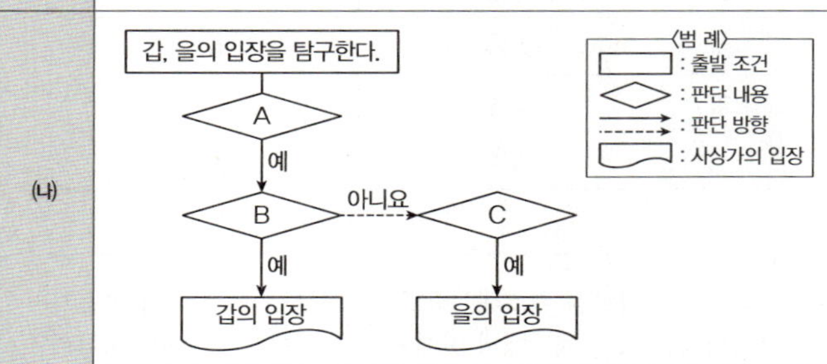

〈보기〉
ㄱ. A : 과학 기술의 지속적인 발전의 필요성을 인정하는가?
ㄴ. B : 과학 기술은 가치 판단으로부터 자유로워야 하는가?
ㄷ. B : 과학 기술은 활용의 단계에서 가치 중립적이어야 하는가?
ㄹ. C : 과학 기술 분야의 독립성 유지를 위해 노력해야 하는가?

① ㄱ, ㄷ   ② ㄱ, ㄹ   ③ ㄴ, ㄹ
④ ㄱ, ㄴ, ㄷ   ⑤ ㄴ, ㄷ, ㄹ

181

그림의 강연자가 지지할 입장으로 가장 적절한 것은?

과학 기술은 좀처럼 상상하지 못하는 방식으로 우리들의 존재를 철저하게 지배하고 있습니다. 오늘날 우리는 어디서나 과학 기술에 붙들려 있습니다. 따라서 최악의 경우는 기술을 중립적인 것으로 고찰하여 우리와 무관한 것으로 보게 되는 것입니다. 이 경우 우리는 무방비 상태로 기술에 내맡겨집니다.

① 과학 기술에 어떠한 가치 판단도 개입되어서는 안 된다.
② 과학 기술에 대한 윤리적 평가와 비판은 유보되어야 한다.
③ 과학 기술이 인간의 주체성을 훼손할 위험성을 경계해야 한다.
④ 과학 기술은 객관적 진리이므로 무비판적으로 받아들여야 한다.
⑤ 과학 기술을 인간의 필요 충족을 위한 수단으로만 여겨야 한다.

182

㉠에 들어갈 내용으로 가장 적절한 것은?

과학 기술은 긍정적 측면과 부정적 측면을 동시에 지닌다. 과학 기술의 바람직한 발전을 위해서는 긍정적 측면을 발전시키고, 부정적 측면을 비판적으로 바라보고 최소화해야 한다. 그런데 어떤 사람들은 "과학 기술을 이용하여 인류는 사회의 모든 문제를 해결하고 무한한 부와 행복을 누릴 것이다. 과학 기술의 발전에 따른 부작용도 과학 기술의 힘으로 모두 해결할 수 있다."라고 주장한다. 나는 이 주장이 '   ㉠   '는 점을 간과하고 있다고 본다.

① 과학 기술의 가치와 성과를 인정해야 한다.
② 과학 기술이 인류가 당면한 문제를 해결할 수 있다.
③ 과학 기술의 유용성이라는 긍정적 측면을 강조해야 한다.
④ 과학 기술의 발전은 인류에게 여러 가지 혜택을 가져다준다.
⑤ 과학 기술에 대한 믿음이 반성적 사고 능력을 훼손할 수 있다.

183

갑의 입장에 비해 을의 입장이 갖는 상대적 특징을 그림의 ㉠~㉤ 중에서 고른 것은?

갑 : 광산용 조명 기구인 데이비램프는 과학적 지식을 적용하여 가스가 찬 탄광 안에서도 폭발하지 않도록 제작되었다. 이렇듯 과학 기술은 자연 현상으로부터 객관적 지식을 얻어 내고 그 지식을 활용하는 과정일 뿐이며, 과학 기술 그 자체는 좋은 것도 나쁜 것도 아니다.

을 : 과학 기술의 개발이나 활용에는 개인의 가치관이나 기업의 이익, 사회적 필요, 정치적 목적 등 어떤 목적이나 가치가 개입될 수 있다. 데이비램프는 가스가 가득 찬 탄광 안에서도 광부들이 일을 할 수 있도록 고안된 것으로, 결국 광산 소유자들의 이익을 위해 개발되었다.

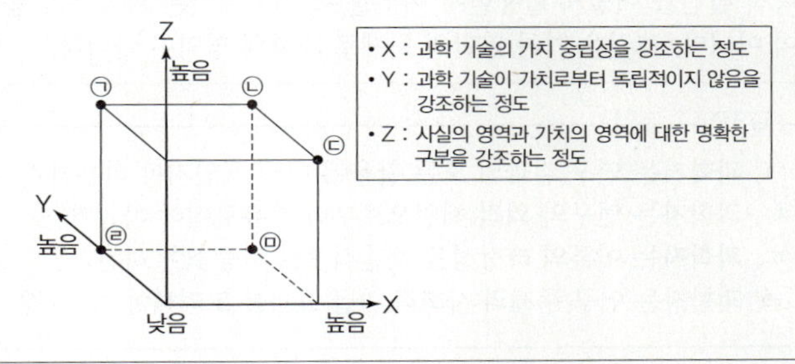

① ㉠   ② ㉡   ③ ㉢   ④ ㉣   ⑤ ㉤

주제 2　과학 기술의 사회적 책임

족집게 전략 | 과학 기술자의 책임에 대한 입장을 파악하고, 토론의 핵심 쟁점을 찾거나 각각의 입장에서 긍정 또는 부정의 대답을 할 질문을 찾아내는 유형의 문제가 출제된다. 과학 기술자의 책임과 관련하여 내적 책임과 외적 책임의 의미와 요나스의 책임 윤리에 대해 학습해 두어야 한다.

접근 전략

❶ 제시된 글의 입장 찾기	❷ 입장에 대한 적절한 선택지 찾기
과학 기술자의 책임에 대한 입장을 이해한다. ▶	❶에서 파악한 입장에 따라 선택지의 내용이 적절한 것인지 꼼꼼하게 파악한다.

184 　대표 문항
| 평가원 기출 |

다음 토론의 핵심 쟁점으로 가장 적절한 것은?

> 갑 : 과학은 가치 중립적이지 않습니다. 과학자는 연구 주제를 설정할 때 주관적 가치를 개입시키게 됩니다. 또한 연구 과정에서 과학자는 연구 윤리를 준수해야 합니다.
> 을 : 동의합니다. 또한 과학자는 연구 과정에서의 내적 책임뿐만 아니라 자신의 연구 결과가 미칠 사회적 영향을 인식하여 연구 및 개발과 그 활용에 관한 사회적 책임까지 다해야 합니다.
> 갑 : 아닙니다. 과학자에게 그러한 책임까지 돌리면 과학의 발전이 지체됩니다. 연구 결과가 활용되어 사회에 부정적 결과를 초래해도 그것은 결과를 활용한 사람들의 책임일 뿐입니다.
> 을 : 과학의 발전이 지체될 수 있지만 과학자에게 사회적 책임을 부과하는 것은 정당합니다. 과학의 발전에서 더 중요한 것은 시간적 속도가 아니라 윤리적 방향입니다.

① 과학자는 연구 과정에서 연구 윤리를 준수해야 하는가?
② 과학자는 연구 주제를 설정할 때 가치 중립적 태도를 취하는가?
③ 과학자는 과학 연구에 대한 모든 책임에서 면제되어야 하는가?
④ 과학자에게 내적 책임과 더불어 사회적 책임도 부과해야 하는가?
⑤ 과학자에게 사회적 책임을 부과하면 과학 발전이 지체될 수 있는가?

185
| 평가원 기출 |

다음 글의 입장에서 긍정의 대답을 할 질문을 〈보기〉에서 고른 것은?

> 과학자는 연구와 실험의 결과가 인류의 운명에 긍정적 영향을 미칠지, 부정적 영향을 미칠지를 객관적으로 예측할 수 없다. 과학적 발견을 어떻게 활용할지 여부를 결정하는 것은 과학자의 몫이 아니다. 그것은 가치 판단의 문제로 과학의 영역이 아니다.

| 보기 |

ㄱ. 과학자는 연구 결과의 모든 활용에 대해 책임져야 하는가?
ㄴ. 과학자는 연구의 외적 책임으로부터 자유로워야 하는가?
ㄷ. 과학자는 이론의 타당성을 객관적으로 검증해야 하는가?
ㄹ. 과학자는 연구 주제의 사회적 파급 효과를 고려해야 하는가?

① ㄱ, ㄴ　　② ㄱ, ㄷ　　③ ㄴ, ㄷ　　④ ㄴ, ㄹ　　⑤ ㄷ, ㄹ

186 　고난도↑
| 평가원 기출 |

다음 글의 갑~정 중 적어도 세 명이 부정의 대답을 할 질문만을 〈보기〉에서 있는 대로 고른 것은?

> 과학자의 윤리적 책임은 내적 책임과 외적 책임으로 구분할 수 있다. 내적 책임은 연구 과정 자체에만 한정된 책임이며, 외적 책임은 연구 결과의 사회적 활용에 대한 책임이다. 따라서 논리적으로 다음과 같은 네 명의 입장이 가능하다.
>
> | | 내적 책임 | 외적 책임 |
> |---|---|---|
> | 갑 | 있음 | 있음 |
> | 을 | 있음 | 없음 |
> | 병 | 없음 | 있음 |
> | 정 | 없음 | 없음 |

| 보기 |

ㄱ. 과학자는 자료를 위조해서라도 사회적 책임을 다해야 하는가?
ㄴ. 과학자는 모든 책임에서 면제되어 자유롭게 연구해야 하는가?
ㄷ. 과학자는 연구 자체만이 아니라 사회적 부작용도 책임져야 하는가?
ㄹ. 과학자는 어떠한 경우에도 연구 과정에서 표절을 해서는 안 되는가?

① ㄱ, ㄴ　　　② ㄱ, ㄹ　　　③ ㄷ, ㄹ
④ ㄱ, ㄴ, ㄷ　　⑤ ㄴ, ㄷ, ㄹ

187
| 평가원 기출 |

다음 서양 사상가의 입장으로 적절하지 않은 것은?

> 우리에게는 악의 인식이 선의 인식보다 무한히 쉽다. 선은 눈에 띄지 않게 존재하며 반성을 하지 않으면 인식될 수 없지만, 악의 현존은 우리에게 인식을 강요한다. 우리가 실제로 무엇을 보호해야 하는가를 알아내기 위해 새로운 윤리학은 공포를 논의 대상으로 삼아야 한다. 인간 행위의 새로운 유형에 적합하고 새로운 유형의 행위 주체를 지향하는 명법은 다음과 같다. "너의 행위의 효과가 지상에서의 진정한 인간적 삶의 지속과 조화될 수 있도록 행위하라."

① 자연이 수용할 수 있는 한에서 과학 기술의 발전을 추구해야 한다.
② 과학 기술의 긍정적인 영향보다 부정적인 영향에 주목해야 한다.
③ 새로운 윤리학은 최고악에 대한 공포에서 출발할 필요가 있다.
④ 새로운 윤리학은 "A이면 B하라."라는 형식의 명법만을 지향한다.
⑤ 사후적 책임뿐만 아니라 사전적 책임도 중시해야 한다.

188
|평가원 기출|

다음 사상가의 입장에서 긍정의 대답을 할 질문만을 〈보기〉에서 있는 대로 고른 것은?

> 오늘날과 같은 '윤리적 공백'의 시대에는 희망보다 미리 사유된 위험 그 자체에 주목해야 한다. …… 현 세기에 들어오면서 위험은 가시적이고 위협적인 것이 되었다. 이성과 결탁한 권력은 그 자체로 책임을 동반한다. 이것은 예전부터 인간 상호 간의 영역에서는 자명한 일이었다. 책임이 최근에는 종전의 범위를 넘어서서 생물계의 상태와 인간 종족의 미래 생존까지 포괄하게 된 것은 분명히 이러한 영역에 대한 권력의 확장과 연관이 있다. 권력과 위험은 하나의 책임을 눈앞에 보여 준다. 이 책임은 자신 외의 다른 것들과도 유대해야 하며, 그 유대를 일반적인 것으로 확대해야 한다는 것을 의미한다.

〈보기〉

ㄱ. 소급적 책임뿐만 아니라 예견적 책임도 강조해야 하는가?
ㄴ. 과학 기술의 무분별한 이용에 대해 비판적 성찰이 필요한가?
ㄷ. 인류 존속이라는 명령을 조건적 명령으로 받아들여야 하는가?
ㄹ. 과학 기술의 부정적 영향보다 긍정적 영향에 주목해야 하는가?

① ㄱ, ㄴ   ② ㄱ, ㄷ   ③ ㄴ, ㄹ
④ ㄱ, ㄷ, ㄹ   ⑤ ㄴ, ㄷ, ㄹ

189
갑, 을, 병의 입장으로 가장 적절한 것은?

> 갑 : 많은 물질들을 주입해서 실험하기 위한 자그마한 우물이 있다. 여기에 물질을 넣으면 물의 반응 속도가 빨라진다. 이러한 실험 결과 우리는 천국의 물이라고 불리는 물을 만들 수 있고, 이 물을 마시면 건강이 증진되고 생명이 연장된다.
>
> 을 : 어떻든 분명한 것은 기술이란 수단일 뿐이며 그 자체로 선도 아니고 악도 아니라는 사실이다. 그것은 인간이 기술로부터 무엇을 만들어 내고, 기술을 어디에 사용하고, 어떤 조건에서 기술이 만들어지느냐에 달려 있다.
>
> 병 : 책임의 범위를 현세대로 한정하는 기존의 윤리관으로는 과학 기술 시대에 발생하는 문제를 해결하는 데 한계가 있다. 새롭게 요구되는 윤리는 과학 기술로 인한 상황을 적극적으로 반성하는 책임 윤리이다.

① 갑 : 과학 기술에 의한 윤리적 문제와 환경 파괴를 강조해야 한다.
② 을 : 과학 기술 자체를 도덕적 평가의 대상으로 보아야 한다.
③ 병 : 과학 기술 문명이 인간과 생태계를 위험에 빠뜨릴 수 있다.
④ 갑, 을 : 과학 기술의 발전을 전면적으로 거부해야 한다.
⑤ 을, 병 : 과학 기술의 사회적 영향력을 고려할 필요가 없다.

190
(가)의 입장에서 대답할 때, (나)의 ㉠에 들어갈 말로 가장 적절한 것은?

(가)	과학자는 사회의 구성원이기 때문에 다른 사람들에 대한 도덕적 의무를 지닐 뿐만 아니라, 이익을 증진하고 해악을 피하도록 사회를 돕는 전문가로서의 의무도 지닌다. 따라서 과학자는 연구 결과의 사회적 영향에 대해 책임을 져야 한다. 과학자의 사회적 책임은 과학에 대한 공중의 지지를 증진함으로써 결국 과학자 자신과 과학 영역에도 이로운 것이 된다.
(나)	

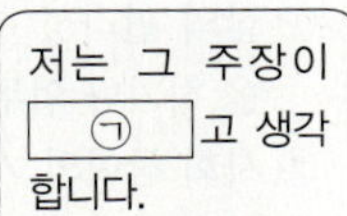

① 과학의 영역은 객관적이며 가치 중립적인 것임을 간과하고 있다
② 과학자에게 연구 결과의 활용에 대한 책임이 있음을 모르고 있다
③ 과학자는 오직 과학적 지식 추구에만 전념해야 함을 모르고 있다
④ 과학 기술의 결과를 활용한 사람의 사회적 책임을 간과하고 있다
⑤ 과학자는 연구 결과가 사회에 미칠 영향에 대해 고려할 필요가 없음을 모르고 있다.

191
갑이 을에게 제기할 비판으로 가장 적절한 것은?

① 과학 기술은 가치의 간섭이나 규제로부터 자유로워야 한다.
② 과학 기술자는 연구 결과 활용에 대해 사회적 책임을 져야 한다.
③ 과학 기술자는 연구와 관련된 어떠한 정보도 조작해서는 안 된다.
④ 과학 기술은 도덕적 판단의 대상이 될 수 없음을 인식해야 한다.
⑤ 과학 기술자는 자신의 연구 결과에 대해 가치 중립적이어야 한다.

13강 정보 사회와 윤리

주제 1 정보 기술 발달과 정보 윤리

1. 정보 사회의 의미와 삶의 변화
(1) **정보 사회의 의미** : 다양한 정보의 생산과 전달을 중심으로 전개되는 사회
(2) **정보 기술의 발달에 따른 삶의 변화**
① 삶의 편리성 향상 : 스마트폰, 컴퓨터 등을 통해 일상적인 활동을 하거나 업무를 처리할 수 있게 됨
② 사회 참여의 기회 확대 : 사이버 공간의 등장으로 자신의 의견을 자유롭게 표현할 수 있게 됨
└ 익명성, 시공간의 초월성, 정보의 개방성 등의 특징을 지님
③ 다양성이 존중되는 사회 분위기 조성 : 과거보다 개방적이고 수평적 · 다원적이며, 쌍방향의 의사소통이 가능해짐

2. 정보 기술의 발달과 윤리적 문제들
(1) **정보 기술의 발달에 따른 윤리적 문제들**

사이버 폭력	사이버 공간에서 상대방이 원하지 않는 언어, 이미지 등을 이용하여 정신적 · 심리적 피해를 주는 행위 예 사이버 따돌림, 사이버 명예 훼손, 사이버 모욕, 사이버 스토킹, 사이버 성폭력 등
사생활 침해	개인 정보를 유출하여 개인의 고유한 삶의 영역을 침해하는 행위 예 신상 털기 등 └ 정보 통신 기기를 이용해 특정인과 관련된 허위 사실을 유포해 공격을 가하거나, 온라인 그룹에서 고의로 특정인을 배제해 상대방이 고통을 느끼도록 하는 행위를 뜻함
저작권 침해	저작권법에 의해 배타적으로 보호되는 저작물을 무단으로 이용하여 저작권자의 권리를 침해하는 행위 예 소프트웨어 무단 복제, 인터넷에서 사진 · 영상 · 음원 등을 무단으로 내려받는 행위 등

(2) **사이버 공간에서의 인간 심리의 특징**

심리적 특징	긍정적 측면	부정적 측면
탈억제 효과	• 의사의 자유로운 표출과 개성 발산 • 새로운 관계의 형성	도덕적인 자기 규제를 어렵게 만듦 → 일탈 행위 유발 요인으로 작용
몰입 체험	지식과 창의성의 향상 기여, 자존감 높임	현실을 도피하고 인터넷 중독으로 이어짐
공동체 의식 경험 (친밀감 형성)	• 공동의 목표를 가지고 활동하는 가운데 정서적 유대감 형성 • 자아 성장 및 사회 부조리 시정에 기여	집단 행동에 쉽게 동조하면 무책임하게 행동함

3. 저작권 보호론과 정보 공유 권리론
(1) **저작권 보호론(copyright)** → '정보 사유론'이라고도 함
① 정보와 그 산물을 개인의 사유 재산으로 간주하여 지적 재산권을 보호해야 한다는 관점
② 정보 창작자의 노력에 경제적 보상을 제공함으로써 창작 의욕을 높여, 질적 수준이 높은 지적 산물을 만들 수 있다고 봄
③ 정보 생산에 필요한 시간과 노력, 비용에 대하여 대가를 지불해야 함
④ 정보의 자유로운 교류를 방해할 수 있다는 점에서 비판을 받음

(2) **정보 공유 권리론(copyleft)** → '정보 공유론'이라고도 함
① 정보와 그 산물을 인류가 함께 누려야 할 자산으로 보아 모두가 공유해야 한다는 관점
② 지적 창작물은 공공재이며, 공공재는 공동체의 이익을 위해 사용해야 함
③ 특정한 개인이나 집단이 정보를 독점하면 지속적인 정보의 발전이 어려워짐
④ 저작물에 관한 과도한 권리 행사는 정보 격차에 따른 불평등을 발생시킴
⑤ 창작자의 노력을 충분히 고려하지 못하고 창작물의 질적 수준이 낮아질 수 있다는 점에서 비판을 받음
└ 교육, 소득 수준, 성별, 지역 등의 차이로 정보에 대한 접근과 이용이 차별되고, 그 결과 경제적 · 사회적 불균형이 발생하는 현상을 의미함

자료로 살펴보기

■ 카피라이트와 카피레프트

• 정보 사유론(copyright) : 카피라이트 제도 아래에서는 창작자의 동의 없이 창작물을 복제하거나 배포할 수 없다. 이 입장에서는 창작자의 경제적 이익을 보장함으로써 창작 의욕을 높여 창작되는 정보의 수준을 높이고 더 많은 지적 산물이 창조되는 데 기여할 수 있다고 주장한다. 하지만 창작자에게 배타적 독점권을 부여함으로써 부작용을 초래한다는 비판도 있다.
• 정보 공유론(copyleft) : 1984년 컴퓨터학자 리처드 스톨먼(Stallman, R.)이 소프트웨어의 상업화에 반대해 프로그램을 자유롭게 사용하자는 운동을 펼치면서 시작됐다. 이 입장에서는 지적 재산권에 대해 과도한 금액을 요구하는 권리 행사 때문에 새로운 창작이 이루어지기 어렵게 될 것이라고 주장한다. 또한 정보가 개인이나 기업의 소유로 되면 지속적인 정보의 발전이 어려워진다고 본다. 그러나 지적 재산에 대한 침해, 창조 의욕 저하, 품질 하락 등의 문제를 발생시킨다는 비판도 있다.

정보 사유론은 정보와 정보를 통해서 창출된 것들을 개인의 재산으로 인정하고 보호해야 한다고 보는 입장이고, 정보 공유론은 정보와 같은 지적 재산은 인류가 함께 누려야 할 자산이기 때문에 공유해야 한다고 보는 입장이다.

4. 정보 사회의 정보 윤리
(1) **정보 윤리의 필요성** : 정보 기술은 유용한 도구이지만, 윤리적 성찰이 따르지 않으면 심각한 문제가 발생할 수 있기 때문
(2) **정보 윤리의 기본 원칙**
① 인간 존중의 원칙 : 사이버 공간에서 만나는 모든 사람을 자신과 같이 소중하게 여기는 것
② 책임의 원칙 : 사이버 공간에서 익명성을 악용하여 무책임하게 행동하지 않는 것
③ 해악 금지의 원칙 : 사이버 공간에서 타인에게 해를 끼치지 말아야 한다는 것
④ 정의의 원칙 : 사이버 공간에서 누구도 타인의 권리나 공정한 기회를 침해하지 말아야 한다는 것

> **이렇게 출제돼!** 정보 기술 발달과 정보 윤리는 제시문의 입장을 파악하여 정답을 찾는 독해 유형으로 자주 출제되고 있어. 각각의 입장을 선택지와 연결해 분석하면서 풀면 쉽게 문제를 해결할 수 있지! 그리고 저작권 보호론과 정보 공유 권리론을 비교하는 문제가 자주 출제되니 꼭 학습해 두어야 해!

1. 대중 매체의 의미와 영향력

(1) **대중 매체의 의미** : 불특정 다수를 대상으로 정보를 전달하는 매체

(2) **대중 매체의 영향력**

순기능	역기능
• 각종 정보 제공 • 정보가 갖는 의미를 해석하고 평가 • 한 사회의 전통과 가치, 규범 등을 다음 세대에 전수 • 사회 구성원에게 휴식과 오락을 즐길 수 있는 기회 제공	• 각종 위험 정보가 심리적 긴장감이나 공포 유도 • 편견이 개입된 정보의 전달과 불공정 보도 • 사회의 다양성과 창의성 저하 • 사회적·정치적 문제에 대한 대중의 무관심 초래

2. 뉴 미디어의 등장과 특징

(1) **매체와 뉴 미디어의 의미**

매체 (media)	정보를 시공간적으로 이동시키는 수단 예 인쇄 매체, 방송 매체, 디지털 매체
뉴 미디어 (new media)	기존의 매체들이 제공하던 정보를 인터넷을 통해 가공, 전달, 소비하는 포괄적 융합 매체

(2) **뉴 미디어의 특징**

① 상호 작용화 : 송수신자 간 쌍방향 정보 교환이 가능함

② 비동시화 : 정보 교환에서 송수신자가 동시에 참여하지 않고도 수신자가 원하는 시간에 정보를 볼 수 있음

③ 탈대중화 : 대규모 집단에 획일적 메시지를 전달하는 방식에서 벗어나 특정 대상과 특정 정보를 상호 교환할 수 있음

④ 능동화 : 이용자가 능동적으로 활동할 수 있음

⑤ 종합화 : 아날로그 시대에 개별적으로 존재했던 매체들이 하나의 정보망으로 통합됨

(3) **뉴 미디어의 문제점**

① 전문성이 검증되지 않은 정보가 많음

② 허위 정보나 음란 및 각종 유해 정보를 전달하기도 함

③ 폭력적이고 자극적인 정보로 이윤을 추구하기도 함

3. 뉴 미디어의 발달과 윤리적 문제

> 뉴 미디어의 발달로 정보의 공급자와 소비자 간 경계가 허물어지면서 생산적 소비자(prosumer)의 시대, 1인 미디어 시대가 가능해 짐

(1) **뉴 미디어의 발달에 따른 윤리적 문제**

① 국민의 알 권리와 개인의 인격권이 대립하는 문제 : 국민의 알 권리 보장을 위한 매체의 정보 전달이 특정 개인의 인격권을 침해할 수 있음

알 권리	• 사람들이 정보를 자유롭게 알 수 있는 권리 • 국민의 알 권리는 인간의 존엄성을 실현하고 헌법에 명시된 행복 추구권을 보장하는 데 필요함 예 범죄자의 신상
인격권	• 인간의 존엄성에 바탕을 둔 사적 권리로 인격적 이익을 기본 내용으로 하며 그 주체만이 행사할 수 있는 권리 • 인격권에는 사생활권, 성명권, 초상권, 저작 인격권 등이 있음

② 표현의 자유와 관련한 문제 : 뉴 미디어는 개인적인 생각을 자유롭게 표현할 수 있는 장이기 때문에 표현의 자유가 악의적으로 이용되기도 함

> 저작자가 자신의 저작물에 대해 정신적·인격적 이익을 갖는 권리를 뜻함

③ 잊힐 권리와 관련한 문제 : 누리 소통망(SNS) 같은 다양한 관계망 서비스에서 자신이 했던 발언을 후회하더라도 달았던 글을 삭제하기 어렵고, 자신의 정보가 쉽게 검색되는 문제가 발생함

잊힐 권리	개인 정보를 비롯하여 자신이 원하지 않는 민감한 정보들이 포털사이트 등을 통하여 많은 사람에게 공개되지 않도록 정보를 통제할 수 있는 권리
정보 자기 결정권	자신의 개인 정보를 누구에게 어떤 범위까지 얼마 동안 어떤 형식으로 공개할 것인가, 언제 폐기할 것인가 등에 관해 정보의 주인인 개인이 알고, 정당한 처리를 요구할 수 있는 권리

> 관심이나 활동을 공유하는 사람들 간의 상호적 관계망이나 상호적 관계를 구축해 주고 보여 주는 온라인 서비스로, 소셜 네트워크 서비스라고도 함

■ **표현의 자유에 관한 밀의 입장**

전체 인류 가운데 단 한 사람이 다른 생각을 가지고 있다고 해서, 그 사람에게 침묵을 강요하는 일은 옳지 못하다. 이것은 어떤 한 사람이 자기와 생각이 다르다고 나머지 사람 전부에게 침묵을 강요하는 일만큼이나 용납될 수 없는 것이다. …(중략)… 다른 사람에게 해를 끼치는 것을 막기 위한 목적이라면, 당사자의 의지에 반해 권력이 사용되는 것도 정당하다고 할 수 있다. 이 유일한 경우를 제외하고는 문명 사회에서 시민의 자유를 침해하는 그 어떤 정치권력의 행사도 정당화될 수 없다.   —밀, "자유론"—

밀에 따르면 누구나 자유롭게 자신의 의견을 가질 수 있고, 자유롭게 자신의 의견을 표현할 수 있어야 한다. 단, 이러한 표현의 자유가 제한될 수 있는 경우는 오직 타인에게 해악을 끼치는 경우이다.

(2) **뉴 미디어 시대의 매체 윤리**

① 정보의 생산 및 유통 과정에서 필요한 윤리

진실 보도	있는 그대로의 사실을 시민에게 전달하는 진실한 태도를 갖추어야 함
공정한 편집과 편성	의견을 표명할 때 관련된 내용을 동등하고 균형 있게 취급하는 객관성과 공정성이 필요함
타인의 인격 존중	• 표현의 자유에는 한계가 있다는 것을 인식해야 함 • 시민의 알 권리 충족 과정에서 특정 개인의 명예, 사생활, 인격권을 침해하지 않도록 유의해야 함
표절 금지	원작자의 권리와 소중한 재산을 침해하지 않도록 주의해야 함

② 정보의 소비 과정에서 필요한 윤리

미디어 리터러시	매체를 비판적으로 이해하고 활용하며 자신이 찾아낸 정보의 가치를 제대로 평가하기 위한 비판적 사고 능력을 갖추어야 함
시민 의식	• 사용자 상호 간에 대화하고 교류하며 서로 협력하는 자세가 필요함 • 뉴미디어를 통해 간접적으로 만나는 상대를 배려하는 자세가 필요함
정보의 비판적·능동적 수용	매체가 제공하는 정보의 진실성을 판단하여 수용하고, 매체가 공정하고 객관적인 정보를 제공하는지 적극적으로 감시해야 함

> **이렇게 출제돼!** 알 권리와 인격권, 잊힐 권리, 정보 자기 결정권, 표현의 자유는 뉴 미디어 시대에 이슈가 되는 내용이므로 출제될 가능성이 높아! 각각의 개념과 등장 배경을 이해하고 있다면 문제는 비교적 쉽게 풀 수 있을 거야!

핵심 개념 CHECK!

다음 확인 문제 중 옳은 것에 ○, 옳지 않은 것에 ×를 표기하세요.

주제 1 정보 기술 발달과 정보 윤리

01 저작권 보호론은 정보와 그 산물을 개인의 사유 재산으로 간주해야 한다고 본다. ○ ×

02 저작권 보호론은 양질의 정보 생산을 위해 정보 복제에 제약이 없어야 한다고 본다. ○ ×

03 저작권 보호론은 정보 창작자의 노력에 경제적 보상을 제공하여 창작 의욕을 높여야 한다고 본다. ○ ×

04 저작권 보호론은 모든 저작물을 인류가 생산한 정보와 지식을 활용하여 구성된 공공재로 본다. ○ ×

05 저작권 보호론은 정보 생산에 필요한 시간과 비용에 대하여 대가를 지불해야 한다고 본다. ○ ×

06 정보 공유 권리론은 정보와 그 산물을 인류가 함께 누려야 할 자산으로 본다. ○ ×

07 정보 공유 권리론은 저작물에 관한 과도한 권리 행사가 정보 격차에 따른 불평등을 발생시킨다고 본다. ○ ×
함정

08 정보 공유 권리론은 정보의 소유권 보장이 정보의 지속적 발전을 촉진한다고 본다. ○ ×

09 정보 공유 권리론은 정보를 공유할 때 정보의 질적인 발전이 가능하다고 본다. ○ ×

10 정보 공유 권리론은 저작권 보호론에 비해 정보의 공유재적 성격을 부정한다. ○ ×

11 정보 공유 권리론과 저작권 보호론은 공통적으로 양질의 정보를 생산하고자 하는 취지를 가지고 있다. ○ ×

12 정보 윤리의 기본 원칙 중 책임의 원칙은 익명성으로 인한 비윤리적 행위를 막기 위한 것이다. ○ ×

13 스피넬로(Spinello, R.)는 정보 윤리의 기본 원칙으로 자율성, 해악 금지, 선행, 정의를 제시하였다. ○ ×

14 정보 기술의 발달로 쌍방향 의사소통이 활발해졌다. ○ ×

15 사이버 폭력은 시공간의 제약으로 인해 일상적으로 발생하기는 어렵다. ○ ×

16 사생활 침해란 저작권법에 의해 배타적으로 보호되는 저작물을 무단으로 이용하여 저작권자의 권리를 침해하는 행위를 말한다. ○ ×

17 정보 통신 기술의 발전은 대중들의 정치 참여 기회의 확대에 기여한다. ○ ×

18 사이버 공간의 익명성은 반성적 성찰의 기회를 증가시켜 무책임한 행동을 방지하도록 돕는다. ○ ×

주제 2 정보 사회에서의 매체 윤리

19 매체란 정보를 시공간적으로 이동시키는 수단을 말한다. ○ ×

20 뉴 미디어는 송수신자가 동시에 참여해야만 정보를 교환할 수 있다는 특징을 지닌다. ○ ×

21 뉴 미디어를 통한 개인 정보의 공개는 알 권리를 충족시키면서 인격권의 침해 가능성을 낮춘다. ○ ×
함정

22 국민의 알 권리는 헌법에 명시된 행복 추구권을 보장하는 데 필요하다. ○ ×

23 알 권리를 주장하는 사람들은 사생활 보호가 공익을 위해 제한될 수 있다고 주장한다. ○ ×

24 인격권에는 저작자가 자신의 저작에 관해 갖는 권리인 성명권이 있다. ○ ×

25 매체가 발달하면서 자신과 관련된 정보의 유통 과정 전체를 개인이 통제하는 정보의 자기 결정권이 강조되고 있다. ○ ×

26 잊힐 권리를 주장하는 사람들은 개인에게 자기 정보가 공개되지 않도록 통제할 수 있는 권리가 있어야 한다고 주장한다. ○ ×

27 잊힐 권리를 주장하는 사람들은 잊힐 권리의 보장이 개인 정보 유출 및 사생활 침해 문제로 이어짐을 강조한다. ○ ×

28 뉴 미디어상에서의 표현의 자유에는 한계가 있다는 것을 인식해야 한다. ○ ×

29 매체는 공익이나 국익과 무관하게 국민의 알 권리를 보장하기 위해 표현의 자유에 충실해야 한다. ○ ×

30 매체는 객관성과 공정성을 유지하기 위해 독립성을 유지해야 한다. ○ ×

31 미디어 리터러시를 통해 정보를 올바르게 이해하고 표현할 수 있어야 한다. ○ ×

32 밀은 옳은 의견뿐만 아니라 잘못된 의견일지라도 표현의 자유를 억압해서는 안 된다고 보았다. ○ ×

33 밀은 다른 사람에게 피해를 주더라도 개인은 최대한의 자유를 누릴 수 있다고 주장하였다. ○ ×
함정

34 정보 윤리 중 해악 금지의 원칙은 가상 공간에서 타인과 사회에 해를 끼치는 행동을 해서는 안 된다는 내용이다. ○ ×

35 뉴 미디어는 송수신자 간에 일방향 정보 교환을 가능하게 한다. ○ ×

36 다양한 매체 중 전자책이 뉴 미디어에 해당한다. ○ ×

저작권 보호론과 정보 공유 권리론은 어떻게 다를까?

개념 | 자료로 확인

■ 저작권 보호론(copyright)의 입장

→ 창작물에 대한 경제적 보상을 강조함

"소프트웨어는 상품이다!" 마이크로소프트 사를 세운 빌 게이츠의 선언은 세상 사람들에게 새로운 화두를 던졌다. 빌 게이츠는 '소프트웨어는 공짜'라고 여기던 사람들의 생각을 바꾸어 놓기 시작했다. 빌 게이츠는 잡지에 '컴퓨터 애호가들에게 보내는 편지'를 실었다. "소프트웨어를 구매하지 않는 것은 좋은 소프트웨어의 발전을 가로막는 일입니다. 아무런 대가 없이, 꼬박 한 해 동안 프로그램을 작성하고 버그를 찾아내면서 자신의 프로그램을 무료로 배포할 사람이 누가 있겠습니까?"

– 김이진, "미래를 지배한 빌 게이츠"

빌 게이츠는 정보의 사적 소유권을 인정해야 한다는 저작권 보호론의 입장이다. 저작권 보호론의 입장에서는 저작자가 자기 창작물을 통제하고 그로부터 이익을 얻을 수 있는 권리를 보호해야 한다고 주장한다. 하지만 창작자에게 배타적 독점권을 부여함으로써 부작용을 초래한다는 비판을 받기도 한다.

■ 정보 공유 권리론(copyleft)의 입장

→ 창작물의 자유로운 배포와 사용을 강조함

"새로운 운영 체제(OS)를 만들었습니다. 사용해 보고 어떤 점이 좋은지 꼭 평을 남겨 주세요." 토르발스는 사람들에게 메일을 보내 새로운 운영 체제에 대한 의견을 남겨 달라고 부탁하였다. 사람들이 지적한 내용은 새로운 운영 체제를 만드는 데 중요한 길잡이가 되었다. 그가 만든 운영 체제는 결코 혼자 만드는 것이 아니다. 그래서 그는 운영 체제에 대한 재산권을 주장하지 않는다. "나는 경제적인 요인에 의해 모든 것이 결정되지 않는 기술 세계를 원합니다."라고 그는 강조한다.

– 토르발스, "리눅스, 그냥 재미로"

토르발스는 정보의 공유를 강조하는 정보 공유 권리론의 입장이다. 정보 공유 권리론의 입장에서는 정보가 사회에서 창작된 공공재이기 때문에 공동체 전체의 이익을 신장하기 위해 사용되어야 한다고 주장한다. 하지만 지적 재산에 대한 침해, 창조 의욕 저하, 품질 하락 등의 문제를 발생시킨다는 비판을 받기도 한다.

개념 | 빈칸 채우기로 확인

■ 저작권 보호론(copyright)의 입장

Q1 정보의 사적 소유권 보장이 저작자의 창작 의욕을 (고취 / 저하)시키며, 정보의 지속적 발전을 (촉진 / 저해)한다고 본다.

Q2 저작자가 생산한 정보를 (공공재 / 사유재)로 본다.

■ 정보 공유 권리론(copyleft)의 입장

Q3 소수에 의한 정보 독점 행위가 정보 격차 문제를 (약화 / 심화)시킨다고 본다.

Q4 정보를 모두가 자유롭게 접근하고 공유해야 할 (상호 협력 / 배타적 독점)의 산물로 본다.

개념 | O/X로 확인

Q5 저작권 보호론은 정보 공유 권리론보다 정보 격차를 완화시킬 가능성이 높다.

(O / ×)

Q6 저작권 보호론은 정보 공유 권리론보다 지적 재산권의 보호를 강조한다. (O / ×)

Q7 저작권 보호론과 정보 공유 권리론은 모두 정보 소유에 대한 배타적 권리를 강조한다.

(O / ×)

개념 | 문제에 적용

연습하기 Q8 다음 글의 입장에서 질문에 적절하게 대답하시오.

정보는 인류의 집단적 경험이 담겨 있는 공동의 자산이다. 정보를 특정 개인의 소유로 인정한다면 공동의 자산이 상품화되고 다수가 소수에 종속될 수 있다. 이를 예방하고 질 높은 정보를 생산하기 위한 제도가 필요하다.

• 지적 재산은 인류 전체가 함께 누려야 할 공공재인가?

❶ (예 / 아니요)

• 질 높은 정보를 생산할 수 있는 제도 마련이 필요한가?

❷ (예 / 아니요)

• 정보 창작물을 개인의 재산으로 보호해야 하는가?

❸ (예 / 아니요)

• 정보를 공유하면 정보의 가치가 하락하는가?

❹ (예 / 아니요)

적용하기 Q9 저작권 보호론의 입장에서 긍정, 정보 공유 권리론의 입장에서 부정의 대답을 할 질문을 〈보기〉에서 있는 대로 고르시오.

> **보기**
> ㉠ 정보의 공공재적 성격을 중시해야 하는가?
> ㉡ 정보의 배타적 소유권을 강조해야 하는가?
> ㉢ 정보 생산자의 지적 재산권을 강화해야 하는가?
> ㉣ 지적 재산권을 제한하여 정보 격차를 완화해야 하는가?
> ㉤ 정보에 대한 접근 기회는 모든 사람에게 열려 있어야 하는가?
> ㉥ 정보를 인류의 공동 자산이 아닌 사유 재산으로 보아야 하는가?
> ㉦ 정보 생산자의 창작 의욕 고취를 위해 정보 공유의 금지가 중요한가?

How & WHY 정답 01. 고취, 촉진 02. 사유재 03. 심화 04. 상호 협력 05. × 06. ○ 07. × 08. ❶ 예 ❷ 예 ❸ 아니요 ❹ 아니요 09. ㉡, ㉢, ㉥, ㉦

주제 1 · 정보 기술 발달과 정보 윤리

족집게 전략 | 정보 소유와 관련된 윤리적 쟁점은 저작권 보호론(copyright)과 정보 공유 권리론(copyleft)을 비교하는 문제가 자주 출제되므로 꼭 정리해 두어야 한다. 특히 정보가 '강물', '공기', '촛불' 등 비유적으로 제시된 유형의 문제가 많으므로 비유적 표현을 이해하여 각각의 입장을 파악할 수 있어야 한다.

접근 전략

❶ 갑, 을의 입장 비교하기	❷ 입장에 대한 선택지 찾기
정보가 무엇에 비유되고 있는지를 파악하고, 정보 소유에 대한 갑, 을의 입장을 비교한다.	❶에서 비교한 입장에 따라 선택지의 내용이 적절한 것인지 꼼꼼하게 파악한다.

192 대표 문항　　　　| 평가원 기출 |

갑, 을의 입장으로 가장 적절한 것은?

① 갑 : 정보는 누구나 향유할 수 있는 공공적 가치를 지닌다.
② 갑 : 정보의 사적 소유권은 자유롭게 이전될 수 있어야 한다.
③ 을 : 정보는 배타적인 권리를 주장할 수 없는 공유 자산이다.
④ 을 : 정보에 대한 소유권은 개인의 노력과는 무관하게 성립된다.
⑤ 갑, 을 : 정보를 생산한 자에게 경제적인 보상은 필요하지 않다.

193　　　　| 평가원 기출 |

갑, 을의 입장에 대한 설명으로 옳지 _않은_ 것은?

① 갑은 정보의 공유가 사회 경제적 불평등의 완화에 기여한다고 본다.
② 을은 정보 소유권 보장이 정보의 지속적 발전을 촉진한다고 본다.
③ 을은 양질의 정보 생산을 위해 정보 복제에 제약이 없어야 한다고 본다.
④ 갑은 정보를 인류의 공유 자산으로, 을은 사유 재산으로 본다.
⑤ 갑, 을은 정보를 삶의 질 향상에 이바지할 수 있는 자산으로 본다.

194　　　　| 평가원 기출 |

다음 토론의 핵심 쟁점으로 가장 적절한 것은?

> 갑 : 사이버 공간에서는 서로를 식별하기 어렵기 때문에 현실에서 표현하지 못하는 솔직한 감정을 드러내거나 다양한 의견을 자유롭게 교환할 수 있습니다.
> 을 : 그렇습니다. 하지만 사이버 공간의 익명성을 악용한 악성 댓글의 피해가 심각합니다. 악성 댓글을 제재할 수 있는 법과 제도가 필요합니다.
> 갑 : 아닙니다. 악성 댓글 문제는 도덕규범의 자율적 내면화와 실천을 통해 해결해야 합니다. 제도적 규제는 표현의 자유를 위축시킬 수 있습니다.
> 을 : 제도적 조치를 반드시 병행해야 합니다. 감정이나 의견을 전달하는 데 어느 정도 제약과 불편을 감수하더라도 악성 댓글로부터 개인의 명예를 보호해야 합니다.

① 사이버 공간의 악성 댓글 문제 해결을 위해 제도적 규제가 필요한가?
② 사이버 공간에서 탈억제 효과는 악성 댓글의 원인으로 작용하는가?
③ 악성 댓글 문제를 해결하기 위해 자율적 책임감과 실천이 필요한가?
④ 사이버 공간에서는 서로 신분을 알 수 있는 정보가 제한적인가?
⑤ 사이버 공간에서도 현실의 도덕규범이 동일하게 적용되는가?

195

㉠에 들어갈 내용으로 가장 적절한 것은?

> 정보화의 진전으로 계층 격차는 완화될 것이다. 과거에는 정보가 특정 계층에게만 주어졌지만 정보화가 진전되면서 누구나 정보에 쉽게 접근할 수 있는 환경이 조성되었기 때문이다. 그런데 어떤 사람들은 "정보화의 진전이 사회 불평등을 해소시킬 것이라는 주장은 구호에 불과하다. 부자는 고급 정보를, 가난한 사람은 저급 정보를 접하고 이용할 가능성이 높기 때문이다."라고 주장한다. 나는 이 주장이 '　　　㉠　　　'는 점을 간과하고 있다고 본다.

① 정보화가 사회 불평등을 해소시키기는 어렵다.
② 정보화의 진전으로 계층 격차는 심화될 수 있다.
③ 정보화로 인해 정보에 대한 독점 현상이 줄어들게 된다.
④ 경제력에 따라 접근 및 이용할 수 있는 정보에 차이가 있다.
⑤ 산업 사회에서의 빈부 격차가 정보 사회에서 재생산될 수 있다.

196 고난도

㈎의 갑, 을의 입장을 ㈏ 그림으로 탐구할 때, A~C에 해당하는 적절한 질문을 〈보기〉에서 고른 것은?

㈎	갑 : 타인의 창작물을 무단으로 복제하여 정보 창작자에게 손해를 입히거나 이로부터 이득을 취하는 행위는 명백한 불법이다. 이는 양질의 정보 생산을 위해서도 금지해야 한다. 따라서 우리는 저작권을 보호해야 한다. 을 : 소프트웨어의 발전은 일종의 진화 과정과 같은 것이다. 소유권자가 존재한다는 것은 양질의 정보 생산 활동을 방해하며, 어떤 프로그램을 개발하려 할 때 무(無)에서 시작할 수밖에 없게 만든다. 따라서 우리는 정보를 공유해야 한다.
㈏	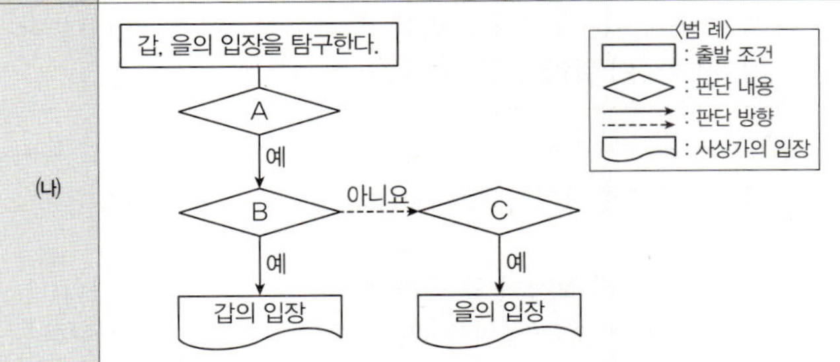

〈보기〉
ㄱ. A : 정보 창작자의 배타적 권리를 보장하는 것은 잘못인가?
ㄴ. B : 양질의 정보를 생산할 수 있는 환경을 조성해야 하는가?
ㄷ. B : 정보의 자유로운 복제는 정보의 생산 활동을 저해하는가?
ㄹ. C : 정보와 그 산물을 인류가 함께 누려야 할 자산으로 보는가?

① ㄱ, ㄴ　　② ㄱ, ㄷ　　③ ㄴ, ㄷ　　④ ㄴ, ㄹ　　⑤ ㄷ, ㄹ

197

| 평가원 기출 |

다음 글은 신문 사설이다. ㉠에 들어갈 제목으로 가장 적절한 것은?

제○○호	○○신문	○○○○년 ○월 ○일

㉠

　오늘날과 같은 정보 사회에서 정보는 물이나 전기와 같이 인간이 생활하는 데 가장 필수적인 요소이다. 우리가 물이나 전기 없이 며칠을 견디는 것은 상당히 고통스러운 일이다. 그래서 수도나 전기 요금을 감당하기 어려운 사람에게 수도와 전기를 끊어 버리는 일은 비인도적인 처사로 여겨진다. 이와 마찬가지로 정보 소외 계층은 정보를 소유하지 못하여 상당한 고통을 느낄 것이며, 그들은 정보 사회에서 경쟁력을 확보하지 못하여 사회적 약자로 머물게 될 것이다. …(중략)… 인간은 누구나 인간답게 살 수 있는 최소한의 권리를 가지고 있다. 그러므로 정부는 그러한 시민의 권리를 충족할 수 있는 방안을 마련해야 할 것이다.

① 정보 사유화를 강화하여 새로운 정보의 산출에 힘써야 한다
② 정보 사회에서의 정보 격차를 완화하기 위해 노력해야 한다
③ 국가의 독점적 정보 관리로부터 시민의 사생활을 보호해야 한다
④ 정보 소외 계층에 대한 복지 정책이 역차별을 초래해서는 안 된다
⑤ 정보 공유화로 인해 발생한 책임의 분산 문제를 해결해야 한다

198

다음 글의 입장만을 〈보기〉에서 있는 대로 고른 것은?

　목동이었던 기게스는 어느 날 지진이 일어난 자리에 땅이 갈라져 생긴 동굴에 들어갔다가 우연히 반지 하나를 얻게 되었다. 기게스는 그 반지의 흠집난 곳을 안으로 돌리면 투명 인간이 되고 밖으로 돌리면 자신의 모습이 다시 나타난다는 사실을 알게 되었다. '보이지 않는 힘'을 갖게 된 기게스는 전령으로 궁전에 들어갔다. 그는 반지를 이용하여 투명하게 변한 후, 왕을 암살하여 왕위를 빼앗고 스스로 왕이 되었다. 사이버 공간에서 기게스의 반지를 낀다면 익명성으로 인한 윤리적 문제가 발생할 수 있다. 사이버 공간에서 익명성은 심리적 안정감을 갖게 해 주어 낯선 사람과의 의사소통을 원활하게 만들어 주며, 평등한 지위를 부여함으로써 정치적 참여의 기회를 높인다는 긍정적 측면이 있기는 하다. 하지만 사이버 공간에서 익명성은 무책임한 언행 및 심각한 범죄의 원인이 되기도 한다. 따라서 인터넷 실명제를 실시해 사이버 공간에서 발생하는 각종 범죄를 예방해야 한다.

〈보기〉
ㄱ. 사이버 공간에서의 익명성은 장단점을 지니고 있다.
ㄴ. 사이버 범죄는 개인의 도덕성 함양만으로 예방 가능하다.
ㄷ. 사이버 공간의 익명성은 자유로운 의사소통을 가능하게 한다.
ㄹ. 인터넷에서 익명성을 활용하지 못하도록 하는 제도가 필요하다.

① ㄱ, ㄴ　　　② ㄱ, ㄷ　　　③ ㄴ, ㄹ
④ ㄱ, ㄷ, ㄹ　　⑤ ㄴ, ㄷ, ㄹ

199

갑의 입장에서 〈문제 상황〉의 A에게 제시할 조언으로 가장 적절한 것은?

　갑 : 공리의 원리는 이해관계가 걸려 있는 당사자들의 행복을 증가시키거나 감소시키는 또는 촉진시키거나 억누르는 경향에 따라서 각각의 행위를 승인하거나 부인하는 원리를 의미한다. 여기서 각각의 행위란 개인의 사적인 모든 행위뿐만 아니라 정부의 모든 정책까지 포함한다.

〈문제 상황〉

　고등학생인 A는 평소 같은 반 친구인 K의 말과 행동이 마음에 들지 않았다. 그래서 K를 흉보는 글을 반 친구들과 공유할 목적으로 SNS에 올리려고 하고 있다.

① 사회적 고통의 총량이 최소화되도록 행동하세요.
② 결과보다는 동기나 선의지를 중시하여 행동하세요.
③ 유용성보다 보편타당한 정언 명령에 따라 행동하세요.
④ 사회적 효용을 감소시킬 수 있는 방향으로 행동하세요.
⑤ 타인의 이익보다 자신의 이익을 우선 고려하여 행동하세요.

주제 2   정보 사회에서의 매체 윤리

족집게 전략 | 정보에 대한 접근 및 생산과 유통 과정, 알 권리, 잊힐 권리, 표현의 자유에 대한 갑, 을의 입장을 파악하고, 각 입장에 대한 옳은 설명을 찾는 유형의 문제가 자주 출제된다. 제시된 글에 입각하여 정답을 고르도록 해야 한다.

접근 전략

❶ 갑, 을의 입장 찾기	❷ 입장에 대한 적절한 선택지 찾기
뉴 미디어의 발달에 따른 윤리적 문제에 대한 갑, 을의 입장을 이해한다. ▶	❶에서 이해한 입장에 따라 선택지의 내용이 적절한 것인지 꼼꼼하게 파악한다.

200 〈대표 문항〉
| 평가원 기출 |

갑, 을의 입장으로 가장 적절한 것은?

> 정보에 대한 접근은 자유로워야 하지만 생산과 유통은 국가가 규제해야 합니다. 표현의 자유는 해악 금지의 원칙에 위배되지 않는 한에서 보장되어야 합니다. 국가는 혐오표현의 유해성에 대한 법적 기준을 정해 정보의 생산과 유통을 규제할 책무가 있습니다.

> 정보에 대한 접근은 물론 생산과 유통도 개인의 자율에 맡겨야 합니다. 정보의 생산과 유통에 대한 국가의 규제는 그 자체로 표현의 자유를 침해하는 것입니다. 혐오표현의 유해성에 대한 판단은 사람에 따라 다르기 때문에 국가가 일률적 기준을 마련할 수는 없습니다.

갑   을

① 갑 : 국가는 정보에 자유롭게 접근할 권리를 제한해야 한다.
② 갑 : 국가는 혐오표현의 유해성을 판단할 기준을 설정해야 한다.
③ 을 : 국가는 정보의 접근이 아닌 생산·유통의 자유만 보장해야 한다.
④ 을 : 국가는 해악 금지 원칙에 따라 정보 생산을 규제해야 한다.
⑤ 갑, 을 : 혐오 표현에 대한 국가 규제는 표현의 자유와 양립 가능하다.

201
| 평가원 기출 |

갑, 을의 입장으로 가장 적절한 것은?

> 갑 : '정보 리터러시'는 정보 접근 능력과 정보 수용 능력을 가리킨다. 정보 격차는 주로 그러한 능력들의 차이로 인해 발생하므로, 이를 해결하기 위해 정보 약자에게 정보 접근 및 수용 능력을 제공하는 정보 복지가 보장되어야 한다.
>
> 을 : '정보 리터러시'는 정보 매체의 쌍방향성이 강화됨에 따라 접근 및 수용 능력 이외에 정보 생산 능력까지도 포함해야 한다. 정보 격차는 주로 정보 생산 능력의 차이에 기인하므로 정보 생산 능력을 제공하는 정보 복지가 보장되어야 한다.

① 갑 : 정보 약자에게는 정보 접근 능력만을 제공해야 한다.
② 갑 : 정보 격차의 주된 원인은 정보 생산력의 차이에 있다.
③ 을 : 정보 복지의 핵심 과제는 정보 기기의 평등한 분배이다.
④ 을 : 정보 약자가 정보 생산에서 소외되지 않도록 해야 한다.
⑤ 갑, 을 : 정보 리터러시는 접근 및 수용 능력에 국한되어야 한다.

202
| 평가원 기출 |

갑, 을의 입장에 대한 옳은 설명을 〈보기〉에서 고른 것은?

> 갑 : 장발장은 전과자 신분을 숨기고 시장이 되었어. 하지만 정보 사회에서는 사람들이 잊거나 지우고 싶은 정보가 인터넷에 남아 있어서 타인이 볼 수 있지. 따라서 자신이 원하지 않는 정보를 삭제할 수 있는 '잊힐 권리'를 보장해야 해.
>
> 을 : 장발장이 아무리 시민을 위해 봉사했다 하더라도 그를 시장으로 뽑을 때 사람들이 그의 과거를 알아야만 했다고 봐. 정보 사회에서는 누구나 그러한 정보에 접근할 수 있어야 하지. 사람들이 알아야 할 정보라면 삭제를 금지해야 해.

보기
ㄱ. 갑 : 개인에게 자기 정보에 대한 삭제권이 있어야 함을 주장한다.
ㄴ. 갑 : 잊힐 권리 보장이 알 권리 침해로 이어짐을 강조한다.
ㄷ. 을 : 사생활 보호가 공익을 위해 제한될 수 있음을 주장한다.
ㄹ. 갑, 을 : 자기 정보에 대한 배타적 관리권이 절대적임을 강조한다.

① ㄱ, ㄴ   ② ㄱ, ㄷ   ③ ㄴ, ㄷ   ④ ㄴ, ㄹ   ⑤ ㄷ, ㄹ

203
| 평가원 기출 |

다음 가상 대담 속의 ㉠에 들어갈 말로 가장 적절한 것은?

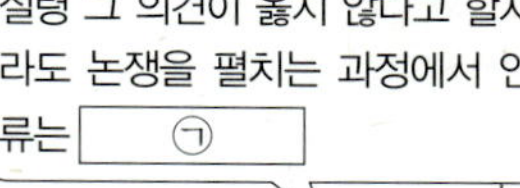

① 다수의 의견에 대한 복종의 필요성을 알게 됩니다.
② 기존의 진리가 지닌 가치와 의의를 재확인하게 됩니다.
③ 다수뿐만 아니라 소수마저 동의해야 진리가 됨을 알게 됩니다.
④ 다수에 의해 확립된 의견이 진리의 표준임을 재확인하게 됩니다.
⑤ 사회적 유용성 차원에서 표현의 자유를 제한해야 함을 알게 됩니다.

204

⑦에 들어갈 내용으로 가장 적절한 것은?

> 개인 정보를 비롯하여 자신이 원하지 않는 민감한 정보들이 포털사이트 등을 통하여 많은 사람에게 공개되지 않도록 자신과 관련된 정보를 통제할 수 있는 권리가 보장되어야 한다. 그런데 어떤 사람들은 "정보 사회에서 시민의 알 권리는 기본권에 해당하며, 표현의 자유가 실현되기 위해서도 반드시 보장되어야 한다. 시민이 알아야 할 정보라면 개인이 원한다는 이유로 삭제해서는 안 된다."라고 주장한다. 나는 이 주장이 ⑦ 고 생각한다.

① 시민의 알 권리는 인간의 기본적 권리에 해당함을 모르고 있다
② 자기 정보에 대한 삭제 권리는 절대적인 것임을 강조하고 있다
③ 잊힐 권리 보장이 알 권리 침해로 이어질 수 있음을 모르고 있다
④ 자기 정보 통제를 통한 인격권의 보호가 중요함을 간과하고 있다
⑤ 개인의 사생활 보호는 공익을 위해 제한될 수 있음을 모르고 있다

205

갑, 을, 병의 입장에 대한 설명으로 옳은 것은?

> 교사 : 최근 뉴 미디어의 발달로 폭력적이고 음란한 콘텐츠가 만연하고 있어 사회적 문제가 되고 있습니다. 이를 어떻게 해결할 수 있을까요?
> 갑 : 인터넷에서 폭력적이고 음란한 콘텐츠를 판매하는 사람과 구매하는 사람을 단속하여 처벌을 강화해야 합니다.
> 을 : 폭력적이고 음란한 콘텐츠를 자동으로 차단하는 프로그램을 개발하여 컴퓨터에 설치해야 합니다.
> 병 : 인터넷에서 폭력적이고 음란한 콘텐츠를 판매하는 사람과 구매하는 사람을 대상으로, 그러한 콘텐츠가 어떤 점에서 비인간적인가를 알리고 가르쳐야 합니다.

① 갑은 개개인의 자율적 규제를 통한 문제 해결을 중시한다.
② 을은 문제를 해결하는 데 있어 기술적 대응을 간과한다.
③ 병은 법률적 대응을 통해 문제를 해결할 것을 강조한다.
④ 을은 병에 비해 자율성을 바탕으로 문제를 해결할 것을 강조한다.
⑤ 병은 갑에 비해 정보 윤리의 실천을 통한 문제 해결을 강조한다.

206

그림의 A에 들어갈 학생의 답변으로 옳은 것을 〈보기〉에서 고른 것은?

〈보기〉
ㄱ. 정보를 무비판적으로 받아들이는 태도를 지양해야 합니다.
ㄴ. 진위보다는 자신의 이해관계에 따라 정보를 수용해야 합니다.
ㄷ. 자신이 찾아낸 정보의 가치를 제대로 평가하도록 해야 합니다.
ㄹ. 양질의 정보는 공유하는 것이 중요하므로 많은 사람에게 전달해야 합니다.

① ㄱ, ㄴ　　② ㄱ, ㄷ　　③ ㄴ, ㄷ　　④ ㄴ, ㄹ　　⑤ ㄷ, ㄹ

207 고난도

다음 사상가의 입장만을 〈보기〉에서 있는 대로 고른 것은?

> 어떤 생각을 억압한다는 것이 심각한 문제가 되는 가장 큰 이유는, 그런 행위가 현세대뿐만 아니라 미래의 인류에게까지, 그 의견에 찬성하는 사람은 물론이고 반대하는 사람에게까지 강도질을 하는 것과 같은 악을 저지르는 셈이 되기 때문이다. …… 이런 이유에서 사람들이 자유롭게 자기 의견을 가지고, 또 그 의견을 자유롭게 표현할 수 있지 않으면 안 된다. 그러나 다른 사람들이 옳지 못한 행동을 하도록 하는 데 직접적인 영향을 끼칠 수 있는 상황이라면, 의견의 자유도 무제한적으로 허용될 수는 없다. 어떤 종류의 행동이든 정당한 이유 없이 다른 사람에게 해를 끼치는 것은 강압적인 통제를 받을 수 있으며, 사안이 심각하다면 반드시 통제해야 한다.

〈보기〉
ㄱ. 소수의 의견이 진리이고 다수의 의견이 오류일 수는 없다.
ㄴ. 개인의 자유가 타인에게 해를 끼칠 때에는 제한될 수 있다.
ㄷ. 잘못된 의견일지라도 자신의 의견을 표현할 수 있어야 한다.
ㄹ. 표현의 자유를 침해하는 것은 진리를 찾을 기회를 잃게 한다.

① ㄱ, ㄴ　　　　② ㄱ, ㄷ　　　　③ ㄴ, ㄹ
④ ㄱ, ㄷ, ㄹ　　⑤ ㄴ, ㄷ, ㄹ

14강 자연을 바라보는 동서양의 관점

주제 1 　유교·불교·도가의 자연관

1. 유교의 자연관
(1) 특징
① 인간과 자연을 상호 유기적인 관계로 파악하고 조화를 이루는 삶을 지향함 → 천인합일(天人合一)
② 인간이 자연을 본받아 다른 존재와 타인에게 인(仁)을 실천해야 한다고 봄 〔인간을 포함한 모든 자연이 변화하는 원리를 담고 있는 유교 경전〕
③ 주역의 자연관 : 하늘과 땅은 서로 느끼고 상응하고 교합하면서 끊임없이 만물을 낳고 기르는 존재 〔인간과 자연을 상호 유기적인 관계로 파악하고 조화를 이루는 삶을 지향함〕
④ 유교는 인간과 자연의 조화를 중시하지만, 도덕적 고려에 있어서는 분별적 차이를 두고 있음

> **자료로 살펴보기**
>
> ■ 유교의 자연관
>
> > • 마구간이 불에 탔는데, 공자는 "사람이 다쳤느냐?"고 묻고, 말에 대해서는 묻지 않았다.
> > • 공자는 낚시를 하였으나 그물을 쓰지는 않았다.
> > • 군자는 동식물을 사랑하지만, 인애(仁愛)하지는 않는다.
>
> 유교에서는 인간과 자연 존재 간의 도덕적 고려에서 분별적 차이를 둔다. 즉 자연의 가치를 소중히 여기는 동시에 인간 생존이라는 현실적인 문제를 간과하지 않은 것이다.

(2) 영향 : 인간과 자연의 지속적인 공존을 위한 이론적 바탕이 됨

2. 불교의 자연관
〔모든 존재가 원인과 조건으로 연결되어 서로 영향을 주고 받음 → 만물의 상호 의존성 강조〕
〔너와 내가 둘이 아니라는 의미로, 만물에 대한 자비심을 낳게 함〕
(1) 특징
① 인간을 포함한 우주의 모든 것이 상호 의존 관계로 존재한다는 연기적 세계관을 지향함 → 자타불이(自他不二)
② 불살생의 계율과 모든 생명에 자비를 베풀 것을 강조함
(2) 영향 : 무소유의 가르침을 통해 물질에 대한 탐욕이 불러온 환경 문제를 해결하는 데 도움이 됨

3. 도가의 자연관
(1) 특징
① 인간을 포함한 우주 만물이 하나의 기(氣)로써 연결되어 혼연일체를 이루고 있다고 봄 → 물아일체(物我一體)
② 자연을 거대한 순환 체계를 지닌 살아 움직이는 실체로 파악함
③ 자연은 아무런 목적이 없는 무위(無爲)의 체계로서 무목적의 질서를 가짐
④ 노자 : 자연의 순리에 따르는 무위자연(無爲自然)을 강조함
⑤ 장자 : 인간을 포함한 모든 존재의 평등과 물아일체를 강조함
(2) 영향 : 자연에 대한 인위적인 행동을 자제하고 인간과 자연의 평형과 조화를 추구해야 한다는 가르침을 줌

> **이렇게 출제돼!** 동양의 자연관은 Ⅰ단원의 '동양 윤리의 접근'과 함께 학습하는 것이 효율적이야! 그리고 동양의 자연관은 자연을 상의(相依)와 화해의 대상으로 여겼다는 점에서 근대 서양의 자연관과 구분된다는 점을 꼭 기억해야 해!

주제 2 　인간 중심주의와 동물 중심주의

1. 인간 중심주의
(1) 인간 중심주의의 특징
① 인간만을 직접적인 도덕적 고려의 대상으로 파악함
② 인간을 다른 자연적 존재들보다 우월하고 귀한 존재로 여김
③ 이분법적 세계관 : 인간과 자연을 분리하여 바라봄
④ 도구적 자연관 : 자연을 인간의 이익과 욕구 충족을 위한 수단으로 삼음

(2) 인간 중심주의 사상가
① 아리스토텔레스
• 이성을 지닌 인간이 이성이 없는 자연을 지배할 수 있다고 봄
• 목적론적 자연관 : "식물은 동물을 위해, 동물은 인간을 위해 존재함"
② 베이컨
• 자연 과학적 지식을 활용하여 자연을 정복하고 인간의 물질적 혜택과 복지를 증진해야 한다고 봄
③ 데카르트
• 인식 주체와 인식 대상을 구분하여 인간이 인식 대상인 자연을 이용하고 정복하는 것을 정당화함
• 자연은 의식이 없는 단순한 물질이므로 기계와 같다고 여김
④ 칸트
• 자율성과 이성을 지닌 인간만이 도덕적 주체라고 주장함
• 자연과 관련한 간접적 의무 : 자연과 관련한 인간의 의무는 인간성 실현을 위한 간접적 의무에 불과함

> **자료로 살펴보기**
>
> ■ 칸트의 인간 중심주의
>
> 이성은 없지만 생명이 있는 일부 피조물과 관련하여 동물들을 폭력적으로 그리고 동시에 잔학하게 대하는 것은 인간의 자기 자신에 대한 의무와 내면에서 더욱더 배치되는 것이다. …… 늙은 말이나 개가 오랫동안 수행한 봉사에 대한 감사마저도 간접적으로는 인간의 의무에 속한다. 곧 이러한 동물들과 관련한 감사의 정은 직접적으로 볼 때는 언제나 인간 자기 자신에 대한 의무일 따름이다.　　– 칸트, "윤리형이상학"
>
> 칸트는 동물을 학대하는 것이 자기 자신의 인간성을 타락시키는 길이 될 수 있기 때문에 자신의 인간성에 대한 의무를 이행하는 차원에서 동물을 잔학하게 대하지 말아야 한다고 주장한다.

(3) 인간 중심주의의 의의와 한계

의의	근대 이후 자연 현상을 객관적으로 이해하고 과학 기술을 발전시켜 인간의 삶을 풍요롭게 하는 데 이바지함
한계	자연에 대한 무분별한 개발과 훼손을 야기하고, 인류가 직면하고 있는 각종 환경 문제를 일으킨 근본 원인이 됨

(4) 온건한 인간 중심주의
① 인간이 다른 존재보다 본질적으로 더 가치 있다는 점을 인정함
② 인류의 장기적인 이익을 위해 자연 친화적인 삶을 추구해야 한다고 주장함
〔강경한 인간 중심주의에 비해 자연에 대한 존중에 관심을 기울이지만, 자연을 인간의 욕구를 충족하기 위한 대상으로 본다는 한계가 있음〕

2. 동물 중심주의

(1) 동물 중심주의의 특징

① 인간을 포함해 동물까지 도덕적 고려의 대상으로 파악함
② 쾌락과 고통의 감정을 중시하기 때문에 '감정 중심주의'라고도 함

(2) 동물 중심주의 사상가

> 동물을 인간을 위한 수단으로 여기는 것에 반대하고, 동물의 복지 향상을 강조함

① 싱어

> 동물도 고통을 느끼는 능력이 있다고 본 벤담으로부터 영향을 받음

- 동물 해방론 : 공리주의에 근거하여 동물을 고통으로부터 해방할 것을 주장함
- 종(種) 차별주의 비판 : 인간을 우대하고 동물을 차별하는 것은 종을 차별하는 것임
- 이익 평등 고려의 원칙 : 쾌락과 고통을 느끼는 모든 존재의 이익을 동등하게 고려해야 함

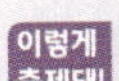

■ 싱어의 동물 중심주의

만약 한 존재가 고통을 느낀다면 그와 같은 고통을 고려의 대상으로 삼길 거부하는 자세를 옹호할 수 있는 도덕적 논증은 없다. 쾌고 감수 능력은 다른 존재의 이익에 관심을 가질지 여부를 판가름하는 유일한 경계가 된다.
– 싱어, "동물 해방"

싱어는 '이익 평등 고려의 원칙'을 강조하면서 동물의 이익과 인간의 이익을 평등하게 고려하지 않는다면 '종 차별주의'라는 잘못을 저지르는 것이라고 보았다.

② 레건

- 동물 권리론 : 의무론에 근거하여 동물이 권리를 가진다고 주장함
- 삶의 주체 : 인간은 물론 일부 동물도 삶의 주체이기 위한 기준들을 만족시키므로 내재적 가치를 지님

(3) 동물 중심주의의 의의와 한계

의의	동물에 대한 인간의 비도덕적 관행을 비판하고 동물 복지에 관심을 가지는 계기를 마련하는 데 이바지함
한계	• 인간과 동물의 이익이 충돌하는 경우 누구의 이익이 우선하는지 판단하기 어려움 • 동물 이외의 식물이나 무생물 등을 고려하지 못함

> **이렇게 출제돼!** 강경한 인간 중심주의와 온건한 인간 중심주의를 비교하는 문제가 출제될 수 있으니 학습해 두어야 해! 동물 중심주의에서는 동물 해방론을 주장한 싱어의 입장이 꾸준히 출제되다가, 최근에는 동물 권리론을 주장한 레건의 입장도 심도 있게 출제되는 경향이 있어!

주제 3 생명 중심주의와 생태 중심주의

1. 생명 중심주의

(1) 생명 중심주의의 특징

① 인간 이외의 동물, 식물까지도 도덕적 고려의 대상으로 삼음
② 모든 생명체는 그 자체로 도덕적 고려를 받아야 할 가치가 있다고 봄

(2) 생명 중심주의 사상가

① 슈바이처

- 생명 외경(畏敬) 사상 : 생명의 신비를 두려워하고 존경하는 마음

으로 모든 생명을 소중히 여겨야 함 → 생명을 고양하는 것은 선이고, 생명을 훼손하는 것은 악임
- 모든 생명은 살고자 하는 의지를 지니고 있으며, 그 자체로 신성함(생명의 동등성)
- 자기 존재를 유지하기 위해 불가피하게 생명을 해쳐야 하는 선택의 상황이 있을 수 있음을 인정함(생명의 차등성)

② 테일러

- 모든 생명체는 고유의 선(善)을 지니며, 내재적 가치를 가지므로 도덕적으로 고려해야 함
- 모든 생명체는 의식 유무와 상관없이 생존, 성장, 발전, 번식 등의 목적을 지향하고 있다는 점에서 동등한 목적론적 삶의 중심임
- 생명체에 대한 네 가지 의무

악행 금지의 의무	가장 기본적인 의무로서, 어떤 생명체도 해치지 말아야 한다.
불간섭의 의무	개별 생명체의 자유를 침해하거나 생태계를 조작·통제하려고 해서는 안 된다.
성실의 의무	인간의 즐거움을 위해 덫을 놓는 등 야생 동물을 기만하는 행위를 해서는 안 된다.
보상적 정의의 의무	인간이 다른 생명체에게 해를 끼쳤을 때에는 그 피해를 보상해야 한다.

(3) 생명 중심주의의 의의와 한계

의의	인간 중심주의에서 벗어나 모든 생명체의 고유한 가치를 일깨워 줌
한계	개별 생명체의 가치만을 강조하여 생태계 전반의 문제를 해결하기 어려움

2. 생태 중심주의

> 동물 중심주의나 생명 중심주의가 개별 생명체에 초점을 맞추는 개체론의 성격을 지닌다고 비판함

(1) 생태 중심주의의 특징

① 무생물을 포함한 생태계 전체를 도덕적 고려 대상으로 삼음
② 생태계 전체의 상호 의존성을 강조하는 전체론, 전일주의를 주장함

(2) 생태 중심주의 사상가

> 인간을 비롯한 자연의 모든 존재들이 한데 어울려 살아가는 생명 공동체를 의미함

레오폴드	• 도덕 공동체의 범위를 식물, 동물, 토양, 물 등을 포함한 대지까지 확대함 → 대지 윤리 • 어떤 것이 생명 공동체의 온전성, 안정성, 아름다움을 보전하는 경향이 있다면 그것은 옳다고 봄
네스	• 환경 위기를 극복하기 위해 인간의 세계관 자체를 바꾸어야 한다고 봄 → 심층 생태주의 • 큰 자아실현 : 자신을 자연과의 상호 연관 속에서 존재하는 것으로 이해하는 것 • 생명 중심적 평등 : 모든 생명체를 상호 연결된 전체의 평등한 구성원으로 보는 것

(3) 생태 중심주의의 의의와 한계점

의의	환경 문제를 해결하기 위해 생태계 전체에 대한 포괄적 시각이 필요함을 일깨워 줌
한계	생태계 전체의 선을 위하여 개별 구성원을 희생시킬 수 있다는 환경 파시즘으로 흐를 위험이 있음

> **이렇게 출제돼!** 생명 중심주의와 생태 중심주의는 인간 중심주의나 동물 중심주의와 비교하여 순서도나 벤다이어그램을 활용한 복잡한 유형으로 출제되고 있으니 심도 있게 학습해 두어야 해!

핵심 개념 CHECK!

• 정답 및 해설 60쪽

✎ 다음 확인 문제 중 옳은 것에 ○, 옳지 않은 것에 ✕를 표기하세요.

주제 1 유교 · 불교 · 도가의 자연관

01 동양에서는 전통적으로 자연을 인간의 목적을 달성하기 위한 수단으로 여겼다. ○ ✕

02 유교에서는 인간이 자연을 본받아 다른 존재와 타인에게 인(仁)을 실천해야 한다고 본다. ○ ✕

03 유교에서는 연기적(緣起的) 관점에서 자연을 이해해야 한다고 본다. ○ ✕

04 유교에서는 하늘을 인간이 따라야 할 도덕적 규범의 근원이라고 본다. ○ ✕

05 유교에서는 인드라망처럼 우주와 인간이 한 몸으로 연결되어 있다고 본다. ○ ✕

06 불교에서는 만물이 원인과 조건에 의해 생멸(生滅)한다고 본다. ○ ✕

07 불교에서는 인간과 자연이 조화를 이루는 천인합일(天人合一)의 경지를 지향한다. ○ ✕

08 (함정) 도가에서는 자연을 목적이 없는 무위(無爲)의 체계로 파악한다. ○ ✕

09 노자에게 자연이란 '스스로 그러함', '인위적인 것에서 벗어난 상태'를 의미한다. ○ ✕

10 장자는 '천지는 나와 함께 살고 만물은 나와 더불어 하나'라는 자타불이(自他不二)를 주장하였다. ○ ✕

주제 2 인간 중심주의와 동물 중심주의

11 베이컨은 자연 안의 어떠한 존재도 수단으로 대해서는 안 된다고 보았다. ○ ✕

12 (함정) 베이컨은 자연의 내재적 가치를 이해하여 자연을 지배해야 한다고 주장하였다. ○ ✕

13 (함정) 데카르트에 따르면 자연은 영혼이 없는 물질이나 기계에 불과하다. ○ ✕

14 칸트는 인간만이 도덕적 의무를 실천할 능력을 소유한다고 보았다. ○ ✕

15 칸트는 어떠한 경우에도 동물을 목적으로 대우해야 한다고 주장하였다. ○ ✕

16 칸트는 식물을 보존하는 것이 간접적 의무로 성립 가능하다고 보았다. ○ ✕

17 온건한 인간 중심주의는 자연이 인간을 위한 수단적 가치로만 존재한다고 본다. ○ ✕

18 레건은 도덕적 고려의 대상을 인간으로 한정하지 말아야 한다고 주장하였다. ○ ✕

19 (함정) 레건은 쾌고 감수 능력을 지닌 존재 모두를 도덕적 존중의 대상으로 삼았다. ○ ✕

20 레건은 경제적 효용성의 관점으로만 동물의 가치를 평가해서는 안 된다고 보았다. ○ ✕

21 (함정) 레건은 내재적 가치를 지닌 모든 동물은 동등하게 존중받을 권리가 있다고 보았다. ○ ✕

22 (함정) 싱어는 개체가 쾌고 감수 능력을 지녀야만 도덕적 고려의 대상이 된다고 보았다. ○ ✕

23 싱어는 종의 차이만으로 도덕적 지위에 차별을 두어서는 안 된다고 주장하였다. ○ ✕

24 싱어는 삶의 주체인 동물의 권리를 의무론의 관점에서 존중해야 한다고 보았다. ○ ✕

25 싱어는 인간만이 자기 행위에 대해 책임질 수 있는 삶의 주체라고 보았다. ○ ✕

주제 3 생명 중심주의와 생태 중심주의

26 슈바이처에 따르면 모든 생명은 살고자 하는 의지를 지니고 있으며 그 자체로 신성하다. ○ ✕

27 테일러는 전체론적 관점에서 도덕적 고려의 범주를 설정해야 한다고 보았다. ○ ✕

28 테일러는 모든 생명체는 내재적 가치를 지니므로 도덕적 고려의 대상이라고 주장하였다. ○ ✕

29 (함정) 테일러는 도덕적 행위 능력 유무가 도덕적 고려 대상의 설정 근거라고 보았다. ○ ✕

30 테일러는 인간이 다른 생명체보다 본래적으로 우월한 존재는 아니라고 보았다. ○ ✕

31 (함정) 테일러는 인간에게 생명 공동체에 대한 불간섭의 의무가 있다고 주장하였다. ○ ✕

32 레오폴드에 따르면 자연은 그 자체로 도덕적으로 존중받을 가치가 있다. ○ ✕

33 레오폴드는 생태계 안정에 기여하더라도 무생물은 도덕적 고려 대상이 아니라고 보았다. ○ ✕

34 레오폴드는 생태계 전체의 유기적 관계와 균형보다 개체로서의 생명의 가치를 중시하였다. ○ ✕

35 네스는 생태계의 모든 존재가 평등한 권리를 누려야 한다고 주장하였다. ○ ✕

36 네스는 기존의 세계관이 생명 중심적 평등을 지나치게 중시한다고 비판하였다. ○ ✕

싱어의 동물 해방론과 레건의 동물 권리론은 어떻게 다를까?

개념 | 자료로 확인

■ 싱어의 동물 해방론

> 도덕적 기준은 어떤 행위에 의해 영향을 받는 모든 존재들의 이익과 고통을 동등하게 고려하는 데 있다. 그러므로 어떤 행위가 누군가에게 피해를 입히게 된다면, 그 행위는 하지 말아야 한다. 고통과 즐거움을 느낄 수 있는 능력을 가진 존재들의 이익을 평등하게 고려해야 한다. 평등의 논리를 인간에게만 적용하고 종들 간의 관계에 적용하지 않는 것은 임의적이다.
>
> [용어] 쾌고 감수 능력
> – 싱어, "동물 해방론"

싱어는 공리주의적 입장에서 동물이 느끼는 고통을 감소시켜야 한다는 동물 해방론을 주장하였다. 싱어는 동물이 인간과 마찬가지로 고통과 즐거움을 느끼기 때문에 인간과 동물의 이익을 동등하게 고려해야 한다고 주장하였다. 싱어에 따르면 종(種)이 다르다는 이유로 동물을 차별하는 것은 잘못된 것이며 인종차별이나 성차별과 다를 바 없다.

■ 레건의 동물 권리론

→ 싱어와 레건은 모두 인간과 동물이 동일한 도덕적 지위와 도덕적 권리를 지녔다고 보기는 어렵다고 주장했어!

> 인간과 인간이 아닌 삶의 주체는 존중받을 도덕적 권리를 갖는다. 이러한 권리를 가진 개체들은 결코 마치 다른 것들을 위한 자원인 것처럼 대우받아서는 안 된다. 특히 다른 것들의 이익을 위해서 의도적으로 해를 입어서는 안 된다. 욕구, 지각, 기억, 감정 등 일련의 특징을 지니고 자신의 고유한 삶을 살아가는 삶의 주체만이 도덕적 권리를 지닌다. 자연의 다른 존재를 위한 유용성과는 독립적으로 쾌고(快苦)를 느끼며 목표를 위해 행위 하는 삶의 주체는 비록 의무를 지닐 수 없다 해도 삶을 영위할 권리를 갖는다.
>
> └ 일부 동물은 삶의 주체로 살아가므로 도덕적으로 존중받을 권리가 있음
> – 레건, "동물의 권리"

레건에 따르면 정상적인 인간은 도덕적 행위자로서의 도덕적 지위를 지닌다. 한편 인간이 아닌 성장한 포유동물은 도덕적 무능력자(moral patients)이지만, 감정적인 생활을 할 뿐만 아니라 희망과 목적을 추구할 수 있는 삶의 주체이기 때문에 도덕적 지위를 지닌다. 따라서 레건은 사냥, 식용 등 동물을 수단으로 취급하는 각종 행위가 비윤리적인 이유는 그것이 동물이 지닌 가치와 권리를 부정하기 때문이라고 보았다.

개념 | 빈칸 채우기로 확인

■ 싱어의 동물 해방론

Q1 싱어는 (　　　)적 입장에서 동물이 느끼는 고통을 감소시켜야 한다고 보았다.

Q2 싱어는 어떤 존재가 (　　　) 능력을 가지고 있다면 그들의 이익은 (동등하게 / 차등하게) 고려되어야 한다고 주장하였다.

■ 레건의 동물 권리론

Q3 레건은 성장한 포유동물이 희망과 목적을 추구할 수 있는 (　　　)이기 때문에 도덕적 지위를 지닌다고 보았다.

Q4 레건은 (　　　)의 관점에서 동물 (해방론 / 권리론)을 주장하였다.

개념 | O/X로 확인

Q5 레건은 삶의 주체인 동물의 권리를 공리주의 관점에서 존중할 것을 주장하였다.
(○ / ×)

Q6 레건은 동물 보호가 인간의 도덕적 실천 과제로 성립 가능하다고 보았다. (○ / ×)

Q7 싱어는 고통을 느낄 수 없는 존재는 도덕적 고려의 대상이 아니라고 보았다. (○ / ×)

Q8 싱어는 평등의 원리에 따라 인간과 모든 동물을 동일하게 대우할 것을 주장하였다.
(○ / ×)

개념 | 벤다이어그램에 적용

[연습하기] **Q9** 다음은 싱어와 레건의 입장을 벤다이어그램으로 표현한 것이다. 진술이 해당하는 적절한 곳에 표기하시오.

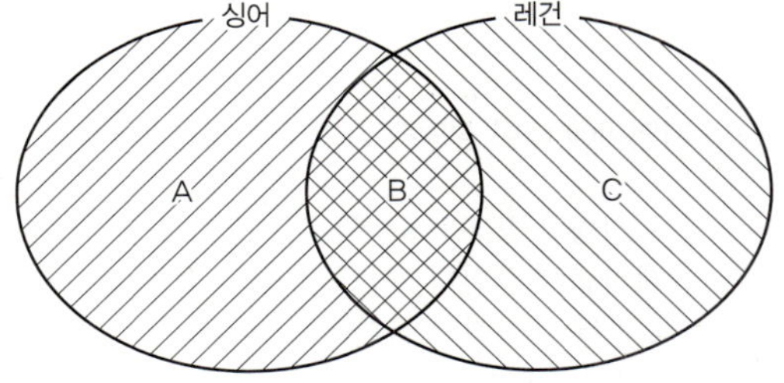

• 종의 차이만으로 도덕적 지위에 차별을 두어서는 안 된다.
❶ (A / B / C)

• 삶의 주체인 동물의 권리를 의무론의 관점에서 존중해야 한다.
❷ (A / B / C)

• 개체는 쾌고 감수 능력을 지녀야만 도덕적 지위를 갖는다.
❸ (A / B / C)

[적용하기] **Q10** 싱어와 레건의 입장을 다음 벤다이어그램으로 표현할 때, A~C에 해당하는 진술로 옳은 것은?

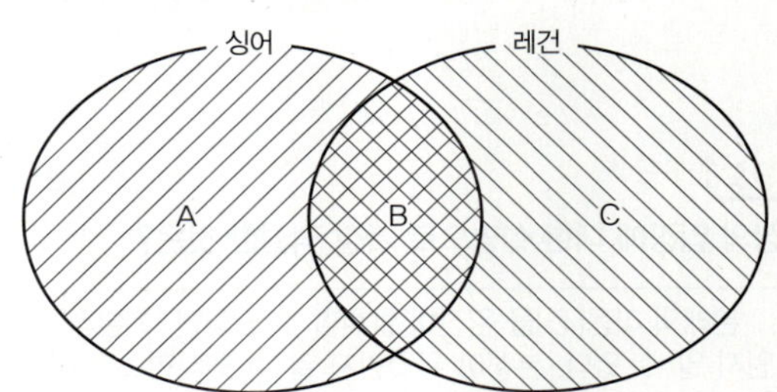

① A : 생태계 전체를 도덕적 고려 대상으로 삼아야 한다.
② A : 도덕적 행위 능력 유무가 도덕적 고려 대상의 설정 근거는 아니다.
③ B : 도덕적 고려의 대상을 인간으로 한정하지 말아야 한다.
④ B : 모든 생명체는 고유의 목적 지향적 활동을 한다는 점에서 존엄성을 지닌다.
⑤ C : 모든 동물은 인간의 가치 판단과 무관하게 내재적 가치를 지닌다.

[How & WHY 정답] 01. 공리주의 02. 쾌고 감수, 동등하게 03. 삶의 주체 04. 의무론, 권리론 05. × 06. ○ 07. ○ 08. × 09. ❶ B ❷ C ❸ B 10. ③

주제 1 | 유교 · 불교 · 도가의 자연관

족집게 전략 | 유교 · 불교 · 도가 윤리의 기본적 특징을 이해하고, 각각의 자연관에 대한 옳은 설명을 찾는 유형의 문제가 자주 출제된다. 유교 · 불교 · 도가의 자연관이 갖는 공통점은 무엇인지 알아야 하고, 서로 구분되는 차이점 역시 학습해 두어야 한다.

접근 전략

❶ 사상 파악하기	❷ 선택지에 적용하기
유교 · 불교 · 도가 윤리에 대한 이해를 바탕으로 ㈎, ㈏ 사상이 무엇인지를 파악한다.	❶에서 파악한 사상의 자연관을 선택지에서 옳게 서술하고 있는지를 꼼꼼하게 분석한다.

208 ◀대표 문항
| 평가원 기출 |

㈎, ㈏ 사상에 대한 옳은 설명을 〈보기〉에서 고른 것은?

> ㈎ 인드라망은 끝없이 큰 그물로서 이음새마다 보석처럼 투명하게 빛나는 구슬이 자리 잡고 있다. 구슬들은 혼자 빛날 수 없으며 반드시 다른 구슬의 빛을 받아야만 세상을 밝힐 수 있다.
> ㈏ 하늘과 땅은 편애하지 않아 모든 것을 짚으로 만든 개처럼 취급한다. 하늘과 땅 사이는 커다란 풀무*의 바람통처럼 비어 있으나 다함이 없다.
>
> * 대장간에서 불을 지피기 위해 바람을 일으키는 도구

> **보기**
> ㄱ. ㈎는 만물이 원인과 조건에 의해 생멸(生滅)한다고 주장한다.
> ㄴ. ㈏는 자연을 목적이 없는 무위(無爲)의 체계로 파악한다.
> ㄷ. ㈎는 ㈏와 달리 자연의 순리에 따라야 한다고 강조한다.
> ㄹ. ㈎는 인간과 자연의 엄격한 분리를, ㈏는 합일을 추구한다.

① ㄱ, ㄴ   ② ㄱ, ㄷ   ③ ㄴ, ㄷ   ④ ㄴ, ㄹ   ⑤ ㄷ, ㄹ

209 고난도↑
| 평가원 기출 |

㈎, ㈏ 사상의 입장에 대한 설명으로 가장 적절한 것은?

㈎	본래의 마음[心]을 완전히 발휘할 수 있다면 그 본성[性]이 무엇인지 알 수 있다. 본성이 무엇인지 알 수 있다면 하늘이 무엇인지[天命]도 알 수 있다.
㈏	사람은 땅을 법칙으로 삼고 땅은 하늘을 법칙으로 삼는다. 하늘은 도(道)를 법칙으로 삼고 도는 자연(自然)을 법칙으로 삼는다.

① ㈎는 하늘이 인간 이외의 만물에 대해서만 관심을 가진다고 본다.
② ㈏는 하늘이 부여한 도덕적인 가치가 만물 속에 내재한다고 본다.
③ ㈎는 ㈏와 달리 하늘이 만물에 법칙을 주는 최고 존재라고 본다.
④ ㈏는 ㈎와 달리 하늘이 만물 위에 존재하는 절대 원리라고 본다.
⑤ ㈎, ㈏는 하늘이 만물의 운명을 주재하는 인격적 존재라고 본다.

210
| 평가원 기출 |

그림은 서술형 평가 문제와 학생 답안이다. 학생 답안의 ㉠~㉤ 중 옳지 않은 것은?

> **서술형 평가**
>
> ◎ 문제 : ㈎, ㈏ 사상의 자연에 대한 관점을 비교하여 서술하시오.
>
> > ㈎ 인(因)과 연(緣)에 의해 생겨나는 것이 법(法)이다. 이것을 공(空)하다고 한다. 단 하나의 법도 인과 연에 따라 생겨나지 않는 것이 없으니 일체의 법이 공하다.
> > ㈏ 하늘이 명한 것을 성(性)이라고 하고 성을 따르는 것을 도(道)라고 한다. 하늘이 음양(陰陽)과 오행(五行)으로 만물을 생겨나게 하니[化生], 천지 만물은 본래 나와 일체이다.
>
> ◎ 학생 답안
>
> ㈎, ㈏의 관점을 비교하면, ㈎는 ㉠ 자연 만물에 고정된 실체가 없다고 보며, ㉡ 살아 있는 모든 생명에 대한 존중을 강조한다. 이에 비해 ㈏는 ㉢ 하늘[天]을 인간이 따라야 하는 도덕 원리의 원천으로 보며, ㉣ 하늘 아래 만물이 무위(無爲)의 자연스러움을 따라야 함을 강조한다. 한편, ㉤ ㈎, ㈏ 모두 자연 만물을 상의(相依)와 화해(和諧)의 관계에 놓인 것으로 본다.

① ㉠   ② ㉡   ③ ㉢   ④ ㉣   ⑤ ㉤

211
| 교육청 기출 |

㈎, ㈏ 사상의 자연관에 대한 설명으로 가장 적절한 것은?

> ㈎ 하늘과 땅은 사랑을 모르므로[不仁] 인간을 포함한 만물을 짚으로 만든 개처럼 취급한다. 성인(聖人)도 사랑을 모르므로 백성을 짚으로 만든 개처럼 취급한다
> ㈏ 하늘이 사람에게 명령한 것을 본성[性]이라 하고, 본성을 따르는 것을 도(道)라 하며, 이 도를 닦아 나가는 것을 교화[教]라고 한다.

① ㈎는 인간과 하늘을 상호 독립된 존재로 이해해야 한다고 본다.
② ㈏는 자연을 필연적 질서가 지배하는 기계적인 존재로 본다.
③ ㈎는 ㈏와 달리 자연이 목적론적 체계로 구성된다고 본다.
④ ㈏는 ㈎와 달리 하늘이 인(仁)과 같은 덕의 근원이라고 본다.
⑤ ㈎, ㈏는 연기적(緣起的) 관점에서 자연을 이해해야 한다고 본다.

212

그림은 서술형 평가 문제와 학생 답안이다. 학생 답안의 ㉠~㉤중 옳지 않은 것은?

서술형 평가

◎ 문제 : 사상가 갑, 을의 자연에 관한 입장을 비교하여 서술하시오.

> 갑 : 사람은 땅[地]을 본받고, 땅은 하늘[天]을 본받고, 하늘은 도(道)를 본받고, 도는 자연을 본받는다.
>
> 을 : 인간은 자연의 사용자 및 자연의 해석자로서 자연의 질서에 관해 실제로 관찰하고, 고찰한 것만큼 무엇인가를 할 수 있다. 그 이상의 것은 알 수도 없고, 할 수도 없다. 인간의 지식이 곧 인간의 힘이다.

◎ 학생 답안

갑, 을의 자연에 관한 입장을 비교해 보면, 갑은 ㉠ 도(道)가 궁극적으로 지향하는 것을 자연으로 보았으며, ㉡ 자연이란 인위적인 것에서 벗어난 상태를 의미한다고 주장하였다. 이에 비해 을은 ㉢ 자연을 인간 지배와 정복의 대상으로 보았으며, ㉣ 자연을 탐구함으로써 인간의 복지를 증진해야 한다고 주장하였다. 한편 갑, 을은 공통적으로 ㉤ 자연을 인간의 필요를 위해 존재하는 물질적 대상으로 여겼다.

① ㉠ ② ㉡ ③ ㉢ ④ ㉣ ⑤ ㉤

213

(가), (나) 사상에 대한 옳은 설명만을 〈보기〉에서 있는 대로 고른 것은?

> (가) 도(道)는 늘 아무 일도 하지 않으나 하지 못하는 일이 없다. 제후나 국왕이 이 도를 지킬 수 있다면 천지 만물이 장차 저절로 변화될 것이다.
>
> (나) 성실함 그 자체는 하늘의 도이고, 성실하고자 하는 것은 사람의 도이다. 자신의 마음을 보존하고 본성을 함양하는 것이 곧 하늘을 섬기는 방법이다.

〔보기〕
ㄱ. (가)는 하늘을 인간과 직접적 관련이 없는 자연 법칙으로 본다.
ㄴ. (가)는 하늘이 세상사에 관여해 인간의 운명을 주재한다고 본다.
ㄷ. (나)는 하늘이 인간이 지닌 선한 본성의 근거가 된다고 본다.
ㄹ. (가), (나)는 하늘을 인간이 따라야 할 도덕규범의 원천으로 본다.

① ㄱ, ㄷ ② ㄱ, ㄹ ③ ㄴ, ㄹ
④ ㄱ, ㄴ, ㄷ ⑤ ㄴ, ㄷ, ㄹ

214

(가), (나) 사상의 입장을 아래 그림과 같이 탐구할 때, A~C에 들어갈 질문으로 옳지 않은 것은?

> (가) 지극한 다스림이 있던 시절에는 현명한 자를 숭상하거나 유능한 자를 부릴 필요가 없었다. 윗사람은 표준이었고 백성은 들판의 사슴이었다. 서로 사랑하였으나 자기가 인(仁)을 행하였다는 것을 깨닫지 못하였다. 성실하였으나 충(忠)을 행하였다는 것을 알지 못하였고, 마땅하였으나 신의(信義)를 지켰다는 것을 깨닫지 못하였다.
>
> (나) 이것이 있기 때문에 저것이 있고, 이것이 생기기 때문에 저것이 생긴다. 이것이 없기 때문에 저것이 없고, 이것이 사라지기 때문에 저것이 사라진다. 비유하면 세 개의 갈대가 아무것도 없는 땅 위에 서려고 할 때 서로 의지해야 설 수 있는 것과 같다.

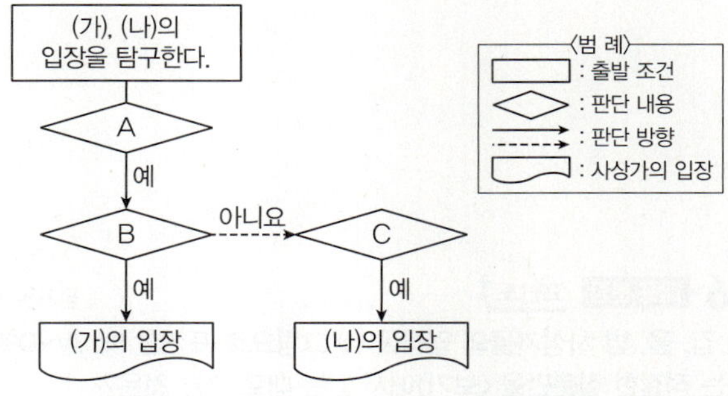

① A : 인간과 자연을 조화와 화해의 관계로 파악하는가?
② B : 자연 만물을 불성을 지닌 고귀한 존재로 간주하는가?
③ B : 자연이 무위(無爲)의 원리에 의해 운행된다고 보는가?
④ C : 만물이 상호 의존한다는 연기적 세계관을 지향하는가?
⑤ C : 일상생활에서 불살생계를 실천할 것을 강조하는가?

215

그림의 A에 들어갈 학생의 답변으로 옳은 것은?

① 자연을 아무런 목적이 없는 무위(無爲)의 체계라고 봅니다.
② 인드라망처럼 우주와 인간이 한 몸으로 연결되어 있다고 봅니다.
③ 만물이 연기(緣起)에 따라 원인과 조건에 의해 생겨난다고 봅니다.
④ 자타불이(自他不二)를 통해 만물에 대한 자비를 길러야 한다고 봅니다.
⑤ 인간은 하늘을 본받아 다른 존재에게 인(仁)을 베풀어야 한다고 봅니다.

주제 2 인간 중심주의와 동물 중심주의

족집게 전략 | 제시문에 나타난 환경 윤리의 입장을 파악하고, 각각의 입장에 해당하는 주장을 찾는 유형의 문제가 자주 출제된다. 순서도나 벤다이어그램을 활용해 고난도로 출제되므로 인간 중심주의와 동물 중심주의의 특징을 명확하게 정리해 두어야 한다.

접근 전략

❶ 환경 윤리의 입장 찾기	❷ 질문에 대한 대답 찾기
인간 중심주의와 동물 중심주의의 특징을 통해 갑, 을, 병의 환경 윤리의 입장을 파악한다.	순서도 문항인 경우, ❶에서 파악한 환경 윤리의 입장에서 〈보기〉의 질문에 대해 어떤 대답을 할 것인지 꼼꼼하게 분석한다.

216 〈대표 문항〉 고난도↑
| 평가원 기출 |

(가)의 갑, 을, 병 사상가들의 입장을 (나) 그림으로 표현할 때, A~D에 해당하는 적절한 질문만을 〈보기〉에서 있는 대로 고른 것은?

(가)	갑 : 자연의 다른 존재를 위한 유용성과는 독립적으로, 쾌고(快苦)를 느끼며 목표를 위해 행위하는 삶의 주체는 비록 의무를 지닐 수 없다 해도 삶을 영위할 권리를 갖는다. 을 : 자연의 피조물이 이성을 갖지 않는다고 해서 잔인하게 다루면 안 된다. 그렇게 다룰 경우, 고통에 대해 공감을 일으키는 인간의 자연적 소질이 약화되기 때문이다. 병 : 자연을 사냥해서 노예로 만들어 인간의 이익에 봉사하도록 해야 한다. 지식은 인간이 자연을 의도에 맞게 변형하여 자연에 대한 지배력을 강화하는 데 유용하다.

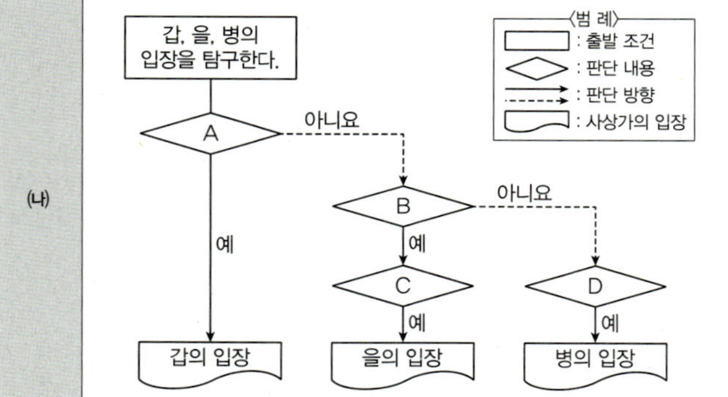

〈보기〉

ㄱ. A : 인간이 아닌 동물도 권리를 지닐 수 있는가?
ㄴ. B : 자연 안의 어떠한 존재도 수단으로 대해서는 안 되는가?
ㄷ. C : 인간만이 도덕적 의무를 실천할 능력을 소유하는가?
ㄹ. D : 자연의 내재적 가치를 이해하여 자연을 지배해야 하는가?

① ㄱ, ㄷ
② ㄱ, ㄹ
③ ㄴ, ㄹ
④ ㄱ, ㄴ, ㄷ
⑤ ㄴ, ㄷ, ㄹ

217
| 평가원 기출 |

갑, 을의 관점에 대한 설명으로 옳지 <u>않은</u> 것은?

> 갑 : 인간은 자연을 고려해야 하는 간접적 의무를 갖는다. 인간이 자연을 파괴하는 행위는 인간의 동정심에 좋지 않은 영향을 미치기 때문이다.
> 을 : 고통과 쾌락의 감수 능력이 자신의 이익에 대한 관심을 갖는 전제 조건이 된다. 따라서 단지 종(種)이 다르다는 이유로 차별하는 것은 도덕적으로 잘못된 것이다.

① 갑은 인간을 위해 생태계를 고려할 의무가 있다고 본다.
② 갑은 자연보호가 인간의 도덕성 완성에 기여한다고 본다.
③ 을은 인간과 동물의 이익을 동등하게 고려해야 한다고 본다.
④ 을은 모든 생명체는 내재적 가치를 지니고 있다고 본다.
⑤ 갑, 을은 인간이 도덕적 가치를 지닌 존재라고 본다.

218 고난도↑
| 평가원 기출 |

서양 사상가 갑, 을의 입장에 대한 설명으로 옳은 것은?

> 갑 : 자기가 속한 종(種)의 이익을 옹호하면서 다른 종의 이익을 배척하는 차별적 태도는 도덕적으로 정당화될 수 없다. 따라서 인간이 좀 더 나은 지적 능력을 소유하고 있다고 해서 쾌락과 고통을 느낄 수 있는 존재를 착취할 권한을 가질 수는 없다.
> 을 : 이성이 없지만 생명이 있는 동물들을 잔학하게 다루는 것은 인간의 자기 자신에 대한 의무에 어긋난다. 그리고 자연 중에 생명이 없지만 아름다운 것을 파괴하려는 성향도 인간의 자기 자신에 대한 의무에 어긋난다.

① 갑은 인간만이 아니라 모든 생명체가 동등한 가치를 지닌다고 본다.
② 을은 식물을 보존하는 것이 간접적인 의무로 성립 가능하다고 본다.
③ 갑은 을과 달리 동정심을 동물에 대한 도덕적 의무의 근거로 본다.
④ 갑, 을은 인간 이외 존재의 도덕적 지위도 인정해야 한다고 본다.
⑤ 갑, 을은 인간과 동물을 동등하게 대우하는 것이 도덕적이라고 본다.

219

㉮의 갑, 을 사상가들의 입장을 ㉯ 그림으로 탐구할 때, A~C에 해당하는 적절한 질문을 〈보기〉에서 고른 것은?

(가)	갑 : 삶의 주체가 된다는 것은 믿음, 욕구, 지각, 기억, 자신의 미래를 포함하여 미래에 대한 의식, 쾌락과 고통 등의 감정을 느낄 수 있다는 것이다. 삶의 주체는 자신의 삶을 영위할 권리가 있다. 을 : 고통이나 쾌락을 느낄 수 있는 능력은 적어도 이익을 갖는다는 것의 전제 조건이다. 만약 한 존재가 고통을 느낀다면 그와 같은 고통을 고려의 대상으로 삼기를 거부하는 자세를 옹호하는 도덕적인 논증은 있을 수 없다.

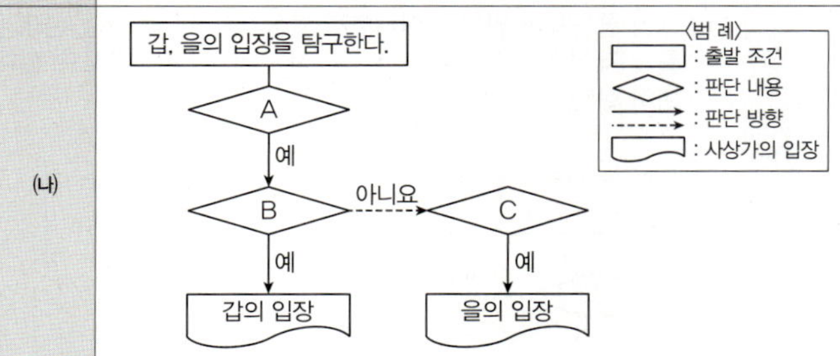

〔보기〕
ㄱ. A : 동물을 대우할 때 탈인간 중심주의 관점이 요구되는가?
ㄴ. B : 도덕적 권리를 갖기 위해서는 도덕적 행위 능력이 필요한가?
ㄷ. B : 의무론의 관점에서 삶의 주체인 동물의 권리를 존중해야 하는가?
ㄹ. C : 전체론적 관점에서 생명 공동체의 안정을 추구해야 하는가?

① ㄱ, ㄴ　　② ㄱ, ㄷ　　③ ㄴ, ㄷ　　④ ㄴ, ㄹ　　⑤ ㄷ, ㄹ

220

갑, 을, 병의 입장에서 모두 긍정의 대답을 할 질문으로 가장 적절한 것은?

갑 : 식물은 동물을 위해, 동물은 인간을 위해 존재한다.
을 : 야수를 죽이는 것이 죄라고 주장하는 사람은 오류를 범하고 있다.
병 : 인간은 자연의 사용자 및 재해석자로서, 자연의 질서에 대해 실제로 관찰하고 고찰한 것만큼 무엇인가를 할 수 있고 이해할 수 있다. 그 이상의 것은 알 수도 없고, 할 수도 없다.

① 모든 생명체는 내재적 가치를 지니는가?
② 어떠한 경우에도 동물을 목적으로 대우해야 하는가?
③ 인간은 동물에 대해 도덕적 의무와 책임을 지니는가?
④ 동물을 도덕적 행위의 주체로 인정하고 존중해야 하는가?
⑤ 모든 자연 존재의 가치를 인간을 위한 수단으로서 인정하는가?

221

다음 서양 사상가의 관점에만 모두 '✓' 표시를 한 학생은?

　　자연 중에 생명이 없음에도 아름다운 것에 대해 파괴를 일삼는 것은 인간의 자기 자신에 대한 의무에 반한다. 왜냐하면 그것은 그 자체만으로는 도덕적인 것이 아니지만, 그럼에도 도덕성을 매우 촉진하고, 적어도 그를 위해 곧 무엇인가(예컨대 광물계의 아름다운 결정체들, 식물계의 형언할 수 없이 아름다운 것)를 유용성에 대한 고려 없이도 사랑하도록 준비시키는 감성의 정조인, 인간 안의 감정을 약화시키거나 절멸시키기 때문이다.

관점 \ 학생	갑	을	병	정	무
이성을 지닌 인간만이 자율적인 도덕적 삶이 가능하다.	✓	✓		✓	
동물은 도덕의 주체로서 도덕적 고려의 범위에 포함된다.	✓		✓		✓
이성적 존재인 인간 상호 간의 의무는 직접적인 의무이다.		✓		✓	✓
자연을 무자비하게 파괴하고자 하는 성향은 인간에 대한 의무를 거스르는 것이다.			✓	✓	✓

① 갑　　② 을　　③ 병　　④ 정　　⑤ 무

222

갑, 을 사상가의 입장만을 〈보기〉에서 있는 대로 고른 것은?

〔보기〕
ㄱ. 갑 : 자연은 인간의 필요를 충족하기 위한 도구이다.
ㄴ. 을 : 동물과 식물의 이익을 동등하게 고려해야 한다.
ㄷ. 을 : 고통을 느낄 수 없는 존재는 도덕적 고려 대상이 아니다.
ㄹ. 갑, 을 : 동물과 식물의 생명을 위협하는 행위는 악한 행동이다.

① ㄱ, ㄷ　　　② ㄱ, ㄹ　　　③ ㄴ, ㄹ
④ ㄱ, ㄴ, ㄷ　　⑤ ㄴ, ㄷ, ㄹ

족집게 전략 | 제시문에 나타난 환경 윤리의 입장을 파악하고, 각각의 입장에 해당하는 주장을 찾는 유형의 문제가 자주 출제된다. 인간 중심주의와 탈인간 중심주의에 해당하는 모든 입장의 특징과 차이점을 학습해 두어야 한다.

접근 전략

❶ 환경 윤리의 입장 찾기

인간 중심주의와 탈인간 중심주의의 특징을 통해 갑, 을, 병의 환경 윤리의 입장을 파악한다.

❷ 환경 윤리의 입장에서 문제 분석하기

벤다이어그램 문항인 경우, 〈보기〉의 서술이 ❶에서 파악한 환경 윤리의 입장에 맞는지 꼼꼼하게 분석한다.

---

223 대표 문항
| 평가원 기출 |

㈎의 갑, 을, 병 사상가들의 입장을 ㈏ 그림으로 표현할 때, A~D에 해당하는 적절한 진술만을 〈보기〉에서 있는 대로 고른 것은?

㈎ 갑 : 자연 안에 생명이 없는 아름다운 대상들에 대한 파괴를 일삼는 것은 도덕성을 크게 촉진하는 감정을 약화시켜 자기 자신에 대한 인간의 의무와 대립한다.
을 : 일부 동물들은 삶의 주체로서 존중받을 도덕적 권리를 갖는다. 우리가 생명 공동체를 구성하는 개체들의 권리를 존중한다면 그 공동체는 보존될 것이다.
병 : 인간은 생명 공동체인 대지의 구성원이다. 어떤 것이 생명 공동체의 온전성, 안정성, 아름다움의 보존에 이바지한다면 그것은 옳고, 그렇지 않다면 그르다.

㈏
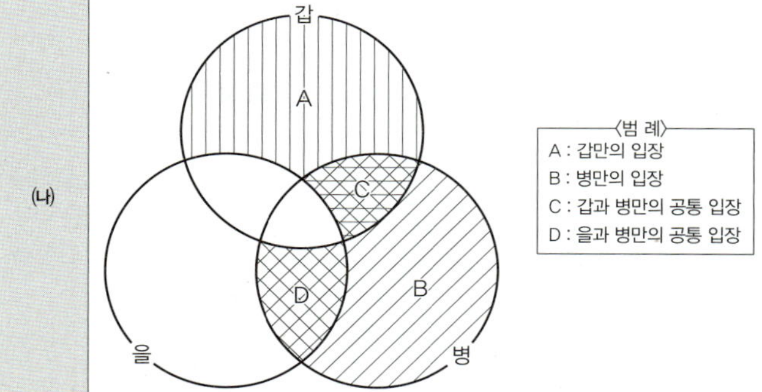

〈보기〉
ㄱ. A : 수단으로만 취급해서는 안 될 존재는 이성적 존재뿐이다.
ㄴ. B : 유기체적 생명 공동체 자체의 도덕적 지위를 존중해야 한다.
ㄷ. C : 자연의 아름다움을 보존하는 데 이바지하는 행위만이 옳다.
ㄹ. D : 인간성을 해친다는 것이 동물 학대가 그른 주된 이유는 아니다.

① ㄱ, ㄴ　　　② ㄱ, ㄷ　　　③ ㄷ, ㄹ
④ ㄱ, ㄴ, ㄹ　　　⑤ ㄴ, ㄷ, ㄹ

---

224 고난도↑
| 평가원 기출 |

㈎의 갑, 을, 병의 입장을 ㈏ 그림으로 탐구할 때, A~D에 해당하는 적절한 질문만을 〈보기〉에서 있는 대로 고른 것은?

㈎ 갑 : 동물을 이용하는 것이 자연법을 거스르는 것은 아니다. 하지만 인간이 동물의 고통에 동정심을 느낀다면 인간에게는 더 많은 동정심을 갖게 될 것이다. 이것이 바로 신의 뜻이다.
을 : 모든 생명체는 내재적 가치를 지니며 자기 보존을 위해 자신의 고유한 방식으로 각자의 선을 추구한다는 점에서 동등한 목적론적 삶의 중심이다.
병 : 생명 공동체의 범위를 대지까지 확장시키기 위해서는 생태계를 경제적 관점뿐만 아니라 윤리적·심미적 관점으로도 살펴봐야 한다.

㈏
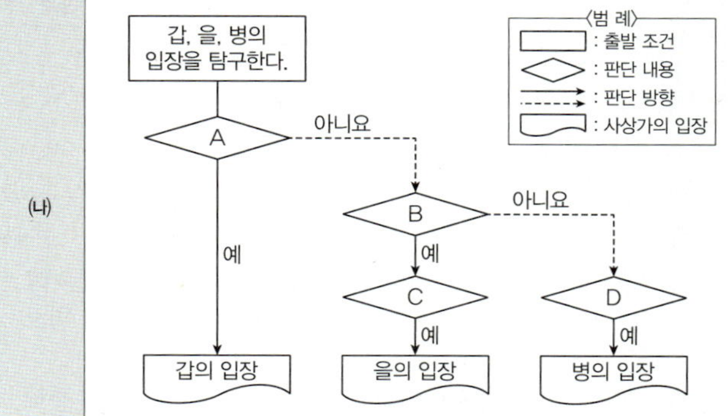

〈보기〉
ㄱ. A : 인간은 다른 동물을 단지 수단으로만 취급해도 되는가?
ㄴ. B : 생명 없는 개체의 도덕적 가치를 존중하는 것은 불필요한가?
ㄷ. C : 생명 공동체 자체가 지닌 고유의 선을 고려해야 하는가?
ㄹ. D : 토양이 아닌 물[水]은 도덕 공동체의 범위에서 제외되는가?

① ㄱ, ㄴ　　　② ㄱ, ㄹ　　　③ ㄷ, ㄹ
④ ㄱ, ㄴ, ㄷ　　　⑤ ㄴ, ㄷ, ㄹ

225

그림의 강연자가 지지할 입장으로 가장 적절한 것은?

① 자연의 모든 존재를 그 자체로 존중해야 한다.
② 식물을 도덕적 존중의 범위에 포함해서는 안 된다.
③ 인간을 다른 존재보다 우월한 존재로 평가해야 한다.
④ 이성적 존재만을 도덕적 고려의 대상으로 여겨야 한다.
⑤ 모든 생명을 살고자 하는 의지를 지닌 존재로 간주해야 한다.

226

㈎의 갑, 을, 병 사상가들의 입장을 ㈏ 그림으로 탐구할 때, A~E에 들어갈 질문으로 옳지 <u>않은</u> 것은?

㈎	갑 : 모든 생명체는 내재적 가치를 지니며 자기보존을 위해 자신의 고유한 방식으로 각자의 선을 추구한다는 점에서 동등한 목적론적 삶의 중심이다. 을 : 자기실현을 협소한 자아의 만족으로 보는 것은 자신을 심각하게 과소평가하는 일이라는 것을 알 때, 우리는 사람들에게 더 큰 나라는 관념을 이야기할 수 있다. 병 : 어떤 것이 생명 공동체의 온전성, 안전성, 아름다움에 이바지하는 경향이 있다면 옳은 것이며, 그렇지 않다면 그른 것이다.

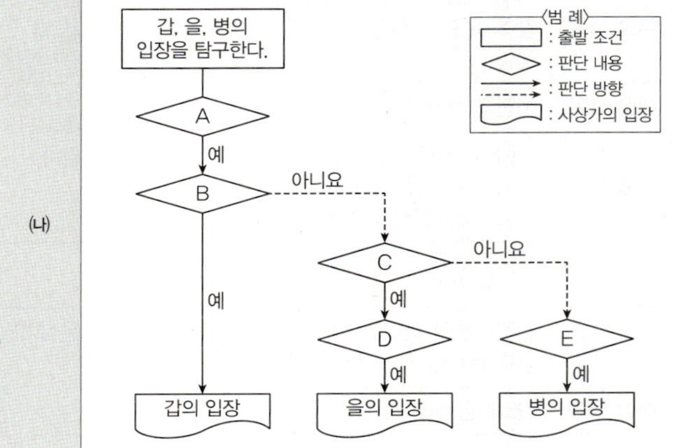

① A : 인간은 도덕적으로 존중받아야 할 대상인가?
② B : 도덕적 고려 대상을 개별 유기체로 한정해야 하는가?
③ C : 생태계 전체를 도덕적 고려의 대상으로 삼아야 하는가?
④ D : 인간과 자연을 동일시함으로써 큰 자아실현을 이루어야 하는가?
⑤ E : 전일론적 관점에서 생명 공동체에 관심을 가져야 하는가?

227

| 평가원 기출 |

갑, 을, 병 사상가들의 입장에 대한 옳은 설명만을 〈보기〉에서 있는 대로 고른 것은?

갑 : 식물은 동물을 위해 동물은 인간을 위해 존재한다. 자연은 목적이 없거나 헛된 일을 하지 않는다. 자연은 이성적 존재인 인간을 위해 모든 동물을 만들었다. 을 : 살아 있는 모든 것은 자신의 고유한 방식으로 자신의 목적을 추구한다. 자기 보존과 행복을 위해 움직인다는 점에서 모든 생명체는 동등하다. 병 : 대지는 단순한 토양이 아니며, 식물, 동물과 서로 연결되어 흐르는 에너지의 원천이다. 이러한 생명 공동체는 통합성과 안정성, 아름다움을 보전하려고 한다.

〈보기〉
ㄱ. 갑은 을과 달리 기계론적 자연관을 바탕으로 생명을 이해한다.
ㄴ. 갑은 병과 달리 인간 중심주의적 관점에서 자연을 바라본다.
ㄷ. 병은 을과 달리 윤리적 고려의 대상을 무생물에까지 확대한다.
ㄹ. 갑, 을, 병은 자연의 모든 존재가 도덕적 가치를 지닌다고 본다.

① ㄱ, ㄷ   ② ㄱ, ㄹ   ③ ㄴ, ㄷ
④ ㄱ, ㄴ, ㄹ   ⑤ ㄴ, ㄷ, ㄹ

228

㈎의 갑, 을, 사상가들의 입장을 ㈏ 그림으로 표현할 때, A~C에 해당하는 옳은 진술만을 〈보기〉에서 있는 대로 고른 것은?

㈎	갑 : 인종주의자는 자신과 다른 인종 간에 이익 충돌이 있을 때, 자기 인종에 속한 편의 이익을 더 중시함으로써 평등의 원리를 위배한다. 종족주의자는 자기 종족과 다른 종족 간에 이익 충돌이 있을 때 자기 종족 구성원의 이익을 더 중시한다. 인간 종족주의자들은 돼지나 쥐의 고통을 인간의 고통과 같이 나쁜 것으로 받아들이지 않는다. 을 : 여성에게도 남성과 똑같은 권리가 주어져야 한다는 생각은 우리 시대에는 너무나 당연한 상식이다. 호메로스의 시대와 비교해 보면 시간이 지나면서 윤리의 대상이 점점 확대되어 온 셈이다. 이것이 바로 윤리학이 진화하는 방향이다. 이 방향에 따르면 모든 동식물과 토지까지 윤리의 대상으로 확장될 수 있다.

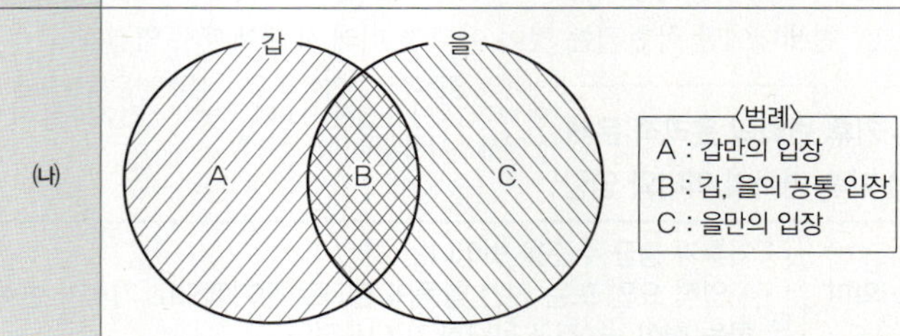

〈보기〉
ㄱ. A : 인간과 모든 동물을 평등의 원리에 따라 동일하게 대우해야 한다.
ㄴ. B : 전일론적 관점을 지양하고 탈인간 중심주의를 추구해야 한다.
ㄷ. B : 쾌고 감수 능력을 지닌 동물을 도덕적 고려 대상에 포함해야 한다.
ㄹ. C : 자연은 그 자체로 도덕적으로 존중받을 가치가 있다.

① ㄱ, ㄴ   ② ㄱ, ㄷ   ③ ㄷ, ㄹ
④ ㄱ, ㄴ, ㄹ   ⑤ ㄴ, ㄷ, ㄹ

229

갑이 을에게 제기할 비판으로 가장 적절한 것은?

갑 : 대지 윤리는 호모 사피엔스라는 존재를 대지 공동체의 정복자에서 그 구성원으로 변화시킨다. 대지 공동체의 구성원은 동료나 전체 공동체에 대해 존경심을 가져야 한다. 을 : 모든 생명체는 목적론적 삶의 중심으로서 고유의 선을 갖는다. 생명체가 목적론적 삶의 중심이라는 것은 그것의 외적 활동뿐만 아니라 내적 작용이 목적 지향적이라는 것이다.

① 모든 생명체가 존귀한 존재임을 인정하지 않고 있다.
② 무생물도 도덕적 고려의 대상으로 삼아야 함을 간과하고 있다.
③ 개별 생명체의 존재론적 가치를 강조해야 함을 간과하고 있다.
④ 동물 이외의 생명체가 갖는 내재적 가치를 인정하지 않고 있다.
⑤ 인간은 자연에 대해 간접적 의무만 수행해야 함을 모르고 있다.

15강 환경 문제에 대한 윤리적 쟁점

주제 1 환경 문제의 특징과 기후 변화

1. 환경 문제의 유형과 특징

(1) **현대 환경 문제의 유형** : 대기 오염, 수질 오염, 토양 오염 등

(2) **환경 문제의 원인**
　① 자연을 오직 인간을 위한 수단으로 여기는 도구적 자연관
　② 인간의 과도한 자원 소비와 대량의 오염 물질 배출

(3) **환경 문제의 특징**
　① 국경을 초월하는 전 지구적인 문제로, 책임 소재가 불분명 함
　② 회복하기 어려운 수준으로 발생하는 경우가 많음
　③ 현세대에만 국한되는 것이 아니라 미래 세대에까지 연결됨

2. 기후 변화의 윤리적 문제

└─ 인류의 생존까지 위협하고 있는 심각한 문제인 만큼 이해타산적인 편협한 사고에서 벗어나 전 지구적 차원에서 적극적으로 대응해야 함

(1) **기후 변화의 의미와 영향**

의미	• 기후가 평균 수준을 벗어나는 것 • 자연적 요인 또는 인간 활동의 결과로 장기적으로 기후가 변화하는 현상 → '지구 온난화'가 대표적임
영향	• 홍수나 가뭄, 물 부족과 수질 악화, 열대 질병 확산, 극지방의 해빙 등이 나타남 • 생물 종의 감소와 생태계 먹이 사슬 붕괴 등 생태계 파괴에 영향을 미침 • 사막화 현상, 해수면 상승으로 인한 환경 난민 증가 현상 등의 원인이 됨

(2) **기후 변화에 따른 문제**
　① 지구 생태계 파괴 : 기후 변화는 환경을 바꾸고 먹이 사슬을 파괴해 생물 종을 감소시키거나 멸종시킴
　② 인간의 삶에 대한 위협 : 기후 변화로 반복되는 홍수와 가뭄, 해수면 상승으로 사람들은 굶주림에 시달리거나 생활 기반을 잃어버린 환경 난민이 됨
　③ 저개발 국가의 피해 : 경제력과 기술력을 갖춘 선진국에 비해 저개발 국가는 기후 변화에 따라 상대적으로 더 큰 피해를 입고 있음

자료로 살펴보기

■ **기후 변화에 따른 문제 : 저개발 국가의 피해**

> 방글라데시는 기후 변화에 따른 해수면 상승으로 주요 섬들의 65%가 바닷물에 잠식되어 수많은 사람이 삶의 터전을 잃었다. 집과 토지를 잃은 농민들이 도시로 유입되어 빈민으로 살아가면서 사회적 갈등과 범죄가 증가하고 있다. 그런데 선진국은 기후 변화의 주요 원인인 온실가스를 1인당 연간 18.5톤을 배출하는 데 비해 방글라데시는 1인당 연간 1톤도 배출하지 않는다.
> ─박병도, "기후 변화 취약성과 기후 정의"

개발 도상국은 온실가스의 배출량이 선진국보다 훨씬 적지만, 피해는 선진국보다 더 크게 입고 있다. 기후 정의는 이러한 불평등한 상황 속에서 정의로운 해결 방안을 모색하기 위해 등장하였다.

　④ 탄소 배출권 제도의 의의와 한계

의의	• 할당량보다 배출량이 적은 약소국은 남은 배출권을 팔아 경제적 이득을 취할 수 있으며, 선진국은 경제적 부담을 줄이기 위해 배출량을 감소하고자 노력할 것임

한계	• 기후 변화에 책임이 큰 선진국들에게 도덕적인 면죄부를 줌 • 기업이나 국가는 돈만 지불하면 아무 거리낌 없이 온실가스를 배출해도 된다는 그릇된 인식을 가질 수 있음

(3) **기후 변화 협약**

① 교토 의정서(1997)

주요 내용	기후 변화 협약의 구체적 이행을 위해 선진국의 온실가스 감축 목표를 설정하였으며 탄소 배출권 거래 제도를 인정함
대상 국가	선진국 37개국
특징	• 온실가스 배출량을 1990년 수준보다 평균 5.2% 감축 • 선진국에만 온실가스 감축 의무 부여 • 탄소 배출권 거래 제도 도입

└─ 국가나 기업별로 탄소 배출량을 미리 정해 놓고, 허용치 미달분을 탄소 배출권 거래소에서 팔거나 초과분을 사는 제도를 의미함

② 파리 기후 협약(2015)

└─ 2020년에 만료되는 교토 의정서를 대체할 새로운 기후 변화 협약임

주요 내용	선진국뿐만 아니라 협약에 참여한 당사국 모두 온실가스 감축 목표를 지키기로 합의함
대상 국가	195개 당사국
특징	• 지구 평균 온도 상승폭을 산업화 이전과 비교하여 1.5도까지 제한 • 2020년부터 개발 도상국에 1000억 달러 지원 • 2023년부터 5년마다 탄소 감축 상황 보고

(4) **기후 정의 문제**

① 기후 정의의 의미 : 기후 변화에 따른 불평등을 해소함으로써 실현되는 정의 → 기후 변화 문제를 형평성의 관점에서 바라봄

자료로 살펴보기

■ **기후 변화와 정의**

> 기후 변화 현상은 지역에 따라 미치는 영향도 다르고, 해당 국가의 경제력에 따라 대처할 수 있는 역량도 다르다. …… 기후 변화로 인한 피해가 특정 국가나 특정 계층에게 더 크게 발생한다면, 이를 단순한 자연 현상이 아닌 사회 구조적 문제로 보아야 한다. 오늘날 기후 변화는 그 발생에 대해 책임이 거의 없는 국가들이 도리어 위험에 노출되는 현상, 즉 '기후 불평등'을 야기하고 있다. 이제 기후 변화 문제는 환경 문제를 넘어 '정의'에 관한 문제이다.
> ─ 이유진, "기후 변화 이야기"

기후 변화로 동일한 자연 재해가 일어나더라도 선진국과 개발 도상국 사이의 경제력과 사회 구조가 달라 이에 대처하는 역량과 방식에서 차이가 있고, 책임 소재가 적은 개발 도상국에 더 큰 피해를 준다는 점에서, 기후 변화를 정의의 관점에서 다루어야 한다는 목소리가 높아지고 있다.

② 기후 정의 실현 방안 : 각 국가는 온실가스 배출량을 줄이기 위해 노력해야 하며, 선진국들이 기후 변화에 따라 피해를 본 나라들에 적극적인 보상과 지원을 해야 함

이렇게 출제돼! 기후 변화의 윤리적 문제는 제시문의 입장이나 갑, 을의 입장을 파악하여 정답을 찾는 독해 유형으로 출제될 수 있어. 각각의 입장을 선택지와 연결해 분석하면서 풀면 어렵지 않게 문제를 해결할 수 있을 거야!

주제 2 미래 세대에 대한 책임과 생태 지속 가능성

1. 미래 세대에 대한 책임 문제

(1) **환경 문제와 미래 세대의 생존** : 환경 문제는 미래 세대의 생존 및 삶의 질 문제와 직결됨. 자연은 미래 세대와 함께 누려야 할 삶의 터전임 → 현세대는 미래 세대의 삶에 관심을 가지고, 온전한 자연을 물려주기 위해 환경 보전의 의무를 다해야 함

자료로 살펴보기

■ **미래 세대에 대한 책임을 부정하는 입장**

- 비현존성 논증 : 권리의 귀속은 현실적으로 실재하는 사람들에 대해서 이루어져야 할 성질의 것이다. 미래 세대는 오직지 잠재적인 사람들로만 구성되는 것으로 간주될 수 있기 때문에 미래 세대에게는 권리가 적절히 귀속될 수 없다.
- 무지 논증 : 우리는 먼 미래 세대가 말하는 '좋은 삶'의 개념이 무엇인지를 알지 못한다. 우리는 미래 사람들에게 필요한 물건이나 그들의 욕구가 어떤 것인지를 모르며 그러므로 그들에 대해서 우리는 아무런 의무를 갖지 않는다. ─ 김일방, "환경 윤리의 쟁점"

미래 세대에 대한 책임을 부정하는 입장이 있다. 하지만 이러한 입장은 '미래 세대가 현존하고 있지 않더라도, 예외적이고 극단적인 상황이 존재하지 않는 한 인류가 존속할 것이라는 점'에서, 그리고 '미래 세대도 인간으로서 보편적으로 갖는 최소한의 이해 관심과 필요를 예측할 수 있다는 점'에서 큰 설득력을 지니지 못한다.

(2) **미래 세대에 대한 책임**

① 필요성
- 자연은 현세대뿐만 아니라 미래 세대가 함께 누려야 할 삶이 터전이기 때문임
- 환경 문제는 미래 세대의 생존 및 삶의 질 문제와 직결되어 있기 때문임

② 요나스의 책임 윤리
- 미래 세대를 고려하는 책임 윤리를 강조함 → 현세대의 책임은 일차적으로 미래 세대의 존재를 보장하는 것이며, 이차적으로는 삶의 질을 배려하는 것임
  └ 요나스는 칸트의 정언 명법을 수용해 자신의 존재론적 책임 이론에 맞게 새로운 생태학적 정언 명법을 제시함
- 책임의 원칙을 정언 명법으로 표현함

- 너의 행위의 효과가 지상에서의 진정한 인간적 삶의 지속과 조화될 수 있도록 행위하라.
- 너의 행위의 효과가 인간 생명의 미래의 가능성에 관해 파괴적이지 않도록 행위하라.
- 지상에서 인류의 무한한 존속을 가능하게 하는 제 조건을 위협하지 마라.
- 미래의 인간의 불가침성을 너의 의욕의 동반 대상으로서 현재의 선택에 포함하라.

- 오직 인간만이 책임질 수 있는 유일한 존재라고 봄 → 책임질 수 있는 능력은 책임을 이행해야 한다는 당위(當爲)로 이어짐
- 현세대가 지녀야 할 덕목으로 두려움, 겸손, 검소, 절제 등을 제시함
- 미래 세대가 생존할 수 없을지도 모른다는 사실에 대한 두려움을 가져야 함

2. 생태적 지속 가능성

(1) **자연 개발과 보존에 대한 논쟁**

① 개발론과 보존론의 입장

개발론	• 자연을 개발하여 많은 사람이 이익을 얻고 풍요로운 삶을 사는 것이 환경 보존보다 우선한다고 주장함 • 자연은 도구적 가치를 지니며, 개발에 따른 환경 문제는 경제 성장과 기술 발달로 해결할 수 있다고 봄
보존론	• 자연의 가치를 온전히 지키는 것이 인류의 생존에 필수적이라고 주장함 • 자연은 내재적 가치를 지니며, 자연을 보존하는 것이 장기적으로도 큰 이익이 된다고 봄

② 개발과 보존의 딜레마에 대한 해결책
  └ 생태계의 본질적인 기능과 과정들을 유지하고 생태계의 생명 다양성을 보존할 수 있는 생태계의 능력을 말함
- 생태 지속 가능성을 고려해야 함
- '환경적으로 건전하고 지속 가능한 발전' 개념이 등장함
  └ 개발과 보존을 양자택일이 아니라 조화와 양립 가능한 것으로 파악함

(2) **환경적으로 건전하고 지속 가능한 발전**

① 의미
- 미래 세대가 자신의 욕구를 충족할 수 있는 능력을 해치지 않으면서도 현세대의 욕구를 충족하는 발전
- 생태적 지속 가능성의 범위에서 환경 개발을 추구함으로써 인간과 자연이 공존하며 개발과 보존을 조화와 균형의 관점에서 바라보는 것

② 실현을 위한 노력

개인	• 환경을 올바르게 인식해야 함 • 생태계에 도움이 되는 바람직한 생활 습관을 형성해야 함 예 윤리적 소비 └ 소비자가 윤리적인 가치 판단과 신념에 따라 상품을 구매하는 것임
국가	• 녹색 성장을 지향해야 함 예 친환경 기술, 신재생 에너지 • 환경 보존을 위한 정책 및 제도를 운용해야 함 예 저탄소 녹색 성장 정책, 자연 휴식년제
국제	• 환경 문제에 대한 국제 공조 체제를 마련해야 함 예 몬트리올 의정서, 바젤 협약, 람사르 협약, 생물 다양성 협약, 사막화 방지 협약 • 환경 문제 해결을 위해 국가 간의 적극적인 협력을 요청함

자료로 살펴보기

■ **슈마허의 "작은 것이 아름답다"**

지구를 구하기 위해서는 무엇을 어떻게 해야 할까? 1973년 영국의 경제학자 슈마허의 "작은 것이 아름답다"에서 그 해답을 엿볼 수 있다. 슈마허는 제2차 세계 대전 이후 대량 생산에 의한 대량 소비 사회의 진행으로 자연이 수용할 수 있는 한계를 넘어선 인간의 무한한 욕망을 성찰함으로써 인간과 자연이 공존할 수 있는 경제로 나아가자고 주장하였다.
─ 전국 지리 교사 연합회, "살아 있는 지리 교과서1"

환경 문제를 해결하기 위해서는 슈마허의 주장처럼 지나친 성장과 욕구 충족이 아니라, 절제하며 자족하는 삶을 추구해야 함을 깨달아야 한다. 생태적 지속 가능성이란 '생태계의 본질적인 기능과 과정들을 유지하고 생태계의 생명 다양성을 보존할 수 있는 생태계의 능력'을 의미한다. 따라서 생태적 지속 가능성은 장기적 관점으로, 인간의 생존에 생태계가 필수불가결함을 이해하고, 생태계가 수용할 수 있는 인간 활동의 결과에는 한계가 있음을 인식하는 것에서부터 출발한다.

이렇게 출제돼! 요나스의 책임 윤리는 '미래 세대에 대한 책임 문제' 또는 '과학 기술에 대한 윤리적 책임'과 관련하여 자주 출제되고 있어! 특히 고난도로 출제될 수 있기 때문에 꼼꼼하게 정리해 두어야 해!

핵심 개념 CHECK!

• 정답 및 해설 65쪽

✎ 다음 확인 문제 중 옳은 것에 ○, 옳지 않은 것에 ×를 표기하세요.

주제 1 환경 문제의 특징과 기후 변화

01 오늘날 환경 문제는 자연을 오직 인간을 위한 수단으로 여기는 도구적 자연관에서 비롯되었다고 볼 수 있다. ○ ×

02 생명 중심주의는 자연에 대한 인간의 지배를 정당화하여 오늘날 발생한 환경 문제의 원인으로 비판받기도 한다. ○ ×

03 베이컨은 자연을 인류의 복지를 위한 수단으로 보고 자연에 관한 지식의 활용을 강조하였다. ○ ×

04 테일러는 자연을 단순한 물질 또는 기계로 파악함으로써 도덕적 고려의 대상에서 제외하였다. ○ ×

05 칸트는 자연을 도덕적으로 고려하는 인간의 의무는 간접적인 의무일 뿐이라고 보았다. ○ ×
(함정)

06 칸트는 자연 그 자체가 도덕적으로 존중받을 가치가 있다고 보았다. ○ ×

07 오늘날 환경 문제는 국경을 초월하는 전 지구적인 문제이다. ○ ×

08 오늘날 환경 문제는 장기간에 걸쳐 발생하지만 책임 소재는 비교적 명확하다. ○ ×

09 기후 정의는 기후 변화에 따른 불평등을 해소함으로써 실현되는 정의이다. ○ ×

10 기후 정의는 기후 변화 문제를 형평성의 관점에서 바라본다. ○ ×

11 사막화는 대기 중에 존재하는 온실가스의 작용으로 지구 표면의 기온이 상승하는 것이다. ○ ×

12 경제력과 기술력이 부족한 개발 도상국은 기후 변화에 대처하기가 어렵다. ○ ×

13 기후 변화의 피해는 기후 변화에 대응하고 있는 선진국에서 훨씬 크게 나타나고 있다. ○ ×

14 탄소 배출권 거래 제도는 경제적 유인을 제공해 온실가스를 효과적으로 감축할 수 있다는 장점이 있다. ○ ×

15 탄소 배출권 거래 제도에 대해 환경 문제를 시장 논리로 접근한다는 비판도 있다. ○ ×

16 탄소 배출권 거래 제도는 파리 협정에서 제안되었다. ○ ×

17 교토 의정서가 체결되어 탄소 배출 감축 의무가 선진국뿐만 아니라 개발 도상국에까지 확대 적용되었다. ○ ×

주제 2 미래 세대에 대한 책임과 생태 지속 가능성

18 환경 문제는 미래 세대의 생존 및 삶의 질 문제와 직결된다. ○ ×

19 요나스는 현세대가 지녀야 할 덕목으로 두려움, 겸손, 검소, 절제 등을 제시하였다. ○ ×

20 요나스는 우리가 미래 세대의 존재와 그들의 삶의 질을 보장하는 것이 의무라고 주장하였다. ○ ×

21 요나스는 자연의 모든 존재는 미래의 생존에 대해 책임져야 한다고 보았다. ○ ×
(함정)

22 요나스는 칸트의 정언 명법을 수용해 생태학적 정언 명법을 제시하였다. ○ ×

23 요나스는 책임질 수 있는 능력은 책임을 져야 하는 당위를 수반한다고 보았다. ○ ×

24 요나스는 인류의 존속이라는 무조건적 명령을 이행하기 위해 현세대에 국한된 책임을 제시하였다. ○ ×
(함정)

25 요나스는 인간을 책임질 수 있는 유일한 존재로 보았다. ○ ×
(함정)

26 개발론은 인간의 경제 성장과 복지 향상을 중요하게 생각한다. ○ ×

27 개발론은 자연이 내재적 가치를 지닌다고 보고 자연을 개발하는 것이 바람직하다고 본다. ○ ×

28 환경적으로 건전하고 지속 가능한 발전은 개발과 보존을 양자택일의 문제로 본다. ○ ×

29 환경적으로 건전하고 지속 가능한 발전은 인간이 자연과 더불어 살 수 있게 한다. ○ ×

30 기업은 환경 문제보다 이윤 극대화를 최우선으로 해야 한다. ○ ×

31 환경 문제가 전 지구적 문제로 부상하면서 국제적인 협력 체제가 필요하다. ○ ×

32 바젤 협약은 오존층 파괴 물질의 생산과 사용을 규제하려는 목적에서 체결한 협약이다. ○ ×

33 개발과 보존의 딜레마를 해결하기 위해 '환경적으로 건전하고 지속 가능한 발전' 개념이 등장하였다. ○ ×

34 인간의 과도한 자원 소비와 대량의 오염 물질 배출이 현대 환경 문제의 대표적인 원인이다. ○ ×

35 요나스는 인류를 연속적 세대로 이루어진 도덕 공동체로 보았으며, 당위적 요청을 근거로 인류 존속에 대한 현세대의 책임을 강조하였다. ○ ×
(함정)

요나스는 왜 새로운 윤리로 책임 윤리를 주장할까?

개념 · 자료로 확인

■ 요나스의 책임 윤리

> 현대의 기술이 산출한 행위들의 규모는 너무나 새롭고, 그 대상과 결과가 너무나 새로운 것이므로 인간 사이의 관계에 한정되고 단기적인 예견에 토대를 둔 전통적인 윤리의 틀로는 이 행위들을 더는 파악할 수 없다. …… 전통적인 윤리학과 달리 새로운 윤리학은 이제 인간적 삶의 조건과 종의 먼 미래와 실존을 고려해야만 한다. 그래서 윤리의 토대에서 적지 않은 사고의 전환이 요청된다. 그것은 인간의 선(善)뿐만 아니라 인간 이외의 존재 및 자연의 선을 탐구해야 하며, 동료 인간에 대한 책임만이 아니라 자연에 대한 책임을 심사숙고해야 하고, 아직 태어나지 않은 미래 세대의 삶의 조건에 대해서도 책임져야 한다는 것이다.
> └▸ 윤리적 책임의 범위를 현세대뿐만 아니라 자연과 미래 세대까지 확대함
> — 요나스, "책임의 원칙"

요나스는 전통 윤리로는 해결할 수 없는 문제들을 해결하기 위해서는 자연과 미래 세대까지 고려하는 새로운 윤리, 즉 책임 윤리가 요청된다고 보았다. 이때의 책임은 마치 부모가 신생아에게 가지는 책임처럼 총체적이고 연속적이며 미래 지향적인 책임이다.

■ 요나스의 '공포의 발견술'

> 우리에게는 악의 인식이 선의 인식보다 무한히 쉽다. 선은 눈에 띄지 않게 존재하며 반성을 하지 않으면 인식될 수 없지만, 악의 현존은 우리에게 인식을 강요한다. 우리가 실제로 무엇을 보호해야 하는가를 알아내기 위해 새로운 윤리학은 공포를 논의 대상으로 삼아야 한다. 인간 행위의 새로운 유형에 적합하고 새로운 유형의 행위 주체를 지향하는 명법은 다음과 같다. "너의 행위의 효과가 지상에서의 진정한 인간적 삶의 지속과 조화될 수 있도록 행위하라."
> └▸ 생태학적 정언 명법을 제시함
> — 2018학년도 대수능 14번

요나스에 따르면 새로운 윤리학은 알려지지 않은 미래의 위협에 대해 숙고해야 하므로 희망보다는 공포를 발견하는 것에서 논의를 시작해야 한다. 즉, 새로운 윤리학은 최고악에 대한 공포에서 출발할 필요가 있다는 것이다.

개념 · 빈칸 채우기로 확인

Q1 새로운 윤리학은 (최고선 / 최고악)에 대한 공포에서 출발할 필요가 있다.

Q2 (인간 / 자연)이 책임을 질 수 있는 유일한 존재이며, 책임질 수 있는 능력은 책임을 져야 한다는 (당위 / 선택)을/를 수반한다.

Q3 인류의 존속이라는 (조건적 / 무조건적) 명령을 이행하기 위해 자연과 미래 세대에 대한 책임을 져야 한다.

개념 · O/X로 확인

Q4 요나스는 과학 기술의 발전이 끼치게 될 결과를 예측하여 이에 대해 책임을 져야 한다는 예견적 책임을 강조하였다. (○ / ×)

Q5 요나스는 책임의 범위를 현세대의 인간과 자연으로 한정해야 한다고 보았다. (○ / ×)

Q6 요나스는 자연의 모든 존재가 미래의 생존에 대해 책임져야 한다고 보았다. (○ / ×)

Q7 요나스에 따르면 새로운 윤리는 예견할 수 있는 위험을 고려하여 도출해야 한다.
(○ / ×)

개념 · 순서도에 적용

[연습하기] Q8 다음은 요나스의 입장을 순서도로 탐구한 것이다. 질문이 들어갈 적절한 곳에 표기하시오.

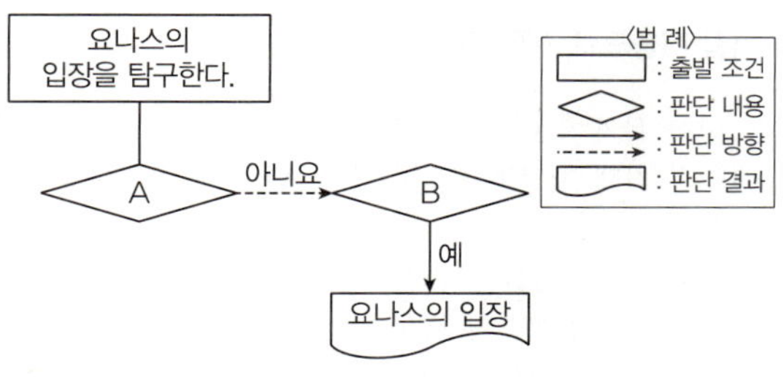

• 미래 세대에 대한 책임 의식을 지녀야 하는가?
❶ (A / B)

• 생태 위기 극복을 위해 새로운 규범 체계가 요청되는가?
❷ (A / B)

• 상호 영향을 미칠 수 있는 존재만이 책임의 대상이 되어야 하는가?
❸ (A / B)

[적용하기] Q9 요나스의 입장을 다음 순서도로 탐구할 때, A, B에 들어갈 질문으로 옳은 것은?

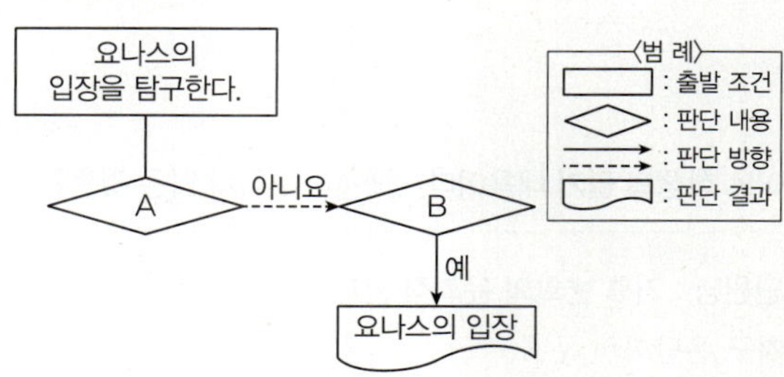

① A : 인간만이 책임을 질 수 있는 능력을 갖고 있는가?
② A : 책임의 범위를 자연과 미래 세대까지 확장해야 하는가?
③ A : 인류의 미래와 실존을 고려하는 책임 윤리가 필요한가?
④ B : 행동의 결과에 더 주의를 기울이는 예견적 책임이 필요한가?
⑤ B : 새로운 윤리는 행위의 결과가 아니라 동기를 고려해야 하는가?

WHY & WHY 정답 01. 최고악 02. 인간, 당위 03. 무조건적 04. ○ 05. × 06. × 07. ○ 08. ❶ B ❷ B ❸ A 09. ④

주제 1 **환경 문제의 특징과 기후 변화**

족집게 전략 | 자연에 대한 갑, 을의 입장을 파악한 후, 각각의 입장에서 환경 문제를 해결하기 위해 제시할 주장을 찾거나, 각각의 입장이 갖는 특징에 대해 묻는 유형의 문제가 출제된다. 자연에 대한 갑, 을의 입장을 파악하기 위해서는 동서양의 자연관을 충실하게 학습해 두어야 한다.

접근 전략

❶ ㈎의 갑, 을의 관점 파악하기	❷ ㈏의 문제에 대해 제시할 주장 찾기
㈎의 갑, 을의 자연에 대한 관점을 파악한다. ▶	㈎에서 파악한 갑, 을의 관점에서 ㈏의 문제에 대해 제시할 주장을 선택지에서 고른다.

---

230 대표 문항

| 교육청 기출 |

㈎의 갑, 을의 관점에서 ㈏의 문제를 해결하기 위해 제시할 수 있는 주장으로 가장 적절한 것은?

㈎	갑 : 자연은 인간의 욕구 충족을 위한 도구적 가치만을 지닌다. 따라서 자연이 인간에게 이로움을 줄 수 있도록 과학적 지식을 활용해야 한다.
	을 : 모든 존재와 현상은 원인과 조건이 서로 관계하여 성립하는 것이다. 따라서 이 세상 어느 것도 독립하여 스스로 존재하는 것은 없다.
㈏	○○연구소는 세계 각국의 무분별한 자원 개발과 환경 파괴 때문에 지구 온도가 지속적으로 상승하고 있다고 발표하였다. 또한 앞으로 지구 온도가 1℃ 이상 상승할 경우 15억 명 이상이 물 부족과 기아에 시달리게 되는 문제가 발생할 것이라고 경고하였다.

① 갑 : 인간을 자연 생태계의 일부로 인식해야 한다.

② 갑 : 자연이 지니고 있는 본래적 가치를 존중해야 한다.

③ 을 : 자연을 통제하려 하지 말고 공존을 모색해야 한다.

④ 을 : 인간은 자연의 주인으로서 책임의식을 가져야 한다.

⑤ 갑, 을 : 자연을 효율적으로 이용할 방안을 모색해야 한다.

231

| 교육청 기출 |

그림은 어느 학생의 필기 내용이다. ㉠~㉢ 중 옳지 <u>않은</u> 것은?

◎ 단원명 : 기후 변화의 윤리적 문제

1. 지구 온난화의 문제
   • 화석 연료 사용으로 인한 지구 온난화 가속 ·············· ㉠
   • 기상 이변으로 인한 다양한 문제 발생 ············· ㉡

2. 기후 변화 문제에 대한 바람직한 대응
   • 도구적 자연관에 입각한 시장 논리로 접근 ············· ㉢
   • 생태 친화적인 대안적 에너지 체제로 전환 ············· ㉣
   • 국제 협약을 통한 온실가스 배출 억제 규정 마련 ·····㉤

① ㉠   ② ㉡   ③ ㉢   ④ ㉣   ⑤ ㉤

232

| 평가원 기출 |

다음 사상가의 입장에서 볼 때, 〈가상 대담〉의 ㉠에 들어갈 말로 가장 적절한 것은?

오늘날과 같은 '윤리적 공백'의 시대에는 구원의 예언보다 불행의 예언에 더 주의를 기울여야 한다. 그러므로 우리는 과학 기술 유토피아주의를 찬양하는 '희망의 원칙'이 아닌, 미리 사유된 위험 그 자체와 관련된 '공포의 원칙'에 우선성을 두어야 한다.

〈가상 대담〉

리포터 : 지구 온난화와 같은 기후 변화 문제를 해결하기 위해 우리는 어떠한 자세를 가져야 할까요?

사상가 : 우리는 그러한 문제를 해결하기 위해 [㉠]를 가져야 합니다.

① 자연과의 상호 책임성을 토대로 자연에 대해 책임지려는 자세

② 부모가 자녀에 대해 책임지는 것처럼 자연에 대해 책임지려는 자세

③ 자연에 대한 주인 의식을 토대로 자연에 대해 책임지려는 자세

④ 과학의 무한한 진보를 바탕으로 자연에 대해 책임지려는 자세

⑤ 행위의 직접적 영향의 한도 내에서만 자연에 대해 책임지려는 자세

233

| 교육청 기출 |

㉠에 들어갈 내용으로 가장 적절한 것은?

기후 변화 문제에 대한 국제적 대응 차원에서 교토 의정서는 탄소 배출권 거래 제도를 도입하였다. 탄소 배출권 거래 제도는 온실 가스 감축 의무를 각 국가에 부여하고 있다. 이 제도는 국가별로 배정받은 배출권을 기업별·부문별로 할당하고, 기업이 할당된 배출량을 초과해야 할 경우 다른 기업으로부터 배출권을 매입할 수 있도록 하는 제도이다. 이에 따라 배출 상한치를 초과한 기업은 초과한 만큼 탄소 배출권을 사야 한다. 그런데 이 제도에 대해 [㉠]는 비판이 제기되기도 한다.

① 자연 보전을 위한다는 이유로 개발을 부정한다

② 법적 강제력보다 기업의 자율적 준수만을 강조한다

③ 생태계의 순환 과정에 일체의 개입을 허용하지 않는다

④ 경제력이 있으면 환경 파괴도 가능하다는 인식을 갖게 한다

⑤ 개인의 생태적 각성을 통해서만 환경 문제를 해결하려 한다

234 고난도↗

다음 글의 입장에서 긍정의 대답을 할 질문만을 〈보기〉에서 있는 대로 고른 것은?

> 기후 부정의란 기후 정의가 실현되지 못한 상태나 상황을 의미하는 것으로, 기후 변화로 인해 유발되는 환경적 위험이 사회경제적 약자들에게 집중적으로 발생하는 상황을 의미한다. 개발 도상국일수록 농업을 비롯해서 임업과 수산업 등 1차 산업에 대한 의존이 높은데 1차 산업은 다른 산업에 비해 기후 의존도가 높다. 따라서 기후 변화는 기후 변화에 별다른 책임이 없는 개발 도상국의 1차 산업 종사자들에게 보다 심각한 영향을 미치게 될 것이다. 게다가 개발 도상국은 기후 변화가 가져올 변화에 대응할 수 있는 자본과 기술, 정보력이 없기에 적응력이나 복원력이 매우 취약하다. 한 국가 안에서도 기후 변화로 인한 피해나 부담 정도의 편차가 큰 경우 기후 부정의가 나타난다. 기후 부정의는 더 나아가 자연을 이용하여 물질적 풍요를 누린 현세대와 기후 변화의 피해를 온전히 짊어질 미래 세대와의 불평등 문제로까지 확장된다.

〈보기〉
ㄱ. 기후 변화는 세대 간 기후 부정의를 유발할 수 있는가?
ㄴ. 기후 변화에 대처하는 대응 능력은 국가별로 동일한가?
ㄷ. 기후 변화는 특정 국가나 특정 계층에 더 큰 피해를 주는가?
ㄹ. 기후 의존도가 높은 직업은 상대적으로 기후 변화에 취약한가?

① ㄱ, ㄴ　　　② ㄴ, ㄷ　　　③ ㄷ, ㄹ
④ ㄱ, ㄴ, ㄹ　　　⑤ ㄱ, ㄷ, ㄹ

235

(가)의 관점에서 (나)의 주장을 지지한다고 할 때, ⊙의 근거로 가장 적절한 것은?

(가)	공리의 원리는 이해관계가 걸려 있는 당사자들의 행복을 증가시키거나 감소시키는 또는 촉진시키거나 억누르는 경향에 따라서 각각의 행위를 승인하거나 부인하는 원리를 의미한다. 여기서 각각의 행위란 개인의 사적인 모든 행위뿐만 아니라 정부의 모든 정책까지 포함한다.
(나)	선진국들은 세계 인구의 4분의 1에 불과하지만, 세계 온실가스 배출의 4분의 3에 책임이 있다. 예컨대 미국은 평등한 1인 분담 체계 아래서 가질 수 있는 국가 할당량의 최소한 5배를 사용한다. 따라서 ⊙ 선진국은 기후 변화에 대한 책임을 모면할 수 없다.

① 최대 다수에게 최대 행복을 가져다주지 않았기 때문이다.
② 선을 추구하고 악을 피하라는 자연법을 따르지 않았기 때문이다.
③ 타인의 쾌락보다 자신의 쾌락을 우선 고려하지 않았기 때문이다.
④ 유덕한 성품을 갖춘 사람이 할 법한 행위를 하지 않았기 때문이다.
⑤ 행위의 결과를 중시하여 의무 의식에 따라 행동하지 않았기 때문이다.

236

(가)의 갑, 을의 관점에서 (나)의 문제를 해결하기 위해 제시할 수 있는 주장으로 가장 적절한 것은?

(가)	갑 : 사람은 땅을 본받고, 땅은 하늘을 본받으며, 하늘은 도(道)를 본받고, 도는 스스로 그러함[自然]을 본받는다. 도는 항상 무위(無爲)하지만 이루어지지 않음이 없다. 을 : 하늘과 땅은 만물을 낳는 것을 마음으로 삼고, 사람은 하늘과 땅의 마음을 얻어 그것을 마음으로 삼는다. 마음의 덕은 모든 것을 갖추었지만 한 마디로 말하면 인(仁)일 뿐이다.
(나)	지구 온난화가 심화하고 있다. 지구 온난화는 극지방 해빙과 해수면 상승으로 인한 저지대 침수 외에 이상 기후, 사막화 등을 야기해 질병 발생 증가와 곡물 수확량 감소와 같은 피해를 가져올 수 있다. 이는 인류의 생존을 위협하고 지구 생태계를 파괴한다.

① 갑 : 문명의 발달을 위해 인간이 자연에 개입해야 한다.
② 갑 : 자연의 가치를 인간의 욕구와 무관하게 중시해야 한다.
③ 을 : 인간을 자연과 분리된 독립적 개체로 파악해야 한다.
④ 을 : 자연을 인과 법칙의 지배를 받는 기계로 보아야 한다.
⑤ 갑, 을 : 자연을 인간을 위한 도구에 불과하다고 여겨야 한다.

237

⊙에 들어갈 적절한 내용을 〈보기〉에서 고른 것은?

(가)	유엔 환경 보고서 작성에 참여한 과학자들은 인류가 직면한 가장 급박한 환경 문제로 ___A___ 와/과 생물 다양성의 상실을 들고 있다. 이는 피해 결과가 영구적이고 수많은 사람들에게 여러 방식으로 충격을 주기 때문이다. ___A___ 은/는 대기 중에 존재하는 온실가스의 작용으로 지구 표면의 기온이 상승하는 것이다.
(나)	(대화)

〈보기〉
ㄱ. 자연은 상의(相依)와 화해의 대상이다.
ㄴ. 자연의 모든 생명체는 내재적 가치를 지닌다.
ㄷ. 자연은 인간의 목적을 달성하기 위한 수단이다.
ㄹ. 자연은 의식이 없는 단순한 물질이자 기계이다.

① ㄱ, ㄴ　　② ㄱ, ㄷ　　③ ㄴ, ㄷ　　④ ㄴ, ㄹ　　⑤ ㄷ, ㄹ

주제 2 미래 세대에 대한 책임과 생태 지속 가능성

족집게 전략 | 미래 세대의 권리 또는 미래 세대에 대한 책임을 인정하는 입장과 부정하는 입장을 파악하고, 토론의 핵심 쟁점을 찾거나 각각의 입장을 찾는 유형의 문제가 출제된다. 특히 미래 세대에 대한 책임과 관련하여 요나스의 책임 윤리를 심도 있게 학습해 두어야 한다.

접근 전략

❶ 토론의 주제와 흐름 파악하기	❷ 토론의 핵심 쟁점 찾기
갑, 을의 대화를 읽고 토론의 주제와 흐름을 파악한다.	갑, 을 중 한명은 긍정, 한명은 부정의 대답을 할 질문을 찾는다.

238 대표 문항 고난도↑

| 평가원 기출 |

다음 토론의 핵심 쟁점으로 가장 적절한 것은?

> 갑 : 오늘날 환경 문제가 우리의 삶을 위협하고 있으므로 건강하고 쾌적한 환경에서 살 권리인 환경권이 강조되고 있습니다.
> 을 : 그렇습니다. 그런데 환경권은 현세대는 물론 미래 세대도 갖는 권리입니다. 따라서 현세대는 미래 세대가 환경적으로 위험에 빠지지 않도록 할 의무가 있습니다.
> 갑 : 그렇지 않습니다. 지금 존재하지 않는 세대의 권리는 인정할 수 없습니다. 권리는 존재와 함께 시작되므로 현세대는 미래 세대에게 아무런 의무도 갖지 않습니다.
> 을 : 아닙니다. 권리의 소유는 존재 여부와 무관합니다. 현세대의 행위로 극심한 피해를 겪게 될 미래 세대를 도덕적으로 배려하기 위해 미래 세대의 환경권을 인정해야 합니다.

① 환경권의 귀속을 현존하는 인간으로 한정해야 하는가?
② 환경을 보호하려는 의무는 미래 세대만을 위한 것인가?
③ 환경권은 건강하고 쾌적한 삶의 영위를 위해 필요한가?
④ 현세대와 미래 세대 간에는 호혜적 관계가 성립되는가?
⑤ 환경 문제는 우리의 삶을 위협하는 전 지구적 문제인가?

239 고난도↑

| 평가원 기출 |

㈎를 주장한 사상가의 입장에서 ㈏의 물음에 대해 제시할 답변으로 가장 적절한 것은?

㈎	전통 윤리학과 달리 새로운 윤리학은 미리 사유된 위험 그 자체가 나침반이 되어야 한다. 미래에 있을 수 있는 심상치 않은 상황의 변화, 전 지구적 차원의 위험, 인류 몰락의 징조 등을 통해 비로소 윤리적 원리들이 발견될 수 있다. 이것을 '공포의 발견술'이라고 부른다.
㈏	현대 사회에서 윤리적 책임과 관련하여 과학 기술자가 지녀야 할 바람직한 태도는 무엇인가?

① 현재가 아니라 미래의 위험만을 고려해야 한다.
② 생태계 전체를 예방적 책임 대상에 포함시켜야 한다.
③ 연구의 위험이 확실할 때에만 예방 조치를 취해야 한다.
④ 세대 간 호혜성의 원칙에 따라 미래 세대를 책임져야 한다.
⑤ 사회에 대한 책임보다 과학적 연구 성과를 더 중시해야 한다.

240

| 교육청 기출 |

㈎, ㈏의 입장만을 〈보기〉에서 있는 대로 고른 것은?

> ㈎ 불확실하고 멀리 있는 쾌락보다 확실하고 가까이 있는 쾌락이 중요하므로 미래 세대를 위해 현세대가 고통을 겪는 것은 옳지 않다. 또한 현세대와 미래 세대 사이에는 도움을 주고받는 관계가 성립될 수 없으므로 미래 세대의 도덕적 권리를 고려할 필요는 없다.
> ㈏ 인간은 결코 수단으로 취급되어서는 안 된다. 따라서 현세대와 동일한 인간인 미래 세대에게도 도덕적 권리를 부여해야 한다. 또한 과거 세대가 현세대에게 도움을 주었듯이, 현세대 역시 미래 세대에게 도움을 주는 것이 당연하다.

〈보기〉

ㄱ. ㈎ : 현세대와 달리 미래 세대는 도덕적 권리를 갖는다.
ㄴ. ㈎ : 미래 세대를 위해 현세대가 희생되어서는 안 된다.
ㄷ. ㈏ : 세대 간 연속성을 근거로 현세대는 미래 세대를 책임져야 한다.
ㄹ. ㈎, ㈏ : 현세대에게 도움을 주고 있는 대상만을 도덕적으로 고려해야 한다.

① ㄱ, ㄷ 　② ㄱ, ㄹ 　③ ㄴ, ㄷ
④ ㄱ, ㄴ, ㄹ 　⑤ ㄴ, ㄷ, ㄹ

241

| 교육청 기출 |

갑, 을이 공통으로 지지할 수 있는 견해를 〈보기〉에서 고른 것은?

> 갑 : 인간이 진정으로 영리하다면 자원으로서의 자연을 가능한 장기간 이용할 수 있도록 노력할 것이고, 자연을 파괴하기보다는 환경을 보호하려고 노력할 것입니다.
> 을 : 한 세대가 자기 세대만을 위하여 이기적 욕망을 무분별하게 추구하는 것은 바람직하지 않습니다. 미래 세대에 대해 책임질 줄 아는 사람은 미래 세대의 생존 근거인 환경을 보호하려고 할 것입니다.

〈보기〉

ㄱ. 인간에게는 자연을 보호해야 할 책임이 있다.
ㄴ. 환경 보존을 위해 인류 차원의 협력이 필요하다.
ㄷ. 자연의 모든 존재는 내재적 가치를 지니고 있다.
ㄹ. 인간을 위한 자연보호는 환경 문제의 해결책이 아니다.

① ㄱ, ㄴ 　② ㄱ, ㄷ 　③ ㄴ, ㄷ 　④ ㄴ, ㄹ 　⑤ ㄷ, ㄹ

242

갑의 입장에 비해 을의 입장이 갖는 상대적 특징을 그림의 ㉠~㉤ 중에서 고른 것은?

> 갑 : 우리는 먼 미래 세대가 말하는 '좋은 삶'의 개념이 무엇인지를 알지 못한다. 우리는 미래 사람들에게 필요한 물건이나 그들의 욕구가 어떤 것인지를 모르며 그러므로 그들에 대해서 우리는 아무런 의무를 갖지 않는다.
>
> 을 : 우리는 먼 미래 세대가 인간으로서 보편적으로 갖는 최소한의 이해 관심과 필요를 알 수 있다. 우리는 미래 사람들이 건강한 자연환경에서 살아갈 권리를 존중해야 하며 그러므로 그들에 대한 책임감을 바탕으로 환경 문제를 해결해야 한다.

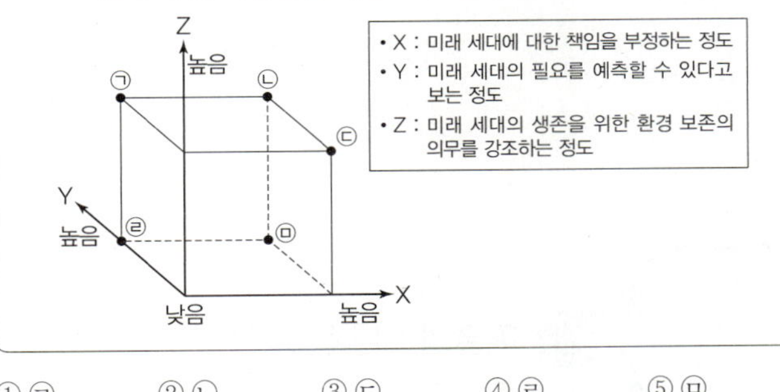

① ㉠ 　② ㉡ 　③ ㉢ 　④ ㉣ 　⑤ ㉤

243

다음 글의 입장에서 ㉠을 해결하기 위해 제시할 수 있는 자세만을 〈보기〉에서 있는 대로 고른 것은?

> 세계에서 가장 긴 강과 가장 큰 밀림이 있는 아마존에는 수많은 동식물이 살고 있다. 목재와 철광석, 금 등 자원도 풍부하다. 그런 만큼 아마존은 많이 파괴되고 있다. 2000년부터 2010년까지 10년간 파괴된 아마존 삼림 규모는 영국 국토 면적과 비슷하다. 매년 지구에서 생기는 산소의 4분의 1을 공급해 세계의 허파로 불리는 ㉠아마존의 환경 파괴는 끊임없이 논란이 되고 있다. 이러한 일이 일어나는 주된 요인은 성장을 통해 물질적 행복을 얻고자 하는 인간의 이기적 욕망에 있다고 할 수 있다.

―[보기]―

ㄱ. 인간은 자신의 욕망을 성찰하고 조절한다.
ㄴ. 만물 평등주의에서 인간 중심주의로 자연관을 전환한다.
ㄷ. 효율성의 극대화를 목표로 하는 경제 지상주의를 추구한다.
ㄹ. 인간과 자연의 공생을 실현할 수 있는 경제 활동을 지향한다.

① ㄱ, ㄴ 　② ㄱ, ㄹ 　③ ㄴ, ㄷ
④ ㄱ, ㄷ, ㄹ 　⑤ ㄴ, ㄷ, ㄹ

244

㉠~㉣에 대한 설명으로 옳지 <u>않은</u> 것은?

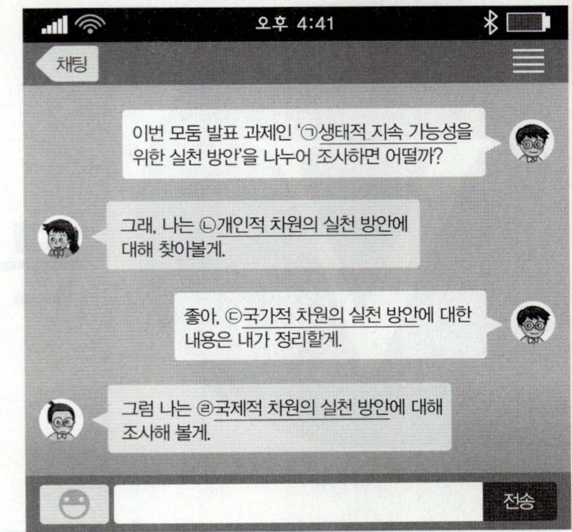

① ㉠은 인간의 이익과 경제적 효율성을 중시한다는 한계가 있다.
② ㉡에는 일회용품 사용 줄이기와 재활용 및 재사용하기가 있다.
③ 저탄소 녹색 성장 정책과 자연 휴식년제는 ㉢에 해당한다.
④ 습지를 보호하기 위한 람사르 협약 체결은 ㉣에 해당한다.
⑤ 환경 문제는 전 지구적으로 영향을 미치므로 ㉣이 필요하다.

245

(가)를 주장한 사상가의 입장에서 (나) 주장에 대해 제시할 조언으로 가장 적절한 것은?

(가)	"너의 행위의 효과가 지상에서의 진정한 인간적 삶의 지속과 조화될 수 있도록 행위하라." 다시 부정적 형태로 표현하면 다음과 같다. "너의 행위의 효과가 인간 생명의 미래의 가능성에 대해 파괴적이지 않도록 행위하라."
(나)	권리의 귀속은 잠재적으로 가능한 상태에 있는 사람들이 아니라 현실적으로 실재하는 사람들에 대해서 이루어져야 할 성질의 것이다. 미래 세대는 오로지 잠재적인 사람들로만 구성되는 것으로 간주될 수 있기 때문에 미래 세대에게는 권리가 적절히 귀속될 수 없으며, 현세대는 미래 세대에 대해 책임질 필요가 없다.

① 자연의 모든 존재는 미래 세대의 생존에 대해 책임져야 한다.
② 현세대는 인류의 존속이라는 무조건적 명령을 이행해야 한다.
③ 현세대는 행위의 결과가 아니라 동기를 고려해 책임져야 한다.
④ 미래 세대의 생존을 위해 현세대의 생존 권리를 포기해야 한다.
⑤ 미래에 일어날 부정적 결과는 책임의 대상에서 제외되어야 한다.

V 문화와 윤리

V단원

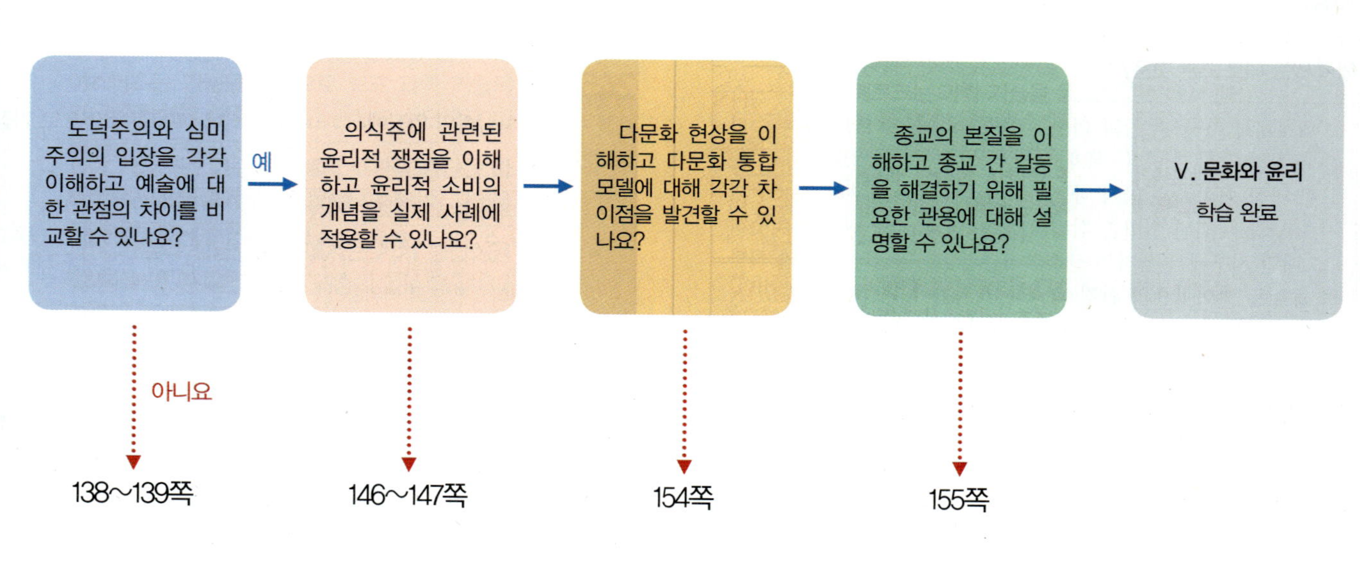

도덕주의와 심미주의의 입장을 각각 이해하고 예술에 대한 관점의 차이를 비교할 수 있나요?
예
의식주에 관련된 윤리적 쟁점을 이해하고 윤리적 소비의 개념을 실제 사례에 적용할 수 있나요?
다문화 현상을 이해하고 다문화 통합 모델에 대해 각각 차이점을 발견할 수 있나요?
종교의 본질을 이해하고 종교 간 갈등을 해결하기 위해 필요한 관용에 대해 설명할 수 있나요?
V. 문화와 윤리
학습 완료
아니요
138~139쪽
146~147쪽
154쪽
155쪽

16강 예술과 대중문화 윤리	주제 1 미적 가치와 윤리적 가치	·도덕주의 ·예술 지상주의 ·예술의 상업화
	주제 2 대중문화의 윤리적 문제	·예술의 대중화 ·대중문화 ·문화 산업
17강 의식주 윤리와 윤리적 소비	주제 1 의식주의 윤리	·유행 추구 현상 ·과시적 소비 ·로컬 푸드 운동
	주제 2 윤리적 소비문화	·합리적 소비 ·윤리적 소비
18강 다문화 사회의 윤리	주제 1 문화 다양성과 존중	·동화모형 ·샐러드볼 이론 ·국수 대접 이론
	주제 2 종교의 공존과 관용	·관용 ·종교 간의 대화

▶ 문화와 윤리는 제시문을 꼼꼼하게 읽자.

이론적으로 어렵지 않지만, 비교적 글을 통해 추론할 수 있는 내용들을 파악하는 훈련이 필요한, 새로운 제시문이 출제된다. 따라서 문화와 윤리 단원의 내용을 정확히 이해하고 제시문을 꼼꼼하게 분석하는 습관이 필요하다.

▶ 문화와 윤리 단원은 실생활 실천을 염두하며 공부하자.

예술과 윤리의 관계, 대중문화, 의식주 윤리, 윤리적 소비, 다문화 사회, 종교와 윤리의 관계 등은 우리가 실생활 속에서 접할 수 있는 내용들이다. 그동안 출제된 내용들은 실생활 속에서 실천과 관련된 사례로 나온 경우가 많으며, 이를 바라보는 여러 사상가들의 입장이 제시되는 경우가 많다. 새로 나온 사상가의 주장을 명료히 정리하고 자신의 것으로 만들려는 노력이 필요하다.

16강 예술과 대중문화 윤리

주제 1 　미적 가치와 윤리적 가치

1. 예술의 의미와 기능

(1) 예술의 의미와 정의

① 의미 : 미적 가치를 표현하고 창조하는 일에 목적을 둔 모든 인간 활동과 그 산물

순수 예술	대중 예술
예술가가 자신의 예술적 세계관을 창의적으로 표현하는 것을 강조함 → 고유성과 독창성 중시	대중의 예술적 요구와 취향을 충족시키는 것을 강조함 → 상업성과 대중성 중시

- 순수 예술과 대중 예술 모두 미적 가치를 지향함
- 최근 문화가 부가 가치를 창출하는 중요한 산업으로 인식되면서, 순수 예술과 대중 예술 사이의 경계가 흐려지고 있음

② 예술에 대한 다양한 정의
- 아리스토텔레스 : "예술은 자연의 모방이며 자연이 성공하지 못한 것을 완성하는 것을 목표로 한다."
- 톨스토이 : "예술은 개인의 감정을 표현하여 다른 사람에게 전하는 모든 것이다."
- 칸트 : "예술은 다른 무엇을 비추는 거울이 아니라 스스로 반짝이는 거울이다." → 순수한 형식만이 아름다움을 느끼게 함 [균형 잡힌 비율, 조화로운 구성, 아름다운 색조나 음률 등을 의미함]

(2) 예술의 기능

① 생각과 감정을 자유롭게 표현하고 일상생활에서의 스트레스를 해소하며 감정을 정화하여 카타르시스를 경험할 수 있음 [정화, 배설을 뜻하는 그리스어로, 예술 작품을 통해 감정을 토해내고, 깨끗이 정화하는 것을 말함]

② 예술 작품을 통해 예술가의 깊은 통찰에 감동하며, 이를 통해 사고를 확장하는 계기를 얻을 수 있음

③ 예술 활동을 통해 사회를 비판하거나 새로운 사상과 가치를 창조하여 인간의 의식과 사회를 개혁하는 데 이바지할 수 있음

(3) 예술과 인간의 삶

① 유희적 존재로서의 인간 : 생존의 욕구 충족에 머무르지 않고 삶의 재미와 아름다움을 추구하는 존재 → 예술 작품을 창조하고 감상할 수 있음

② 예술과 인간의 삶의 관계
- 인간의 삶에서 미적 가치와 도덕적 가치는 불가분의 관계에 있음
- 도덕적 가치를 담고 있는 예술은 인간의 도덕적 감수성을 풍부하게 함

③ 동서양의 사상적 배경
- 칸트 : "미(美)와 선(善)은 형식이 유사하므로 미는 선의 상징이다."
- 동양의 예악(禮樂) 사상, 그리스의 선미(善美) 사상 : 도덕과 음악의 상호 보완성 강조

2. 예술과 윤리의 관계

(1) 도덕주의

① 도덕적 가치가 미적 가치보다 우위에 있다고 봄

② 예술의 목적 : 올바른 품성을 기르고 도덕적 교훈이나 모범을 제공하는 것

③ 예술의 사회성을 강조 : 예술은 사회의 도덕적 성숙에 도움이 되어야 함 → 참여 예술론을 지지함

④ 예술은 도덕적 선을 지향하는 것이 바람직함 → 예술에 대한 적절한 규제가 필요함

⑤ 관련 사상가
- 플라톤 : 예술이 인간의 영혼에 영향을 미치므로 윤리의 관점에서 예술 작품을 선별해야 함
- 톨스토이 : 예술 작품의 가치는 도덕적 가치에 의해 결정되며, 선을 추구하는 예술이 참된 예술임

⑥ 한계 : 미적 요소가 경시될 수 있고 자유로운 창작을 제한할 수 있음

자료로 살펴보기

■ **플라톤의 도덕주의**

> 그 어떤 교육보다도 중요한 것이 음악 교육이네. 리듬과 하모니가 올바른 자에게는 우아함을, 그릇된 자에게는 추악함을 깨닫도록 할 테니까 말이네. 또한 그것은 예술이나 자연에 있어 누락된 것과 결함을 알도록 해 주네. 그리고 음악을 진정한 안목을 즐길 때 그의 정신에서 나온 선은 기품 높고 정결해지네. 그리하여 어려서부터 악을 비난하고 혐오하게 됨은 물론, 자라서는 오래 사귄 친구처럼 선을 알아보고 환영하게 될 것이네.

플라톤은 예술의 존재 이유가 선을 권장하고 덕성을 장려하는 데 있다고 본다. 따라서 예술 작품이 도덕적 가치를 가지고 있는지를 국가가 판단해야 한다고 보았다.

(2) 예술 지상주의(심미주의)

① 미적 가치와 도덕적 가치의 관련성이 낮다고 봄

② 예술의 목적 : 미적 가치의 구현에 있음

③ 예술의 자율성을 강조 → 순수 예술론을 지지함

④ 예술은 도덕적 가치 평가의 대상이 아님 → 예술에 대한 윤리적 규제에 반대함

⑤ 관련 사상가
- 와일드 : 예술은 도덕이 미칠 수 있는 영역 밖에 있으며, 예술가에게 윤리적 공감은 독창성을 잃게 하는 것임
- 스핑건 : 시(詩)가 도덕적이라든가 혹은 비도덕적이라고 말하는 것은 정삼각형은 도덕적이고 이등변 삼각형은 비도덕적이라고 말하는 것과 마찬가지로 무의미함

⑥ 한계 : 예술과 현실을 분리해 예술의 사회적 영향력을 간과함

(3) 예술과 윤리의 상호 관련성

① 예술과 윤리는 모두 인간다운 삶에 이바지한다는 공통점을 지님

② 예술의 자율성을 인정하면서 윤리와의 상호 관련성을 고려하여 조화로운 관계를 추구해야 함 [공자는 "예(禮)에서 사람이 서고, 악(樂)에서 사람이 완성된다."고 하여 도덕과 예술의 조화로운 관계 속에서 진정한 인간으로 거듭날 수 있음을 강조하였음]

3. 예술의 상업화

(1) 예술의 상업화의 의미

① 의미 : 상품을 사고파는 행위를 통해 이윤을 얻는 일이 예술 작품에도 적용되는 현상

② 배경
- 자본주의 확산과 더불어 경제적 가치를 중시하게 됨
- 예술 작품을 대량으로 생산하고 소비할 수 있는 대중 매체의 발달

(2) 예술의 상업화에 대한 긍정적 측면

① 일반 대중들도 쉽게 예술에 접근할 기회를 제공함

② 다양한 분야의 예술이 발달할 기회를 제공함

③ 예술가들의 경제적 이익을 보장하여 안정된 창작 활동을 보장하는 기반을 마련함 → 창작 활동의 활성화

(3) 예술의 상업화에 대한 부정적 측면

① 상품성을 높이기 위해 미적 가치를 구현하고자 하는 예술의 목적과 자율성이 상실될 수 있음

② 대중의 관심을 끌기 위해 더 자극적이고 감각적인 작품만을 만들게 됨 → 대중의 오락적 요구만 수용하는 데 집중하는 한계가 있음

> **이렇게 출제돼!** 도덕주의와 예술 지상주의가 예술을 바라보는 차이를 비교하는 문항이 출제돼. 또한 예술의 상업화에 대한 긍정적 측면과 부정적 측면의 입장을 잘 비교해두어야 해.

주제 2 대중문화의 윤리적 문제

1. 대중문화의 의의

(1) 대중문화의 의미와 특징

① 의미 : 대중문화란 대중 사회를 기반으로 형성되어 다수 사람들이 소비하고 향유하는 문화를 말함

② 특징
- 대중 매체에 의해 생산되고 확산되는 경우가 많음 → 불특정 다수를 대상으로 대량 소비가 가능함
- 시장을 통해 유통되면서 이윤을 창출하는 상업적 특성을 지님
- 일상과 긴밀하게 관련되어 있으며, 대중의 감수성, 취향 등 행동 양식 전반에 영향을 미침

(2) 대중문화의 긍정적 효과

① 문화의 대중화에 이바지함 → 다양한 문화를 비교적 저렴한 비용으로 풍부하게 공급함

② 대중이 사회에 관심을 가지고 참여하는 기회를 제공함 → 대중을 통하여 현실의 불합리하고 부정적인 측면을 개선할 수 있음

2. 대중문화와 관련된 윤리적 문제

(1) 지나친 상업성

① 대중문화도 상품이기 때문에 최소 비용으로 최대 이윤을 얻어야 한다는 경제 원칙의 지배를 받음

② 기업적 문화 산업은 대중의 구매 욕구를 자극하기 위해 다양한 판매 전략을 활용하고 있음

③ 비판 : 대중문화가 상업성을 지니고 있다 할지라도 대중문화는 물질적 필요에 따라 사용되고 버려지는 일반적 소비재와 다름 → 생산자는 대중문화를 단순한 상품으로서 여겨서는 안 되며 대중문화가 미칠 정신적 영향과 사회적 효과를 신중하게 고려해야 함

(2) 자본에 종속된 대중문화

① 대규모의 자본을 소유한 사람(집단)이 대중문화를 생산 및 유통함 → 다양한 영역에서 자본이 지배적 영향력을 행사하는 문제가 발생함

② 자본의 개입의 긍정적 측면과 부정적 측면

긍정적 측면	문화 업계 종사자들에게 경제적 보상이 주어지고 대중 문화의 양과 질이 일정 수준 이상으로 발전함
부정적 측면	• 장기적으로 문화의 창조성과 다양성을 저해하며 대중을 문화 산업의 도구로 전락시킬 수 있음 • 획일화된 문화 상품만 양산되어 대중문화의 다양성이 위축될 위험이 커짐 • 대중의 취향과 기호만을 중요하게 여겨 예술가의 상상력과 자율성, 독립성이 제약될 수 있음

■ 아도르노의 문화 산업에 대한 비판

> 예술은 사회에 저항하는 힘을 가져야 한다. 그렇지 않으면 예술은 단순한 상품으로 전락한다. 고급 예술은 상품화 하더라도 자율성을 주장하지만, 대중문화는 산업을 자처하며 대중을 기만하고 그들의 의식을 속박한다.

아도르노는 상업화된 현대 예술은 자본에 종속되어 문화 산업으로 획일화되었다고 주장한다. 그는 하나의 상품으로 전락한 예술 작품을 감상하는 것은 감상자에게 고유한 체험이 아니라 표준화된 소비 양식일 뿐이라고 비판하였다.

(3) 폭력성과 선정성

① 피해자의 고통에 관한 관심이 드러나지 않는 경우가 많음

② 폭력을 지나치게 미화하거나 악을 응징하는 수단으로 정당화하여 그릇된 인식을 낳음

③ 인간의 육체와 성을 욕구 충족의 수단 및 과시적 대상으로 삼는 경우가 많아 문제가 됨 • 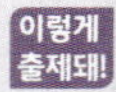대중문화에 대한 성찰과 문제의식을 가지고 개인적 차원의 규제도 필요하다.

3. 대중문화에 대한 윤리적 규제

(1) 제도적 차원의 규제를 찬성하는 입장

① 성의 상품화 예방 강조 : 성을 상품으로 대상화하여 성의 인격적 가치를 훼손하지 않아야 함

② 대중의 정서에 미칠 부정적 영향 방지 : 규제를 통해 청소년에게 해로운 대중문화를 걸러 낼 수 있음

(2) 제도적 차원의 규제를 반대하는 입장

① 표현의 자유와 문화를 향유할 권리를 제한할 수 있음

② 대중문화가 다수나 강자를 대변하거나 검열을 실시할 경우 정치적 이데올로기를 전달하는 도구가 될 수 있음

4. 대중문화에 대한 바람직한 태도

생산자의 측면	지나친 이윤 추구에서 벗어나 건전하고 다양한 대중 문화를 보급하기 위해 노력하면서 미적 가치를 지향해야 함
소비자의 측면	대중문화를 주체적으로 선별하고 비판적으로 수용해야 함
법적·제도적 측면	방송법 등을 통해 생산과 소비에 대한 공적 책임을 부여하고, 사회적 기구를 만들어 대중문화에 대한 자율적인 자정 노력도 해야 함

> **이렇게 출제돼!** 대중문화와 관련된 윤리적 문제들을 검토해보고, 특히 대중문화의 상업성과 폭력성의 문제를 비판하는 성찰의 자세가 필요해요.

핵심 개념 CHECK!

· 정답 및 해설 70쪽

📝 다음 확인 문제 중 옳은 것에 ○, 옳지 않은 것에 ✕를 표기하세요.

주제 1 미적 가치와 윤리적 가치

01 플라톤은 예술의 목적은 인간의 올바른 도덕적 품성을 함양하는 것이어야 한다고 본다. ○ ✕

02 플라톤은 국가가 예술의 윤리적 가치를 판단해야 한다고 본다. ○ ✕

03 플라톤은 예술이 다른 목적을 위한 도구로 사용하면 안 된다고 본다. ○ ✕

04 (함정) 플라톤은 예술가는 도덕적 선(善)을 추구할 뿐 미(美)적 가치를 배제해야 한다고 본다. ○ ✕

05 플라톤은 좋은 음악은 훌륭한 덕을 지닌 사람의 용기와 절제를 모방해야 한다고 본다. ○ ✕

06 톨스토이는 예술이 인간의 도덕적 함양에 기여할 수 있다고 본다. ○ ✕

07 톨스토이는 예술가도 사회 구성원이므로 사회 발전에 이바지해야 한다고 본다. ○ ✕

08 톨스토이는 예술의 목적이 다수의 사람들의 즐거움을 위한 것이어야 한다고 본다. ○ ✕

09 톨스토이는 예술이 예술 안에서만 완벽함을 추구해야 한다고 본다. ○ ✕

10 와일드는 예술의 영역과 도덕의 영역은 분리되어야 한다고 본다. ○ ✕

11 (함정) 와일드는 예술을 통해 사회 모순을 비판해야 한다고 본다. ○ ✕

12 와일드는 예술의 독자성과 자율성을 강조해야 한다고 본다. ○ ✕

13 예술 지상주의는 예술의 사회적 영향력을 간과했다는 비판을 받는다. ○ ✕

14 (함정) 도덕주의는 예술의 사회성과 자율성을 침해할 수 있다는 비판을 받는다. ○ ✕

15 예술의 상업화의 등장은 자본주의 확산과 더불어 경제적 가치를 경시하는 경향이 반영된 결과이다. ○ ✕

16 (함정) 예술의 상업화를 반대하는 입장에서는 예술 작품을 하나의 상품이자 부의 축적 수단으로만 취급했다고 본다. ○ ✕

17 예술의 상업화를 찬성하는 입장에서는 대중이 예술에 쉽게 접근할 기회를 제공했다고 본다. ○ ✕

18 (함정) 아도르노는 상업화된 예술에 대해 문화 산업이라고 비판하였다. ○ ✕

주제 2 대중문화의 윤리적 문제

19 대중문화는 대중 매체에 의해 대량으로 생산되고 복제되어 빠르게 전파되는 특징이 있다. ○ ✕

20 대중문화는 대중의 감수성, 취향 등 행동 양식에는 영향을 주지 않는다. ○ ✕

21 (함정) 대중문화는 다양한 문화를 비싼 비용으로 공급하여 더 많은 사람이 문화를 향유하게 하는 장점이 있다. ○ ✕

22 대중문화는 현실의 불합리하고 부정적인 측면을 개선하는 것과는 거리가 있다. ○ ✕

23 대중문화를 생산하는 기업적 문화 산업은 다양한 판매 전략을 통해 이익을 창출한다. ○ ✕

24 (함정) 대중문화는 물질적 필요에 따라 사용되고 버려지는 특징을 지닌 일반적 소비재에 속한다. ○ ✕

25 대중문화 생산자는 대중문화가 미칠 정신적 영향과 사회적 효과를 신중히 고려해야 한다. ○ ✕

26 대중문화의 자본 종속 문제란 자본의 힘이 대중문화를 지배하는 현상을 말한다. ○ ✕

27 (함정) 자본을 소유한 소수의 집단이 대중문화를 독점하면 문화의 창조성과 다양성을 높여줄 수 있다. ○ ✕

28 대중문화의 선정성과 폭력성은 청소년을 포함한 대중의 정서에 악영향을 줄 수 있으며, 모방 범죄로 이어진다. ○ ✕

29 대중문화의 선정성 문제는 대중문화가 수익성에 치중하여 자극적인 요소를 포함시키기 때문이다. ○ ✕

30 대중문화의 윤리적 규제를 찬성하는 입장에서는 대중은 다양한 문화를 즐길 권리가 있다고 주장한다. ○ ✕

31 대중문화의 윤리적 규제를 반대하는 입장에서는 대중문화의 자율성 및 표현의 자유를 강조한다. ○ ✕

32 건전한 대중문화를 보급하기 위해서 문화의 획일화가 아니라 문화의 다양성의 확보가 필요하다. ○ ✕

33 대중문화의 소비자인 대중들은 대중문화를 맹목적으로 받아들이기보다 주체적으로 선별하여 수용해야 한다. ○ ✕

34 국가에 의한 대중문화에 대한 검열은 특정한 정치적 의도를 관철하는 수단이 될 수도 있다. ○ ✕

35 대중문화에 대한 거대 자본의 진출은 대중문화가 창작자의 예술가 정신을 중시하는 계기가 되었다. ○ ✕

도덕주의와 예술 지상주의의 예술의 목적은 어떻게 다를까?

개념 | 자료로 확인

■ 톨스토이의 도덕주의

> 톨스토이는 예술의 사회성을 강조하는 도덕주의 입장이야.

> 예술은 언어와 같이 인간의 감정을 바꾸게 하며, 진보와 완전을 향해 정진하는 인류 운동의 한 수단이다. 언어는 전 시대 및 현대의 가장 우수한 사람들의 경험과 사색으로 발견된 모든 지식을 접근시키는 매개체이다. 그리하여 지식의 진화가 그릇된 불필요한 지식을 찾아내고, 그 대신 진실하고 필요한 지식으로 대치되는 것과 마찬가지로 감정의 진화는 예술을 통해 이루어진다. 인류의 행복을 위하여 냉담하고 또 불필요한 감정은 그 목적을 이룩하기 위해 좀 더 친절하고 필요한 다른 감정으로 바뀐다. 이것이 예술의 목적이다.
> – 톨스토이, "예술이란 무엇인가"

톨스토이는 현대 예술의 사명은 인간의 행복이 인간 상호 간 결합에 있다는 진리를 이성의 영역에서 감정의 영역으로 옮기는 것이라고 본다. 그는 인간 상호 간 교류 수단인 예술의 목적은 이웃에 대한 사랑을 불러일으키는 데 있다고 본다. 그는 예술가도 사회 구성원이므로 사회 발전에 이바지해야 한다고 주장하였다.

■ 와일드의 예술 지상주의

> 예술가는 아름다운 것을 창조해내는 사람이다. 예술을 드러내고 예술가를 숨기는 것이 예술의 목표이다. … 아름다운 사물을 오직 '아름다움'으로만 받아들이는 이들은 선택된 사람들이다. 세상에 도덕적인 책이나 비도덕적인 책은 없다. 책은 잘 씌어졌거나 아니면 형편없이 씌어졌거나 둘 중 하나일 뿐이다. 예술가는 그 어떤 것도 표현할 수 있다. 예술가에게 사유와 언어는 예술의 도구이다. 예술가에게 악덕과 미덕은 예술을 위한 소재일 뿐이다.
> – 와일드, "도리언 그레이의 초상"

와일드는 예술을 위한 예술을 주장한다. 그는 예술의 영역과 윤리의 영역이 절대적으로 분리되어 있다고 보았다. 나아가 그는 예술은 자연과 인생보다 월등한 것이고, 미학은 언제나 윤리보다 높은 위치를 차지한다고 보았다. 그는 예술은 아름다우면 되는 것이지 도덕적일 필요는 없다고 보며, 도덕적 기준이나 원리로 예술을 판단하려는 시도는 창조나 감상에 유해하다고 주장한다.

개념 | 빈칸 채우기로 확인

■ 톨스토이의 도덕주의

Q1 톨스토이는 예술은 (　　　)의 산물이므로 예술의 사회적 영향력을 강조했다.

Q2 톨스토이는 예술가도 사회인이고 예술 활동도 사회활동이므로 예술은 사회의 모순을 비판 하고 사회 발전에 기여해야 한다는 (　　　) 예술론을 주장하였다.

■ 와일드의 예술 지상주의

Q3 와일드는 예술은 도덕, 정치 등 다른 것을 위한 (　　　)이/가 되어서는 안 된다고 주장하였다.

Q4 와일드는 예술을 평가할 때는 도덕적 가치가 아닌 오직 (　　　) 가치에 근거해서 예술을 평가해야 한다고 본다.

개념 | O/X로 확인

Q5 톨스토이는 예술의 사회적 기능이 심미적 가치보다 중요하다고 본다. （○ / ×）

Q6 톨스토이는 예술 체험을 통해 도덕감이 고양되어야 한다고 본다. （○ / ×）

Q7 와일드는 예술이 예술 안에서만 완벽함을 추구해야 한다고 본다. （○ / ×）

Q8 와일드는 국가는 예술이 윤리적 가치를 지녔는지 판단해야 한다고 본다. （○ / ×）

개념 | 벤다이어그램에 적용

연습하기 Q9 물음에 맞게 A / B / C에 표시하시오.

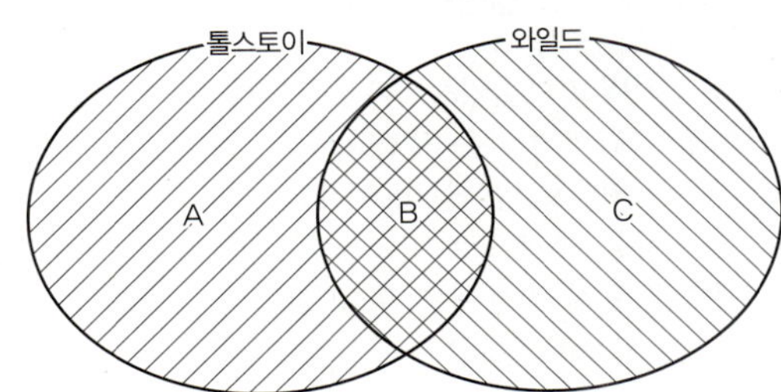

- 예술은 미(美)보다 선(善)을 추구해야 한다.　❶ (A / B / C)

- 예술은 도덕적 평가에서 자유로워야 한다.　❷ (A / B / C)

- 예술의 이상과 현실의 분리를 강조해야 한다.　❸ (A / B / C)

적용하기 Q10 톨스토이와 와일드의 입장을 다음 벤다이어그램으로 표현할 때 A~C에 해당하는 진술로 옳은 것은?

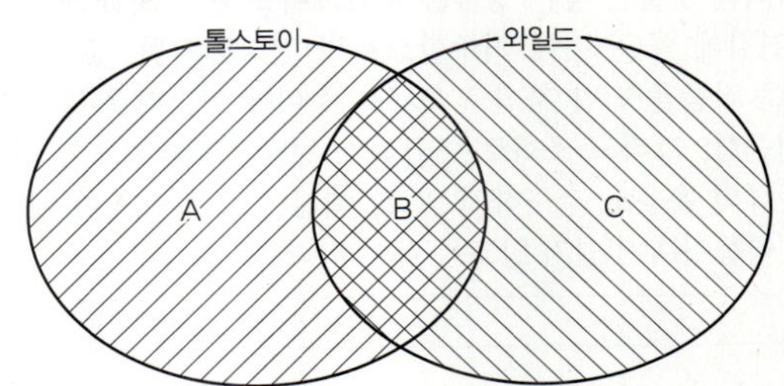

① A : 예술의 본질을 오직 예술 안에서 찾아야 한다.
② A : 도덕적 목적은 예술 작품 속에서 구현되어야 한다.
③ B : 예술은 공동체의 질서를 유지하는데 기여해야 한다.
④ B : 예술에 대한 도덕적 규제는 예술의 가치를 훼손한다.
⑤ C : 예술은 인간의 도덕적 함양에 기여해야 한다.

HOW & WHY 정답 01. 사회 02. 참여 03. 수단 04. 미적 05. ○ 06. ○ 07. ○ 08. × 09. ❶A ❷C ❸C 10. ②

주제 1　미적 가치와 윤리적 가치

족집게 전략 | 제시문에 도덕주의와 예술 지상주의 입장을 비교하는 표현을 찾고, 이에 해당하는 입장을 찾는 것이 중요합니다. 도덕주의와 예술 지상주의의 차이점과 공통점을 명확히 구별해두세요.

접근 전략

❶ 예술에 대한 입장 비교

도덕주의와 예술 지상주의 입장의 차이를 잘 정리해둡니다.

▶

❷ 선택지 적용

❶에서 구분한 예술에 대한 입장이 선택지에서 서술하고 있는 각각의 내용이 알맞은 것인지 꼼꼼하게 파악한다.

---

246 ◀대표 문항

| 평가원 기출 |

갑, 을의 입장으로 가장 적절한 것은?

> 갑 : 예술의 목표는 진리라는 생각 때문에 시(詩)만을 위한 시는 시적 품위가 결여된 것으로 여겨졌다. 그러나 예술이란 본래 심미적 가치만을 추구하기에 시 그 자체 외의 어떠한 다른 목적도 염두에 두지 않고 쓰인 시만이 진정한 시이다.
> 을 : 예술의 사명은 신(神)의 세계, 즉 인간의 최고 목적인 사랑의 세계를 건설하는 일이다. 따라서 예술은 인류애가 모든 사람의 자연스러운 감정이 되도록 교육하는 데 기여해야 한다.

① 갑 : 예술의 심미적 가치는 도덕적 가치에 의해 제어되어야 한다.
② 갑 : 예술이 도덕적 진리를 추구할 때 심미적 가치가 더욱 고양된다.
③ 을 : 예술은 사람들의 도덕적인 감정의 고양에 기여해야 한다.
④ 을 : 예술은 그 자체가 목적으로 다른 것을 위한 수단이 아니다.
⑤ 갑, 을 : 예술은 어떤 것에도 제한받지 않은 독립성을 지녀야 한다.

247

| 평가원 기출 |

다음 서양 사상가의 입장을 〈보기〉에서 고른 것은?

> 추한 것과 나쁜 리듬 그리고 부조화는 나쁜 성품을 닮은 반면, 그 반대되는 것들은 좋은 성품을 닮았으며 또한 그것을 모방한 것이다. 건강에 좋은 것에 거주함으로써 건강해지듯, 젊은이들은 아름다운 작품을 만나 자신도 모르는 사이에 아름다운 말과의 닮음과 친근함, 그리고 조화로 이끌리게 된다. 복잡 미묘한 리듬도 온갖 종류의 운율도 추구하지 말고, 예절 바르고 용감한 삶을 나타내는 리듬이 무엇인지 알도록 해야 한다.

〔보기〕
ㄱ. 예술은 독창성 구현을 목적으로 하는 심미 활동이어야 한다.
ㄴ. 예술은 올바른 품성 함양을 위한 삶의 모범을 제공해야 한다.
ㄷ. 예술가는 미(美)를 추구하므로 사회적 책임에서 자유로워야 한다.
ㄹ. 예술가는 도덕적 이상을 모방하여 영혼의 조화를 추구해야 한다.

① ㄱ, ㄴ　　② ㄱ, ㄷ　　③ ㄴ, ㄷ　　④ ㄴ, ㄹ　　⑤ ㄷ, ㄹ

---

248 고난도↑

| 교육청 기출 |

갑, 을의 입장에 대한 옳은 설명만을 〈보기〉에서 있는 대로 고른 것은?

> 갑 : 미적 판단과 도덕적 판단은 각기 고유성과 독자성을 지니지만 형식에 있어서 동일하므로 상징의 관계로 연결될 수 있다. 요컨대 둘 다 이해타산적 관심에서 벗어나고 자유의 체험을 내포하며 보편적인 타당성을 요청한다.
> 을 : 예술은 영혼의 눈에만 보이는 '아름다움의 실재'를 모방해야 한다. 그리고 예술은 영혼을 위한 것이어야 한다. 젊은이들은 예술을 통해 아름다움을 관조함으로써 영혼이 아름다움에 동화되어 훌륭한 인격을 형성하게 된다.

〔보기〕
ㄱ. 갑 : 미는 도덕성을 고취하는 데 기여할 수 있다.
ㄴ. 갑 : 미와 도덕적 선은 서로 조화를 이룰 수 있다.
ㄷ. 을 : 미의 이데아는 이성에 의해 파악되는 객관적 실재이다.
ㄹ. 갑, 을 : 예술은 도덕적 평가로부터 자유로운 영역이다.

① ㄱ, ㄴ　　　② ㄱ, ㄹ　　　③ ㄷ, ㄹ
④ ㄱ, ㄴ, ㄷ　　⑤ ㄴ, ㄷ, ㄹ

249

| 평가원 기출 |

갑, 을의 입장에 대한 옳은 설명만을 〈보기〉에서 있는 대로 고른 것은?

> 갑 : 예술을 드러내고 예술가를 숨기는 것이 예술의 목표이다. 예술가에게 윤리적 공감은 불필요하다. 아름다운 사물을 오직 아름다움의 의미로 받아들여야 한다.
> 을 : 예술은 인류를 행복으로 이끄는 데 없어서는 안 될 수단이다. 예술은 오직 인류애를 위한 것이며, 예술의 목적은 미(美)도 아니고 쾌락은 더더욱 아니다.

〔보기〕
ㄱ. 갑은 예술에는 예술 이외의 다른 목적이 없다고 본다.
ㄴ. 을은 예술 활동에서 미적 요소를 배제해야 한다고 본다.
ㄷ. 을은 갑과 달리 선(善)을 증진하는 예술을 좋은 예술로 본다.
ㄹ. 갑은 예술의 독립성을, 을은 사회성을 지향해야 한다고 본다.

① ㄱ, ㄴ　　　② ㄱ, ㄷ　　　③ ㄴ, ㄹ
④ ㄱ, ㄷ, ㄹ　　⑤ ㄴ, ㄷ, ㄹ

250

갑은 긍정, 을은 부정의 대답을 할 질문만을 〈보기〉에서 있는 대로 고른 것은?

> 갑 : 음악의 근본 요소는 화음이며, 음악의 본질은 리듬이다. 음악은 실제 세계에 대한 표현이나 묘사가 아니다. 음악의 형식은 음 자체의 결합이며, 음악의 미는 독자적인 것으로서 음과 음의 예술적 결합에 달려 있을 뿐이다.
> 을 : 음악이란 성인(聖人)이 즐겼던 것이고, 그것을 가지고 백성의 마음을 어질게 해줄 수 있다. 그것은 사람들에게 깊은 감동을 주어 풍습을 바로잡고 풍속을 순화시킨다. 그러므로 선왕(先王)이 예와 음악으로 이끌면 백성이 화목하였던 것이다.

> **보기**
> ㄱ. 예술의 영역과 도덕의 영역은 상호 분리되어야 하는가?
> ㄴ. 예술은 도덕성 함양을 위한 수단이 아님을 강조해야 하는가?
> ㄷ. 예술은 예술을 위한 예술이 아닌 삶을 위한 예술이어야 하는가?
> ㄹ. 인간의 성품에 긍정적 영향을 줄 수 있는 예술을 추구해야 하는가?

① ㄱ, ㄴ　　　　② ㄴ, ㄹ　　　　③ ㄷ, ㄹ
④ ㄱ, ㄴ, ㄷ　　　⑤ ㄴ, ㄷ, ㄹ

251

갑, 을, 병 사상가들의 입장에 대한 설명으로 가장 적절한 것은?

> 갑 : 예술의 수련은 수호자 계층의 교육을 위해 매우 가치 있다. 어떤 사람이 올바르게 교육을 받는다면, 이는 그 사람을 고상한 사람으로 만들어줄 수 있다.
> 을 : 예술 세계에서는 어떤 거짓말도 허용된다. 중요한 것은 오차 없는 진실이 아닌 아름다운 거짓이다. 예술가에게 악덕과 미덕은 예술을 위한 소재일 뿐이다.
> 병 : 아름다운 것은 도덕적 선(善)의 상징이다. 아름다움은 우리에게 만족을 주며, 이때 우리의 마음은 감각적 쾌락을 넘어서 순화되고 고양된 고귀함을 느낀다.

① 갑은 올바른 인격 함양을 위해 예술 활동에 대한 검열이 필요하지 않다고 본다.
② 을은 예술의 목적 달성을 위해서 외재적 가치를 추구해야 한다고 본다.
③ 병은 미(美)와 선은 특정 이해를 초월한다는 형식의 유사성이 있다고 본다.
④ 갑은 을과 달리 예술적 영역의 자율성이 철저하게 보장되어야 한다고 본다.
⑤ 을은 갑과 달리 예술은 올바른 품성의 도야에 기여해야 한다고 본다.

252

갑, 을의 입장에 대한 설명으로 가장 적절한 것은?

> 갑 : 세속의 음악도 듣는 사람의 마음을 움직여 다른 사람을 용서하게 해 주는데 하물며 성인의 음악은 어떠하겠는가. 그러므로 "예악은 잠깐 동안이라도 몸에서 떠나게 할 수 없다."라고 한 것이다. 음악이 융성하지 않으면 교화가 이루어지기 어렵고 풍속도 아름답게 변화되기 어려울 것이다.
> 을 : 예술에서 선한 의도는 어떠한 가치도 없다. 형편없는 예술은 모두 선한 의도에서 비롯된 것이다. 예술가에게 윤리적 공감은 독창성을 잃게 한다. 예술의 목적은 오직 예술 그 자체만 표현하는 것이다.

① 갑은 예술에는 예술 이외의 다른 목적이 없다고 본다.
② 갑은 예술 활동에서 미적 요소를 배제해야 한다고 본다.
③ 을은 예술이란 선(善)의 증진에 기여해야 한다고 본다.
④ 을은 예술은 예술 안에서만 완벽함을 추구해야 한다고 본다.
⑤ 갑, 을은 예술의 사회적 기능이 심미적 가치보다 중요하다고 본다.

253

갑, 을 사상가들이 병에게 제기할 수 있는 반론으로 가장 적절한 것은?

> 갑 : 예술은 사람의 마음에 감흥을 불러일으킨다. 또한 정치의 특성을 살피고 사람들을 어울리게 하며, 윗사람의 잘못을 풍자한다.
> 을 : 예술은 영혼의 눈에만 보이는 '아름다움의 실재'를 모방해야 한다. 예술을 통해 젊은이들의 영혼은 아름다움에 동화되어 훌륭한 인격을 형성하게 된다.
> 병 : 예술은 도덕이 못 미치는 곳에 있다. 예술의 눈은 아름답고 변화하는 사물에 고정되어 있기 때문이다.

① 예술의 영역과 도덕의 영역은 분리된 것임을 간과하고 있다.
② 예술의 이상과 현실의 분리를 강조해야 함을 간과하고 있다.
③ 예술이 그 자체로 독립적인 아름다움을 지님을 간과하고 있다.
④ 예술이 사회의 도덕성 완성에 기여할 수 있음을 간과하고 있다.
⑤ 예술이 공동체의 기준과 가치로부터 자유로워야 함을 간과하고 있다.

| 주제 2 | 대중문화의 윤리적 문제 |

족집게 전략 | 대중문화의 등장 배경과 대중문화가 지닌 윤리적 문제가 무엇인지 이해하고 이를 적용해보세요.

접근 전략

❶ 문화 산업에 대한 입장 비교	❷ 선택지 적용
대중문화와 문화 산업에 대한 입장을 비교해보세요.	❶에서 구분한 입장에 따라 선택지에서 서술하고 있는 각각의 내용이 알맞은 것인지 꼼꼼하게 파악한다.

254 〈대표 문항〉
| 평가원 기출 |

갑, 을의 입장으로 가장 적절한 것은?

> 갑 : 예술은 사회에 저항하는 힘을 가져야 한다. 그렇지 않으면 예술은 단순한 상품으로 전락한다. 고급 예술은 상품화되었다 하더라도 자율성을 주장하지만, 대중 문화는 산업을 자처하며 대중을 기만하고 그들의 의식을 속박한다.
>
> 을 : 예술은 삶의 일부를 형성한다. 경험으로서 예술 작품은 우리의 삶 속에 존재한다. 오늘날 미적인 것은 모든 삶의 영역 속으로 빨려 들어가고 있다. 삶 속에서도 대중 예술에서도 미적인 것의 구현은 가능하다.

① 갑 : 문화 산업은 기존 질서를 옹호하고 사회를 몰개성화한다.
② 갑 : 예술 본연의 목적은 일상적 삶의 고통을 잊게 하는 것이다.
③ 을 : 대중 예술은 예술과 삶을 통합시키기보다는 분리시킨다.
④ 을 : 예술 작품은 삶 속에서 기능하지 않아야 미적 가치를 지닌다.
⑤ 갑, 을 : 대중 예술은 감상자를 사유의 주체가 되도록 독려한다.

255
| 평가원 기출 |

다음 서양 사상가의 입장을 〈보기〉에서 고른 것은?

> 현대 자본주의 사회는 과거보다 교묘하고 효과적인 방식으로 대중을 다룰 수 있게 되었다. 대중 예술에 투사된 세계는 갈등이 조화롭게 해결되는 듯한 느낌을 주지만 이는 기만적 대리 만족이다. 문화 산업은 대중을 통제함으로써 지배 계급의 이념을 재생산한다. 개인은 자유가 있는 것 같지만 실은 경제적·사회적 장치의 산물이다. 문화 산업이 독점한 대중 예술은 개인의 특성을 획일화하여 자신의 논리를 관철한다.

보기
ㄱ. 대중 예술품의 주된 가치는 교환 가치에 의해서 결정된다.
ㄴ. 대중 예술의 영역과 권력의 영역은 상호 무관하게 작동한다.
ㄷ. 대중 예술은 현실적 모순을 은폐하고 대중 의식을 조작한다.
ㄹ. 대중 예술의 감상은 획일화하지 않은 개인의 고유한 체험이다.

① ㄱ, ㄴ 　② ㄱ, ㄷ 　③ ㄴ, ㄷ 　④ ㄴ, ㄹ 　⑤ ㄷ, ㄹ

256
| 평가원 기출 |

다음 서양 사상가의 입장으로 적절하지 않은 것은?

> 예술 작품에 대한 기술적 복제는 수공적인 복제보다 더 큰 독자성을 지니며, 예술 작품의 존속에 아무런 손상도 입히지 않는다. 예술 작품의 기술적 복제 가능성 시대에서 예술 작품의 '아우라'는 위축된다. 그러나 사진이나 영화와 같은 영역에서 대량 복제 기술은 대중들로 하여금 개별적인 상황 속에서 복제품을 쉽게 접하게 한다. 이러한 현상은 전시 가능성을 중시하는 대중 예술이 기존의 제의(祭儀) 의식에 바탕을 둔 예술을 밀어내는 결과를 초래한다. 이제 예술 작품은 새로운 기능을 지닌 형상물이 된다.

① 대중 예술은 원작이 가지고 있는 유일성의 가치를 높여준다.
② 대중 예술은 표준화된 생산을 통해 미적 체험을 제공한다.
③ 대중 예술의 복제 기술은 예술 작품의 신비감을 축소시킨다.
④ 대중 예술의 복제 기술은 대중과 예술 작품의 거리를 좁힌다.
⑤ 대중 예술에서는 예술의 숭배 가치가 줄고 전시 가치가 늘어난다.

257
| 교육청 기출 |

갑, 을의 입장으로 가장 적절한 것은?

> 갑 : 현대의 예술 작품은 문화 산업으로 포장되어 싼값에 제공됨으로써 대중의 의식을 포섭해 대중과 예술 모두를 소외시킨다. 그래서 문화 산업에서는 비평이 사라진 것처럼 존경도 사라진다.
>
> 을 : 현대의 예술 작품은 기술적 복제가 가능하게 되어 그 '아우라'가 위축된다. 복제 기술은 대중이 예술 작품을 보다 쉽게 접하게 하여 개별화된 미적 체험을 가능하게 한다.

① 갑 : 문화 산업은 개성의 표현을 장려해 대중의 의식을 다양화한다.
② 갑 : 대중의 창작 욕구는 예술 작품의 반복적 소비를 통해 강화된다.
③ 을 : 예술 작품의 복제가 대중에게서 미적 체험의 기회를 박탈한다.
④ 을 : 복제 기술의 발달로 인해 기존 예술의 신비감은 감소된다.
⑤ 갑, 을 : 대중문화를 향유하면서 대중은 주체적 문화 생산자가 된다.

258

갑, 을의 입장에 대한 옳은 설명만을 〈보기〉에서 있는 대로 고른 것은?

> 갑 : 영화 속 주인공들이 힘을 이용하여 문제를 해결하는 방식은 개인이 가진 분노, 욕구, 부정적 감정 등을 해소하는 데 도움이 된다고 생각해. 이러한 영화 속 장면을 통한 대리 경험은 실제 폭력과 각종 일탈 행위를 줄여줄 수 있어.
>
> 을 : 영화 속에서는 묘사하는 폭력은 지나치게 미화되어 있고, 폭력의 피해자에 대한 고통에 관심이 드러나지 않는 경우가 있어 문제가 있다고 생각해. 영화가 아닌 현실 속에서도 갈등을 해소하기 위해 폭력을 사용할 수 있다고 인식하게 할 수 있어.

〔보기〕
ㄱ. 갑은 폭력적인 장면은 부정적 감정을 정화하는 효과가 있다고 본다.
ㄴ. 갑은 을과 달리 영화를 통한 대리 경험은 현실의 일탈을 증가시킨다고 본다.
ㄷ. 을은 영화 속에서 그리는 폭력이 대중의 폭력에 대한 그릇된 인식을 심어줄 수 있다고 본다.
ㄹ. 갑, 을은 영화 속 폭력과 같은 유해 요소를 미풍양속을 위해서 규제해야 한다고 본다.

① ㄱ, ㄴ   ② ㄱ, ㄷ   ③ ㄴ, ㄹ
④ ㄱ, ㄷ, ㄹ   ⑤ ㄴ, ㄷ, ㄹ

259 고난도

학생 갑, 을, 병이 모두 옳은 대답을 했다고 할 때, A 사상가의 입장만을 〈보기〉에서 있는 대로 고른 것은?

> 교사 : 대중문화에 대한 A 사상가의 입장을 발표해보세요.
>
> 갑 : 상업화된 예술은 예술과 인간의 본질을 왜곡시키는 과정이라고 보았습니다.
>
> 을 : 대중문화는 모든 사람들의 사고를 동질적으로 반응하게 만들기 위한 도구라고 보았습니다.
>
> 병 : 예술이 본질적인 미적 가치보다 상품으로서의 교환 가치에 의해 평가되는 것에 대해 비판적인 입장이었습니다.

〔보기〕
ㄱ. 대중문화는 기존의 지배 관계를 정당화하고 재생산한다.
ㄴ. 대중문화의 영역과 권력의 영역은 상호 무관하게 작동한다.
ㄷ. 대중문화는 대중들이 적극적으로 사유하는 것을 불가능하게 만든다.
ㄹ. 대중문화의 조종자들은 대중 매체를 이용해 자신의 상업적 이익을 극대화하고자 한다.

① ㄱ, ㄴ   ② ㄱ, ㄹ   ③ ㄴ, ㄷ
④ ㄱ, ㄷ, ㄹ   ⑤ ㄴ, ㄷ, ㄹ

260

(가) 사상가의 관점에서 (나)의 질문에 대한 답변으로 가장 적절한 것은?

(가)	문화 산업은 자본주의의 전제 하에 예술의 상품화를 확산시킨다. 그것은 대중의 욕구를 일괄적으로 처리하고, 나아가 그러한 욕구마저 창출하여 조정한다. 문화 산업은 일상생활 구석구석까지 사람들의 의식을 지배하여 심미적 경험의 빈곤화를 극한으로 진행한다. 그 결과 문화 산업이 독점한 대중문화는 사람들의 사고를 동질적으로 반응하게 만든다.
(나)	기자 : 문화와 예술을 상품화하는 현상에 대해 어떻게 바라보십니까? 사상가 : ________________

① 대중의 욕구를 다양하게 표현하게 하는 진정한 예술이라고 봅니다.
② 대중의 사회 비판 의식을 강화시키는 문화 산업의 산물이라고 봅니다.
③ 대중에게 창작 욕구를 불러일으키는 새로운 예술의 분야라고 봅니다.
④ 대중의 미적 체험을 통해 개인의 개성을 드러낼 수 있도록 도와준다고 봅니다.
⑤ 대중의 사회의 현실에 대한 반성적이고 창의적인 면을 상실시킨다고 봅니다.

261

㉠에 들어갈 말로 가장 적절한 것은?

> 현대 사회에서 대중문화는 자본의 영향을 많이 받는다. 대규모의 자본을 소유한 사람 혹은 집단이 다수의 사람에게 광범위하게 영향을 미치는 대중문화를 생산하고 유통할 수 있게 되면서, 대중문화의 다양한 영역에서 자본이 지배적인 영향력을 행사하는 등 문제가 나타나고 있다. 그런데 어떤 사람은 "자본이 대중문화에 적극적으로 개입함으로써 문화 업계 종사자들에게는 경제적 보상이 주어지고, 대중문화의 양과 질이 일정 수준 이상으로 발전할 수 있다."고 주장한다. 나는 이러한 주장에 대해 ⎡ ㉠ ⎤고 생각한다.

① 대중문화의 발전은 예술의 발전을 저해함을 강조하고 있다
② 대중문화는 시대에 따라 다양하게 변화·발전해왔음을 간과하고 있다
③ 자본에 종속된 대중문화는 문화의 다양성을 저해함을 간과하고 있다
④ 자본이 투입된 대중문화는 질적으로 성장이 불가함을 강조하고 있다
⑤ 대중문화는 현실 속 문제를 해결하는 것에 관심을 지녀서는 안 됨을 간과하고 있다

17강 의식주 윤리와 윤리적 소비

주제 1 의식주의 윤리

1. 인간의 특성과 문화

(1) 인간의 특성

① 생물학적 결핍을 지닌 존재

② 정신능력이 발달된 존재 → 제2의 자연으로서 문화를 창조함

(2) 의식주 문화의 의미 : 인간의 생존을 확보하기 위해 마련된 의식주 문화는 사람다운 삶을 살아갈 수 있는 여건이자 문화의 출발점

└ 겔렌에 따르면 인간은 생물학적으로 전문화된 기관을 지니지 못해 자연에 곧바로 적응하기가 어려움 → 따라서 인간은 자신이 생존하기 위해 문화를 창조하였음

2. 의복 문화와 윤리 문제

(1) 의복의 기능 → '제 2의 피부'라고도 하며, 다양한 의미와 기능을 지니고 있어 '무언의 언어'라고도 함

① 추위나 더위 등으로부터 사람의 신체를 보호하는 기능

② 자신을 표현하는 수단으로서 개성을 드러내는 기능

③ 사람의 신분이나 지위, 성별, 직업 등을 표현함

(2) 의복의 윤리적 의미

① 개인의 개성과 가치관의 표현 : 자아 및 가치관의 형성

② 사회적 기준 반영 : 상황이나 의식 등에 따른 예의 표현, 집단의 가치나 성격 표현 등

• 관혼상제 등 중요한 행사에 격식 있는 의복을 착용하여 예의를 표현함

• 시간과 장소와 상황에 적절한 옷을 입는 것은 윤리와 무관하지 않음 → 의생활에서 윤리적인 성찰과 숙고의 태도가 필요함

(3) 의복의 생산과 소비 과정에서 발생하는 윤리 문제

① 패스트패션 : 최신 유행과 변화하는 소비자 취향에 즉각 대응함으로써 생산과 소비가 빠르게 이루어져 과소비가 발생함 → 버려진 옷이 처리될 때 각종 유해물질을 배출하여 환경오염을 유발하기도 함

② 모피나 가죽옷 : 동물에게 과도한 고통을 주어 생산하는 과정에서 윤리적 문제가 발생함

③ 유행 추구 현상과 관련된 윤리 문제

긍정적 측면	유행에 따르려는 개인의 선택권을 존중해줄 수 있으며, 최신 유행을 창조함으로써 새로운 가치관을 형성하는 계기가 될 수 있음
부정적 측면	유행은 기업의 판매 전략에 불과하며, 맹목적인 모방과 동조 현상이므로 몰개성화를 초래할 수 있음

④ 명품 선호 현상과 관련된 윤리 문제

긍정적 측면	명품 선호는 개인의 자유이며 명품의 우수한 품질과 희소성은 소유자의 품격을 높여줄 수 있음
부정적 측면	명품 선호는 과시적 소비라는 그릇된 욕망의 표현일 뿐이며, 과소비와 사치 풍조를 조장할 수 있음

(4) 바람직한 의복 문화 형성을 위한 노력 : 패스트패션 기업은 사회적 책임 의식을 지니고 윤리 경영을 실천하며, 소비자는 인권과 생태 환경을 고려하는 윤리적 소비를 해야 함

3. 음식 문화와 윤리 문제

(1) 음식을 먹는 행위

① 생물학적 차원 : 생명을 유지하기 위함

② 문화적 차원 : 문화권 또는 지역마다 고유한 음식 문화가 존재함

③ 사회적 차원 : 음식을 함께 먹으면서 유대감과 소속감을 느낌

(2) 음식과 관련된 윤리 문제

개인적 차원	우리가 어떤 음식을 먹느냐에 따라 건강과 성격에도 영향을 미칠 수 있음
생태계 차원	• 수입 농산물의 안정성 논란 • 식품 운송(수입)에 따른 탄소 배출량 증가(예 푸드 마일리지) • 육류의 대량 생산을 위한 공장형 축산업으로 발생하는 온실가스 문제 및 동물 복지 문제 발생 등
사회적 차원	• 식품 안정성 문제 : 유전자 조작 식품 유해성 논란 등 • 제조 과정의 문제 : 해로운 첨가제나 유통기한이 지난 재료를 사용하는 문제 등 • 생산과 유통 과정의 문제 : 농어민과 노동자가 정당한 몫을 받지 못하는 문제 등

(3) 바람직한 음식 문화 형성을 위한 노력

① 개인적 차원 : 생태계를 고려하는 음식 문화 형성에 적극적으로 동참해야 함 → 로컬푸드 운동, 슬로푸드 운동, 육류 소비 절제하기 등

② 사회적 차원 : 바람직한 음식 문화 확립을 위해 제도적 기반을 마련해야 함 → 안전 먹거리 인증이나 성분 표시 의무화, 육류 생산 과정에서 동물의 고통을 최소화하는 제도 등의 마련 등

4. 주거 문화와 윤리 문제

(1) 주거의 의미 → 하이데거는 오늘날 현대인이 본래적 의미의 주거 공간을 상실했다고 보고 이를 '고향의 상실'로 표현하였음

① 의미 : 우리가 살아가는 장소뿐만 아니라 그곳에서 이루어지는 생활까지 포함된 개념

② 개인과 공동체 차원에서의 윤리적 의미

개인적 차원	심리적인 안정감과 휴식을 제공함
공동체 차원	생활하는 과정에서 유대감과 소속감을 형성해 줌

(2) 주거와 관련된 윤리 문제

① 경제적 측면으로 주거를 바라보는 문제 → 집을 부의 축적 수단으로만 여기지 않고 정신적 평화와 안정을 제공하는 공간으로 인식해야 함

② 획일화·규격화된 주거 형태로 인한 문제 → 자신이 살아온 역사와 전통을 담아내기가 어려운 측면이 있음

③ 주거의 불안정성과 불평등의 문제 → 열악한 주거 환경에서 인간다운 삶을 영위하지 못하여 주거권의 위기 초래

④ 도시 중심의 주거 문화 → 국토의 비효율적 활용, 교통과 환경 문제 등으로 삶의 질 하락

(3) 바람직한 주거 문화 형성을 위한 노력

① 주거권, 건강권 보장 등 '공간 정의'에 근거한 주거 문화 정착 필요

② 주거의 본질적 가치를 되살리고 공동체를 고려하는 주거 공간 형성

■ **공간의 인간화와 공간 책임론**

> 인간과 집의 관계는 집을 짓고 그 안에 살면서 자기 집 같고, 마음 편하며, 믿을 만한 친숙함이 있다고 이해될 수 있다. 인간은 이성적 노력을 통해 자신의 집을 지어야 하며, 그 집에서 자기 삶의 질서를 만들어 나가야 하고, 혼란을 일으키는 외부 세계와의 끊임없는 투쟁 속에서 이러한 질서를 지켜내야 할 책임감을 갖는다. — 볼노브, "인간과 공간"

볼노브는 자신의 공간을 자기 삶의 중심으로 형성해야 할 공간 책임론을 제시하였다. 그는 집은 그곳에 거주하는 인간의 체험으로 구성되었으므로 자기 세계의 중심점이 되면서 자기 존재의 뿌리가 되는 곳으로 보았다.

이렇게 출제돼! 의식주 문화와 관련된 여러 윤리 문제를 알아보고, 이러한 문제를 해결하기 위해 우리가 지녀야 할 자세가 무엇인지 알아보려는 노력이 필요해.

주제 2   **윤리적 소비문화**

1. 현대인의 소비 생활

(1) 소비 사회의 출현

① 소비 사회 : 삶을 영위하는 데 필요한 것 이상의 소비가 이루어지고, 소비가 일상화되어 인간의 삶과 경제 성장에 큰 영향을 미치는 사회

② 현대 소비 사회의 특징
- 대량 소비와 과소비가 발생함 → 자원 고갈과 환경 오염 등 문제가 발생함
- 사회적 욕구나 자아실현의 욕구를 충족하려는 소비가 확대됨 ⑩ 기호 소비
- 소비자의 영향력이 확대되어 소비를 통해 생산자 및 관련 집단에 영향력을 행사하는 경우가 증가함

대량 소비	물질적 풍요로움을 기반으로 한 소비
과시 소비	자신의 정체성, 부, 지위를 과시하기 위한 소비
모방 소비	상위 계층의 과시 소비를 모방하는 소비
의존 소비	자신의 합리적 판단이 아닌, 광고를 보고 구입하는 소비
충동 소비	구매 계획 없이 충동적으로 구입하는 소비

■ **베블런의 과시적 소비의 본질**

> 고도로 산업화된 사회에서 명성을 획득할 수 있는 근거는 재력이다. 재력을 과시하는 방편인 동시에 명성을 획득하고 유지하는 방편은 과시적 여가와 과시적 소비다. 과시적 여가와 과시적 소비의 발달 과정을 탐색해보면 공통적으로 낭비라는 요소가 작용했음을 알 수 있다. 명성을 획득하기 위한 수단으로 유용할 뿐만 아니라 체면 유지를 위한 요소로도 강조되는 과시적 소비는 개인의 인간적인 접촉이 가장 광범위하게 이루어지고, 인구 이동이 가장 심한 사회의 구성원들에게는 최선의 소비로 여겨진다. — 베블런, "유한계급론"

베블런은 과시적 소비는 주로 사치품 시장에서 일반 사람들과 신분이 다르다는 것을 과시하려는 부유층이나 이를 모방하려는 계층에 의해 주도된다고 본다. 과시적 소비는 '베블런 효과'라고도 하는데, 이는 가격이 오르고 있음에도 과시욕 때문에 수요가 증가하는 현상을 말한다.

2. 합리적 소비와 윤리적 소비

(1) 합리적 소비

① 의미 : 소득 범위 내에서 최소한의 비용으로 자신의 욕구를 최대한 충족하려는 소비를 의미함

② 한계 : 의도하지 않게 인권 침해, 사회 부정의, 동물 학대, 환경 문제 등을 조장할 수 있음

(2) 윤리적 소비

① 의미 : 소비자의 영향력 확대와 다양한 사회 문제에 대한 관심 속에서 도덕적 가치에 따라 재화나 서비스를 구매하고 처리하는 소비를 의미함 → 각 유형은 서로 중첩되기도 하고 실천 과정에서 다른 것을 함께 고려해야 하는 경우가 많음

② 윤리적 소비의 유형

인권과 정의를 생각하는 소비	생산·유통·판매 과정에서 인권이 보장되고, 관련된 사람들에게 정당한 대가를 지급하며, 소비자의 안전이 보장된 상품을 소비하는 것 ⑩ 노동자의 인권과 복지를 생각하는 기업의 상품이나 공정 무역 상품을 구매하는 것
공동체적 가치를 생각하는 소비	구성원 간의 상호 의존성을 높이고 지역 공동체의 지속 가능한 발전을 도모하는 소비 ⑩ 지역에서 생산된 농산물을 지역에서 소비하는 로컬 푸드 운동
동물 복지를 생각하는 소비	동물의 생명을 존중하고 고통을 최소화하는 방식으로 생산된 상품을 소비하는 것 ⑩ 모피, 털, 가죽 등을 재료로 사용하지 않은 애니멀 프리 패션 상품을 구매하는 것
환경 보전을 생각하는 소비	생태계의 보존과 지속 가능한 소비가 가능하도록 하는 친환경적 소비 ⑩ 여행지의 경제, 환경, 문화에 대한 존중과 보호의 의무를 다하는 공정 여행(책임 여행)

③ 윤리적 소비 실천의 필요성
- 개발 도상국 노동자들의 인권 향상
- 사회 정의 구현 : 사회적 기업의 제품을 사용하여 사회적 불평등을 완화하는데 기여함
- 환경 오염 방지와 건강한 생태계 유지 : 생태계를 훼손하지 않고 온전히 보전하여 현세대와 미래 세대까지 고려할 수 있음

3. 사회적 기업과 윤리적 소비

(1) 사회적 기업

① 의미 : 취약 계층의 고용 및 복지 문제를 해결하는 과정에서 등장한 공공성을 기반으로 사회적 목적을 우선 추구하는 기업

② 운영 방식
- 자립적 운영을 위해 이익을 추구하지만 발생한 이익은 공익을 위한 일이나 지역 사회에 재투자됨
- 형태와 활동 영역이 다양함

(2) 사회적 기업과 윤리적 소비의 관계

① 공익을 추구하기 위해 기업의 자구적 노력과 함께 국가의 직접적 지원이 필요함

② 사회적 기업의 재화나 서비스를 구매하는 윤리적 소비를 통한 개인의 간접적 지원이 요구됨

이렇게 출제돼! 합리적 소비와 다른 윤리적 소비의 특징에 대해 잘 알고 이를 적용한 사례에 대한 탐구가 필요해.

핵심 개념 CHECK!

· 정답 및 해설 73쪽

✏️ 다음 확인 문제 중 옳은 것에 ○, 옳지 않은 것에 ×를 표기하세요.

주제 1　의식주의 윤리

01 최신 유행과 변화하는 소비자 취향에 즉각 대응함으로써 생산과 소비가 이루어지는 의류를 패스트패션이라 한다.　○ ×

02 패스트패션은 생산 과정에서 환경과 인권에 대한 가치를 간과할 위험이 있다.　○ ×

03 함정　패스트패션은 대중의 기호를 무시하고 사회적 격식만 강조하게 된다는 문제점을 지닌다.　○ ×

04 유행 추구 현상은 동조 소비를 불러와 선택의 자유가 상실될 위험이 있다.　○ ×

05 유교에서는 음식을 먹는 행위에서 인간다운 품위를 유지해야 한다고 본다.　○ ×

06 유교와 불교에서는 공통적으로 음식을 섭취하는 목적은 생존 유지에만 국한되어야 한다고 본다.　○ ×

07 유교는 음식에 대한 절제가 유교의 도덕을 실천할 수 있는 바탕이 된다고 본다.　○ ×

08 함정　불교는 음식을 먹는 것과 깨달음을 위한 수행은 서로 관련이 없는 별개의 영역이라고 본다.　○ ×

09 불교에서는 음식을 통해 세상 모든 존재의 상호 의존성을 파악해야 한다고 본다.　○ ×

10 먹을거리의 선택 문제는 개인의 건강과 관련된 문제일 뿐 생태계 차원에 영향을 미치지 않는다.　○ ×

11 함정　푸드 마일리지가 높은 식품일수록 탄소를 적게 배출하고 더 안전한 먹거리임을 의미한다.　○ ×

12 볼노브는 진정한 거주는 단순히 공간을 점유하는 행위에 국한된다고 본다.　○ ×

13 볼노브는 집은 인간 삶의 중심이며 긴장을 풀고 세계로 나가기 위한 바탕이 되는 공간이라고 본다.　○ ×

14 함정　하이데거는 거주함의 근본 특성은 위협으로부터의 보살핌이라고 본다.　○ ×

15 하이데거는 건축함과 주거함을 통해 집의 실존적 의미를 되찾아야 한다고 본다.　○ ×

16 주거의 불안전성은 인간의 기본권인 주거권이 침해될 가능성을 높인다.　○ ×

17 아리스토텔레스는 먹는 행위는 인간의 이성에 의해 조절되어야 한다고 본다.　○ ×

18 아리스토텔레스와 유교 모두 폭식은 인간의 도덕성에 해가 되므로 경계해야 한다고 본다.　○ ×

주제 2　윤리적 소비문화

19 합리적 소비란 자신의 경제력 내에서 가장 큰 만족을 추구하는 소비를 의미한다.　○ ×

20 윤리적 소비는 생태적으로 건강한 소비를 지향하는 윤리적 가치를 내포하고 있다.　○ ×

21 함정　윤리적 소비를 강조하는 입장에서는 소비에 있어 개인의 욕망 충족과 선호를 최우선적으로 추구한다.　○ ×

22 윤리적 소비에서 강조하는 소비자의 의무는 생태적 영향력을 고려한 지속 가능한 소비를 하는 것이다.　○ ×

23 환경 오염, 노동자의 인권의 침해 등과 같이 윤리적 문제를 일으킨 기업의 제품 구매를 거부하는 것은 윤리적 소비에 해당한다.　○ ×

24 함정　합리적 소비는 윤리적 소비에 비해 도덕적 가치 실현을 중시하고 경제 활동 전반의 윤리성에 관심을 지닌다.　○ ×

25 과시적 소비는 소비를 통해 자신의 재력과 부를 은폐하고자 한다.　○ ×

26 베블런은 과시 소비란 제품의 이미지보다 제품의 실제 사용 가치를 중시한 소비라고 정의했다.　○ ×

27 함정　보드리야르는 현대인은 상품의 구입을 통해 자신의 사회적 지위와 위세를 드러내고자 필요 이상의 것을 소비한다고 비판한다.　○ ×

28 보드리야르는 현대 사회에서 소비의 대상은 상품의 기호와 상품이 지닌 이미지에 불과하다고 주장했다.　○ ×

29 사회적 기업은 취약 계층의 고용 및 복지의 문제를 해결하는 과정에서 등장하였다.　○ ×

30 사회적 기업은 일반 기업과 달리 공공성을 기반으로 사회적 목적을 우선적으로 추구하는 특징을 지닌다.　○ ×

31 공정 여행은 여행 지역의 경제, 환경, 문화에 대한 존중과 보호의 의무를 다하는 의미를 내포하고 있다.　○ ×

32 함정　공정 무역은 생산자에게 공정한 가격을 지불하고 생산자 단체와 직거래를 통해 유통과정을 늘려 생산자에게 합당한 이윤을 보장한다.　○ ×

33 합리적 소비는 소비자 개인의 경제적 이익이나 만족감을 중시하는 특징이 있다.　○ ×

34 명품 선호 현상을 긍정적으로 보는 입장에서는 명품의 희소성이 소유자의 만족감을 높여 준다고 주장한다.　○ ×

과시적 소비와 윤리적 소비는 어떻게 다를까?

개념 | 자료로 확인

■ 과시적 소비

과시 소비는 자신의 부와 명성을 타인에게 명백하게 증명하려는 경쟁적인 소비 행위이다. 명성의 관점에서 사회 구조의 최상위인 유한 계급의 생활 예절과 가치 기준들은 사회 구조의 최하층까지 강압적인 영향력을 확장한다. 그 결과 각 계급의 구성원들, 심지어 절대 빈곤에 시달리는 빈민조차도 모든 관습적인 과시적 소비의 유혹을 떨쳐버리지 못한다. 하지만 사회의 전체적인 부가 아무리 증가하더라도 다른 사람들보다 더 많은 재화를 축적하지 못하는 사람들의 모든 욕망은 결코 완전히 충족되지 못한다.

– 베블런, "유한계급론"

과시 소비는 필요를 충족하기 위해 물건 자체를 소비하는 것이 아니라 소비를 함으로써 남에게 과시하기 위한 목적으로 소비한다고 본다. 베블런은 사람들이 합리적 계산에 따른 소비만 하는 것이 아니라 비싼 것을 소비함으로써 타인에게 과시하면서 느끼는 심리적 만족감의 충족을 위해서도 소비한다고 본다. 이러한 과시적 소비는 그릇된 소비 욕구가 반영된 결과이다.

■ 윤리적 소비

윤리적 소비는 윤리적 신념을 토대로 자신뿐만 아니라 사회 전체의 건강을 생각하는 소비라고 정의할 수 있다. 이는 소비자가 윤리적 신념을 토대로 한 소비 행동을 통해 생산, 유통, 소비의 전 과정에 윤리적 기준을 지키도록 영향력을 행사할 수 있다는 의미를 내포하고 있다. 윤리적 기준의 범위는 매우 광범위하며 사람마다 다를 수 있다. 대상으로는 자연 및 환경, 인간, 동물의 권리가 모두 해당된다.

합리적 소비는 상품의 가격과 품질 등을 고려하여 그 상품을 소비할 때 얻게 되는 만족감을 따져 만족을 극대화하는 소비 행위를 말한다. 이와 달리 윤리적 소비는 도덕적 신념에 의한 의식적인 소비라고 볼 수 있다. 당장 경제적인 이익이 되지 않더라도 장기적 차원에서 이웃을 고려하고, 자연환경까지 생각하는 소비인 셈이다.

개념 | 빈칸 채우기로 확인

■ 과시적 소비

Q1 (　　　)은/는 비싼 것을 소비함으로써 타인에게 과시하면서 느끼는 심리적 만족감의 충족을 위해서도 소비한다고 본다.

Q2 과시 소비는 필요를 충족하기 위해 물건을 소비하는 것이 아니라, 소비를 함으로써 타인에게 (　　　)하기 위한 목적으로 소비하는 것이다.

■ 윤리적 소비

Q3 윤리적 소비는 생태적 영향을 고려한 (　　　) 소비이다.

Q4 윤리적 소비는 (　　　)와/과 달리 도덕적 신념에 의한 의식적인 소비를 의미한다.

개념 | O/X로 확인

Q5 과시 소비는 필요를 충족하기 위해 물건 자체를 소비하는 것이다. （ ○ / × ）

Q6 사회 전체적인 부가 증대되면 사람들의 과시하려는 욕구는 자연스럽게 소멸된다. （ ○ / × ）

Q7 윤리적 소비란 소비자의 자율적 선택권과 최적의 효용을 가장 중시한다. （ ○ / × ）

Q8 윤리적 소비는 생태적 지속 가능성과 같은 윤리적 가치와 공공적 가치를 중시한다. （ ○ / × ）

개념 | 벤다이어그램에 적용

연습하기 Q9 물음에 맞게 A / B / C에 표시하시오.

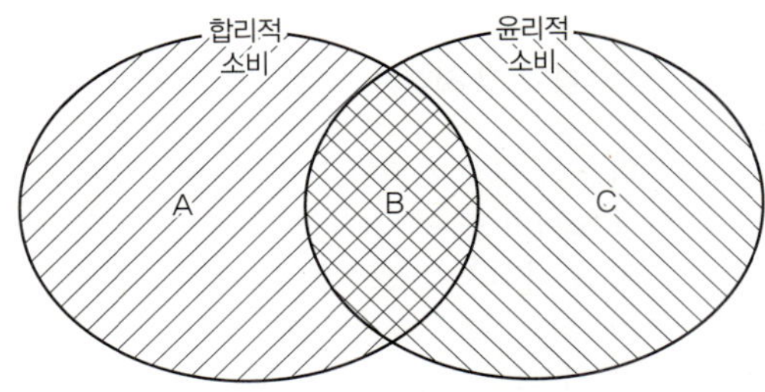

- 소비자는 인권과 저개발국 생산자의 경제적 자립까지 고려해야 한다.
　❶（A / B / C）
- 소비자는 환경적으로 건전하고 지속 가능한 소비를 추구해야 한다.
　❷（A / B / C）
- 소비자는 가격 대비 효용이 큰 제품을 구매하여 경제적 만족을 극대화해야 한다.
　❸（A / B / C）

적용하기 Q10 윤리적 소비를 실천하기 위한 방법으로 옳지 않은 것을 있는 대로 고르시오.

① 대중의 선호도가 높은 상품인지 살펴보아야 한다.
② 상품의 경제적 효용성을 우선적으로 따져보아야 한다.
③ 공정 무역에 의해 유통된 상품인지를 검토해봐야 한다.
④ 상품 생산 과정에서 발생한 탄소 배출량을 확인해야 한다.
⑤ 유기농 식품보다 공장식 사육으로 생산된 식품을 구매한다.
⑥ 공정 무역 상품이나 지역에서 생산된 친환경 농산물을 구매한다.
⑦ 환경과 인권, 지속 가능성을 고려하는 도덕적 의도를 살펴보아야 한다.
⑧ 자신의 소득 범위 내에서 최대의 효율성을 주는 소비를 지향해야 한다.
⑨ 지구촌 환경보다는 현세대만의 욕구 충족을 우선시하는 소비를 추구해야 한다.
⑩ 당장의 경제적 이익보다 환경, 인권, 정의 등의 가치를 고려하는 소비를 해야 한다.
⑪ 장기적인 차원에서 이웃을 고려하고 동물과 자연환경까지 생각하는 소비를 추구해야 한다.

HOW & WHY 정답 01. 베블런 02. 과시 03. 지속가능한 04. 합리적 소비 05. × 06. × 07. × 08. ○ 09. ❶ C ❷ C ❸ A 10. ①, ②, ⑤, ⑧, ⑨

주제 1   의식주의 윤리

족집게 전략 | 제시문의 입장이 의복 문화인지, 음식 문화인지, 주거 문화의 문제인지를 구분하고 해당 영역에서 제시된 쟁점이 무엇이며 제시문의 필자가 어떤 입장인지 꼼꼼히 읽어봅니다.

접근 전략

❶ 의식주 문화 입장 비교

의식주 문화와 관련된 윤리적 쟁점에 대한 이해를 높인다.
▶
❷ 선택지 적용

❶에서 제시한 윤리적 쟁점에 대한 입장을 제시문에서 꼼꼼하게 찾아본다.

262 대표 문항
| 평가원 기출 |

(가), (나)에 나타난 삶의 태도로 적절하지 <u>않은</u> 것은?

> (가) 자른 것이 바르지 않으면 드시지 않았고 간장이 없으면 드시지 않았다. 고기가 많아도 곡기(穀氣)를 이기지는 않았으며 주량은 대단했으나 어지러울 정도로 마시지는 않았다.
>
> (나) 술과 고기를 먹지 마라. 마늘, 부추, 파, 달래, 홍거의 오신채(五辛菜)를 먹지 마라. 식사는 오전 중 한 번으로 끝내라. 발우의 음식은 수많은 연기(緣起)의 과정을 거친 것이다.

① (가) : 음식을 먹는 행위에서 인간다운 품위를 추구해야 한다.

② (가) : 음식을 섭취하는 목적은 생존 유지에만 국한되어야 한다.

③ (나) : 음식을 통해 세상 모든 존재의 상호 의존성을 파악해야 한다.

④ (나) : '어떻게', '무엇' 먹느냐의 문제를 수행과 연계시켜야 한다.

⑤ (가), (나) : 음식을 섭취할 때는 적절히 조절하고 절제해야 한다.

263
| 평가원 기출 |

다음 글의 사상가가 지지할 주장으로 적절하지 <u>않은</u> 것은?

> 인간은 낯선 공간 안에 던져진 상태로 살아가는 것이 아닙니다. 오히려 인간은 그 공간에 친숙해지며 그 공간에서 자신의 삶을 지속할 수 있는 근거를 찾아냄으로써 거주(居住)하고자 합니다. 인간은 집 밖의 세계에서 일을 하고 나서 다시 집의 보호로 돌아오게 됩니다. 이런 양극적 긴장과 관련된 양 측면은 모두 필수적이므로, 거주 공간은 외부 세계에 대해 열릴 수 있는 닫힘의 공간이자 자기 삶의 중심입니다. 이렇듯 인간의 거주는 특정한 장소에 뿌리를 내리는 것이며, 안정성을 느낄 수 있는 안주(安住)여야 합니다.

① 인간에게 거주 공간은 자기 세계의 중심이어야 한다.

② 인간은 자기의 거주 공간을 스스로 만들어 나가야 한다.

③ 인간의 거주 공간은 집 밖의 세계와는 구분되어야 한다.

④ 인간에게 거주 공간은 편안하고 친숙한 안식처가 되어야 한다.

⑤ 인간의 거주 공간은 외부를 지향하지 않는 닫힌 공간이어야 한다.

264
| 평가원 기출 |

(가)의 입장에서 (나)의 입장에 대해 제시할 적절한 반론을 〈보기〉에서 고른 것은?

(가)	패스트패션 산업은 경제적 측면에만 몰두하여 노동 조건과 자연 생태계를 위협하는 부작용을 초래한다. 그 결과 패스트패션을 추구하는 현상에 대한 반성이 확산되고 있다. 패션 산업 종사자와 소비자도 인간다운 삶의 권리와 조건에 기여해야 할 책임을 다해야 한다. *패스트패션(fast fashion) : 비교적 저렴한 가격대에 최신 유행 상품을 빠르게 공급해 상품 회전율이 빠른 패션
(나)	패스트패션 산업은 생산 비용을 절감하고 이윤을 창출함으로써 기업의 사회적 역할과 책임을 다하고 있다. 또한 소비자들은 부담 없는 가격으로 패스트패션을 즐기면서 다양한 미적 욕구를 충족하고 있다. 이처럼 패스트패션은 기업과 소비자 모두에게 유용하다.

〈보기〉
ㄱ. 환경과 인권에 대한 기업의 역할과 책임을 간과하고 있다.
ㄴ. 패션에 대한 개인들의 차별화된 욕구와 기호를 간과하고 있다.
ㄷ. 욕구 충족만이 소비의 도덕 판단 기준이 아님을 간과하고 있다.
ㄹ. 경제적 효율을 추구하는 합리적 소비 성향을 간과하고 있다.

① ㄱ, ㄴ   ② ㄱ, ㄷ   ③ ㄴ, ㄷ   ④ ㄴ, ㄹ   ⑤ ㄷ, ㄹ

265
| 평가원 기출 |

다음 사상가의 입장으로 가장 적절한 것은?

> 군자는 밥을 먹을 때 다섯 가지를 살펴야 한다. 우선 밥이 완성될 때까지 얼마나 노력이 필요한가와 밥이 어디서 나왔는가를 헤아려야 한다. 그리고 자신의 덕행이 완성되었는지를 헤아려서 공양(供養)을 받아야 한다. 마음을 절제하여 탐욕을 없애야 한다. 바른 처사와 좋은 약으로 건강을 보살펴야 한다. 끝으로 도덕을 이루어야 먹을 자격이 있다. 즉 군자는 먹을 때에도 인(仁)을 떠나지 않아야 한다.

① 먹는다는 것은 자신과 타인을 살피는 덕의 실천이다.

② 먹는다는 것은 자연에서 영양분을 섭취하는 행위이다.

③ 먹는다는 것은 좋은 음식으로 건강을 돌보는 과정이다.

④ 먹는다는 것은 윤리적 행위가 아니라 문화적 행위이다.

⑤ 먹는다는 것은 자연을 인간의 소유로 만드는 과정이다.

266

다음을 주장한 사람이 지지할 입장으로 적절하지 <u>않은</u> 것은?

> 우리의 음식 소비가 공정한 식량 생산 시스템을 만드는 데 기여한다면 우리는 단순히 소비자에만 머무는 것이 아니라 좋은 먹거리를 만드는 공동의 생산자이다. 산업화되고 세계화된 지금의 식량 시스템은 식량 생산을 독점하여 소규모 생산자가 소외되며, 먹거리의 안전성이 위협받고 있고, 지나친 육식으로 환경이 파괴되고 있다. 따라서 우리는 공동의 생산자로서 음식의 윤리적 소비에 힘써야 한다.

① 음식 소비는 개인뿐 아니라 공동체에도 영향을 미친다.
② 현대인의 건강한 삶에 기여하는 음식 소비 문화가 필요하다.
③ 공정한 식량 생산 시스템 구축에 소비자의 자발적 참여가 요청된다.
④ 식량 정의 실현을 위해서 식량 생산을 독점하는 방식에서 벗어나야 한다.
⑤ 현대인은 먹거리를 생산하는 생산자가 아닌 소비자의 역할을 해야 한다.

267

다음을 주장한 사람이 지지할 입장만을 〈보기〉에서 있는 대로 고른 것은?

> 신선한 먹거리에 대한 접근 여부는 건강과 직결되어 있다. 미국은 물론이고 우리나라 역시 저소득 계층이 신선한 먹거리에 접근하기는 쉽지 않다. 저소득 계층은 유기농 음식보다 값싼 패스트푸드를 먹고 있으며, 음식을 못 먹어서 죽기보다는 잘못된 음식을 먹어 죽는 경우가 많다. 이처럼 좋은 먹을거리에 대한 접근이 소득과 관련이 있다는 점으로 볼 때, 저소득층 주민에게 신선한 양질의 먹을거리를 제공해야 할 사회적 의무가 제기된다.

〔보기〕
ㄱ. 좋은 음식을 먹을 권리는 평등하게 주어져야 한다.
ㄴ. 음식을 바라보는 접근을 인권의 문제로 여겨야 한다.
ㄷ. 음식을 먹을 때에도 경제적 약자를 배려함이 필요하다.
ㄹ. 음식 선택의 기준은 소득이 아닌 개인의 선호에 달려있다.

① ㄱ, ㄷ   ② ㄱ, ㄹ   ③ ㄴ, ㄹ
④ ㄱ, ㄴ, ㄷ   ⑤ ㄴ, ㄷ, ㄹ

268 고난도↑

다음 사상가가 부정의 대답을 할 질문으로 가장 적절한 것은?

> 집은 인간 삶의 중심이며 요람이다. 집은 인간의 삶을 한 곳에 뿌리 내리게 하고, 세계와 우주로 열리는 통로이다. 우리는 집에서 휴식하고 안정을 얻고, 보다 크고 넓은 장소로 진입한다. 인간에게 주는 편안함과 한 장소에 뿌리내리게 해 주는 힘을 바탕으로 집은 인간의 전 생애에 걸쳐 삶의 터전인 동시에 확고한 중심으로 작용한다.

① 집은 보다 넓은 사회로 나아가게 하는 중심이 되는가?
② 집은 거주자의 자아 정체성에 기여한다고 보아야 하는가?
③ 집은 인간의 삶을 정착시키게 하고 휴식을 가능하게 하는가?
④ 집은 공간을 분할하게 하여 인간을 내부에만 존재하게 하는가?
⑤ 집은 외부로부터 분리되면서도 연결이 되는 통로의 역할을 하는가?

269

갑이 을에게 제기할 반론으로 가장 적절한 것은?

> 갑 : 패스트패션은 대량 생산과 대량 소비를 조장한다. 패스트패션으로 인한 의류 폐기물 양은 지속적으로 확대되고 있으며, 자원 고갈의 문제와 직결된다. 또한 패스트패션은 옷의 특성상 값이 싸기 때문에 그 단가에 맞추기 위해 어린 아이를 고용하거나 열악한 근로 환경을 제공한다는 측면에서 문제가 있다.
>
> 을 : 패스트패션은 사회적 유용성 증대에 기여한다. 고가의 명품 브랜드 한 벌 가격으로 몇 년간 입을 수 있는 많은 옷을 구비할 수 있다. 현대 사회와 같이 빠르게 유행이 변하는 상황에서는 고가의 명품 브랜드보다 저가의 옷을 구입하여 빠르게 활용하고 버리는 것이 개인에게나 사회에게나 이득이 된다.

① 의복은 상황에 따라 갖춰 입어야 함을 간과하고 있다.
② 의복은 개인의 가치관을 반영된 선택의 산물임을 간과하고 있다.
③ 의복은 자기만족인 아닌 사회적 지위를 드러내기 위한 것임을 간과하고 있다.
④ 의복의 기능은 환경의 위협으로부터 신체를 보호하는 것에 있다는 것을 간과하고 있다.
⑤ 의복의 생산 단가를 낮추기 위해 노동자의 임금 착취가 발생할 수 있음을 간과하고 있다.

주제 2 윤리적 소비문화

족집게 전략 | 합리적 소비와 윤리적 소비의 차이에 대해 이해하고, 윤리적 소비를 실천한 사례와 윤리적 소비의 실천 방안에 대해 고민해 본다.

접근 전략

❶ 윤리적 소비에 대한 이해	❷ 선택지 적용
윤리적 소비라는 입장이 등장한 배경을 이해하고, 윤리적 소비의 개념을 합리적 소비와 구분하여 이해한다.	❶에서 파악한 윤리적 소비를 다양한 사례에 적용하고, 실천 방안에 대해 모색해본다.

---

270 ◀ 대표 문항
| 평가원 기출 |

그림의 강연자가 긍정의 대답을 할 질문으로 가장 적절한 것은?

① 유한계급의 소비 행태는 사회 구조 전반으로 확산되는가?
② 사회 구조의 최상위 계급만이 과시적 소비를 욕구하는가?
③ 유한계급은 소비를 통해 자신의 재력을 은폐하고자 하는가?
④ 사회의 각 계급은 상위 계급의 소비 행태에 대해 무관심한가?
⑤ 사회의 전체적인 부가 증대되면 과시적 소비의 욕망은 사라지는가?

271
| 평가원 기출 |

다음 서양 사상가가 부정의 대답을 할 질문으로 가장 적절한 것은?

현대 사회의 사람들은 상품을 소비한다고 생각하지만 정작 소비하는 것은 상품의 기호(記號)와 상품이 지니고 있는 이미지이다. 광고 속에 나오는 상품이 기호라면 행복, 풍요로움, 성공, 권력 등은 그 상품에 부여된 이미지이다. 사람들은 상품의 구입과 사용을 통해 자신을 돋보이게 하며 동시에 사회적 지위와 위세를 드러내고자 한다. 하지만 실제로는 욕구의 체계를 발생시키고 관리하는 생산 질서의 지배를 받고 있다. 그 결과 사람들은 자율성과 창의성을 박탈당하여 사물과 같은 존재가 된다.

① 현대인은 소비 활동 과정에서 주체성을 상실하게 되는가?
② 현대인은 생산 질서에 좌우되지 않는 소비 활동을 하는가?
③ 현대인은 소비를 통해 사회적 지위를 과시하고자 하는가?
④ 현대 사회에서 소비의 대상은 상품의 이미지에 불과한가?
⑤ 현대 사회에서 광고 매체는 상품을 기호로서 전달하는가?

272
| 평가원 기출 |

(가), (나)의 입장을 〈보기〉에서 고른 것은?

(가) 소비의 목적은 소비자의 만족감 충족이다. 소비자는 자신의 욕구와 상품에 대한 정보를 바탕으로 소득 범위 내에서 상품을 적절하게 선택하여 최소 비용으로 최대 만족을 얻을 수 있어야 한다.

(나) 소비는 자신을 넘어 사회 및 환경에 이르기까지 영향을 미친다. 따라서 자신에게 돌아오는 직접적인 혜택만 생각하지 말고, 장기적인 관점에서 사회와 자연에 미치는 영향도 고려하여 소비해야 한다.

〔 보기 〕

ㄱ. (가): 자율적 선택권과 최적의 효용은 소비의 필수적 요소이다.
ㄴ. (가): 개인적 선호보다 공공성을 상품 선택의 기준으로 삼아야 한다.
ㄷ. (나): 생태적 영향을 고려한 지속 가능한 소비는 소비자의 의무이다.
ㄹ. (가), (나): 인권과 노동의 가치는 소비자가 고려할 사항이 아니다.

① ㄱ, ㄴ   ② ㄱ, ㄷ   ③ ㄴ, ㄷ   ④ ㄴ, ㄹ   ⑤ ㄷ, ㄹ

273
| 교육청 기출 |

다음 토론의 핵심 쟁점으로 가장 적절한 것은?

갑 : 소비의 목적은 소비를 통한 만족감의 극대화에 있습니다. 소비자는 최소 비용으로 최대 만족을 얻을 수 있는 소비만을 추구해야 합니다.

을 : 저는 그렇게 생각하지 않습니다. 환경 문제로 대두하고 있는 자원 남용 문제를 해결하기 위해서는 사회 정의와 환경 등을 고려하는 소비가 필요합니다.

갑 : 아닙니다. 비용과 편익을 고려하여 소비를 하면 자원이 효율적으로 분배되어 자원 남용 문제를 해결할 수 있다고 봅니다.

을 : 그러한 주장은 시장 경제 논리만을 강조하는 것이므로 자원 남용 문제를 해결할 수 없습니다.

① 시장 경제 논리는 비용 대비 최대 편익을 강조하는가?
② 합리적 소비만으로 자원 남용 문제를 해결할 수 있는가?
③ 소비 활동을 통해서 자원 남용 문제를 방지할 수 있는가?
④ 소비자는 상품에 관한 정보를 바탕으로 소비해야 하는가?
⑤ 자원 남용 문제를 해결을 위해 최대 비용의 지출이 필요한가?

274

그림은 인터넷에서 어떤 개념을 검색한 화면이다. 검색어 (A)에 대한 설명으로 옳지 <u>않은</u> 것은?

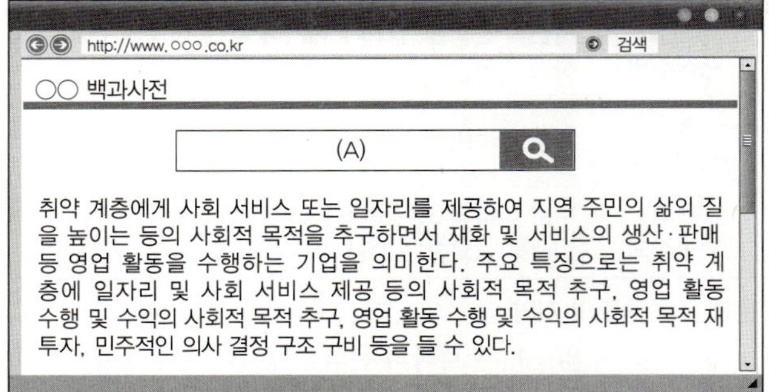

① 일반 기업과 달리 취약 계층을 대상으로 운영된다.

② 사회 문제 해결에 도움을 주는 공익적 사업을 한다.

③ 발생한 이익은 공익을 위한 일이나 지역 사회에 재투자된다.

④ 공익 추구를 목적으로 하기에 운영 자금은 전부 세금으로 운영된다.

⑤ 이윤 추구보다 공공성을 기반으로 한 사회적 목적을 우선적으로 추구한다.

275

다음을 주장한 사람이 지지할 입장만을 〈보기〉에서 있는 대로 고른 것은?

> 과시적 여가와 소비의 발달 과정을 탐색해보면 명성의 획득을 목표로 하는 두 방편의 유용성이 두 방편의 공통 요소인 낭비에 있다는 사실을 발견할 수 있다. 두 가지 낭비는 모두 부를 소유했음을 증명하는 방편이기 때문에 관습적으로 동등한 것으로 인정받는다. …(중략)… 이렇듯 명성 획득을 위한 수단으로 유용할 뿐아니라 체면 유지를 위한 요소로 강조되는 과시적 소비는 개인의 인간적 접촉이 가장 광범위하게 이루어지고 인구 이동이 심한 사회의 구성원들에게는 최선의 소비로 여겨진다.

〔보기〕

ㄱ. 과시 소비는 유한계급의 세속적 명성을 위한 수단이 된다.

ㄴ. 과시 소비는 제품의 이미지보다 사용 가치를 중시한 소비이다.

ㄷ. 과시 소비는 타인에게 자신의 부유함을 증명하기 위해 행해진다.

ㄹ. 과시 소비는 시골 사람들보다 도시 사람들 사이에 광범위하게 확산된다.

① ㄱ, ㄴ   ② ㄱ, ㄹ   ③ ㄴ, ㄷ

④ ㄱ, ㄷ, ㄹ   ⑤ ㄴ, ㄷ, ㄹ

276 고난도↗

(가)의 갑, 을의 입장을 (나) 그림으로 표현할 때, A~C에 해당하는 옳은 진술만을 〈보기〉에서 있는 대로 고른 것은?

(가)	갑 : 소비 행위를 할 때에는 자신의 경제력 안에서 최선의 제품을 구매해야 한다. 경제 활동의 가장 중요한 원칙은 '투자 대비 산출 가치의 극대화'이며, 가장 적은 돈을 소비하여 가장 활용 가치가 큰 물건을 선택하는 것이 합리적인 것이다.
	을 : 소비 행위를 할 때에는 그 행위와 연결된 정치, 사회, 환경 등 다양한 영역의 연결을 충분히 고려해야 한다. 예컨대 인간과 동물, 환경을 착취하고 해를 끼치는 비윤리적 상품에 돈을 지불하지 않고, 윤리적 상품에 지갑을 열어야 한다.
(나)	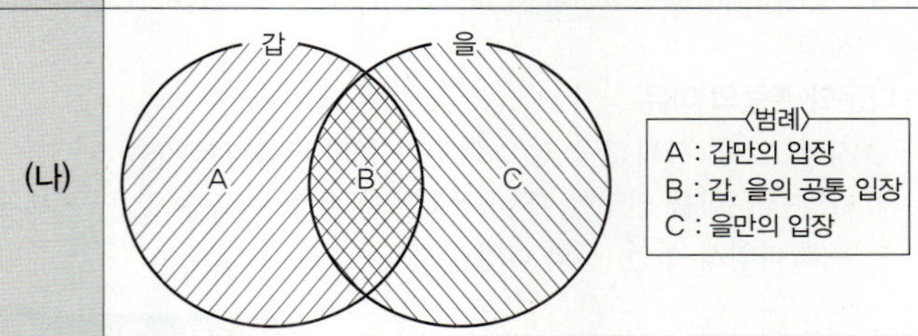

〔보기〕

ㄱ. A : 경제적 효율을 극대화하는 소비를 위한 이성적 판단이 필요하다.

ㄴ. B : 재화의 활용 가치가 크면 경제력을 벗어나는 소비를 허용해야 한다.

ㄷ. C : 상품을 구매하는 행위를 통해서도 정의 실현에 기여할 수 있다.

ㄹ. C : 생산 과정에서 생산자의 인권을 침해하는 상품을 구입하지 말아야 한다.

① ㄱ, ㄴ   ② ㄱ, ㄹ   ③ ㄴ, ㄷ

④ ㄱ, ㄷ, ㄹ   ⑤ ㄴ, ㄷ, ㄹ

277

다음을 주장한 사람이 지지할 입장으로 적절하지 <u>않은</u> 것은?

> 오늘날의 소비문화는 모방과 구별 짓기, 쾌락주의적 형태로 나타나고 있습니다. 이러한 소비문화의 문제를 해결하기 위해서는 인류의 보편적 가치를 중심에 두고 사회적으로 책임을 다하는 소비자의 태도가 필요합니다. 이러한 소비는 상품과 서비스를 구매할 때 윤리적 가치를 고려해 소비하는 것으로, 우리가 어떤 소비를 지향해야 하는지에 대한 바람직한 방향을 제시해 줍니다.

① 인권뿐 아니라 사회와 환경 공동체까지 고려한 소비를 해야 한다.

② 편리함을 위한 소비보다 환경적으로 지속 가능한 소비를 해야 한다.

③ 유행을 반영한 소비보다 자원 보호와 절약을 위한 소비를 해야 한다.

④ 개발 도상국 생산자들의 경제적 자립을 돕기 위한 소비를 해야 합니다.

⑤ 생태적 지속 가능성보다 실용성과 효용성을 중시하는 소비를 해야 한다.

18강 다문화 사회의 윤리

주제 1 문화 다양성과 존중

1. 다문화 사회와 다문화 이론
(1) 다문화 사회의 등장 배경과 의미 ─ 한 국가 안에 다양한 인종과 문화적 배경이 다른 사람들이 공존하는 사회
- ① 배경 : 국제 결혼의 증가와 외국인 노동자 이주 등 다양한 형태로 외국인이 유입됨
- ② 의미 : 다양성과 차이를 존중하는 사회, 다양한 문화가 공존하는 사회

(2) 다문화 존중의 이유
- ① 지역, 역사, 사회 환경 등으로 인한 문화적 특성이 다름
- ② 다양한 문화를 인정할 때 더 풍요로운 삶을 누릴 수 있음 → 세계 문화 다양성 선언, 문화 다양성 협약

> **자료로 살펴보기** 🔍
>
> ■ 문화 다양성 협약
>
> 제1조. 문화는 시공간을 통해 다양한 형태의 모습으로 드러난다. 이러한 다양성은 인류를 구성하고 있는 집단과 사회의 독특하고도 다원적 정체성으로 구현된다. 자연에는 생물의 다양성이 요구되듯이, 인류에게는 교류와 혁신과 창조성의 원천으로서 문화의 다양성이 요구된다. 이러한 의미에서 문화 다양성은 인류의 공동 유산일 뿐만 아니라, 현재 세대와 미래 세대를 위해 인정되고 보장되어야 한다.
>
> 각 지역의 문화적 고유성과 다양성을 보호하고 문화 상품을 자유 무역 대상에서 제외하기로 한 협약으로, 2005년에 채택되었다.

(3) 다문화 정책

용광로 모델	• 여러 가지 금속을 용광로 안에 넣고 하나의 새로운 금속을 만든다는 것으로, 다양한 문화를 섞어서 새로운 문화로 만든다는 관점임 • 동화주의는 이민자를 주류 사회의 언어나 문화에 동화시켜 이들에게 국민이라는 정체성을 부여함, 그러나 주류 문화를 중심으로 다른 문화를 통합한다는 관점에서 획일적인 사회로 나가기 쉽다는 한계가 있음
국수 대접 모델	• 주재료인 면 위에 고명을 얹어 국수의 맛을 내듯이 주류 문화를 중심으로 비주류 문화를 조화한다는 관점임 • 문화의 다양성은 인정하지만, 주류 사회의 문화를 바탕으로 문화적 다원성을 수용함
샐러드 그릇 모델	• 다양한 채소와 과일을 서로 대등한 관점에서 섞는다는 것으로, 각각의 문화의 고유성을 유지하면서 조화와 공존을 이룬다는 관점임 • 이민자들이 그들의 고유한 문화를 유지하는 것을 인정하면서 동화보다 공존을 지향함, 문화의 구심점이 없어 사회 통합을 저해할 수 있다는 한계가 있음

─ 주류 문화를 우위에 두고 주류 문화의 역할을 강조함

2. 다문화 사회의 시민 의식
(1) 문화적 편견 극복
- ① 편견으로 타인의 보편적인 권리를 침해할 경우 문제가 됨
- ② 문화적 편견을 지니고 있는 입장 → 지양해야 할 태도임

자문화 중심주의	자신의 문화를 최고라 여기며 다른 나라의 문화를 무시하는 입장
문화 사대주의	다른 나라의 문화를 맹목적으로 추종하는 입장
문화 제국주의	다른 나라의 고유문화를 부정하고 문화적 지배와 종속의 질서를 강요하는 입장

(2) 윤리적 상대주의 지양
- ① 문화 상대주의 : 다른 나라의 문화를 상대의 관점에서 인정하고 존중하는 태도
- ② 윤리 상대주의 : 윤리는 문화에 따라, 시대와 장소에 따라 다양할 수 있다는 주장 → 각 사회마다 마땅히 따라야 할 윤리와 규범이 다르다고 보는 입장 → 비도덕적인 행위까지 그 사회의 관습이나 전통이라는 이유로 정당화할 위험성이 있음
- ③ 문화의 다양성을 인정하자는 주장이 윤리적 상대주의로 흐르는 것을 경계해야 함

> **자료로 살펴보기** 🔍
>
> ■ 보편 윤리의 필요성
>
> 모든 사회에는 사회가 존재하기 위해 필수적인 도덕률이 있어야만 한다고 할 수 있다. 거짓말과 살인에 관한 규칙은 그러한 도덕률의 예이다. 그리고 이 규칙은 모든 사회에서 유효하다. 문화 간의 차이점을 과대평가 하는 것은 오류이다. 모든 도덕률이 사회마다 달라질 수는 없다.
>   – 레이첼스, "도덕 철학의 기초"
>
> 윤리 상대주의의 관점에서 문화를 이해하면 보편 윤리를 위배하는 문화도 무조건 인정해야 하며, 자문화와 타 문화를 비판적으로 성찰할 수 없다는 문제가 발생한다. 따라서 다문화에 대한 존중과 관용에는 한계가 있음을 인식해야 한다.

(3) 관용의 자세
- ① 의미 : 상대방의 주장과 가치관을 이해하고 노력하며, 타자의 인권을 존중하고 평화를 실현하려는 자세임
- ② 관용의 역설 : 관용을 무제한적으로 허용한 결과 관용 자체를 부정하는 태도까지 인정하게 되어 인권을 침해하고, 사회 질서가 무너지는 현상을 의미함 → 관용과 불관용의 경계를 명확하게 하려는 노력을 통해 다문화 사회의 혼란과 무질서를 예방해야 함
- ③ 자신을 미루어 남을 헤아리고 배려하는 서(恕)의 정신을 바탕으로 관용을 실천함으로서 다문화가 조화롭게 공존하는 사회를 만들어 나아가야 함

> **이렇게 출제돼!** 다문화 정책에 대한 비교가 필수적이고, 윤리적 상대주의가 다문화에서 용인되지 않아야 하는 이유에 대해 명확히 설명할 줄 아는 자세가 필요해.

주제 2 종교의 공존과 관용

1. 종교와 보편적 가치
(1) 종교의 의미와 종교의 요소
- ① 의미 : 유한한 삶 속에서 직면하게 되는 실존적 문제를 해결하는 과정에서 초월적 존재에 대한 믿음이 구체적인 형태로 나타나게 된 것
  - ─ 종교는 대부분 초월자나 절대자에 대한 믿음을 기본으로 함

② 일반적인 종교의 구성 요소

내용	성스럽고 거룩한 것에 관한 체험과 믿음, 사랑, 정의, 생명 존중 등 도덕 규범
형식	경전과 교리, 의례와 형식, 제의, 교단 등

(2) 종교의 발생과 기능

발생	유한하고 불안한 존재인 인간이 삶 속에서 직면하는 실존적 문제를 해결하려는 과정에서 초월적이고 절대적인 존재에 대한 믿음을 통해 유한성을 극복하고 이상적인 경지에 이르고자 하면서 발생함
기능	• 불안감을 극복하고 마음의 안정을 얻게 하며 현실을 이겨 낼 수 있는 힘을 줌 • 개인에게 삶의 궁극적 목적과 선악의 기준을 제시하여 바람직한 삶의 방향을 모색할 수 있게 함 • 인류의 보편적 가치를 추구하는 등 사회 통합을 이루는 계기가 되기도 함 • 종교를 나타내기 위한 건축이나 미술 등은 인류의 문화 발전에 기여함

(3) 종교에 대한 다양한 관점

① 신이 실재한다고 보는 관점 : 신에게 의지하려는 믿음이 종교임

② 신이 실재하지 않는다고 보는 관점 : 종교는 인간의 필요에 의해 만들어짐

③ 엘리아데 : 종교는 우리의 일상 가운데 성스러움이 드러나는 현상임으로, 그리스도교의 성육신처럼 성스러움이 인간 세상에 나타나는 것이 종교라고 설명함 → "비종교적 인간의 대부분은 의식하지 못해도 여전히 종교적으로 행동한다."

■ 엘리아데의 성과 속

인간이 성스러움을 아는 것은 그것이 속된 것과 전혀 다른 어떤 것으로서 스스로 드러내어 보여 주기 때문이다. 이 성스러운 것의 현현(顯現)을 여기서는 성현(聖顯)이라는 말로 불러본다. 이 말은 어떤 성스러운 것이 우리에게 나타나는 것 외에 다른 것을 표현하고 있지 않다. 가장 원시적인 것에서부터 고도로 발달한 것에 이르기까지 종교의 역사는 많은 성현, 즉 성스러운 실제의 현현으로 이루어져있다 말할 수 있다. 가장 원시적인 성현에서 높은 수준의 성현에 이르기까지 일관된 연속성이 흐르고 있다. 여기서 우리는 신비로운 사건에 직면한다. 즉 이 세상 것이 아닌 하나의 실재가 이 자연적인 '속된 세계'의 여러 사물 가운데 나타나는 사건에 직면하게 된다.
— 엘리아데, "성과 속"

엘리아데는 종교를 일상 속에서 성스러움과 만나는 것으로 이해하였다. 그는 성과 속이 분리되어 있거나 단절되어 있지 않으며, 결국 일상적인 삶 자체가 언제든지 성스러움의 드러남, 즉 성현이 될 수 있다고 보았다. 그는 세속과 성스러움의 세계가 공존하는 종교 생활을 강조하였다.

(4) 종교와 윤리의 관계
→ 종교적 신념과 도덕적 판단이 서로 다를 경우 갈등이 생기기도 함

① 공통점 : 인간의 존엄성을 실현하는 윤리적인 계율과 덕목, 즉 도덕성을 중시함 예 유교는 효제에 기초한 인륜 회복, 기독교는 이웃의 구제와 사랑의 실천, 불교는 수행을 통한 깨달음과 자비의 실천을 강조하며 보편 윤리를 담고 있음 → 다양한 종교에서 황금률이 발견됨
부모에 대한 효도와 형제애 대한 우애 ←

② 차이점

종교	초월적 세계 혹은 궁극적 존재에 근거한 종교적 신념이나 교리 제시
윤리	인간의 이성, 상식, 양심에 근거하여 현실 세계에서 지켜야 할 규범 제시

③ 바람직한 관계 : 종교는 윤리적 삶을 고양하는 데 도움을 줄 수 있으며, 윤리는 종교가 올바른 방향으로 나아가는 데 도움을 줄 수 있음 → 종교와 윤리의 공통점을 바탕으로 서로 긍정적인 영향을 주고 받을 수 있음

2. 종교의 갈등과 공존

(1) 종교 갈등의 유형과 원인

원인	• 서로 다른 종교를 믿는 사람들 간의 가치관 차이 • 다른 종교에 대한 무지와 편견 • 경제적 이해관계의 대립과 종교 갈등의 맞물림 • 역사적으로 반목과 대립으로 인해 다른 종교에 대한 배타적 태도의 형성
유형	• 서로 다른 종교를 믿는 사람들 사이의 갈등이 테러와 폭력으로 이어짐 • 종교 갈등에 계급, 인종, 민족, 자원 등의 다른 요소가 연관되어 갈등이 심화됨

(2) 종교 간 갈등 극복 방안

① 종교 간의 갈등을 극복하기 위한 자세

종교의 자유 인정	종교를 선택할 수 있는 권리, 종교에 대한 신앙을 강요받지 않을 권리, 종교를 가지지 않아도 되는 권리를 인정함
타 종교에 대한 관용	종교가 다르거나 종교가 없는 사람에게 자신의 믿음을 강요하지 않고 관용의 자세를 가짐
종교 간의 대화와 협력	대화를 통해 타 종교를 올바르게 이해하고 종교 간의 갈등을 해소할 수 있으며 이는 사회 구성원 간의 협력으로 이어짐

② 종교 갈등 극복에 대한 사상가들의 입장

로크	• 자유주의적 관점에서 구원의 문제는 개인의 양심과 자유에 맡겨야 함 • 다른 종교를 믿는 사람들을 박해하는 것은 종교의 배타성에서 기원한 것임 • 관용은 복음에도, 인간의 이성에도 필연적인 행위라고 봄
큉	• 대화의 역량이 곧 종교 간의 평화를 가능하게 하고, 종교 평화가 곧 세계 평화를 보장해주는 기초적인 조건이라고 봄 → "종교 간의 대화 없이 종교 간의 평화 없고, 종교 평화 없이 세계 평화도 없다." • 종교 간의 대화는 무지와 오해로 인한 편견을 없애고 다른 종교를 이해하도록 도와준다고 봄
뮐러	• 다른 종교를 이해하려는 노력이 필요함을 강조함 • "하나만 아는 자는 아무것도 모르는 자이다."
원효	다양한 불교 종파들 간의 대립을 일심(一心)으로 극복하고 하나로 통합해야 한다는 화쟁(和諍)을 강조함

 종교 간 갈등이 발생하는 다양한 원인들에 대해 검토해 보고, 종교 간 대화와 협력이 필요성에 검토해보는 자세를 지녀보자.

→ 큉은 종교 간의 조화를 위해서 자기 종교에 대한 반성과 성찰이 필요하다고 함

핵심 개념 CHECK!

• 정답 및 해설 77쪽

🔖 다음 확인 문제 중 옳은 것에 ○, 옳지 않은 것에 ✕를 표기하세요.

주제 1 문화 다양성과 존중

01 동화주의는 주류 문화를 중심으로 하되, 비주류 문화의 정체성을 인정하는 입장이다. ○ ✕

02 샐러드 그릇 모형은 서로 다른 문화에 대등한 가치를 부여하고 문화 공존을 지향한다. ○ ✕

03 국수 대접 모형은 샐러드 그릇 모형과 달리 단일한 문화 정체성의 창출을 추구한다. ○ ✕

04 문화의 다양성을 존중하는 자세는 삶의 경험과 문화 자원을 풍부하게 해주고 상호 존중과 공존의 지혜를 학습할 수 있다는 긍정적인 측면이 있다. ○ ✕

05 문화가 상대적인 것처럼 윤리도 상대적이라 주장하는 입장은 문화를 비판적으로 성찰할 수 없다는 문제점이 있다. ○ ✕

06 함정 동화주의는 소수의 비주류 문화가 주류 문화에 편입되어야 함을 강조한다. ○ ✕

07 다문화주의는 소수 문화에 대한 불관용을 통해 국민 통합을 이끌어내야 한다고 본다. ○ ✕

08 자문화 중심주의는 자신의 문화를 기준으로 다른 문화를 평가하고 우열을 가려야 한다는 입장이다. ○ ✕

09 문화 사대주의는 다양한 문화가 지닌 고유성과 상대적 가치를 이해하고 존중해야 한다는 입장을 의미한다. ○ ✕

10 문화 상대주의는 타 문화를 무조건 동경하며 자신의 문화를 열등하게 여기는 입장을 의미한다. ○ ✕

11 함정 문화 다양성 협약은 각 지역의 문화적 고유성과 다양성을 보호하고 문화 상품을 자유 무역 대상으로 삼기로 한 협약을 의미한다. ○ ✕

12 관용은 자신의 생각에 오류가 없음을 자각하고, 다른 생각을 인정하고 받아들이려는 이성적 태도를 의미한다. ○ ✕

13 함정 관용과 불관용의 경계를 명확하게 하려는 노력은 다문화 사회의 혼란과 무질서를 예방하는 길이다. ○ ✕

14 무제한적인 관용은 인권 침해와 사회 혼란을 초래할 수 있다. ○ ✕

15 용광로 모델은 다양한 문화가 하나로 용해되는 상태를 추구한다. ○ ✕

16 여러 민족의 민속놀이의 공통점을 모아 새로운 놀이를 만들어 즐기도록 한다는 것은 다문화 정책에 관한 샐러드 그릇 모델이다. ○ ✕

주제 2 종교의 공존과 관용

17 인간은 종교를 통해 삶과 죽음의 의미와 같은 궁극적 물음에 대한 대답을 얻고자 한다. ○ ✕

18 인간이 소망하는 것을 대상에 투사한 것이 신이라고 보는 관점에서는 종교는 인간의 필요로 만들어졌다고 본다. ○ ✕

19 함정 엘리아데는 종교를 우리의 일상 가운데 성스러움이 드러나는 현상으로 설명한다. ○ ✕

20 엘리아데는 인간은 본래 종교적 존재이며, 이 세계는 성과 속이 공존한다고 본다. ○ ✕

21 엘리아데는 자연의 세계가 아닌 초자연적의 세계에서만 성스러움을 찾을 수 있다고 본다. ○ ✕

22 프로이트는 종교란 환상이며, 심리적 필요에 의해 만들어진 것으로 규정한다. ○ ✕

23 함정 마르크스는 신이 실재한다는 관점에서 신에게 의지하려는 믿음이 종교라고 본다. ○ ✕

24 도킨스는 진화론과 유전자 결정론을 바탕으로 이 세상을 창조한 초월적인 신은 존재하지 않는다고 주장한다. ○ ✕

25 종교와 윤리는 인간 존엄성을 실현하려는 윤리적 계율을 중시한다는 공통점이 있다. ○ ✕

26 종교 간 갈등은 서로 다른 종교를 믿는 사람들의 가치관 차이에서 비롯되거나 교리가 달라서 발생하는 경우가 많다. ○ ✕

27 함정 종교 간의 갈등은 개인 차원의 이성적 노력만으로 극복될 수 있다. ○ ✕

28 종교 갈등을 극복하기 위해서는 종교적 진리에 대한 인간의 인식은 상대적이고 오류가 있을 수 있기 때문에 관용의 자세가 요청된다. ○ ✕

29 부버는 종교 간 대화와 협력을 통해 더불어 살아갈 수 있는 참된 공동 생활이 가능하다고 본다. ○ ✕

30 한스 큉은 세계의 평화를 위해서 종교의 평화가 필요하다고 주장하면서, 종교들의 공통점을 찾아 나가야 한다고 본다. ○ ✕

31 함정 뮐러는 종교 간 갈등을 극복하기 위해서는 분쟁의 근원인 종교를 점진적으로 폐기해야 한다고 본다. ○ ✕

32 종교 간의 갈등을 극복하기 위해서는 종교 간의 대화를 통해 종교적 신념의 단일화를 추구해야 한다. ○ ✕

33 엘리아데는 성스러움에 대한 개인적 체험을 적대시해야 한다고 본다. ○ ✕

엘리아데와 도킨스의 종교에 대한 관점은 어떻게 다를까?

개념 자료로 확인

■ 엘리아데의 종교에 대한 관점

> 종교적 인간에게 자연은 결코 단순한 '자연'이 아니다. 그것은 항상 종교적 의미로 충만해 있다. 이 사실은 쉽게 이해할 수 있다. 왜냐하면 우주는 신의 창조물이고, 세계는 신의 손으로 완성된 것이어서 성스러움[聖]으로 가득 차 있기 때문이다.
>
> – 엘리아데, "성과 속"

엘리아데는 "성과 속"을 통해 세계와 종교적인 것의 관계에 대해 밝혔다. 그는 세계는 본질적으로 성스러운 것이라는 입장을 전제하며, 세계가 신의 손에 의해 창조된 것이므로 이 세상은 성스러움으로 가득하다고 보았다. 즉 그가 말한 성현(聖顯)은 성스러움이 세속을 통해 나타나는 것이다.

■ 도킨스의 종교에 대한 관점

> 인간의 사유와 감정은 뇌 속의 물리적 실체들에서 발생하는, 대단히 복잡한 상호 연결을 통해 출현한다. 이런 철학적 자연학자라는 의미의 무신론자는 자연적이고 물리적인 세계 너머에는 아무것도 없다고, 관찰 가능한 우주의 배후에 숨어 있는 초자연적인 창조적 지성은 없다고, 몸보다 오래 사는 영혼은 없다고 믿는다. 그들은 오직 우리가 아직 이해하지 못하는 자연 현상들이라는 의미로만 초자연적인 현상을 바라본다. 현재 자연계 너머에 놓여 있는 듯이 보이는 무언가가 아직 이해되지 않는 현상일 뿐이라면, 우리는 결국에는 그것을 이해하고 자연계 내에 포함시킬 수 있으리라는 희망을 품을 수 있다.
>
> – 리처드 도킨스, "만들어진 신"

도킨스는 "만들어진 신"이라는 책을 통해 진화론과 유전자 결정론을 바탕으로 이 세상을 창조한 초월적인 신은 존재하지 않는다고 논증했다. 그는 결과물로만 보았을 때는 신에 의해 설계된 것처럼 보이는 생물들이 사실은 단순한 것에서 복잡한 것으로 진화한 것이라고 주장하였다.

개념 빈칸 채우기로 확인

■ 엘리아데의 종교에 대한 관점

Q1 엘리아데는 성스러움이 세속을 통해 드러나는 것을 (　　　　)(이)라고 명명했다.

Q2 엘리아데는 성과 속이 (　　　　)되어 있다고 보지 않았다.

■ 도킨스의 종교에 대한 관점

Q3 도킨스는 (　　　　　)이라는 그의 책을 통해 세상을 창조한 초월적 존재는 존재하지 않는다고 주장하였다.

Q4 도킨스는 (　　　　)을/를 통해 인간의 윤리적 행위의 원인을 설명할 수 있다고 본다.

개념 O/X로 확인

Q5 엘리아데는 종교는 인간의 심리적인 필요에 의해서 만들어졌다고 본다.　（ ○ / × ）

Q6 엘리아데는 인간은 본질적으로 종교적인 존재라고 규정했다.　（ ○ / × ）

Q7 도킨스는 이 세상을 창조한 초월적인 신은 존재하지 않는다고 본다.　（ ○ / × ）

Q8 도킨스는 인간의 윤리적 행위의 원인을 과학을 통해 설명할 수 없다고 본다.
　（ ○ / × ）

개념 벤다이어그램에 적용

연습하기 Q9 물음에 맞게 A / B / C에 표시하시오.

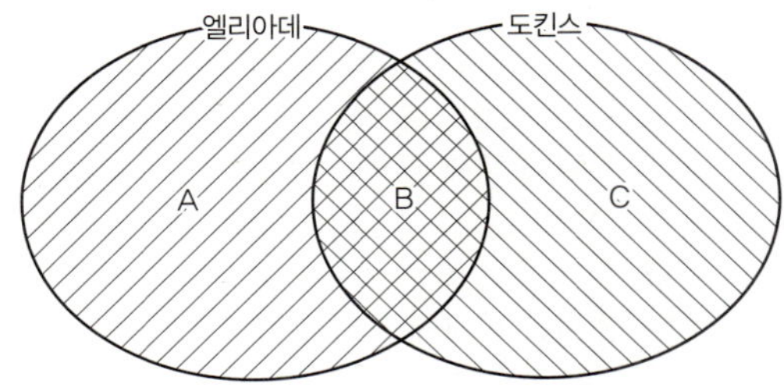

• 종교는 세계의 근원과 의미에 대한 설명을 제시해야 한다.
❶ (A / B / C)

• 인간은 종교적 체험을 통해 성스러움을 느낄 수 있다.
❷ (A / B / C)

• 인간은 종교적 체험을 통해 삶의 목적과 의미를 찾을 수 있다.
❸ (A / B / C)

적용하기 Q10 엘리아데와 도킨스의 입장을 다음 벤다이어그램으로 표현할 때 A~C에 해당하는 진술로 옳은 것은?

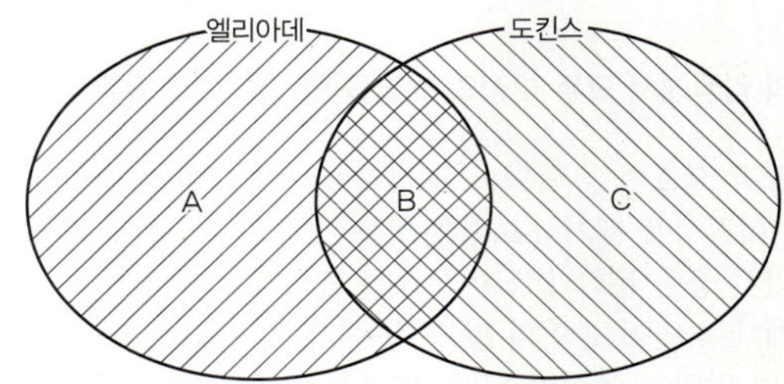

① A : 종교가 지닌 허구성을 철저히 극복해야 한다.
② A : 세속적 세계에 성스러움이 존재함을 알아야 한다.
③ B : 종교적 진리보다 세속적 진리를 중시해야 한다.
④ B : 과학을 활용해 초월적인 현상을 통제해야 한다.
⑤ C : 자연적인 것을 배제하고 초자연적인 현상만 연구해야 한다.

HOW & WHY 정답 01. 성현 02. 분리 03. 만들어진 신 04. 진화(론) 05. × 06. ○ 07. ○ 08. × 09. ❶ A ❷ A ❸ A 10. ②

주제 1 문화 다양성과 존중

족집게 전략 | 문화의 다양성이 존재함을 인정하고 이를 조화롭게 수용하기 위한 다양한 다문화 모델에 대해 구분해본다.

접근 전략

❶ 문화 통합에 대한 입장 비교
다양한 문화 통합 모델에 대해 공통점과 차이점을 구분합니다.

▶

❷ 선택지 적용
❶에서 구분한 다양한 문화 통합 모델에 대한 내용을 정리하여 문제에 적용합니다.

278 ◀ 대표 문항
| 평가원 기출 |

(가), (나)의 입장에 대한 옳은 설명만을 〈보기〉에서 있는 대로 고른 것은?

> (가) 국수의 면과 국물이 주를 이루고 여기에 갖가지 고명이 얹혀 입맛을 돋우듯이, 다른 문화는 색다른 맛을 더해 주는 고명으로 자신의 가치를 살릴 수 있다.
>
> (나) 그릇에 담긴 다양한 야채가 고유의 맛과 색을 유지하면서 전체적인 맛의 조화를 이루듯이, 다양한 인종과 민족들이 각각의 특성을 유지하면서 사회를 형성해야 한다.

> ┌ 보기 ┐
> ㄱ. (가)는 주류 문화를 전제로 한 문화적 다양성을 중시한다.
> ㄴ. (나)는 각 문화의 정체성과 가치에 대한 존중을 중시한다.
> ㄷ. (가), (나)는 비주류 문화의 주류 문화로의 편입을 중시한다.
> ㄹ. (가), (나)는 다양한 문화를 전제로 한 사회 통합을 중시한다.

① ㄱ, ㄷ 　　② ㄴ, ㄷ 　　③ ㄴ, ㄹ
④ ㄱ, ㄴ, ㄹ 　　⑤ ㄱ, ㄷ, ㄹ

279
| 평가원 기출 |

(가), (나)의 입장에서 모두 부정의 대답을 할 질문으로 옳은 것은?

> (가) 이질적 요소가 유입되어 구심력이 약화되면 사회는 와해된다. 이질성을 제거하고 통합성을 강화해야 사회는 발전한다. 따라서 중심 문화가 소수 문화를 흡수해야 한다.
>
> (나) 야채나 과일이 본연의 맛과 향을 유지하면서 소스와 어우러질 때 맛있는 음식이 된다. 따라서 여러 문화가 각각의 정체성을 대등하게 유지하면서 조화를 이루어야 한다.

① 다양한 문화가 동등하게 어울리면서 공존해야 하는가?
② 소수 문화의 정체성과 문화의 다양성을 존중해야 하는가?
③ 중심 문화의 관점에서 문화의 단일성을 유지해야 하는가?
④ 소수 문화는 중심 문화 속에 편입되어 동질화되어야 하는가?
⑤ 주류 문화의 우위를 전제로 비주류 문화를 보호해야 하는가?

280
| 평가원 기출 |

다음 신문 칼럼의 입장으로 가장 적절한 것은?

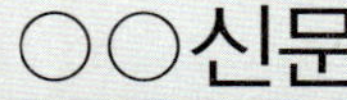

제○○호　　○○신문　　○○○○년 ○월 ○일

> 공용어와 공통의 문화를 강조할 경우 오히려 국가 내 집단을 다수와 소수로 갈라놓아 소수 집단이 다수에 압도당하게 된다. 통합을 위해서는 첫째, 우리 사회의 다수가 오랫동안 공유해 온 관행과 규범을 고수하지 않으려는 태도가 필요하다. 둘째, 이주민에게 기본적 시민권은 보장하되 관습과 신앙 및 삶의 양식의 통일까지 요구해서는 안 된다. 그들의 집단적 문화를 표현할 여지를 확보해 줘야 하는 것이다. 통합은 몇 세대에 걸쳐 진행된다는 것을 유념해야 한다. 국가적 유대감을 증진시키는 통합의 실행 가능한 방법은 이주민의 정체성을 국가 전체의 정체성에 종속시키는 것이 아니라 수용하는 것이다. …(후략).

① 통합 과정에서 우리 사회의 전통적 관행이 변하지 않도록 해야 한다.
② 공용어 사용을 의무화해야 국가적 유대감이 증진됨을 유념해야 한다.
③ 이주민의 고유한 문화적 특수성을 유지할 기회를 보장해야 한다.
④ 동화가 신속하게 추진되어야 통합 실행이 가능함을 유념해야 한다.
⑤ 이주민의 삶의 양식 변화가 그들의 시민권 보장보다 선행되어야 한다.

281
| 평가원 기출 |

다음 글의 입장에서 볼 때, 〈가상 대담〉의 ㉠에 들어갈 말로 가장 적절한 것은?

> 관용은 문화적 편견과 차별의 문제를 극복하기 위해서 필요하다. 그러나 타인의 불의한 행위에 무관심하거나 도덕적 악을 참는 것은 관용이 아니다. 인류의 보편적 가치에 반하는 것들에 대해서는 불관용할 수 있어야 한다. 즉, 개인의 자유권, 생명권과 같은 권리에 대한 침해는 용인되어서는 안 된다. 모든 인간은 자신이 원하는 삶을 살 권리가 있으며 그 누구도 개인의 자유를 박탈할 수 없다.

〈가상 대담〉

전문가 : 이제는 우리나라도 다문화 사회로 가고 있습니다. 따라서 다른 문화에 대해 관용의 자세를 가져야 합니다.

리포터 : 그렇다면 이런 문화도 관용의 대상이 되나요? 외국에서 이민을 온 어떤 가족은 여자는 교육받을 필요가 없다고 해서 어린 딸을 학교에 보내지 않았어요. 더군다나 딸이 성인이 되어 외출하고 싶어 하는데도 집 밖으로 나가지 못하게 해요.

전문가 : 그런 문화는 ＿＿＿＿＿＿＿ ㉠

① 부모의 고유한 권리를 존중한 것이므로 용인해야 합니다.
② 자녀의 기본적 권리를 침해하므로 용인해서는 안 됩니다.
③ 심각한 인권 침해가 아니므로 고유한 문화로 용인해야 합니다.
④ 종교의 계율과 전통을 충실하게 따른 것이므로 용인해야 합니다.
⑤ 다문화 사회 구성원들의 연대감을 저해하므로 용인해서는 안 됩니다.

282

다음 글의 관점에서 부정의 대답을 할 질문으로 가장 적절한 것은?

> 국제결혼의 비율이 10%를 웃돌고, 국내 체류 외국인도 이미 150만 명을 넘어섰다. 따라서 다문화 시대를 살아가는 우리에게 필요한 자세는 관용의 자세이다. 우리는 다양한 문화를 대할 때 각 문화가 지닌 고유성과 상대적 가치를 이해하고 존중하는 태도가 필요하다. 그러나 모든 관습과 전통을 무조건 바람직한 자세로 인정해서는 안 된다. 다양한 문화는 먼저 보편 윤리에 어긋나지 않은지 살펴봐야 한다.

① 다문화에 대한 편견과 배타적인 태도를 버려야 하는가?
② 다문화를 공존을 위한 배려를 높이는 계기로 삼아야 하는가?
③ 다문화를 인간 존중의 가치를 실천하는 기회로 여겨야 하는가?
④ 다문화의 공존을 위해 무제한적인 관용의 자세를 보여야 하는가?
⑤ 다문화를 다른 문화에 대한 이해를 높이는 기회로 삼아야 하는가?

283 고난도

(가)의 갑, 을, 병의 입장을 (나) 그림으로 표현할 때, A~D에 해당하는 적절한 질문만을 〈보기〉에서 있는 대로 고른 것은?

(가)	갑 : 그릇에 담긴 다양한 야채가 고유한 맛과 색을 유지하면서 전체적인 맛의 조화를 이루듯, 다양한 인종과 민족들이 각각의 특성을 유지하고 평등하게 공존해야한다. 을 : 국수의 면과 국물이 주를 이루고 여기에 갖가지 고명을 얹혀 입맛을 돋우듯이, 소수 집단의 문화를 색다른 맛을 더해주는 고명으로 인식하여 소수 집단의 문화적 전통을 존중해야 한다. 병 : 소수 집단의 언어, 문화 등의 차이는 사회적 갈등을 초래하는 원인이 되므로, 주류 문화의 사회적 질서와 가치를 소수 집단에게 받아들이게 하여 그들을 기존 사회 질서에 편입시켜야 한다.
(나)	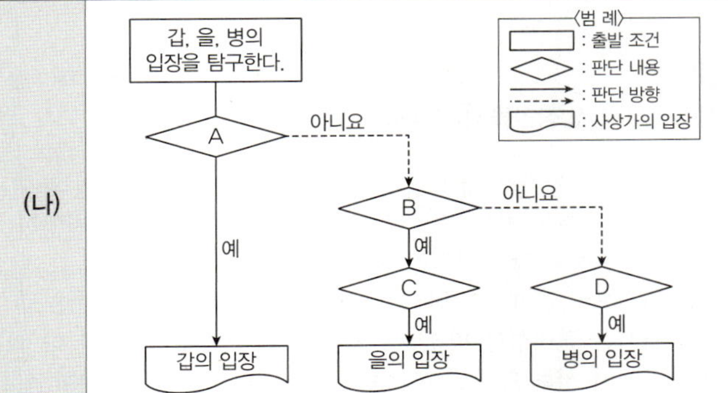

〔보기〕
ㄱ. A : 다양한 문화가 동등하게 공존함으로써 조화를 이루어야 하는가?
ㄴ. B : 소수 집단의 문화 정체성을 존중해야 하는가?
ㄷ. C : 주류 문화의 존재를 인정하면서도, 소수 집단 문화를 보호해야 하는가?
ㄹ. D : 다양한 이질적인 문화를 그대로 인정하고 존중해야 하는가?

① ㄱ, ㄷ　　　② ㄱ, ㄹ　　　③ ㄴ, ㄹ
④ ㄱ, ㄴ, ㄷ　　　⑤ ㄴ, ㄷ, ㄹ

284

(가)의 갑, 을의 입장을 (나) 그림으로 표현할 때, A~C에 해당하는 옳은 진술만을 〈보기〉에서 있는 대로 고른 것은?

(가)	갑 : 이주민의 문화를 주류 문화에 편입시켜야 한다. 이주민은 자신의 문화적 정체성을 포기하고, 이주해온 국가의 문화적 구성원이 되어야 한다. 을 : 이주민의 문화와 기존 문화를 평등하게 인정해야 한다. 다양한 문화들이 어우러질 때 사회적 갈등이 해소된다.
(나)	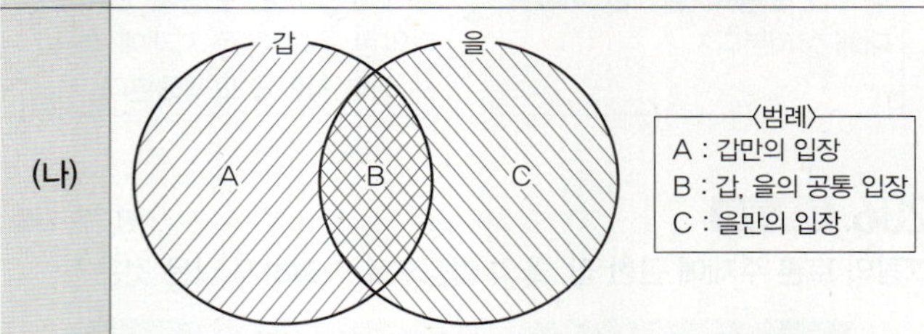

〔보기〕
ㄱ. A : 단일 문화에 바탕을 둔 사회 통합을 지향해야 한다.
ㄴ. B : 다양한 이질적인 문화를 하나로 통합해야 한다.
ㄷ. B : 소수 문화의 존재를 그대로 인정하고 존중해야 한다.
ㄹ. C : 각 문화의 고유성을 인정하면서 공존을 지향해야 한다.

① ㄱ, ㄴ　　　② ㄱ, ㄹ　　　③ ㄴ, ㄷ
④ ㄱ, ㄷ, ㄹ　　　⑤ ㄴ, ㄷ, ㄹ

285

㉠에 들어갈 말로 가장 적절한 것은?

> 각 사회가 지닌 다양한 문화를 배척하지 않고 존중하는 것은 중요하지만 윤리적 가치마저 상대적이라고 볼 수 없다. 어떤 사람들은 모든 문화가 서로 다른 도덕 규칙을 가지고 있고 또 개인들이 지닌 도덕적 신념도 그들의 문화권 내에서 도덕률의 체계에 의해 습득되기 때문에 보편적이지 않다고 주장한다. 나는 이러한 주장이 ［　　㉠　　］고 생각한다.

① 문화의 우열을 가리는 태도가 필요함을 간과하고 있다
② 문화는 시대에 따라 다양하게 드러남을 간과하고 있다
③ 문화에 대한 비판적인 성찰이 필요함을 간과하고 있다
④ 어떤 경우에도 윤리의 상대성은 보장되어야 함을 간과하고 있다
⑤ 옳고 그름은 사회에 따라 다양하게 적용될 수 있음을 간과하고 있다

주제 2 종교의 공존과 관용

족집게 전략 | 종교가 공존할 수 있는 조건에 대해 고민해보고, 종교 간의 관용의 필요성에 대해 이해해야 합니다.

접근 전략

❶ 종교 간 관용의 필요성 이해	❷ 선택지 적용
종교간 관용이 필요한 이유에 대해 살펴본다.	❶에서 살펴본 관용의 가치를 다양한 종교 갈등 사례에 적용해 해결 방안을 모색해본다.

286 ◀대표 문항 | 평가원 기출 |

그림의 토론 주제에 관한 갑, 을의 입장으로 적절하지 않은 것은?

> • 토론 주제: 도덕의 최종 근거를 종교에서 찾아야 하는가?

① 갑 : 도덕적 의무는 오류 가능성이 없는 신의 명령에서 나온다.
② 갑 : 인간 이성은 불완전하므로 도덕 판단의 최종 근거가 될 수 없다.
③ 을 : 윤리적 판단에서 종교적 권위보다 합리적 이성을 중시해야 한다.
④ 을 : 인간은 누구나 선천적으로 옳고 그름을 판단할 수 있는 능력이 있다.
⑤ 갑, 을 : 명확하고 보편적인 도덕적 판단 기준은 존재하지 않는다.

287 | 평가원 기출 |

다음 글의 입장을 〈보기〉에서 고른 것은?

> 세계 평화를 위한 특별한 책임이 종교에 있다. 종교들이 일치하는 지점을 찾아가는 것으로부터 세계 평화는 시작된다. 인류는 평화보다 전쟁을, 화해보다 광신을, 대화보다 우월성을 부추기는 종교를 더 이상 용인하지 않는다. 이 세계에 차별의 윤리, 모순의 윤리, 투쟁의 윤리가 사라질 때 비로소 우리는 생존의 기회를 얻을 수 있다. 종교 간 대화 없이 종교 간 평화가 있을 수 없고, 종교 간 평화 없이 세계의 평화는 있을 수 없다.

〈보기〉

ㄱ. 종교들이 공유하는 가르침의 실천은 화합과 공존의 토대이다.
ㄴ. 종교 간의 관용은 세계 평화 실현을 위해 필요한 조건이다.
ㄷ. 타 종교에 대한 무지와 편견은 현실 세계의 갈등과 무관하다.
ㄹ. 보편 윤리의 실현과 종교의 단일화는 인류 생존의 조건이다.

① ㄱ, ㄴ　　② ㄱ, ㄷ　　③ ㄴ, ㄷ　　④ ㄴ, ㄹ　　⑤ ㄷ, ㄹ

288 | 평가원 기출 |

갑, 을의 입장에 대한 설명으로 옳은 것은?

> 갑 : 비종교적 인간은 성현(聖顯)의 시대에서 세속의 시대로 전환되는 과정의 결과물이다. 종교적 인간에게 자연은 성스러움으로 상징화된 초월적 존재의 창조물이다. 성화(聖化)된 자연 안에서 인간은 도덕적 위기를 극복할 수 있다.
> 을 : 자연적이고 물리적인 세계 너머에는 아무것도 없고 관찰 가능한 자연의 배후에 숨어있는 초자연적인 창조적 지성은 없다. 자연은 물리학으로 설명이 가능하며 인간의 윤리적 행위 역시 자연 선택의 결과로 설명할 수 있다.

① 갑은 종교가 인간의 심리적인 필요에 의해 만들어졌다고 본다.
② 갑은 비종교적 인간이 자연을 성스러운 것으로 간주한다고 본다.
③ 을은 초월적 존재를 전제하지 않아도 자연을 설명할 수 있다고 본다.
④ 을은 과학이 인간의 윤리적 행위의 원인을 설명할 수 없다고 본다.
⑤ 갑, 을은 초월적 신이 자연을 통해 자신의 존재를 드러낸다고 본다.

289 | 평가원 기출 |

다음 사상가의 입장만을 〈보기〉에서 있는 대로 고른 것은?

> 종교란 궁극적 관심에 붙잡힌 상태입니다. 종교는 궁극의 관심으로 '죽느냐 또는 사느냐'를 물으며 그 대답을 찾습니다. 진정한 종교는 유한하지 않은 궁극성에 대해 관심을 가지며 순수하고 진지한 관심으로 존재 그 자체로서의 존재를 대면합니다. 이때 궁극적 관심은 절대성을 띠지만, 그 관심의 개별적인 표현은 다양한 종교에서 서로 다른 방식으로 드러납니다. 종교는 유한한 실재를 하나의 신으로 만들면 안 됩니다. 그렇게 만든 신은 우상이 되기 때문입니다.

〈보기〉

ㄱ. 종교는 삶과 죽음의 의미를 묻고 답하는 것이다.
ㄴ. 진정한 종교는 유한한 실재를 무한한 존재로 만든다.
ㄷ. 종교는 모든 존재의 근원으로서의 존재와의 만남이다.
ㄹ. 종교적 관심은 절대성을 갖지만 종교적 표현은 다양하다.

① ㄱ, ㄴ　　②ㄱ, ㄷ　　③ ㄴ, ㄹ
④ ㄱ, ㄷ, ㄹ　　⑤ ㄴ, ㄷ, ㄹ

290

갑, 을의 입장으로 가장 적절한 것은?

> 갑 : 종교는 아직 자신을 형성하지 못했거나 자신을 잃어버린 인간의 환상에 불과하다. 종교를 지양함으로써 분별 있는 인간이 될 수 있고, 자신을 중심으로 현실의 행복을 추구할 수 있다.
>
> 을 : 종교는 인간의 삶 전부와 관련된다. 인간은 신의 창조물 가운데 한 부분을 이룬다. 따라서 인간은 신성성을 자기 자신의 내부에서 발견하며, 그의 생명은 우주적 생명과 일치하게 된다.

① 갑 : 종교적 인간은 교리를 지킴으로써 행복을 실현할 수 있다.
② 갑 : 인간은 두려움의 감정을 통해 실존하는 신을 인식할 수 있다.
③ 을 : 종교적 인간은 자연을 성스러운 것으로 인식할 수 있다.
④ 을 : 종교의 본질은 현실 세계와 무관한 종교적 진리 탐구에 있다.
⑤ 갑, 을 : 종교는 인간의 소망을 성취시켜주기 위해 존재하는 것이다.

291 고난도↑

다음 사상가가 긍정의 대답을 할 질문으로 가장 적절한 것은?

> '성(聖)'과 '속(俗)'을 논할 때 조심해야 할 것은 두 가지의 세계가 따로 존재한다는 그릇된 생각이다. 성과 속이라는 표현은 하나의 세계를 바라보는 두 가지 국면과 두 가지 차원을 말하는 것이다. 성과 속을 다른 두 개의 세계로 본다면 현대에는 인간이 과학과 기술로 자신의 세계를 좀 더 광범위하게 통제하고 조절할 수 있게 되었기 때문에 성의 세계란 미개한 사회의 인간에게만 가능하고 필요한 것이라는 결론이 나오게 된다.

① 자연적인 것을 추구하고 초자연적인 것은 배제해야 하는가?
② 종교적 인간과 비종교적 인간을 보다 철저히 구분해야 하는가?
③ 성스러운 것은 세속적인 것을 통해 드러날 수 있음을 알아야 하는가?
④ 자연이 지니는 성스러움은 과학적 발견의 대상임을 자각해야 하는가?
⑤ 성스러움을 자연물에서 찾는 것은 미신을 숭배하는 잘못된 자세인가?

292

(가) 사상가의 입장에서 (나) 질문에 제시할 답변으로 가장 적절한 것은?

(가)	우리가 지켜야 할 교리가 적을수록 논쟁은 줄어들 것이다. 그리고 논쟁이 줄어들면 그만큼 참화를 겪을 일도 없어질 것이다. 종교는 인간이 이 세상을 사는 동안, 그리고 죽은 후에도 행복해지려고 만들어졌다. 내세에 행복한 삶을 맞이하려면 올바르게 살아야 한다. 인간의 비뚤어진 본성이 허락하는 범위에서 현재의 삶을 행복하게 누리려면 관용을 알고 베풀 줄 알아야 한다. 한마을에 사는 모든 사람의 정신을 예속하고 통제하려하기보다 차라리 무력으로 세계를 굴복시키는 편이 훨씬 쉽다.
(나)	종교 갈등을 극복하려면 어떤 자세가 필요하나요?

① 자신이 믿는 종교를 남에게 강요해서는 안 된다.
② 자신이 믿는 종교의 교리가 참이라는 믿음을 강화한다.
③ 종교를 갖지 않은 사람들에게 종교를 가지도록 강요한다.
④ 종교적 가르침의 지향점이 다르면 다른 종교를 부정한다.
⑤ 종교는 분쟁의 원인이므로 점진적으로 폐기하려 노력한다.

293

다음 문제를 해결할 방안을 〈보기〉에서 고른 것은?

> 카슈미르 분쟁은 1947년 영국이 인도의 식민 지배를 끝내고 철수한 뒤 인도와 파키스탄의 영토 귀속 문제로 비롯되었다. 당시 인도가 영토를 편입하는 과정에서 카슈미르 지역의 힌두교도 영주가 카슈미르를 인도에 귀속할 것을 결정하였다. 그러나 카슈미르 인구 대부분을 차지했던 이슬람교 주민들이 이에 반발하였고, 파키스탄이 이에 개입함으로써 정치 분쟁으로 확대되었다. 이후 50년 간 갈등의 원인이 되어 온 종교 갈등은 힌두교와 이슬람교 사이에서 세력 경쟁의 양상을 보이고 있으며, 분쟁은 여전히 지속되고 있다.

> **보기**
> ㄱ. 종교 간 배타성에서 벗어나 공존을 추구한다.
> ㄴ. 종교 간 대화를 통해 종교적 신념의 일치를 도모한다.
> ㄷ. 종교 간 협력을 모색하기 위해 관용의 자세를 지닌다.
> ㄹ. 종교 간 갈등을 해소하기 위해 종교적 진리를 부정한다.

① ㄱ, ㄴ ② ㄱ, ㄷ ③ ㄴ, ㄷ ④ ㄴ, ㄹ ⑤ ㄷ, ㄹ

VI 평화와 공존의 윤리

VI단원 개념 NAVIGATION

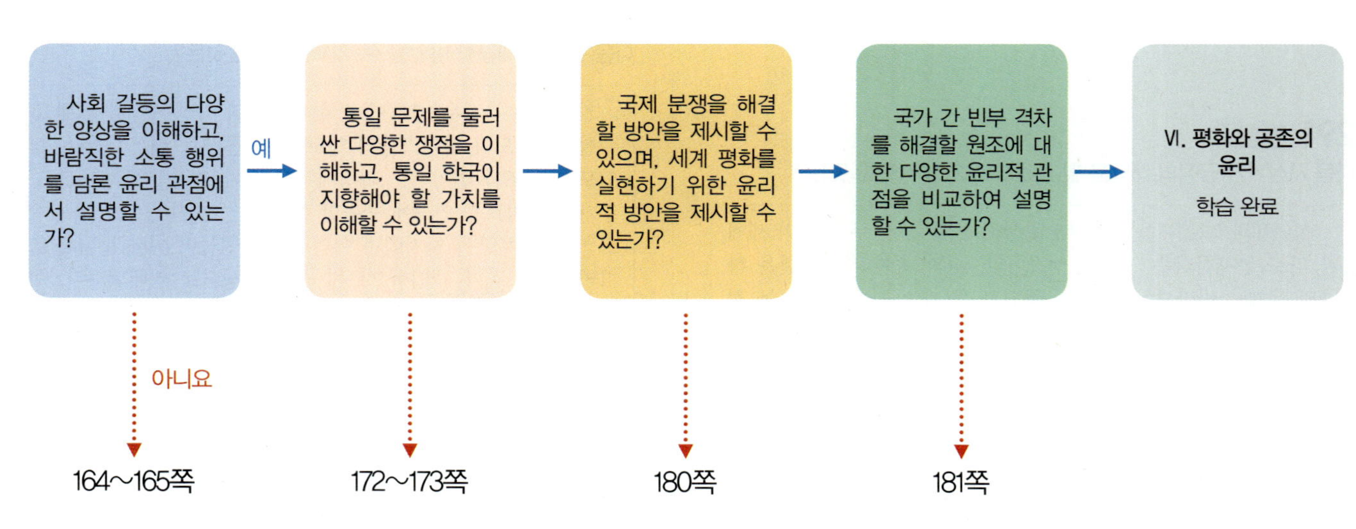

| 19강 갈등 해결과 소통의 윤리 | 주제 1 사회 갈등과 사회 통합 | · 사회 갈등 · 지역 갈등 · 세대 갈등
· 이념 갈등 · 사회 통합 |
| | 주제 2 소통과 담론의 윤리 | · 소통 · 담론 · 담론 윤리 · 심의 민주주의 |

| 20강 민족 통합의 윤리 | 주제 1 통일 문제를 둘러싼 쟁점 | · 통일 · 통일 비용 · 분단 비용 · 통일 편익 |
| | 주제 2 통일이 지향해야 할 가치 | · 통일 한국 · 평화 · 자유 · 인권 · 정의 |

| 21강 지구촌 평화의 윤리 | 주제 1 국제 분쟁의 해결과 평화 | · 국제 분쟁 · 영구 평화 · 소극적 평화
· 적극적 평화 |
| | 주제 2 국제 사회에 대한 책임과 기여 | · 세계화 · 절대 빈곤 · 분배정의 · 해외 원조 |

VI 단원   학습 SOLUTION

▶ 평화와 공존의 윤리는 제시문을 꼼꼼하게 읽자.

공존과 평화에 대해 논의한 다양한 사상가들의 입장이 제시된다. 따라서 평화와 공존의 윤리 단원에서 강조하는 내용에 대해 정확히 이해하고, 사상가의 입장이 드러난 제시문을 꼼꼼하게 분석하는 습관이 필요하다.

▶ 지구촌 평화를 이루기 위한 사상가의 제안을 비교하며 공부하자.

국제 사회에서 발생하는 다양한 문제를 해결하는 단원으로, 세계화와 절대빈곤, 분배 정의, 해외 원조 등의 현대 사회 문제를 해결하기 위한 사상가 나름의 방식이 제시된다. 따라서 사상가의 입장을 정확히 이해하고, 사상가별로 주장하는 내용의 공통점과 차이점을 비교하여 분석하는 노력이 요청된다.

19강 갈등 해결과 소통의 윤리

주제 1 사회 갈등과 사회 통합

1. 다양한 사회 갈등

(1) 사회 갈등의 배경
① 현대 사회는 다양한 가치를 지닌 사람들이 모여 사는 다원주의 사회임
② 여러 계층과 집단의 발생으로 이해관계가 복잡해져 사회 갈등이 다원화되고 있음

(2) 사회 갈등의 원인
① 가치관의 차이 : 사회 현상이나 문제에 관한 생각 차이와 가치관 및 신념 차이로 인한 대립
② 이해관계의 대립 : 한정된 사회적 자원을 둘러싼 이해관계의 충돌, 불공정한 분배로 인한 양극화와 경쟁 심화
③ 원활한 소통의 부재 : 개인 간·집단 간의 의사소통 부족, 의견 대립 시 한쪽에게만 유리한 결론 도출

(3) 사회 갈등의 유형 → 이념은 한 사회나 집단이 지닌 특정한 가치관이나 믿음을 의미한다.

이념 갈등	• 이상적으로 여기는 생각이나 견해의 차이에 의해 갈등이 발생함 예 진보와 보수의 갈등 • 이념의 차이를 흑백 논리의 이분법적 사고로 구분할 경우 더욱 심화되는 경향이 있음
지역 갈등	• 사회적 자원의 배분, 공공시설의 입지 선정 등 경제적 요인과 관련하여 갈등이 발생함 → 지역 이기주의의 모습으로 나타나기도 함 • 특정 지역에 대한 편견, 지역 감정, 연고주의로 인해 발생하기도 함 • 지역의 상황과 결부하여 정치·경제·사회적인 갈등이 복합적으로 나타나는 경우가 많음
세대 갈등	• 급속한 사회 변화에 따른 세대 사이에서 발생하는 갈등 → 전통 사회에서 기성 세대가 지닌 권위의 약화, 경제적 요인으로 인한 세대 간 의견 충돌 등 • 어느 사회에서나 연령과 시대별 경험의 차이로 나타나는 보편적인 현상임 • 오늘날에는 일자리나 노인 부양 문제 등 사회적 쟁점을 둘러싸고 세대 갈등이 발생하고 있음
계층 갈등	• 자원 축적과 분배가 불공정하다는 인식에서 비롯된 갈등 • 사회적 자원의 분배를 둘러싸고 소득 불평등 현상 심화로 인해 발생하는 갈등 • 경제적 자원이 불균등하게 분배될수록 사회 구성원의 갈등 정도가 높아짐
노사 갈등	• 생산 효율성을 극대화하려는 기업가와 임금 및 복지 개선을 요구하는 노동자 사이의 갈등 • 경영자는 노동 조합을 통제 대상으로 인식하고, 노동 조합은 정부와 경영자의 권위주의 중책을 불신하면서 발생함 • 최근에는 노동 시장 유연화에 따른 구조 조정과 비정규직 확대로 인해 갈등이 발생함

2. 사회 갈등의 원인

(1) 생각과 가치관의 차이
① 사회 현상에 관한 생각과 가치 판단은 사람마다 다를 수 있음
② 다름을 인정하지 않고 다른 사람의 생각과 가치관을 무시할 때 갈등으로 이어질 수 있음

(2) 이해관계의 대립
① 한정된 사회적 자원을 놓고 집단 간에 이해관계가 충돌할 때 갈등이 발생함
② 자원이 불공정하게 분배되어 격차가 벌어지는 경우 더욱 심화되기도 함

(3) 원활한 소통의 부재
① 공공 정책의 결정과 집행 과정에서 소통은 필수적인 요소임
② 첨예하게 대립하는 주제에서 한쪽에게만 유리하게 결정이 날 때 갈등이 발생함

3. 사회 통합을 위한 방안

(1) 사회 통합의 의미 : 사회 내 개인이나 집단이 상호 작용을 통해 하나로 통합되는 과정

(2) 사회 통합 실현 방안
① 연대성, 공익성, 보조성을 고려해야 함

연대성	구성원이 사회의 일부로서 공동체의 일에 참여해야 한다는 연대 의식이 필요함
공익성	사익뿐만 아니라 공익을 존중하려는 자세를 지녀야 함
보조성	개인이나 공동체가 기능을 발휘하지 못할 때, 국가가 개인이나 공동체의 권리를 침해하지 않으면서 보조적으로 도와주어야 함

② 사회 각 주체가 고유한 권리와 역할을 이해하고 맡은 바 역할에 충실해야 함

개인	자신의 행복과 권리를 추구하면서도 타인과 다름을 수용하는 자세가 필요함
시민 사회	갈등을 해결하기 위한 국가의 노력을 지지하고 조정해야 함
국가	사회적 분열이 구조적으로 심화되는 것을 방지하고 다른 의견을 조정할 수 있는 통합의 정치를 지향해야 함 → 국민의 의견을 수렴하고 정책에 대한 합리적인 논의가 가능한 민주적 절차를 마련해야 함

 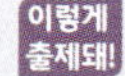

■ 기계적 연대와 유기적 연대

> 기계적 연대는 개인들이 서로 유사할 것을 전제하지만, 유기적 연대는 개인들이 서로 다를 것을 전제로 한다. 기계적 연대는 개인이 집단에 흡수될 때 가능하지만, 유기적 연대는 각 개인이 그 고유한 행동의 영역을 가지고 있을 때만 가능하다.
>
> – 뒤르켐, "사회 분업론"

뒤르켐은 연대를 기계적 연대와 유기적 연대로 구분한다. 기계적 연대는 구성원들이 동일한 가치와 규범을 공유하여 결속한 상태라면, 유기적 연대는 전문화된 개인들이 개별성을 유지하면서도 상호 의존적으로 결속한 상태라 규정하였다. 그는 유기적 연대를 바탕으로 한 사회 통합을 강조하였다.

이렇게 출제돼! 사회 갈등은 사회 속 개인이나 공동체 등 다양한 관계 속에서 발생할 수 있으며, 이해관계가 복잡해지면서 다원화 되고 있음을 이해하고, 이를 해결하기 위한 사회 구성원들의 역할에 대해 잘 이해하고 있어야 해.

주제2 소통과 담론의 윤리

1. 소통과 담론의 윤리

(1) 소통과 담론의 의미와 필요성

① 소통 : 막히지 않고 잘 통한다는 의미로, 나와 상대방이 서로 의견을 주고받는 공유의 과정

② 담론 : 갈등이나 문제를 해결하기 위한 이성적 의사소통 행위로, 주로 토론의 형태로 이루어짐 → 담론은 사회 구성원에게 현실에서 전개되는 각종 사건과 행위를 해석하고 인식하는 틀을 제공함

③ 소통과 담론의 필요성
  - 사회 구성원의 자발적이고 적극적 참여를 이끌어내기 위해서 필요함
  - 불만과 갈등을 감소시키고 도덕적 권위를 갖춘 합의를 도출할 수 있기 때문에 필요함
  - 대화를 통해 의미를 공유하고 정서적으로 공감할 수 있음

(2) 담론의 의의 : 현대 사회의 다양한 문제를 구성원의 합리적인 의사소통 과정을 통해 해결하고자 함

2. 동서양의 소통을 위한 윤리

(1) 소통과 담론에 관한 동서양 윤리

① 공자의 화이부동(和而不同)
  - 의미 : 남과 화목하게 지내지만 자신의 중심과 원칙을 잃지 않음
  - 화(和)란 다양한 요소의 공존을 의미함

② 맹자 : 소통을 방해하는 그릇된 언사로 피사, 음사, 사사, 둔사를 제시하여, 진실하고 바른 말을 할 것을 강조함

③ 장자의 도(道) : 서로 다른 것을 그 자체로 인정하고 그것의 상호 의존 관계를 이해해야 함

④ 원효의 화쟁(和諍) 사상 ·—— 모든 종파와 사상을 분리시켜 고집하지 말고, 더 높은 차원에서 하나로 종합해야 함
  - 지금 내가 바라보는 것은 부분에 지나지 않음을 인정하고, 다른 사람들이 바라보는 부분과 조합을 통해 더욱 타당한 견해에 이를 수 있음을 인정함
  - 특수하고 상대적인 각자 입장에서 벗어나 대승적으로 융합해야 함을 강조함 → 갈등 상황 속에서 자신에 대한 집착과 상대방에 대한 편견을 버려야 서로 화해하고 포용할 수 있다고 봄

(2) 하버마스의 담론 윤리

① 의사소통의 합리성 : 상호 간의 논증적인 토론 과정을 거쳐 보편적 합의에 도달하는 것을 의미함

② 의사소통의 합리성의 필요성 : 대화 당사자들이 합의한 결과를 수용하고 의무로 받아들이기 위해서는 대화가 합리적 의사소통의 과정을 거쳐야 함

③ 합리적 의사소통의 조건들
  - 돈이나 권력에 대한 왜곡과 억압이 없어야 함
  - 대화 당사자들이 이상적인 담론의 조건을 지켜야 함
  - 누구나 담론에 참여할 기회가 개방되어야 함
  - 담론에 참여하는 사람들은 누구나 평등하게 발언할 수 있어야 함
  - 담론 참여자들은 합의된 규범을 실천할 것을 상호 기대할 수 있어야 함

④ 이상적 담화 조건

진리성	대화 당사자들의 말하는 내용이 참이며, 진리에 바탕을 두어야 함
정당성	대화 당사자들의 말하는 내용이 정당한 규범에 근거해야 함
진실성	대화 당사자들이 말한 의도를 믿을 수 있도록 진실하게 표현해야 함
이해 가능성	대화 당사자들이 말하는 내용을 서로 이해할 수 있어야 함

⑤ 담론의 원칙

실천적 담론 원칙	모든 당사자들의 동의를 얻을 수 있는 규범만이 타당함
보편화 원칙	모든 당사자들은 타당한 규범을 따를 때 나타날 수 있는 결과와 부작용을 알고 받아들여야 함

⑥ 공론장

의미	시민 사회 내부에서 작동하는 의사소통의 망으로서 사회 통합의 가능성을 내포함
필요성	공론장을 통해 합리적 담론을 이끌어 낼 수 있으며 구성원들의 자발적인 참여를 이끌어 내고, 도덕적 권위를 갖춘 합의를 도출할 수 있음

■ **담론에서의 자율성과 연대성**

> 담론을 통해 도달하는 합의는 각 개인의 "예" 또는 "아니요"에 달려 있을 뿐만 아니라 각 개인의 자기중심적 관점의 극복에도 달려 있다. 비판이 가능한 주장들에 대해 입장 표명을 할 수 있는 무제한의 자유가 개인에게 없다면 도달된 합의는 진정한 의미에서 보편적일 수 없다.

하버마스는 담론이 진정으로 보편적인 합의를 낳기 위해서 담론에 참여하는 각 개인의 자율성이 충분히 보장되어야 한다고 보았다. 또한 그는 모든 당사자들이 타당한 규범을 따를 때 나타날 수 있는 결과와 부작용을 알고 받아들여야 한다는 보편화 원칙을 강조한다.

(3) 아펠의 담론 윤리적 책임

① 의사소통 공동체의 모든 구성원이 져야 하는 숙고적 책임이 요청됨 → 개인의 역할 책임과는 근본적으로 다른 도덕적 책임임

② 의사소통 공동체의 구성원은 의사소통 과정에 참여해야 할 책임과 의사소통 공동체를 유지해야 할 책임을 동시에 지님 → 의사소통 공동체의 구성원으로서 개인은 사회·문화적 조건을 개선하는데 협력할 의무가 있음

③ 보편적 윤리 규범은 합리적 토론을 통해 만들어진다고 보고, 인격의 상호 인정을 강조함

④ 합의를 위해 담론에 참여해야 할 책임과 의사소통 공동체를 유지해야 할 책임을 강조함

(4) 바람직한 소통과 담론의 자세

① 소통과 담론 참여자의 권리를 인정하고 의견을 존중함

② 자신의 오류 가능성을 인정하고 편견과 독선적 사고를 탈피함

③ 시민의 공적 의사 결정 과정 참여를 통해 심의 민주주의를 실현함

> **이렇게 출제돼!** 소통의 필요성을 논의하는 다양한 사상가들의 입장을 구체적으로 이해해보고, 다양한 갈등 상황에 적용시켜 이해해 보는 것이 필요해.

핵심 개념 CHECK!

• 정답 및 해설 81쪽

다음 확인 문제 중 옳은 것에 ○, 옳지 않은 것에 ✕를 표기하세요.

주제 1 사회 갈등과 사회 통합

01 갈등이란 칡뿌리와 등나무가 얽혀 있는 것과 같이 개인이나 집단 사이의 목표나 이해관계가 달라 충돌하는 상황을 의미한다. ○ ✕

02 현대 사회는 갈수록 복잡하고 다원화됨으로써 개인과 집단 간 갈등 양상이 다양하게 나타난다. ○ ✕

03 사회 갈등은 사회적 가치의 희소성, 가치관이나 이해관계의 차이에서 발생한다. ○ ✕

04 함정 사회 갈등은 사회에 내재된 문제를 명확히 인식하게 함으로써 사회 발전의 계기가 될 수도 있다 ○ ✕

05 계층 갈등이란 자원의 축적과 분배가 불공정하다는 인식에서 비롯된 갈등을 의미한다. ○ ✕

06 경제적 자원이 불균등하게 분배될수록 사회 구성원의 갈등 정도는 낮아진다. ○ ✕

07 세대 갈등은 대개 연령과 시대별 경험 차이로 발생한다. ○ ✕

08 세대 갈등을 완화하기 위해서는 세대 간 차이를 자연스럽게 받아들이고, 세대 간 공감대를 형성하는 자세가 필요하다. ○ ✕

09 지역 갈등은 성장과 효율성을 중시하는 경제 개발 과정에서 주로 나타나게 되었다. ○ ✕

10 연고주의에 기반을 둔 지역 갈등은 사회적 판단과 평가에 이중 잣대를 적용함으로서 사회 통합에 기여한다. ○ ✕

11 함정 지역 갈등을 해소하기 위해서는 지역마다 특색 있는 발전을 위해 국가와 사회가 균형 있게 지원해야 한다. ○ ✕

12 사회 통합을 위해 개인의 이익이 공동선의 조화를 이룰 수 있도록 해야 한다. ○ ✕

13 함정 진정한 사회 통합을 이루기 위해서는 각자 자신의 정체성을 버리는 태도가 요청된다. ○ ✕

14 국가는 사회적 분열이 구조적으로 심화하는 것을 방지할 수 있도록 합리적 논의가 가능한 민주주의적인 절차를 마련해야 한다. ○ ✕

15 뒤르켐은 유기적 연대가 아닌 기계적 연대를 바탕으로 한 사회 통합을 강조하였다. ○ ✕

16 이념 갈등은 이상적인 것으로 여기는 생각이나 견해의 차이에 따른 갈등이다. ○ ✕

17 한정된 사회적 자원을 두고 서로 경쟁할 때 사회 갈등이 발생한다. ○ ✕

주제 2 소통과 담론의 윤리

18 소통은 결정된 것을 상대방에게 전하고 상대방이 받아들이도록 하는 것을 의미한다. ○ ✕

19 담론은 현실에서 전개되는 각종 사건과 행위를 해석하고 인식하는 틀을 제공한다. ○ ✕

20 공자는 화이부동이라는 말을 통해 조화의 중요성을 강조하였다. ○ ✕

21 장자는 진정한 소통을 위해서는 서로 다른 것을 그 자체로 인정하고 그것의 상호 의존 관계를 이해해야 한다고 본다. ○ ✕

22 장자는 도(道)의 관점에서 옳고 그름을 명확히 구분하는 태도를 지녀야 한다고 주장하였다. ○ ✕

23 원효는 불교의 여러 교설 간의 대립을 해소하기 위해 화쟁 사상을 제시하였다. ○ ✕

24 함정 원효는 일면을 보고 전체를 판단하는 것은 편협한 견해를 낳아 독선에 빠져 갈등을 일으키게 한다고 본다. ○ ✕

25 하버마스는 개인의 주관적인 도덕 판단만으로 도덕 규범이 성립될 수 없으므로 대화가 필요하다고 주장하였다. ○ ✕

26 함정 하버마스는 모든 사람에게 담론에 참여할 기회가 개방되어야 한다고 본다. ○ ✕

27 하버마스는 담론에 참여한 시민보다 전문가의 발언을 중시 여겨야 한다고 주장하였다. ○ ✕

28 하버마스는 대화에 참여한 당사자들은 논쟁의 절차를 준수하여 정당성을 확보해야 한다고 주장하였다. ○ ✕

29 함정 하버마스는 대화에 참여하는 당사자들은 기만하거나 속이려는 의도 없이 말하는 바를 진실하게 표현해야 한다고 주장하였다. ○ ✕

30 아펠은 의사소통 공동체의 모든 구성원이 져야 하는 숙고적 책임을 강조하였다. ○ ✕

31 아펠은 의사소통 공동체의 구성원들은 담론에 참여해야 할 책임만 지닐 뿐 의사소통 공동체를 유지할 책임은 지니지 않는다고 본다. ○ ✕

32 아펠은 보편적인 윤리 규범은 토론을 통해 합리적으로 조정하는 과정에서 형성된다고 본다. ○ ✕

33 공자는 화이부동이라는 말을 통해 자신의 원칙을 버리고 남과 조화를 이루어야 한다고 주장하였다. ○ ✕

34 밀은 인간의 오류 가능성을 전제하고 이를 검증하는 토론을 강조하였다. ○ ✕

원효와 하버마스의 소통의 윤리는 어떻게 다를까?

개념 · 자료로 확인

■ 원효의 화쟁 사상

> 일체의 모든 법이 별다른 체(體)가 없고 오직 일심(一心)으로 그 자체를 삼는다. 이 마음이 곧 일체의 세간법과 출세간법을 포괄한다고 보는 것이 대승법이 소승법과 다른 점이다. 이는 소승에서 일체의 모든 법이 각각 자체에 있는 것과 다르다. 그러므로 일심을 대승의 법이라 한다.

원효는 화쟁(和諍)의 논리로 불교의 여러 종파들을 하나로 조화시키고자 하였다. 그는 다양한 불교 이론들은 모든 존재, 모든 종파, 모든 경론의 근원이자 불교의 진리인 하나의 마음[一心]을 표현한 것인줄도 모르고 자기 이론만이 옳다고 주장하기 때문에 갈등한다고 본다. 따라서 그는 편견과 집착에서 벗어나 소통하면서 모든 논쟁에 대해 화해를 추구하는 화쟁을 주장하였다.

■ 하버마스의 이상적 대화 상황의 조건

> 이상적 대화 상황은 자유롭고 평등한 토의가 이루어지는 상황으로, 더 나은 주장에 근거하여 도달한 합의에 따라서만 규제되는 상황을 말한다. 이러한 대화 상황을 위해서는 다음의 조건을 만족해야 한다. 첫째, 표현의 이해 가능성으로, 이해 가능성을 사실적으로 전제해야 한다. 둘째, 표현하는 명제는 참된 명제여야 한다. 셋째, 제시하는 의견이 규범적 맥락에서 정당해야 한다. 넷째, 말하는 주제가 진실하여야 하며 진지한 발언 태도를 지녀야 한다. 따라서 대화 상황에 참여하는 사람들은 본인이나 다른 대화 상대자를 기만하거나 속일 의도를 가져서는 안 되며, 대화 참여자들은 담론에 효율적으로 참여할 기회가 평등하게 주어져야 한다.
>
> – 하버마스, "의사소통 행위 이론"

하버마스는 수많은 의견이 갈등하는 다원주의 사회에서도 대화와 타협, 담론을 공정하게 한다면 이상적인 합의에 도달할 수 있다고 보았다. 그는 실제 담론 상황이 이상적 대화 상황에 부합할 때 합리적으로 의사소통 할 수 있으며 갈등을 해소하고 화해와 평화로 나아갈 수 있다고 주장하였다.

개념 · 빈칸 채우기로 확인

Q1 원효는 모든 종파와 사상을 더 높은 차원에서 하나로 종합되어야 한다는 (   ) 사상을 강조한다.

Q2 원효는 모든 교설이 모두 (   )의 가르침이므로, 모든 교설이 지향하는 바는 깨달음이라는 점에서 한마음이라고 본다.

Q3 하버마스는 (   )이/가 이루어지기 위해서는 대화 당사자들이 이상적인 담론의 조건인 개방성, 평등성, 호혜성을 지켜야 한다고 본다.

Q4 하버마스는 담론을 통해 합의된 규범이 정당성을 지닌 원리가 되기 위해서는 담론의 (   )이/가 필요하다고 본다.

개념 · O/X로 확인

Q5 원효는 모든 종파와 사상을 더 높은 차원에서 통합해야 한다고 본다. (○ / ×)

Q6 원효는 모든 종파의 다양성을 부정하고 획일화를 통한 통합을 강조하였다. (○ / ×)

Q7 하버마스는 개인의 주관적인 판단만으로는 규범이 성립될 수 없다고 본다. (○ / ×)

Q8 하버마스는 합리적인 의사소통이 이루어지기 위해서 돈이나 권력에 의한 왜곡과 억압이 없어야 한다고 본다. (○ / ×)

개념 · 벤다이어그램에 적용

연습하기 Q9 물음에 맞게 A / B / C에 표시하시오.

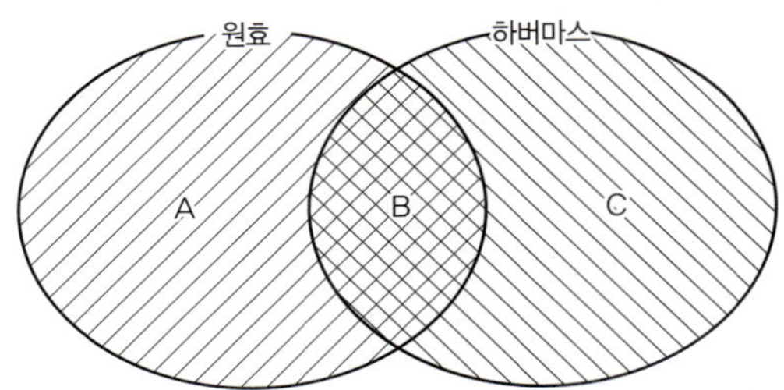

• 서로 다른 종파 간의 다름을 인정하여 더 높은 차원에서 조화[和諍]해야 한다.
❶ (A / B / C)

• 합리적 의사 소통의 영역인 공론장을 통해 합리적 담론을 끌어내야 한다.
❷ (A / B / C)

• 편견과 독선적인 태도는 바람직한 소통을 이루는데 방해가 된다.
❸ (A / B / C)

적용하기 Q10 하버마스가 주장하는 바람직한 대화의 자세로 옳지 <u>않은</u> 것은?

① 자신의 오류 가능성을 인정하고 대화해야 한다.
② 자유롭고 개방적인 토론과 담론에 참여해야 한다.
③ 상대방을 동등한 인격의 소유자로 대우해야 한다.
④ 대화를 통해 상대방의 주장을 충분히 경청해야 한다.
⑤ 다수에 의한 합의보다 개개인의 주관적 결정을 따라야 한다.

HOW & WHY 정답 01. 화쟁 02. 부처 03. 합리적인 의사소통 04. 타당성 05. ○ 06. × 07. ○ 08. ○ 09. ❶A❷C❸B 10. ⑤

주제 1 사회 갈등과 사회 통합

족집게 전략 | 사회 갈등의 주요 유형과 그 원인에 대해 이해해보고, 갈등을 해결하기 위한 소통이 필요한 이유에 대해 고민해보세요.

접근 전략

❶ 사회 갈등 유형 파악	❷ 선택지 적용
다양한 사회 갈등의 유형과 원인을 파악한다. ▶	❶에서 구분한 사회 갈등에 대한 서술로 옳은 것을 고른다.

294 **대표 문항**

다음 관점에서 A의 문제를 해결하기 위해 제시할 수 있는 방안만을 〈보기〉에서 있는 대로 고른 것은?

> 도덕적인 인간으로 구성된 사회일지라도 그 사회는 비도덕적일 수 있다. 사회 집단은 개인과 달리 매우 이기적이어서, 집단의 이익을 위해서는 부도덕한 일도 행할 수 있다. 그러므로 사회 문제를 해결하기 위해서는 사회 윤리적인 접근이 필요하다.

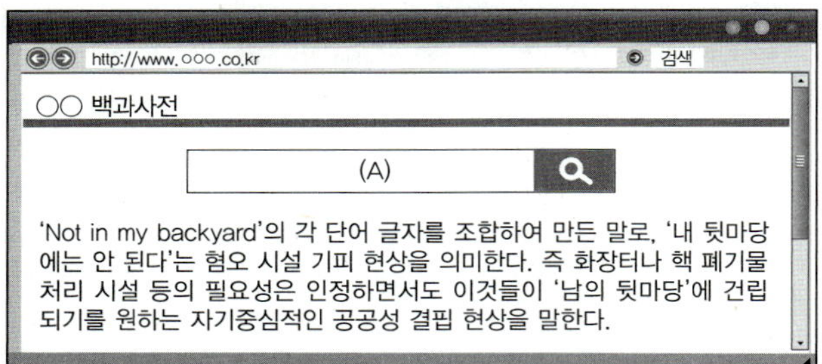

〔보기〕
ㄱ. 문제 해결에 필요한 법률을 제정하여 시행한다.
ㄴ. 서로 양보하도록 구성원 개개인의 양심에 호소한다.
ㄷ. 공동체를 위해 희생할 수 있는 윤리 의식을 함양한다.
ㄹ. 구성원들 간의 갈등을 해결하기 위한 협의체를 구성한다.

① ㄱ, ㄴ   ② ㄱ, ㄹ   ③ ㄷ, ㄹ
④ ㄱ, ㄴ, ㄷ   ⑤ ㄴ, ㄷ, ㄹ

295

다음 글에서 해결하고자 하는 사회 갈등의 유형으로 가장 적절한 것은?

> 청년 세대는 미래의 인공이자 독창적인 시각으로 우리 사회를 이끌어갈 인재이며, 정치·경제·문화의 창조자라 할 수 있다. 기성세대는 오늘날 우리 사회를 일구어낸 장본인이므로 이들이 가진 삶의 지혜, 경험 등을 높이 평가해야 한다. 따라서 청년 세대는 창의성이라는 열정이라는 가치에, 기성세대는 통찰력이라는 가치에 기초하여 존중받아야 한다.

① 세대 갈등   ② 노사 갈등   ③ 빈부 갈등
④ 남녀 갈등   ⑤ 이념 갈등

296

| 교육청 기출 |

갑, 을의 입장에 대한 설명으로 옳은 것을 〈보기〉에서 고른 것은?

> 갑 : 미취학 아동 전체를 대상으로 무상 보육을 실시해야 한다고 생각해. 왜냐하면 복지 혜택은 소득에 상관없이 누구나 누려야 하기 때문이야.
> 을 : 아니야. 무상 보육은 취약 계층을 대상으로 실시해야 한다고 생각해. 복지의 재원이 무한하지 않은 상황에서 부유층까지 복지 혜택을 제공할 필요는 없기 때문이야.

〔보기〕
ㄱ. 갑은 선택적 복지를 통해 평등을 실현해야 한다고 본다.
ㄴ. 갑은 전 국민에게 동일한 복지 혜택을 주어야 한다고 본다.
ㄷ. 을은 저소득층에게 복지 혜택을 우선 제공해야 한다고 본다.
ㄹ. 을은 고액 납세자에게 더 많은 복지 혜택을 주어야 한다고 본다.

① ㄱ, ㄴ   ② ㄱ, ㄷ   ③ ㄴ, ㄷ   ④ ㄴ, ㄹ   ⑤ ㄷ, ㄹ

297

(가)의 관점에서 (나)에 나타난 사회 갈등을 개선하기 위한 방안으로 가장 적절한 것은?

(가)	하나의 사물이라도 상대에 따라 음이 되고 양이 된다. 따라서 음은 양을 품고 있고, 양은 음을 품고 있다. 음과 양은 상반되지만 서로 의존하고 통합하여 하나의 완전함을 이룬다.
(나)	교육 기간, 직종별 업무 능력에 있어서 남녀의 차이는 거의 없으나, 현재 남녀 간 임금 격차가 매우 큰 것으로 나타났다. 이로 인한 남녀 갈등은 지속화 되고 있다.

① 사회 내에서 여성의 고정된 역할을 강조한다.
② 음양의 원리에 따라 남녀의 역할에 우열을 둔다.
③ 선천적 요소의 차이가 차별로 나아가지 않도록 한다.
④ 우월한 남성이 여성에게 고임금 직업을 양보해야 한다.
⑤ 남녀 간 임금 격차는 보편적인 현상이므로 계속 유지해야 한다.

298 고난도

갑, 을의 입장에 대한 설명으로 옳은 것을 〈보기〉에서 고른 것은?

갑 : 국가는 모든 학생에게 급식을 제공할 책임이 있어. 정부는 복지 예산을 대폭 확충하여 전국의 모든 학생들에게 무상 급식을 실시해야 한다고 생각해.

을 : 급식비를 낼 수 있는 학생에게까지 무상 급식을 시행하는 것은 세금 낭비야. 어려운 가정의 학생들을 선별하여 무상 급식 뿐만 아니라 더 많은 지원을 해야 한다고 생각해.

보기

ㄱ. 갑은 모든 학생에게 고루 적용되는 보편적 복지가 실시되어야 한다고 본다.

ㄴ. 갑은 을과 달리 국가는 어려운 처지에 놓인 학생들에게 보다 많은 지원을 할 책임이 있다고 본다.

ㄷ. 을은 어려운 가정의 학생에만 적용되는 선별적 복지가 실시되어야 한다고 본다.

ㄹ. 갑은 을과 달리 급식비를 낼 수 있는 학생들에게는 무상 급식을 시행할 필요가 없다고 본다.

① ㄱ, ㄴ ② ㄱ, ㄷ ③ ㄴ, ㄹ
④ ㄱ, ㄷ, ㄹ ⑤ ㄴ, ㄷ, ㄹ

299

다음 신문 기사에서 추론할 수 있는 내용으로 가장 적절한 것은?

○○신문

제○○호   ○○○○년 ○월 ○일

A시와 B시는 '유등 축제 모방' 논란으로 촉발된 갈등을 없애고 상생 주춧돌을 마련했다. 갈등은 A시가 하는 축제가 B시의 축제를 모방했다고 비판하면서 시작되었다. 이후 A시와 B시는 양 축제의 공동 발전을 위한 협력서를 체결하는 등 상호 화합의 길을 찾고, 축제 내용의 차별화를 위한 협의를 진행하였다.

① 갈등은 서로가 상생할 수 있는 동력이 될 수 있다.
② 갈등은 사회에 긍정적인 결과를 가지고 오지 못한다.
③ 갈등의 근본적인 원인은 깊이 파고들지 말아야 한다.
④ 갈등의 합리적 해결은 오히려 더 큰 갈등을 초래할 수 있다.
⑤ 갈등은 사회 발전을 저해하는 부정적인 것으로만 이해해야 한다.

300

㉠에 들어갈 말로 적절하지 <u>않은</u> 것은?

우리 사회의 사회 갈등 수준의 심각성은 통계로 알 수 있다. 최근 발표된 결과에 따르면 우리나라의 사회 갈등 지수는 경제 협력 개발 기구 조사 대상 25개국 가운데 5위이다. 우리보다 사회 갈등이 높은 나라는 터키, 그리스, 칠레, 이탈리아뿐이다. 사회적 갈등이 야기하는 경제적 손실 또한 만만치 않다. 우리 사회가 갈등으로 인해 치루는 비용은 연간 최대 246조에 이른다고 한다. 따라서 우리는 사회 갈등을 줄여나가기 위해 ________㉠________

① 상호 의견을 나눌 수 있도록 합리적 대화 창구를 만들어야 한다.
② 정책 결정 과정에는 해당 분야의 전문가만 참여할 수 있도록 한다.
③ 자신과 다른 견해와 입장을 차이로 인식하고 수용하는 자세를 지닌다.
④ 공동체의 협력을 위해 자기 집단의 이익만을 지나치게 추구하지 않아야 한다.
⑤ 다양한 이해 집단이 대화를 통해 문제를 해결할 수 있도록 합리적 절차를 마련한다.

301

다음 신문 기사를 읽고, 학생들이 제시할 의견으로 적절하지 <u>않은</u> 것은?

공동주택 층간 소음 문제에 따른 주민 갈등이 심각한 사회 문제로 나타나고 있다. 이러한 층간 소음 문제를 해결할 수 있는 대안을 보여줄 수 있는 사례가 있어 화제다. A 아파트는 층간 소음에 따른 이웃 갈등이 커지자 주민 공청회를 열어 층간 소음 관리 규칙을 제정하고, 이를 조정할 수 있는 절차를 만들었다. 동 대표와 입주민으로 구성된 층간 소음 위원회는 피해 상담이 접수되면 실제 현장을 찾아가 당사자 간 합의를 도와주고 있다. A 아파트의 입주민은 실제 이러한 절차를 통해 주민 들 간 서로를 이해하고 협력하는 문화로 인해 층간 소음으로 인한 갈등이 많이 줄었다고 전했다.

① 갑 : 층간 소음 문제는 강력한 법적 조치로만 해결된다는 것을 알 수 있군.
② 을 : 층간 소음으로 인한 갈등을 줄일 공적인 절차 마련이 필요함을 알 수 있군.
③ 병 : 층간 소음의 문제는 이웃 주민과의 협력을 통해 해결될 수 있음을 알 수 있군.
④ 정 : 층간 소음으로 인한 갈등 해결을 위해 주민들의 협력이 요청된다는 점을 알 수 있군.
⑤ 무 : 층간 소음 문제 당사자들이 합리적으로 조정할 수 있는 조정자의 역할이 중요함을 알 수 있군.

주제 2 소통과 담론의 윤리

족집게 전략 | 소통과 담론을 주장한 다양한 사상가들의 입장을 이해해 보고, 실제 갈등의 사례에 도움이 될 조언에 대해 고민해본다.

접근 전략

❶ 동서양 사상가들 주장 비교
소통과 담론에 대한 동서양 사상가들의 주장을 비교한다. ▶

❷ 선택지 적용
❶에서 구분한 입장에 따라 선택지에서 서술하고 있는 각각의 내용이 알맞은 것인지 꼼꼼하게 파악한다.

302 〈대표 문항〉

| 평가원 기출 |

다음 가상 대담 속 ㉠에 들어갈 말로 적절하지 <u>않은</u> 것은?

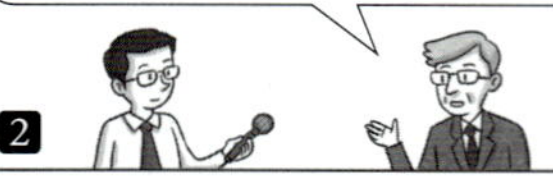

① 공론장에서 행정 및 경제 체제의 효율성을 강조해야 합니다.
② 공론장에서 기업과 정부가 시민의 의견을 경청해야 합니다.
③ 공정한 담론 절차를 준수한 합의의 결과를 수용해야 합니다.
④ 시민이 참여할 수 있는 공론장의 개방성을 유지해야 합니다.
⑤ 공론장에서 정확하고 이해 가능하며 진실한 말로 주장해야 합니다.

303

| 평가원 기출 |

㉠에 들어갈 말로 가장 적절한 것은?

갑 : 현대 대의 민주주의는 대표자가 시민들의 의견을 충분히 반영하지 못하는 대표성의 문제, 대표자와 시민들 간의 의견 불일치와 같은 의사소통의 문제가 있습니다. 이러한 문제를 어떻게 해결할 수 있을까요?

을 : 어떤 서양 사상가는 윤리적 행위의 기반을 담론 공동체에서 찾고 의사소통의 합리성을 강조하였습니다. 이 사상가의 견해에 의하면 현대 대의 민주주의의 문제를 해결하기 위해서는 ㉠

① 비전문가를 배제하여 정책 결정을 신속하게 해야 합니다.
② 지도자의 권한을 강화하여 심의 절차의 효율성을 높여야 합니다.
③ 의사 결정 과정을 일원화하여 소모적 논쟁을 최소화해야 합니다.
④ 정치적 비판을 금지하여 합리적 공론의 장을 활성화해야 합니다.
⑤ 열린 토론으로 사회 쟁점에 관해 깊이 있게 심의해야 합니다.

304

| 평가원 기출 |

다음 서양 사상가의 입장으로 가장 적절한 것은?

> 오늘날 시민들은 공적 장소에서 토론할 기회를 제대로 가질 수 없을 뿐만 아니라, 그러한 공적 토론이 시민들에게 권장되지도 않는다. 시민들 간의 합리적 의사소통이 없으면 건강한 민주사회를 유지할 수 없게 된다. 이러한 문제를 극복하기 위해서는 자유롭고 평등한 시민들에 의해 공적 문제에 대한 문제 제기와 토론이 활성화되어야 한다. 민주적 공론장에서 이성적인 시민들이 모두가 합의할 수 있는 논증의 형태로 대화에 참가하고, 그 토론의 결과가 법체계에 반영된다면 현대 사회의 다양한 정치적·윤리적 문제를 해결할 수 있을 것이다.

① 토론의 절차가 아니라 토론의 결과만을 중시해야 한다.
② 공적 문제에 대한 문제 제기는 민주주의 발전을 저해한다.
③ 토론의 결과가 반영된 법에 대해 다시 토론해서는 안 된다.
④ 정치적 문제의 해결을 위해 공적 토론을 권장할 필요는 없다.
⑤ 의사소통의 합리성을 실현해야 토론의 합의에 도달할 수 있다.

305

| 평가원 기출 |

다음 대화에서 스승이 강조하는 삶의 태도로 가장 적절한 것은?

① 하늘로부터 부여받은 도덕적 본성을 함양해 나가야 한다.
② 타자와의 관계 속에서 불변의 자아를 정립해 나가야 한다.
③ 사회적 도덕규범을 통해서 악한 본성을 개선해 나가야 한다.
④ 분별 의식에서 벗어나 절대자와의 합일을 지향해 나가야 한다.
⑤ 열린 마음으로 서로 다른 견해들의 조화를 추구해 나가야 한다.

306

(가)의 사상가가 (나)의 문제 상황을 해결하기 위해 제시할 조언으로 가장 적절한 것은?

(가)	일심이란 무엇인가? 더러움과 깨끗함은 그 성품이 둘이 아니고, 참과 거짓 또한 서로 다르지 않으므로 하나라 한다. 그러나 이 둘이 아닌 곳에서 모든 법의 진실됨이 허공과는 달라 스스로 신령스러움을 아는 성품이니 이는 마음이라고 한다. 이미 둘이 없는데 어찌 하나가 있으며 하나가 없는데 무엇을 두고 마음이라 하겠는가?
(나)	다문화 사회에 진입하면서 한국에 거주하는 외국인이 대폭 증가하였다. 다문화 사회 속에서 대두되는 대표적인 문제는 외국인에 대한 부정적 인식과 차별이다.

① 자국인의 문화를 중심으로 외국인을 편입시켜야 한다.

② 다름 속에 같음도 있으므로 외국인의 다름을 제거해야 합니다.

③ 외국인의 다름을 인정하고 더 높은 차원에서 회통(會通)해야 합니다.

④ 외국인이 한국 사회에 동화될 수 있도록 한국 문화만을 수용하게 해야 합니다.

⑤ 통합된 나라를 위해서 자국인과 외국인을 분별하지 말고 다양성을 부정해야 한다.

307

(가) 사상가의 입장에서 (나)의 밑줄 친 지역 주민들에게 제시할 조언으로 가장 적절한 것은?

(가)	담론 참여자는 모든 당사자가 자유롭고 평등하게 협동적 진리 탐구에 참여한다는 사실을 전제해야 한다. 담론이 규범적 합의의 정당성을 얻으려면 이러한 의사소통의 조건을 충족시켜야 한다.
(나)	생태 습지 개발 여부를 놓고 지역 주민 간의 찬반 입장이 대립하고 있다. 지역 주민들은 이를 해결하기 위해 주민 토론회를 개최하려 하고 있다.

① 자신과 입장이 다른 사람들의 이야기는 무시하세요.

② 지역의 경제적 이익에 도움이 되지 않는 주장을 배제하세요.

③ 이해 관계자를 배제하고 생태 전문가의 결론을 받아들이세요.

④ 개발 여부의 판단을 주민이 아닌 정부가 하도록 위임하세요.

⑤ 주장의 타당성을 입증하기 위해 담론 참여자 간 자유롭게 논쟁하세요.

308

그림의 사상가가 긍정의 대답을 할 질문을 〈보기〉에서 고른 것은?

보기

ㄱ. 서로 다른 것은 하나로 일치시켜 바라보아야 하는가?

ㄴ. 만물은 서로 다른 것들의 상호 작용을 통해 존재하는가?

ㄷ. 사회 통합을 위해서는 다양성을 인정하지 않아야 하는가?

ㄹ. 다름을 그 자체로 인정하고 상호 의존 관계를 이해해야 하는가?

① ㄱ, ㄴ　　② ㄱ, ㄷ　　③ ㄴ, ㄷ　　④ ㄴ, ㄹ　　⑤ ㄷ, ㄹ

309 고난도

(가) 사상가가 (나)의 질문에 대해 제시할 자세로 옳지 <u>않은</u> 것은?

(가)	이상적 의사소통이 이루어지기 위해서는 모든 대화 참여자에게 발언할 수 있는 동등한 기회가 주어져야 한다. 또한 주장의 근거를 제시하거나 요구하여 사실을 확인할 수 있어야 한다. 그리고 대화 참여자들은 자신의 입장, 감정, 바람 등을 진실하게 말해야 한다.
(나)	기자 : 바람직한 대화가 이루어지기 위한 자세는 어떠해야 합니까? 사상가 : ______________

① 상대방의 주장을 충분히 경청해야 합니다.

② 상대방을 동등한 인격을 지닌 존재로 대해야 합니다.

③ 자신의 오류 가능성을 인정하고 대화에 참여해야 합니다.

④ 자신이 주장할 때에는 객관적인 근거를 제시해야 합니다.

⑤ 개인적인 욕구, 희망 사항 등을 제외하고 발언해야 합니다.

20강 민족 통합의 윤리

주제 1 통일 문제를 둘러싼 쟁점

1. 통일에 대한 찬성과 반대 문제

찬성 입장	• 가족과 만나지 못하는 이산가족의 고통을 해소할 수 있음 • 민족의 동질성을 회복하고 민족 공동체를 실현할 수 있음 • 전쟁의 공포를 해소함으로써 평화를 실현할 수 있음 • 군사비가 감소하여 복지 혜택이 크게 증가할 수 있음 • 민족의 경제적 번영이 실현되고 국제적 위상이 높아질 수 있음
반대 입장	• 오랜 분단으로 문화적 이질감이 커져서 한 민족이라는 느낌이 들지 않음 • 군사 도발 등으로 북한에 대한 거부감이 커짐 • 막대한 통일 비용 때문에 조세 부담이 늘어나고 경제적 위기에 처할 수 있음 • 많은 북한 주민이 남한으로 이주하여 실업과 범죄 증가 등 사회적 혼란과 갈등이 발생할 수 있음 • 통합 과정에서 정치적·군사적 혼란이 발생할 수 있음

└ 통일 문제에 대해 정서적 당위론을 넘어 현실 문제로 인식하고 합리적으로 논의해야 함

2. 통일에 대한 입장과 바람직한 통일 방법

(1) 통일에 대한 입장

소극적 입장	• 통일의 필요성에 대한 긍정적인 대답 감소, 통일에 대한 무관심 증가 • 통일보다 평화와 공존을 우선해야 한다는 입장 • 통일에 대해 반대하거나 통일이 되더라도 진정한 통합을 기대하기 어렵다는 입장
적극적 입장	• 당위적 차원 : 역사적으로 정체성 회복, 민족 공동체 건설 • 보편적 가치 실현 : 평화와 인권, 인도주의적 차원 • 실용주의적 측면 : 우리나라의 발전을 위해 필요함

(2) 바람직한 통일의 방법

평화적 통일	전쟁을 통한 통일은 사회적·경제적 기반을 무너뜨림
점진적·단계적 통일	사회적·문화적 통합 이후에 체제를 통합해야 함
주변국과의 협력 강화	주변국들의 한반도 통일 지지를 유도함
국민적 이해와 합의	통일의 필요성, 방법, 미래상 등에 대한 국민적 이해와 합의를 도출

3. 통일 비용과 분단 비용 문제

(1) 통일 비용

① 의미 : 통일 과정과 통일 이후 남북한 간 격차를 해소하고 이질적인 요소를 통합하는 데 필요한 비용

② 종류
- 제도 통합 비용 : 행정, 금융, 화폐 통합 비용
- 위기관리 비용 : 치안, 구호, 실업 문제 처리, 사회 갈등 해결
- 경제적 투자 비용 : 생산·생활 기반 구축 비용

③ 특징 : 통일 과정에서 한시적으로 발생하는 투자적인 비용

(2) 분단 비용

① 의미 : 남북 분단과 갈등으로 인해 발생하는 유·무형의 지출 비용

② 종류
- 경제적 비용 : 국방비, 외교비
- 경제 외적 비용 : 전쟁 가능성에 대한 공포, 이산가족의 고통, 이념적 갈등과 대립, 한반도 전역의 발전 가능성 제한

③ 특징 : 분단이 지속되는 한 계속 발생하는 소모적인 비용

(3) 통일 비용의 문제

① 통일 후 막대한 비용이 들 것으로 예상됨

② 통일이 되면 분단 비용은 소멸됨 → 장기적으로는 더 큰 통일 편익을 기대할 수 있음

(4) 통일 편익

① 의미 : 통일로 인해 얻을 수 있는 편리함과 이익이라는 뜻으로, 통일 이후 지속적으로 발생하는 보상과 혜택

② 종류 └ 통일 편익은 통일 이후 지속적으로 발생하기 때문에 한시적으로 발생하는 통일 비용보다 더 크다고 할 수 있음

경제적 편익	군사비 등의 소멸, 경제 통합으로 시장의 규모 확대, 교역의 증가 및 생산성 향상, 국토의 효율적 이용 등
비경제적 편익	남북한 주민의 인권 신장과 국제 사회에서 통일 한국의 위상 제고, 전쟁에 대한 위험 감소로 문화, 관광, 여가의 기회 증가 등

■ 통일 편익

남북통일을 통해 얻을 수 있는 통일 편익은 다음과 같다. 군사 안보적으로 한반도 및 동북아시아 정세에 큰 위험이 사라져 신용 등급, 외국인 투자자 유치, 국방비 절감 등 경제적 이익이 창출될 것이다. 정치·외교적으로는 북한 문제를 둘러싼 정치 갈등이 사라져 경제 발전과 사회 통합을 이루어 국력을 향상할 수 있다. 경제적으로는 남한의 기술과 자본, 북한의 자원과 노동력이 결합하여 새로운 시너지 효과를 창출할 것이다.

통일이 이루어지면 분단 비용의 감소와 국가 신용도의 상승으로 경제적 편익이 증가할 것이고, 정치적 갈등이 해소되면서 경제 통합으로 인한 시너지 효과가 발생할 것이다. 또한 사회 문화적으로 민족 동질성의 회복과 사회 통합을 이룰 수 있을 것이다.

└ 북한은 국제 연합(UN) 회원국으로서 최소한의 인권을 보장해야 할 의무를 제대로 이행하지 않고 있다고 비판을 받고 있음

4. 북한 인권 문제

(1) 북한 체제의 특징

① 1인 독재 체제로 주민의 정치 참여가 제한됨

② 개인의 자율성과 선택권이 제한됨

③ 출신 성분에 따라 계층을 분류하여 교육 기회, 사회 이동, 법적 처벌 등을 달리함 → 북한 시민의 경제적·사회적 권리를 제한받고 있음

④ 정치적 수용소를 운영하고, 이동의 자유를 제한함 → 북한 시민의 정치적·시민적 권리를 제한 받고 있음

⑤ 기본적인 의식주를 제공받지 못하여 생존권을 위협받고 있음

(2) **북한의 인권 문제**

① 북한의 인권 침해 실태

종교의 자유	주민의 종교 생활 탄압
신체의 자유	수사 기관의 자의적 체포 · 구금, 가족에게도 미통보
표현의 자유	사상적 통제 장치로 표현의 자유 억압, 정치 참여 제한
정치범 수용소	극도의 영양실조, 수용자 학대

② 인권 개선의 노력 : 국제 사회와 정부 차원에서 북한 주민의 인권 상황을 개선하기 위해 노력해야 함

5. 대북 지원 문제

(1) **대북 지원의 의미** : 북한 주민의 열악한 현실을 개선하기 위한 인도적 차원의 지원

(2) **대북 지원에 관한 쟁점** : 인도주의에 따라 정치 · 군사 상황과 무관하게 지원해야 한다는 입장과 상호주의 원칙에 따라 북한에 변화를 요구하면서 지원해야 한다는 입장의 갈등

> **이렇게 출제돼!** 통일을 찬성하는 입장과 반대하는 입장의 논거를 정확히 파악하고, 분단 비용과 통일 비용에 수반된 논의를 파악해야 함을 기억해!

└ 우리나라 정부와 민간 단체, 국제기구 등은 북한 식량난 해소를 위한 농업 개발 지원, 이재민 구호, 영양 결핍 아동과 노약자 지원 등을 하고 있음

주제 2 **통일이 지향해야 할 가치**

1. 독일 통일의 사례

(1) **독일의 통일 준비 과정**

① 분단 상황 속에서 동독과 서독의 다양한 문화 교류와 협력이 활발하게 이루어짐

② 서독이 동독을 지원함으로써 관계를 개선하고 상호 신뢰를 구축함

(2) **독일 통일의 후유증과 성과** : 동독과 서독 주민 간의 사회적 갈등이 발생하고, 서로 다른 이념과 체제 속에서 살아온 사람들의 내면적 · 정신적인 통합을 이루는 것이 어려웠음 → 점차 정치 · 경제적 안정과 동 · 서독 주민 간의 통합이 이루어지고 있음

(3) **독일 통일의 교훈** : 다양한 분야의 점진적이고 활발한 교류를 통해 통일에 대한 바른 이해와 실질적인 통일 준비가 필요함

2. 남북한의 화해와 평화를 위한 노력

(1) **남북한의 차이**

① 남북한은 서로 다른 체제와 이념 속에서 단절된 채 살아옴

② 상호 간 다름을 이해하고 공존의 관점에서 통일 문제를 이해하는 노력이 필요함

(2) **남북한 사회 통합을 위한 노력**

① 필요성 : 통일 이후 나타날 부작용을 최소화하기 위함

② 사회 통합을 위한 방안

• 사회 · 문화적 교류를 통해 친밀감을 지니도록 해야 함 → 비정치적 성격을 지닌 교류를 통해 민족 교류의 기회를 확대해야 함

• 남북한 문화가 공존한다는 사실을 근거로 남북한의 통치 이념 · 관습 · 언어 등을 이해하여 사회 · 문화적 동질성을 회복해야 함

• 남북한의 사회 · 문화가 그동안 변해온 모습을 이해하고, 상호 동질성에 따라 교류와 협력을 단계적으로 추진해야 함

(3) **통일 기반 조성을 위한 노력**

① 대외적 노력

• 통일 한국의 미래를 명확히 제시해야 함

• 남북통일은 주변 국가에 이익을 줄 것이며, 나아가 세계 평화에 이바지 할 수 있음

② 대내적 노력

• 자유 민주주의와 시장 경제에 바탕을 둔 복지 사회를 구현해야 함

• 통일을 논의하는 과정에서 표출되는 남남갈등을 해결하기 위해 노력해야 함

3. 통일 한국의 미래상

(1) **통일 한국이 지향해야 할 가치**

평화	전쟁의 공포가 사라진 평화로운 국가를 지향해야 함
자유	자신의 신념과 선택에 따른 자유로운 삶이 보장되는 국가를 지향해야 함
인권	모든 사람의 존엄과 가치가 존중되는 인권 국가를 지향해야 함
정의	모두가 합당한 대우를 받는 정의로운 국가를 지향해야 함

(2) **통일 한국의 미래상**

수준 높은 문화 국가	문화 자원을 발굴 · 육성하고, 동서양 우수한 문화를 수용하여 세계적인 문화 국가를 이룩해야 함
자주적인 민족 국가	정치 · 군사적 측면뿐만 아니라 경제 · 문화적 측면에서도 자주성을 실현하기 위해 노력해야 함
정의로운 복지 국가	불공정한 부의 분배나 집단과 계층 간의 사회적 갈등을 해소하기 위해 노력해야 함
자유로운 민주 국가	통일의 과정에서 비민주적인 사회 구조나 제도를 개선하려는 노력이 필요함

4. 남북 화해 및 평화 실현을 위한 노력

(1) **개인적 차원의 노력**

① 열린 마음으로 소통하고 배려를 실천해야 함 → 독일 통일 과정에서 발생한 사례를 교훈 삼아 열린 마음으로 적극적 대화를 통해 서로 이해하도록 노력해야 함

② 북한에 대한 올바른 인식 → 북한을 경계의 대상이자 동반자라는 양면성의 측면에서 이해할 필요가 있음

③ 통일에 대한 관심 → 통일은 언제든지 현실로 다가올 수 있다는 것을 인식해야 함

(2) **국가적 차원의 노력**

① 내부적 통일 기반 조성 ─ 통일에 관한 국민적 이해와 합의를 도출하고, 통합 과정에 대비한 장기적이고 계획적인 준비가 필요함

• 안보 기반 구축과 신뢰 형성을 위한 노력

• 사회 · 경제 · 문화 분야에서 교류와 협력을 도모하여 남북한의 신뢰를 구축해야 함

② 국제적인 통일 기반 구축

• 한반도의 통일은 여러 나라의 이해관계나 안보 문제가 결부된 국제적 성격을 지님

• 적극적인 외교를 통해 국제 사회의 협력을 강화해야 함

> **이렇게 출제돼!** 통일이 문화, 민족, 복지, 정치 등과 같은 다양한 영역에 미칠 영향에 대해 생각해 보고, 남북의 화해와 평화를 실현하기 위한 노력으로 어떤 것이 있을지 고민해 봐야 해.

핵심 개념 CHECK!

· 정답 및 해설 84쪽

✎ 다음 확인 문제 중 옳은 것에 ○, 옳지 않은 것에 ✕를 표기하세요.

주제 1 통일 문제를 둘러싼 쟁점

01 현재 남북 분단 상황은 정전 상태로 언제든 전쟁이 일어날 수 있는 불완전한 구조이다. ○ ✕

02 남북 분단은 국가 민족의 정치적 문제일 뿐만 아니라 남북한 주민들의 인간다운 삶을 저해하는 윤리적 문제이기도 하다. ○ ✕

03 통일은 남북한 구성원들이 자유롭고 평화를 누리며 살아갈 수 있도록 한다. ○ ✕

04 함정 통일은 이웃 나라와는 관계가 없는 우리 민족의 문제일 뿐이다. ○ ✕

05 분단 비용에는 외교 경쟁에서 발생하는 비용뿐 아니라 이산 가족의 아픔과 같은 사회 정서적 비용이 포함된다. ○ ✕

06 분단 비용은 국방비와 같이 남북한 갈등으로 발생하는 유형의 지출 비용만을 의미한다. ○ ✕

07 분단 비용은 분단이 지속되는 한 지속적으로 지출해야 하는 비용이다. ○ ✕

08 통일 비용은 일정 기간만 부담하면 되지만 통일이 주는 편익은 훨씬 오랫동안 지속된다. ○ ✕

09 통일 편익은 통일 시점을 언제로 정하는지에 따라 산출 결과가 달라질 수 있다. ○ ✕

10 함정 통일 이후에는 남북한 주민들이 분담해야 하는 분단 비용이 더 커진다. ○ ✕

11 통일 비용은 통일 과정과 통일 이후 남북한 격차를 해소하고 이질적인 요소를 통합하는 데 필요한 비용을 의미한다. ○ ✕

12 막대한 통일 비용으로 조세 부담이 늘어나고 경제적 위기에 처할 수 있다는 주장은 통일을 찬성하는 논거이다. ○ ✕

13 통일이 되면 국제 사회에서 한반도의 위상이 높아지는 등 경제 외적인 편익도 얻을 수 있다. ○ ✕

14 함정 통일은 남한의 노동력과 북한의 기술력이 결합하여 동반 상승 효과를 낼 수 있다. ○ ✕

15 통일을 통해 감시와 억압 속에 살아가는 북한 주민의 인권 문제를 해결할 수 있다. ○ ✕

16 통일은 국제적 차원에서 동북 아시아의 평화에 기여할 수 있다. ○ ✕

17 군사력 강화 및 핵 무장을 통한 국방력 강화를 위해 통일은 필요하다. ○ ✕

주제 2 통일이 지향해야 할 가치

18 바람직한 통일은 인류가 공동으로 추구하는 보편적 가치를 바탕으로 이루어져야 한다. ○ ✕

19 통일 한국은 전쟁의 공포가 사라진 평화로운 국가를 지향해야 한다. ○ ✕

20 통일 한국은 자신의 신념과 선택에 따른 자유로운 삶이 보장되는 국가를 지향해야 한다. ○ ✕

21 북한은 세계 인권 선언에서 제시하는 인권을 제도 속에서 충실하게 보장하고 있다. ○ ✕

22 통일 한국은 모든 사람의 존엄과 가치가 존중되는 인권 국가를 지향해야 한다. ○ ✕

23 함정 통일 한국은 출신 성분과 출신 지역에 따라 교육이나 직업 선택의 기회 제공에 차별을 두어야 한다. ○ ✕

24 통일 한국은 경제적 양극화의 문제를 해결하고 모두가 합당한 대우를 받는 정의로운 국가를 지향해야 한다. ○ ✕

25 함정 사회 통합을 이루기 위해서는 비정치적 성격을 지닌 문화, 예술, 스포츠 교류를 통해 우리 민족이 함께 할 기회를 넓혀나가야 한다. ○ ✕

26 진정한 통일을 이루기 위해서는 남북한 출신 주민 간 열린 마음과 대화를 통해 서로를 이해하도록 노력해야 한다. ○ ✕

27 함정 통일을 이루기 위해서는 북한을 경계의 대상이자 동반자라는 양면적인 측면에서 올바로 인식해야 한다. ○ ✕

28 통일을 논의하는 과정에서 표출되는 남남 갈등을 해결하기 위해 노력해야 한다. ○ ✕

29 함정 통일을 논의할 때에는 우리나라를 둘러싼 외세에 의존하는 것이 아니라 자주성을 실현해야 한다. ○ ✕

30 남북한 사회 통합을 위해서는 부담이 큰 정치적 교류부터 시작하여 부담이 적은 문화적 교류까지 단계적으로 교류해야 한다. ○ ✕

31 한반도 통일을 위해서는 동북아시아 주변국 뿐만 아니라 국제 사회와 협력 관계를 긴밀하게 하여 우호적인 통일 환경을 조성하도록 노력해야 한다. ○ ✕

32 독일의 통일 과정을 통해 통일에 대한 사전 준비가 부족해도 의지와 노력만으로 통일을 원만하게 실현할 수 있다는 교훈을 얻을 수 있다. ○ ✕

33 통일 한국이 지향해야 할 가치에는 평화, 자유, 인권, 정의 등이 있다. ○ ✕

분단 비용과 통일 비용은 어떻게 다를까?

개념 | 자료로 확인

■ 분단 비용

분단 비용은 눈에 보이는 '유형적 비용'과 눈으로 확인하기 어려운 '무형적 비용'으로 구분할 수 있다. 유형적 비용은 병력과 무기 등 국방에 소요되는 안보 비용, 북한에 대한 외교적 우위를 점하는데 소요되는 외교비용, 그리고 정치교육실시와 보안기관 유지 등 체제를 유지하는데 소요되는 이념 및 체제 유지비를 들 수 있다. 무형적 비용은 전쟁 가능성에 대한 공포, 이산가족의 고통, 이념적 갈등과 대립, 국토이용의 제한과 국토의 불균형 발전 등 지리적 제약으로 인한 기회비용이 이에 포함된다. 분단비용은 추정하는 것이 사실상 불가능할 정도로 막대할 뿐 아니라 분단이 지속되는 한 끊임없이 지출되어야 하는 소모성 비용이다.

분단 비용에는 분단으로 인해 추가적으로 지불해야 하는 국방비와 외교비 등 가시적인 비용은 물론 이산가족의 아픔, 안보 불안, 이념적 갈등 등 쉽게 계량화할 수 없는 비용이 섞여 있다. 분단비용은 분단이 유지되는 한 지속적으로 발생하기 때문에 국가의 발전을 가로막는 큰 장애물 중 하나이다.

■ 통일 비용

통일 비용은 일반적으로 남북통합 과정에서 소요되는 비용의 총체를 의미하며, 유형적 비용과 무형적 비용으로 나눌 수 있다. 유형적 비용이란 북한 주민에 대한 긴급구호 비용과 북한의 낙후된 경제를 발전시키는데 필요한 공장과 사회간접자본 투자 비용 등을 의미한다. 무형적 비용이란 북한 주민이 가질 수 있는 심리적 박탈감, 남북한 주민 간 상이한 가치관과 이해관계로 인한 갈등, 범죄 및 사회적 일탈 등을 의미한다. 통일 비용은 단순한 소모성 비용이라기보다 우리 민족의 생활 기회를 확충하기 위한 '투자비용'이다.

통일 비용은 단순한 소모의 비용이 아닌 재건 비용이자 투자비용의 성격을 지니고 있다. 통일비용은 통일의 시기와 방법, 북한 주민의 소득 수준, 설정된 비용 지출 기간 등에서 차이가 있어, 우리가 어떻게 통일을 준비해나가느냐에 따라 액수가 감소할 수 있다.

개념 | 빈칸 채우기로 확인

■ 분단 비용

Q1 분단 비용은 남북 (　　　)(으)로 인해 발생하는 유무형의 지출 비용이다.

Q2 분단 비용은 분단 상태 유지를 위한 막대한 (　　　)와/과 외교 경쟁에서 발생하는 비용 외에도 국민들의 불안, 이산 가족들의 아픔 등이 포함된다.

■ 통일 비용

Q3 통일 비용은 남북 (　　　)에 소요되는 비용으로, 남북한의 서로 다른 체제와 제도, 양식 등을 통합하는 과정에서 지출되는 비용이다.

Q4 통일 비용은 통일 한국을 건설하기 위한 생산적 (　　　) 비용이다.

개념 | O/X로 확인

Q5 분단 비용은 분단이 지속되는 한 계속 지출되어야 한다.　　　　(○ / ×)

Q6 분단 비용은 통일이 발생하면 더 이상 발생되지 않는다.　　　　(○ / ×)

Q7 통일을 체계적으로 준비하면 통일 비용에 대한 부담을 줄여나갈 수 있다.　(○ / ×)

Q8 통일 비용은 통일 과정 및 통일 이후에 지속적으로 끝없이 발생하는 비용이다.

(○ / ×)

개념 | 벤다이어그램에 적용

연습하기 Q9 물음에 맞게 A / B / C에 표시하시오.

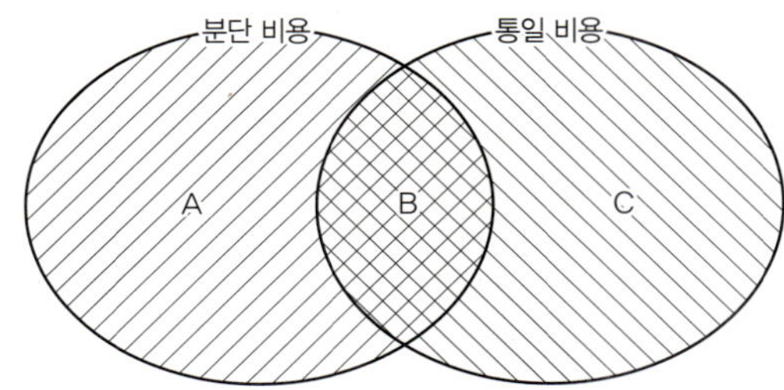

- 소모적인 비용의 성격보다 생산적 투자 비용의 성격을 지닌다.

❶ (A / B / C)

- 분단이 지속되는 한 지속적으로 발생한다.

❷ (A / B / C)

- 군사 대결 비용인 국방비, 이산가족과 국군 포로 가족의 슬픔과 고통 등이 이에 해당한다.

❸ (A / B / C)

적용하기 Q10 통일에 사용되는 여러 가지 비용에 대한 설명으로 적절하지 <u>않은</u> 것은?

① 통일 비용에는 사회, 문화적 통합 비용이 포함된다.
② 분단 비용에는 국방비, 이산가족의 아픔 등이 포함된다.
③ 남북이 통일된 이후에는 더 이상 분단 비용이 지출되지 않는다.
④ 분단 비용과 통일 비용은 바람직한 통일을 위해 증가되어야 한다.
⑤ 통일 비용은 분단 비용과 달리 통일 한국 건설을 위한 생산적 투자 비용이다.

HOW & WHY 정답 01. 분단 02. 국방비 03. 통일 04. 투자 05. ○ 06. ○ 07. ○ 08. × 09. ❶ C ❷ A ❸ A 10. ④

주제 1 통일 문제를 둘러싼 쟁점

족집게 전략 | 통일에 대한 찬성과 반대의 이유, 대북 문제 해결책 모색, 북핵 문제, 북한 인권 문제 등 통일 문제를 둘러싼 쟁점에 대해 파악해본다.

접근 전략

❶ 통일 문제를 둘러싼 쟁점 파악	❷ 선택지 적용
통일과 관련된 다양한 쟁점이 되는 내용들을 파악한다.	❶에서 구분한 통일 문제에 대한 서술과 선택지의 각각의 내용이 알맞은 것인지 꼼꼼하게 파악한다.

310 대표 문항

| 평가원 기출 |

다음 토론의 핵심 쟁점으로 가장 적절한 것은?

> 갑 : 민족은 근대화라는 특정한 사회적 조건에서 등장한 '상상된 공동체'라고 할 수 있어.
> 을 : 그렇지 않아. 민족은 고대 이래 혈연, 언어를 공유하는 실체로 지금까지 존재해 왔어.
> 갑 : 민족은 혈연이나 언어가 아니라 구성원의 의지에 기초한 공동체야. 그러니까 민족은 '매일 매일의 국민 투표'에 의해 결정된다는 비유도 가능해.
> 을 : 민족은 대대로 이어진 원초적 유대로 결속된 집단이야. 그래서 개인이 자기 의지대로 민족을 선택하는 건 불가능해.

① 민족은 언제부터 어떤 요소에 의해 형성되어 왔는가?
② 민족이 등장한 근대 이후의 사회적 조건은 무엇인가?
③ 민족의 구성 요소는 근대화 과정에서 왜 변화하였는가?
④ 민족 구성원의 의지는 원초적 유대를 어떻게 강화하는가?
⑤ 민족 형성이 민주주의 발전과 병행했던 이유는 무엇인가?

311

| 교육청 기출 |

(가), (나)의 입장만을 〈보기〉에서 있는 대로 고른 것은?

> (가) 통일은 이익과 손해를 떠나 인도주의적 차원의 관점에서 반드시 되어야 되는 과제야.
> (나) 현실적으로 통일에 있어 비용과 편익의 문제를 다루어야 하며, 이를 통해 통일의 여부를 고려해야 해.

보기
ㄱ. (가) : 당위적인 관점에서 통일은 이루어져야 한다.
ㄴ. (나) : 민족 전통성 계승 차원에서 통일이 필요하다.
ㄷ. (나) : 경제적 실익을 고려하여 통일이 논의되어야 한다.
ㄹ. (가), (나) : 막대한 통일 비용이 부담되기 때문에 통일은 유보되어야 한다.

① ㄱ, ㄷ   ② ㄱ, ㄹ   ③ ㄴ, ㄹ
④ ㄱ, ㄴ, ㄷ   ⑤ ㄴ, ㄷ, ㄹ

312

그림은 통일이 필요한 이유에 대한 설문 조사 결과이다. 결과에 대한 학생들의 설명으로 적절하지 <u>않은</u> 것은?

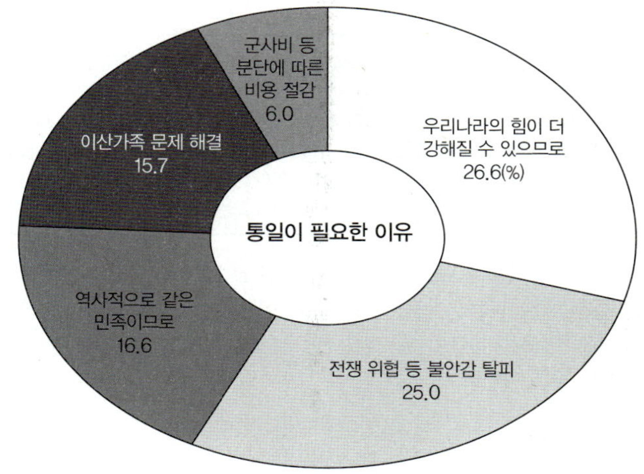

① 갑 : 통일 이후에는 국력이 증가될 것이라고 보고 있어.
② 을 : 이산가족의 고통을 해소하는 것도 통일이 필요한 이유야.
③ 병 : 분단 비용 절감을 통일의 가장 중요한 이유로 삼고 있어.
④ 정 : 통일이 필요한 이유로 전쟁이 소멸된 평화를 원하고 있어.
⑤ 무 : 역사적으로 한 민족이라는 점도 통일이 필요한 근거로 제시되네.

313

다음은 신문 칼럼이다. ㉠에 들어갈 제목으로 가장 적절한 것은?

> 제○○호   ○○신문   ○○○○년 ○월 ○일
>
> ㉠
>
> 통일은 반드시 이루어져야 하는 민족 최대의 과업임에도 불구하고 우리 사회에서 통일의 필요성에 대한 부정적이고 회의적인 시각이 대두되고 있다. 분단의 장기화로 인해 국민들의 관심이 감소하고 통일 비용에 대한 부담감이 커지면서 통일의 당위성에 대한 논란이 가중되어 '남남(南南) 갈등'이 발생하고 있는 것이다. 그러므로 통일을 위해서는 이러한 '남남 갈등'을 극복하려는 노력이 우선되어야 한다. …(후략)…

① 통일 비용을 증대하여 통일 이후를 준비해야 한다.
② 통일에 대한 국민적 공감대 형성이 우선되어야 한다.
③ 현실적 평화를 지속하기 위해 분단을 유지해야 한다.
④ 통일을 위해 남북 간의 정치적 교류를 우선해야 한다.
⑤ 경제 격차를 최소화하여 남북 간의 이념 갈등을 극복해야 한다.

314 고난도

갑, 을의 입장에 대한 옳은 설명만을 〈보기〉에서 있는 대로 고른 것은?

> 갑 : 통일을 하려면 남북한의 격차를 줄이기 위해 들어가는 비용이 너무 커. 독일도 통일 이후 통합의 과정에서 막대한 통일 비용이 발생했는데, 지금 현재의 남북한 경제적 격차를 고려하면 우리도 적지 않은 통일 비용이 들어갈 것으로 생각돼. 따라서 통일을 하지 않았으면 좋겠어.
>
> 을 : 아니야. 통일은 오히려 군사비와 같이 분단 상태에서 과도하게 소모되는 분단 비용을 해소해줘. 지금 현재 남북한 모두 인구 및 경제 규모 대비 적정 수준 이상의 군사비를 지출하고 있는데, 분단이 지속될수록 이러한 비용은 지속적으로 지출돼. 따라서 이러한 소모적인 비용을 줄이기 위해 통일은 필요하다고 생각해.

┌─ 보기 ─
ㄱ. 갑은 통일 비용을 위한 조세 부담 증가를 근거로 분단을 유지하자고 본다.
ㄴ. 갑은 실향민의 아픔과 고통을 해결하기 위해 통일이 필요하다고 본다.
ㄷ. 을은 통일을 찬성하는 근거로 실용주의적 측면에 근거하여 필요하다고 본다.
ㄹ. 갑, 을은 통일을 통해 군사비가 감소할 수 있다는 근거로 통일을 지지하고 있다.

① ㄱ, ㄷ ② ㄱ, ㄹ ③ ㄴ, ㄹ
④ ㄱ, ㄴ, ㄷ ⑤ ㄴ, ㄷ, ㄹ

315

다음 칼럼에서 강조하는 내용으로 가장 적절한 것은?

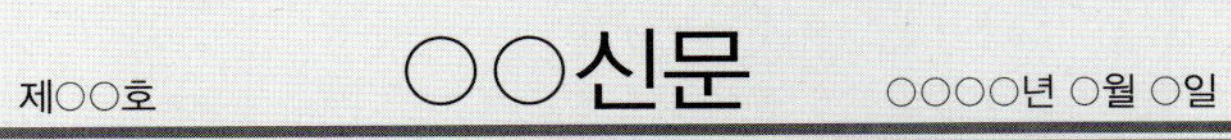

○○신문

제○○호　　○○○○년 ○월 ○일

인권은 인간이라면 누구나 누려야 할 인류 보편 가치를 위한 권리이다. 하지만 북한은 국제 연합 회원국이지만, 최소한의 인권을 보장해야 할 의무를 제대로 이행하고 있지 않다. 북한은 1인 독재 체제로 주민의 정치 참여를 제한하고, 개인의 자율성과 선택권을 제한하며, 출신 성분에 따라 계층을 분류하여 교육 기회, 사회 이동, 법적 처벌 등을 달리하고 있다. 그뿐만이 아니라 북한 주민들은 기본적인 의식주를 제공받지 못하여 생존권을 위협받고 있다. 따라서 국제 사회와 우리 정부는 북한 주민의 인권 상황을 개선하기 위해 노력해야 한다.

① 북한 주민의 인권 보장을 위해 국제 사회 공조가 필요하다.
② 북한의 변화를 유도하기보다 현 상황을 유지하는 것이 바람직하다.
③ 북한의 의식주 문제는 북한의 자체 노력을 통해서 해결되어야 한다.
④ 북한 주민의 기본적 권리 보장을 위해 출신 성분에 따라 계층을 분류해야 한다.
⑤ 북한 주민의 인권 개선을 위해 북한을 국제 연합 회원으로 가입시켜야 한다.

316

⊙, ⓒ에 대한 설명으로 옳지 <u>않은</u> 것은?

명칭	특징
⊙	분단으로 인해 소요되는 비용으로 남북한 사이의 대결로 발생하는 유무형 비용
ⓒ	통일 이후 남북한의 격차를 해소하고 이질적 요소를 통합하기 위해 지출되는 비용

① ⊙에는 이산가족의 고통과 같은 무형의 비용도 포함된다.
② ⊙은 한반도 정세의 불안으로 인해 발생하는 전쟁의 공포가 포함된다.
③ ⓒ은 통일 이전에 평화 정착을 위해 지불해야 할 비용을 의미한다.
④ ⓒ은 남북한 통일 과정에서 북한 주민의 복지 증진에 사용되는 비용도 포함된다.
⑤ ⓒ은 ⊙과 달리 단순히 소모적인 성격이 아닌 투자적 성격의 비용이다.

317

그림의 수업 장면에서 교사의 질문에 대해 옳게 대답한 학생을 있는 대로 고른 것은?

① 갑, 병 ② 을, 병 ③ 을, 무
④ 갑, 병, 정 ⑤ 을, 정, 무

주제 2 통일이 지향해야 할 가치

족집게 전략 | 통일이 지향해야 할 가치와 방향에 대해 모색해보고 통일 한국이 지향해야 할 이상적인 모습에 대해 이해가 필요하다.

접근 전략

❶ 통일이 지향해야 할 가치 이해	❷ 선택지 적용
이상적인 통일을 이루기 위한 경제, 사회문화 등 바탕 조건에 대해 이해해본다.	❶에서 구분한 입장에 따라 선택지에서 서술하고 있는 각각의 내용이 알맞은 것인지 꼼꼼하게 파악한다.

---

318 **대표 문항**
| 평가원 기출 |

다음 글을 통해 우리나라의 분단 상황을 극복하는데 있어 얻을 수 있는 시사점으로 가장 적절한 것은?

> 갑작스럽게 통일이 이루어진 이후, 동서독 주민들은 통일 이전의 상이한 체제에서 비롯된 사고방식과 정서의 차이로 심각한 갈등을 겪었다. 서독인은 동독인을 가난하고 게으르다는 의미인 '오씨(Ossi)'로, 동독인은 서독인을 거만하고 잘났다는 의미인 '베씨(Wessi)'로 부르는 현상이 나타났다.

① 남북한의 조속한 통합을 위해 외형적인 통일을 강조해야 한다.
② 국제적 합의를 통해 남북 통일에 대한 공감대를 형성해야 한다.
③ 정치·군사적 방식을 통해 하나의 민족 공동체를 수립해야 한다.
④ 동북아 다자 안보를 토대로 한반도 평화 체제를 구축해야 한다.
⑤ 사회·문화적 교류의 확대를 통해 남북한의 이질성을 줄여야 한다.

319
| 평가원 기출 |

그림의 대화에서 병의 질문에 대한 답변으로 가장 적절한 것은?

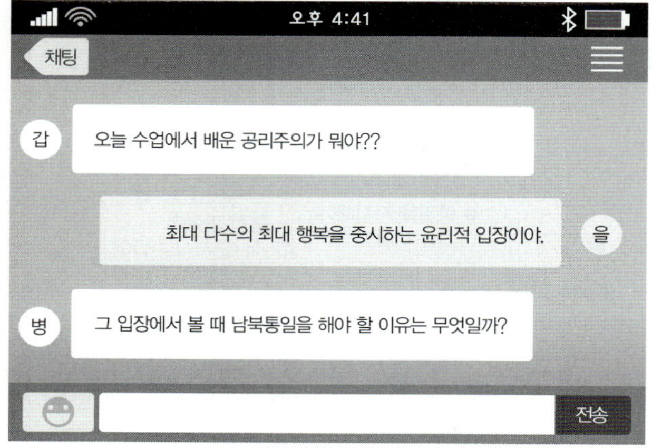

① 우리 민족 최대의 역사적 의무니까.
② 손상된 민족의 자긍심을 되찾아야 하니까.
③ 우리는 역사와 전통이 같은 한 핏줄이니까.
④ 분단보다 통일이 우리에게 더 큰 이익을 주니까.
⑤ 남북 간의 이질화를 막고 동질성을 회복해야 하니까.

320
| 평가원 기출 |

갑, 을의 입장만을 〈보기〉에서 있는 대로 고른 것은?

> 갑 : 세계화로 우리의 정체성이 흔들리고 있어. 따라서 단일 혈통, 언어, 역사 등과 같은 요소를 공유하는 우리 민족의 이익을 최우선으로 삼아야 해.
> 을 : 지구촌 시대에는 그러한 요소보다는 새로운 민족의식을 정립하여 다른 민족에 대해 개방적인 태도를 길러야 해.

〈보기〉
ㄱ. 갑은 민족의 객관적 요소를 바탕으로 민족 정체성을 추구한다.
ㄴ. 갑은 인류의 보편적 가치에 근거한 민족 정체성을 추구한다.
ㄷ. 을은 열린 공동체 의식에 근거한 민족 정체성을 중시한다.
ㄹ. 을은 민족 구성원이 아닌 세계 시민으로서의 삶을 지향한다.

① ㄱ, ㄴ   ② ㄱ, ㄷ   ③ ㄴ, ㄷ   ④ ㄴ, ㄹ   ⑤ ㄷ, ㄹ

321

다음 글을 읽고 추론할 수 있는 바람직한 통일 방안으로 적절한 것은?

> 보수 시민 단체와 진보 시민 단체에서 일하는 실무자들의 통일관은 서로 화합하기 어려운 뚜렷한 차이가 있다는 연구 결과가 나왔다. 보수 진보 모두 중요한 역점 사업으로 통일 문제를 꼽았지만, 통일을 바라보는 인식 차이는 뚜렷하다. 이러한 입장의 차이는 통일 정책을 수립하는 데 어려움을 주고 있다. 따라서 보수와 진보 단체를 포함하여 전체 국민들의 광범위한 여론 수렴이 필요하다.

① 통일 문제는 전문가 집단에 맡겨야 한다.
② 통일 문제는 이념에 치중해 바라보아야 한다.
③ 통일 문제는 정부 주도로 일방적으로 해결되어야 한다.
④ 통일 문제는 국민들의 합의를 전제로 논의되어야 한다.
⑤ 통일에 대한 입장 차를 부각시키는 방향으로 정책이 수립되어야 한다.

322

독일 통일에서 발생한 문제점을 통해 우리나라의 통일을 이루기 위해 얻을 수 있는 시사점으로 가장 적절한 것은?

> 독일은 대화와 타협을 통해 평화적인 통일을 이끌어내었지만, 통일은 갑작스럽게 이루어져 졌기 때문에 통일 이후 여러 문제에 직면했다. 특히 서독 주민들과 동독 주민들은 통일 이전의 사고 방식과 서로에 대한 이해 부족으로 심각한 갈등을 겪었다. 서독 사람은 부담해야 할 통일 비용에 대해 불만이 많았고, 동독 지역 사람들은 자신이 통일 독일 사회에서 2등 시민으로 취급받는다면서 불평하고 있다.

① 남북한의 차이를 부정하고 단일 문화를 정착시켜야 한다.
② 남북한의 사회·문화적 통합을 위한 노력이 선행되어야 한다.
③ 남북한의 통일은 법적·제도적 통합으로만 가능함을 알아야 한다.
④ 남북한의 사회·문화적 교류보다 체제 통합을 먼저 이루는 것이 중요하다.
⑤ 남북한 주민들의 최소한의 생계유지를 보장하기 위한 경제적 지원이 필요하다.

323

다음 대화에서 ㉠에 들어갈 말로 가장 적절한 것은?

> 갑 : 분단으로 인해 지난 60년 간 서로 다른 정치, 경제 체제 속에서 상이한 사고방식과 가치관, 생활 방식을 지니게 되어, 남과 북이 서로 쉽게 화합을 이루기 어렵지.
> 을 : 그러면 사회 통합을 어떤 방식으로 이끌어 내야 할까?
> 갑 : 우선 스포츠 교류, 문화 교류 등의 비정치적 교류를 통해 남북이 신뢰를 쌓아가고, 정치·군사 분야에서도 통합을 이끌어내는 방향으로 가야겠지.
> 을 : 정리해보면 통일을 이루기 위해서는 ________㉠________

① 정치적 통합이 무엇보다 우선하다는 뜻이구나.
② 주변국과의 협력 강화가 가장 중요하다는 뜻이구나.
③ 경제적 실익을 우선적으로 고려해야 한다는 뜻이구나.
④ 단일 민족 구성을 위한 정치적 합의가 가장 중요하다는 뜻이구나.
⑤ 상호 신뢰를 구축하기 위한 문화적 교류를 우선해야 한다는 뜻이구나.

324

(가)의 글의 입장에서 (나)의 질문에 대한 대답으로 옳은 진술만을 〈보기〉에서 있는 대로 고른 것은?

(가)	통일은 손상된 민족 정체성을 회복하고 민족 역량을 결집해 한반도에 평화와 번영을 가져다 줄 수 있다. 또한 통일은 동북아시아 긴장을 완화하여 세계 평화에 기여할 수 있다. 우리는 통일로 인한 혼란을 최소화하고, 주변 국가들의 안전과 세계 평화에 기여할 수 있도록 남북한의 동질성을 찾아 확대해 가는 단계적인 통일을 지향해야 한다.
(나)	바람직한 통일 방법은 무엇일까?

> [보기]
> ㄱ. 국민적 합의를 토대로 민주적으로 통일을 이루어야 한다.
> ㄴ. 전쟁과 폭력이 아닌 평화적인 방법으로 통일을 이루어야 한다.
> ㄷ. 주변국과의 협력을 강화하여 그들이 통일을 지지하도록 유도해야 한다.
> ㄹ. 먼저 정치 체제를 통합한 후 사회 문화적 교류를 통해 민족 동질성을 회복해야 한다.

① ㄱ, ㄴ　　　② ㄱ, ㄹ　　　③ ㄷ, ㄹ
④ ㄱ, ㄴ, ㄷ　　　⑤ ㄴ, ㄷ, ㄹ

325 고난도

(가) 사상가의 입장에서 (나)의 ㉠에 들어갈 내용으로 가장 적절한 것은?

(가)	한 행위가 가져다주는 쾌락의 총량과 고통의 총량을 계산해 보라. 이 둘을 비교하여 차감했을 때 쾌락 쪽이 남는다면 그 행위는 관련자 전체 또는 개인들이 모인 사회와 관련하여 일반적으로 좋은 성향을 지니는 것이라고 할 수 있다. 그러나 만일 고통 쪽이 남는다면 일반적으로 나쁜 성향을 지닌 것이라고 할 수 있다.
(나)	남북 통일은 이루어져야 한다. 그 이유는 ________㉠________

① 손상된 민족의 자긍심을 회복해야 하기 때문이다.
② 같은 역사와 전통을 지닌 하나의 민족이기 때문이다.
③ 평화와 인권 등 보편적 가치를 실현해야 하기 때문이다.
④ 분단보다 통일이 우리에게 더 큰 이익을 가져오기 때문이다.
⑤ 남북 간의 격차를 해소하고 동질성을 회복해야 하기 때문이다.

21강 지구촌 평화의 윤리

주제 1 국제 분쟁의 해결과 평화

1. 지구촌 시대의 국제 분쟁

(1) 국제 분쟁의 원인과 사례

자원 분쟁	동중국해에 매장된 천연 가스와 석유를 놓고 중국과 일본이 서로 영유권을 주장하며 분쟁중임
종교 분쟁	영국으로부터 인도와 파키스탄이 독립한 후 카슈미르 지역에서 힌두교를 믿는 인도인과 이슬람교를 믿는 파키스탄인 간에 분쟁이 발생함
영토 분쟁	팔레스타인 지역에 이스라엘이 국가를 수립하면서 유대인과 아랍인 간 여러 차례 영토 분쟁이 발생함
인종 및 민족 간 분쟁	케냐에서 대통령 선거에서 부정이 있었다는 의혹으로 서로 다른 후보를 지지하는 민족 간 분쟁이 발생함

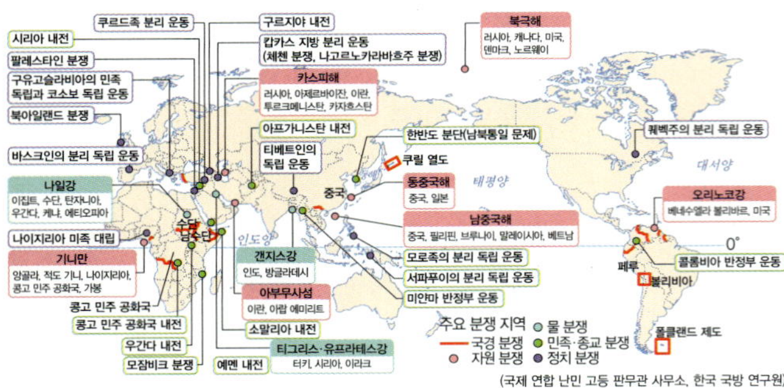

⟨세계의 주요 분쟁 지역⟩

(2) 국제 분쟁의 윤리적 문제

① 지구촌 평화를 위협함

② 인간 존엄성과 정의 훼손 → 반인도적 범죄를 자행함

2. 국제 분쟁 해결의 다양한 입장

(1) 현실주의적 입장

① "국제 정치는 국가의 이익의 관점에서 정의된 권력을 위한 투쟁이다."

② 대표적인 사상가 : 모겐소

③ 국가의 이익이 도덕성과 충돌한다면 국가의 이익을 우선시해야 함

④ 분쟁 해결 방법 : 국가의 힘을 키워 세력 균형을 유지하여 분쟁을 해결해야 함

(2) 구성주의적 입장

① "국제 관계는 국가 간 상호 작용을 통해 구성된다."

② 대표적인 사상가 : 웬트

③ 국가는 상대국과의 상호 작용을 통해 정체성을 형성하고 관계를 정립함

④ 분쟁 해결 방법 : 자국과 상대국의 긍정적인 상호 작용을 통해 분쟁을 해결해야 함 ┐ 갈등과 대립을 완화하기 위한 요소로
경제·사회·문화 등을 중시하는 입장

(3) 이상주의적 입장

① "국제 분쟁은 국가 간 도덕성을 확보해야 해결된다."

② 대표적인 사상가 : 칸트

③ 국가의 이익보다 인간의 존엄성, 자유, 평등 등 보편적인 가치를 달성해야 함

④ 분쟁 해결 방법 : 국제기구, 국제법, 국제규범 등 제도 개선을 통해 집단 안보를 형성하여 분쟁을 해결해야 함

3. 국제 평화의 중요성

(1) 칸트의 영구 평화론

① 영원한 평화를 위해 세 가지 확정 조항을 제시함

② 폭력과 전쟁에서 벗어나기 위해 각 국가가 국제법 적용을 받는 평화 연맹을 구성할 것을 요청함 ┐ 갈퉁은 칸트의 영구 평화론이 소극적
평화를 달성하는 데 의의가 있지만
소극적 평화만으로는 진정한 평화에
도달할 수 없다고 보았음

(2) 갈퉁의 적극적 평화

① 평화 : 소극적 의미의 평화와 적극적 의미의 평화로 구분

소극적 의미의 평화	직접적인 폭력과 전쟁, 테러, 범죄 등으로부터 해방된 상태
적극적 의미의 평화	직접적인 폭력뿐만 아니라 빈곤, 정치적 억압, 종교적 차별과 같은 사회의 구조적·문화적 폭력이 제거되어 인간답게 살아갈 수 있는 상태

② 소극적 평화를 넘어서 적극적 평화를 이루어야 함

자료로 살펴보기

■ **갈퉁의 적극적 평화**

전쟁이 없는 상태를 넘어 모든 종류의 폭력이 없거나 감소한 상태가 평화이다. 이러한 평화를 저해하는 직접적이고 구조적인 폭력과 이를 정당화하는 문화적 폭력은 평화적 수단으로 해소해야 한다.

갈퉁은 평화를 단순하게 전쟁이 없는 상태로 보는 것을 편협한 시각이라고 지적한다. 전쟁과 같은 폭력 외에도 다양한 수준의 폭력이 존재하며, 각 폭력은 상호 작용하며 서로 영향을 미친다. 그는 이러한 다양한 폭력들을 모두 제거해야 진정한 평화가 달성될 수 있다고 본다.

이렇게 출제돼! 국제 분쟁의 해결에 있어 현실주의적 입장과 구성주의적 입장과 이상주의적 입장의 차이를 구분해두어야 해. 그리고 평화에 대한 갈퉁과 칸트의 시각을 각각 깊이 있게 이해해야 해.

주제 2 국제 사회에 대한 책임과 기여

1. 국제 사회에 대한 책임

(1) 세계화의 의미와 특징 : 정치·경제·문화·교육 등 다양한 분야에서 국제 사회의 상호 의존성이 심화되어가는 현상

(2) 세계화의 영향

① 세계화의 긍정적 측면

- 창의성과 효율성 확대 → 공동의 번영이 가능함
- 다양한 문화의 교류 → 전 지구적 차원의 문화 공존 가능

② 세계화의 부정적 측면

- 상업화·획일화된 선진국 중심의 문화로 편입됨
- 강대국 중심으로 이루어지는 시장과 자본의 독점으로 인한 국가 간의 빈부 격차 확대

(3) 국제 정의와 국가 간 빈부 격차의 문제

① 국제 정의 → 반인도주의적 범죄와 빈곤 문제를 해결하고 지구촌 구성원 모두의 인간다운 삶을 유지하기 위해 국제 정의를 실현할 필요가 있음

형사적 정의	• 법에 따른 정당한 처벌을 통해 실현되는 정의 • 테러, 학살, 인신매매, 납치 등 반인도주의적 문제에 있어서 국제 형사 재판소의 범죄자 처벌, 국제 형사 경찰 기구의 국제 범죄 수사 공조 등을 통해 형사적 정의가 실현되어야 함
분배적 정의	• 가치나 재화의 공정한 분배를 통해 실현되는 정의 • 국가 간 경제 격차가 심화되면서 분배적 정의가 중요한 문제로 대두됨 • 공적 개발 원조를 통해 빈곤 국가의 경제 개발과 사회 복지를 돕는 자금을 지원하고 기술 협력을 제공함

② 국제 정의를 해치는 문제

• 반(反)인도주의적 범죄 : 전쟁이나 집단 학살 등과 같이 인간 존엄성을 훼손하는 행위
• 세계 빈곤 문제 : 통합된 세계시장 안에서 발생하는 구조적 문제로, 국가 간에 일어나는 빈부 격차 → 절대적 빈곤, 기아

③ 국가 간 빈부 격차의 문제

• 인간다운 삶을 어렵게 함 : 절대 빈곤에 따른 굶주림과 질병으로 고통받는 사람들
• 지구촌의 분배 정의 실현을 가로막음 : 남북 문제 같은 분배 정의 문제 발생 → 북반구에 위치한 선진국과 남반구에 위치한 개발 도상국 사이의 경제적 격차에서 발생하는 문제

④ 국제 정의를 실현하기 위한 국제 사회의 노력

국제 형사 재판소	• 반인도주의적 범죄와 관련된 처벌과 보상 문제 해결을 위해 필요 • 반인도주의적 범죄의 가해자를 처벌하고 국제 사회의 정의 실현
공적 개발 원조 (ODA)	• 개발 도상국의 경제 발전과 복지 향상에 기여, 국제 사회의 분배적 정의 실현 • 방법 : 경제적 지원, 기술 이전 등

2. 해외 원조의 윤리적 근거

(1) 의무의 관점

① 싱어 → 공리주의적 입장

• 해외 원조의 목적은 인류 전체의 고통을 감소시켜주는 것임
• 빈곤으로 고통 받는 사람의 고통을 줄여주는 것은 윤리적 의무임
• 자신에게 꼭 필요하지 않은 소득의 일정 부분을 적극적으로 기부할 것을 제안함

■ 싱어의 해외 원조에 관한 관점

우리가 만약 어떤 사람에게 매우 나쁜 일이 일어나는 것을 방지할 힘을 가지고 있고, 그 나쁜 일을 방지함으로써 우리의 중요한 일이 희생되지 않는다면 우리는 그렇게 해야만 한다. 우리가 이 원칙에 따라 행위를 한다면 우리의 삶과 세계는 근본적으로 바뀔 것이다. 우리는 절대 빈곤에 빠진 사람들을 도울 의무가 있다. 돕지 않는 것은 나쁜 일일 것이다. 돕는 것은 칭찬할 만한 가치가 있다. 이러한 행위는 자선적 행위가 아니며 모든 사람이 마땅히 해야 하는 행위이다.

– 싱어, "실천 윤리학"

싱어는 해외 원조는 윤리적 차원의 의무로 본다. 그는 이러한 윤리적 의무가 인류에게 주어진 보편적 의무이기 때문에, 빈곤으로 고통 받는 이들에 대한 원조의 기부를 보다 적극적으로 해야 한다고 주장하였다.

---

② 롤스

• 해외 원조의 목적은 무질서로 고통 받는 사회가 '질서 정연한 사회'로 이행하도록 돕는 것임 → 빈곤국일지라도 질서 정연한 사회로 진입했다면 원조를 할 필요가 없다고 주장함
• 해외 원조를 경제적 분배의 과정으로 보아서는 안 되며, 고통 받는 사회의 자생력을 키워주는 것이어야 함
• 인권이 제도적으로 보장되는 질서 정연한 사회로 이행된 이후에는 원조를 중단해야 함

■ 롤스의 해외 원조에 관한 관점

원조의 목적은 고통을 겪는 사회가 자신의 문제들을 합당하게, 합리적으로 관리할 수 있도록 도와주어 결과적으로 그 사회가 질서 정연한 사회가 되도록 하는 것이다. 이러한 목표가 성취된 후에는 비록 여전히 빈곤하다고 할지라도 더는 원조할 필요가 없다. 국가 간의 부와 복지의 수준은 다양할 수 있고 그럴 것으로 추정된다. 그러나 이런 부와 복지의 수준을 조정하는 것은 원조 의무의 목표가 아니다.

– 롤스, "만민법"

롤스는 해외 원조의 목표는 경제적 원조가 아니라 불리한 여건의 사회 제도나 구조를 개선하여 질서 정연한 사회로 만드는 것이라고 주장하였다. 따라서 그는 차등의 원칙을 국제 사회에 적용하는 것을 반대하고 있다.

(2) 자선의 관점

① 노직

• 해외 원조는 의무가 아닌 선의를 베푸는 자선의 개념으로 보아야 함
• 한 개인의 정당한 과정을 거쳐 취득한 재산은 누구도 침해할 수 없는 배타적 소유권을 지님
• 해외 원조에 대한 어떠한 책임이나 의무도 존재하지 않는다고 봄

② 문제점 : 원조가 자율적 선택의 문제가 되어 세계 빈곤 문제를 적극적으로 해결하기 어려움 → 노직은 개인이 정당한 절차를 통해 취득한 재산에 관해 절대적·배타적 소유권을 지니므로 해의 원조나 기부를 의무로 강제할 수 없다고 보았음

3. 국제 사회의 기여 노력

(1) 해외 원조의 목적

① 인도주의적 차원에서 인류의 존엄성 실현을 위한 해외 원조가 필요함
② 원조 공여국은 자국의 이해관계나 외교 정책의 하나로 원조를 함 → 원조 수혜국의 필요에 따라 적정 수준의 원조를 제공할 필요가 있음

(2) 다양한 해외 원조

① 공적 개발 원조 : 원조 수혜국이 스스로 자립할 수 있도록 도움
② 일방적인 원조에서 벗어나 지속 가능한 개발 목표 이행과 연계하여 원조를 이행하고 있음
③ 다양한 국제 비정부 기구도 인류의 안녕을 위해 노력하고 있음

> **이렇게 출제돼!** 해외 원조의 의무와 자선의 입장 비교뿐만 아니라 그에 대한 싱어, 롤스, 노직의 입장을 보다 깊이 이해할 필요가 있으니, 해외 원조 방법과 목적에 주목하여 꼼꼼하게 비교해보세요!

핵심 개념 CHECK!

· 정답 및 해설 88쪽

✏️ 다음 확인 문제 중 옳은 것에 ○, 옳지 않은 것에 ✕를 표기하세요.

주제 1 국제 분쟁의 해결과 평화

01 국제 분쟁은 자율적 타협을 통해 쉽게 해결된다. ○ ✕

02 국제 분쟁이 종교와 민족 갈등과 결부되면 상호 간 적대감이 증폭될 수 있다. ○ ✕

03 국제 분쟁은 인류가 지향하는 보편적 가치를 훼손하는 윤리적 문제를 발생시킬 위험이 있다. ○ ✕

04 함정 헌팅턴은 문명 간의 충돌 가능성이 세계 평화의 가장 큰 위협 요소가 된다고 본다. ○ ✕

05 현실주의는 국익과 도덕성이 충돌할 때 국익보다 도덕성을 우선시해야 한다고 주장한다. ○ ✕

06 현실주의는 분쟁을 해결하기 위해서 국력을 키워 세력 균형을 유지해야 한다고 본다. ○ ✕

07 함정 구성주의는 각 국가의 정체성은 상대국과의 상호 작용과 무관하게 스스로 규정하는 것으로 본다. ○ ✕

08 구성주의는 국익은 자국과 상대국의 관계와 상호 작용에 의해 좌우된다고 본다. ○ ✕

09 함정 구성주의는 분쟁 해결을 위해 국제기구, 국제 법 등 제도의 개선으로 집단 안보가 형성되어야 한다고 본다. ○ ✕

10 이상주의는 분쟁 관계에서 국익보다 인류 보편적 가치를 고려해야 한다고 본다. ○ ✕

11 칸트는 국제적 사회 계약을 통해 연맹 체제를 단일 국가로 전환해야 한다고 본다. ○ ✕

12 칸트는 개별 국가의 시민적 정치 체제는 공화적 체제를 갖추어야 한다고 본다. ○ ✕

13 칸트는 영구 평화를 위해 연맹 체제의 단계에서도 개별 국가의 주권은 인정되어야 한다고 본다. ○ ✕

14 함정 칸트는 연맹의 확산을 통해 국제 사회는 무정부적 자연 상태에 머물러 있어야 한다고 본다. ○ ✕

15 갈퉁은 직접적 폭력과 전쟁, 테러, 범죄 등으로부터 해방된 상태인 소극적 평화를 진정한 평화로 규정한다. ○ ✕

16 함정 갈퉁은 진정한 평화를 달성하기 위해서는 다양한 폭력들을 모두 제거해야 한다고 본다. ○ ✕

17 적극적 평화는 인간 안보의 차원으로 평화의 의미를 확대한다. ○ ✕

18 소극적 평화는 빈곤, 억압, 차별 등이 모두 사라진 상태이다. ○ ✕

주제 2 국제 사회에 대한 책임과 기여

19 세계화가 진행되면서 국제 사회 상호 의존성은 더욱 약화되고 있다. ○ ✕

20 싱어는 공리주의적 입장에서 해외 원조가 인류에게 주어진 의무라고 본다. ○ ✕

21 싱어는 이익 평등 고려의 원칙에 따라 고통받는 사람들은 누구나 차별없이 도움을 받아야 한다고 본다. ○ ✕

22 싱어는 도움을 줄 대상을 자신이 속한 공동체의 구성원으로 한정해야 한다고 주장한다. ○ ✕

23 함정 싱어는 사회 내 부조와 해외 원조는 본질적으로 차이가 없다고 본다. ○ ✕

24 롤스는 해외 원조는 당위의 차원이 아니라 개인이 선택할 문제라고 본다. ○ ✕

25 롤스는 해외 원조의 목적은 빈곤국이 '질서 정연한 사회'로 이행하도록 돕는 것이라고 본다. ○ ✕

26 함정 롤스는 국제 사회의 최소 수혜자에게 가장 유리하도록 원조해야 한다고 본다. ○ ✕

27 롤스는 원조의 최종 목표는 국가 간의 경제적 불평등 해소라고 본다. ○ ✕

28 롤스는 모든 빈곤국을 원조의 대상으로 간주해야 한다고 본다. ○ ✕

29 함정 롤스와 싱어는 공통적으로 원조를 통해 모든 사회의 복지 수준을 일치시켜야 한다고 본다. ○ ✕

30 노직은 인류의 행복 증진을 위해 원조의 의무가 이행되어야 한다고 본다. ○ ✕

31 노직은 원조의 의무를 실행하기 위한 과세는 강제 노동과 같다고 본다. ○ ✕

32 롤스는 싱어와 달리 원조의 대상은 질서 정연한 빈곤국까지도 포함되어야 한다고 본다. ○ ✕

33 노직은 싱어와 달리 원조의 의무는 국경을 초월한 세계 시민적 의무라고 본다. ○ ✕

34 공적 개발 원조는 경제적 자원, 기술 이전 등을 통해 국제 사회의 형사적 정의 실현에 기여한다. ○ ✕

35 형사적 정의는 재화의 공정한 분배를 통해 실현된다. ○ ✕

36 싱어는 약소국에 대한 원조의 근거를 정치·문화적 측면에서 의무로 보았다. ○ ✕

37 싱어는 극빈자를 돕기 위해 소득의 1% 기부를 주장하였다. ○ ✕

롤스와 싱어의 해외 원조에 대한 입장은 어떻게 다를까?

개념 | 자료로 확인

■ 롤스의 해외 원조에 대한 입장

→ 롤스는 해외 원조에서 국가적 경계를 중시하는 국제주의의 관점을 취하고 있어.

> 질서 정연한 사회들의 장기 목표는 무법적 국가와 마찬가지로 고통받는 사회들을 질서 정연한 만민들의 사회로 가입시키는 것이어야 한다. 질서 정연한 만민은 고통받는 사회들을 원조해야 할 의무가 있다. …(중략)… 사회들 간의 부와 복지의 수준들은 다양할 수 있고, 그렇게 추정된다. 그러나 그러한 수준들을 조정하는 것은 원조 의무의 목표가 아니다. 단지 고통받는 사회들만이 도움을 필요로 한다. — 롤스, "만민법"
>
> *질서 정연한 사회: 구성원들의 선(善)을 증진해주고 구성원들이 동의한 정의의 원칙에 의해 효율적으로 규제되는 사회. 인권이 보장되고 민주적 의사 결정이 이루어지는 사회
> **고통받는 사회: 인권 보장이나 민주적 의사 결정 과정이 정착되어있지 않으며 다른 국가에 대해 공격적이지 않은 사회

롤스는 원조의 목적을 설정함에 있어, 자신이 주장한 차등의 원칙을 지구적 차원에서 적용하지 않는다. 따라서 원조의 목적을 부의 불평등 해결이 아니라 고통받는 사회가 질서 정연한 사회가 되도록 하는 것이라고 주장한다.

■ 싱어의 해외 원조에 대한 입장

→ 싱어는 지구적 차원에서의 원조를 강조하는 세계 시민주의적 관점을 취하고 있어.

> 정부를 압박하여 세계의 빈곤한 이들에 대한 원조를 늘리고 그러한 원조가 가능하면 효과적이게 만들도록 해야 한다. 그러나 정부가 그 책무를 다하지 않으려고 한다면 우리 또한 우리 자신의 책무에 따라 행위할 수 있고, 해야 한다. 원조 단체에 기부함으로써 우리 자신에게 도덕적으로 마찬가지로 중요한 어떤 것을 희생하지 않고서도 아주 나쁜 일들이 생기는 것을 우리가 중지시킬 수 있는 한 그러한 단체에 기부하는 것은 우리가 마땅히 해야 하는 일이다. — 싱어, "실천윤리학"

싱어는 원조를 통해 얻는 이익이 비용보다 클 경우 어떤 공동체의 구성원인지에 관계 없이 도움을 주어야 한다고 보는 입장이다. 그는 큰 희생 없이도 타국의 빈민을 도울 수 있다면 도와야 하고, 인류 전체의 공리 증진이라는 공리주의 입장에서 원조를 이행해야 한다고 주장한다.

개념 | 빈칸 채우기로 확인

■ 롤스의 해외 원조에 대한 입장

Q1 롤스의 원조의 목적은 불리한 여건으로 고통받는 사회를 (   )이/가 되도록 돕는 것이라고 본다.

Q2 롤스는 원조의 목적을 모든 인류의 복지 수준을 향상시키는 것이라 보는 입장에 대해 (   )한다.

■ 싱어의 해외 원조에 대한 입장

Q3 싱어는 고통을 감소시키고 쾌락을 증진시키는 것이 인류의 의무라고 본 (   )이다.

Q4 싱어는 굶주림과 죽음을 방치하는 것은 인류 전체의 (   )을/를 증가시키는 것이라고 본다.

개념 | O/X로 확인

Q5 롤스는 원조의 목적을 부의 불평등이 해소된 사회 건설이라고 본다. (○ / ×)

Q6 롤스는 해외 원조는 의무의 관점이 아니라 자선의 관점으로 접근해야 한다고 본다. (○ / ×)

Q7 싱어는 원조의 의무는 국경을 초월한 세계 시민적 의무라고 본다. (○ / ×)

Q8 싱어는 원조를 통해 모든 사회의 복지의 수준을 일치시켜야 한다고 본다. (○ / ×)

개념 | 벤다이어그램에 적용

연습하기 Q9 물음에 맞게 A / B / C에 표시하시오.

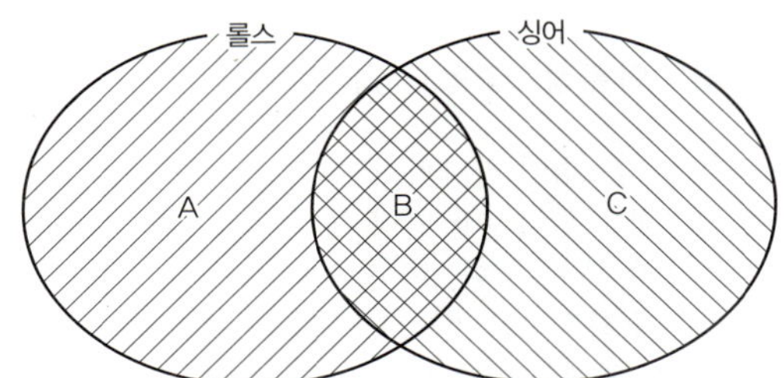

- 원조의 목적은 인류 전체의 행복을 증대시키는 것이다. ❶ (A / B / C)
- 원조는 자선이 아닌 당위의 차원에서 실시해야 한다. ❷ (A / B / C)
- 한 사회의 부와 복지의 수준을 결정하는 주된 요인은 정치문화이다. ❸ (A / B / C)

적용하기 Q10 롤스와 싱어의 입장을 다음 벤다이어그램으로 표현할 때 A~C에 해당하는 진술로 옳은 것은?

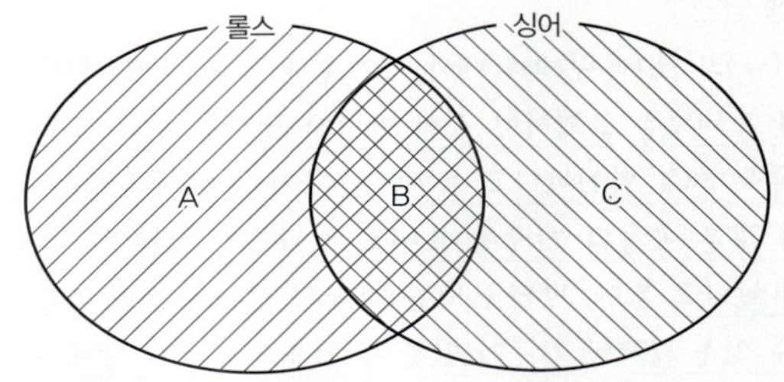

① A : 원조 대상자들의 국적은 도덕적으로 중요하지 않다.
② A : 원조는 빈곤한 모든 나라를 도와야 할 도덕적 의무이다.
③ B : 원조를 통해 모든 나라의 복지 수준을 일치시켜야 한다.
④ C : 원조는 인류의 고통 감소와 쾌락 증진을 위한 것이다.
⑤ C : 원조는 일정한 목표 수준을 넘어서면 중단될 필요가 있다.

HOW & WHY 정답 01. 질서 정연한 사회 02. 반대 03. 공리주의자 04. 고통 05. × 06. × 07. ○ 08. × 09. ❶ C ❷ B ❸ A 10. ④

주제 1 국제 분쟁의 해결과 평화

족집게 전략 | 국제 분쟁이 발생하는 원인과 그 해결책에 대한 방법론을 비교해서 이해해보자. 그리고 평화를 이해하는 칸트와 갈퉁의 입장에 대해 자세히 알아보자.

접근 전략

❶ 국제 분쟁 해결에 대한 입장 비교	❷ 선택지 적용
국제 분쟁을 바라보는 현실주의적 입장과 이상주의적 입장과 구성주의적 입장의 차이를 이해해본다.	❶에서 구분한 국제 분쟁의 해결에 대한 입장이 선택지에서 서술하고 있는 각각의 내용이 알맞은 것인지 꼼꼼하게 파악한다.

326 대표 문항
| 평가원 기출 |

그림은 서술형 평가 문제와 학생 답안이다. 학생 답안의 ⊙∼◎ 중 옳지 <u>않은</u> 것은?

> **서술형 평가**
>
> ◎ 문제 : (가), (나) 사상의 국제 관계에 대한 입장을 비교하여 서술하시오.
>
> > (가) 국제 관계는 사회적 상호 작용에 기초를 두고 있기 때문에 국가 정체성과 이익이 구성되는 과정을 분석하여 문화적 공통점을 찾아야 국제 체제의 안정을 가져올 수 있다.
> > (나) 국제 관계에서는 국가보다 상위의 중앙 권위가 없기 때문에 분쟁이 일어날 경우 오직 힘의 논리로 해결할 수밖에 없다. 따라서 국제 관계는 자기 이익이라는 관점에서 벗어날 수 없다.
>
> ◎ 학생 답안
>
> (가), (나)의 국제 관계에 대한 입장을 비교해 보면, (가)는 ⊙ 국가의 정체성은 고정적인 것이 아니라 국가들 간의 교류와 대화를 통해 계속 변화한다고 보며, ⓛ 국가 간에 공유하는 문화, 역사와 같은 공동의 기반을 토대로 조화로운 정체성을 형성해 나가야 한다고 본다. 반면 (나)는 ⓒ 국가 간에는 이익 충돌을 해결할 수 있는 강력한 기구가 있을 수 없으므로 국제 관계는 이기적 갈등이라는 틀을 벗어날 수 없다고 보며, 국제적인 분쟁 해결을 위해서는 ② 국가 간 인적, 경제적 교류를 통해 상호 이해를 증진하고 중립적인 국제기구의 역할을 강화해야 한다고 본다. 한편, ◎ (가), (나)는 모두 이익이 충돌하는 국제 관계에서 국제법과 국제 규범의 실효성에 한계가 있다고 본다.

① ⊙ ② ⓛ ③ ⓒ ④ ② ⑤ ◎

327
| 평가원 기출 |

그림 (나)는 어떤 서양 사상가의 글이다. 이 사상가의 입장에서 (가)의 물음에 대한 대답으로 가장 적절한 것은?

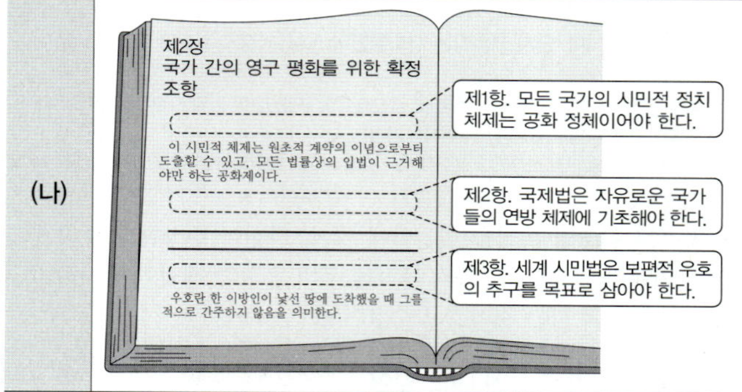

(가) 지구 상에는 국가들 사이의 전쟁이 끊임없이 발생하고 있다. 이러한 전쟁을 방지하고 세계 평화를 실현하기 위한 현실적 방안은 무엇일까?

① 전 세계를 통치하는 민주적인 세계 공화국을 수립해야 한다.
② 국제 사회의 갈등을 해결하기 위한 국제기구를 창설해야 한다.
③ 강대국 간에 서로 견제할 수 있는 세력 균형을 정립해야 한다.
④ 전쟁 방지를 위해 국제법을 폐지하고 자연법을 강화해야 한다.
⑤ 세계 평화를 실현하기 위해 개별 국가의 권력을 폐지해야 한다.

328
| 평가원 기출 |

다음 서양 사상가의 주장으로 옳지 <u>않은</u> 것은?

> 사회 계약에 기초하여 하나의 국가가 건립되듯이, 국제 관계도 국가들이 자발적으로 결성한 연맹 체제에 기초한 국제법을 통해 평화 상태로 들어설 수 있다. 이 상태에서만 국민의 모든 권리나 국가들의 소유가 확정적인 것으로 인정되고 참된 평화 상태가 될 수 있다. 이러한 연맹의 이념은 모든 국가로 확산되어야 하며, 영원한 평화로의 지속적 접근은 인간 및 국가의 의무로서, 그리고 권리에 기초한 과제로서 성립될 수 있다.

① 국제적 사회 계약을 통해 연맹 체제를 단일 국가로 전환해야 한다.
② 개별 국가의 시민적 정치 체제는 공화적 체제를 갖추어야 한다.
③ 연맹 체제의 단계에서도 개별 국가의 주권은 인정되어야 한다.
④ 세계 시민법은 인류의 평화적인 교류 조건에 한정되어야 한다.
⑤ 연맹의 확산을 통해 국제 사회는 자연 상태를 벗어나야 한다.

329
| 평가원 기출 |

갑, 을 사상가들의 입장으로 가장 적절한 것은?

갑 : 전쟁이 없는 상태를 넘어 모든 종류의 폭력이 없거나 감소한 상태가 평화이다. 이러한 평화를 저해하는 직접적이고 구조적인 폭력과 이를 정당화하는 문화적 폭력은 평화적 수단으로 해소해야 한다.

을 : 전쟁이 정의롭기 위해서는 전쟁 개시, 전쟁 수행 과정, 전쟁 종식과 평화 정책에서 정당성을 갖추어야 한다. 비록 개전의 측면에서 정당화될 수 없는 전쟁일지라도 그 수행 과정과 전후 처리는 정의로워야 한다.

① 갑 : 평화의 실현을 위한 폭력적 수단의 사용은 정당하다.
② 갑 : 모든 전쟁의 종식은 적극적 평화의 실현을 보장한다.
③ 을 : 전쟁 개시 이전에 평화적 수단을 동원할 필요는 없다.
④ 을 : 전쟁이 부당하게 개시되더라도 정당하게 종식될 수 있다.
⑤ 갑, 을 : 인명의 살상을 동반하는 어떠한 전쟁도 정의롭지 않다.

330 고난도↑
| 평가원 기출 |

다음 사상가의 주장으로 가장 적절한 것은?

세계 평화는 받는 것이 아니라 성취해야 하는 것이다. 평화란 모든 전쟁의 종결을 의미하므로 그 앞에 '영원한'이라는 수식어를 붙이는 것은 용어의 중복일 따름이다. 평화는 도덕적 입법의 최고 자리에 위치한 이성이 명령하는 보편적 의무이다. 국가들은 서로를 하나의 인격체로 대하고, 무력과 기만을 근절해 평화를 예비해야 한다. 공화국으로 전환한 계몽된 자유 국가들이 연방을 결성하고, 호혜적인 질서를 수립함으로써 평화를 확정해야 한다.

① 자유 국가들 간의 연방 단계에서 세계 정부를 수립해야 한다.
② 세계 시민법은 보편적 우호 조건을 규정하는 데 국한되어야 한다.
③ 도덕적 입법의 한계를 세계 정부의 강제력으로 보완해야 한다.
④ 세계 평화의 정착을 위해 개별 국가의 주권은 폐지되어야 한다.
⑤ 세계 평화는 실제로는 불가능하나 정치적 의무로 설정해야 한다.

331

갑은 긍정, 을은 부정의 대답을 할 질문만을 〈보기〉에서 있는 대로 고른 것은?

갑 : 인간의 본능은 힘과 권력을 추구하게 되어 있으며, 이 욕망을 제어할 국제 체제는 존재하지 않는다. 모든 국가는 정글과 같은 냉엄한 국제 환경 속에 살고 있다.

을 : 인간은 근본적으로 합리적인 존재이며, 전쟁은 대외 정책의 합리적인 수단이 아니다. 선한 사람은 결코 전쟁을 원하지 않으며, 이러한 전쟁은 상대국에 대한 오해나 잘못된 국제 제도로 인해 발생하는 것이다.

〈보기〉
ㄱ. 국제 규범과 국제기구를 통해 전쟁을 예방해야 하는가?
ㄴ. 국익이 도덕성과 충돌할 때 국익을 우선시해야 하는가?
ㄷ. 분쟁 해결을 위해 국력을 키워 세력 균형을 유지해야 하는가?
ㄹ. 자국과 상대국의 긍정적 상호 작용을 통해 분쟁을 해결해야 하는가?

① ㄱ, ㄴ　　② ㄱ, ㄹ　　③ ㄴ, ㄷ
④ ㄱ, ㄷ, ㄹ　　⑤ ㄴ, ㄷ, ㄹ

332

갑, 을, 병의 입장에 대한 설명으로 옳지 <u>않은</u> 것은?

갑 : "국제 사회에는 영원한 우방도 영원한 적국도 없다."라는 말에서 알 수 있듯 지구상의 모든 국가는 자국의 이익만을 추구한다. 국제 정치는 국가 이익의 관점에서 정의된 권력을 위한 투쟁이다.

을 : 국가들은 자국의 이익 뿐 아니라 대화와 협력을 통해 상호 이익을 도모하기도 한다. 국제 분쟁은 국가 간 도덕성을 확보함으로서 해결할 수 있다.

병 : 국가는 상대국과의 상호 작용을 통해서 정체성을 형성하고 관계를 정립한다. 국익은 자국과 상대국이 어떤 관계인지, 어떻게 상호 작용할 것인지에 좌우된다.

① 갑은 국제 관계에서 어떤 평화도 실현될 수 없다고 본다.
② 갑은 세력 균형을 통해 국제적 분쟁을 억제해야 한다고 본다.
③ 을은 집단 안보가 형성되어 국제 분쟁을 해결할 수 있다고 본다.
④ 을은 국제 질서는 세력 균형과 같은 정책에 의해 왜곡되어 있다고 본다.
⑤ 병은 국제 관계는 국가 간 상호 작용을 통해서 구성된다고 본다.

333

다음 사상가의 입장으로 가장 적절한 것은?

폭력은 "인간의 기본적인 욕구를 무시하는 것"이다. 종교와 사상, 언어와 예술, 과학과 법, 대중 매체와 교육 내부에도 폭력은 존재한다. 그러므로 진정한 평화는 물리적 폭력과 구조적인 폭력의 소멸은 물론 이를 정당화시켜주는 폭력까지 사라질 때 비로소 실현될 수 있다.

① 직접적 폭력은 사회 제도로부터 비롯되는 폭력이다.
② 직접적 폭력과 구조적 폭력은 폭력의 결과를 의도한 행위자가 존재한다.
③ 진정한 평화는 조직적이고 집단적인 폭력의 사용이 사라질 때 구현된다.
④ 문화적 폭력은 모든 폭력을 미화하거나 정당화하기 위한 수단으로 쓰인다.
⑤ 구조적 폭력과 문화적 폭력의 제거를 통해 소극적 평화를 달성할 수 있다.

주제2 국제 사회에 대한 책임과 기여

족집게 전략 | 해외 원조에 대한 자선의 입장과 의무의 입장을 구분해서 정리해보자. 그리고 의무의 입장에서도 롤스와 싱어의 입장 차를 정확히 이해해보자.

접근 전략

❶ 해외 원조에 대한 입장 비교

해외 원조에 대한 노직, 롤스, 싱어의 입장을 비교해보세요.
▶
❷ 선택지 적용

❶에서 구분한 입장에 따라 선택지에서 서술하고 있는 각각의 내용이 알맞은 것인지 꼼꼼하게 파악한다.

---

334 대표 문항
| 평가원 기출 |

갑, 을 사상가들의 입장으로 가장 적절한 것은?

> 갑 : 인권에 대한 강조는 무능한 정치체제나 국민의 복지에 무감각한 통치자들의 행동을 바꾸도록 작용할 수 있으며 기근 예방에도 도움이 될 것이다. 원조의 목적은 고통받는 사회가 질서 정연한 사회로 바뀌도록 돕는 데 있다.
>
> 을 : 인권 유린이 없거나 절대 빈곤 상태가 아니라 해서 개인을 돕는 일에 관계하지 않는 국제 정의의 원칙은 옳지 않다. 우리는 지구상 모든 사람의 이익을 평등하게 고려하여, 기본적 필요조차 충족되지 못한 개인들을 도와야 한다.

① 갑 : 원조의 목적은 국가 간 경제적 평등을 위한 분배 정의 실현이다.

② 갑 : 원조 대상국에게 인권 상황을 개선하도록 권고해서는 안 된다.

③ 을 : 원조 대상은 최대 효용의 원리에 따라 결정되어서는 안 된다.

④ 을 : 원조 주체의 과도한 희생이 없는 범위 내에서 원조해야 한다.

⑤ 갑, 을 : 원조는 고통받는 사회들 간의 부의 수준 조정을 지향해야 한다.

335
| 평가원 기출 |

갑, 을 사상가들의 입장으로 옳지 <u>않은</u> 것은?

> 갑 : 풍요로운 사회의 부유한 사람들은 빈곤으로 고통받는 전 세계 사람들을 위해 소득의 일부를 기부해야 한다. 이것은 모든 사람의 이익을 평등하게 고려하여 전 지구적인 의무를 공정하게 분담하는 것이다.
>
> 을 : 질서 정연한 만민은 불리한 여건으로 고통을 겪는 사회를 원조해야 한다. 이것은 고통을 겪는 사회가 자신의 문제를 합당하게 관리할 수 있게 도와서 그 사회가 질서 정연한 만민 사회의 구성원이 되도록 하는 것이다.

① 갑 : 원조 대상자의 국적은 도덕적으로 중요하지 않다.

② 갑 : 원조는 인류의 고통 감소와 쾌락 증진을 위한 것이다.

③ 을 : 원조는 일정 목표를 넘어서면 중단될 필요가 있다.

④ 을 : 원조를 통해 만민의 복지 수준을 일치시킬 필요는 없다.

⑤ 갑, 을 : 원조는 빈곤한 모든 나라를 도와야 할 도덕적 의무이다.

---

336 고난도↑
| 평가원 기출 |

(가)의 갑, 을, 병의 입장을 (나) 그림으로 표현할 때, A~D에 해당하는 적절한 진술만을 〈보기〉에서 있는 대로 고른 것은?

> **(가)**
>
> 갑 : 전 세계 사람들의 이익은 그 사람의 국적과 상관없이 동등하게 고려되어야 한다. 우리 모두는 세계 시민으로서 전 지구적 차원의 원조에 동참해야 한다.
>
> 을 : 우리를 불가침의 개인들로 간주하는 정의로운 국가는 최소 국가뿐이다. 원조는 개인의 자유로운 선택에 근거해야 한다.
>
> 병 : 만민은 정의롭거나 적정 수준의 사회 체제로 나아가는 데 있어서 불리한 여건으로 인해 고통받고 있는 사회의 국민들을 도와야 한다.

> **(나)**

<범 례>
A : 갑만의 입장
B : 을만의 입장
C : 병만의 입장
D : 갑과 병만의 공통 입장

〔보기〕
ㄱ. A : 원조는 인류의 행복 증진을 위한 의무 이행이어야 한다.
ㄴ. B : 원조의 의무를 실행하기 위한 과세는 강제 노동과 같다.
ㄷ. C : 원조의 대상은 질서 정연한 빈곤국까지도 포함해야 한다.
ㄹ. D : 원조의 최종 목표는 국가 간의 경제적 불평등 해소이다.

① ㄱ, ㄴ　　　② ㄱ, ㄹ　　　③ ㄷ, ㄹ

④ ㄱ, ㄴ, ㄷ　　　⑤ ㄴ, ㄷ, ㄹ

---

337 고난도↑
| 평가원 기출 |

갑, 을 사상가들의 입장으로 옳지 <u>않은</u> 것은?

> 갑 : 만민들의 사회의 기본 구조에서 일단 원조의 의무가 충족 되고 모든 만민이 자유주의적 정부나 적정 수준의 정부가 작동하는 상황에 이르게 되면, 상이한 만민 간의 평균적 부의 차이를 다시 좁혀야 할 이유는 없다.
>
> 을 : 기아의 원인은 인구 과잉이 아니라 가난한 나라 사람들에 대한 무관심이다. 선진국 사람들은 기아로 고통받는 사람들과 자신들의 이익관심을 동등하게 고려하여 넘쳐 나는 식량을 원조함으로써 인류 전체의 행복을 증진시켜야 한다.

① 갑 : 모든 국가의 복지 및 부의 수준을 일치시킬 필요는 없다.

② 갑 : 인권을 강조하는 것은 빈곤과 기아 문제 해결에 도움이 된다.

③ 을 : 사회 내 부조와 해외 원조 사이에 본질적인 차이는 없다.

④ 을 : 원조는 그 결과와 무관하게 빈곤자들에 대한 관심의 실천이다.

⑤ 갑, 을 : 절대 빈곤 해결을 위한 원조는 보편적 의무로 간주해야 한다.

338

갑, 을 사상가들의 입장으로 가장 적절한 것은?

> 갑 : 질서 정연한 사회들의 장기 목표는 고통받는 사회들을 질서
>   정연한 만민들의 사회로 가입시키는 것이어야 한다. 질서 정
>   연한 만민은 고통받는 사회를 원조해야 할 의무가 있다.
> 을 : 풍요로운 사회의 부유한 사람들은 빈곤으로 고통받는 전 세
>   계의 사람들을 위해서 그들의 소득 일부를 기부해야 한다.
>   모든 사람의 이익을 동등하게 고려하여 도덕적으로 상응하
>   는 중요한 것의 희생이 없다면 절대 빈곤으로 고통받는 사회
>   의 사람들을 마땅히 도와야 한다.

① 갑 : 빈곤과 기근 문제는 물질적 자원의 부족에 의해 발생한다.

② 갑 : 원조의 의무는 경제적 불평등이 해소될 때 중단되어야 한다.

③ 을 : 원조의 목적은 국가 간 부의 수준을 일치시키는 것이다.

④ 을 : 부를 분배하기 위한 전 지구적 단일 기준을 마련해야 한다.

⑤ 갑, 을 : 원조는 의무가 아닌 자율적 선택의 문제로 보아야 한다.

339

(가)의 갑, 을 사상가들의 입장을 (나) 그림으로 표현할 때, A∼C에 해당하는 옳은 진술만을 〈보기〉에서 있는 대로 고른 것은?

(가)	갑 : 만민권이 보장되고 민주적 의사 결정이 제도화된 사회의 구성원이라면 해외 원조를 반대할 이유가 없다. 원조는 고통받는 사회의 자유와 평등 확립을 목적으로 삼아야 한다. 을 : 경제적 여유가 있는 사람이라면 고통에 빠진 사람들을 위해 소득 중 일부를 기부해야 한다. 원조함으로써 우리 자신에게 다른 더 큰 피해가 생기지 않는 한 마땅히 원조해야 한다.
(나)	갑 A B 을 C <범례> A : 갑만의 입장 B : 갑, 을의 공통 입장 C : 을만의 입장

〈보기〉

ㄱ. A : 상대적으로 빈곤하지만 질서 정연한 사회도 원조의 대상이 된다.

ㄴ. B : 원조는 그 결과와 무관하게 빈곤자들에 대한 관심의 실천으로 인식되어야 한다.

ㄷ. C : 원조의 목적은 인류 전체의 행복을 증진시키는 것이다.

ㄹ. C : 질서 정연한 사회라도 절대 빈곤에 처한 사람들을 원조해야 한다.

① ㄱ, ㄴ   ② ㄱ, ㄷ   ③ ㄷ, ㄹ

④ ㄱ, ㄴ, ㄹ   ⑤ ㄴ, ㄷ, ㄹ

340

갑은 긍정, 을은 부정의 대답을 할 질문으로 가장 적절한 것은?

> 갑 : 한 사람의 소유물이 취득의 원리와 이전의 원리에 근거해 그
>   의 것이 되었다면 그는 자신의 소유물에 대해 권리를 가진다.
>   자신의 노동에 대한 재산권은 그 자신에게 있으며, 그것을 어
>   떻게 행사할 것인지에 대한 결정권 또한 자신에게 있다.
> 을 : 만약 어떤 사람에게 매우 나쁜 일이 일어나는 것을 방지할
>   수 있고, 그 나쁜 일을 방지함으로써 그에 상응하는 도덕적
>   가치가 희생되지 않는다면, 우리는 그렇게 해야만 한다.

① 원조의 목적은 인류의 행복 증진에 있는가?

② 원조는 개인의 선택의 문제가 아닌 도덕적 의무인가?

③ 원조 여부 결정은 오직 개인의 자유에 맡겨야 하는가?

④ 원조는 자선이 아닌 당위의 차원에서 실시해야 하는가?

⑤ 원조를 할 때 모든 사람의 복지를 고르게 고려해야 하는가?

341

다음 사상가의 입장에서 지지할 견해에 모두 '✓'를 표시한 학생은?

> 정치 문화는 한 사회의 부와 복지 수준을 결정하는 주된 요인
> 이기 때문에 자원과 부가 빈약한 사회라 할지라도 그 사회는 질서
> 정연한 사회가 될 수 있다. 이를 유념하여 만민은 고통을 겪는 사
> 회들을 원조해야 한다.

견해 \ 학생	갑	을	병	정	무
국가가 아닌 개인만이 원조의 주체가 되어야 한다.	✓	✓		✓	
원조는 차등의 원칙의 실현이 아닌 정치 문화의 개선이어야 한다.	✓		✓		✓
원조는 인간의 권리를 보장하지 못하는 모든 사회를 대상으로 한다.		✓		✓	✓
원조의 목적은 고통을 겪는 사회가 질서 정연한 만민의 사회 구성원이 되도록 하는 것이다.			✓	✓	✓

① 갑   ② 을   ③ 병   ④ 정   ⑤ 무

memo

memo

ON
고등 수학의 모든 유형을 켜다
유형 온

수학의 바이블
유형 ON
수학 Ⅰ
모든 유형으로 실력을 밝혀라!
유형 ON
이투스북

수학의 바이블
유형 ON
수학 Ⅱ
모든 유형으로 실력을 밝혀라!
유형 ON
이투스북

수학의 바이블
유형 ON
확률과 통계
모든 유형으로 실력을 밝혀라!
유형 ON
이투스북

수학의 바이블
유형 ON
미적분
모든 유형으로 실력을 밝혀라!
유형 ON
이투스북

사회탐구 1등급을 위한 시험 유형 훈련서

BON. N제
본
생활과 윤리
정답 및 해설
이투스북

BON. **N**제

정답 및 해설

빠른 정답

I. 현대의 삶과 실천 윤리

본문 010쪽 01 × 02 × 03 ○ 04 × 05 ○ 06 × 07 × 08 × 09 ○ 10 × 11 × 12 × 13 ○ 14 × 15 × 16 ○ 17 ○ 18 × 19 ○ 20 × 21 ○ 22 × 23 ○ 24 × 25 × 26 × 27 × 28 × 29 ○ 30 × 31 × 32 × 33 ○ 34 ○ 35 × 36 × 37 ○ 38 ○

본문 012~015쪽 001 ④ 002 ④ 003 ⑤ 004 ③ 005 ① 006 ③ 007 ⑤ 008 ⑤ 009 ③ 010 ④ 011 ④ 012 ⑤ 013 ④ 014 ① 015 ② 016 ④

본문 018쪽 01 ○ 02 ○ 03 × 04 ○ 05 × 06 × 07 ○ 08 × 09 ○ 10 ○ 11 ○ 12 ○ 13 ○ 14 × 15 ○ 16 ○ 17 ○ 18 ○ 19 ○ 20 × 21 × 22 ○ 23 × 24 ○ 25 ○ 26 ○ 27 ○ 28 × 29 ○ 30 ○ 31 ○ 32 × 33 ○ 34 ○ 35 ○ 36 ○ 37 ○

본문 020~023쪽 017 ④ 018 ① 019 ② 020 ④ 021 ① 022 ④ 023 ② 024 ② 025 ① 026 ① 027 ② 028 ④ 029 ③ 030 ② 031 ④ 032 ③

본문 026쪽 01 ○ 02 × 03 ○ 04 ○ 05 ○ 06 ○ 07 ○ 08 ○ 09 ○ 10 ○ 11 × 12 × 13 ○ 14 ○ 15 ○ 16 × 17 ○ 18 ○ 19 ○ 20 × 21 ○ 22 ○ 23 × 24 ○ 25 ○ 26 ○ 27 ○ 28 ○ 29 × 30 ○ 31 ○ 32 ○ 33 × 34 ○ 35 ○

본문 028~031쪽 033 ① 034 ② 035 ③ 036 ④ 037 ② 038 ③ 039 ③ 040 ③ 041 ⑤ 042 ① 043 ④ 044 ① 045 ③ 046 ⑤ 047 ② 048 ④

II. 생명과 윤리

본문 036쪽 01 ○ 02 ○ 03 × 04 ○ 05 × 06 × 07 ○ 08 × 09 ○ 10 ○ 11 ○ 12 × 13 ○ 14 ○ 15 ○ 16 ○ 17 ○ 18 ○ 19 ○ 20 × 21 × 22 ○ 23 ○ 24 × 25 ○ 26 × 27 × 28 ○ 29 × 30 × 31 × 32 ○ 33 ○ 34 ○ 35 ○ 36 ○ 37 ○

본문 038~041쪽 049 ④ 050 ④ 051 ⑤ 052 ② 053 ⑤ 054 ② 055 ② 056 ① 057 ② 058 ⑤ 059 ⑤ 060 ③ 061 ② 062 ③ 063 ④ 064 ⑤

본문 044쪽 01 ○ 02 ○ 03 ○ 04 × 05 ○ 06 × 07 × 08 ○ 09 × 10 ○ 11 × 12 × 13 ○ 14 × 15 ○ 16 ○ 17 ○ 18 ○ 19 × 20 × 21 × 22 × 23 × 24 ○ 25 ○ 26 × 27 × 28 ○ 29 ○ 30 ○ 31 ○ 32 × 33 × 34 ○ 35 ○

본문 046~049쪽 065 ④ 066 ③ 067 ① 068 ② 069 ① 070 ⑤ 071 ② 072 ④ 073 ④ 074 ④ 075 ① 076 ② 077 ① 078 ① 079 ⑤ 080 ②

본문 052쪽 01 ○ 02 ○ 03 × 04 ○ 05 × 06 × 07 ○ 08 × 09 × 10 ○ 11 × 12 × 13 ○ 14 ○ 15 ○ 16 ○ 17 ○ 18 × 19 × 20 ○ 21 ○ 22 ○ 23 ○ 24 × 25 × 26 ○ 27 ○ 28 × 29 ○ 30 × 31 × 32 ○ 33 ○ 34 ○ 35 ○ 36 ○ 37 ○

본문 054~057쪽 081 ⑤ 082 ③ 083 ① 084 ② 085 ③ 086 ⑤ 087 ③ 088 ⑤ 089 ⑤ 090 ② 091 ① 092 ③ 093 ⑤ 094 ③ 095 ⑤ 096 ②

III. 사회와 윤리

본문 062쪽 01 ○ 02 ○ 03 × 04 ○ 05 × 06 ○ 07 × 08 ○ 09 ○ 10 ○ 11 × 12 ○ 13 ○ 14 ○ 15 × 16 ○ 17 ○ 18 ○ 19 ○ 20 × 21 ○ 22 × 23 ○ 24 ○ 25 × 26 ○ 27 ○ 28 × 29 ○ 30 × 31 ○ 32 ○ 33 × 34 × 35 × 36 ×

본문 064~067쪽 097 ⑤ 098 ② 099 ① 100 ③ 101 ⑤ 102 ① 103 ① 104 ② 105 ② 106 ④ 107 ⑤ 108 ① 109 ⑤ 110 ⑤ 111 ③ 112 ④

본문 070쪽 01 ○ 02 ○ 03 ○ 04 × 05 ○ 06 × 07 ○ 08 × 09 ○ 10 ○ 11 × 12 ○ 13 ○ 14 × 15 × 16 ○ 17 ○ 18 ○ 19 × 20 ○ 21 ○ 22 × 23 ○ 24 × 25 ○ 26 ○ 27 ○ 28 ○ 29 ○ 30 ○ 31 ×

본문 072~075쪽 113 ① 114 ⑤ 115 ③ 116 ⑤ 117 ⑤ 118 ③ 119 ① 120 ③ 121 ① 122 ⑤ 123 ② 124 ⑤ 125 ⑤ 126 ① 127 ⑤ 128 ②

본문 078쪽 01 ○ 02 ○ 03 × 04 × 05 ○ 06 ○ 07 × 08 ○ 09 ○ 10 × 11 ○ 12 ○ 13 × 14 × 15 ○ 16 ○ 17 ○ 18 ○ 19 × 20 × 21 ○ 22 ○ 23 ○ 24 × 25 ○ 26 ○ 27 ○ 28 × 29 ○ 30 ○ 31 ○ 32 × 33 ○ 34 ○ 35 ○

본문 080~083쪽 129 ⑤ 130 ⑤ 131 ④ 132 ④ 133 ⑤ 134 ⑤ 135 ① 136 ② 137 ① 138 ③ 139 ④ 140 ⑤ 141 ④ 142 ① 143 ③

본문 086쪽 01 ○ 02 ○ 03 ○ 04 × 05 ○ 06 ○ 07 × 08 × 09 ○ 10 × 11 ○ 12 × 13 ○ 14 × 15 × 16 ○ 17 ○ 18 ○ 19 × 20 ○ 21 × 22 ○ 23 × 24 ○ 25 ○ 26 ○ 27 ○ 28 × 29 ○ 30 × 31 ○ 32 ○ 33 × 34 ○

본문 088~091쪽 144 ① 145 ③ 146 ① 147 ⑤ 148 ⑤ 149 ④ 150 ⑤ 151 ④ 152 ⑤ 153 ⑤ 154 ③ 155 ① 156 ② 157 ⑤ 158 ③

본문 094쪽 01 ○ 02 ○ 03 ○ 04 × 05 × 06 ○ 07 × 08 ○ 09 ○ 10 ○ 11 × 12 × 13 ○ 14 ○ 15 ○ 16 ○ 17 ○ 18 × 19 ○ 20 ○ 21 ○ 22 × 23 ○ 24 ○ 25 ○ 26 × 27 ○ 28 ○ 29 ○ 30 ○ 31 × 32 × 33 × 34 ○ 35 ○ 36 ○ 37 × 38 ×

본문 096~099쪽 159 ④ 160 ③ 161 ③ 162 ④ 163 ④ 164 ② 165 ④ 166 ④ 167 ③ 168 ③ 169 ④ 170 ① 171 ④ 172 ③ 173 ② 174 ② 175 ③

IV. 과학과 윤리

본문 104쪽 01 ○ 02 ○ 03 × 04 × 05 ○ 06 ○ 07 × 08 ○ 09 ○ 10 ○ 11 × 12 ○ 13 × 14 ○ 15 × 16 ○ 17 ○ 18 × 19 × 20 ○ 21 ○ 22 × 23 ○ 24 × 25 × 26 ○ 27 ○ 28 ○ 29 ○ 30 × 31 × 32 ○ 33 × 34 × 35 ○ 36 ○

본문 106~109쪽 176 ② 177 ② 178 ⑤ 179 ① 180 ② 181 ③ 182 ⑤ 183 ④ 184 ④ 185 ③ 186 ④ 187 ④ 188 ① 189 ③ 190 ② 191 ②

본문 112쪽 01 ○ 02 × 03 ○ 04 × 05 ○ 06 ○ 07 ○ 08 × 09 ○ 10 × 11 ○ 12 ○ 13 ○ 14 ○ 15 × 16 × 17 ○ 18 × 19 ○ 20 × 21 × 22 ○ 23 ○ 24 × 25 ○ 26 ○ 27 × 28 ○ 29 × 30 ○ 31 ○ 32 ○ 33 × 34 ○ 35 × 36 ×

본문 114~117쪽 192 ① 193 ③ 194 ① 195 ③ 196 ⑤ 197 ② 198 ④ 199 ① 200 ② 201 ④ 202 ② 203 ② 204 ④ 205 ⑤ 206 ② 207 ⑤

본문 120쪽 01 × 02 ○ 03 × 04 ○ 05 × 06 ○ 07 × 08 ○ 09 ○ 10 × 11 × 12 × 13 ○ 14 ○ 15 × 16 ○ 17 × 18 ○ 19 × 20 ○ 21 ○ 22 ○ 23 ○ 24 × 25 ○ 26 ○ 27 × 28 ○ 29 × 30 ○ 31 ○ 32 ○ 33 × 34 × 35 ○ 36 ×

본문 122~127쪽 208 ① 209 ③ 210 ④ 211 ④ 212 ⑤ 213 ① 214 ② 215 ⑤ 216 ① 217 ④ 218 ② 219 ② 220 ⑤ 221 ④ 222 ① 223 ④ 224 ① 225 ⑤ 226 ③ 227 ③ 228 ③ 229 ②

본문 130쪽 01 ○ 02 × 03 ○ 04 × 05 ○ 06 × 07 ○ 08 × 09 ○ 10 ○ 11 × 12 ○ 13 × 14 ○ 15 ○ 16 × 17 ○ 18 ○ 19 ○ 20 ○ 21 ○ 22 ○ 23 ○ 24 × 25 ○ 26 ○ 27 × 28 × 29 ○ 30 × 31 ○ 32 × 33 ○ 34 ○ 35 ○

본문 132~135쪽 230 ③ 231 ③ 232 ② 233 ④ 234 ⑤ 235 ① 236 ② 237 ⑤ 238 ① 239 ② 240 ③ 241 ① 242 ① 243 ② 244 ① 245 ②

V. 문화와 윤리

본문 140쪽 01 ○ 02 ○ 03 × 04 × 05 ○ 06 ○ 07 ○ 08 × 09 ○ 10 ○ 11 × 12 ○ 13 ○ 14 × 15 × 16 ○ 17 ○ 18 ○ 19 ○ 20 × 21 ○ 22 ○ 23 ○ 24 ○ 25 ○ 26 ○ 27 × 28 ○ 29 ○ 30 × 31 ○ 32 ○ 33 ○ 34 ○ 35 ×

본문 142~145쪽 246 ③ 247 ④ 248 ④ 249 ④ 250 ① 251 ③ 252 ④ 253 ④ 254 ① 255 ② 256 ① 257 ④ 258 ② 259 ④ 260 ⑤ 261 ③

본문 148쪽 01 ○ 02 ○ 03 × 04 ○ 05 ○ 06 × 07 ○ 08 × 09 ○ 10 × 11 ○ 12 × 13 ○ 14 ○ 15 ○ 16 ○ 17 ○ 18 ○ 19 ○ 20 ○ 21 ○ 22 ○ 23 ○ 24 × 25 × 26 × 27 ○ 28 ○ 29 ○ 30 ○ 31 ○ 32 × 33 ○ 34 ○

본문 150~153쪽 262 ② 263 ⑤ 264 ② 265 ① 266 ⑤ 267 ④ 268 ④ 269 ⑤ 270 ① 271 ② 272 ② 273 ② 274 ④ 275 ④ 276 ④ 277 ⑤

본문 156쪽 01 × 02 ○ 03 ○ 04 ○ 05 ○ 06 ○ 07 × 08 ○ 09 ○ 10 × 11 × 12 × 13 ○ 14 ○ 15 ○ 16 × 17 ○ 18 ○ 19 ○ 20 ○ 21 ○ 22 × 23 × 24 ○ 25 ○ 26 ○ 27 × 28 ○ 29 ○ 30 ○ 31 × 32 × 33 ×

본문 158~161쪽 278 ④ 279 ⑤ 280 ③ 281 ② 282 ④ 283 ④ 284 ② 285 ③ 286 ⑤ 287 ① 288 ③ 289 ④ 290 ③ 291 ③ 292 ① 293 ②

VI. 평화와 공존의 윤리

본문 166쪽 01 ○ 02 ○ 03 × 04 ○ 05 ○ 06 × 07 ○ 08 ○ 09 ○ 10 × 11 ○ 12 ○ 13 × 14 × 15 ○ 16 ○ 17 ○ 18 × 19 ○ 20 ○ 21 ○ 22 × 23 ○ 24 ○ 25 ○ 26 ○ 27 ○ 28 ○ 29 ○ 30 ○ 31 × 32 ○ 33 × 34 ○

본문 168~171쪽 294 ② 295 ① 296 ③ 297 ③ 298 ② 299 ① 300 ② 301 ① 302 ① 303 ⑤ 304 ⑤ 305 ⑤ 306 ③ 307 ⑤ 308 ④ 309 ⑤

본문 174쪽 01 ○ 02 ○ 03 ○ 04 ○ 05 ○ 06 × 07 ○ 08 ○ 09 ○ 10 × 11 ○ 12 ○ 13 ○ 14 × 15 ○ 16 ○ 17 ○ 18 ○ 19 ○ 20 ○ 21 ○ 22 ○ 23 ○ 24 ○ 25 ○ 26 ○ 27 ○ 28 ○ 29 ○ 30 × 31 ○ 32 ○ 33 ○

본문 176~179쪽 310 ① 311 ① 312 ③ 313 ② 314 ① 315 ① 316 ③ 317 ④ 318 ⑤ 319 ④ 320 ② 321 ④ 322 ② 323 ⑤ 324 ④ 325 ④

본문 182쪽 01 × 02 ○ 03 ○ 04 ○ 05 × 06 ○ 07 ○ 08 ○ 09 × 10 ○ 11 × 12 ○ 13 ○ 14 × 15 ○ 16 ○ 17 ○ 18 × 19 × 20 ○ 21 ○ 22 ○ 23 ○ 24 × 25 ○ 26 × 27 ○ 28 × 29 × 30 ○ 31 ○ 32 × 33 × 34 × 35 × 36 × 37 ○

본문 184~187쪽 326 ④ 327 ② 328 ① 329 ④ 330 ② 331 ③ 332 ① 333 ④ 334 ④ 335 ⑤ 336 ① 337 ④ 338 ④ 339 ③ 340 ③ 341 ③

01강 현대 생활과 실천 윤리

핵심 개념 CHECK!

▶ 본문 010쪽

01 ×	02 ×	03 ○	04 ×	05 ○	06 ×	07 ×	08 ○
09 ○	10 ×	11 ×	12 ×	13 ○	14 ×	15 ×	16 ○
17 ○	18 ×	19 ○	20 ×	21 ○	22 ×	23 ○	24 ×
25 ×	26 ×	27 ×	28 ×	29 ○	30 ×	31 ×	32 ×
33 ○	34 ○	35 ×	36 ×	37 ○	38 ○		

O|× 문장 바로 알기

01 현대 사회의 새로운 윤리 문제의 특징은 파급 효과의 폭이 과거보다 ~~좁다~~는 것이다.
넓다

02 현대 사회의 윤리 문제는 책임 소재가 ~~분명한~~ 경우가 많다.
불분명한

03 전통적인 윤리 규범만을 토대로 새로운 윤리 문제를 설명하거나 해결하기 어렵다.

04 인공 임신 중절, 자살, 안락사, 뇌사, 생명 복제 문제 등은 ~~문화~~ 윤리 영역에 속한다.
생명

05 사회 윤리 영역의 쟁점으로는 '사형 제도를 허용할 것인가?'를 들 수 있다.

06 '과학 기술은 사실의 문제인가 가치의 문제인가?'는 ~~평화~~ 윤리 영역의 물음에 해당한다.
과학

07 ~~문화~~ 윤리 영역의 대표적인 윤리적 쟁점으로는 '낙태를 허용할 것인가'를 들 수 있다.
생명

08 평화 윤리 영역에서는 국제 사회의 분쟁과 국가 간의 빈부 격차 문제 등이 발생하고 있다.

09 '예술과 도덕은 갈등할 수밖에 없는가?'를 탐구하는 영역은 문화 윤리 영역이다.

10 인간 배아 복제 연구 허용 여부에 대한 해답은 전통적 윤리만으로 찾을 수 ~~있다~~. 없다.

11 현대의 윤리 문제는 과거에 비해 옳고 그름의 판단을 내리기가 ~~쉽다~~. 어렵다.

12 '통일이 지향해야 할 윤리적 가치는 무엇인가?'라는 물음은 ~~과학~~ 윤리 영역의 주제이다.
평화

13 도덕적 탐구란 도덕적 사고를 통해 도덕적 의미를 새롭게 구성하는 지적 활동을 말한다.

14 도덕적 탐구의 첫 번째 단계는 ~~입장을 채택하고 정당화 근거를 제시하는~~ 것이다.
윤리적 쟁점 또는 딜레마를 확인하는

15 ~~보편화 가능성 탐색~~이란 딜레마 속에 있는 다른 사람의 입장을 취해 보는 것을 말한다.
역할 교환

16 토론의 일반적인 순서는 주장하기, 반론하기, 재반론하기, 정리하기이다.

17 윤리적 성찰이란 자신의 마음가짐, 행동, 등에 대해 윤리적 관점에서 반성하는 것이다.

18 일일삼성, 거경, 신독은 ~~불교~~의 윤리적 성찰 방법에 해당한다.
유교

19 '반성하지 않는 삶은 살 가치가 없다'는 소크라테스의 말은 윤리적 성찰의 중요성을 강조한다.

20 윤리학은 ~~당위의 영역보다는 주로 사실의 영역~~을 연구 대상으로 삼는다.
사실의 영역보다는 주로 당위의 영역

21 윤리학은 인간의 도덕적 행위의 실천을 목적으로 삼는다.

22 아리스토텔레스는 윤리학을 대표적인 ~~이론~~ 학문으로 분류하였다.
실천

23 아리스토텔레스는 도덕적인 덕은 습관, 즉 반복된 실천의 결과로 나타난다고 보았다.

24 사회 구조나 제도 등 사회적 차원에서 윤리 문제의 해결을 모색하는 것은 ~~개인~~ 윤리이다.
사회

25 개인의 도덕성 중점을 두고 개인적 차원에서 윤리 문제의 해결을 모색하는 것은 ~~사회~~ 윤리이다.
개인

26 규범 윤리학은 ~~메타~~ 윤리학과 실천 윤리학으로 구분된다.
이론

27 ~~기술~~ 윤리학은 윤리학의 학문적 성립 가능성을 엄밀히 검토하고자 한다.
메타

28 ~~실천~~ 윤리학은 사회 규범을 조사하여 객관적으로 기술하는 것을 강조한다.
기술

29 메타 윤리학은 도덕 언어의 개념을 분석하고 논증의 타당성을 입증하고자 한다.

30 실천 윤리학은 인접 학문과의 학제적 탐구의 필요성을 ~~간과~~한다.
강조

31 기술 윤리학은 당위의 학문이라는 윤리학의 본질적 성격을 ~~강조~~한다.
간과

32 규범 윤리학은 ~~도덕 언어의 논리적 타당성과 의미 분석~~이 일차적인 목표이다.
보편적 도덕 원리를 탐구하는 것

33 기술 윤리학은 도덕 현상을 기술할 때 문화적 특성을 고려한다.

34 도덕적 관행들을 역사적, 문화적, 인류학적으로 접근하여 서술하는 것은 기술 윤리학이다.

35 실천 윤리학은 윤리 문제에 대한 가치 판단을 배제할 것을 ~~강조한다~~.
반대한다

36 ~~이론 윤리학과 기술 윤리학의 공통점은~~ 인간의 행위에 대한 규범적
원리를 정립하고자 한다는 것이다. _{이론 윤리학}

37 메타 윤리학과 기술 윤리학은 윤리 문제 해결에 일정한 한계를 갖는다.

38 이론 윤리학과 실천 윤리학은 인간의 바람직한 삶의 방향을 안내하고
자 한다.

기출+예상 문제로 주제 정복하기
▶ 본문 012~015쪽

001 ④	002 ④	003 ⑤	004 ③	005 ①	006 ③
007 ⑤	008 ⑤	009 ③	010 ④	011 ④	012 ⑤
013 ④	014 ①	015 ②	016 ④		

001 과학 윤리와 윤리적 쟁점 이해 　　　　　　　　정답 ④

문제 분석 갑은 인간에게 죽음을 선택할 수 있는 권리가 있음을 근거로
자발적 안락사를 찬성하는 입장이며, 을은 인간의 생명을 인위적으로 중
단하는 것을 반대하는 입장입니다. 안락사의 허용 여부와 관련된 윤리적
쟁점은 생명 과학 기술이 발전하면서 새롭게 등장한 윤리적 쟁점으로 생
명 윤리 영역의 핵심 쟁점 중 하나입니다.

정답 찾기 ㄱ. 갑은 인간에게 자신의 생명에 대한 배타적 권리가 있음을
근거로 자발적 안락사를 찬성합니다. ㄴ. 갑은 자발적 안락사가 환자와
가족의 고통을 덜어 주어 결과적 이익 증진에 기여함을 강조합니다. ㄷ.
을은 어떤 상황에서도 인간의 생명은 스스로 포기할 수 없는 것임을 강조
합니다.

오답 피하기 ㄹ. 을은 안락사에 대해 반대하는 입장입니다.

002 사회 윤리와 윤리적 쟁점 이해 　　　　　　　　정답 ④

문제 분석 제시문을 주장한 사상가는 니부어입니다. 니부어는 개인 간 갈
등은 도덕적이고 합리적인 방법으로 조정될 수 있지만, 집단 간의 갈등은
개인적 합리성이나 이타적 양심 보다는 사회 구조와 제도의 개선, 정치적
강제력 등을 동원할 필요가 있다고 보았습니다. 이처럼 정의로운 사회를
실현하기 위한 사회 구조와 제도의 도덕성 문제를 탐구하는 것은 사회 윤
리의 주요 주제 중 하나입니다.

정답 찾기 ④ 니부어가 긍정의 대답을 할 질문입니다. 니부어에 따르면
개인 간 갈등은 개인의 도덕성이나 합리성을 발휘하여 해결 가능하다고
보았습니다.

오답 피하기 ① 니부어가 부정의 대답을 할 질문입니다. 니부어에 따르면
이타심 등 개인의 도덕성도 사회 정의 실현에 기여하지만 그것만으로는
부족하며 정의로운 사회는 사회 구조나 제도의 개선을 통해 실현할 수 있
습니다. ② 니부어가 부정의 대답을 할 질문입니다. 니부어는 개인의 노
력만으로는 사회 정의를 실현하기 어렵다고 봅니다. ③ 니부어가 부정의
대답을 할 질문입니다. 니부어에 따르면 개인의 선의지 함양만으로는 사
회 정의를 실현하기 어렵습니다. ⑤ 니부어가 부정의 대답을 할 질문입니
다. 니부어는 사회 집단의 도덕성이 개인의 도덕성보다 현저하게 떨어진
다고 봅니다.

003 과학 윤리와 윤리적 쟁점 이해 　　　　　　　　정답 ⑤

문제 분석 제시문을 주장한 사상가는 요나스입니다. 요나스는 과학 기술
의 발전과 이를 따라잡지 못하는 윤리의 간극을 '윤리적 공백'이라고 주장
하며 행위 되어야 할 것에 대한 책임을 강조하는 책임 윤리를 제시하였습

니다. 그는 통제 받지 못하는 과학 기술에 대한 우려를 바탕으로 과학 기
술에 대한 윤리적 성찰과 현세대는 물론 미래 세대에 대한 책임을 강조하
였습니다. 이처럼 과학 기술의 발전에 따른 문제점을 분석하고 이에 대한
대안을 제시하는 것은 과학 윤리 영역의 주요 과제입니다.

정답 찾기 ⑤ 요나스에 따르면 기술에 대한 윤리적 성찰이 결여될 때 윤
리적 공백이 발생하며 이는 인류의 미래와 생태계에 대한 심각한 위기를
초래할 수 있습니다.

오답 피하기 ① 요나스에 따르면 기술의 발달은 인간에게 더 큰 책임을 요
청합니다. ② 요나스에 따르면 새로운 책임 윤리는 의도하지 않은 행위의
결과까지 책임의 범위에 포함합니다. ③ 기존의 윤리는 의도한 결과에 대
한 책임, 이미 벌어진 일에 대한 책임만을 중시합니다. 그러나 요나스는
미래 지향적인 책임 윤리를 제시하고 이미 행해진 것에 대한 보상이 아니
라 일어날 수 있는 일에 대한 책임과 의도하지 않은 결과에 대한 책임을
강조합니다. ④ 요나스는 과학 기술의 발전을 부정하지 않습니다. 그러나
과학 기술이 인류의 미래에 위험이 되지 않도록 신중한 책임의 관점에서
운용되어야 한다고 봅니다. 따라서 기술에 대해 가치중립적 태도를 요구
하지 않습니다.

004 평화 윤리와 윤리적 쟁점 이해 　　　　　　　　정답 ③

문제 분석 제시문을 주장한 사상가는 갈퉁입니다. 평화 사상가 갈퉁은 평
화를 물리적이고 직접적인 폭력인 소극적 평화와 물리적 폭력은 물론 빈
곤, 인권 침해 등이 사라지고 삶의 질과 인권이 보장되는 적극적 평화로
구분하였습니다. 평화 윤리 영역에서는 지구촌의 평화의 실현을 위한 윤
리적 쟁점이 주요 탐구 과제 중 하나입니다.

정답 찾기 ③ 갈퉁에 따르면 테러나 전쟁과 같이 물리적인 폭력도 있지만
빈곤, 인권 침해 등으로 인해 인간다운 삶이 보장되지 않는 상태 역시 폭
력입니다.

오답 피하기 ① 갈퉁에 따르면 적극적 평화는 인간다운 삶이 보장되는 상
태로 직접적이고 물리적인 폭력도 사라진 상태를 말합니다. ② 갈퉁은 적
극적 평화의 실현을 주장합니다. 그에 따르면 직접적인 폭력의 제거도 중
요하지만 사회 구조나 문화가 폭력을 용인하는 간접적인 폭력의 제거를
통해 적극적 평화를 실현할 수 있습니다. ④ 갈퉁의 입장에서는 전쟁이
없는 상태는 직접적 폭력의 부재에 해당하므로 이는 진정한 국제 평화가
아닙니다. 갈퉁은 진정한 국제 평화가 전쟁이 사라지는 것은 물론 지구촌
구성원들의 인권과 삶의 질이 보장될 때 실현될 수 있다고 봅니다. ⑤ 갈
퉁은 폭력의 개념을 무력이나 테러와 같은 직접적 폭력에 한정하지 않고
사회 구조나 문화가 폭력을 용인하는 것도 폭력의 범주에 포함시킵니다.

005 도덕적 추론을 위한 삼단 논법 이해 　　　　　　정답 ①

문제 분석 도덕적 탐구는 윤리적 딜레마를 이용한 도덕적 추론으로 이루
어집니다. 이 때 도덕적 추론은 삼단 논법과 유사한 추론 과정을 거칩니
다. 삼단 논법을 이용한 추론 과정은 다음과 같습니다.

단계	논리 전개 예시
도덕 원리(대전제)	(A)무고한 인간을 죽이는 행위는 (B)도덕적으로 허용될 수 없다.
사실 판단(소전제)	(C)인공 임신 중절은 (A)무고한 인간을 죽이는 행위이다.
도덕 판단(결론)	(C)인공 임신 중절은 (B)도덕적으로 허용될 수 없다.

여기서 기억해야 할 것은 예시에서 보는 것처럼 삼단 논법은 '대전제
(A→B), 소전제(C→A), 결론(C→B)'전개 구조를 갖는다는 것입니다.

정답 찾기 삼단 논법의 구조를 문제에 대입해보면 다음과 같습니다.

단계	논리 전개
전제 **1**	(A)인간의 존엄성을 파괴하는 행위는 (B)허용되어서는 안 된다.
전제 **2**	(C) [ ] (A) [ ]
결론	(C)인간 복제는 (B)허용되어서는 안 된다.

위의 표에서 알 수 있듯이 전제 **1**는 전제 **2**와 결론의 내용을 토대로 구할 수 있습니다. 따라서 전제 **2**에는 '인간 복제는 인간의 존엄성을 파괴하는 행위이다.'가 들어가야 합니다. 그러므로 ㉠에 대한 반론은 '인간 복제는 인간의 존엄성을 파괴하지 않는 행위이다.'이며, 이의 근거는 '모든 인간은 출생 방법과 관계없이 존엄성의 주체이다.'임을 알 수 있습니다. 따라서 정답은 ①입니다. 이와 같은 삼단 논법 문제는 빈출 유형이므로 '대전제(A→B), 소전제(C→A), 결론(C→B)'의 공식을 꼭 기억해 두어야 합니다.

오답 피하기 ②, ③, ④, ⑤ 반론 근거와 관련 없는 진술들입니다.

006 현대 사회의 새로운 윤리 문제 이해 정답 ③

문제 분석 현대 사회는 과학 기술이 급속하게 발달하고 사회 구조가 복잡해지고 다양해지고 있습니다. 그 과정에서 과거에는 나타나지 않았던 새로운 윤리 문제들이 등장하고 있습니다. 우리는 생명 윤리, 사회 윤리, 과학 윤리, 문화 윤리, 평화 윤리 영역에서 발생하는 새로운 윤리 문제와 쟁점들을 이해하고 이를 해결하기 위해 노력해야 합니다.

정답 찾기 ③ '왜 의식주와 소비가 윤리적인 문제로 등장하고 있는가?'라는 물음은 문화 윤리 영역의 핵심 쟁점 중 하나입니다.

007 과학 기술 발전에 따른 윤리 문제 이해 정답 ⑤

문제 분석 제시문의 요지는 현대 사회가 과학 기술의 급속한 발전으로 인해 물질적 풍요와 혜택을 누리지만, 과거에는 없었던 새로운 윤리 문제와 쟁점들에 직면하고 있음을 이야기하고 있습니다. 이러한 새로운 윤리 문제는 전통적인 윤리만으로는 해결하기 어렵기 때문에 이를 해결하기 위해 등장한 것이 바로 실천 윤리학입니다.

정답 찾기 ⑤ 행위의 결과가 도덕 판단의 기준의 기준이 될 수 있는지 여부의 문제는 오랜 세월 전통적인 윤리학의 중요 쟁점 중 하나였으며 현대 사회에 새롭게 등장한 쟁점은 아닙니다.

오답 피하기 ①, ②, ③ 현대 사회에서 의료 기술의 발전으로 인해 생겨난 새로운 윤리적 쟁점들입니다. ④ 현대 사회에서 정보 통신 기술의 발전으로 인해 생겨난 새로운 윤리적 쟁점입니다.

008 요나스의 책임 윤리 정답 ⑤

🔍 눈으로 보는 해설

(가)를 주장한 사상가의 입장에서 (나)와 같은 문제의 해결을 위해 제시할 조언으로 가장 적절한 것은?

(가)	인간은 책임을 질 수 있는 유일한 존재이다. 인간은 책임을 질 수 있는 능력을 지녔다는 것 자체로 책임을 져야 하는 정언적인 도덕적 의무가 존재한다. 나아가 우리는 인류의 존속이라는 무조건적 명령을 이행하기 위해 자연과 미래 세대에 대한 책임을 실천해야 한다. → 요나스
(나)	오늘날 인류는 새로운 윤리 문제들에 직면해 있다. 핵무기의 위협으로 인해 인류의 존속이 위협받고 있으며, 생태계의 위기는 현세대는 물론 미래 세대의 존속을 어렵게 만들고 있다.

① 과학 기술의 ~~개발을 즉각~~ 중단해야 한다. ×
② 의도하지 않은 환경 파괴에 대해서는 책임질 필요가 없다. ×
③ 자연에 대한 인간의 인위적인 개입을 ~~전면 중단~~해야 한다. ×
④ ~~전통적인 윤리 규범~~을 적용하여 해결 방안을 모색해야 한다. ×
⑤ 미래 지향적인 당위적 책임을 자신의 의무로 수용해야 한다. ○

문제 분석 (가)를 주장한 사상가는 요나스입니다. 그에 따르면 인간은 책임질 수 있는 능력을 지녔다는 것 자체로 책임을 져야 한다는 의무를 지닙니다. 요나스는 자연과 현세대 및 미래 세대에 대한 책임을 강조하고 예견할 수 있는 모든 결과에 대한 책임을 강조하였습니다. 한편 (나)의 문제 상황은 오늘날 과학 기술의 발달과 함께 새롭게 등장한 윤리 문제의 사례들로 인간과 자연은 물론 미래 세대의 존속까지 위협하는 문제들입니다.

정답 찾기 ⑤ 책임 윤리 사상가인 요나스는 과학 기술의 발전과 함께 등정한 새로운 윤리 문제의 해결을 위해 미래 지향적인 당위적 책임을 자신의 의무로 수용하라고 조언할 것입니다.

오답 피하기 ① 요나스는 과학 기술의 위험성을 경고하고 신중한 운용을 강조하였습니다. ② 요나스는 의도하지 않은 결과를 대비하여 충분한 숙고를 통한 예견적 책임을 강조합니다. ③ 요나스는 생태계에 대한 책임을 강조했지만 자연에 대한 인위적 개입의 중단을 강조한 것이 아닙니다. ④ 요나스에 따르면 과학 기술의 발달로 인한 윤리 문제는 전통적인 윤리로 해결하기 어려우며 새로운 책임 윤리를 요청합니다.

💣 함정 피하기

①이나 ③을 정답으로 선택했다면 요나스가 과학 기술의 발전이 현세대와 미래 세대, 그리고 생태계 전체에 위협이 되지 않도록 신중한 책임의 관점에서 운용되어야 한다고 주장했다는 것을 알지 못했기 때문입니다. 요나스의 책임 윤리는 현대 과학 기술 문명이 초래한 위기를 극복하기 위해 책임을 강조한 사상임을 꼭 기억해야 합니다. ②를 정답으로 선택했다면 요나스의 책임 윤리의 기본적인 내용을 이해하지 못했기 때문입니다. 요나스는 자신의 행위의 결과에 대한 책임을 강조한다는 점을 반드시 기억해야 합니다.

009 기술 윤리학과 규범 윤리학 정답 ③

자료 분석

갑 : 윤리학은 어떻게 살아야 하는가라는 문제보다 개인의 생활, 사회의 구조와 기능 속에 존재해 온 도덕적 관행들을 역사적, 문화적, 인류학적으로 접근하여 서술해야 한다.
└ 규범 윤리학의 탐구 주제
└ 기술 윤리학은 도덕적 관행을 가치 중립적으로 서술하고자 함
→ 기술 윤리학

을 : 윤리학은 도덕적 관행 조사와 도덕적 개념 분석에 집중하기보다 윤리적 삶을 살고자 하는 사람들이 옳고 그름을 판단할 수 있도록 도덕규칙의 근거인 도덕 원리를 정립해야 한다.
└ 기술 윤리학 └ 메타 윤리학
└ 규범 윤리학의 과제임
→ 규범 윤리학

문제 분석 갑은 기술 윤리학의 입장, 을은 규범 윤리학의 입장입니다. 기술 윤리학의 목표는 도덕적 관습이나 풍습 등을 경험적으로 조사하여 기술하는 것입니다. 반면 규범 윤리학의 목표는 행위의 기준이 되는 보편적인 도덕 원리를 정립하는 것입니다.

정답 찾기 ③ 을은 인간이 어떻게 행동해야 하는가에 대한 보편화될 수 있는 규범적 원리를 탐구해야 한다는 입장입니다.

오답 피하기 ① 기술 윤리학은 도덕 현상을 기술할 때 문화적 특성을 고려합니다. ② 기술 윤리학은 여러 사회의 다양한 도덕적 관습을 비교하여 이를 기술하는 것을 탐구 목표로 삼습니다. ④ 도덕 명제의 논리 구조와 의미 분석을 윤리학의 탐구 목적으로 여기는 것은 메타 윤리학입니다. ⑤ 규범 윤리학은 도덕적으로 가치 있는 삶의 방향을 제시하기 위해 인간의 행위에 대해 가치 판단을 시도합니다.

010 메타 윤리학과 실천 윤리학   정답 ④

문제 분석 제시문의 '나'는 윤리학의 근본 과제가 도덕적 용어와 진술에 대한 논리적 분석이라고 주장하는 메타 윤리학적 입장입니다. 반면, 과학 기술의 급속한 발달과 사회 변화에 따라 발생하는 삶의 다양한 영역에서의 구체적인 문제들을 해결하기 위해 등장한 윤리학은 실천 윤리학입니다. 실천 윤리학은 도덕 이론을 적용하여 새로운 윤리 문제를 해결하고자 합니다. 따라서 메타 윤리학의 입장에서는 응용 윤리학이 도덕적 언어의 의미 분석의 중요성을 간과한다고 비판할 수 있습니다.

정답 찾기 ④ 실천 윤리학은 도덕 이론을 적용하여 윤리 문제를 해결하고자 하지만, 메타 윤리학은 도덕 언어의 분석을 중시합니다.

오답 피하기 ① 도덕적 언어의 분석을 주요한 연구 대상으로 하는 것은 메타 윤리학입니다. ② 실천 윤리학은 도덕 이론을 구체적인 상황에 적용하여 해결 방안을 모색하고자 합니다. ③ 도덕적 삶의 지침이 되는 도덕 원리의 제시에 대해 주된 관심을 갖는 것은 이론 윤리학입니다. ⑤ 각 시대 또는 다양한 사회 집단의 도덕적 관행이나 풍습을 과학적으로 서술할 것을 강조하는 것은 기술 윤리학입니다.

011 메타 윤리학과 실천 윤리학   정답 ④

문제 분석 (가)는 이론 규범 윤리학, (나)는 실천 윤리학입니다. 실천 윤리학은 이론 규범 윤리학과 달리 현실의 구체적인 윤리 문제에 도덕 원리를 적용하여 해결 방안을 모색하는 것을 핵심 과제로 봅니다.

정답 찾기 ④ 이론 규범 윤리학이 바람직한 삶을 살아가는 데 필요한 도덕 원리를 제시하는 것을 핵심 과제로 삼는다면 실천 윤리학은 현실 문제에 대한 도덕 원리의 적용을 핵심 과제로 삼습니다.

오답 피하기 ①, ③ 메타 윤리학의 입장입니다. ② 기술 윤리학의 입장입니다. ⑤ 이론 규범 윤리학과 실천 윤리학 모두 가치 판단을 배제한 결론 도출을 핵심 과제로 여기지 않습니다.

012 규범 윤리학, 메타 윤리학, 기술 윤리학   정답 ⑤

문제 분석 갑은 규범 윤리학, 을은 메타 윤리학, 병은 기술 윤리학입니다. 이론 윤리학은 인간의 바람직한 삶에 필요한 보편화 될 수 있는 규범적 원리를 탐구합니다. 메타 윤리학은 도덕 언어의 의미를 분석하고 도덕 추론의 타당성을 검토하는 것을 주된 탐구 과제로 삼습니다. 한편 기술 윤리학은 도덕적 관습이나 풍습을 가치 중립적으로 설명하고자 합니다.

정답 찾기 ⑤ 메타 윤리학은 규범 윤리학과 달리 도덕 언어를 분석하고 도덕 추론의 타당성을 검토하는 것을 윤리학의 핵심 과제로 봅니다.

오답 피하기 ① 규범 윤리학은 도덕적 진술이나 도덕 행위에 대해 옳고 그름을 판단할 수 있다고 봅니다. ② 윤리학이 보편적 도덕원리와 규범을 제시해야 한다고 주장하는 것은 규범 윤리학의 입장입니다. ③ 기술 윤리학은 문화 현상과 관행을 가치 중립적으로 서술합니다. ④ 기술 윤리학은 도덕 현상을 가치 중립적이고 객관적으로 서술하지만, 규범 윤리학은 도덕 원리를 바탕으로 도덕 현상에 대해 가치 판단을 시도합니다.

013 실천 윤리학, 이론 윤리학, 메타 윤리학   정답 ④

문제 분석 갑은 실천 윤리학, 을은 이론 윤리학, 병은 메타 윤리학입니다. 실천 윤리학은 삶의 여러 영역에서 발생하는 윤리 문제에 대해 적절한 윤리 이론을 적용하여 이를 해결하고자 합니다. 이론 윤리학은 도덕적 삶의 기준이 될 수 있는 규칙이나 원리의 타당성에 대해 탐구한다. 메타 윤리학은 윤리적 용어 및 개념의 의미를 분석하는 데 주된 목적을 둡니다.

정답 찾기 ④ 이론 윤리학과 실천 윤리학은 공통적으로 도덕적 삶을 위한 보편적 도덕 원리를 탐구합니다.

오답 피하기 ①, ③, ⑤ 기술 윤리학의 입장입니다. ② 메타 윤리학의 입장입니다.

014 이론 윤리학, 메타 윤리학, 실천 윤리학   정답 ①

㉠에 들어갈 말로 가장 적절한 것은?

> '거짓말은 나쁜가?'와 같은 도덕 문제에 답하려면 관련된 문제들에 답해야 한다. 어떤 학자들은 <u>선악을 구분하는 도덕 원리가 무엇인가?</u> └ 이론 윤리학의 주요 물음임 라는 물음에 대해 유용성, 정언명령 등의 답을 제시하였다. 다른 학자들은 "<u>나쁘다'의 의미는 무엇인가?</u>"라는 물음에 대해 금지, 혐오 등 └ 메타 윤리학의 주요 물음 의 답을 제시하였다. 하지만 위와 같은 대답들은 현실에서 제기되는 도덕 문제에 대한 구체적인 행위 지침을 제시하지 못한다. 따라서 └ 실천 윤리학의 입장에서 이론 윤리학과 메타 윤리학을 비판함 '　㉠　'와 같은 물음에 답하는 윤리학의 분야가 필요하다.

① 환자를 안심시키려는 의사의 거짓말은 의료 윤리에 위배되는가? ○
② 거짓말에 대한 도덕적 신념이 지역적, 시대적으로 어떻게 다른가? ×
③ 선의의 거짓말과 관련된 도덕적 딜레마의 논리적 구조는 무엇인가? ×
④ '절대로 거짓말을 하지 말라.'라는 도덕적 진술은 논리적으로 타당한가? ×
⑤ '거짓말은 나쁘니까 사소한 거짓말도 나쁘다.'가 보편타당한 도덕 규범인가? ×

문제 분석 제시문은 실천 윤리학의 입장에서 이론 윤리학과 메타 윤리학의 한계를 지적하고 있는 글입니다. 실천 윤리학은 현대 과학 기술의 급속한 발달로 인해 새로운 윤리적 쟁점과 딜레마 상황이 초래되자 이를 해결하고자 등장한 윤리학입니다. 따라서 실천 윤리학은 구체적인 도덕 문제의 해결을 윤리학의 목표라고 봅니다.

정답 찾기 ① 구체적인 딜레마 상황에 대한 탐구와 해결 방안을 모색하고자 하는 물음이므로 실천 윤리학에서 제기할 물음입니다.

오답 피하기 ② 기술 윤리학에서 제기할 물음입니다. ③, ④ 메타 윤리학에서 제기할 물음입니다. ⑤ 이론 윤리학에서 제기할 물음입니다.

함정 피하기

③이나 ④를 답으로 선택했다면 메타 윤리학의 개념을 인식하지 못했기 때문입니다. 메타 윤리학은 도덕 언어와 도덕 추론의 논리적 타당성을 분석하는 것을 주된 임무로 여기는 윤리학입니다. 규범 윤리학, 메타 윤리학, 기술 윤리학의 특징을 서로 비교하는 문제는 빈출 주제이므로 각 윤리학의 특징을 꼼꼼하게 비교하여 정리해야 합니다.

015 메타 윤리학, 실천 윤리학   정답 ②

문제 분석 '나'는 윤리학의 목적을 도덕적 논의의 의미론적, 논리적, 인식론적 구조를 분명하게 이해하는 데 두어야 한다고 보는 메타 윤리학을 지지하는 입장이며, '어떤 사람들'은 윤리 문제의 해결을 중시하는 실천 윤리학을 지지하는 입장입니다.

정답 찾기 ② 메타 윤리학을 지지하는 사람들은 실천 윤리학이 도덕적 논증의 타당성 검토를 간과한다고 비판합니다.

오답 피하기 ① 다양한 도덕적 관습과 풍습을 기술할 것을 강조하는 윤리학은 기술 윤리학입니다. ③ 도덕적 삶을 위한 도덕 원리를 제시하고자 하는 윤리학은 이론 윤리학입니다. ④ 메타 윤리학은 도덕 법칙을 정립하여 만인에게 적용하는 것 보다는 도덕 언어의 분석과 도덕 추론의 타당성 검토가 더 중요하다고 봅니다. ⑤ 현실 도덕 문제에 대한 해결책을 모색하고자 하는 윤리학은 응용 윤리학입니다.

016 실천 윤리학, 메타 윤리학   정답 ④

문제 분석 '나'는 실천 윤리학자, '어떤 윤리학자'는 메타 윤리학자입니다. 실천 윤리학의 근본 과제는 다양한 삶의 영역에서 제기되는 구체적 문제에 대해 도덕적인 해결책을 제시하는 것입니다. 반면 메타 윤리학의 근본 과제는 도덕적 언어의 의미를 분석하는 것입니다.

정답 찾기 ④ 실천 윤리학의 입장에서는 메타 윤리학이 현실의 도덕 문제에 대한 해결책을 제시하는 것이 윤리학의 근본 과제라는 것을 간과한다고 비판할 것입니다.

오답 피하기 ①, ② 메타 윤리학의 입장에서 응용 윤리학을 비판하는 진술입니다. ③ 도덕 관행을 기술하는 것을 근본 과제로 삼는 윤리학은 기술 윤리학입니다. ⑤ 도덕 원리를 적용해 구체적 삶의 문제를 해결해야 함을 강조하는 것은 응용 윤리학입니다.

02강 동양 윤리의 접근

핵심 개념 CHECK!   ▸ 본문 018쪽

01 ○	02 ○	03 ×	04 ×	05 ×	06 ×	07 ○	08 ×
09 ○	10 ×	11 ○	12 ○	13 ○	14 ×	15 ×	16 ○
17 ○	18 ○	19 ○	20 ×	21 ×	22 ○	23 ×	24 ○
25 ○	26 ○	27 ○	28 ×	29 ○	30 ○	31 ○	32 ×
33 ○	34 ○	35 ○	36 ○	37 ○			

○×문장 바로 알기

01 공자는 인(仁)을 타고난 내면적 도덕성이라고 본다.

02 맹자는 사단(四端)이라는 선한 마음이 누구에게나 주어져 있다고 본다.

03 유교는 ~~현실의 도덕적 삶보다 사후 세계나 초월적 존재를~~ 중시한다.
　　　　사후 세계나 초월적 존재보다 현실의 도덕적 삶을

04 유교의 이상적 인간상은 ~~보살~~이다.
　　　　　　　　　　　　군자

05 맹자가 말하는 ~~측은지심~~이란 불의를 보고 부끄러워하는 마음을 말한다.
　　　　　　　　수오지심

06 맹자가 말하는 ~~수오지심~~이란 옳고 그름을 판단하는 마음을 말한다.
　　　　　　　　시비지심

07 맹자는 우물에 빠지려는 아이를 보면 누구나 불쌍히 여기는 마음이 드는 것은 인간이 선한 본성을 가진 증거라고 본다.

08 유교는 ~~도덕적 공동체보다는 개인의 자유와 권리를~~ 강조한다.
　　　　개인의 자유와 권리보다 도덕적 공동체를

09 오륜 중 부자유친이란 어버이와 자식 사이에는 친함이 있어야 한다는 것을 말한다.

10 오륜 중 ~~군신유의~~란 어른과 아이 사이에는 차례와 질서가 있음을 강조하는 것이다.
　　　　장유유서

11 친구 사이에는 믿음이 있어야 한다는 것은 오륜 중 붕우유신을 말한다.

12 정명(正名) 사상은 구성원 각자가 자신의 책임과 역할을 다할 것을 강조한다.

13 견리사의란 개인의 이익보다 사회 전체의 정의(正義)를 중시한다는 것을 말한다.

14 유교의 덕치(德治)는 ~~형벌과 무력을~~ 통해 도덕적 사회를 지향하는 정치이다.
　　　　　　　　도덕과 예로로 교화하는 정치를

15 맹자에 따르면 백성은 일정한 생업이 ~~없어도~~ 선한 마음을 유지할 수 있다.
　　　　　　　　　　　　　　　있어야

16 유교의 이상사회인 대동 사회는 모두가 더불어 잘 사는 도덕적인 이상 사회이다.

17 유교에서 강조하는 자기 수양의 자세는 도덕적 해이 현상을 극복하는 데 기여할 수 있다.

18 유교 윤리는 현대 사회에서 인간의 존엄성을 되찾는 데 기여할 수 있다.

19 불교의 연기적 세계관은 만물의 상호의존성을 강조한다.

20 불교에서는 ~~불변하는 자아~~를 깨달아 고통에서 벗어날 것을 강조한다.
무아(無我)를

21 불교 윤리는 만물이 ~~독립적으로~~ 존재함을 깨달아 해탈의 경지로 나아갈 것을 강조한다.
상호 의존하여

22 자비(慈悲)란 자신이 소중하듯 남도 소중하다는 마음을 말한다.

23 불교에서는 ~~지속적인 수행을 통해 불성(佛性)을 갖춰야 함을~~ 강조한다.
누구나 불성을 갖추고 있음을

24 불교에서는 누구나 깨달음을 얻어 부처가 될 수 있다고 본다.

25 참선과 같은 수행 방법을 제시한 불교는 오늘날 내면을 성찰하는 데 기여할 수 있다.

26 무위자연이란 사람의 힘이 더해지지 않고, 자연 그대로의 질서를 따르는 것을 말한다.

27 노가의 이상 사회인 소국과민은 무위의 다스림이 이루어지는 사회이다.

28 도가에서는 인위적인 제도와 규범을 ~~통해 사회 질서를 바로잡고자 한다.~~
거부한다.

29 제물의 경지란 세상 만물을 평등하게 인식하는 상태를 말한다.

30 도가에서는 제물의 경지에 이르기 위한 방법으로 좌망과 심재를 제시한다.

31 모든 차별이 소멸된 정신적 자유의 경지에 오른 이상적 인간이 지인(至人), 진인(眞人)이다.

32 도가 윤리는 선과 악, 옳고 그름을 ~~명확히 구분할 때~~ 이상적인 삶이 가능하다고 본다.
구별하지 않을 때

33 도가 윤리에서 강조하는 자연의 순리에 따르는 삶의 자세는 오늘날 환경 문제를 해결하는 데 기여할 수 있다.

34 도가에서는 자연과 하나가 되어 살아가는 물아일체(物我一體)의 삶을 강조한다.

35 좌망(坐忘)은 조용히 앉아서 자신을 구속하는 일체의 것을 잊어버리는 것을 말한다.

36 심재(心齋)는 마음을 비워서 깨끗이 하는 것을 말한다.

37 도가 윤리는 현대 사회의 인간성 상실 등의 문제 해결에 기여할 수 있다.

기출+예상 문제로 주제 정복하기 ▶ 본문 020~023쪽

017 ④	018 ①	019 ②	020 ④	021 ①	022 ④
023 ②	024 ②	025 ①	026 ①	027 ②	028 ④
029 ③	030 ②	031 ④	032 ③		

017 공자와 맹자의 사상 이해   정답 ④

문제 분석 갑은 공자, 을은 맹자입니다. 공자는 사회 구성원들이 자신의 역할과 책임을 다하는 정명(正名)과 도덕과 예의로 백성을 교화하는 덕치(德治)를 강조합니다. 맹자는 이상적 인간상으로 대인(大人)을 제시합니다. 대인은 크고 굳센 도덕적 용기인 호연지기를 체득한 사람을 말합니다.

정답 찾기 ㄱ. 공자에 따르면 군자는 자신의 이익보다 형벌의 공정성을 우선시합니다. ㄷ. 맹자는 '항산(恒産)이 있어야 항심(恒心)이 있다'라고 하여 군주가 백성의 일정한 생업, 즉 생계유지를 위해 노력할 것을 강조하였습니다. 일정한 생업이 보장되지 못하면 백성들이 도덕성을 유지하기 어렵다는 것입니다. ㄹ. 공자와 맹자는 모두 예(禮)를 인간의 삶에 필수적인 규범으로 봅니다.

오답 피하기 ㄴ. 공자에 따르면 어진 사람은 선한 사람과 악한 사람을 분별하여 사랑합니다. 즉 공자의 인(仁)은 선과 악을 구별하는 차별적 사랑입니다.

함정 피하기

ㄴ을 골랐다면 유교 윤리의 인(仁)의 개념을 정확하게 알지 못했기 때문입니다. 공자가 제시한 인은 '사랑'의 정신이지만 이는 어디까지나 선한 사람을 좋아하고 악한 사람을 미워하는 차별적 사랑입니다. 즉 시비선악(是非善惡)을 철저하게 분별하는 사랑인 것입니다. 이는 시비선악을 분별하는 것을 반대하는 장자의 사상과 뚜렷하게 구별됩니다. 유교 윤리 사상가인 공자와 맹자의 사상은 많은 출제가 예상되는 주제이므로 각 사상가의 주요 개념을 철저하게 학습하고, 특히 도가 윤리와 비교하여 공부해 두어야 합니다.

018 맹자의 사상 이해   정답 ①

문제 분석 제시문을 주장한 사상가는 맹자입니다. 맹자는 우물에 빠지려는 아이를 보면 누구나 불쌍한 마음이 드는 것처럼 인간은 사단(四端)이라는 선한 본성을 가지고 태어난 존재임을 강조하였습니다.

정답 찾기 ① 맹자가 긍정의 대답을 할 질문입니다. 맹자는 꾸준히 의를 실천하는 집의를 통해 크고 굳센 도덕적 용기인 호연지기를 갖춘 대장부 또는 대인이 될 것을 강조하였습니다.

오답 피하기 ② 장자가 긍정의 대답을 할 질문입니다. ③ 맹자가 부정의 대답을 할 질문입니다. 맹자에 따르면 선한 본성은 획득의 대상이 아니라 본래부터 인간에게 내재해 있는 것입니다. ④ 도가 윤리에서 긍정의 대답을 할 질문입니다. ⑤ 맹자가 부정의 대답을 할 질문입니다. 공자와 맹자 등의 유교 사상가들은 옳고 그름과 선악의 구분을 명확히 할 것을 강조합니다.

019 공자의 사상 이해   정답 ②

문제 분석 대화 속 스승은 유교 윤리 사상가인 공자입니다. 공자는 세상이 혼란해진 원인을 인간의 도덕적 타락 때문임을 강조하고 타고난 내면적 도덕성인 인(仁)을 실현해 나가는 삶을 살아야 함을 주장하였습니다.

정답 찾기 ② 유교 윤리는 인간이 도덕적 본성을 타고난 존재임을 강조하고, 끊임없는 도덕적 수양과 실천을 강조합니다.

오답 피하기 ① 자연의 섭리에 따르는 삶의 자세를 강조하는 것은 도가 윤리입니다. ③ 불로장생을 위한 양생의 수련을 강조하는 것은 도교입니다. 양생이란 불로장생을 위한 수련을 말하며, 도교는 도가 사상의 바탕위에

민간 신앙이 합쳐진 종교입니다. ④ 유교에서는 성현들이 만든 예약을 익혀 도덕적인 삶을 살아갈 것을 주장하며, 개인적 욕구를 절제하는 삶의 자세를 강조합니다. ⑤ 유교는 초월적 존재나 내세보다는 현실의 도덕적 삶을 중시합니다.

020 유교 윤리, 불교 윤리, 도가 윤리 비교   정답 ④

문제 분석 갑은 맹자, 을은 석가모니, 병은 장자입니다. 유교 사상가인 맹자는 옳은 일을 꾸준히 실천하는 집의를 통해 크고 굳센 도덕적 용기인 호연지기를 길러야 한다고 보았습니다. 불교의 창시자 석가모니는 무명과 집착이 고통의 원인임을 지적하고 고통에서 벗어나기 위한 수행을 강조하였습니다. 도가 윤리 사상가인 장자는 만물을 평등하게 인식하는 제물의 경지에 이르기 위한 좌망과 심재의 수양을 강조하였습니다.

정답 찾기 ④ 맹자는 타고난 도덕적 본성인 사단을 확충할 것을 강조하였으며, 장자는 인위적인 분별과 차별에서 벗어나 마음을 비우는 허심의 자세를 강조하였습니다.

오답 피하기 ① 분별적 지혜와 욕심을 버릴 것을 강조하는 것은 도가 윤리 사상가인 장자의 입장입니다. ② 불교 윤리는 만물은 고정된 실체가 없다고 봅니다. ③ 모든 생명체가 불성을 가진 존재라고 보는 것은 불교 윤리의 입장입니다. ⑤ 갑은 인의의 도덕 실현을 중시합니다.

함정 피하기

②를 정답이라고 생각했다면 불교 윤리의 기본 개념을 정확하게 익히지 않았기 때문입니다. 불교에서는 만물은 연기의 법칙에 따라 존재하는 것이기 때문에 고정된 실체는 없다고 주장합니다. 따라서 자아[我]가 존재한다고 생각하는 것도 인간의 어리석은 인식일 따름입니다. 불교 윤리 문제에서 '자아가 존재한다', '자아를 확립한다', '고정된 실체가 있다'는 선택지는 매우 혼동하기 쉬운 오진술이므로 주의해야 합니다. 한편 유교, 불교, 도가 윤리를 비교하는 문항은 빈출 주제이면서 난이도가 매우 높기 때문에 기본 개념을 철저하게 익히도록 노력해야 합니다.

021 공자의 사상 이해   정답 ①

문제 분석 (가)의 사상가는 유교 윤리 사상가인 공자입니다. 첫 번째 자료는 공자의 정명 사상이며, 두 번째 자료는 공자의 덕치(德治)사상입니다.

정답 찾기 ① 공자는 무거운 법과 형벌로 다스리는 정치를 반대하고, 바람직한 정치는 도덕과 예의를 통해 백성을 교화하는 정치라고 주장하였습니다. 이를 통해 백성은 부끄러움을 알게 되고 도덕적인 공동체가 실현된다는 것입니다.

오답 피하기 ② 공자는 무거운 형벌을 통한 정치를 반대합니다. ③ 무위자연의 삶을 강조하는 것은 도가 윤리입니다. ④ 유교 윤리는 내세나 초월적 존재보다는 현실의 도덕적 삶에 관심을 갖습니다. ⑤ 모든 생명체가 불성을 지닌 존재임을 강조하는 것은 불교의 입장입니다.

022 맹자와 장자의 사상 비교   정답 ④

눈으로 보는 해설

(가)의 갑, 을, 사상가들의 입장을 (나) 그림으로 표현할 때, A~C에 해당하는 옳은 진술만을 〈보기〉에서 있는 대로 고른 것은?

(가)	갑 : 만약 지금 어떤 사람이 한 어린아이가 우물 속에 빠지려는 것을 보게 된다면, 깜짝 놀라며 측은하게 여기는 마음을 가지게 된다. 측은하게 여기는 마음(惻隱之心), 부끄러워하는 마음(羞惡之心), 사양하는 마음(辭讓之心), 옳고 그름을 판단하는 마음(是非之心)이 없다면 사람이 아니다. → 맹자
	을 : 옛날의 참된 사람[眞人]은 삶을 기뻐할 줄도 모르고 죽음을 싫어할 줄도 몰랐다. 세상에 태어남을 기뻐하지도 않았거니와 죽음으로 들어감을 거부하려 하지 않았다. 의연히 가고 의연히 올 따름이었다. 이것이 자기 마음으로 도(道)를 저버리지 않는 것이다. → 장자

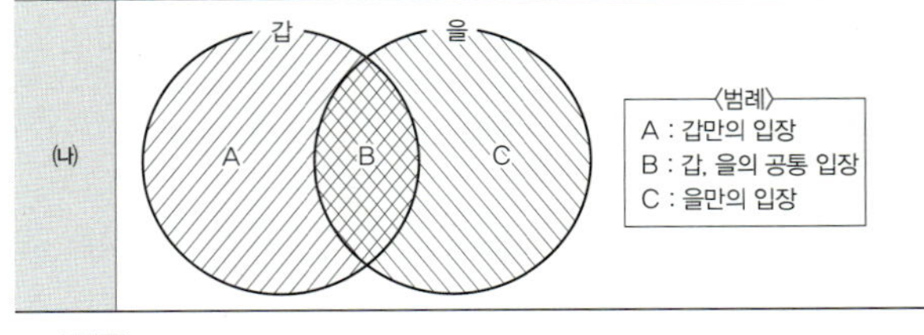

보기

ㄱ. A : 인간은 누구나 선천적으로 사단을 갖고 태어난다. ○
ㄴ. B : 인위적인 도덕에서 벗어나 무위(無爲)를 추구해야 한다. → C
ㄷ. C : 외물의 속박에서 벗어나 절대 자유의 경지에 도달해야 한다. ○
ㄹ. C : 세상 만물을 평등하게 바라보는 제물의 경지에 도달해야 한다. ○

① ㄱ, ㄴ   ② ㄴ, ㄷ   ③ ㄱ, ㄴ, ㄹ
④ ㄱ, ㄷ, ㄹ   ⑤ ㄴ, ㄷ, ㄹ

문제 분석 갑은 맹자, 을은 장자입니다. 유교 윤리 사상가인 맹자는 사단(四端)이라는 선한 본성이 누구에게나 주어져 있다고 보았습니다. 도가 윤리 사상가인 장자는 모든 차별이 사라진 정신적 자유의 경지를 지향하였습니다. 장자에 따르면 진인(眞人)은 삶과 죽음을 자연스러운 자연의 순환으로 여기기 때문에 삶과 죽음을 기뻐하거나 슬퍼하지 않습니다.

정답 찾기 ㄱ. 맹자는 인간은 누구나 선천적으로 사단이라는 선한 마음이 주어져 있다고 봅니다. 그러나 도가 사상가들은 인간은 자연의 일부이기 때문에 순수하고 소박한 자연의 덕을 가지고 태어난다고 봅니다. ㄷ. 장자는 외물의 속박에서 벗어나 정신적 자유의 경지에 이를 것을 강조합니다. ㄹ. 장자는 끊임없는 수양을 통해 옳고 그름, 선과 악의 분별과 차별에서 벗어나 세상 만물을 평등하게 바라보는 경지에 이를 것을 강조합니다. 그러나 유교 윤리 사상가인 맹자는 선악을 엄격히 구분해야 함을 강조합니다.

오답 피하기 ㄴ. 장자만의 주장입니다. 유교 윤리는 성인(聖人)이 제정한 도덕을 준수하는 삶의 자세를 강조합니다.

함정 피하기

ㄷ을 골랐다면 유교 윤리와 도가 윤리의 개념을 혼동하고 있는 것입니다. 유교 윤리는 개인의 도덕적 완성을 통해 도덕적 공동체를 만들고자 합니다. 반면 도가 윤리는 유교에서 강조하는 인의(人義)의 도덕이 인위적인 것이며 오히려 사회를 혼란하게 한다고 비판하고 일체의 인위적인 것에서 벗어나 자연의 순리에 따라 살아야 함을 강조합니다. 유교 윤리와 도가 윤리를 비교하는 문제는 빈출 주제이므로 핵심 개념을 꼼꼼하게 비교하여 정리해야 합니다.

023 공자의 사상 이해   정답 ②

문제 분석 제시문의 내용은 대동 사회이며 이는 공자가 제시한 이상 사회입니다. 유교 윤리 사상가인 공자에 따르면 대동 사회는 인륜이 실현된 사회로 각 개인의 능력을 발휘할 수 있게 하고, 누구나 기본적인 삶이 보장되며, 범죄가 발생하지 않는 도덕적인 사회입니다.

정답 찾기 ② 공자는 인간은 누구나 태어나면서부터 인(仁)이라는 내면의 도덕성을 지니고 있으며 끊임없는 수양을 통해 인을 실현하기 위해 노력해야 합니다.

오답 피하기 ①, ③ 불교 윤리의 입장입니다. ④, ⑤ 도가 윤리의 입장입니다. 소국과민은 작은 영토에 적은 백성이 모여 살아가는 사회이며 노자가 제시한 이상 사회입니다.

024 공자와 노자의 입장 비교   정답 ②

문제 분석 갑은 공자, 을은 노자입니다. 유교 윤리 사상가인 공자는 형벌이나 무력을 통해 다스리는 정치를 반대하고 도덕과 예의로써 백성을 교화하는 덕치(德治)를 강조하였습니다. 노자는 무위자연을 이상적인 삶의 모습으로 제시하고 무위의 다스림을 통해 백성들을 무욕(無欲)의 경지로 인도하는 것이 이상적인 정치라고 주장하였습니다.

정답 찾기 ㄱ. 유교 윤리는 인간이 선한 본성을 지니고 태어난 존재라고 봅니다. 공자 역시 모든 사람이 인(仁)이라는 내면적 도덕성을 지닌 존재라고 봅니다. ㄹ. 노자는 통치자가 무위의 정치, 즉 '다스리지 않음으로 다스림'을 실천한다면 백성들은 소박한 자연의 덕을 닮은 본성을 실현할 수 있다고 봅니다.

오답 피하기 ㄴ. 공자는 욕구의 배제를 주장하지 않았습니다. ㄷ. 공자는 인간이 도덕적 본성을 지닌 존재라고 보며, 노자는 인간이 자연의 순수하고 소박한 덕을 부여받은 존재라고 봅니다. 따라서 공자와 노자는 본성의 변화를 주장하지 않으며, 본성의 회복을 주장합니다.

025 불교 윤리의 특징 이해
정답 ①

> 이것이 있기 때문에 저것이 있고, 이것이 일어나기 때문에 저것이 일어난다. ← 불교의 연기설
> 곧 무명(無明)을 인연[緣]하여 행(行)이 있고, 나아가 온통 괴로움뿐인 덩어리가 생긴다. 무명이 멸(滅)하기 때문에 ← 연기에 대한 무지에서 벗어나 깨달음에 이르면 고통이 소멸함
> 행이 멸하고, 나아가 온통 괴로움뿐인 덩어리가 멸한다.

문제 분석 제시문은 불교의 연기설에 대한 설명입니다. 불교에서는 연기의 깨달음을 통해 고통에서 벗어나면 해탈과 열반이라는 이상적 경지에 도달할 수 있다고 봅니다.

정답 찾기 ① 불교의 연기적 세계관에 따르면 만물은 원인과 조건에 따라 상호 의존하여 존재하는 것이며, 만물의 고정된 실체는 존재하지 않습니다.

오답 피하기 ② 불교에서는 만물이 무상함을 깨달아야 한다고 봅니다. 만물의 고정된 실체는 존재하지 않는다는 것입니다. ③ 삼독이란 불성을 어둡게 하는 것으로 탐욕, 성냄, 어리석음을 말합니다. ④ 오온이란 인간의 육체와 정신을 이루는 다섯 가지 구성요소로 색(色)·수(受)·상(想)·행(行)·식(識)을 말합니다. 불교에서는 인간도 오온의 인연에 의해 존재하는 것이며 '나'는 존재하지 않는다고 봅니다. ⑤ 불교에서는 만물의 상호 의존성에 대한 자각, 즉 연기를 깨달으면 내가 소중하듯 남도 소중하다는 자비(慈悲)의 마음이 저절로 생겨난다고 봅니다.

함정 피하기

①을 옳은 설명으로 판단했다면 불교의 기본 개념이 아직 확립되지 못했기 때문입니다. 불교에 따르면 이 세상에는 고정된 실체란 존재하지 않습니다. 그러나 무명에서 벗어나지 못한 사람들은 마치 실체가 존재한다고 믿습니다. 불교에서는 이와 같은 무명이 고통의 원인임을 지적하고 실상에 대한 깨달음을 통해 해탈과 열반에 경지에 갈 수 있다고 주장합니다. 불교는 '실체가 존재한다', '자아를 확립한다'는 진술은 어떤 경우에도 인정할 수 없는 서술임을 명심하고 불교 윤리의 핵심 이론인 연기설에 대해 철저하게 이해해 두어야 합니다.

026 불교 윤리의 특징 이해
정답 ①

문제 분석 제시문은 대승 불교의 이상적 인간상인 보살에 대해 설명하고 있다. 보살은 무아(無我)를 깨달아 중생을 위해 자비를 베푸는 사람입니다. 특히 보살이 타인을 위해 아무런 조건 없이 베푸는 것을 보시라고 합니다.

정답 찾기 ① 보살은 모든 것은 실체가 없음을 깨달았기 때문에 무아(無我)를 인식하여 타인에게 자비를 베풀며 살아갑니다.

오답 피하기 ② 불교에서는 나를 포함한 만물의 실체는 존재하지 않는다고 봅니다. ③ 불교에서는 인간을 불성(佛性)을 지닌 존재라고 봅니다. 따라서 인간을 '타고난 이기심'을 가진 존재라고 진술하는 것은 잘못된 표현입니다. ④ 무명(無明)이란 무지의 상태이며, 무지의 상태란 만물이 연기에 의해 존재한다는 것을 모르는 상태입니다. 불교에서는 이러한 무명으로 인해 인간의 삶에 고통이 생겨난다고 봅니다. ⑤ 불교에서는 만물은 고정된 실체가 존재하지 않으며 끊임없이 변화한다고 봅니다. 따라서 '만물의 불변성을 깨달아'라고 진술하는 것은 잘못된 표현입니다.

027 도가 윤리의 특징 이해
정답 ②

문제 분석 제시문은 장자의 주장입니다. 도가 윤리 사상가 장자는 세상의 속박에서 벗어난 정신적 자유의 경지를 추구하였습니다. 장자에 따르면 세상의 도덕과 규범은 인간의 자유를 억압하는 인위적인 것에 불과합니다.

정답 찾기 ㄱ. 장자는 절대 자유의 경지인 소요를 추구합니다. 소요란 '이리저리 자유롭게 거닐다'라는 의미로 도를 깨달아 인위적인 제약에서 해방된 자유의 경지입니다. ㄷ. 장자에 따르면 선과 악, 옳고 그름을 나누는 인위적인 기준은 인간의 편견이나 선입견에 불과합니다. 그래서 장자는 이러한 선입견과 편견에서 벗어나 자연과 하나가 되는 물아일체의 삶을 살아야 한다고 주장합니다.

오답 피하기 ㄴ, ㄹ. 유교 윤리의 입장입니다. 신독이란 홀로 있을 때에도 도리에 어긋남이 없도록 언행을 삼가는 것을 말합니다.

028 도가 윤리와 유교 윤리의 비교
정답 ④

고난도 평가원 기출

①	②	③ 함정	❹	⑤ 함정
5%	4%	27%	41%	21%

눈으로 보는 해설

(가)의 고대 중국 사상가 갑, 을의 입장을 (나) 그림으로 표현할 때, A~C에 들어갈 내용으로 적절하지 않은 것은?

(가)	갑 : 곱자에 의지하여 바로잡으려는 것은 자연스러움을 깎아내는 것이고, 노끈으로 묶어 견고하게 하는 것은 타고난 덕(德)을 해치는 것이며, 예악(禮樂)을 행하는 것은 자연 그대로의 모습을 잃어버리는 것이다. → 장자 을 : 버드나무의 본성을 해쳐야 그릇을 만들 수 있다고 하는 것은 사람의 본성을 거스른 후에 인의(仁義)를 행할 수 있다는 것과 같다. 물이 아래로 흐르지 않음이 없는 것처럼 사람의 본성은 선하지 않음이 없다. → 맹자
(나)	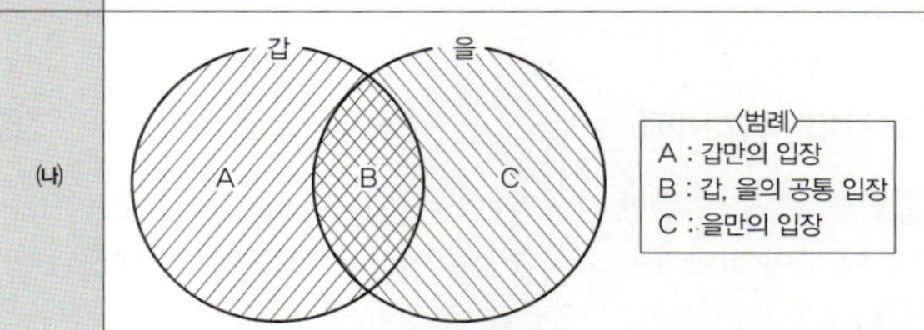

① A : 인의(仁義)는 사람다움을 해치는 인위적 도덕규범이다. ○
② A : 일체의 구속을 잊어[坐忘] 지인(至人)의 경지에 도달해야 한다. ○
③ B : 마음을 어지럽히지 말고 도(道)와 일치하는 삶을 살아야 한다. ○
④ C : 본성[性]대로 사는 것이 추구해야 하는 바람직한 삶이다. → B
⑤ C : 항산(恒産)이 없어도 본심을 잃지 않아야 선비라 할 수 있다. ○

문제 분석 갑은 장자, 을은 맹자입니다. 장자는 일체의 인위적인 도덕을 거부하고 자연의 순리에 따라 살아갈 것을 강조하였습니다. 맹자는 인간

이 선한 본성을 부여 받은 존재임을 강조하고 인의(仁義)의 도덕을 실현할 것을 강조하였습니다.

정답 찾기 ④ 장자와 맹자의 공통점입니다. 장자는 자연을 닮은 인간의 본성대로 살아가는 삶을, 맹자는 타고난 선천적으로 부여된 선한 본성대로 살아가는 삶을 바람직한 삶이라고 봅니다.

오답 피하기 ① 장자는 인의(仁義)의 도덕을 자연을 닮은 인간의 본성을 해치는 것이라고 봅니다. ② 장자는 좌망과 심재의 수양을 통해 지인의 경지에 도달할 것을 강조합니다. ③ 장자는 도(道)를 자연의 순리라고 보아 도와 일치하는 삶을 강조합니다. 맹자 역시 도와 일치하는 삶을 강조한다. 그러나 맹자가 말하는 도와 일치하는 삶은 인의의 도덕을 지키며 살아가는 삶입니다. ⑤ 맹자에 따르면 백성은 항산(일정한 생업)이 있어야 항심(도덕적인 마음)이 있습니다. 그러나 선비는 항산이 없어도 항심을 유지할 수 있습니다.

함정 피하기

③을 골랐다면 맹자의 인의의 윤리를 잘못 이해했기 때문입니다. 유교와 도가 윤리 모두 도에 일치하는 삶을 강조하였지만, 도의 내용에 차이가 있습니다. ⑤를 골랐다면 맹자의 항산과 항심의 관계를 잘못 이해한 것입니다. 맹자에 따르면 항산이 필요한 존재는 백성이지 선비가 아닙니다.

029 도가 윤리의 특징 이해　　　　　정답 ③

문제 분석 제시문은 도가 윤리 사상가인 장자의 주장입니다. 장자는 지인, 진인, 신인, 천인 등을 이상적 인간상으로 제시하고, 이들처럼 자연과 하나가 된 물아일체의 삶을 살아가는 것을 이상적인 삶이라고 보았습니다. 또한 장자는 옳고 그름, 선과 악, 삶과 죽음 등 인위적인 일체의 분별에서 벗어날 것을 강조하였습니다.

정답 찾기 ③ 장자가 긍정의 대답을 할 질문입니다. 장자에 따르면 이상적인 삶은 인위적 기준이나 가치에 얽매이지 않고 자연과 하나가 되어 살아가는 삶입니다. 이를 위해서는 시비선악의 분별에서 벗어나야 합니다.

오답 피하기 ① 장자가 부정의 대답을 할 질문입니다. 장자를 포함한 도가 윤리 사상가들은 사물을 인간의 관점이 아닌 도(道)의 관점에서 평등하게 인식하는 평등적 세계관을 강조합니다. ② 장자가 부정의 대답을 할 질문입니다. 장자에 따르면 감각을 통해 사물을 인식하기 때문에 온갖 차별과 분별이 생겨납니다. ④ 장자가 부정의 대답을 할 질문입니다. 도가 윤리 사상가들은 인위적인 도덕규범에서 벗어나 자연의 순리에 부합하는 삶을 살아갈 것을 강조합니다. ⑤ 장자가 부정의 대답을 할 질문입니다. 장자는 외물에 얽매이지 않는 자유로운 삶을 살아야 한다고 주장합니다. 외물이란 명예, 권력, 재물 등 사람의 신체나 생명 이외의 모든 부차적인 것들을 말합니다.

030 노자의 사상 이해　　　　　정답 ②

문제 분석 제시문을 주장한 사상가는 노자입니다. 노자는 작은 영토에 적은 백성들이 모여 살아가는 소국과민을 이상 사회로 제시하였습니다.

정답 찾기 ② 노자가 부정의 대답을 할 질문입니다. 노자는 나라는 작고 백성은 적은 소국과민을 이상사회라고 봅니다. 이를 통해 그는 거대한 통일 제국을 반대하고 백성들의 평화로운 삶이 더욱 중요함을 강조하였습니다.

오답 피하기 ① 노자가 긍정의 대답을 할 질문입니다. 노자는 인위를 거부하고 자연 그대로의 질서를 따르는 삶을 강조합니다. ③ 노자가 긍정의 대답을 할 질문입니다. 노자는 무위의 다스림을 이상적인 정치라고 봅니다. ④ 노자가 긍정의 대답을 할 질문입니다. 노자는 인위적인 제도와 문명이 오히려 사회 혼란을 부추긴다고 봅니다. ⑤ 노자가 긍정의 대답을

할 질문입니다. 노자에 따르면 통치자는 백성들이 무위와 무욕의 상태에 이를 수 있는 정치를 해야 합니다.

031 유교 윤리와 도가 윤리의 비교　　　　　정답 ④

문제 분석 갑은 공자, 을은 노자입니다. 공자는 '군주는 군주답고 신하는 신하답고, 아버지는 아버지답고, 자식은 자식다워야 한다'는 정명((正名) 사상을 제시하였습니다. 이를 통해 사회 구성원 각자가 맡은바 책임과 역할을 다할 것을 강조하였습니다. 노자는 '으뜸가는 선은 물과 같다'는 상선약수(上善若水)를 무위자연의 삶의 구체적인 모습으로 보았습니다. 물처럼 만물을 이롭게 하고, 다투지 않으며, 낮은 곳으로 처하는 삶이야 말로 가장 이상적인 삶의 모습이라는 것입니다.

정답 찾기 ④ 노자가 '예'라고 답할 질문입니다. 노자는 통치자가 무위의 다스림, 즉 다스리지 않음으로 다스릴 때 백성들의 평화로운 삶이 보장된다고 봅니다.

오답 피하기 ① 공자와 노자가 모두 '예'라고 답할 질문입니다. 공자와 노자는 모두 통치자의 덕이 백성에게 영향을 준다고 봅니다. 그래서 공자는 통치자가 되려면 먼저 군자다운 인격을 닦아야 한다고 봅니다. 노자 역시 통치자가 무위의 다스림을 통해 백성들의 평화로운 삶을 보장해야 한다고 봅니다. ② 공자가 '아니요'라고 답할 질문입니다. 공자에 따르면 군주는 무엇보다 군자다운 인격과 덕을 갖춰야 합니다. ③ 공자가 '아니요'라고 답할 질문입니다. 공자는 인간이 도덕적 본성을 지닌 존재라고 봅니다. 따라서 본성은 변화의 대상이 아닙니다. ⑤ 노자가 '아니요'라고 답할 질문입니다. 노자는 법과 제도 등 인위적인 규범을 모두 거부합니다.

032 불교의 연기적 세계관 이해　　　　　정답 ③

문제 분석 제시문은 불교 윤리의 연기적 세계관을 보여줍니다. 연기설에 따르면 모든 현상은 무수한 원인과 조건에 의해 서로 관련되어 생겨나며 원인과 조건이 사라지면 결과도 없습니다. 이러한 연기적 세계관에 따르면 세계에는 고정불변하는 실체란 존재하지 않습니다. 따라서 '자아[我]'는 실제로 존재하지 않습니다. 이와 같은 연기적 세계관에 바탕에 둔 불교 윤리는 무아를 인식하고 자비를 실천하는 삶을 통해 고통에서 벗어나 해탈과 열반의 경지에 이를 것을 강조합니다.

정답 찾기 ③ 불교 윤리는 만물의 실상인 연기를 깨달으면 고통이 사라진 열반의 경지에 이를 수 있다고 봅니다.

오답 피하기 ① 불교에 따르면 만물은 고정된 실체가 존재하지 않습니다. ② 불교에 따르면 인간은 오온의 인연에 의해 존재하는 것이며 독립된 실체란 존재하지 않습니다. 오온이란 인간의 육체와 정신을 이루는 다섯 가지 구성요소로 색(色)·수(受)·상(想)·행(行)·식(識)을 말합니다. ④ 불교는 모든 것은 끊임없이 변화하며 고정된 실체는 존재하지 않는다고 봅니다. ⑤ 불성이란 부처가 될 수 있는 가능성이며 이는 후천적으로 생성되는 것이 아니라 모든 생명체에게 부여된 것입니다.

핵심 개념 CHECK!

▶ 본문 026쪽

01 ◯	02 ✕	03 ✕	04 ✕	05 ◯	06 ◯	07 ◯	08 ◯
09 ◯	10 ✕	11 ✕	12 ✕	13 ◯	14 ◯	15 ◯	16 ✕
17 ✕	18 ◯	19 ◯	20 ◯	21 ◯	22 ◯	23 ✕	24 ◯
25 ◯	26 ✕	27 ◯	28 ◯	29 ✕	30 ◯	31 ◯	32 ◯
33 ✕	34 ◯	35 ◯					

◯✕ 문장 바로 알기

01 의무론 윤리에 따르면 인간이 언제 어디서나 따라야 할 보편타당한 법칙이 존재한다.

02 칸트는 행위의 도덕성을 판단할 때 행위의 ~~동기보다 결과를~~ 중시한다.
결과보다 동기

03 칸트 윤리나 자연법은 윤리 문제에 대한 ~~공리주의적~~ 접근에 해당한다.
의무론

04 칸트는 오로지 ~~유용성을 산출한~~ 행위만이 도덕적 가치를 지닌다고 본다.
의무 의식과 선의지에서 나온

05 칸트에 따르면 도덕 법칙은 가언 명령이 아니라 정언 명령의 형식을 띠고 있다.

06 칸트는 윤리적 의사 결정 과정에서 보편화 가능성과 인간 존엄성의 관점에서 검토할 것을 주장하였다.

07 칸트는 이성적이고 자율적인 인간은 보편적인 도덕 법칙을 의식할 수 있다고 본다.

08 자연법이란 모든 인간에게 자연적으로 주어져 있는 보편적인 법을 말한다.

09 자연법 윤리는 행위가 자연의 질서에 부합하는지 어긋나는지를 검토한다.

10 아퀴나스는 인간이 본성적으로 지니는 자연적 성향으로 ~~이타심을~~ 강조한다.
자기 보존, 종족 보존, 신과 사회에 대한 진리 파악

11 공리주의는 ~~인간 존엄성의~~ 원리를 기준으로 윤리적 의사결정을 한다.
유용성

12 공리주의는 행위의 ~~동기가~~ 쾌락과 행복을 가져오는 행위를 도덕적 행위로 본다.
결과

13 벤담은 쾌락을 산출하고 고통을 피하는 결과를 낳는 행위가 도덕적인 행위라고 본다.

14 벤담은 최대 다수의 최대 행복을 도덕과 입법의 원리로 제시한다.

15 밀은 쾌락의 양뿐만 아니라 질의 차이도 고려해야 한다고 주장한다.

16 ~~규칙~~ 공리주의는 '어떤 행위가 최대의 유용성을 가져오는가?'를 중시한다.
행위

17 ~~행위~~ 공리주의는 '어떤 규칙이 최대의 유용성을 가져오는가?'를 중시한다.
규칙

18 벤담과 밀 모두 인간이 쾌락을 추구하고 고통을 회피하려고 한다는 점을 인정한다.

19 밀은 정상적인 인간이라면 누구나 질적으로 높고 고상한 쾌락을 추구할 것이라고 본다.

20 밀은 쾌락의 양적인 측면을 ~~고려하는 것은 부당한 행동이라고 보았다.~~
도 고려해야 한다고 보았다.

21 공리주의는 행위의 내면적 동기를 소홀히 할 수 있다는 문제점이 있다.

22 덕 윤리에 따르면 도덕적 행위를 하려면 유덕한 성품을 길러야 한다.

23 덕 윤리는 ~~행위자 내면의 도덕성보다 보편적 도덕 법칙의 준수를~~ 강조한다.
보편적 도덕 법칙의 준수보다 행위자 내면의 도덕성을

24 덕 윤리는 행위 자체의 옳고 그름보다는 행위자의 덕성과 인성을 중시한다.

25 덕 윤리는 의무론이나 공리주의에 비해 공동체가 강조하는 덕목들의 실천을 강조한다.

26 현대 덕 윤리는 ~~공동체의 역사와 전통보다는 개인의 자유와 선택을~~ 중시한다.
개인의 자유와 선택보다 공동체의 역사와 전통

27 매킨타이어에 따르면 도덕 판단은 구체적이며 맥락적인 사고를 반영해야 한다.

28 덕 윤리는 윤리학의 논의 범위를 확장하였으며, 도덕적 실천력을 높이는 데 기여하였다.

29 아리스토텔레스에 따르면 품성적 덕은 주로 ~~교육을~~ 통해 길러진다.
도덕적 행위의 습관화

30 덕 윤리는 의무론과 공리주의의 한계를 극복하고자 하였다.

31 도덕 과학적 접근이란 인간의 도덕성과 윤리적 문제를 과학에 근거하여 탐구하는 것이다.

32 신경 윤리학에서는 이성과 정서의 역할, 자유 의지나 공감 능력 여부 등을 과학적 방법으로 측정하여 입증하고자 한다.

33 진화 윤리학은 인간의 이타적 행동과 성품은 ~~도덕적 행위를 습관화~~ 한 결과라고 주장한다.
자연 선택을 통해 진화

34 진화 윤리학에서는 인간의 이타적 행위가 자기 유전자를 복제해야 할 필요성에서 나온다고 본다.

35 도덕 과학적 접근은 도덕 판단이나 윤리 문제에 대한 과학적이고 객관적 정보를 제공해 준다는 의의가 있다.

033 ①	034 ②	035 ③	036 ④	037 ②	038 ③
039 ①	040 ③	041 ⑤	042 ①	043 ④	044 ①
045 ③	046 ⑤	047 ②	048 ④		

033 의무론적 접근 이해　　정답 ①

자료 분석

갑: 도덕은 <u>인간에게 주어진 항구 불변하고 보편적인 법</u>에 근거
　└ 자연법
해야 한다. <u>신과 자연에 대한 직관적 통찰이 없는 행위는 도</u>
　└ 아퀴나스는 자기 보존, 종족 보존, 신과 사회에 대한
덕적 행위라고 할 수 없다. 진리파악을 인간의 자연적 성향으로 봄
　→ 자연법(아퀴나스)
을: 도덕은 누구나 따라야 하는 <u>무조건적 도덕 법칙</u>에 근거해야
　└ 정언 명령
한다. <u>의무 의식에서 비롯되지 않은 행위는 도덕적 행위라</u>
　└ 칸트는 의무 의식과 선의지에서 비롯된 행위만을 도덕적 행위라고 봄
고 할 수 없다.→ 칸트

문제 분석 갑은 자연법 윤리 사상가인 아퀴나스, 을은 칸트입니다. 자연법 윤리는 윤리 문제를 접근할 때 자연의 원리에 부합하는지 여부를 토대로 윤리적 의사 결정을 내립니다. 칸트는 윤리 문제를 접근할 때 어떠한 행위가 의무 의식과 선의지에서 비롯된 행위인지를 토대로 윤리적 의사 결정을 내립니다. 한편 의사 A는 고통 받는 환자를 죽음에 이르도록 인위적인 조치를 했기 때문에 적극적 안락사를 시행했으며, 의사 B는 고통 받는 환자의 연명 치료를 중단함으로써 죽음에 이르게 했기 때문에 소극적 안락사를 시행하였습니다.

정답 찾기 ① 자연법 윤리의 입장에서는 모든 행위는 자연의 원리에 부합할 때 도덕적인 행위가 됩니다. 따라서 자연법 윤리의 입장에서 볼 때 적극적으로 환자를 죽음에 이르도록 도운 의사 A의 행위는 인간의 생명을 인위적으로 조작한 것이므로 비도덕적 행위라는 견해를 제시할 것입니다.

오답 피하기 ② 자연법 윤리는 생명의 불가침성 및 존엄성을 강조합니다. 따라서 의사 A는 물론 의사 B의 행위도 비도덕적인 행위라고 볼 것입니다. ③ 칸트의 입장에서 볼 때 의사 A는 인간 존엄성 정식, 보편화 가능성 정식에 어긋나는 비도덕적인 행위라고 평가할 것입니다. ④ 의사 B의 행위는 안락사를 원하는 환자의 욕구를 수용한 행위입니다. ⑤ 자연법 윤리와 칸트 모두 안락사를 도덕적 행위로 보지 않습니다.

💣 함정 피하기

③을 골랐다면 칸트 윤리의 개념을 잘못 이해하고 있는 것입니다. 칸트에 따르면 인간 존엄성 정식, 보편화 가능성 정식은 어떤 행위를 할 때 타인에게는 물론 자기 자신에게도 구속력을 갖는 도덕 법칙이므로 의사와 환자는 모두 이러한 도덕 법칙에 따라야 합니다. 따라서 존엄한 인간의 생명을 인위적으로 중단할 수 있다는 준칙은 보편화 정식 및 인간 존엄성 정식의 검토를 통과하지 못합니다.

034 칸트의 의무론 이해　　정답 ②

문제 분석 제시문은 칸트의 인간성 정식입니다. 칸트는 인간성 정식을 통해 인간을 언제나 수단이 아닌 목적으로 대우할 것을 강조하였습니다. 칸트에 따르면 윤리적 의사 결정 과정에서 보편화 가능성 정식과 인간 존엄성 정식을 강조하였습니다. 그는 어떤 준칙(개인적 행위 규칙, 격률이라고도 함)이 도덕 법칙이 될 수 있는지 검토하기 위해서는 먼저 해당 준칙을 보편 진술로 바꾼 후에 그 진술을 보편화 가능성과 인간 존엄성의 관

점에서 검토해야 한다고 보았습니다. 그리하여 그 진술이 검토를 통과하면 도덕 법칙으로 받아들이고 그렇지 못하다면 거부해야 합니다.

보편화 가능성 정식	"네 의지의 준칙이 언제나 동시에 보편적 입법의 원리가 될 수 있도록 행위하라."
인간성 정식	"너 자신에게 있어서나 다른 사람에게 있어서 인격을 언제나 동시에 목적으로 대우하고 수단으로 대하지 마라."

정답 찾기 ② 칸트는 로봇을 개발할 때 인간 존엄성을 존중하도록 개발하라고 조언 할 것입니다.

오답 피하기 ① 덕 윤리의 입장에서 제시할 수 있는 조언입니다. ③ 자기 보존 성향이란 자연적 경향성의 하나로, 칸트에 따르면 자연적 경향성에 따른 행위는 도덕적 행위가 될 수 없습니다. ④ 쾌락의 총량을 강조하는 것은 공리주의의 입장에서 제시할 수 있는 조언입니다. ⑤ 칸트는 인간을 수단이 아닌 목적으로 대우할 것을 강조합니다.

035 칸트와 벤담의 사상 비교　　정답 ③

문제 분석 갑은 칸트, 을은 벤담입니다. 칸트에 따르면 자연은 자연 법칙의 지배를 받습니다. 그러나 인간은 자연 법칙의 지배를 받으면서도 도덕 법칙을 준수할 수 있는 존재입니다. 공리주의 사상가인 벤담은 '쾌락은 선, 고통은 악'임을 강조합니다.

정답 찾기 ㄷ. 벤담은 행위의 결과를 중시합니다. 즉 행위의 결과 유용한 결과를 산출했다면 그 행위는 도덕적이라는 것입니다. 그러나 칸트는 행위의 결과보다는 행위 자체의 도덕성을 강조합니다. 다시 말해 어떠한 행위가 도덕 법칙을 준수했다면 결과와 관계없이 도덕적인 행위가 된다는 것입니다. ㄹ. 벤담에 따르면 인간은 행복을 추구하고 고통을 피하려는 존재입니다. 따라서 벤담은 도덕 판단에서 행복 추구의 경향성을 중시합니다. 그러나 칸트는 인간의 행위가 행복 추구의 경향성을 따랐다면 도덕적 행위가 될 수 없습니다. 칸트는 오로지 의무 의식과 선의지에서 비롯된 행위만을 도덕적 행위라고 봅니다.

오답 피하기 ㄱ. 칸트가 아닌 벤담의 입장입니다. ㄴ. 벤담에 따르면 고통은 감내할 것이 아니라 피해야 합니다.

036 규칙 공리주의와 자연법 윤리 비교　　정답 ④

문제 분석 갑은 규칙 공리주의, 을은 자연법 윤리입니다. 규칙 공리주의는 윤리적 의사 결정과정에서 '어떤 규칙이 최대의 유용성을 산출하는가?'라는 물음을 제기합니다. 자연법은 인간의 본성에 의거하는 절대적인 법으로, 모든 인간에게 자연적으로 주어져 있는 보편적인 법입니다. 특히 자연법 윤리 사상가 아퀴나스는 자연법의 근거가 영원법임을 강조합니다. 영원법이란 신의 섭리이며 이러한 섭리가 인간이 마땅히 따라야 할 자연법과 일치한다고 보았습니다.

정답 찾기 ④ 자연법 윤리 사상가인 아퀴나스는 윤리적 의사 결정 과정에서 어떤 행위가 자연의 질서에 부합하는지 아니면 어긋나는지를 검토할 것을 강조합니다. 이때 자연의 질서는 신의 섭리입니다.

오답 피하기 ① 규칙 공리주의는 그 행위에 적용되는 규칙의 결과를 중시합니다. 선의지를 강조하는 것은 칸트의 입장입니다. ② 모든 공리주의는 유용성을 중시합니다. ③ 자연법 윤리는 선택적 출산과 같이 생명 탄생이라는 자연의 섭리를 과학 발전이라는 이유로 함부로 어길 수 없다고 봅니다. ⑤ 규칙 공리주의에서는 자연의 섭리가 아니라 유용성을 중시합니다.

037 칸트 윤리 사상의 이해　　정답 ②

문제 분석 (가) 사상가는 칸트입니다. 칸트는 인간이 준수해야 할 도덕 법칙을 정언 명령의 형식으로 제시하였습니다. 하나는 보편화 가능성 정식이며, 다른 하나는 인간 존엄성 정식입니다. 칸트는 윤리적 의사 결정 과

정에서 이러한 검토를 통과한 행위만이 도덕적 행위라고 봅니다.

정답 찾기 ② 칸트가 '예'라고 대답할 질문입니다. 그는 행위의 결과를 고려한 행위가 아니라 의무 의식에서 비롯된 행위가 도덕적 행위라고 봅니다.

오답 피하기 ① 칸트가 '아니요'라고 대답할 질문입니다. 그는 행위의 결과보다는 동기를 중시합니다. ③ 칸트가 '예'라고 대답할 질문입니다. 칸트에 따르면 인간은 언제나 수단이 아닌 목적으로 대우받아야 하는 존엄한 존재입니다. ④ 칸트가 '예'라고 대답할 질문입니다. 그에 따르면 자신이 하고자 하는 행위가 보편화 가능성 검사를 통과했을 경우에만 실천에 옮겨야 합니다. ⑤ 칸트가 '예'라고 대답할 질문입니다. 칸트는 도덕 법칙을 무조건적 명령인 정언 명령의 형식으로 제시하였습니다. 이는 조건적 명령인 가언 명령과 구분됩니다.

038 칸트 윤리 사상의 이해   정답 ③

🔍 눈으로 보는 해설

ㄴ 칸트
다음 사상가의 입장에서 긍정의 대답을 할 질문에 모두 '✓'를 표시한 학생은?

○ "네 의지의 준칙이 언제나 동시에 보편적 입법의 원리가 될 수 있도록 행위하라."

○ "너 자신에게 있어서나 다른 사람에게 있어서 인격을 언제나 동시에 목적으로 대우하고 수단으로 대하지 마라."

질문 \ 학생	갑	을	병	정	무
동정심에 따른 행위는 도덕적 행위인가? → 흄	✓			✓	✓
쾌락의 총량을 증가시킨 행위는 도덕적 행위인가? → 공리주의	✓	✓		✓	
오로지 의무 의식에서 비롯된 행위가 도덕적 행위인가? ○		✓	✓		✓
모든 사람에게 적용 가능한 보편적 도덕 원리가 존재하는가? ○			✓	✓	✓

① 갑　　② 을　　③ 병　　④ 정　　⑤ 무

문제 분석 제시문을 주장한 사상가는 칸트입니다. 칸트에 따르면 이상적이고 자율적인 인간은 보편적인 도덕 법칙을 인식할 수 있으며, 도덕 법칙은 정언 명령의 형식으로 제시됩니다. 정언 명령이란 행위의 결과와 상관없이 행위 자체가 선(善)이기 때문에 무조건 수행해야 하는 도덕적 명령입니다. 이와 반대로 일정한 조건이 붙는 명령은 가언 명령이라고 합니다. 예를 들어 "만일 네가 ○○를 원한다면 △△해야 한다."라는 형식으로 표현되며 이는 도덕 법칙이 될 수 없습니다.

정답 찾기 세 번째 질문. 칸트는 의무 의식과 선의지에 따른 행위만을 도덕적 행위라고 봅니다. 네 번째 질문. 칸트는 "네 의지의 준칙이 언제나 동시에 보편적 입법 원리가 될 수 있도록 행위하라."와 같이 모든 사람에게 적용 가능한 보편적인 도덕 원리가 존재한다고 보았습니다.

오답 피하기 첫 번째 질문. 칸트는 동정심, 본능 등과 같이 자연적 경향성에 따른 행위는 도덕적 행위라고 보지 않습니다. 두 번째 질문. 칸트는 쾌락과 행복 등 유용성을 위한 행위를 도덕적 행위라고 보지 않습니다. 양적 공리주의를 주장한 벤담이 긍정의 대답을 할 질문입니다.

💣 함정 피하기

첫 번째 질문을 골랐다면, 칸트 윤리의 의무론적 접근에 대한 이해가 부족한 탓입니다. 칸트는 도덕성을 판단할 때 행위의 결과보다 동기를 중시하면서 오로지 의무 의식에서 나온 행위만이 도덕적 가치를 지닌다고 보았습니다.

039 행위 공리주의와 규칙 공리주의 비교   정답 ③

문제 분석 갑은 행위 공리주의 사상가, 을은 규칙 공리주의 사상가입니다. 오늘날 공리주의는 윤리적 의사 결정을 내리는 기준이 행위의 결과인지, 그 행위에 적용되는 규칙의 결과인지에 따라 '행위 공리주의'와 '규칙 공리주의'로 구분합니다. 이때 행위 공리주의는 "어떤 행위가 최대의 유용성을 낳는가?"라는 물음을, 규칙 공리주의는 "어떤 규칙이 최대의 유용성을 낳는가?"라는 물음을 제기합니다.

정답 찾기 ㄷ. 모든 공리주의는 쾌락과 행복은 선, 고통은 악이라는 것에 동의합니다. 따라서 행복을 실현하는 것이 도덕적 행위입니다. ㄹ. 규칙 공리주의는 유용성의 원리를 개별 행위가 아닌 행위가 따르는 규칙에 적용합니다. 따라서 최대의 유용성을 산출하는 규칙을 따라야 한다고 봅니다.

오답 피하기 ㄱ. 공리주의는 행위의 결과를 중시합니다. ㄴ. 행위자의 성품을 중시하는 것은 덕 윤리입니다.

040 양적 공리주의와 질적 공리주의 비교   정답 ③

문제 분석 갑은 밀, 을은 벤담입니다. 벤담은 쾌락을 산출하고 고통을 피하는 결과를 낳는 행위가 선(善)이라고 보았습니다. 그는 사회가 개인의 집합체이므로 개인의 행복과 사회 전체의 행복은 연결되어 있으며 더 많은 사람이 행복을 누리는 것이 좋은 일이라고 보고, '최대 다수의 최대 행복'이라는 도덕 원리를 제시하였습니다. 또한 그는 모든 쾌락은 질적으로 같으며 양적인 차이만 있다고 가정하고 쾌락을 계산할 수 있다고 보았습니다. 이와 달리 밀은 쾌락의 양뿐만 아니라 질의 차이도 고려해야 한다고 보았습니다. 그는 낮은 수준의 쾌락과 높은 수준의 쾌락을 모두 경험하고 그 질적 차이를 평가할 수 있는 사람만이 어떤 쾌락이 질적으로 우월한지 판단할 수 있다고 주장하였습니다.

정답 찾기 ③ 밀은 벤담의 양적 공리주의를 수용했지만 쾌락에는 양적인 차이뿐만 아니라 질적인 차이도 있다고 보았습니다. 그리하여 밀은 보다 질적으로 높은 고상한 쾌락을 추구해야 함을 강조하였습니다.

오답 피하기 ① 양적 공리주의를 주장한 벤담이 밀에게 제기할 수 있는 반론입니다. ② 벤담과 밀은 모두 인간이 고통을 피하고 쾌락을 추구하는 존재임을 인정하기 때문에 반론으로 적절하지 않습니다. ④ 벤담과 밀은 모두 도덕적 행위는 행위의 결과를 기준으로 판단해야 한다는 내용에 동의하므로 반론으로 적절하지 않습니다. ⑤ 벤담과 밀은 모두 사회적 행복의 총량을 증진하는 것이 도덕적 행위임을 인정하기 때문에 반론으로 적절하지 않습니다.

041 덕 윤리와 공리주의 비교   정답 ⑤

자료 분석

갑: 개인은 가족, 이웃과 같은 공동체 속에서 자신의 도덕적 정체성을 찾아야 한다. <u>구체적 공동체를 벗어나면 덕을 실천할 기회도, 실천하는 방법을 배울 기회도 없다.</u> → 덕 윤리(매킨타이어)
ㄴ 도덕적 행위는 구체적이고 맥락적 사고를 반영해야 함

을: 행복은 쾌락의 향유와 고통의 부재를 의미한다. <u>어떤 종류의 쾌락이 다른 종류의 쾌락보다 바람직하고 가치 있다는</u> → 질적 공리주의(밀)
ㄴ 쾌락에는 양적인 차이뿐 아니라 질적인 차이도 있음
사실을 인정하는 것은 유용성의 원리와 양립 가능하다.

문제 분석 갑은 현대 덕 윤리 사상가 매킨타이어, 을은 질적 공리주의를 주장한 밀입니다. 매킨타이어는 덕성 함양이 개인적 차원에서 이루어지는 것이 아니라 역사와 전통이라는 맥락을 지닌 공동체 안에서 가능하다는 점을 강조하였습니다.

정답 찾기 ⑤ 덕 윤리는 유용성만을 중시하는 공리주의와 달리 더불어 살아가는 공동체 구성원으로서 공동체의 역사와 전통을 중시합니다.

오답 피하기 ① 밀이 메킨타이어에게 제기할 반론입니다. ② 덕 윤리는 도덕적 판단이 구체적이고 맥락적인 사고를 반영해야 실천력을 높일 수 있다고 주장합니다. ③ 밀은 도덕 판단의 기준이 행위의 동기가 아닌 결과임을 강조합니다. ④ 밀은 사회 전체의 행복 최대화가 보편적 도덕 원리임을 강조합니다. 반면 덕 윤리는 보편적 도덕 원리의 준수보다는 자신이 소속된 공동체의 역사와 전통을 따를 것을 강조합니다.

> **함정 피하기**
>
> ④를 골랐다면 덕 윤리가 공동체의 역사와 전통을 중시한다는 것과 공리주의가 사회 전체의 행복 최대화를 중시한다는 것을 혼동했기 때문입니다. 덕 윤리는 유덕한 품성을 길러야 함을 강조하며, 이를 위해서는 자신이 소속된 공동체가 중시하는 덕목을 갖춰야한다고 봅니다. 그러나 공리주의는 도덕적 행위의 판단 기준이 개인의 내면적 성품이 아니라 사회에 최대의 유용성을 산출했는지 여부에 둡니다.

042 덕 윤리와 의무론의 입장 비교   정답 ①

문제 분석 '나'는 덕 윤리 사상가이며 '어떤 사상가'는 의무론 윤리 사상가인 칸트입니다. 현대의 덕 윤리는 의무론과 공리주의가 행위자 내면의 도덕성과 인성의 중요성을 간과하며, 개인의 자유와 권리를 지나치게 강조하여 공동체가 중시하는 용기나 진실성 등의 덕목을 무시한다고 비판합니다. 그리하여 덕 윤리는 윤리적으로 옳고 선한 결정을 하려면 유덕한 품성을 길러야 함을 강조합니다. 그리고 이러한 품성을 갖추려면 옳고 선한 행위를 습관화하여 자신의 행위로 내면화하는 것이 중요하다고 봅니다.

정답 찾기 ① 칸트는 도덕적 행위는 선의지와 의무 의식에서 비롯된 행위라고 봅니다. 따라서 자연적 감정에서 비롯된 행위는 도덕적 가치가 없다고 봅니다. 그러나 덕 윤리는 옳고 선한 행위의 습관화를 통해 습득된 덕에서 우러난 자연적 감정은 도덕적 행위가 될 수 있다고 봅니다.

오답 피하기 ②, ③, ④, ⑤ 칸트의 입장에서 덕 윤리 사상가에게 제기할 비판입니다.

043 덕 윤리의 관점 이해   정답 ④

문제 분석 (가)의 '나'는 덕 윤리 사상가입니다. 덕 윤리는 유덕한 품성을 강조하고, 개인의 자유나 권리보다는 공동체 구성원으로서의 삶에 깊은 관심을 갖습니다. (나)는 사회적 약자에 대한 우대 정책에 대한 토론이 이루어지고 있습니다. 갑은 우대 정책을 찬성하는 입장이며, 을은 우대 정책을 반대하는 입장입니다.

정답 찾기 ㄱ, ㄷ, ㄹ. 덕 윤리는 공동체의 역사와 전통을 강조하며, 개인이 고립된 존재가 아니라 더불어 살아가는 공동체에 소속된 구성원임을 강조합니다. 따라서 과거의 부당한 차별은 현 세대와 무관한 것이 아니기 때문에 사회적 약자를 위한 우대 정책이 필요하다고 볼 것입니다.

오답 피하기 ㄴ. 덕 윤리는 개인을 독립적 존재가 아닌 관계적 존재로 봅니다.

044 덕 윤리와 의무론, 공리주의 비교   정답 ①

문제 분석 '나'는 덕 윤리 사상가입니다. 덕 윤리는 유덕한 품성을 강조하고 공동체 구성원으로서의 인간의 삶에 관심을 갖습니다. 이러한 덕 윤리는 의무론과 공리주의가 행위자 내면의 인성과 도덕성의 중요성을 간과하며, 개인의 자유와 권리를 지나치게 강조하여 공동체의 전통을 무시하게 된다고 비판합니다. 한편 이 문제의 경우 덕 윤리, 의무론, 공리주의에 대한 개념도 필요하지만, 선택지를 분석하기 위해서는 이론 규범 윤리학, 기술 윤리학, 메타 윤리학에 대한 지식도 필요합니다. 두 가지 주제가 합쳐진 문제이므로 주의하여 문제를 해결합니다.

정답 찾기 ① 덕 윤리는 의무론과 공리주의가 보편적 도덕 원리의 준수만을 지나치게 강조한 나머지 도덕 행위자 내면의 도덕성과 인성이 중요함을 간과한다고 비판합니다.

오답 피하기 ②, ③ 덕 윤리는 보편적 도덕 원리보다는 구체적이고 맥락적인 사고가 중요함을 강조합니다. ④ 도덕 관행을 있는 그대로 서술할 것을 강조하는 것은 기술 윤리학의 입장입니다. 덕 윤리, 의무론, 공리주의는 모두 이론 규범 윤리학이며 도덕 관행에 대해 가치 판단을 시도합니다. ⑤ 메타 윤리학의 입장입니다.

045 아리스토텔레스의 입장 이해   정답 ③

문제 분석 제시문을 주장한 사상가는 덕 윤리 사상가인 아리스토텔레스입니다. 아리스토텔레스는 덕을 지성적 덕과 품성적 덕으로 나누고 지성적 덕은 교육을 통해 갖춰야 하며 품성적 덕을 갖추려면 옳고 선한 행위를 습관화할 것을 강조하였습니다.

정답 찾기 ㄴ. 아리스토텔레스에 따르면 품성적 덕은 하루아침에 갖춰지지 않습니다. 따라서 올바른 품성을 갖추기 위한 꾸준한 노력, 즉 습관화가 필요합니다. ㄷ. 아리스토텔레스는 공동체 구성원에게 요구되는 용기, 절제 등의 덕을 갖출 것을 강조하였습니다.

오답 피하기 ㄱ. 아리스토텔레스는 개인의 권리보다 공동체의 전통과 역사를 중시합니다. ㄹ. 덕 윤리는 보편적 도덕 원리를 기준으로 행위의 도덕성을 판단하는 것이 아니라 유덕한 행위자가 한 행위를 도덕적 행위라고 판단합니다.

046 메킨타이어와 칸트의 입장 비교   정답 ⑤

문제 분석 갑은 현대 덕 윤리 사상가인 매킨타이어, 을은 칸트입니다. 덕 윤리는 윤리적 의사 결정을 내릴 때 특정 상황에서 유덕한 행위자가 할 법한 것을 행하라고 요구합니다. 즉 "보편타당한 규칙을 따르라." 또는 "최대의 공리를 산출하는 행위를 선택하라."가 아니라 "정직한 사람이 되어라."라고 말하며, 이를 위하여 "정직한 사람이 할 법한 것을 행하라."라고 요구합니다. 반면 칸트는 오로지 선의지와 의무 의식에서 비롯된 행위만이 도덕적 행위임을 강조합니다.

정답 찾기 ⑤ 칸트는 행위의 결과가 아닌 행위 자체의 도덕성을 강조합니다. 그러나 덕 윤리는 도덕 판단 과정에서 행위 자체 보다는 행위자의 내면적 품성에 주목합니다.

오답 피하기 ① 공리주의의 입장입니다. ②, ③ 칸트가 더욱 강조할 내용입니다. ④ 규칙 공리주의가 강조할 내용입니다.

047 아리스토텔레스와 칸트의 입장 비교   정답 ②

> **눈으로 보는 해설**
>
> (가)의 갑, 을, 사상가들의 입장을 (나) 그림으로 표현할 때, A~C에 해당하는 옳은 진술만을 〈보기〉에서 있는 대로 고른 것은?
>
> | (가) | 갑 : 품성적 덕은 본성적으로 우리에게 생기는 것이 아니다. 도덕적 품성은 습관을 통해 발전하므로 사람들은 후천적인 지도 아래 특정한 방식으로 자주 움직임으로써 습관이 들고, 마침내 그렇게 실천할 수 있게 된다. → 아리스토텔레스 |
> | --- | --- |
> | | 을 : 용기와 같은 기질들은 선하고 바람직할 수 있다. 그러나 이런 것들도 의지가 선하지 않다면 해가 될 수 있다. 용감한 사람이 악당이 될 수도 있는 것이다. 그 자체로 선하다고 생각할 수 있는 것은 선한 의지뿐이다. → 칸트 |

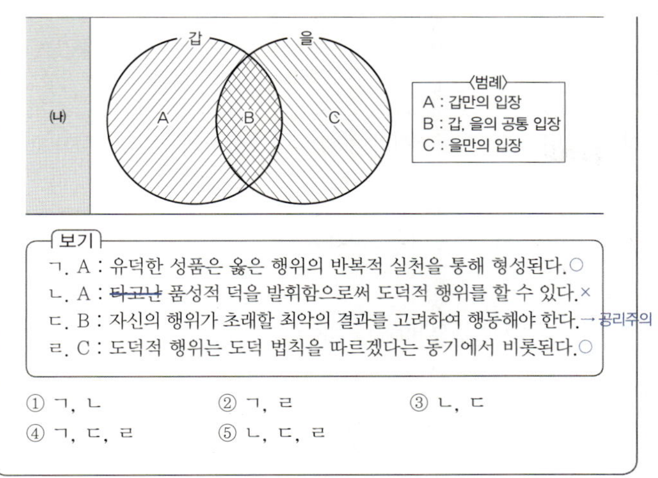

보기
ㄱ. A : 유덕한 성품은 옳은 행위의 반복적 실천을 통해 형성된다. ○
ㄴ. A : 타고난 품성적 덕을 발휘함으로써 도덕적 행위를 할 수 있다. ✕
ㄷ. B : 자신의 행위가 초래할 최악의 결과를 고려하여 행동해야 한다. → 공리주의
ㄹ. C : 도덕적 행위는 도덕 법칙을 따르겠다는 동기에서 비롯된다. ○

① ㄱ, ㄴ ② ㄱ, ㄹ ③ ㄴ, ㄷ
④ ㄱ, ㄷ, ㄹ ⑤ ㄴ, ㄷ, ㄹ

문제 분석 갑은 덕 윤리 사상가인 아리스토텔레스, 을은 의무론 사상가인 칸트입니다. 아리스토텔레스에 따르면 품성적 덕은 선천적인 것이 아니며 옳고 선한 행위를 습관화 하려는 노력을 통해 갖춰지게 됩니다. 칸트는 용기, 성실과 같은 덕이 의지가 선하지 못할 경우 악한 행위로 이어질 수 있다는 점을 강조하고 이 세상에서 그 자체로 유일하게 선한 것은 오로지 선의지 뿐이며, 도덕적인 행위는 선의지에서 비롯되어야 함을 강조하였습니다.

정답 찾기 ㄱ. 아리스토텔레스만의 입장입니다. 그는 유덕한 성품은 옳은 행위의 습관화를 통해 형성된다고 봅니다. ㄹ. 칸트만의 입장입니다. 그는 도덕적 행위가 도덕 법칙을 준수하겠다는 동기에서 비롯된 행위라고 봅니다.

오답 피하기 ㄴ. 아리스토텔레스에 따르면 품성적 덕은 선천적인 것이 아니라 후천적인 노력을 통해 갖춰지는 것입니다. ㄷ. 공리주의의 입장입니다. 칸트는 도덕적 행위는 행위의 결과보다 동기를 기준으로 판단해야 한다고 봅니다.

함정 피하기

ㄴ을 골랐다면, 아리스토텔레스의 덕에 대한 관점에 대한 정확한 이해가 부족한 탓입니다. 아리스토텔레스는 덕성을 발휘함으로써 도덕적 행위를 할 수 있다고 보았으나, 덕성은 타고나는 것이 아닌 습관을 통해 형성되는 것이라고 보았습니다.

048 도덕 과학적 접근 이해 정답 ④

문제 분석 (가)는 신경 윤리학, (나)는 진화 윤리학입니다. 신경 윤리학은 도덕적 판단이나 의사 결정 과정을 뇌 과학과 같은 과학적 측정 방법을 통해 규명하고자 합니다. 이를 통해 이성 중심의 전통적 견해를 재검토할 필요가 있음을 경험적 근거를 통해 밝혀주고 있습니다. 진화 윤리학은 인간의 이타적 행위나 성품을 생물학적 적응의 산물이라고 봅니다. 즉 도덕적 행위는 추상적 도덕 원리를 따른 결과가 아니라 자신의 생존과 번식에 도움이 되기 때문이라는 것입니다. 이처럼 신경 윤리학, 진화 윤리학과 같은 도덕 과학적 접근은 도덕적 판단과 행동의 과정, 도덕성의 형성 요인 등에 대한 과학적 해명에 도움을 줍니다.

정답 찾기 ㄴ. 진화 윤리학은 인간의 이타적 행위는 생물학적 적응의 산물이라고 봅니다. 즉 인간의 이타적 행위는 자연 선택에 따른 진화의 결과라는 것입니다. ㄹ. 신경 윤리학과 진화 윤리학은 도덕성의 형성 과정을 과학적으로 해명하고자 합니다.

오답 피하기 ㄱ. 신경 윤리학은 도덕의 근원에 대해 형이상학적 방법이 아닌 과학적인 방법을 통해 규명하고자 합니다. ㄷ. 신경 윤리학과 진화 윤

리학은 도덕적 삶의 방향이나 목적 제시보다는 도덕 판단의 과정을 규명하고자 합니다.

04강 삶과 죽음의 윤리

핵심 개념 CHECK!

▶ 본문 036쪽

01 ○	02 ○	03 ×	04 ○	05 ×	06 ×	07 ○	08 ×
09 ○	10 ○	11 ○	12 ×	13 ×	14 ×	15 ○	16 ×
17 ○	18 ×	19 ○	20 ×	21 ×	22 ○	23 ○	24 ×
25 ○	26 ×	27 ×	28 ○	29 ×	30 ×	31 ×	32 ○
33 ○	34 ○	35 ○	36 ○	37 ○			

O|X 문장 바로 알기

01 출생은 도덕적 주체로 사는 삶의 출발점이다.

02 생물학적 의미의 출생은 태아가 모체로부터 분리되어 새로운 생명체가 되는 단계를 말한다.

03 ~~공리주의~~의 관점에서 출생은 인간의 자연적 성향을 실현하는 과정이다.
자연법 윤리

04 죽음을 통해 인간은 삶의 소중함을 깨달을 수 있다.

05 죽음의 특징으로는 보편성, 불가피성, 일회성, ~~가역성~~을 들 수 있다.
비가역성

06 ~~공자~~는 죽음에 대해 다른 세계로 윤회하는 것이라고 본다.
석가모니

07 불교에서는 현세의 도덕적 실천이 죽음 이후의 삶을 결정한다고 본다.

08 ~~장자~~는 타인의 죽음에 대해 깊이 애도해야 한다고 본다.
공자

09 장자에 따르면 자연적이고 필연적인 죽음 앞에서 인간은 초연해야 한다.

10 불교는 인간의 죽음을 오온이 흩어지는 것이라고 본다.

11 공자는 죽음보다는 현세에서의 도덕적 삶이 더 중요하다고 본다.

12 장자는 삶과 죽음이 계속 반복되므로 분별~~되어야 한다고 본다.~~
해서는 안 된다고 본다.

13 공자는 죽음이 인간의 자연스러운 운명이~~므로 슬퍼할 필요가 없다고~~ ~~본다.~~
지만 애도해야 한다고 본다.

14 불교에서는 ~~윤회~~를 통해 삶과 죽음의 고통에서 벗어날 수 있다고 본다.
해탈을

15 하이데거는 죽음이 누구도 피할 수 없는 확실한 가능성이라고 본다.

16 하이데거는 죽음의 자각을 통해 ~~고통스러운 삶이 지속된다고~~ 본다.
삶을 더욱 의미 있고 가치있게 살 수 있다고

17 에피쿠로스는 죽음은 감각의 상실이므로 두려워할 필요가 없다고 본다.

18 ~~에피쿠로스는~~ 영원불변한 영혼의 세계를 궁극적인 이상으로 본다.
플라톤은

19 플라톤과 에피쿠로스는 모두 죽음을 두려움의 대상으로 여기는 것은 잘못이라고 본다.

20 ~~선택~~ 옹호주의는 태아의 생명권을 강조하여 인공 임신 중절에 반대한다.
생명

21 ~~생명~~ 옹호주의는 여성의 자기 방어와 정당방위 권리를 근거로 낙태에 찬성한다.
선택

22 인공 임신 중절을 반대하는 사람들은 태아가 인간으로서의 지위를 지닌다고 본다.

23 유교는 자살이 부모에 대한 자식의 도리인 불감훼상을 어긴 불효라고 본다.

24 ~~불교~~에서는 신으로부터 선물 받은 목숨을 스스로 끊어서는 안 된다고 본다.
그리스도교

25 자연법 윤리는 자살이 자연적 성향인 자기 보존의 의무를 다하지 않는 것이라고 본다.

26 칸트에 따르면 고통스러운 상황에서 벗어나려고 자살하는 것은 ~~보편적 도덕 법칙이다.~~
인간을 고통 완화를 위한 수단으로 여기는 것이다.

27 불교에서는 자살이 ~~삶의 고통에서 벗어나는 행위라고 본다.~~
불상생의 계율을 어기는 것이라고 본다.

28 쇼펜하우어에 따르면 자살은 문제를 해결하는 것이 아니라 회피하는 것이다.

29 ~~적극적~~ 안락사는 연명 치료를 중단하여 죽음에 이르게 하는 것이다.
소극적

30 ~~공리주의에서는~~ 안락사가 자연의 질서에 부합하지 않음을 근거로 반대한다.
자연법 윤리

31 자연법 윤리와 칸트의 입장에서는 안락사가 허용~~되어야 한다.~~
되어서는 안 된다.

32 뇌사란 뇌간을 포함한 뇌의 활동이 회복할 수 없을 정도로 정지된 상태를 말한다.

33 뇌사를 죽음으로 인정할 경우 장기 이식이 활성화될 수 있다.

34 뇌사를 죽음으로 인정하는 것을 찬성하는 입장에서는 한정된 의료 자원을 효율적으로 이용할 수 있다고 본다.

35 뇌사를 죽음으로 인정하는 것을 반대하는 사람들은 뇌사 판정의 오류 가능성을 근거로 제기한다.

36 우리나라의 경우 법적으로 심폐사가 죽음의 기준이지만 장기 기증에 동의한 경우에는 뇌사를 죽음으로 인정한다.

37 심폐사란 심장 박동이 멈추고 호흡이 정지한 상태를 말한다.

기출+예상 문제로 주제 정복하기					
049 ④	**050** ④	**051** ⑤	**052** ②	**053** ⑤	**054** ②
055 ②	**056** ①	**057** ②	**058** ⑤	**059** ⑤	**060** ③
061 ②	**062** ③	**063** ④	**064** ⑤		

049 장자와 에피쿠로스의 죽음관 비교　　　　정답 ④

고난도 평가원 기출

①	②	③ 함정	❹	⑤
2.6%	12.7%	33.9%	43.8%	4.2%

🔍 **눈으로 보는 해설**

> 고대 동양 사상가 갑, 고대 서양 사상가 을의 입장으로 옳지 <u>않은</u> 것은?
>
> 갑 : 진인(眞人)은 분별심으로 도를 버리지 않고, 인위로 자연을 돕지
> └ 장자
> 　 않는다. 자연은 삶을 주어 수고하게 하고, 죽음을 주어 쉬게 한다.
>
> 을 : 현자(賢者)는 죽음을 두려워하지 않는다. 삶이 해를 주는 것도
> └ 에피쿠로스
> 　 아니고, 죽음도 악으로 생각되지 않기 때문이다. 그는 긴 삶이
> 　 아니라 즐거운 시간을 향유하려고 노력한다.
>
> ① 갑 : 삶과 죽음은 사계절의 운행처럼 필연적인 과정이다. ○
> ② 갑 : 삶과 죽음의 분별에서 벗어나야 도에 일치할 수 있다. ○
> ③ 을 : 죽음을 통해 인간의 쾌락과 고통의 감각이 소멸된다. ○
> ④ 을 : 불멸에 대한 욕망에서 벗어날 근거는 <del>내세의</del> 행복에 있다. ×
> 　　　　　　　　　　　　　　　　　　　현세의
> ⑤ 갑, 을 : 이상적 인간은 죽음을 두려움의 대상으로 보지 않는다. ○

문제 분석 갑은 장자, 을은 에피쿠로스입니다. 장자는 삶과 죽음, 선과 악, 옳고 그름 등을 나누는 분별심을 거부합니다. 그에 따르면 이러한 분별심, 구별, 차별은 인간 사회가 혼란해지는 원인을 제공할 뿐입니다. 장자는 삶과 죽음 또한 구별되지 않는 자연스러운 순환으로 보고 삶을 얻었을 때 기뻐하지 말고, 죽음이 다가와도 슬퍼하지 않는 태도를 갖춰야 함을 강조하였습니다. 에피쿠로스는 인간은 죽음을 통해 감각을 상실하기 때문에 죽음을 경험할 수 없다는 것을 근거로 죽음을 두려워할 필요가 없다고 보았습니다. 쾌락주의 사상가 에피쿠로스는 이러한 논리를 근거로 인간을 불안하게 하는 요소, 즉 죽음에 대한 두려움으로부터 벗어나 즐거운 삶을 살아갈 것을 강조하였습니다.

정답 찾기 ④ 에피쿠로스에 따르면 죽음은 인간의 육체와 영혼이 원자로 흩어지는 것입니다. 따라서 내세가 아닌 현세에서 즐거운 삶을 살아야 합니다.

오답 피하기 ① 장자는 인간의 삶과 죽음을 자연적이고 필연적인 것으로 보아 죽음에 대해 초연해야 한다고 봅니다. ② 장자는 삶과 죽음을 인간의 감정이나 감각을 통해 분별하는 것을 반대하고 삶과 죽음은 자연의 순리로 수용해야 함을 강조합니다. ③ 에피쿠로스에 따르면 인간에게 죽음은 감각의 상실입니다. ⑤ 장자와 에피쿠로스는 모두 죽음을 두려움의 대상으로 여기지 않습니다.

💣 **함정 피하기**

③을 골랐다면 에피쿠로스의 죽음관 중에서도 가장 기본적이면서도 핵심적인 부분을 알지 못하고 있기 때문입니다. 에피쿠로스에 따르면 인간은 살아있는 동안에는 죽음을 경험할 수 없으며, 죽음은 감각을 상실하는 것이므로 죽음을 경험하는 것이 불가능합니다. 따라서 죽음은 경험할 수 없으므로 두려움의 대상이 아니라는 것이 그의 주장의 요지입니다. 에피쿠로스의 죽음관은 빈출 주제이므로 기본 개념을 다시 정리해야 합니다.

050 도가와 불교의 죽음관 비교　　　　정답 ④

문제 분석 (가)는 도가, (나)는 불교이다. 도가에서는 삶과 죽음을 기가 모이고 흩어지는 것으로 보며, 자연적이고 필연적인 과정으로 이해하였습니다. 불교에서는 중생의 죽음을 오온의 해체라고 보고, 중생은 오온이 해체되어도 깨닫지 못하면 윤회를 반복한다고 보았습니다.

정답 찾기 ④ 불교에서는 중생의 죽음을 오온이 해체되는 것으로 봅니다. 그러나 깨닫지 못하면 윤회를 반복하면서 고통스러운 삶을 살아가게 된다고 봅니다.

오온	의미	특징
색(色)	물질요소로서의 육체	육체적 요소
수(受)	고통 · 쾌락의 감수(感受)작용	
상(想)	표상 · 개념 등의 작용	
행(行)	수 · 상 · 식 이외의 마음의 작용	정신적 요소
식(識)	인식판단의 작용으로서의 주체적인 마음	

오답 피하기 ① 유교의 입장입니다. ② 도가는 내세의 행복을 추구하지 않습니다. ③ 중생은 깨닫지 못한 경우 윤회를 통해 생로병사의 고통을 반복하게 됩니다. ⑤ 플라톤의 입장입니다.

051 불교와 도가의 죽음관 비교　　　　정답 ⑤

고난도 평가원 기출

①	②	③ 함정	④	❺
2%	3%	20%	10%	63%

🔍 **눈으로 보는 해설**

> (가), (나) 사상의 입장에 대한 설명으로 가장 적절한 것은?
>
> | (가) | 무명(無明)에 가려진 중생들이 이 세상에서 저 세상으로 서로 오가는 것은 네 가지 성스러운 진리[四聖諦]를 모르기 때문이다. → 불교 |
> |---|---|
> | (나) | 삶과 죽음은 마치 사계절의 변화와 같다. 삶을 좋아함은 미혹(迷惑)이고, 죽음을 싫어함은 타향에 안주하여 고향에 돌아갈 줄 모르는 사람과 같다. → 도가 |
>
> ① (가)는 죽음을 다른 존재로 윤회하는 고리가 <del>단절된</del> 상태라고 본다. ×
> ② (나)는 사후의 평온보다 현세에서 인(仁)의 실천이 중요하다고 본다. × (공자의 입장)
> ③ (가)는 (나)와 달리 죽음을 삶의 <del>모든 번뇌가 소멸한 상태</del>라고 본다. ×
> 　　　　　　　　　　　　　　　　└ 해탈
> ④ (나)는 (가)와 달리 죽음을 흩어져 있던 기가 모인 상태라고 본다. ×
> ⑤ (가), (나)는 생사를 차별해서는 안 되는 순환의 과정이라고 본다. ○

문제 분석 (가)는 불교, (나)는 도가 사상입니다. 불교에서는 무명에 가려진 중생들이 사성제(四聖諦)를 보지 못하기 때문에 끊임없이 돌고 도는 윤회의 삶을 산다고 보았습니다. 도가 사상에서는 삶과 죽음은 차별이 없으며 사계절의 변화와 같이 자연스러운 순환 과정이라고 보았습니다.

정답 찾기 ⑤ 불교와 도가는 모두 삶과 죽음을 순환의 과정으로 보았습니다.

오답 피하기 ② 공자가 강조할 죽음에 대한 관점입니다. ③ 불교에서 삶의 모든 번뇌가 소멸한 상태는 '열반', '해탈'이며, 죽음을 통해 바로 해탈이나 열반으로 가는 것이 아니라 대부분 윤회의 과정을 거치는 것으로 볼 수 있습니다.

💣 **함정 피하기**

③을 골랐다면, 불교의 '해탈'과 '열반'에 대한 개념 이해가 부족한 탓입니다. 모든 번뇌가 소멸한 '해탈'과 '열반'의 상태는 도를 깨달은 상태이지 죽음의 상태를 의미하지 않습니다. 불교에서는 인간은 죽고 난 뒤에 윤회를 반복한다고 보았습니다.

052 에피쿠로스와 하이데거의 죽음관 비교 정답 ②

[문제 분석] 갑은 에피쿠로스, 을은 하이데거입니다. 에피쿠로스는 죽음은 인간이 경험할 수 없으므로 두려워할 필요가 없다고 보았습니다. 하이데거는 현존재인 인간이 다른 동물과 다른 점은 자신이 죽는다는 사실을 자각한다는 것이라고 보았습니다. 그에 따르면 인간은 죽음의 자각을 통해 참된 삶의 의미를 찾을 수 있습니다.

[정답 찾기] ② 에피쿠로스에 따르면 죽음에 대한 올바른 인식은 죽음은 살아 있는 인간에게 아무것도 아니라는 것을 깨닫는 것입니다. 다시 말해 죽음에 대한 두려움은 그릇된 것임을 수용하라는 것입니다. 에피쿠로스는 불멸에 대한 열망의 실현이 아닌 현세에서 즐거운 삶을 살기위해 노력해야 한다고 봅니다.

[오답 피하기] ① 에피쿠로스는 살아있는 사람은 살아 있기 때문에 죽음을 경험할 수 없으며, 죽은 사람은 감각이 소멸되었기 때문에 죽음을 경험할 수 없다고 봅니다. ③ 하이데거에 따르면 인간이 동물과 다른 점은 자신이 죽는다는 것을 자각할 수 있다는 것입니다. ④ 하이데거는 현존재인 인간은 자신의 죽음을 자각하면서 참된 삶을 고민하는 존재라고 봅니다. ⑤ 에피쿠로스와 하이데거는 모두 인간이 죽음에 이르는 존재임을 인정하고 죽음에 대한 올바른 인식을 강조합니다.

053 공자와 장자의 죽음관 비교 정답 ⑤

[문제 분석] 갑은 공자, 을은 장자입니다. 공자는 죽음이나 내세에 대한 관심보다는 현세의 도덕적인 실천이 중요함을 강조하였습니다. 장자는 삶과 죽음은 자연의 순환이며 기가 모이고 흩어지는 것이라고 보고 삶과 죽음에 대해 초연할 것을 강조하였습니다.

[정답 찾기] ⑤ 공자와 장자는 모두 죽음이 모든 인간이 자연스럽게 겪는 자연의 순리라고 봅니다.

[오답 피하기] ① 공자는 죽음을 자연의 순리라고 보았지만, 죽음을 애도하는 것은 인간의 마땅한 도리라고 봅니다. ② 플라톤의 죽음관입니다. ③ 불교의 입장입니다. ④ 공자의 입장입니다.

054 하이데거와 에피쿠로스의 죽음관 비교 정답 ②

[문제 분석] 갑은 하이데거, 을은 에피쿠로스입니다. 하이데거는 '인간은 언제나 죽음과 함께하고 있다. 죽음을 외면하지 말고 항상 죽음이 자신의 것이라는 사실을 인지하면서 살아야 한다.'라고 하여 죽음에 대한 자각을 통해 삶을 더욱 의미 있고 가치 있게 살아갈 수 있다고 보았습니다. 에피쿠로스는 살아 있는 동안에는 죽음을 경험할 수 없으므로 죽음을 두려워할 필요가 없다고 주장하였습니다.

[정답 찾기] ㄱ. 하이데거는 죽음으로의 선구를 통해 인간은 실존을 회복할 수 있다고 봅니다. 죽음으로의 선구란 자신의 죽음으로 미리 달려가 본다는 의미로 자신의 죽음이 피할 수 없는 것임을 깊이 자각하는 것을 말합니다. ㄷ. 에피쿠로스에 따르면 인간은 죽음을 통해 감각을 상실하게 됩니다. 그 이유는 인간의 육체와 영혼이 원자로 회귀하기 때문입니다.

[오답 피하기] ㄴ. 플라톤의 죽음관입니다. ㄹ. 공자는 내세보다는 현세의 도덕적 삶이 더 중요함을 강조하였고, 에피쿠로스 역시 내세에 대한 관심보다는 현세에서 즐거운 삶이 더 중요함을 강조하였습니다.

055 도가와 불교의 죽음관 비교 정답 ②

[문제 분석] (가)는 도가 사상, (나)는 불교 사상입니다. 도가에서는 삶과 죽음은 서로 연결된 자연의 순환 과정이라고 봅니다. 불교에서는 만물이 인연법에 의해 존재한다고 봅니다. 따라서 삶이 있기에 죽음이 있으며, 죽음이 있기에 삶이 있다고 봅니다.

[정답 찾기] ㄴ. 도가에서는 삶과 죽음을 기가 모이고 흩어지는 과정이라고 봅니다. ㄷ. 불교에서는 죽음이 생로병과 함께 인간이 겪는 대표적인 고통입니다. 불교에서는 윤회를 통해 인간이 영원히 생로병사의 고통을 겪게 됨을 강조하고, 고통에서 벗어나기 위해서는 깨달음을 통해 해탈의 경지로 나가가야 함을 주장합니다.

[오답 피하기] ㄱ. 죽음에 대한 애도를 강조하는 것은 유교의 입장입니다. ㄹ. 도가에서는 삶과 죽음은 연결된 순환 과정임을 강조하고 삶과 죽음을 분별하는 것은 그릇된 인식이라고 봅니다. 불교에서는 죽음의 굴레에서 벗어나기 위해서는 깨달음을 통해 해탈과 열반의 경지로 나아가야 한다고 봅니다.

056 에피쿠로스와 플라톤의 죽음관 비교 정답 ①

[문제 분석] 갑은 에피쿠로스, 을은 플라톤입니다. 에피쿠로스는 죽음은 감각의 상실이며, 살아 있는 동안에는 죽음을 경험할 수 없으므로 죽음을 두려워할 필요가 없다고 주장하였습니다. 플라톤은 죽음을 영혼이 육체에서 해방되어 영원불변한 이데아(Idea)의 세계로 들어가 자유를 얻는 것이라고 보았습니다.

[정답 찾기] ① 갑은 긍정, 을은 부정의 대답을 할 질문입니다. 에피쿠로스는 죽음을 통해 인간의 육체와 영혼이 모두 원자로 흩어지기 때문에 그 어떤 것도 인식하거나 경험할 수 없다고 봅니다. 반면 플라톤은 죽음 이후에 영혼은 이데아의 세계로 되돌아가 진리를 인식할 수 있다고 봅니다.

[오답 피하기] ②, ④ 갑, 을 모두 부정의 대답을 할 질문입니다. 갑, 을 모두 죽음을 자신의 행위에 대한 벌이라고 인식하거나 신과 하나가 되는 것이라고 보지 않습니다. ③ 플라톤이 긍정의 대답을 할 질문입니다. ⑤ 에피쿠로스가 부정의 대답을 할 질문입니다. 그에 따르면 죽음은 경험할 수 없기 때문에 고통의 체험 자체가 불가능하며 두려워할 대상도 아닙니다.

057 낙태 찬반 논쟁 이해 정답 ②

① 잠재적 인간인 태아도 성인과 동등한 권리를 지니고 있다. ×
② 태아는 완전한 인격체가 아니므로 인간 존재로 볼 수 없다. ○
③ 낙태는 법적으로 금지되지만 도덕적으로는 허용될 수 있다. ×
④ 태아는 수정과 동시에 인간의 본질적 특성을 갖는 존재이다. ×
⑤ 사회의 이익을 위해 때로는 인간 존재의 희생이 불가피하다. ×

[문제 분석] 여학생은 낙태를 반대하고 있으며 칠판의 내용은 이를 삼단논법으로 정리한 것입니다.

[정답 찾기] 삼단 논법의 문제를 해결하기 위해서는 다음과 같은 공식을 기억해두어야 합니다.

도덕 추론 과정	공식	적용
대전제(도덕원리)	A → B	인간 존재를 죽이는 것은 옳지 않다. └A └B
소전제(사실판단)	C → A	낙태는 인간 존재를 죽이는 것이다. └C └A

| 결론(도덕판단) | C → B | 낙태는 옳지 않다.
└ C └ B |

위의 과정을 통해 소전제 ㉠에 들어갈 말은 '낙태는 인간 존재를 죽이는 것이다.'임을 알 수 있습니다. 따라서 ㉠에 대한 적절한 반론은 '태아는 완전한 인격체가 아니므로 인간 존재로 볼 수 없다.'임을 알 수 있습니다. 따라서 ②번이 정답입니다.

오답 피하기 ① 태아도 잠재적 인간이라는 주장은 ㉠에 대한 반론이 아니라 지지하는 주장입니다. ③ 소전제 ㉠은 태아를 인간 존재로 여깁니다. 따라서 적절한 반론은 태아가 인간이 아니라는 주장이어야 하므로 적절한 반론이 아닙니다. ④ 반론이 아니라 ㉠을 지지하는 주장입니다. ⑤ 낙태를 찬성하는 입장이지만 ㉠의 반론으로 볼 수 없습니다.

💣 함정 피하기

③번 또는 ⑤번을 골랐다면 '반론으로 적절한 것은?'이라는 질문의 취지를 깊이 생각하지 않고 낙태를 찬성하는 진술을 정답이라고 섣불리 판단했기 때문입니다. 반론이란 남의 의견에 대하여 반대 의견을 펴는 것입니다. 따라서 소전제 ㉠은 '낙태는 인간 존재를 죽이는 것이다.'이므로 이에 대한 적절한 반론은 '낙태는 인간 존재를 죽이는 것이 아니다.'가 되어야 합니다. 즉 '태아를 인간으로 볼 것인가?'라는 물음에 대해 여학생은 긍정하고 있으므로 이를 부정하는 진술이 반론으로 성립하는 것입니다. 따라서 ㉠에 대한 적절한 반론은 '태아는 인간이 아니다'라는 취지의 진술이 들어가야 합니다. 그러므로 ②번이 적절한 반론이며, ③번과 ⑤번은 낙태를 찬성하는 주장이긴 하지만 ㉠의 반론으로는 적절하지 않습니다. 이처럼 삼단 논법 문제는 쉬운 듯 하면서도 함정이 있으므로 집중력을 발휘할 필요가 있습니다.

058 낙태 찬반 논쟁 이해 정답 ⑤

문제 분석 갑은 수정과 동시에 태아는 인간으로서의 지위를 갖는다는 것을 근거로 낙태를 반대하는 입장입니다. 을은 태아가 임신부의 신체 중 일부이며, 태아는 인격체와 같은 권리를 갖지 못함을 근거로 낙태를 찬성하는 입장입니다. 한편 '어느 시점부터 인간인가?'라는 물음에 대해서는 '수정 단계부터', '착상시점부터', '배아 단계부터', '태아 단계부터', '출산 이후부터' 등 다양한 입장이 존재하므로 낙태 찬반 논쟁의 문제는 제시문을 꼼꼼하게 분석할 필요가 있습니다.

정답 찾기 ⑤ 갑은 낙태를 반대하는 입장입니다. 따라서 임신부의 자기 결정권을 근거로 낙태를 찬성하는 진술은 ㉠에 들어갈 수 없습니다.

오답 피하기 ①, ②, ③, ④ 모두 낙태를 반대하는 내용입니다.

059 죽음의 판정 기준에 대한 논쟁 이해 정답 ⑤

자료 분석

갑: 오늘날 장기 이식 기술이 발달함에 따라, 뇌사를 죽음의 기준으로 인정하면 많은 생명을 살릴 수 있게 되었습니다.
└ 죽음의 기준은 뇌사라는 입장
└ 장기 기증이 활성화 될 수 있음

을: 그렇습니다. 하지만 사람의 생명은 실용적 가치로 평가할 수
└ 을도 뇌사를 인정하면 장기 기증이 활성화 될 수 있음을 동의함
없는 존엄성을 지니기 때문에 심폐사를 죽음으로 보는 것이
옳습니다. → 죽음의 기준은 심폐사라는 입장

갑: 아닙니다. 뇌사를 죽음으로 보아야 합니다. 저는 사람의 인격은 심장이 아니라 뇌에서 비롯된다고 생각합니다.
└ 인격체의 인간다움은 뇌에서 비롯됨

을: 저도 그 생각에는 동의합니다. 하지만 뇌의 명령 없이도 유지
└ 을은 심폐사를 죽음이라고 보면서도 사람의 인격은 뇌에서 비롯된다는 점에 동의한다
될 수 있는 사람의 생명 그 자체가 존엄한 것입니다. 또한 장
점을 유의해야 함
기 이식을 위해 뇌사 판정이 악용될 가능성에도 유의할 필요
가 있습니다.

문제 분석 갑과 을은 죽음의 판정 기준에 대해 대화를 나누고 있습니다. 죽음의 판정 기준에 대해 갑은 뇌의 회복 불가능한 기능 정지 상태인 뇌사를, 을은 심장과 폐의 기능 정지 상태인 심폐사를 주장하고 있습니다.

정답 찾기 ⑤ 갑은 긍정, 을은 부정의 대답을 할 질문입니다. 갑은 뇌사를 을은 심폐사를 죽음의 기준으로 삼아야 한다고 보기 때문입니다.

오답 피하기 ① 갑은 뇌사자를 사망자로 여기기 때문에 부정의 대답을 할 질문이며, 을은 뇌가 기능을 정지했더라도 심장과 폐가 기능을 유지하고 있다면 뇌사만으로 죽음을 인정하면 인간의 존엄성이 침해된다고 볼 것이므로 긍정의 대답을 할 질문입니다. ② 을이 긍정의 대답을 할 질문이다. 을은 인간의 죽음을 장기 기증 활성화와 같은 실용적 가치로 평가하지 말아야 한다고 봅니다. ③ 갑, 을이 모두 긍정의 대답을 할 질문이다. 갑은 물론 을도 뇌사가 죽음으로 인정되면 장기 이식이 활성화되어 다수의 생명을 살릴 수 있음을 인정합니다. 그럼에도 불구하고 을은 인간의 생명은 실용적 가치로 평가하지 않아야 한다고 봅니다. ④ 갑, 을 모두 부정의 대답을 할 질문입니다. 갑, 을 모두 인간의 인격은 심장이 아닌 뇌에서 비롯된다고 봅니다.

060 안락사 찬반 논쟁 이해 정답 ③

문제 분석 갑은 연명 치료 중단을 통해 자연스럽게 죽음에 이르게 하는 소극적 안락사는 찬성하지만, 인위적인 개입, 즉 약물 주입 등으로 죽음에 이르게 하는 적극적 안락사는 반대합니다. 반면 을은 인간 생명의 존엄성을 근거로 모든 형태의 안락사를 반대합니다.

정답 찾기 ㄷ. 갑은 소극적 안락사를 찬성합니다. 따라서 모든 안락사를 반대하는 을에게 회생 불가능한 환자의 연명 치료 중단은 가능하다는 견해를 제시할 것입니다. ㄹ. 갑은 환자의 연명 치료 중단을 통해 자연스럽게 죽음에 이르게 하는 것은 자연의 과정을 거스르지 않는 방법이라는 견해를 제시할 것입니다.

오답 피하기 ㄱ. 갑은 적극적 안락사는 반대합니다. ㄴ. 안락사를 반대하는 논리이며 갑은 소극적 안락사를 찬성합니다.

061 낙태에 대한 싱어의 입장 이해 정답 ②

🔍 **눈으로 보는 해설**

┌ 싱어
다음 사상가의 입장에서 부정의 대답을 할 질문을 〈보기〉에서 고른 것은?

낙태 반대론자들의 오류는 태아가 호모 사피엔스라는 종(種)의 구성원이기 때문에 윤리적인 측면에서 우리와 똑같은 생명권을 갖고 있다고 주장하는 데 있다. 호모 사피엔스 집단의 구성원이라는 과학적 사실은 동일한 생명권을 부여하기 위한 충분조건이 될 수 없다. └ ㄱ의 근거 또한 자의식이나 이성을 근거로 태아를 동물과 다르게 대우해야 한다고 주장하기도 어렵다. 태아의 지적 능력은 소나 돼지보다 낮기 때문이다. 그럼에도 병원 앞에서 낙태 반대 시위가 종종 벌어지는 것과 달리 도살장 앞에서 시위를 벌이는 장면은 좀처럼 찾아보기 어렵다. 자의식을 갖출 가능성을 갖고 있다는 사실만으로 우리는 왜 자의식 └ ㄴ의 근거 을 갖춘 여성을 보호하지 않고, 또 아직 자의식을 갖추지 못한 존재의 삶을 마감하도록 하는 행위가 잘못된 것이라고 생각해야 하는가? └ ㄷ과 ㄹ의 근거

┌ 보기
ㄱ. 태아를 인격체인 인간과 동일시해야 하는가? → 아니요
ㄴ. 태아는 자의식을 갖출 가능성을 가진 존재인가? → 예
ㄷ. 태아와 임신부의 도덕적 지위와 가치는 동등한가? → 아니요
ㄹ. 태아의 생명권보다 인간의 생명권이 더 중요한가? → 예

① ㄱ, ㄴ ② ㄱ, ㄷ ③ ㄴ, ㄷ ④ ㄴ, ㄹ ⑤ ㄷ, ㄹ

문제 분석 제시문을 주장한 사상가는 싱어입니다. 그는 태아에게 인격체인 인간과 동일한 도덕적 지위를 부여해야 한다는 낙태 반대론자들의 주장에 반대합니다. 또한 태아는 잠재적인 인간에 불과하기 때문에 태아에게 임신부와 동일한 도덕적 지위와 가치를 부여하는 입장에도 반대합니다.

정답 찾기 ㄱ. 싱어가 부정의 대답을 할 질문입니다. 싱어는 태아가 인간이 될 가능성은 있지만 인간과 동일시하는 입장을 반대합니다. ㄷ. 싱어가 부정의 대답을 할 질문입니다. 싱어는 태아보다는 임신부의 도덕적 지위와 가치를 존중해야 한다는 입장입니다.

오답 피하기 ㄴ. 싱어가 긍정의 대답을 할 질문입니다. 그는 태아가 자의식을 갖출 가능성이 있는 존재라고 봅니다. ㄹ. 싱어가 긍정의 대답을 할 질문입니다. 그는 태아보다는 자의식을 갖춘 임신부의 생명권이 더 중요하다고 봅니다.

> **함정 피하기**
>
> ㄴ이나 ㄹ을 골랐다면 제시문의 내용을 꼼꼼하게 보지 않은 탓입니다. 싱어는 태아가 인간종이라는 이유만으로는 인격체인 인간과 동일한 생명권을 부여 받기 위한 충분조건이 될 수 없다고 보았으며, 이러한 기준으로 자의식을 갖추었는지의 여부를 중시하였습니다. 이에 따라 자의식을 갖춘 임신부와 자의식을 갖추지 못한 태아의 도덕적 지위와 가치는 동등하지 않다고 보았습니다.

062 안락사에 대한 자연법 윤리의 입장 이해 　　정답 ③

문제 분석 제시문을 주장한 사상가는 자연법 윤리 사상가인 아퀴나스입니다. 아퀴나스에 따르면 인간의 자연적 성향은 자기 보존, 종족 보존, 신과 사회에 대한 진리 파악 등입니다. 이러한 맥락에서 아퀴나스는 자연적 성향에 부합하는 행위는 선, 그렇지 않은 행위는 악이라고 보았습니다.

정답 찾기 ③ 아퀴나스는 안락사 여부를 고민하는 환자에게 자기 보존의 자연적 성향을 따르라는 조언을 할 것입니다.

오답 피하기 ① 가족의 고통 감소는 자기 보존의 성향에 부합하지 않습니다. ② 질적 공리주의를 주장한 밀이 제시할 수 있는 조언입니다. ④ 덕 윤리 사상가의 입장에서 제시할 수 있는 조언입니다. ⑤ 양적 공리주의 사상가인 벤담이 제시할 수 있는 조언입니다.

063 칸트와 유교의 자살 반대 논거 이해 　　정답 ④

문제 분석 (가)의 갑은 칸트, 을은 유교 사상가입니다. 칸트는 자살이 인간을 수단이 아닌 목적으로 대우해야 한다는 인간성 존중의 법칙에 어긋나는 행위라고 보았습니다. 유교는 자신의 신체는 부모에게 받은 것이므로 이를 잘 보존하는 것이 효의 출발점임을 강조하면서, 스스로 자신의 생명을 버리는 자살은 매우 큰 불효라고 보았습니다.

정답 찾기 ㄱ. 칸트는 자살이 자기 자신을 고통 완화의 수단으로 삼는 행위라는 것을 근거로 자살을 반대합니다. ㄷ. 칸트와 유교는 모두 자살을 반대합니다. ㄹ. 유교에서는 자살이 불감훼상(부모에서 받은 몸을 깨끗하고 온전하게 하는 것)의 도리를 어기는 불효임을 근거로 자살을 반대합니다.

오답 피하기 ㄴ. 쇼펜하우어가 자살을 반대하는 논거입니다.

064 뇌사 관련 찬반 논쟁 이해 　　정답 ⑤

문제 분석 갑은 뇌사를 죽음의 판정 기준으로 인정하는 입장이며, 을은 반대하는 입장입니다. 죽음의 전통적인 기준은 심폐사입니다. 그러나 교통사고 등 급작스러운 사고로 인해 심장 박동과 호흡은 유지되지만 뇌가 먼저 기능을 정지하기도 합니다. 뇌사자는 인공호흡기 등 연명 의료 기기의 도움으로 호흡과 심장 박동을 유지할 수 있지만 가까운 시일 내에 호흡과 심장 박동도 멈추게 됩니다. 이에 뇌사를 죽음의 판정기준으로 인정하자는 의견이 대두되었습니다.

정답 찾기 ⑤ 갑은 뇌사를 죽음으로 인정하면 장기 이식을 통해 다른 생명을 살릴 수 있다고 봅니다. 그러나 을은 호흡과 심장 박동이 유지된다면 살아 있는 사람이라고 보기 때문에 뇌사 상태에 빠진 사람의 장기를 적출하는 행위를 반대합니다.

오답 피하기 ①, ② 을이 갑에게 제기할 수 있는 견해입니다. ③ 뇌사를 죽음으로 인정하면 더 이상의 치료를 하지 않기 때문에 환자 가족의 경제적 부담은 줄어들 것입니다. 따라서 갑이 을에게 제기할 수 있는 견해가 아니다. ④ 뇌사를 죽음으로 인정하면 뇌사자의 호흡과 심장 박동 유지를 돕는 의료 기기를 다른 환자를 위해 이용할 수 있습니다. 따라서 갑이 을에게 제기할 수 있는 견해가 아닙니다.

핵심 개념 CHECK!

▶ 본문 044쪽

01 ○	02 ○	03 ○	04 ×	05 ○	06 ×	07 ×	08 ○
09 ×	10 ○	11 ○	12 ×	13 ○	14 ×	15 ○	16 ○
17 ○	18 ○	19 ×	20 ×	21 ×	22 ×	23 ×	24 ○
25 ○	26 ×	27 ×	28 ○	29 ○	30 ○	31 ○	32 ×
33 ×	34 ○	35 ○					

○|× 문장 바로 알기

01 생명 과학이란 생명 현상의 본질과 그 특성을 연구하는 학문을 말한다.

02 생명을 책임 있게 다루기 위한 윤리학적 숙고를 생명 윤리라고 한다.

03 유교에서는 부모로부터 물려받은 생명을 소중히 여겨야 함을 강조한다.

04 불교는 만물이 ~~독립적인 실체임~~(상호 의존관계)을 바탕으로 생명의 소중함을 강조한다.

05 도가에서는 자연스럽게 태어나고 자라는 것을 인위적으로 조장하지 않아야 한다고 본다.

06 생명 의료 윤리의 원칙 중 ~~자율성 존중~~(정의)의 원칙은 생명 과학의 연구 성과나 자원을 공정하게 분배하라는 것이다.

07 비첨과 칠드레스가 제시한 생명 의료 윤리의 원칙에는 자율성 존중, ~~실험~~(해악) 금지, 선행, 정의의 원칙 등이 있다.

08 생명 복제란 동일한 유전 형질을 가진 생명체를 만들어 내는 기술을 말한다.

09 동물 복제에 반대하는 사람들은 동물 복제가 자연법 윤리에 ~~부합한다고~~(하지 않는다고) 본다.

10 동물 복제를 반대하는 사람들은 동물이 인간을 위한 수단이 되면 안 된다고 본다.

11 ~~배아~~(개체) 복제란 복제를 통해 새로운 인간 개체를 만들어 내는 것을 말한다.

12 배아 복제를 ~~찬성~~(반대)하는 사람들은 배아와 인간의 도덕적 지위가 동등하다고 본다.

13 개체 복제는 인간의 고유성과 존엄성을 훼손할 수 있다는 비판을 받는다.

14 ~~체세포~~(생식 세포) 유전자 치료는 후세대에게 영향을 미치므로 윤리적 논쟁이 벌어지고 있다.

15 생식 세포 유전자 치료는 수정란이나 발생 초기의 배아에 유전 물질을 삽입하여 질병을 치료하는 방법이다.

16 생식 세포 유전자 치료는 우생학을 부추길 가능성이 있다.

17 생식 세포 유전자 치료를 찬성하는 사람들은 새로운 치료법이 경제적 가치를 산출할 수 있다고 본다.

18 동물 실험은 생명 과학 연구 과정에서 살아 있는 동물을 대상으로 수행하는 실험이다.

19 동물 실험을 ~~반대~~(찬성)하는 사람들은 인간과 동물은 다른 존재 지위를 갖고 있다고 본다.

20 입덧 치료제인 탈리도마이드 사례는 동물 실험을 ~~찬성~~(반대)하는 사례로 들 수 있다.

21 동물 실험 3R 원칙은 ~~동물의 복지보다는 실험의 효과를 높이기 위한~~(무분별한 동물 실험을 억제하기) 원칙을 말한다.

22 동물을 학대하거나 유기하는 것~~만~~(없다)을 동물과 관련된 윤리적 문제로 볼 수 ~~있다~~.

23 아리스토텔레스는 인간이 동물을 사용하는 것을 ~~반대~~(찬성)하였다.

24 데카르트는 동물이 움직이는 기계에 불과하다고 본다.

25 아퀴나스는 식물은 동물을 위해 존재하고, 동물은 인간을 위해 존재한다고 본다.

26 칸트는 인간이 동물을 존중해야 할 의무를 ~~직접적인~~(간접)인 의무라고 본다.

27 아퀴나스와 칸트는 동물이 도덕적으로 고려받을 수 있는 권리를 ~~지닌다고~~(지니지 않는다고) 보았다.

28 코헨은 윤리 규범의 고안 능력이나 자율성이 없다는 이유로 동물의 권리를 부정한다.

29 벤담은 동물도 고통을 느끼므로 도덕적으로 고려받을 권리를 지닌다고 본다.

30 싱어는 인간과 동물의 이익을 평등하게 고려해야 함을 강조한다.

31 싱어는 인간과 동물의 이익 관심을 차별하는 것을 종차별주의라고 본다.

32 레건은 ~~공리주의~~(의무론)를 바탕으로 동물도 도덕적으로 고려받을 수 있는 권리가 있다고 본다.

33 레건은 ~~모든 동물~~(1년 이상의 포유동물)은 삶의 주체로서 내재적 가치를 갖는다고 본다.

33 싱어와 레건은 모두 동물의 쾌고 감수 능력을 인정한다.

35 레건은 동물 실험은 삶의 주체인 동물을 수단으로 여기는 행위라고 본다.

065 ④	**066** ③	**067** ①	**068** ②	**069** ①	**070** ⑤
071 ②	**072** ④	**073** ④	**074** ④	**075** ①	**076** ②
077 ①	**078** ①	**079** ⑤	**080** ②		

065 유전자 치료의 윤리적 쟁점 이해　　정답 ④

자료 분석

> 갑: 유전적 질병을 치료하기 위한 유전자 치료는 크게 체세포
> 치료와 생식선 치료로 구분됩니다. 이러한 유전자 치료만이
> ┗ 생식 세포를 이용한 유전자 치료
> 유전적 질병에 대한 근본적인 해결책입니다.
> └ 체세포를 이용한 유전자 치료
>
> 을: 동의합니다. 다만 체세포 치료는 환자 개인의 신체 세포에
> 영향을 주므로 허용되지만, 생식선 치료는 개인은 물론 후
> 세대에게까지 영향을 주므로 금지되어야 합니다.
> └ 을이 생식 세포를 이용한 유전자 치료를 반대하는 논거
>
> 갑: 아닙니다. 그러한 체세포 치료뿐만 아니라 생식선 치료까지
> 허용해야 합니다. 왜냐하면 유전자 치료의 효과가 후세대로
> └ 갑이 생식 세포 유전자 치료를 찬성하는 논거
> 이어져 인류 전체의 행복에 기여할 수 있기 때문입니다.
> └ 갑: 체세포 유전자 치료와 생식 세포 유전자 치료를 모두 인정
>
> 을: 그렇지 않습니다. 생식선 치료는 변경되지 않은 유전자를
> └ 을이 생식 세포 유전자 치료를 반대하는 논거
> 가질 후세대의 권리를 침해하며, 유전적 다양성을 감소시켜
> 인류의 생존마저 위협할 수 있습니다. → 을 : 체세포 유전자 치료는 인정,
> 　　　　　　　　　　　　　　　　　　생식 세포 유전자 치료는 부정

문제 분석 갑은 체세포 유전자 치료와 생식 세포 유전자 치료를 모두 인정하는 입장이며, 을은 체세포 유전자 치료는 찬성하지만 생식 세포 유전자 치료는 반대하는 입장입니다.

정답 찾기 ④ 생식 세포 유전자 치료에 대해 갑은 찬성, 을은 반대하고 있으므로 토론의 핵심 쟁점입니다.

오답 피하기 ①, ②, ③, ⑤ 갑, 을 모두 인정하는 내용이므로 토론의 핵심 쟁점이 아닙니다.

💣 함정 피하기

만일 정답을 고르지 못했다면 토론의 핵심 쟁점을 찾는 유형의 풀이 방법을 생각해볼 필요가 있습니다. 아래의 표에서 알 수 있듯이 토론의 핵심 쟁점 문제를 해결할 때는 토론자 갑, 을의 입장을 ○, ×로 표기하면서 문제를 해결해봅니다.

선택지	갑	을
① 생식선 치료가 유전자 치료의 범주에 포함되는가?	○	○
② 유전자 치료는 유전적 질병에 대한 근본적 해결책인가?	○	○
③ 생식선 치료는 개인뿐만 아니라 후세대에 영향을 주는가?	○	○
④ 유전적 질병의 치료를 위해 생식선 치료를 허용해야 하는가?	○	×
⑤ 후세대에 영향을 주지 않는 유전자 치료를 허용해야 하는가?	○	○

066 인간 복제의 윤리적 문제 이해　　정답 ③

문제 분석 (가)의 내용은 인간 복제를 반대하는 주장입니다. (나)의 ㉠에 들어갈 말은 '인간 복제는 인간만이 갖는 존재의 자유를 본질적으로 불가능하게 한다.'입니다.

정답 찾기 ③ 인간 복제가 존재의 자유를 본질적으로 불가능하게 한다는

주장의 적절한 반론은 '복제 인간은 자연 발생적 인간과 동등한 존재의 자유를 갖는다'는 내용이 들어가야 합니다.

오답 피하기 ①, ② ㉠의 내용과 같은 입장입니다. ④, ⑤ 적절한 반론으로 보기 어렵습니다.

067 인간 배아 실험의 문제점 이해　　정답 ①

문제 분석 (가)는 도토리가 나무가 될 수 있는 잠재력이 있기 때문에 도토리는 나무와 다름없다고 봅니다. 따라서 이러한 관점에서는 잠재적 인간인 배아를 파괴하고 치료하는 행위에 대해 반대할 것입니다.

※ 인간 배아의 도덕적 지위에 관한 논거

인간 배아가 세포 덩어리에 불과하다는 입장에서는 인간 배아를 이용한 실험, 치료 등은 도덕적으로 문제가 되지 않습니다. 그러나 인간 배아의 도덕적 지위를 인정하는 입장에서는 인간 배아를 이용한 치료나 실험을 반대합니다. 이 때 인간 배아의 도덕적 지위를 인정하는 논거는 아래와 같이 다양합니다.

종의 구성원 논거	배아는 이미 인간 종에 속하므로 도덕적 지위를 가짐
연속성 논거	인간의 발달 과정은 연속적이며 선명한 경계선이 없으므로 배아는 도덕적 지위를 가짐
동일성 논거	배아가 성장해서 존재할 생명체와 배아는 동일하므로 도덕적 지위를 가짐
잠재성 논거	배아는 인간이 될 잠재적 가능성을 갖고 있으므로 도덕적 지위를 가짐

정답 찾기 ① (가)의 관점에 따르면 배아는 인간이 될 존재이므로 배아 실험은 정당하지 않다고 판단할 것입니다.

오답 피하기 ②, ③, ④ (가)의 관점에서 보면 배아에 대한 연구나 실험은 정당하지 않습니다. ⑤ (가)의 관점과 관련이 없으며 칸트의 입장에서 내릴 수 있는 도덕 판단입니다.

068 동물 복제의 윤리적 쟁점 이해　　정답 ②

문제 분석 (가)의 주장은 종의 다양성을 훼손하는 동물 복제를 반대한다는 것입니다. 한편 (나)의 ㉠에 들어갈 말은 '동물 복제는 종의 다양성을 훼손한다'가 들어가야 합니다.

정답 찾기 ② ㉠에 대한 반론은 동물 복제가 종의 다양성을 훼손하지 않는다는 진술이 적합하므로 멸종 위기 동물을 보전할 수 있다는 주장이 타당한 반론입니다.

오답 피하기 ①, ③, ④, ⑤ 모두 동물 복제를 반대하는 논거이므로 적절한 반론 근거가 아닙니다.

069 생명 의료 윤리 원칙 이해　　정답 ①

🔍 눈으로 보는 해설

다음을 주장한 사람의 관점에서 〈사례〉속 A에게 제시할 조언으로 가장 적절한 것은?

> 의료인이나 생명 과학 연구자들은 진료나 실험을 할 때 신체적 해악, 정신적 상처, 사회적 위험을 초래하는 행위를 해서는 안 되며 이러한 위험성이 있을 경우 진료나 실험을 중단해야 한다. 또한 실험에 참여하는 사람의 자율적 의사를 최대한 존중해야 한다. 또한 환자나 피험자의 이익을 도모하고 선행을 베풀어야 하며, 생명 과학의 연구 성과나 자원을 공정하게 분배해야 한다. → 생명 의료 윤리의 원칙
>
> 〈사례〉
>
> 생명 과학자 A는 새로운 치료제 개발의 마지막 단계로 임상 실험을 실시하려고 계획중이다.

① ㄱ, ㄴ　　　　② ㄴ, ㄷ　　　　③ ㄷ, ㄹ
④ ㄱ, ㄴ, ㄹ　　　⑤ ㄱ, ㄷ, ㄹ

문제 분석 제시문은 비첨과 칠드레스가 제시한 생명 의료 윤리의 원칙입니다. 생명 의료 윤리 원칙은 의사의 진료나 생명 과학 연구자들이 준수해야 할 도덕적 기준으로 자율성 존중의 원칙, 해악 금지의 원칙, 선행의 원칙, 정의의 원칙으로 구성되어 있습니다.

정답 찾기 ㄱ, ㄴ 생명 의료 윤리 원칙에 따르면 실험의 유용성보다는 피험자의 안전을 우선해야 하며, 피험자에게 정보를 투명하게 공개해야 합니다.

오답 피하기 ㄷ. 연구 성과를 우선시하면 피험자의 안전을 보장하기 어렵습니다. ㄹ. 과도한 보상이 주어지면 이러한 경제적 유인으로 인해 임상 실험 참가자들의 자율성을 보장하기 어렵습니다.

함정 피하기

ㄷ이나 ㄹ을 골랐다면 생명 의료 윤리의 기본 원칙에 대한 이해가 부족하기 때문입니다. 생명 의료 윤리의 4원칙 중 해악 금지의 원칙과 선행의 원칙은 고대때부터 의료 윤리에서 핵심적 이치를 차지해 왔습니다. 한편 오늘날에는 의료 자원의 분배 문제와 환자의 자율성 존중이 부각되면서 정의의 원칙과 자율성 존중의 원칙이 함께 중시되고 있습니다.

070 인간 배아 실험 찬반 논거 이해　　　정답 ⑤

문제 분석 갑은 인간 배아를 이용한 실험을 찬성하는 입장이며, 을은 반대하는 입장입니다. ㉠에는 인간 배아를 이용한 실험을 반대하는 논거가 들어가야 합니다.

정답 찾기 ⑤ 인간 배아를 이용한 실험을 찬성하는 논거입니다.

오답 피하기 ① 종의 구성원 논거, ② 잠재성 논거, ③ 연속성 논거, ④ 동일성 논거는 모두 인간 배아의 도덕적 지위를 인정하는 논거이므로 인간 배아를 이용한 실험을 반대하는 논거에 해당합니다.

071 생명 과학과 생명 윤리의 관계 이해　　　정답 ②

문제 분석 ㉠에 들어갈 말은 생명 윤리입니다. 생명 과학은 인간의 삶의 질 향상과 행복 실현에 기여했지만, 생명 복제, 유전자 조작 등 생명의 존엄성에 위기를 초래하기도 하였습니다.

정답 찾기 ② 생명 과학과 생명 윤리는 공통적으로 생명의 존엄성 실현을 목적으로 하기 때문에 생명 윤리는 생명 과학의 지식을 바탕으로 제시되어야하고, 생명 과학은 생명 윤리의 도움을 받아 문제를 최소화해야 합니다. 따라서 생명 과학과 생명 윤리는 상호 보완적 관계를 유지하는 것이 바람직합니다.

오답 피하기 ① 생명 윤리는 실천 윤리학의 한 분야입니다. ③ 생명 윤리의 목표는 생명의 존엄성 실현입니다. ④ 생명 윤리란 생명을 책임 있게 다루려는 윤리학적 숙고입니다. ⑤ 생명 윤리는 생명을 과학적으로 다룰 때 준수해야 할 윤리적 원칙을 제공합니다.

072 유전자 치료 반대 논거 이해　　　정답 ④

문제 분석 (가)는 '미끄러운 경사길 논리'의 관점입니다. 미끄러운 경사길 논리란 경사로에서 한 번 구르기 시작한 물체는 끝까지 내려간다는 사실에 빗대어 어떤 상황이 초래할 수 있는 최악의 결과에 대한 위기의식을

드러내는 논리입니다. 이러한 관점에 따르면 인간 유전자 연구는 맞춤형 아기, 보유한 유전자에 따른 인간의 등급 매김 등 참혹한 결과를 초해할 수 있기 때문에 중단되는 것이 마땅합니다.

정답 찾기 ④ (가)의 관점에 따르면 모든 인간 유전자 연구는 참혹한 결과를 초래할 수 있기 때문에 즉각 중단되어야 합니다.

오답 피하기 ①, ②, ③, ⑤ (가)의 관점은 모든 유전자 연구 및 치료를 반대합니다.

073 동물 실험의 윤리적 쟁점 이해　　　정답 ④

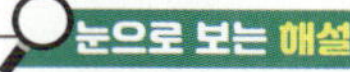

눈으로 보는 해설

다음 토론의 핵심 쟁점으로 가장 적절한 것은?

갑 : 인간의 생명과 건강을 위해 동물 실험은 꼭 필요합니다. 인간과 동물은 생물학적으로 유사하며, 동물 실험의 확실한 대안은 없습니다. 따라서 동물 실험은 정당합니다.

을 : 저는 당신이 제시한 논증의 모든 전제에 대해 찬성하지만 결론에는 반대합니다. 논증에 등장하는 '동물'을 모두 '인간'으로 바꿔 보세요. 당신이 제시한 논증을 이용하면 인간 실험마저 정당화할 수 있습니다.

갑 : 인간 실험은 부당합니다. 하지만 인간과 달리 동물은 기본적 권리를 갖지 않습니다. 당신의 비판은 동물도 기본적 권리를 갖는다는 선결 문제를 해결해야 합니다.

을 : 인간은 물론 동물도 삶의 주체이므로 기본적 권리를 갖습니다. 인간 실험과 마찬가지로 동물 실험도 부당합니다. 당신이야말로 동물의 기본적 권리를 단적으로 부정하고 있습니다.

① 동물 실험은 인간의 생명과 건강을 위해 필요한가? ×
② 동물 실험의 대안 중 확실한 것이 존재하는가? ×
③ 인간과 달리 동물은 기본적 권리를 갖는가? ×
④ 인간 실험과 달리 동물 실험은 정당한가? ○
⑤ 인간과 동물은 생물학적으로 유사한가? ×

문제 분석 갑은 동물 실험은 찬성하지만 인간 실험은 반대하는 입장입니다. 동물은 생물학적으로 인간과 유사하며, 다른 대안이 없으며, 동물은 권리의 주체가 되지 않기 때문이라는 것입니다. 반면 을은 인간 실험과 동물 실험을 모두 반대하는 입장입니다. 동물 실험을 허용하면 인간 실험마저 정당화 될 수 있으며, 동물도 삶의 주체로서 권리를 갖기 때문이라는 것입니다.

정답 찾기 ④ 갑과 을은 모두 인간 실험을 반대합니다. 그러나 갑은 동물 실험을 찬성하며, 을은 동물 실험을 반대합니다. 따라서 핵심 쟁점이 될 수 있습니다.

오답 피하기 첫 번째 을의 주장 속에는 갑이 제시한 논증의 모든 전제에 찬성한다고 나타나 있습니다. 따라서 ①, ⑤는 갑과 을이 기본적으로 동의하는 쟁점입니다. ②, ③ 갑, 을 모두 부정할 질문이므로 핵심 쟁점이 아닙니다.

함정 피하기

③을 답으로 골랐다면 토론의 핵심 쟁점을 고르는 과정에서 토론 내용과 선택지에 대한 논리적 분석이 결여되었을 가능성이 높습니다. '인간과 달리 동물은 기본적 권리를 갖는가?'라는 ③번 선택지를 갑, 을의 입장에서 찬반 여부를 따져보면 다음과 같습니다.
갑의 경우 '인간과 달리 동물은 기본적 권리를 갖지 않습니다'라고 말하고 있으므로 부정의 대답을 할 질문임을 알 수 있습니다. 한편 을의 경우 '인간은 물론 동물도 삶의 주체이므로 기본적 권리를 갖습니다'라고 말하고 있으므로 역시 부정의 대답을 할 질문이다. 왜냐하면 '인간과 달리 동물은 기본적 권리를 갖는가?'라는 질문은 인간의 기본적 권리를 부정하는 진술이기 때문입니다.

토론의 핵심 쟁점을 고르는 문제는 생활과 윤리에서 자주 출제되는 유형입니다. 그러나 교묘한 함정에 속기 쉽기 때문에 논리적 분석과 더불어 집중력이 필요하다는 사실을 잊지 말아야 합니다.

074 칸트와 싱어의 입장 이해 정답 ④

문제 분석 갑은 칸트, 을은 싱어입니다. 인간 중심주의 사상가 칸트는 오로지 인간만이 목적으로 대우 받을 수 있는 존재임을 인정합니다. 그러나 칸트는 인간이 자연에 대한 간접적 의무를 지닌다고 봅니다. 싱어는 쾌고 감수 능력을 지닌 동물을 도덕적으로 존중해야 한다고 봅니다.

정답 찾기 ④ 싱어는 동물 중심주의 사상가로 동물을 제외한 식물의 내재적 가치를 인정하지 않습니다.

오답 피하기 ①, ② 인간 중심주의 사상가인 칸트는 인간을 제외한 자연을 존중할 것을 강조합니다. 왜냐하면 자연에 대한 존중은 인간의 내면적 도덕성 유지에 기여하기 때문입니다. ③ 싱어는 인간과 동물의 이익을 평등하게 고려하는 이익 평등 고려 원칙을 강조합니다. ⑤ 모든 사상가들은 공통적으로 인간만이 도덕적 주체임을 강조합니다.

075 동물 중심주의와 인간 중심주의 입장 비교 정답 ①

눈으로 보는 해설

(가)의 갑, 을, 병의 입장을 (나) 그림으로 표현할 때, A~D에 해당하는 적절한 진술만을 〈보기〉에서 있는 대로 고른 것은?

(가)	갑 : 자연의 다른 존재를 위한 유용성과는 독립적으로, 쾌고(快苦)를 느끼며 목표를 위해 행위하는 삶의 주체는 비록 의무를 지닐 수 없다 해도 삶을 영위할 권리를 갖는다. → 레건 을 : 인간은 동물과 관련해서 직접적 의무를 지지 않는다. 동물에 대한 우리의 의무는 인간에 대한 간접적 의무에 불과하다. 우리가 동물에 대해 의무를 갖는 이유는 그렇게 함으로써 사람에 대한 의무를 계발할 수 있기 때문이다. → 칸트 병 : 인간은 자연의 사용자 및 자연의 해석자로서 자연의 질서에 관해 실제로 관찰하고, 고찰한 것만큼 무엇인가를 할 수 있다. 그 이상의 것은 알 수도 없고, 할 수도 없다. 인간의 지식이 곧 인간의 힘이다. → 베이컨
(나)	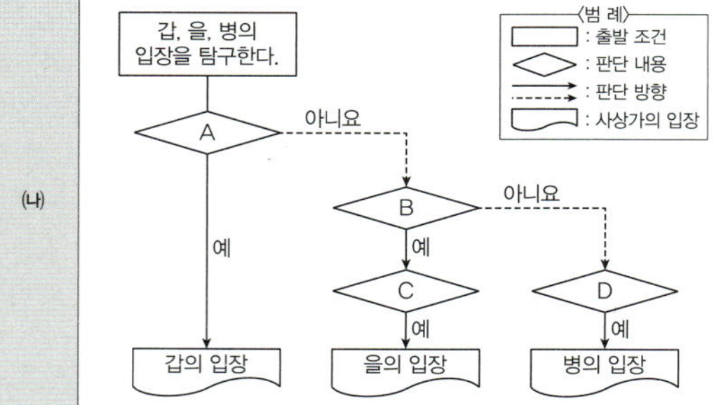

〈보기〉
ㄱ. A : 인간이 아닌 동물도 권리를 지닐 수 있는가? ○
ㄴ. B : 자연 안의 어떠한 존재도 수단으로 대해서는 안 되는가? → 칸트도 부정
ㄷ. C : 인간만이 도덕적 의무를 실천할 능력을 소유하는가? ○
ㄹ. D : 자연의 내재적 가치를 이해하여 자연을 지배해야 하는가? ×
　　　수단적

① ㄱ, ㄷ　　② ㄱ, ㄹ　　③ ㄴ, ㄹ
④ ㄱ, ㄴ, ㄹ　　⑤ ㄴ, ㄷ, ㄹ

문제 분석 갑은 레건, 을은 칸트, 병은 베이컨입니다. 레건은 삶의 주체인 동물을 도덕적으로 고려해야 한다고 주장하였습니다. 칸트는 인간 중심주의의 관점에서 인간의 내면적 도덕성의 유지를 위해 동물에게 잔인한 행동을 하지 않아야 함을 강조하였습니다. 베이컨은 인간 중심주의의 관점에서 자연은 인간을 위한 도구임을 강조하였습니다.

정답 찾기 ㄱ. 동물 권리론을 주장한 레건은 '예', 인간 중심주의 사상가인

칸트와 베이컨은 '아니요' 라고 답할 질문입니다. ㄷ. 칸트가 '예'라고 답할 질문입니다. 칸트는 인간만이 도덕적 주체라고 봅니다.

오답 피하기 ㄴ. 칸트가 '아니요'라고 답할 질문입니다. 칸트에 따르면 인간만이 목적으로 대우 받아야하는 존재이며, 인간을 제외한 사물은 수단적 가치만을 갖습니다. ㄹ. 인간 중심주의 사상가인 베이컨은 자연은 인간을 위한 수단이라고 보아 자연의 내재적 가치를 인정하지 않습니다.

함정 피하기

ㄴ을 골랐다면 동물 권리에 대한 칸트의 입장에 대한 이해가 부족하기 때문입니다. 칸트는 동물은 이성을 갖고 있지 않으므로 도덕적 지위와 권리를 갖지 못한다고 보았습니다. 하지만 동물을 학대하는 것은 인간의 인격과 품성에 부정적인 영향을 끼치므로 동물을 함부로 다루어서도 안 된다고 보았습니다. 이를 동물에 대한 간접적 의무라고 합니다.

076 싱어와 칸트의 동물에 대한 입장 비교 정답 ②

문제 분석 갑은 싱어, 을은 칸트입니다. 싱어는 인간과 동물의 이익 관심은 동등하게 고려해야 한다는 이익 평등 고려 원칙을 주장하였으며, 인간과 종(種)이 다르다는 이유로 동물을 차별하는 것은 종 차별이라고 보았습니다. 칸트는 이성적이고 자율적인 존재인 인간만이 수단이 아닌 목적으로 대우 받을 수 있는 존재임을 강조하고, 인간을 제외한 자연은 수단적 가치만을 갖는다고 보았습니다. 그러나 만일 동물을 잔인하게 다루면 인간의 내면적 도덕성이 훼손될 수 있기 때문에 동물에 대한 잔인한 대우를 하지 않아야 한다는 간접적 의무를 강조하였습니다.

정답 찾기 ② 칸트는 인간을 제외한 자연의 모든 존재에 대한 간접적 의무를 강조합니다.

오답 피하기 ① 싱어는 쾌고 감수 능력을 가진 동물이 도덕적으로 고려 받을 권리를 지닌다고 봅니다. 따라서 모든 생명체가 동등한 가치를 갖는다고 보지 않습니다. ③ 싱어는 동물의 쾌고 감수 능력을 동물에 대한 도덕적 의무의 근거라고 봅니다. ④ 갑은 인간과 동물의 도덕적 지위를 인정하지만, 을은 오로지 인간만이 도덕적 지위를 지닌다고 봅니다. ⑤ 칸트와 싱어 모두에게 해당하지 않는 진술입니다. 칸트는 인간 중심주의 사상가로 인간의 도덕적 지위만을 인정합니다. 싱어의 경우 인간과 동물의 이익을 동등하게 고려하라는 것이지 동등한 대우를 강조하는 것은 아닙니다. 만일 인간과 동물을 동등하게 대우하려면 동물에게도 선거권을 주어야하는데 그렇지 않다는 것입니다.

077 동물에 대한 싱어의 입장 이해 정답 ①

문제 분석 제시문을 주장한 사상가는 싱어입니다. 싱어는 이익 평등 고려 원칙을 바탕으로 인간과 동물의 이익관심을 동등하게 고려할 것을 강조합니다. 또한 그는 고통을 느끼는 존재는 도덕적으로 고려받을 권리가 있다고 주장합니다.

정답 찾기 ① 싱어가 긍정의 대답을 할 질문입니다. 싱어는 이익 평등 고려 원칙을 통해 인간과 동물의 이익을 동등하게 고려할 것을 강조하였습니다.

오답 피하기 ② 싱어는 인간과 동물이 종이 다르다는 이유로 차별하는 것을 종차별로 규정하고 이를 반대합니다. ③ 싱어는 동물에게 과도한 고통을 주는 동물 실험은 반대합니다. ④ 싱어는 쾌고 감수 능력을 지닌 존재의 고통을 줄이는 것은 도덕적 의무에 해당한다고 봅니다. 따라서 쾌고 감수 능력을 가진 존재인 인간과 동물에 대한 실험에 대해 기본적으로 반대합니다. ⑤ 싱어는 공리주의를 바탕으로 동물 실험을 기본적으로 반대합니다.

문제 분석 갑은 벤담, 을은 레건입니다. 벤담은 동물도 고통을 느끼기 때문에 도덕적으로 고려받을 권리가 있다고 보았습니다. 이러한 벤담의 주장은 훗날 싱어에게 계승되었습니다. 레건은 동물이 인간과 마찬가지로 믿음, 욕구, 지각, 기억, 감정 등을 지니고 자신의 삶을 영위할 수 있는 능력을 지닌 삶의 주체라는 것을 근거로 동물권(animal rights)을 존중해야 함을 강조하였습니다.

정답 찾기 ① 벤담과 레건은 공통적으로 동물이 도덕적으로 고려받을 권리가 있다고 본다.

오답 피하기 ② 벤담과 레건 모두 부정의 대답을 할 질문입니다. 도덕적 주체는 도덕적으로 행위 할 수 있는 능력을 지닌 존재이며 이는 오로지 인간만이 가능합니다. ③ 레건이 부정의 대답을 할 질문입니다. 레건은 동물에 대한 직접적 의무를 강조합니다. ④ 레건이 부정의 대답을 할 질문이다. 레건은 동물을 인간을 위한 수단으로 여기는 것을 반대합니다. ⑤ 동물 중심주의 사상가인 레건이 반대할 질문입니다.

079 칸트의 입장 이해   정답 ⑤

문제 분석 제시문을 주장한 사상가는 칸트입니다. 칸트에 따르면 인간은 자연에 대한 간접적 의무가 있으며, 동물을 함부로 대하면 인간의 도덕적 품성이 훼손될 수 있기 때문에 동물에 대한 잔혹한 처우를 하지 않아야 합니다.

정답 찾기 ㄷ, ㄹ. 인간 중심주의 사상가인 칸트는 동물에 대해 잔혹하게 대우하면 인간의 도덕적 품성이 훼손되어 인간에게도 잔혹하게 행동할 수 있기 때문에 동물에 대한 잔혹하게 행동하지 않아야 한다고 보았습니다.

오답 피하기 ㄱ. 칸트에 따르면 인간만이 유일하게 목적으로 대우 받아야 하며, 인간을 제외한 사물은 오로지 수단적 가치만을 갖습니다. ㄴ. 칸트는 동물의 도덕적 권리를 인정하지 않습니다. 다만 인간은 동물을 존중해야 할 간접적 의무가 있으므로 동물을 잔혹하게 처우하지 않아야 한다고 봅니다.

080 아리스토텔레스와 싱어의 입장 비교   정답 ②

문제 분석 갑은 아리스토텔레스, 을은 싱어입니다. 아리스토텔레스에 따르면 동물은 인간을 위해 존재하기 때문에 인간이 동물을 사용하는 것은 문제가 되지 않습니다. 싱어는 인간과 동물의 이익 관심을 평등하게 고려할 것을 강조하고 동물에게 고통을 주는 행위를 반대하였습니다.

정답 찾기 ㄱ. 인간 중심주의 사상가 아리스토텔레스에 따르면 식물과 동물과 같은 비이성적 존재들은 인간이 이용할 수 있습니다. ㄹ. 싱어는 인간과 동물의 이익 관심을 평등하게 고려해야 한다는 이익 평등 고려 원칙을 강조합니다.

오답 피하기 ㄴ, ㄷ. 아리스토텔레스에 따르면 동물은 인간을 위해 존재합니다. 따라서 동물은 인간을 위한 수단적 가치만을 지니기 때문에 인간과 동물의 도덕적 권리는 같지 않습니다.

06강 사랑과 성 윤리

핵심 개념 CHECK!   ▶ 본문 052쪽

01 ○	02 ○	03 ×	04 ○	05 ×	06 ×	07 ○	08 ×
09 ×	10 ○	11 ×	12 ×	13 ○	14 ○	15 ○	16 ○
17 ○	18 ×	19 ×	20 ○	21 ○	22 ○	23 ○	24 ×
25 ×	26 ○	27 ○	28 ×	29 ○	30 ×	31 ×	32 ○
33 ○	34 ○	35 ○	36 ○	37 ○			

○× 문장 바로 알기

01 사랑은 인간의 근원적인 정서로, 어떤 사람이나 존재를 아끼고 소중히 여기는 마음이다.

02 사랑은 인간을 도덕적인 생활로 이끌고, 인간 상호 간에 인격적 교감을 이루게 한다.

03 프롬은 사랑의 구성 요소로 보호, ~~소유~~(책임), 존경, 이해를 제시하였다.

04 프롬에 따르면 진정한 사랑은 수동적인 것이 아니라 능동적인 것이다.

05 프롬은 사랑이란 ~~자연적이고 천부적인 것~~(훈련과 노력을 통해 습득해야 할 기술)이라고 보았다.

06 ~~생물학적~~(욕망으로서의) 성이란 성적 욕망과 관련되는 모든 것을 포괄하는 성개념을 말한다.

07 사회 · 문화적인 남성다움과 여성다움을 나타내는 성 개념은 사회 · 문화적 성이다.

08 성이 종족 보존에 기여할 때 ~~쾌락적~~(생식) 가치가 실현되는 것이다.

09 감각적 쾌락을 지나치게 추구한 결과 ~~쾌락~~(고통)이 증가하는 것을 쾌락의 역설이라고 한다.

10 보수주의는 성적 관계가 결혼 제도 안에서만 정당화 된다고 본다.

11 ~~중도주의~~(자유주의)는 사랑과 성을 결부하여 성적 자유를 제한하는 것은 옳지 않다고 본다.

12 자유주의는 사랑이 전제~~된다면~~(되지 않아도) 자발적 동의에 따라 성적 관계가 허용될 수 있다고 본다.

13 보수주의, 중도주의, 자유주의는 성적 관계가 인격적 가치에 바탕을 두어야 한다고 본다.

14 아퀴나스는 사랑과 성의 관계에 대해 보수주의의 관점을 제시하였다.

15 중도주의와 자유주의에 따르면 결혼이 전제되지 않은 성도 윤리적으로 정당화될 수 있다.

16 성차별은 국가적 차원의 인적 자원의 낭비로 이어질 수 있다.

17 성의 자기 결정권은 인간이 자신의 성적 행동을 스스로 결정할 수 있는 권리이다.

18 성 상품화를 <s>반대</s>하는 사람들은 성 상품화가 자본주의 논리에 부합한다고 본다.
찬성

19 성 상품화를 <s>반대</s>하는 사람들은 성에 대한 자기 결정권과 표현의 자유를 강조한다.
찬성

20 칸트는 성 상품화가 자신을 타인의 성적 욕구 충족을 위한 도구로 이용하는 것이라고 본다.

21 성 상품화란 성을 상품처럼 사고팔거나, 다른 상품을 팔기 위한 수단으로 이용하는 것이다.

22 성 상품화를 반대하는 사람들은 성 상품화가 외모 지상주의를 조장할 수 있다고 본다.

23 결혼이란 남녀가 서로의 차이를 존중하겠다는 의미를 표현하는 것이다.

24 음양론에 따르면 남녀의 역할은 <s>고정되어 변하지 않는다.</s>
상호 보완적인 관계이다

25 음양론에 따르면 남녀는 <s>위계적</s> 관계를 바탕으로 조화로운 관계를 형성해야 한다.
대등한

26 부부유별이란 부부 사이의 역할에 구별이 있음을 강조하는 것이다.

27 부부는 부부상경(夫婦相敬)의 자세로 서로를 존중해야 한다.

28 전통사회에서는 효도가 <s>입신양명</s>에서 시작된다고 보았다.
불감훼상

29 효는 양지(養志)의 마음으로 상황에 따라 적절히 실천하는 것이다.

30 <s>봉양</s>이란 표정을 항상 부드럽게 하여 부모가 편안한 마음을 지니게 하는 것을 말한다.
공대

31 <s>혼정신성</s>이란 부모님을 욕되게 하지 않는 것을 말한다.
불욕

32 형제자매 간에 지켜야 할 규범은 사회적 관계의 규범으로 확대된다.

33 형제자매는 부모의 기운을 함께 나누어 가진 사이로 동기간(同氣間)이라고도 한다.

34 수족지의란 형제자매는 사람의 손과 발처럼 세상에서 가장 가까운 사이라는 의미이다.

35 형우제공은 형은 동생을 사랑하고, 동생은 형을 공경해야 한다는 것이다.

36 형제자매 관계는 장유유서의 도리를 배우는 기회가 된다.

37 형제자매 관계는 수직적이면서 수평적인 관계이며, 경쟁과 협동이 공존하는 관계이다.

---

081 ⑤	**082** ③	**083** ①	**084** ②	**085** ③	**086** ⑤
087 ③	**088** ⑤	**089** ⑤	**090** ②	**091** ①	**092** ③
093 ⑤	**094** ③	**095** ⑤	**096** ②		

081 성과 사랑의 관계 이해　　　　　　　정답 ⑤

자료 분석

갑: '결혼 없는 성'은 비도덕적이다. 부부만이 성적 관계에서 서
└ 결혼이 도덕적 성의 필수조건임을 강조
로의 인격을 존중해야 할 의무를 다할 수 있으며, 출산을 통
└ 성은 인격적 가치에 바탕을 두어야 함
한 사회 안정과 책임 있는 성 문화 유지에 기여할 수 있다.
부부 사이의 성적 관계만이 도덕적으로 정당하다. → 보수주의
└ 부부 간이 아닌 다른 모든 성적 관계는 부도덕함
을: '사랑 없는 성'은 비도덕적이다. 결혼이 아니라 사랑이 도덕
└ 사랑이 도덕적 성의 필수조건임을 강조
적 성의 조건이며, 사랑하는 사람들만이 성적 관계에서 서
로의 인격을 존중해야 할 의무를 다할 수 있다. 사랑하는 사
└ 사랑이 전제되었다면 결혼 여부는 중요하지 않음
람들 사이의 성적 관계만이 도덕적으로 정당하다. → 자유주의
└ 성은 인격적 가치에 바탕을 두어야 함

문제 분석 도덕적인 성의 조건에 대해 갑은 보수주의, 을은 중도주의의 입장입니다. 보수주의는 성이 부부 간의 신뢰와 사랑을 전제로 할 때 도덕적이라고 보고, 성적 관계는 출산으로 이어져 사회 안정과 책임 있는 성 문화 유지에 기여할 수 있다고 봅니다. 을은 성이 남녀 간의 사랑을 전제로 할 때 도덕적이라고 보고, 도덕적 성의 조건을 결혼으로 제한하려는 입장에 반대합니다.

정답 찾기 ⑤ 갑, 을은 성적 관계가 인격적 가치에 바탕을 두어야 함을 강조합니다.

오답 피하기 ① 갑은 부부 간의 성적 관계만이 도덕적이라는 입장입니다. ② 갑은 성적 관계가 출산으로 이어져 사회 존속에 기여한다고 봅니다. ③ 을은 성적 관계에서 사랑이 전제되어야 함을 강조합니다. 사랑이 없어도 자발적 동의에 근거한 성적 관계는 도덕적이라고 보는 것은 자유주의이다. ④ 갑의 입장입니다.

함정 피하기

③을 정답으로 골랐다면 보수주의, 중도주의, 자유주의의 개념을 혼동하고 있는 것입니다. 모든 성적 관계는 자발적인 동의에 따라 이루어져야 합니다. 만일 그렇지 않다면 성의 자기 결정권을 침해하기 때문입니다. 그러나 보수주의는 자발적 동의는 물론 사랑하는 부부 간의 성적 관계만이 도덕적이라는 입장입니다. 또한 중도주의는 자발적 동의는 물론 사랑이 도덕적 성의 필수조건이라고 봅니다. 그러나 자유주의는 개개인의 자율적인 결정권을 강조하기 때문에 서로 간의 합의만 있다면 결혼 여부도, 사랑 여부도 도덕적 성의 조건은 아니라고 봅니다. 보수주의, 중도주의, 자유주의의 입장을 비교하는 문제는 빈출 주제이므로 아래 내용을 바탕으로 기본 개념을 확실하게 정리합니다.

	결혼 / 출산	사랑	자발적 동의	공통점
보수주의	○	○	○	인격적 가치 중시
중도주의	×	○	○	
자유주의	×	×	○	

082 프롬의 사랑관 이해　　　　　　　정답 ③

문제 분석 제시문을 주장한 사상가는 프롬입니다. 프롬에 따르면 진정한

사랑은 상대를 소유하는 것이 아니며, 상대방을 존중하면서 성장에 관심을 기울이는 것입니다. 이러한 진정한 사랑을 위해 프롬은 보호, 책임, 존경, 지식(이해)의 요소를 강조하였습니다.

정답 찾기 ㄴ. 프롬에 따르면 참된 사랑은 상대방에 대한 이해에서 비롯됩니다. ㄷ. 프롬에 따르면 사랑은 수동적인 것이 아니라 능동적인 것입니다.

오답 피하기 ㄱ. 프롬에 따르면 사랑은 상대방의 입장에서 파악하고 보호하는 것입니다. ㄹ. 프롬에 따르면 사랑은 일방적인 희생이 아닙니다.

083 성 상품화의 문제점 이해　　　　　　　　　　정답 ①

문제 분석 갑은 칸트입니다. 칸트에 따르면 인간은 목적으로 대우 받아야 하는 존재이며 이러한 원칙은 자신의 신체에도 적용됩니다. 따라서 칸트는 자신의 신체를 돈을 벌기 위한 수단으로 이용하는 것을 반대합니다.

정답 찾기 ① 칸트는 자신의 신체가 교환 가능한 물건이 아님을 강조하고 언제 어디서나 인격을 수단이 아닌 목적으로 대우할 것을 강조하였습니다.

오답 피하기 ② 칸트는 미의 상대적 기준을 강조하지 않습니다. ③, ⑤ 칸트는 행복이나 이익과 같은 결과를 고려한 행위는 도덕적 행위가 될 수 없다고 봅니다. ④ 칸트에 따르면 자신의 신체를 다른 이익을 위한 수단으로 대우하는 것은 인간의 도덕적 의무를 어기는 행위입니다. 따라서 모든 사람은 자신의 신체를 목적으로 대우해야 할 의무를 준수해야 합니다.

084 성 차별 문제 해결 방안 이해　　　　　　　　정답 ②

문제 분석 갑은 보부아르, 을은 길리건입니다. 보부아르는 '여성은 태어나는 것이 아니라 만들어지는 것'이라고 하여 생물학적인 차이를 이유로 가정과 사회에서 여성을 차별하는 것은 부당하다고 보았습니다. 그에 따르면 여성도 남성과 동일하게 자유롭고 주체적인 존재입니다. 길리건은 여성의 도덕적 지향점이 남성과 다르다는 것에 주목합니다. 길리건에 따르면 정의를 지향하는 남성과 달리 여성은 배려, 책임, 관계를 중시합니다. 그는 남성 중심적인 정의 윤리가 여성 중심적인 윤리로 보완되어야 함을 강조하였습니다.

정답 찾기 ㄱ. 보부아르는 인간은 누구나 성별과 관계없이 주체적인 존재라고 봅니다. ㄷ. 길리건에 따르면 여성의 도덕적 지향은 개별적인 관계를 지향하며 배려와 공감을 중시합니다.

오답 피하기 ㄴ. 길리건은 전통과 관습에 따라 성역할이 주어짐에 따라 남성은 '주체'로 여성은 '객체'이자 '타자'로 규정되어 스스로의 삶을 결정하고 선택하는 주체적인 삶을 살지 못하고 남성 중심적 시각과 가치를 따르게 되었음을 비판합니다. ㄹ. 보부아르와 길리건과 같은 양성 평등을 주장한 사상가들은 남성의 도덕적 지향성과 여성의 도덕적 지향성이 다름을 인정하고 양자의 조화를 강조하였습니다.

085 성과 사랑의 관계 이해　　　　　　　　　　정답 ③

문제 분석 성과 사랑의 관계에 대해 갑은 자유주의, 을은 중도주의, 병은 보수주의적 관점을 제시하고 있습니다. 갑은 성적 관계의 목적은 쾌락에 있으며, 자발적 동의에 따른 성적 관계는 도덕적이라고 봅니다. 을은 성적 관계에서 사랑이 전제된 성적 관계만이 도덕적이라고 봅니다. 병은 성적 관계를 통한 생식적 가치 실현을 강조합니다. 따라서 성은 결혼과 출산이 목적이라고 봅니다.

정답 찾기 ③ 병은 결혼과 출산 중심의 성 윤리를 강조하므로 생식적 가치 실현을 중시합니다.

오답 피하기 ① 을의 입장입니다. ② 병의 입장입니다. ④ 성의 생식적 가치를 중시하는 것은 병입니다. ⑤ 자유주의, 중도주의, 보수주의 모두 자유의지에 따른 성을 강조합니다. 자유의지가 없는 성은 성의 자기 결정권을 침해하는 것입니다.

086 프롬의 사랑관 이해　　　　　　　　　　정답 ⑤

문제 분석 제시문을 주장한 사상가는 프롬입니다. 프롬은 사랑하는 사람을 보호하는 것(보호), 사랑하는 사람의 요구를 배려하면서 자신의 행동에 책임을 지는 것(책임), 사랑하는 사람을 있는 그대로 받아들이며 존경하는 것(존경), 사랑하는 사람을 올바로 이해하는 것(이해)이 참된 사랑임을 강조하였습니다.

정답 찾기 ㄱ. 프롬은 사랑이 자연적이고 천부적인 것이 아니라 기술적인 일이라고 보고 훈련과 노력을 통해 습득해야 할 기술이라고 봅니다. ㄷ. 프롬이 주장한 사랑의 요소 중 '존경'에 해당합니다. ㄹ. 프롬이 제시한 사랑의 요소 중 '책임'에 해당합니다.

오답 피하기 ㄴ. 프롬에 따르면 사랑이란 일방적인 희생이 아닙니다. 그는 참된 사랑이란 적극적인 활동이며, 참여하는 것이며, 능동적으로 주는 것이라고 봅니다.

087 칸트의 성 윤리 이해　　　　　　　　　　정답 ③

문제 분석 제시문을 주장한 사상가는 칸트입니다. 칸트에 따르면 성적 관계는 자신을 사물로 만드는 것입니다. 그러나 칸트는 부부 간의 성적 관계는 예외적으로 인간의 인격성이 훼손되지 않는 도덕적인 성이라고 보았습니다.

정답 찾기 ③ 칸트가 긍정의 대답을 할 질문입니다. 그에 따르면 결혼한 부부 간의 성적 관계만이 인간이 사물로 전락하지 않는 유일한 도덕적인 성입니다.

오답 피하기 ① , ② 자유주의 입장에서 긍정의 대답을 할 질문입니다. 칸트는 보수주의에 해당합니다. ④ 칸트가 부정의 대답을 할 질문입니다. 칸트는 결혼한 부부 간의 성적 관계만이 도덕적으로 정당화 된다고 봅니다. ⑤ 중도주의의 입장에서 긍정의 대답을 할 질문입니다.

088 중도주의와 보수주의 성 윤리 비교　　　　　정답 ⑤

눈으로 보는 해설

갑, 을의 입장으로 옳은 것은?

> 갑 : '사랑 있는 성'은 도덕적으로 옳고, '사랑 없는 성'은 비도덕적이다. 인간의 성은 사랑을 통해 동물적 차원을 벗어나서 인격적 차원으로 고양된다. 그래서 성적 관계에서 서로 사랑한다면, 굳이 성에 혼인이나 출산과 같은 제약을 가할 필요가 없다.→ 중도주의
>
> 을 : 성의 자연적 목적은 출산이며, 출산에 기여하는 것만이 성의 진정한 가치이다. 출산과 안정적인 양육은 가정, 즉 결혼의 틀 내에서만 일어날 수 있기 때문에 결혼이라는 사회적 승인을 거친 사람 간의 성적 활동만이 도덕적으로 정당하다.→ 보수주의

① 갑 : 성은 결혼 제도 안에서만 도덕적으로 정당화될 수 있다.→ 을
② 갑 : 성의 목적은 출산을 통해 사회 존속에 기여하는 것이다.→ 을
③ 을 : 성의 유일한 목적은 쾌락의 가치를 추구하는 것이다.→ 자유주의
④ 을 : 도덕적인 성은 자율적인 동의에 따라 이루어지는 것이다.→ 자유주의
⑤ 갑, 을 : 인간의 성은 인격적 가치를 바탕으로 이루어져야 한다. ○

문제 분석 갑은 중도주의, 을은 보수주의 성 윤리를 강조하고 있습니다. 중도주의는 당사자 간의 자율적인 합의를 통한 사랑에 의한 성적 관계는 도덕적으로 정당하다고 봅니다. 이 입장에 따르면 성을 결혼이나 출산과 연결 지으려는 시도는 잘못입니다. 보수주의는 성의 목적이 출산에 있으며 이를 통해 사회 존속과 사회의 안정이 실현될 수 있다고 봅니다. 이 입장에 따르면 결혼이라는 제도 안에서만 안정적인 출산과 양육이 가능합니다. 따라서 결혼한 부부 사이의 성적 관계만이 도덕적으로 정당합니다.

정답 찾기 ⑤ 중도주의, 보수주의는 모두 성적 관계가 상대에 대한 배려와 존중이라는 인격적 가치에 바탕을 두어야 한다고 봅니다.

오답 피하기 ①, ② 보수주의의 입장이다. ③, ④ 자유주의의 입장입니다. 자유주의에 따르면 성의 목적은 쾌락의 추구에 있는데, 이를 위해 당사자 간의 자율적인 합의에 의해 이루어지는 모든 성적 관계는 도덕적으로 정당합니다.

함정 피하기

④를 골랐다면 보수주의 성 윤리에 대한 이해가 부족하기 때문입니다. 모든 성적 관계는 자율적인 동의에 따라 이루어지는 것이지만, 도덕적인 성은 각각의 사상적 입장에 따라 차이가 있습니다. 자유주의의 입장에서는 자율적인 동의만을 최소한의 요건으로 갖추면 된다고 보았으나, 중도주의의 입장에서는 사랑을 도덕적 성의 기준으로 보고 있습니다. 한편 보수주의의 입장에서는 성의 목적을 출산으로 보며, 이에 따라 부부 사이의 성적 관계만을 도덕적인 성으로 간주합니다.

089 유교의 효에 대한 입장 이해   정답 ⑤

자료 분석

(가)	부모와 자녀 간에는 친함이 있어야 하고, 임금과 신하 간에는 └ 부자유친 └ 군신유의 의리가 있어야 하고, 남편과 부인 간에는 분별이 있어야 하고, └ 부부유별 친구 간에는 믿음이 있어야 하고, 어른과 아이 간에는 차례가 └ 붕우유신 └ 장유유서 있어야 한다. → 유교의 오륜(五倫)
(나)	섬기는 일 중에 무엇이 가장 큰 것인가? 가장 큰 섬김에는 물 ┌ 부모의 뜻을 헤아려 실천하는 것 질적 봉양[奉養], 정신적 공경[養志], 사회적으로 명예를 얻는 └ 부모의 물질적 필요를 채워드리는 것 입신양명(立身揚名) 등이 있다. 그러므로 ⑦ └ 효의 완성임 은/는 개나 말을 잘 먹여 기르는 것과는 다르다.

문제 분석 (가)는 유교의 오륜이며, (나)의 ⑦에 들어갈 말은 효(孝)입니다.

정답 찾기 ⑤ 유교에서 효의 시작은 불감훼상에서 비롯됩니다. 불감훼상이란 부모로부터 물려받은 몸을 깨끗하고 온전하게 하는 것을 말합니다. 한편 입신양명은 효의 완성이자 마침입니다.

오답 피하기 ① 상경여빈은 부부가 서로를 귀한 손님처럼 존중하는 것으로 부부 간의 윤리에 해당합니다. ② 효는 이익을 따져 실천하는 것이 아닙니다. ③ 백년해로란 부부가 되어 한평생을 사이좋게 지내고 즐겁게 함께 늙어간다는 말로 바람직한 부부 관계에 적용될 수 있습니다. ④ 사군이충은 임금을 충성으로 섬긴다는 의미로 임금과 신하 사이의 윤리에 해당합니다.

부자유친(父子有親)	어버이와 자식 사이에는 친함이 있어야 한다.
군신유의(君臣有義)	임금과 신하 사이에는 의로움이 있어야 한다.
부부유별(夫婦有別)	부부 사이에는 분별이 있어야 한다.
장유유서(長幼有序)	어른과 아이 사이에는 차례와 질서가 있어야 한다.
붕우유신(朋友有信)	친구 사이에는 믿음이 있어야 한다.

함정 피하기

만일 이 문제에 답을 고르는 것이 어려웠다면 결혼과 가족의 윤리 단원의 특성에 맞는 공부가 이루어지지 못했기 때문입니다. 결혼과 가족 윤리 단원은 전통 윤리를 바탕으로 오늘날의 바람직한 결혼관과 가족관을 모색합니다. 따라서 많은 사자성어들이 등장합니다. 평소 유교의 가장 기본적 덕목인 오륜(五倫) 및 부부, 부자, 형제자매 등과 관련 깊은 사자성어들을 평소에 꼼꼼하게 정리해둡니다.

090 효의 실천 방법 이해   정답 ②

문제 분석 (가)는 자식이 나이를 먹은 후에도 부모님을 기쁘게 해드리는 상황을 제시하고 있습니다. (나)는 부모가 그릇된 길로 갈 때 자식 된 도리는 예의와 의로움을 바탕으로 간언해야 한다는 내용입니다. (가)와 (나)는 모두 유교에서 제시하는 효를 실천하는 방법이므로, 공통으로 강조하는 덕목은 효입니다.

정답 찾기 ② 양지란 부모의 뜻을 잘 헤아려 근심과 걱정이 없도록 한다는 뜻으로 유교에서 제시하는 효의 실천 방법 중 하나입니다. 양지를 실천할 때는 상황에 맞게 적절한 방법으로 실천할 필요가 있습니다.

오답 피하기 ① 동기간이란 형제자매를 말합니다. ③ 권면이란 올바른 길로 가도록 조언하는 것으로 친구 간이나 형제자매 간에 적용될 수 있는 윤리입니다. ④ 유교의 관점에 따르면 부자간은 수직적 관계이다. 구휼이란 경제적으로 어려운 사람을 돕는다는 것으로 효의 실천과 거리가 멉니다. ⑤ 음양의 이치에 따라 서로 존중하는 것은 부부간에 지켜야 할 도리에 관한 설명입니다.

091 부부간의 윤리 이해   정답 ①

문제 분석 가상 편지의 ⑦에 들어갈 말은 부부입니다. 부부는 성별이 다를 뿐 아니라 서로 다른 환경에서 성장하여 함께 살아가는 관계입니다. 따라서 존중과 배려를 바탕으로 '상대를 아끼는 마음으로 손님을 대하듯 존중하는' 상경여빈을 실천해야 합니다.

정답 찾기 ㄱ. 부부는 혼인을 통해 맺어진 가족 관계입니다. ㄴ. 부부는 서로에 대해 상경여빈의 윤리를 실천해야 하는 관계입니다. 즉 친밀한 사이지만 서로 손님을 대하듯 공경해야 한다는 것입니다.

오답 피하기 ㄷ. 친족 관계에 대한 설명입니다. ㄹ. 동기간은 형제자매를 말합니다.

092 형제자매 관계의 윤리 이해   정답 ③

문제 분석 (가)는 유교 사상이며, (나)의 ⑦은 형제자매입니다. 유교 사상의 입장에서 형제자매는 사람의 손과 발처럼 가까운 사이이며(수족지의), 서로 아끼고 돕는 가운데 잘못된 길로 갈 때 서로 충고하는 도리를 실천해야 합니다.

정답 찾기 ③ 형제자매는 같은 부모의 기운을 받은 사이라는 점에서 동기간이라고도 하며 서로 사랑과 공경을 실천해야 합니다.

오답 피하기 ① 부자 관계에 대한 설명입니다. 자애는 아랫사람에게 베푸는 사랑으로 부모의 자식 사랑을 말합니다. ② 형제자매 관계는 계약에 바탕을 둔 사회적 관계가 아니며 서로 간의 사랑을 바탕으로 바른 길로 나아가도록 서로 돕는 관계입니다. ④ 친구 관계에 대한 설명입니다. ⑤ 부부 관계에 대한 설명입니다.

093 부부 및 형제자매 관계의 윤리 이해   정답 ⑤

눈으로 보는 해설

(가) 사상의 입장에서 제시할 (나)의 ⑦, ⓒ에 대한 옳은 설명만을 〈보기〉에서 있는 대로 고른 것은?

(가)	한 집안에 어짊[仁]의 덕목이 갖추어지면 한 나라에 어짊의 기풍이 일어나고, 한 집안에 겸양[讓]의 덕목이 갖추어지면 한 나라에 겸양의 기풍이 일어난다. → 유교 사상
(나)	○ ⑦ 은/는 서로에 대한 사랑을 지키겠다는 약속이며 서로의 차이를 존중하겠다는 의지의 표현을 통해 맺어진 관계이다. → 부부 ○ ⓒ 은/는 동기간(同氣間)으로 사람의 손과 발처럼 세상에서 가장 가까운 사이[手足之義]이며 서로 화목함으로써 효(孝)를 실천해야 하는 관계이다. → 형제자매

문제 분석 (가)는 유교 사상이며, (나)의 ㉠은 부부, ㉡은 형제자매입니다. 부부는 서로에 대한 사랑을 지겠다는 약속이며 서로의 차이를 존중하겠다는 의지의 표현인 결혼을 통해 맺어진 관계입니다. 형제자매는 한 부모의 기운을 받은 동기간으로 서로 화목하게 지냄으로서 효를 실천해야 합니다.

정답 찾기 ㄴ. 부부는 부부유별의 윤리를 실천해야 합니다. 부부유별(夫婦有別)은 남편과 아내가 각자의 본분이 있으니 이를 분별해야 한다는 것으로 남편과 아내를 차별하는 것이 아닙니다. ㄷ. 형제자매는 나이의 차이가 있으므로 장유유서와 같은 사회적 관계에서 필요한 덕목을 익히는 계기가 됩니다. ㄹ. 형제자매 간에는 서로 권면해야 합니다. 권면이란 좋은 일을 하도록 권하고 나쁜 일을 하지 않도록 권하여 올바른 길로 나아갈 수 있도록 돕는 것을 말합니다.

오답 피하기 ㄱ. 천륜(天倫)으로 맺어진 관계는 부모와 자식, 형제자매 등에 적용되는 것으로 부부는 이에 해당하지 않습니다.

함정 피하기

ㄷ을 고르지 않았다면, 장유유서의 뜻을 몰라서일 가능성이 높습니다. 장유유서는 '어른과 아이 사이에는 차례와 질서가 있어야 한다'는 뜻으로, 형제자매는 이러한 차례와 질서를 배우는 가족 관계입니다. 이와 비슷한 의미를 가진 단어에는 '형우제공(兄友弟恭)'이 있습니다. 이는 '형은 동생을 사랑하고, 동생은 형을 공경한다'는 의미입니다.

094 부부 관계에 대한 음양론의 관점 이해   정답 ③

문제 분석 (가)는 음양론이며, (나)의 ㉠은 부부입니다. 음양론은 우주의 모든 현상 및 만물의 생성과 소멸을 음양의 운동과 변화로 설명하는 이론입니다. 이에 따르면, 음과 양은 서로 다르지만 홀로 독립되어 존재할 수 없으며 서로 조화를 이루는 관계입니다. 한편 남녀가 만나 혼인을 통해 맺어진 부부는 모든 인간관계의 출발점이 됩니다. 이러한 부부는 서로를 상호 보완적인 존재로 인식하고 서로 존중하는 가운데 조화를 이룰 수 있도록 해야 합니다.

정답 찾기 ③ 만물을 상호 보완적인 것으로 파악하고 조화를 강조하는 음양론의 관점을 부부 관계에 적용한다면, 부부는 서로의 부족한 점을 보완하면서 존중하는 태도를 실천해야 합니다. 부부상경이란 부부간에 서로 존중하고 공경해야 한다는 의미입니다.

오답 피하기 ① 동기간은 형제자매를 말합니다. ② 부부는 남녀간의 차이를 인정해야 하지만 어느 한 쪽을 우월한 존재로 인식하는 것은 바람직하지 않습니다. ④ 음양론은 우열을 구분하지 않습니다. ⑤ 항렬과 촌수에 따른 예절을 강조하는 것은 친족 간에 필요한 윤리입니다.

095 전통적인 효의 실천 방법 이해   정답 ⑤

문제 분석 ㉠은 혼정신성, ㉡은 양지, ㉢은 공대, ㉣은 불욕입니다.

정답 찾기 ⑤ 혼정신성은 아침저녁으로 부모에게 문안을 드리는 것을 말하며, 양지는 부모의 뜻을 헤아려 실천함으로써 부모를 기쁘게 해 드리는 것을 말합니다. 공대는 표정을 항상 부드럽게 하여 부모가 편안한 마음을

지닐 수 있도록 해 드리는 것이며, 불욕은 부모를 욕되지 않게 해 드리는 것을 말합니다.

오답 피하기 전통적인 효의 실천 방법은 불감훼상에서 시작되어 입신양명으로 완성됩니다.

함정 피하기

• 전통적인 효의 실천 방법

불감훼상(不敢毁傷)	부모로부터 물려받은 몸을 깨끗하고 온전하게 하는 것으로, 효의 시작임
봉양(奉養)	부모를 실질적으로 잘 모시는 것
양지(養志)	부모의 뜻을 헤아려 실천함으로써 부모를 기쁘게 해 드리는 것
공대(恭待)	표정을 항상 부드럽게 하여 부모가 편안한 마음을 지닐 수 있도록 해 드리는 것
불욕(不辱)	부모를 욕되지 않게 해 드리는 것
혼정신성(昏定晨省)	아침저녁으로 부모에게 문안을 드리는 것
입신양명(立身揚名)	후세에 이름을 떨쳐 부모를 영광되게 해 드리는 것으로, 효의 완성임

096 다양한 인간관계의 윤리 이해   정답 ②

문제 분석 제시된 인간관계도는 부모 자식 관계, 형제자매 관계, 부부 관계를 보여주고 있습니다.

정답 찾기 ② 형제자매가 서로 사이좋게 지내는 것은 그 자체로 효를 실천하는 것입니다.

오답 피하기 ① 부모 자식 관계에서 자식이 부모에게 무조건 복종하는 것이 효가 아닙니다. 부모가 그릇된 길로 나아갈 때 자식은 예를 갖추어 간언을 통해 부모가 바른 길로 갈 수 있도록 돕는 것이 효입니다. 간언이란 웃어른이나 임금에게 하는 충고나 조언을 말합니다. ③ 음양의 원리는 음과 양의 상호 보완과 조화를 강조합니다. 따라서 부부는 위계나 우열을 가리지 말고 서로 조화로운 관계를 형성해야 합니다. ④ 촌수와 항렬을 따지는 관계는 친족 관계입니다. 촌수란 자신과 친척 간의 가깝고 먼 정도를 숫자로 나타낸 것이며, 항렬은 손위나 손아래 또는 세대 관계를 나타내는 것입니다. ⑤ 형제자매 관계는 경제적 이익이나 계약에 바탕을 두는 관계가 아니라 천륜으로 맺어진 관계입니다. 입양이나 재혼 등으로 맺어진 형제자매의 경우도 존재하는데 이 경우에도 경제적 이익이나 계약 관계가 아니라 천륜으로 맺어진 형제자매처럼 상호 협력과 화목함을 도모해야 합니다.

07강 직업과 동서양의 직업윤리

핵심 개념 CHECK!

▶ 본문 062쪽

01 ○	02 ○	03 ×	04 ○	05 ×	06 ○	07 ×	08 ○
09 ○	10 ○	11 ×	12 ○	13 ○	14 ○	15 ×	16 ○
17 ○	18 ○	19 ○	20 ×	21 ○	22 ×	23 ○	24 ○
25 ×	26 ○	27 ○	28 ×	29 ○	30 ×	31 ○	32 ○
33 ×	34 ×	35 ×	36 ×				

○|× 문장 바로 알기

01 직업은 경제적 보상을 받으며 행하는 자발적이고 지속적인 활동이다.

02 직업은 생계 수단 외에도 자아실현, 사회봉사의 의미가 있다.

03 모든 직업에서 공통적으로 지켜야 하는 행동 규범은 없다.
→ 있다

04 플라톤은 국가 성원들이 각자의 성향에 따라 일을 맡아야 한다고 보았다.

05 플라톤은 모든 구성원이 사유 재산을 가져서는 안 된다고 보았다.
→ 국가의 수호자가

06 프로테스탄트는 직업 노동을 신에게 선택받았다는 확신에 이르기 위한 가장 훌륭한 수단이라고 보았다.

07 프로테스탄트는 자신의 구원 여부가 예정되어 있지 않다고 보았다.
→ 예정되어 있다고 보았다

08 칼뱅은 신이 사람들에게 각자 해야 할 일을 정해 주었다고 보았다.

09 베버는 프로테스탄트의 금욕이 향락과 낭비를 막으며 재화의 획득이 구원의 증표로 정당화될 수 있다고 보았다.

10 칼뱅은 모든 직업은 소명이며 노동은 신과 이웃에 봉사하는 것이라고 보았다.

11 플라톤은 인간이 구원을 예정해 놓은 신의 부르심에 노동을 통해 응답해야 한다고 보았다.
→ 칼뱅

12 플라톤은 각자 다른 일에 관심을 두지 말고 자신이 맡은 일에 충실해야 한다고 보았다.

13 플라톤은 세 계층이 각각의 덕목을 발휘하여 조화를 이룰 때 정의로운 사회가 될 수 있다고 보았다.

14 중세 그리스도교에서는 노동을 원죄에 대한 벌로 보았다.

15 플라톤은 육체노동의 가치와 정신노동의 가치가 대등하다고 보았다.
→ 보지 않았다

16 마르크스와 칼뱅은 모두 노동이 가진 생계 수단 이상의 가치를 중시한다.

17 칼뱅은 직업에는 귀천이 없으며 노동을 신성한 것으로 간주한다.

18 플라톤과 정약용은 공직자의 엄격한 자기 절제를 강조한다.

19 마르크스는 공산 사회가 되면 분업에 예속되는 상태가 사라진다고 보았다.

20 맹자는 백성의 경우 일정한 생업이 없어도 일정한 마음을 가질 수 있다고 보았다.
→ 선비

21 맹자는 대인은 마음을 수고롭게 하고, 소인은 몸을 수고롭게 한다고 보았다.

22 마르크스는 사회주의 사회에서 노동자는 작업장의 부속물로서 자본의 소유물이 된다고 보았다.
→ 자본주의

23 맹자는 한 사람이 모든 일을 하면서 살아간다면 지치게 될 것이므로 분업이 필요하다고 보았다.

24 마르크스는 기술적 분업의 확대가 노동자의 능력을 온전히 발휘하지 못하게 만든다고 보았다.

25 장자는 정명 사상을 바탕으로 임금이 나라를 다스릴 때에는 덕을 바탕으로 하여 백성들의 신뢰를 얻어야 한다고 보았다.
→ 공자

26 공자는 사회 구성원들이 각자의 지위에 알맞은 역할과 도리를 다해야 한다고 보았다.

27 순자는 사람들의 욕망에 비해 물건은 부족하므로 사람들을 분별해서 대우하는 예를 제정해야 한다고 보았다.

28 순자는 예를 바탕으로 사람들이 선호하는 일을 주어야 한다고 보았다.
→ 사람들에게 능력에 맞는

29 맹자는 대인이 할 일이 있고 소인이 할 일이 있다고 보았다.

30 실학에서는 능력과 노력보다는 신분에 의해 직업이 정해져야 한다고 보았다.
→ 신분보다는 능력과 노력에 의해

31 프롬은 인간이 능력을 발휘하고 자아실현을 하려면 존재 지향적 직업 생활을 영위해야 한다고 보았다.

32 현대 사회에서 직업은 행복을 달성하는 데 중요한 부분을 차지한다.

33 직업의 귀천 문제와 소외 문제는 현대 사회에서 극복해야 할 과제가 아니다.
→ 과제이다.

34 실학자는 선비가 육체노동을 피하고 학문에 전념할 것을 강조한다.
→ 는 것을 비판하였다.

35 순자와 실학자는 사회 분업의 폐지와 직업 선택의 자유를 주장한다.
→ 순자는 사회적 분업을 중시하였고, 실학자는 능력에 따른 분업을 강조하였다.

36 순자는 백성들의 직업 활동이 욕망 충족과 무관해야 함을 강조한다.
→ 욕망을 적절히 충족할 수 있어야 함을

097 ⑤	098 ②	099 ①	100 ③	101 ⑤	102 ①
103 ①	104 ②	105 ②	106 ④	107 ⑤	108 ①
109 ⑤	110 ⑤	111 ③	112 ④		

097 베버의 입장 이해　　　　　　　　　　정답 ⑤

문제 분석 제시문은 베버의 주장입니다. 베버에 따르면 프로테스탄트는 예정설과 소명설을 바탕으로 직업 노동에 충실하게 임하였습니다.

정답 찾기 ⑤ 베버에 따르면 프로테스탄트는 소명 의식에 입각하여 직업 노동을 통해 부를 얻고자 하는 것은 정당화될 수 있다고 여겼습니다.

오답 피하기 ① 베버는 프로테스탄트가 직업적 성공을 구원의 징표로 여겼다고 보았습니다. ② 베버는 프로테스탄트가 직업이 정신적 가치와 관련이 없게 될 경우 영혼이 타락한다고 여겼다고 보았습니다. ③ 베버는 프로테스탄트의 금욕주의적 직업윤리가 자본주의 정신이 형성되는 바탕이 되었다고 보았습니다. ④ 베버는 프로테스탄트가 직업을 신의 소명으로 여겼다고 보았습니다.

098 베버와 마르크스의 입장 비교　　　　　정답 ②

고난도 평가원 기출

①	❷	③ 함정	④	⑤
3%	55%	20%	5%	6%

눈으로 보는 해설

갑, 을 사상가들의 입장에 대한 설명으로 적절하지 <u>않은</u> 것은?

> 갑 : 노동을 '신이 규정한 삶의 최고 목적'으로 보는 입장에서, 청교도는 소명을 인식하고 소명에 따라 노동하였다. 이러한 노동이 영리 추구와 결합하고 금욕적 절약을 통해 자본을 형성하여 자본주의 정신의 토대가 되었다. → 베버
>
> 을 : 노동은 인간이 자신의 자연적인 힘을 사용하여 자연과 관계를 맺는 하나의 과정이다. 그러나 자본주의에서는 노동자가 생산 수단을 사용하는 것이 아니라 생산 수단이 노동자를 사용하는 왜곡이 일어난다. → 마르크스

① 갑은 청교도가 노동을 신의 명령으로 간주했다고 본다. ○
② 갑은 청교도가 부의 축적을 구원의 <u>수단으로</u> 간주했다고 본다. ✕
③ 을은 자본주의의 노동 분업이 노동 소외의 원인이라고 본다. ○
④ 을은 자본주의에서는 노동자의 자아실현이 불가능하다고 본다. ○
⑤ 갑은 소명 정신, 을은 노동 착취를 자본 축적의 원천으로 본다. ○

문제 분석 갑은 베버, 을은 마르크스입니다. 베버에 따르면 청교도는 노동을 소명으로 인식하였고, 마르크스는 노동을 통해 인간의 본질을 실현할 수 있다고 보았습니다.

정답 찾기 ② 베버에 따르면 청교도는 예정설의 입장에서 구원이 신에 의해 예정되어 있다고 보았습니다.

오답 피하기 ① 베버는 청교도가 노동을 신의 소명으로 간주했다고 보았습니다. ③ 마르크스는 자본주의 사회의 노동 분업이 인간을 노동으로부터 소외시킨다고 보았습니다. ④ 마르크스는 자본주의 사회에서 노동자는 기계의 부속품에 불과한 존재가 되어 자아를 실현할 수 없다고 보았습니다. ⑤ 베버는 청교도가 소명 의식을 바탕으로 한 금욕주의적인 생활 태도로 인하여 자본을 축적할 수 있었다고 보았고, 마르크스는 자본주의 사회에서 자본가가 노동자의 노동을 착취함으로써 자본을 축적할 수 있었다고 보았습니다.

③을 골랐다면 마르크스의 노동에 대한 관점에 대한 이해가 부족하기 때문입니다. 마르크스는 사적 소유와 분업, 계급적 사회관계에 토대를 둔 자본주의적 생산 방식은 자유롭고 의식적인 활동인 노동을 왜곡하고 파편화함으로써 노동을 통해 기쁨을 누리고 자아실현하는 것을 가로막는다고 비판하였습니다.

099 순자와 플라톤의 입장 비교　　　　　정답 ①

문제 분석 갑은 순자, 을은 플라톤입니다. 순자는 도(道)에 정통한 사람과 그렇지 못한 사람이 하는 일이 다르다고 보았고, 플라톤은 타고난 성향에 따라 하는 일이 달라진다고 보았습니다.

정답 찾기 ① 순자는 인간의 욕망을 긍정하면서도 예를 통해 절제할 것을 강조하였으며, 직업 활동을 통해 욕망을 적절히 충족해야 한다고 보았습니다.

오답 피하기 ② 플라톤은 통치자는 지혜의 덕을, 군인은 용기의 덕을, 생산자는 절제의 덕을 발휘하여 조화를 이룰 때 올바른 국가가 될 수 있다고 보았습니다. ③ 순자는 예를, 플라톤은 탁월성을 직업 분담의 기준으로 보았습니다. ④ 순자와 플라톤 모두 사회적 분업 체계를 중시하였습니다. ⑤ 순자와 플라톤 모두 자신의 직분에 충실할 것을 강조하였습니다.

100 마르크스와 칼뱅의 입장 비교　　　　정답 ③

문제 분석 갑은 마르크스, 을은 칼뱅입니다. 마르크스는 자본주의 사회에서 인간이 노동으로부터 소외된다고 보았고, 칼뱅은 노동을 통해 신의 영광을 실현할 수 있다고 보았습니다.

정답 찾기 ㄴ. 칼뱅은 직업을 통해 이웃 사랑을 실천할 수 있다고 보았습니다. ㄹ. 마르크스는 노동을 통해 인간의 본질을 실현할 수 있다고 보았고, 칼뱅은 노동을 신의 소명이라고 보았습니다.

오답 피하기 ㄱ. 마르크스는 사회적 분업이 인간 소외를 초래한다고 보았습니다. ㄷ. 마르크스는 생산 수단을 공유하고 사유 재산을 폐지해야 한다고 보았습니다.

101 칼뱅의 입장 이해　　　　　　　　　정답 ⑤

문제 분석 제시문은 칼뱅의 주장입니다. 칼뱅은 구원이 예정되어 있다고 보았고, 직업은 신이 인간에게 내린 소명으로 보았습니다.

정답 찾기 ⑤ 칼뱅은 인간의 구원은 신에 의해 결정되어 있다고 보았습니다.

오답 피하기 ① 칼뱅은 신이 사람들에게 각자 맡아 해야 할 일들을 소명으로 정해 주었다고 보았습니다. ② 칼뱅은 모든 직업에는 귀천이 없고 노동은 신성하며 노동으로 얻은 것은 모두 신의 선물이라고 보았습니다. ③, ④ 칼뱅은 직업을 신의 영광과 이웃 사랑을 실현하는 통로가 된다고 보았습니다.

102 마르크스와 베버의 입장 비교　　　　정답 ①

문제 분석 갑은 마르크스, 을은 베버입니다. 마르크스는 자본주의 사회에서 인간의 노동은 자발적 노동이 아니라 강제된 노동이라고 보았고, 베버는 기독교의 금욕주의가 자본주의 정신을 만들었다고 여겼습니다.

정답 찾기 ㄱ. 마르크스는 자본주의 사회에서 강제된 노동은 인간에게 고유한 자유로운 의식적 활동으로부터 인간을 소외시킨다고 보았습니다. ㄴ. 베버는 프로테스탄티즘의 금욕주의 윤리가 근대 자본주의가 발달하는 정신적 토대가 된다고 보았습니다.

오답 피하기 ㄷ. 중세 그리스도교의 입장입니다. ㄹ. 베버는 청교도가 노동을 통한 부의 축적이 신의 뜻에 어긋나는 것이 아니라고 여겼다고 보았습니다.

103 마르크스와 플라톤의 입장 비교 　　정답 ①

문제 분석 갑은 마르크스, 을은 플라톤입니다. 마르크스는 경제적 불평등이 사라진 공산 사회를, 플라톤은 통치자, 군인, 생산자가 각자 자신의 역할을 함으로써 조화를 이룬 사회를 추구하였습니다.

정답 찾기 ① 플라톤은 국가가 세 계급으로 구성된다고 본 반면, 마르크스는 사유 재산과 계급과 국가가 사라진 경제적으로 평등한 사회인 공산 사회를 추구해야 한다고 주장하였습니다.

오답 피하기 ② 플라톤의 입장입니다. ③ 플라톤은 정신노동이 육체노동보다 중요하다고 보았으며 누구나 정신노동에 종사할 수 있다고 주장하지 않았습니다. ④,⑤ 마르크스의 입장입니다.

104 플라톤의 입장 이해 　　정답 ②

문제 분석 제시문은 플라톤의 주장입니다. 플라톤은 철학자가 통치자가 되어 나라를 구성하는 세 부류가 전체적으로 조화를 이루도록 다스려야 한다고 주장하였습니다.

정답 찾기 ㄱ. 플라톤은 각자의 탁월성에 따라 직업 노동이 정해진다고 보았으며 각자 탁월성을 발휘하여 자신이 맡은 역할을 충실히 수행해야 한다고 여겼습니다. ㄷ. 플라톤은 모든 계층의 구성원들이 절제의 덕을 갖추고 있어야 한다고 보았습니다.

오답 피하기 ㄴ. 플라톤은 사회가 계층 간의 협업이 아니라 분업을 바탕으로 할 때 정의를 실현할 수 있다고 보았습니다. ㄹ. 플라톤은 각자 자신에게 맞는 역할에만 충실해야 한다고 보았으며, 다른 계층과 역할을 교환하려고 하면 나라가 혼란스러워진다고 보았습니다.

105 순자와 맹자의 입장 비교 　　정답 ②

문제 분석 갑은 순자, 을은 맹자입니다. 순자와 맹자는 모두 사회적 분업을 바탕으로 사회 질서가 유지된다고 보았습니다.

정답 찾기 ② 순자는 사회적 신분이 자유로운 선택이 아니라 예에 따라 정해져야 한다고 보았습니다.

오답 피하기 ① 순자는 예를 기준으로 사회적 역할이 정해져야 한다고 보았습니다. ③ 맹자는 마음을 쓰는 사람과 몸을 쓰는 사람이 할 일이 따로 있다고 보았으며 이들 간의 유기적 관계를 강조하였습니다. ④ 맹자는 힘을 쓰는 백성의 경우 항산이 보장되어야 항심을 유지할 수 있다고 보았습니다. ⑤ 순자와 맹자는 각자가 자신의 직분에 충실할 때 사회가 유지된다고 보았습니다.

106 맹자의 입장 이해 　　정답 ④

문제 분석 제시문은 모두 맹자의 주장입니다. 맹자는 직업에는 생계유지의 측면뿐만 아니라 인격 함양의 측면도 있다고 보았습니다.

정답 찾기 ④ 맹자는 직업 활동을 통해 타고난 선한 마음을 확충할 수 있으므로 직업을 선택할 때에는 이를 고려하여 신중해야 한다고 주장하였습니다.

오답 피하기 ① 맹자는 일반 백성들이 일정한 생활 근거가 마련되지 않으면 도덕심을 갖기 어려우므로 직업이 생계유지 측면에서 중요하다고 보았습니다. ② 맹자는 사회적 역할 분담이 사회의 질서 유지와 발전을 위해 필요하다고 보았습니다. ③ 맹자는 직업을 선택할 때 경제적 보상을 가장 중시해야 한다고 보지 않았습니다. ⑤ 맹자는 직업을 통해 인격을 함양하고 사회에 기여할 수 있다고 보았으므로 개인의 출세를 더 중시했다고 보기 어렵습니다.

107 맹자와 마르크스의 입장 비교 　　정답 ⑤

고난도 평가원 기출				
①	②	③	④ 함정	❺
4%	2%	5%	20%	70%

그림은 서술형 평가 문제와 학생 답안이다. 학생 답안의 ㉠~㉤ 중 옳지 않은 것은?

> **서술형 평가**
> ◎ 문제 : 사상가 갑, 을의 직업 노동에 대한 입장을 비교하여 서술하시오.
>
> 갑 : 모든 것을 손수 만들어 사용해야 한다면, 그것은 천하의 사람들을 바쁘게 만드는 것이다. 어떤 사람은 마음을 수고롭게 하고[勞心], 어떤 사람은 몸을 수고롭게 한다[勞力]. 백성은 항산[恒産]이 없다면 항심[恒心]도 없게 된다. → 맹자
>
> 을 : 노동이 분업에 의한 방식으로 바뀌면서 고용주는 자본가가 되어 지휘와 감독, 조절 기능을 담당한다. 분업은 특수한 기능에 적합한 부분 노동자를 양산하며, 노동자는 작업장의 부속물로서 자본의 소유물이 된다. → 마르크스

◎ 학생 답안

사상가 갑, 을의 직업 노동에 대한 입장을 비교해 보면, 갑은 ㉠ 직업에는 대인과 소인의 역할 분담이 있으므로 각자의 역할에 충실해야 한다고 보며, ㉡ 직업을 통해 백성의 생활 기반이 마련되어야 한다고 주장한다. 이에 비해 을은 ㉢ 노동자는 생산 수단이 없으므로 생계를 위해 자본가에게 예속된다고 보며, ㉣ 노동자는 노동을 통해 자아를 실현하고 행복을 누릴 수 있어야 한다고 주장한다. 한편, 갑, 을은 모두 ㉤ 인간은 분업에 참여함으로써 인간다움을 실현해야 한다고 주장한다.
└ 마르크스는 분업을 소외의 원인으로 봄

① ㉠　　② ㉡　　③ ㉢　　④ ㉣　　⑤ ㉤

문제 분석 갑은 맹자, 을은 마르크스입니다. 맹자는 사회적 분업이 필요하다고 보았고, 마르크스는 분업이 노동의 본질을 왜곡시킨다고 보았습니다.

정답 찾기 ⑤ 마르크스는 노동의 분업이 노동자를 작업장의 부속물로 만들어 노동으로부터 소외되게 만든다고 보았습니다.

오답 피하기 ① 맹자는 직업 노동에서 대인의 역할과 소인의 역할을 구분하고 각자 자신의 역할에 충실해야 한다고 보았습니다. ② 맹자는 통치자가 직업을 통해 백성의 생활 근거를 마련해 주어야 한다고 보았습니다. ③ 마르크스는 자본주의 사회에서 노동자는 자본가에게 예속될 수밖에 없다고 보았습니다. ④ 마르크스는 노동이 본래 인간의 본질을 구현하고 자아를 실현할 수 있는 창조적인 활동이라고 보았습니다.

함정 피하기

④를 골랐다면, 마르크스의 노동에 대한 관점에 대한 이해가 부족하기 때문입니다. 마르크스는 사적 소유와 분업, 계급적 사회관계에 토대를 둔 자본주의적 분업 방식은 자유롭고 의식적인 활동인 노동을 왜곡하고 파편화함으로써 노동을 통해 기쁨을 누리고 자아실현하는 것을 가로막는다고 비판하였습니다.

108 순자와 홍대용의 입장 비교 　　정답 ①

문제 분석 갑은 순자, 을은 실학자인 홍대용의 주장입니다. 순자와 홍대용은 직업이 신분이 아니라 능력에 따라 정해져야 한다고 보았습니다.

정답 찾기 ① 순자는 예를 통해 각자의 적성과 능력에 따른 사회적 역할 분담의 문제를 해결할 수 있다고 보았습니다.

오답 피하기 ② 실학에서는 선비도 육체노동을 할 수 있다고 보았습니다. ③ 순자와 실학 모두 후천적 노력을 중시하였습니다. ④ 순자와 실학 모두 신분에 따라 직업이 정해져야 한다고 보지 않았습니다. ⑤ 순자와 실

학 모두 사회적 역할 분담이 필요하다고 보았으며 직업을 자유롭게 선택할 수 있다고 여기지 않았습니다.

109 맹자와 공자의 입장 비교 정답 ⑤

문제 분석 갑은 맹자, 을은 공자입니다. 맹자는 통치자가 백성들의 생계를 유지하며 살아갈 수 있도록 우선 항산(恒産)에 힘써야 한다고 보았으며, 공자는 통치자가 덕으로 백성들을 다스릴 것을 강조하였습니다.

정답 찾기 ⑤ 맹자와 공자는 모두 정명 정신을 바탕으로 각자 자신의 역할에 충실해야 한다고 주장하였습니다.

오답 피하기 ① 맹자는 각자가 자신의 능력에 맞는 일을 해야 한다고 주장하였습니다. ② 통치자가 재산을 공유해야 한다고 본 사상가는 플라톤입니다. ③ 맹자와 공자는 모두 통치자가 덕치에 힘써야 한다고 보았습니다. ④ 맹자와 공자는 모두 통치자가 백성을 근본으로 삼는 정치를 해야 한다고 보았습니다.

110 순자와 마르크스의 입장 비교 정답 ⑤

문제 분석 갑은 순자, 을은 마르크스입니다. 순자는 예에 따라 자신에게 주어진 일을 전문성 있게 수행해야 한다고 보았고, 마르크스는 노동자가 인간답게 살아가려면 경제적 예속으로부터 벗어나야 한다고 보았습니다.

정답 찾기 ⑤ 순자는 욕구나 욕망을 제거의 대상으로 보지 않았고 예를 바탕으로 분수에 맞게 조절해야 한다고 주장하였습니다.

오답 피하기 ① 순자는 어질고 능력이 있으면 순서를 기다리지 않고 등용하고, 어질지 못하고 능력이 없는 사람은 기다리지 않고 파직시켜야 한다고 주장하였습니다. ② 순자는 예에 따라 직업이 분담되어야 한다고 보았습니다. ③ 마르크스는 공장 내 분업이 노동자가 노동으로부터 소외되게 만든다고 보았습니다. ④ 마르크스는 노동을 통해 인간의 본질을 실현하고 자아를 실현할 수 있다고 보았습니다.

111 맹자, 플라톤, 순자의 입장 비교 정답 ③

문제 분석 (가)의 갑은 맹자, 을은 플라톤, 병은 순자입니다. 맹자는 대인과 소인의 일을 구분하였고, 플라톤은 통치자, 군인, 생산자가 할 일을 구분하였으며, 순자는 관리와 농인, 상인, 공인의 일을 구분하였습니다.

정답 찾기 ㄷ. 플라톤은 사회를 이루는 세 계층이 각자 타고난 성향에 따라 하나의 일에 배치되어야 한다고 주장하였습니다. ㄹ. 순자는 성악설의 관점에서 사람들은 본성상 이익만을 좋아하여 쉬운 일은 하려고 하고 힘든 일은 하지 않으려고 한다고 주장하였습니다.

오답 피하기 ㄱ. 세 사상가 모두 긍정의 대답을 할 질문입니다. ㄴ. 칼뱅이 긍정의 대답을 할 질문입니다.

112 맹자와 순자의 입장 비교 정답 ④

문제 분석 갑은 맹자, 을은 순자입니다. 맹자는 직업 노동을 통해 인간의 선한 본성을 확충할 수 있다고 보았고, 플라톤은 예에 따라 직업 노동에 충실함으로써 욕망을 조절하고 악한 본성을 극복할 수 있다고 보았습니다.

정답 찾기 ④ 순자는 선왕이 백성들에게 구별을 알게 하고자 예를 제정하였으며, 예를 통해 각자의 적성과 능력에 맞는 사회적 역할 분담을 할 수 있다고 보았습니다.

오답 피하기 ① 맹자는 각자 자급자족하며 살아가기가 어렵기 때문에 사회적 분업이 필요하다고 보았습니다. ② 맹자는 개개인의 선호가 직업 결정의 기준이 된다고 보지 않았습니다. ③ 순자는 직업에 있어서 후천적 노력의 중요성을 강조하였습니다. ⑤ 맹자와 순자는 모두 구성원들이 자유롭게 역할 교환을 할 수 있다고 여기지 않았습니다.

핵심 개념 CHECK! ▶ 본문 070쪽

01 ○	02 ○	03 ○	04 ×	05 ○	06 ×	07 ○	08 ×
09 ○	10 ○	11 ×	12 ○	13 ○	14 ×	15 ×	16 ○
17 ○	18 ○	19 ×	20 ○	21 ○	22 ×	23 ○	24 ×
25 ○	26 ○	27 ○	28 ○	29 ○	30 ○	31 ×	

○|× 문장 바로 알기

01 기업의 궁극적인 목적은 이윤 추구에 있다.

02 프리드먼은 기업에 이윤 극대화 외에 사회적 책임을 강조하게 되면 기업의 소유주나 주주들의 이익을 침해할 수 있다고 보았다.

03 프리드먼은 기업이 이윤을 극대화하는 것만으로도 모든 책임을 다하는 것이라고 보았다.

04 ~~프리드먼은~~ 애로우는 기업이 사회적 책임을 적극적으로 이행할 때 소비자의 신뢰를 얻을 수 있고 이익을 증대시킬 수 있다고 보았다.

05 애로우는 기업이 사회적 책임을 다하여 공익 실현에 기여하는 것이 장기적으로 볼 때 기업의 목적인 이익 증대에 기여할 수 있다고 보았다.

06 ~~애로우는~~ 프리드먼은 사회에 대한 적극적 책임 이행은 기업에 이익이 되지 않으며 시장 경제 질서를 어지럽힐 뿐이라고 보았다.

07 애로우는 기업이 복지 사업과 같은 사회적 책임을 다할 때 사회로부터 신뢰를 얻을 수 있고 기업의 목적도 효과적으로 달성할 수 있다고 보았다.

08 단결권, 단체 교섭권, 단체 행동권은 ~~기업가와 근로자가 동등하게~~ 근로자가 누려야 할 권리들이다.

09 근로자는 자신의 업무를 성실하게 수행하여 노동 생산성 향상을 위해 노력해야 한다.

10 기업가는 회사 경영 상태를 투명하게 공개하고 근로자의 노고에 대해 적절하게 보상함으로써 근로자와 상생의 관계를 유지하기 위해 노력해야 한다.

11 ~~보겔은 기업의 사회적 책임 수행을,~~ 프리드먼은 기업의 이익 극대화를 기업의 최종 목적으로 본다.

12 전문직은 전문성, 독점성, 자율성을 특징으로 한다.

13 전문직 종사자들이 비윤리적으로 행동할 경우 사회에 미치는 영향이 일반직 종사자들보다 크므로 더 수준 높은 윤리 의식이 요구된다.

14 전문직의 ~~독점성은~~ 전문성은 전문직 종사자는 고도의 전문적 훈련을 통해 전문 지식을 가져야 한다는 것을 의미한다.

15 전문직 종사자들은 자신의 지식과 기술을 오직 사회의 행복을 추구하
는 데 사용해야 한다.
개인과 사회의 행복을

16 전문직 종사자는 자신의 지식이나 기술이 사회 발전에 기여할 수 있
도록 사회적 책임을 다해야 한다.

17 공직자는 공권력의 근원이 국민에게 있음을 인식하고 대리인으로서
의 역할에 충실해야 한다.

18 공직자는 국민보다 우월한 지위에서 권한을 행사하므로 높은 수준의
직업윤리를 준수해야 한다.

19 공직자는 업무 수행 과정에서 사익과 공익을 동등하게 추구해야 한
다.
사익보다 공익을

20 공직자는 사회에 대한 책임 의식을 바탕으로 노블레스 오블리주를 실
천해야 한다.

21 공직자는 효율적이고 공정하게 업무를 수행해야 하며 국민을 위해 봉
사하는 자세를 가져야 한다.

22 부패는 사람들이 옳지 않은 일을 하는 것을 의미하며, 부정은 개인의
부정은   부패는
이익을 위해 자신의 직위를 이용하는 위법 행위를 말한다.

23 부패는 적발 확률이 높을수록, 처벌 가능성이 클수록, 벌칙의 강도가
높을수록 적어진다.

24 부패는 대리인이 독점 권한이 많을수록, 재량권이 적을수록, 책임이
작을수록, 대리 행위가 불투명할수록 많아진다.
많을수록

25 부패가 많을수록 국가 경쟁력이 약화되고 공동체의 발전이 저해된
다.

26 뇌물을 주고받으면서 이익을 챙기거나 학연이나 지연으로 유리한 기
회를 얻는 행위는 대표적인 부패의 사례들이다.

27 부패를 방지하기 위해서는 청렴 문화를 확산시켜야 한다.

28 청백리 정신은 청빈한 생활 태도를 유지하면서 국가의 일에 충심을
다하려는 정신이다.

29 정약용은 목민관은 자애로워야 하고 청렴해야 한다고 주장하였다.

30 청렴은 공동체의 발전을 도모할 수 있게 해 주고 사회를 투명하게 만
들어 준다.

31 청렴 계약제는 조직의 구성원이 내부에서 벌어지는 불법적이고 비윤
내부 공익신고는
리적인 행위를 대중에게 알리는 것이다.

---

113 ①	114 ⑤	115 ③	116 ⑤	117 ⑤	118 ③
119 ①	120 ③	121 ①	122 ⑤	123 ②	124 ⑤
125 ⑤	126 ①	127 ⑤	128 ②		

113 기업의 사회적 책임에 대한 입장 파악　　정답 ①

문제 분석 그림의 강연자는 기업이 이윤의 극대화 이외의 사회적 책임을
지지 않아도 된다는 입장을 반박하고 있습니다.

정답 찾기 ① 강연자는 이윤 극대화 이외의 사회적 책임을 지지 않아도
된다는 주장을 비판하고 있습니다.

오답 피하기 ② 강연자는 환경오염과 같은 부정적 외부 효과 발생에 대한
책임이 기업에 있다고 보았습니다. ③ 강연자는 시장 실패를 초래하는 기
업 활동이 미래 세대에 짐이 될 수 있다고 보았습니다. ④ 강연자는 이윤
이 감소하더라도 기업이 사회적 문제에 대해 적극적인 책임을 져야 한다
고 주장하였습니다. ⑤ 강연자는 환경오염과 같은 시장 실패의 사례에서
기업이 아닌 시민이나 미래 세대가 비용을 부담해야 한다는 점을 지적하
고 있습니다.

114 기업의 사회적 책임에 대한 입장 비교　　정답 ⑤

문제 분석 갑은 기업의 사회적 책임은 이윤 추구에만 있다고 보는 입장이
고, 을은 기업 활동에 영향을 주는 모든 이해 당사자들의 입장을 동등하
게 고려해야 한다고 보는 입장이며, 병은 을의 입장에 동의하면서 이해
당사자들 간의 이익이 충돌할 경우에는 주주의 이익을 우선 고려해야 한
다고 보는 입장입니다.

정답 찾기 ⑤ 을과 병은 모두 기업이 기업 활동과 관련된 모든 이해 당사
자들의 이익을 고려해야 한다고 봅니다.

오답 피하기 ① 갑은 기업이 기업의 이익을 극대화하는 것을 목표로 삼아
야 한다고 봅니다. ② 을은 투자자와 소비자 등 모든 이해 당사자들의 이
익을 동등하게 고려해야 한다고 봅니다. ③ 병은 이해 당사자들 간의 이
익이 충돌하는 경우 주주의 이익을 우선 고려해야 한다고 봅니다. ④ 갑
은 기업이 기업의 이윤 극대화 이외의 책임을 가지지 않는다고 봅니다.

115 기업의 사회적 책임에 대한 두 입장 비교　　정답 ③

문제 분석 제시문의 '나'는 기업의 사회적 책임은 수익을 내는 것뿐이라고
보는 입장이고, '어떤 학자'는 기업이 이윤 추구 외에도 인권과 환경을 개
선하는 데 기여하는 등의 사회적 책임을 다해야 한다고 보는 입장입니다.

정답 찾기 ③ '어떤 학자'는 기업이 공익 증진에 기여하는 것이 기업의 이
익 증대를 위해 필요하다고 보는 입장이고, '나'는 공동선 추구가 기업의
사회적 책임이라고 보지 않는 입장입니다.

오답 피하기 ① '나'와 '어떤 학자'는 모두 기업의 책임과 주주의 이익 증진
이 무관하다고 보지 않습니다. ② '어떤 학자'는 기업의 이윤 추구와 공익
이 양립할 수 있다고 봅니다. ④ '어떤 학자'는 기업의 공익 활동이 기업의
경쟁력 향상에 기여한다고 봅니다. ⑤ '나'와 '어떤 학자' 모두 합리적인 경
영을 통해 합리적인 이윤 추구를 해야 한다고 봅니다.

116 기업의 사회적 책임에 대한 입장 파악　　정답 ⑤

고난도 평가원 기출				
①	②	③	④ (함정)	**⑤**
10%	2%	3%	20%	63%

다음 글에서 추론할 수 있는 기업 활동에 대한 주장으로 가장 적절한 것은?

> 사회악의 근원을 개인의 이기심에만 돌리는 것은 진부한 처방일 뿐만 아니라 바람직하지 않은 결과를 낳는다. 자신의 이익을 합리적 방법을 통하여 성취하는 것은 자유 민주주의와 시장 경제 체제에서는 지극히 당연한 일이다. 그래서 혈연, 지연, 학연 등에 의해 이윤 추구의 경쟁이 제한되는 비합리적인 관행은 타파되어야 한다. 장기적으로 볼 때, 이러한 요인들에 의해서 공정한 경쟁이 제한되는 것은 결국 기업뿐만 아니라 사회 전체를 패배자로 만들 것이다.

① 기업의 사적 이익보다 공공의 이익이 우선시되어야 한다. ×
② 기업에 대한 평가는 과정보다 결과에 의해 측정되어야 한다. ×
③ 기업의 이윤 추구를 위한 비합리적 관행은 인정되어야 한다. ×
④ 기업의 이윤 추구는 사회에 대한 책임을 이행할 때 보장되어야 한다. ×
⑤ 기업의 합리적인 활동에 의한 최대 이윤 추구는 보장되어야 한다. ○

문제 분석 제시문은 자유로운 경쟁을 통해 합리적으로 이윤을 추구하는 것을 지지하는 입장입니다.

정답 찾기 ⑤ 제시문은 기업이 합리적인 활동을 통해 공정하게 경쟁하며 이윤을 추구하는 것이 보장되어야 한다고 봅니다.

오답 피하기 ① 제시문은 기업이 사익을 추구하는 것은 자유 민주주의와 시장 경쟁 체제에서 당연하다고 봅니다. ② 제시문은 기업이 공정한 경쟁의 과정을 통해 이윤을 추구해야 한다고 봅니다. ③ 제시문은 연고주의와 같이 기업의 경쟁을 제한하는 비합리적인 관행은 타파되어야 한다고 봅니다. ④ 제시문에서는 기업의 사회적 책임을 강조하고 있지 않습니다.

💣 **함정 피하기**

④를 골랐다면 제시문에 대한 정확한 이해가 부족하기 때문입니다. 제시문에서는 '혈연, 지연, 학연 등에 의해 이윤 추구의 경쟁이 제한되는 비합리적인 관행'을 문제 삼고 있습니다.

117 프리드먼과 보겔의 입장 비교 　　　　정답 ⑤

문제 분석 갑은 프리드먼, 을은 보겔입니다. 프리드먼은 기업의 사회적 책임은 이윤 극대화뿐이라고 보았고, 보겔은 기업은 공익에 이바지하는 다양한 사회적 책임을 져야 한다고 보았습니다.

정답 찾기 ⑤ 프리드먼은 기업이 사회의 공적인 목표에 이바지해야 한다고 보지 않았습니다. 보겔도 공적인 목표에 이바지하는 기업 활동만이 정당화된다고 보지는 않습니다.

오답 피하기 ① 프리드먼은 이윤 극대화 외의 사회적 책임을 요구하는 것은 자유 시장 경제의 틀을 깨는 것이라고 보았습니다. ② 프리드먼은 기업이 사회의 규칙을 준수하면서 이익을 추구한다면 그 이상의 것을 기업에 요구해서는 안 된다고 보았습니다. ③ 보겔은 기업이 사회적 책임을 이행할 때 소비자의 신뢰를 얻을 수 있고 기업의 장기적 이익에 기여할 수 있다고 보았습니다. ④ 보겔은 기업에 법적 책임과 경제적 책임 외에 윤리적 책임도 있다고 보았습니다.

118 프리드먼과 마르크스의 입장 비교 　　　　정답 ③

문제 분석 갑은 프리드먼, 을은 마르크스입니다. 프리드먼은 기업가가 자유롭게 이윤을 추구할 수 있어야 한다고 보았고, 마르크스는 자본가를 노동자를 착취하고 억압하는 계급이라고 보았습니다.

정답 찾기 ㄴ. 프리드먼은 기업 경영자들에게 주주의 이익에 봉사하는 것을 넘어서는 사회적 책임을 요구해서는 안 된다고 주장하였습니다. ㄹ. 마르크스는 노동자 계급의 혁명을 통해 모두가 경제적으로 해방된 평등

한 사회를 만들어야 한다고 보았습니다.

오답 피하기 ㄱ. 프리드먼은 기업이 이윤을 추구할 사회적 책임이 있다고 보았습니다. ㄷ. 마르크스는 자본가와 노동자가 상호 연대할 수 있다고 보지 않았습니다. 두 계급은 대립 관계에 있다고 보았기 때문입니다.

119 프리드먼의 입장 이해 　　　　정답 ①

문제 분석 칼럼의 '어느 서양 사상가'는 프리드먼입니다. 프리드먼은 기업 경영자들은 주주의 이익을 최대화하기 위해 노력해야 한다고 보았습니다.

정답 찾기 ① 프리드먼은 기업의 사회적 책임은 기업의 이윤을 늘리는 활동을 하는 것, 오직 한 가지뿐이라고 주장하였습니다.

오답 피하기 ② 프리드먼은 이윤을 추구하는 것이 기업의 사회적 책임이라고 보았습니다. ③ 애로우의 입장입니다. ④ 프리드먼은 기업에 이윤 추구 이외의 활동을 강요하는 것은 자유 시장 경제의 틀을 깨뜨리는 것이라고 비판하였습니다. ⑤ 프리드먼은 이윤을 주주와 노동자들에게 균등하게 분배해야 한다고 주장하지 않았습니다.

120 프리드먼과 보겔의 입장 비교 　　　　정답 ③

문제 분석 갑은 프리드먼, 을은 보겔입니다. 프리드먼은 기업은 이윤 극대화를 위한 활동에만 매진해야 한다고 보았고, 보겔은 기업이 이윤 추구뿐만 아니라 사회 발전에 기여하는 다양한 활동을 해야 한다고 보았습니다.

정답 찾기 X. 보겔과 같이 기업의 사회적 책임을 강조하는 사람들은 기업이 사회에 존속 기반을 갖고 있으며 사회와 관계를 맺고 생존하는 공적인 존재라고 봅니다. 따라서 갑에 비해 을의 입장이 상대적으로 높습니다. Y. 프리드먼은 기업의 유일한 사회적 책임이 이윤 극대화에 있다고 보았습니다. 따라서 갑에 비해 을의 입장이 상대적으로 낮습니다. Z. 보겔은 기업이 장기적 이익을 위해서라도 사회 공익을 위한 다양한 활동을 해야 한다고 보았습니다. 따라서 갑에 비해 을의 입장이 상대적으로 높습니다. 그러므로 갑의 입장에 비해 을의 입장이 갖는 상대적 특징은 ⓒ입니다.

121 공직자의 윤리 이해 　　　　정답 ①

고난도 평가원 기출					💣 함정
❶	②	③	④	⑤	
51%	12%	7%	6%	23%	

다음 신문 칼럼의 입장에서 볼 때, ㉠에 대한 설명으로 적절하지 않은 것은?

> 제○○호　　　　○○신문　　　　○○○○년 ○월 ○일
>
> 고위 공직자들은 법률 제도와 별도로 권한에 상응하는 책무 의식을 스스로 내면화해야 한다. 귀족의 책무를 뜻하는 노블레스 ㉠ 오블리주은/는 서양의 전통에서 유래하였지만 고위 공직을 담당한 지도자에게 여전히 요청되는 덕목이다. 이 덕목은 더 강한 책임 의식, 더 높은 도덕성, 더 많은 희생을 요구한다. 이 덕목의 실현으로 사회 구성원 상호간의 신뢰와 연대는 강화되고 준법과 참여가 원활해진다. 나아가 국가가 내우외환에 봉착할 경우 구성원 모두 위기 극복을 위한 공동의 노력에 기꺼이 나서게 된다. …(후략)…

① 공직자의 권한 남용과 부패 방지를 위한 법적 규제를 의미한다. ×
② 시민들의 자율적 질서 유지와 사회 계층 간 화합에 기여한다. ○
③ 정치권력의 사익 추구를 방지하여 국가 전반의 청렴성을 고양한다. ○
④ 전통 사회와 현대 사회 모두에 공통으로 강조되어야 하는 덕목이다. ○
⑤ 국가가 위기를 맞을 경우 일반 시민들의 솔선과 협력을 유도한다. ○

함정 피하기

⑤를 골랐다면 '노블레스 오블리주' 개념에 대한 이해가 부족하기 때문입니다. 노블레스 오블리주는 높은 사회적 신분에 상응하는 도덕적 의무를 말하는 개념으로, 사회 지도층의 솔선수범을 의미합니다. 사회 지도층의 솔선수범은 국가가 위기를 맞았을 때, 일반 시민들의 솔선과 협력을 유도할 수 있습니다.

122 플라톤과 정약용의 공직자 윤리 비교 정답 ⑤

문제 분석 갑은 플라톤, 을은 정약용입니다. 플라톤은 공직자가 정의로운 국가를 만드는 데 전념해야 한다고 보았으며, 정약용은 공직자가 자신의 삶보다는 백성의 삶을 살피는 데 힘써야 한다고 보았습니다.
정답 찾기 ⑤ 플라톤은 수호자 계급은 공동생활을 통해 검소하게 살아야 하며 사유 재산을 가져서는 안 된다고 보았으며, 정약용도 목민관이 청렴하고 검소하게 살아야 한다고 보았습니다.
오답 피하기 ① 플라톤과 정약용은 모두 공직자가 부를 추구하기보다 검약을 실천할 것을 강조하였습니다. ② 플라톤과 정약용은 모두 연고주의를 바탕으로 인재를 등용할 것을 주장하지 않았습니다. ③ 플라톤과 정약용은 업무의 효율성을 민생보다 중시하지 않았습니다. ④ 플라톤과 정약용은 모두 사회 성원들이 정책 결정에 참여해야 한다고 주장하지 않았습니다.

123 부패 방지에 대한 이해 정답 ②

문제 분석 그림의 강연자는 부패 방지를 위해서는 투명성을 증대시키는 사회적 자본의 형성이 필요하다고 보는 입장입니다.
정답 찾기 ② 그림의 강연자는 사회 갈등이 차단되어야 사회적 자본이 형성된다고 보지 않았습니다. 강연자는 사회적 자본이 축적되면 시민 결사체들을 통해 의견 대립을 긍정적으로 승화시킬 수 있다고 보았습니다.
오답 피하기 ① 그림의 강연자는 도덕적 자원들로 구성되는 사회적 자본이 청렴과 연대를 강화시킬 수 있다고 봅니다. ③ 그림의 강연자는 공공 문제에 대한 시민의 참여가 높아지면 부패가 감소하여 사회 제도 개혁이 용이해진다고 봅니다. ④ 그림의 강연자는 사회적 자본이 축적되면 공공 문제에 대한 협력이 증진되고 생산성이 증가하여 정치적이고 경제적인 효율성이 높아진다고 봅니다. ⑤ 그림의 강연자는 법적 제재보다 정직성과 투명성을 정착시키는 신뢰, 규범, 관용 등 도덕적 자원들로 구성된 사회적 자본이 필수적이라고 봅니다.

124 정약용의 공직자 윤리 이해 정답 ⑤

문제 분석 제시문은 정약용의 주장입니다. 정약용은 청렴이 목민관의 본분이요 모든 선의 근원이자 모든 덕의 근본이라고 보았습니다.

정답 찾기 ⑤ 정약용은 목민관이 백성을 사랑하고 공익을 위해 힘쓰기 위해서는 청렴해야 한다고 보았습니다.
오답 피하기 ① 정약용은 청렴을 모든 과오의 면책 근거라고 보지 않았습니다. ② 정약용은 청백리가 되는 것이 관직 상승을 위한 것이라고 보지 않았습니다. ③ 정약용은 포부가 크고 지혜로운 사람은 청렴한 관리가 되려고 한다고 보았습니다. ④ 정약용은 누가 보지 않는다고 해도 사사로운 청탁을 해서는 안 된다고 보았습니다.

125 정약용의 입장 이해 정답 ⑤

문제 분석 제시문은 모두 정약용의 주장입니다. 정약용은 포부가 큰 사람이라면 재물보다 청렴한 관리가 되려는 포부를 가져야 한다고 주장하였습니다.
정답 찾기 ⑤ 정약용은 공직자가 백성을 위한 정치를 해야 한다고 보았지만, 백성이 공직자를 직접 선출해야 한다고 주장하지 않았습니다.
오답 피하기 ① 정약용은 공직 수행을 잘 하려면 반드시 자애로워야 한다고 주장하였습니다. ② 정약용은 공직자는 사익보다 공익을 우선하고 공적인 일에 정성을 다해야 한다고 보았습니다. ③ 정약용은 공직자는 무엇보다 청렴을 근본으로 삼아야 한다고 보았습니다. ④ 정약용은 공직자는 백성과 더불어 즐거움을 나누는 정치, 백성과 함께하는 정치를 해야 한다고 보았습니다.

126 공자와 플라톤의 입장 비교 정답 ①

문제 분석 갑은 공자, 을은 플라톤입니다. 공자는 통치의 핵심이 정명에 있다고 보았으며, 플라톤은 철학과 정치 권력이 결합되어야 한다고 보았습니다.
정답 찾기 ㄱ. 공자는 통치자의 일차적 과제가 정명(正名)에 있다고 보았습니다. 정명은 명분을 바로잡아 구성원 각자가 자신의 지위에 따른 역할을 다하도록 하는 것을 말합니다. ㄴ. 플라톤은 통치자가 올바른 국가를 만드는 데 전념하기 위해 사유 재산을 가져서는 안 된다고 주장하였습니다.
오답 피하기 ㄷ. 공자는 통치자가 재화의 적음보다 고르게 분배되지 못함을 걱정해야 한다고 주장하였습니다. ㄹ. 플라톤은 구성원의 뜻에 따른 정치를 하게 되면 중우 정치에 빠지게 된다고 주장하였습니다.

127 정약용과 플라톤의 입장 비교 정답 ⑤

문제 분석 갑은 정약용, 을은 플라톤입니다. 정약용은 목민관이 자애롭고 청렴해야 한다고 보았으며, 플라톤은 통치자가 나라를 통치해야 한다고 보았습니다.
정답 찾기 ⑤ 정약용은 통치자가 사익보다 공익을 추구해야 한다고 보았으며, 플라톤은 통치자가 공적인 것에 헌신하기 위해 사적인 것을 갖지 말아야 한다고 보았습니다. 플라톤은 통치자가 사유재산을 가져서는 안 되며 자식과 배우자도 공유해야 한다고 주장하였습니다.
오답 피하기 ① 정약용은 나라와 백성을 생각하는 관리는 재물과 같이 작은 것이 아니라 청렴과 같이 큰 것을 탐해야 한다고 주장하였습니다. ② 정약용은 공직자는 공사를 엄격하게 분별하고 공정하게 공무를 수행해야 한다고 주장하였습니다. ③ 플라톤은 선의 이데아에 대한 인식과 인격을 겸비한 철학자가 통치자가 되고, 모든 계급이 각자 역할을 수행하며 전체적으로 조화를 이루는 국가를 만들 때 정의가 실현된다고 보았습니다. ④ 플라톤은 통치자가 되려면 지혜의 덕을 갖추어야 한다고 주장하였습니다.

128 정약용과 맹자의 입장 비교 정답 ②

문제 분석 갑은 정약용, 을은 맹자입니다. 정약용과 맹자는 모두 애민(愛民)과 위민(爲民)을 강조하였습니다.
정답 찾기 ② 정약용과 맹자는 민본주의의 입장에서 통치자가 백성을 자애롭게 여기고 백성을 위한 정치를 해야 한다고 주장하였습니다.

09강 사회 윤리와 분배 정의

핵심 개념 CHECK!

▸본문 078쪽

01 ○	02 ○	03 ×	04 ×	05 ○	06 ○	07 ×	08 ○
09 ○	10 ×	11 ○	12 ○	13 ×	14 ×	15 ○	16 ○
17 ○	18 ○	19 ×	20 ×	21 ○	22 ○	23 ○	24 ×
25 ○	26 ○	27 ○	28 ×	29 ○	30 ○	31 ○	32 ×
33 ○	34 ○	35 ○					

○|× 문장 바로 알기

01 개인 윤리는 개인의 양심이나 윤리 의식 등 개인의 도덕성에 중점을 둔다.

02 사회 윤리는 개인의 도덕성보다 사회 구조나 제도에서 사회 문제의 원인과 해결책을 찾는다.

03 니부어는 ~~개인 윤리적~~ 관점에서 사회 구조나 제도의 도덕성 실현을 모색하였다.
사회 윤리적

04 니부어는 "~~비도덕적 인간과 도덕적 사회~~"라는 저술을 통해 개인과 사회 문제를 탐구하였다.
도덕적 인간과 비도덕적 사회"라는

05 니부어는 개인적으로는 도덕적인 사람도 자신이 속한 집단의 이익을 위해서는 비도덕적으로 행동한다고 보았다.

06 니부어는 사회의 정의 실현을 위해서는 외적 강제력이 필요하다고 보았다.

07 니부어는 사회 정의를 실현하기 위한 정치적인 방법은 개인의 도덕성에 대해 ~~배타적이라고 보았다.~~
배타적이지 않다고 보았다.

08 아리스토텔레스는 정의를 일반적 정의와 특수적 정의로 구분하였다.

09 아리스토텔레스는 권력이나 명예, 재화 등은 각자의 가치에 비례하여 분배해야 한다고 보았다.

10 아리스토텔레스는 타인에게 해를 끼치면 ~~그보다 더 많이~~ 보상해야 한다고 보았다.
그만큼

11 분배의 기준은 절대적 평등, 업적, 능력, 필요 등 다양하게 제시될 수 있다.

12 절대적 평등에 따른 분배는 기회와 혜택을 균등하게 배분하게 된다.

13 ~~필요에~~ 따른 분배는 생산성을 높게 하고 노동의 동기를 부여한다는 장점이 있다.
업적에

14 ~~능력에~~ 따른 분배는 사회적 약자를 보호해야 한다는 도덕의식에 부합한다.
필요에

15 업적에 따른 분배는 과열 경쟁을 부추기고 사회적 약자를 배려하기 어렵다는 단점이 있다.

16 절차적 정의는 절차나 과정이 공정하면 그로 인한 결과도 공정하다고 간주한다.

17 롤스는 공정한 절차를 강조한 공정으로서의 정의를 제시하였다.

18 롤스는 정의의 원칙이 원초적 상황에서 합의를 통해 도출된다고 보았다.

19 원초적 상황은 사람들이 무지의 베일을 쓰고 있어 ~~개인에 대한 정보와 일반적 사실을~~ 모르는 상황이다.
개인에 대한 정보를

20 롤스는 정의의 제1원칙으로 ~~기회균등의 원칙을~~ 제시하였다.
평등한 자유의 원칙을

21 롤스는 정의의 제1원칙이 제2원칙보다 우선한다고 보았다.

22 롤스는 사회적·경제적 불평등이 있어도 정의로운 사회가 될 수 있다고 보았다.

23 노직은 자유 지상주의의 입장에서 소유 권리로서의 정의를 제시하였다.

24 노직은 천부적 자질을 ~~사회의 공유 자산으로~~ 보았다.
개인의 소유로

25 노직은 취득과 양도의 과정이 정의로우면 그로 인한 분배 상태는 정의롭다고 보았다.

26 노직은 국가의 재분배 정책은 개인의 소유 권리를 침해한다고 보았다.

27 노직은 개인의 소유 권리를 보장하는 최소 국가를 바람직한 국가로 보았다.

28 마르크스는 ~~자본주의~~ 사회에서 필요에 따른 분배가 실현될 수 있다고 보았다.
공산

29 마르크스는 능력에 따라 일하고 필요에 따라 분배받는 사회를 추구하였다.

30 공리주의는 사회적 효용의 극대화를 지향하는 분배를 정의롭다고 본다.

31 왈처는 사회적으로 유용한 가치들을 분배할 때에는 가치의 성격에 따라 각각 다른 기준을 적용해야 한다고 보았다.

32 ~~마르크스와 롤스는 모두~~ 사적 소유권은 인간의 기본적인 권리로 승인될 수 없다고 본다.

33 노직과 롤스는 모두 분배 절차가 정당하다면 그 결과도 정당하다고 본다.

34 노직은 정당한 자기 노동의 산물에 대해서는 소유 권리를 지닌다고 본다.

35 롤스와 노직은 모두 정의로운 사회 실현을 위한 국가의 역할을 인정한다.

---

129 ⑤	130 ⑤	131 ④	132 ④	133 ⑤	134 ⑤
135 ①	136 ②	137 ①	138 ③	139 ④	140 ⑤
141 ④	142 ①	143 ③			

129 니부어의 입장 이해 정답 ⑤

고난도 평가원 기출

①	②	③ 함정	④	❺
2%	6%	39%	4%	49%

눈으로 보는 해설

┌ 니부어
다음 사상가의 입장만을 〈보기〉에서 있는 대로 고른 것은?

집단은 개인과 비교할 때 충동을 억제할 수 있는 이성과 자기 극복 능력, 그리고 다른 사람들의 욕구를 수용하는 능력이 훨씬 결여되어 있다. 그리하여 개인 간의 관계에 나타나는 것보다 심한 비도덕성이 집단 간의 관계에 나타난다. 따라서 집단 간의 평등과 사회 정의는 투쟁에 의해 실현될 수 있다.

보기 ┌ '국가'라는 집단에 대한 충성
ㄱ. 애국심은 개인의 이타심을 국가 이기주의로 전환시킨다. ○
ㄴ. 개인 간의 도덕적 관계 수립은 설득과 조정으로는 ~~불가능하다.~~ ×
ㄷ. 최소한의 강제력으로 정의를 실현하는 것이 합리적이다. ○
ㄹ. 개인은 타인의 이익을 존중할 수 있는 도덕성을 갖고 있다. ○

① ㄱ, ㄴ ② ㄴ, ㄷ ③ ㄷ, ㄹ
④ ㄱ, ㄴ, ㄹ ⑤ ㄱ, ㄷ, ㄹ

문제 분석 제시문은 니부어의 주장입니다. 니부어는 집단의 도덕성은 개인의 도덕성에 비해 현저하게 떨어진다고 보았습니다.

정답 찾기 ㄱ. 니부어에 따르면 개인의 이타심이 애국심과 결합하면 국가 이기주의로 전환됩니다. ㄷ. 니부어는 강제력을 사용하더라도 최소한으로 사용하는 것이 바람직하다고 보았습니다. ㄹ. 니부어는 개인은 다른 사람을 더 존중할 수 있는 능력이 있어 도덕적이라고 주장하였습니다.

오답 피하기 ㄴ. 니부어는 개인들 간의 도덕 관계는 설득과 조정으로 수립할 수 있다고 보았습니다.

함정 피하기

③을 골랐다면 니부어의 국가관에 대한 정확한 이해가 부족했기 때문입니다. 니부어는 애국심을 국가라는 집단에 대한 충성을 강조하여, 개인이 갖는 이타심보다 집단에 대한 이기심으로 강화되어 국가 이기주의로 전환된다고 보았습니다.

130 벤담과 니부어의 입장 비교 정답 ⑤

문제 분석 갑은 벤담, 을은 니부어입니다. 벤담은 개인의 행위는 물론이고 정부의 정책을 결정할 때에도 공리의 원리에 따라야 한다고 주장하였습니다. 니부어는 개인의 도덕적 이상과 사회의 도덕적 이상은 다르다고 보았습니다.

정답 찾기 ⑤ 벤담은 사회적 차원에서 최대 다수의 최대 행복을 실현하기 위한 법률적 제재가 필요하다고 보았으며, 니부어는 사회 정의 실현을 위해 정치적 강제력이 필요하다고 보았습니다.

오답 피하기 ① 벤담은 결과론의 입장에서 행위의 결과를 바탕으로 행위의 도덕성을 판단해야 한다고 보았습니다. ② 니부어는 개인의 도덕적 이상은 이타성, 사회의 도덕적 이상은 정의라고 보았습니다. ③ 니부어의 입장입니다. 니부어는 사회의 도덕성은 개인의 도덕성에 비해 현저하게 떨어진다고 주장하였습니다. ④ 벤담의 입장입니다.

131 니부어의 사회 윤리　　　　정답 ④

고난도 평가원 기출				
①	②	③ 함정	❹	⑤
1%	0%	56%	37%	4%

🔍 눈으로 보는 해설

니부어

다음 사상가의 입장에서 〈문제 상황〉 속 A에게 해 줄 수 있는 적절한 조언만을 〈보기〉에서 있는 대로 고른 것은?

인간은 완전히 이성적일 수는 없다. 우리가 개인 생활에서 집단 생활로 진행해 갈 경우, 충동을 제어할 수 있는 이성의 비중은 점점 줄어든다. 왜냐하면 집단 간의 공동의 지성은 항상 불완전하고 일시적이며, 집단은 그것을 맹목적이게 만드는 충동에 의지해 있기 때문이다.

〈문제 상황〉

A는 현대 사회에서 집단 이기주의가 만연하고 집단 간 갈등이 고조되고 있다는 사실을 알게 되었다. 그래서 A는 이런 문제의 발생 원인과 그 해결 방안에 대해 고민하고 있다.

[보기]
ㄱ. 선의지의 통제를 받는 비합리적 수단의 필요성을 깨달으렴. ○
ㄴ. 사회 갈등이 집단 간 권력 불균형에 의해 지속됨을 깨달으렴. ○
ㄷ. 집단이 커질수록 도덕적 목적 실현이 수월해짐을 깨달으렴. ×
ㄹ. 도덕적 설득과 정치적 강제력이 병행되어야 함을 깨달으렴. ○

① ㄱ, ㄷ　　② ㄴ, ㄷ　　③ ㄴ, ㄹ
④ ㄱ, ㄴ, ㄹ　　⑤ ㄱ, ㄷ, ㄹ

문제 분석 제시문은 '개인에서 집단으로 진행해 갈 경우 충동을 제어할 수 있는 이성의 비중은 점점 줄어든다.'고 주장하고 있으므로 개인보다 집단의 도덕성이 떨어진다고 본 사회 윤리 사상가인 니부어의 입장입니다.

정답 찾기 ㄱ, ㄹ. 니부어는 집단 이기주의 문제를 해결하기 위해서는 선의지의 통제를 받는 비합리적 수단, 즉 개인의 양심과 도덕적 성품 함양 등과 같은 개인 윤리적 측면과 함께 강제성을 띤 사회 제도 및 정책의 개선 등 사회 윤리적 측면의 노력이 동시에 필요함을 강조하였습니다. ㄴ. 니부어에 의하면, 집단은 충동적이고 이기적으로 자신의 집단만의 이익을 추구하게 되는데 각 집단 간 힘의 불균형으로 인해 사회 갈등이 발생하는 것입니다.

오답 피하기 ㄷ. 집단이 커질수록 맹목적 충동 또한 커지므로 도덕적 목적 실현은 더 어려워질 것입니다.

💣 함정 피하기

ㄱ을 고르지 않았다면, 니부어의 사회 윤리에 대한 정확한 이해가 부족하기 때문입니다. 니부어는 선의지와 같은 도덕성만으로는 정의가 실현될 수 없다고 보았고, 사회 구조를 개선하기 위해서는 강제력의 동원이 필요하다고 보았습니다. 다만, 이러한 강제력의 동원은 선의지의 통제를 받아야 한다고 단서를 붙였습니다.

132 개인 윤리와 사회 윤리의 관점 비교　　　　정답 ④

문제 분석 가상 편지를 쓴 사상가는 사회 윤리적 관점을 지닌 니부어이고, '선생님'은 개인 윤리의 관점을 지닌 사람입니다.

정답 찾기 ㄱ. 니부어는 집단 간의 관계는 집단 간의 힘의 비율에 따라 결정된다고 보았습니다. ㄴ. 니부어는 정의 실현을 위해서는 비합리적인 수

단이 필요하며, 비합리적인 수단은 선의지의 통제를 받아야 한다고 주장하였습니다. ㄹ. 니부어는 사회적 협력으로 사회적 분쟁이 모두 해결된다고 보지 않았습니다.

오답 피하기 ㄷ. 니부어는 사회 정의를 실현하기 위해서는 강제력과 같은 사회적 억제와 힘이 필요하다고 보았습니다.

133 니부어의 입장 이해　　　　정답 ⑤

문제 분석 제시문은 니부어의 주장입니다. 니부어는 개인으로서의 인간은 도덕적일 수 있지만 집단은 집단적 충동으로 인해 도덕적으로 행위하기 어렵다고 보았습니다.

정답 찾기 ⑤ 니부어는 사회 집단은 자연적 충동을 억제할 만큼 강력한 합리적 사회 세력을 만드는 것이 쉽지 않다고 보았습니다. 사회 집단은 충동을 견제하고 극복할 의지가 약하다고 보았기 때문입니다.

오답 피하기 ① 니부어는 집단 생활에서 충동을 억제할 수 있는 이성의 비중은 점점 줄어든다고 보았습니다. 집단 간의 공동의 지성은 항상 불완전하고 일시적이며, 집단은 그것을 맹목적이게 만드는 충동에 의지해 있다고 보았기 때문입니다. ② 니부어는 집단들 간의 관계는 도덕적이고 합리적인 판단이 아니라 각 집단이 가지고 있는 힘의 비율에 따라 형성된다고 보았습니다. ③ 니부어는 사회의 요구와 개인적 양심의 요청 사이에는 화합하기 힘든 지속적인 모순과 갈등이 존재한다고 보았습니다. ④ 니부어는 사회와 개인이 지향하는 도덕적 이상은 다르지만 양자 사이의 모순은 절대적이지 않다고 보았습니다.

134 니부어의 입장 이해　　　　정답 ⑤

문제 분석 (가)는 니부어의 주장입니다. 니부어는 개인의 도덕적 이상은 이타성, 사회의 도덕적 이상은 정의라고 보았습니다.

정답 찾기 ㄴ. 니부어는 사회와 개인이 지향하는 최고의 도덕적 이상은 서로 다르지만 양자 사이의 모순은 절대적이지 않다고 주장하였습니다.
ㄷ. 니부어는 집단의 경우 이기적 충동에 비해 합리성이나 선의지의 비중이 줄어들기 때문에 이기적 충동에 대항할 수 있는 사회적 억제력이 반드시 필요하다고 주장하였습니다. ㄹ. 니부어는 개인적으로 도덕적인 사람도 사회 내 어느 집단에 속하게 되면 그 집단에 맹목적으로 충성하기 쉽다고 주장하였습니다.

오답 피하기 ㄱ. 니부어는 집단 간의 공동의 지성은 항상 불완전하고 일시적이라고 주장하였습니다.

135 개인 윤리와 사회 윤리의 입장 비교　　　　정답 ①

문제 분석 갑은 개인 윤리의 입장이고, 을은 니부어로 사회 윤리의 입장입니다. 니부어는 사회 문제를 해결하기 위해서는 도덕적 방법과 정치적 방법이 병행되어야 한다고 보았습니다.

정답 찾기 ㄱ. 갑은 지성과 선의지의 확충으로 사회 문제가 해결될 수 있다고 보는 입장입니다. ㄴ. 니부어는 정의 실현을 위해서는 이기심, 반항, 강제력, 원한 등과 같은 방법도 사용할 수 있다고 주장하였습니다.

오답 피하기 ㄷ. 니부어는 도덕적인 인간들도 사회의 구성원이 되면 이기적으로 행동하기 쉽다고 보았습니다. ㄹ. 니부어는 이타심과 같은 개인의 도덕성도 정의 사회 실현에 기여하는 바가 있다고 보았습니다. 그는 정의 달성을 위한 비합리적인 수단이 도덕적 선의지의 통제를 받지 못하면 위험할 수 있다고 보았습니다.

136 니부어와 홉스의 입장 비교　　　　정답 ②

문제 분석 (가)의 갑은 니부어, 을은 홉스입니다. 니부어는 사회 윤리적 관점에서 개인과 집단의 특징을 파악하였고, 홉스는 사회 계약론의 관점에서 개인과 국가의 관계를 탐구하였습니다.

정답 찾기 ㄱ. 니부어, 홉스는 모두 사회 문제를 해결하고 정의로운 사회

오답 피하기 ㄴ. 니부어는 도덕적인 개인들로 이루어진 사회라도 집단은 이기적 충동에 의해 지배되므로 비도덕적으로 행위 한다고 보았습니다. ㄷ. 홉스가 긍정의 대답을 할 질문이다. 홉스는 국가 권력이 절대적이지 않으면 질서를 유지하고 구성원들의 생명과 안전을 보장하기 어렵다고 보았습니다.

함정 피하기

ㄹ을 골랐다면 노직의 분배 정의론에 대한 이해가 부족하기 때문입니다. 노직은 재화의 취득과 이전의 절차나 과정이 정당하면 그 과정을 통해 얻은 소유물에 관해서는 개인이 절대적 소유 권리를 가진다고 보았습니다. 따라서 자유롭게 이전된 소유물이라 하더라도 이전의 과정에서 부정의가 발생하였다면 교정 대상이라고 볼 수 있습니다.

---

137 마르크스, 롤스, 노직의 정의관 비교 정답 ①

고난도 평가원 기출				
❶	②	③	④ 함정	⑤
58%	7%	7%	20%	7%

눈으로 보는 해설

⑺의 사상가 갑, 을, 병의 입장을 ⑻ 그림으로 탐구할 때, A~D에 해당하는 적절한 질문만을 〈보기〉에서 있는 대로 고른 것은?

(가)
갑 : 공산 사회가 도래하면 지배 계급의 이익을 대변하던 국가와 계급 착취의 역사는 끝나고 인간의 자유로운 연합체가 성립된다. → 마르크스
을 : 재산 소유 민주주의는 시장 체계를 구비하고 있으면서 평등한 기본적 자유와 공정한 기회 균등을 이유로 자본 소유의 분산을 시도한다. → 롤스
병 : 최소 국가는 도덕적으로 용인될 수 있는 방법에 의해 발생하며, 자연 상태에서 개인이 갖고 있던 그 어떤 권리도 침해하지 않는다. → 노직

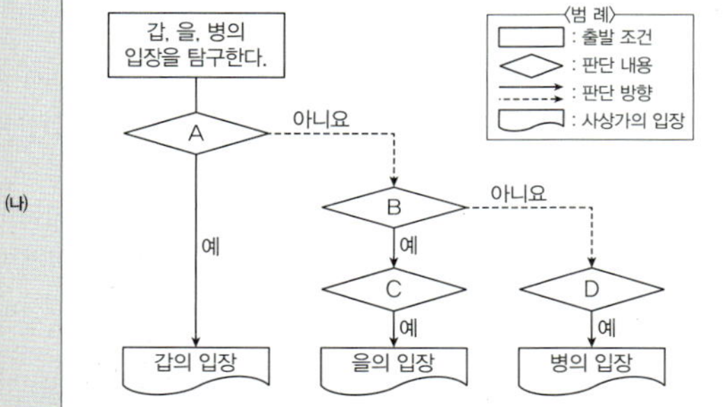

보기
ㄱ. A : 능력에 따른 생산, 필요에 따른 분배를 지향해야 하는가? ○
ㄴ. B : 사유 재산의 불평등은 모두의 이익을 보장해야만 정당한가? ○
ㄷ. C : 무지의 베일 속의 사람은 ~~자기~~ 타인의 이익에 대해 무지하고 무관심한가? ×
ㄹ. D : 자유롭게 이전된 소유물은 ~~모두~~ 교정 대상에서 제외되는가? ×
→ 이전의 과정에서 부정의가 있을 경우 교정 대상임

① ㄱ, ㄴ ② ㄱ, ㄷ ③ ㄷ, ㄹ
④ ㄱ, ㄴ, ㄹ ⑤ ㄴ, ㄷ, ㄹ

문제 분석 (가)의 갑은 마르크스, 을은 롤스, 병은 노직입니다. 마르크스는 공산 사회에서, 롤스는 재산 소유 민주주의에서, 노직은 최소 국가에서 분배 정의가 실현될 것이라고 보았습니다.

정답 찾기 ㄱ. 마르크스가 추구하는 공산 사회는 능력에 따라 일하고 필요에 따라 분배받는 사회입니다. 롤스와 노직은 부정의 대답을 할 질문입니다. ㄴ. 롤스는 부와 소득은 모두에게 이익이 되도록 분배되어야 하며 그럴 경우 경제적 불평등은 정당화된다고 주장하였습니다.

오답 피하기 ㄷ. 롤스에 따르면 원초적 상황에서 무지의 베일을 쓴 사람은 다른 사람의 이익에는 무관심하고 자기 자신의 이익을 합리적으로 추구하고자 합니다. ㄹ. 노직에 따르면 자유롭게 이전된 소유물이라도 이전의 과정에 부정의가 있었다면 교정의 대상이 됩니다.

---

138 노직, 롤스, 아리스토텔레스의 정의관 비교 정답 ③

고난도 평가원 기출				
①	②	❸	④	⑤ 함정
5%	7%	25%	10%	53%

눈으로 보는 해설

⑺의 사상가 갑, 을, 병의 입장을 ⑻ 그림으로 탐구할 때, A~D에 해당하는 적절한 질문만을 〈보기〉에서 있는 대로 고른 것은?

(가)
갑 : 정의는 자신이 선택하는 바에 따라 소유권이 행사되는 것이다. 취득과 이전에서의 정의의 원칙을 따라 소유물을 취득한 자는 그것에 대한 소유권이 있다. → 노직
을 : 정의의 원칙은 원초적 상황에서 합의로 도출된다. 정의로운 사회에서는 시민들에게 공통된 정의감이 존재하며 시민적 유대와 체제의 안정성이 보장된다. → 롤스
병 : 정의는 동등한 사람에게 동등한 몫을 분배하는 것이다. 분배에서의 옳음은 일종의 비례인데 그것은 비율과 비율의 균등성을 의미한다. → 아리스토텔레스

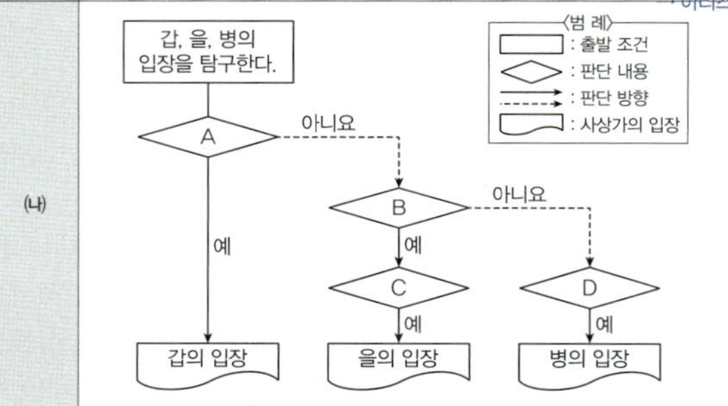

보기
교정의 원리에 의해서도 가능
ㄱ. A : 재화는 개인의 자유로운 선택에 ~~의해서만~~ 이전되는가? ×
ㄴ. B : ~~정의로운 사회의 시민은~~ 원초적 상황의 당사자들 타인의 처지와 이익에 무관심한가? ×
ㄷ. C : 공정한 기회균등 원칙은 경제적 불평등을 허용하는가? ○
ㄹ. D : 분배와 교환의 정의는 모두 비례의 동등함을 따라야 하는가? ○

① ㄱ, ㄴ ② ㄴ, ㄹ ③ ㄷ, ㄹ
④ ㄱ, ㄴ, ㄷ ⑤ ㄱ, ㄷ, ㄹ

문제 분석 (가)의 갑은 노직, 을은 롤스, 병은 아리스토텔레스입니다. 노직은 소유 권리로서의 정의를, 롤스는 공정으로서의 정의를 주장하였습니다. 아리스토텔레스는 분배 정의를 특수적 정의의 하나로 보았습니다.

정답 찾기 ㄷ. 롤스는 기회균등의 원칙에 따라 불평등의 계기가 되는 직책이나 지위가 모두에게 개방된다면 경제적 불평등이 허용될 수 있다고 보았습니다. ㄹ. 아리스토텔레스는 분배적 정의, 시정적 정의, 교환적 정의 모두 비례의 동등함을 따라야 한다고 주장하였습니다.

오답 피하기 ㄱ. 노직에 따르면 교정의 원리에 의해서도 재화가 이전될 수 있습니다. ㄴ. 롤스는 정의로운 사회에서 시민들이 다른 사람의 처지에 무관심하다고 보지 않았습니다. 타인의 처지와 이익에 무관심한 것은 원초적 상황의 당사자들입니다.

ㄱ을 골랐다면 노직의 입장에 대한 이해가 부족하기 때문입니다. 노직은 재화의 취득과 이전에서 부정의가 발생하였다면 교정의 대상이라고 보았으며, 이러한 교정의 원리에 의해서도 재화는 이전될 수 있습니다.

139 노직의 입장 이해   정답 ④

고난도 평가원 기출

①	②	③	❹	⑤ 함정
4%	2%	17%	44%	30%

눈으로 보는 해설

(가)를 주장한 사상가가 (나)의 상황 S₁~S₄에 대해 제시할 주장으로 옳지 <u>않은</u> 것은?

(가)	차등의 원칙은 '그의 ~에 따라서 각자에게'라는 구절을 완성하려는 정형(定型)적인 정의의 원칙이다. 그런데 고정된 정형적 원칙은 개인의 선택의 자유를 침해할 수밖에 없다. 따라서 비정형적인 정의의 원칙에 입각한 소유 권리론만이 개인의 자유를 침해하지 않는다. → 노직
(나)	S₁ : 갑은 정당한 노동으로 재화 g를 취득했다. ⇩ S₂ : 을은 갑에게서 g를 자유롭게 양도받았다. ⇩ S₃ : 병은 을에게서 g를 강제적으로 빼앗았다. ← 부정의 발생 ⇩ S₄ : 정은 병에게서 g를 자유롭게 양도받았다. ← 교정의 대상

*화살표(⇩)는 상황(S)의 경과를 나타낸다.

① S₁에서 갑은 g에 대한 소유 권리를 지닌다. ○
② S₁이 정의로운 분배 상황이라면 S₂도 그렇다. ○
③ S₃에서 을은 g에 대한 소유 권리를 지닌다. ○
④ S₄는 S₃과 달리 정의로운 분배 상황이다. ×
⑤ S₄에서 정은 g에 대한 소유 권리가 없다. ○

문제 분석 (가)는 노직의 주장입니다. 노직은 과정적 원리를 정의의 원리로 보았으며, 차등의 원칙과 같은 정형적 원칙에 따른 분배는 개인의 소유 권리를 침해하게 된다고 보았습니다.

정답 찾기 ④ 을에게서 강제로 뺏은 g를 정이 양도받았으므로 S4는 정의로운 분배 상황이 아닙니다.

오답 피하기 ① 갑은 정당한 노동으로 g를 취득했으므로 g에 대한 정당한 소유 권리를 지닙니다. ② 정당한 노동으로 g를 취득한 갑이 을에게 그것을 자발적으로 양도했으므로 S2는 정의로운 분배 상황입니다. ③ 병이 을에게서 g를 강제로 빼앗았기 때문에 g에 대한 소유 권리는 여전히 을에게 있습니다. ⑤ 병이 g를 자발적으로 정에게 양도했지만 병이 g를 취득하는 과정이 정당하지 못하였으므로 정은 g에 대한 소유 권리가 없습니다.

함정 피하기

⑤를 골랐다면 노직의 분배 정의론에 대한 이해가 부족하기 때문입니다. S4에서 병이 을에게서 g를 강제로 빼앗으면서 부정의가 발생하였고, 교정의 원리에 따라 g는 을에게 다시 이전되어야 하는 상황입니다. 따라서 S3과 S4에서는 부정의가 발생한 상황으로 병과 정은 소유 권리를 갖지 못합니다.

140 분배의 기준에 대한 다양한 입장 비교   정답 ⑤

문제 분석 갑은 절대적 평등을, 을은 업적을, 병은 필요를 공정한 분배의 기준으로 보는 입장입니다.

정답 찾기 ⑤ 필요를 분배 기준으로 보는 병은 업적을 분배 기준으로 할 경우 과열 경쟁을 초래하여 사회적 갈등이 발생한다고 비판할 수 있을 것입니다.

오답 피하기 ① 을이 갑에게 제기할 수 있는 비판입니다. ② 갑은 모두가 똑같이 나누어 가져야 한다는 입장이므로 평가 기준을 마련하는 것이 어렵지 않습니다. ③ 을과 같이 업적을 분배 기준으로 보는 입장에 대해 제기할 수 있는 비판입니다. ④ 필요를 기준으로 할 경우 한계로 지적되는 내용입니다.

141 마르크스, 롤스, 노직의 정의관 비교   정답 ④

문제 분석 갑은 마르크스, 을은 롤스, 병은 노직입니다. 마르크스는 평등의 실현을, 롤스는 자유와 평등의 조화를, 노직은 자유의 보장을 추구하였습니다.

정답 찾기 ㄱ. 마르크스와 롤스가 부정의 대답을 할 질문입니다. 마르크스는 필요에 의한 분배를 주장하였으며, 롤스는 차등의 원칙에 따라 최소 수혜자에게 최대의 이익이 되도록 하는 분배가 이루어져야 한다고 주장하였습니다. ㄴ. 롤스와 노직이 부정의 대답을 할 질문입니다. 롤스와 노직은 모두 절차적 정의의 관점에서 절차나 과정이 정당하면 결과가 어떻게 나오든 그 분배는 정당하다고 보았습니다. ㄹ. 마르크스와 노직이 부정의 대답을 할 질문입니다. 분배의 원리가 포함된 정의의 원칙이 계약을 통해 성립된다고 본 사상가는 롤스입니다.

오답 피하기 ㄷ. 롤스와 노직이 긍정의 대답을 할 것입니다.

142 벤담, 롤스, 노직의 정의관 비교   정답 ①

문제 분석 갑은 벤담, 을은 롤스, 병은 노직입니다. 벤담은 공리주의적 관점에서 분배에 있어서 사회적 효용성을 중시하였고, 롤스와 노직은 공리주의의 원리가 정의의 원리로는 적합하지 않다고 보았습니다.

정답 찾기 ㄱ. 벤담은 결과론의 입장이고, 롤스와 노직은 절차적 정의론의 입장입니다. ㄴ. 롤스는 소득 재분배 정책을 지지하는 입장이고, 노직은 반대하는 입장입니다. 사회적 약자를 배려하는 롤스는 실질적 평등의 실현을 추구하는 입장입니다.

오답 피하기 ㄷ. 롤스는 천부적 자질의 분포 자체를 조정해야 한다고 주장하지 않았습니다. ㄹ. 노직은 분배의 공정성은 과정의 공정함으로 평가해야 한다고 주장하였습니다.

143 롤스와 노직의 정의관 비교   정답 ③

문제 분석 갑은 롤스, 을은 노직입니다. 롤스는 분배와 관련하여 기회 균등의 원칙과 차등의 원칙을 강조하였고, 노직은 취득의 원리와 이전의 원리를 강조하였습니다.

정답 찾기 ③ 노직은 교환이나 증여, 상속 등에서 속임수가 없었다면 그 결과로 발생하는 소유 상태는 정당하다고 보는 입장입니다. 노직의 관점에서 볼 때 관객들은 챔벌린의 활약을 보기 위해 기꺼이 25센트를 내고 입장하였으므로 25만 달러는 모두 챔벌린의 것입니다.

오답 피하기 ① 노직의 입장입니다. ② 롤스는 정의의 원칙이 준수된다면 경제적 불평등도 허용될 수 있다고 보았습니다. ④ 노직에 의하면 천부적 재능은 우연적인 것일지라도 그 사람의 것이므로 천부적 재능으로 인한 소유물도 그 사람의 것입니다. ⑤ 국가의 재분배 정책이 필요하다고 보는 롤스가 25만 달러를 모두 챔벌린의 것이라고 보지는 않을 것입니다. 노직은 분배 절차와 무관하게 별도의 분배 기준을 제시하지 않았습니다.

핵심 개념 CHECK!

▶ 본문 086쪽

01 ○	02 ○	03 ○	04 ×	05 ○	06 ○	07 ×	08 ×
09 ○	10 ×	11 ○	12 ×	13 ○	14 ×	15 ×	16 ○
17 ○	18 ○	19 ×	20 ○	21 ×	22 ○	23 ×	24 ○
25 ○	26 ○	27 ○	28 ×	29 ○	30 ×	31 ○	32 ○
33 ×	34 ○						

○× 문장 바로 알기

01 차별은 성별이나 인종 등을 이유로 사회 구성원을 불평등하게 대우하는 것을 말한다.

02 차별은 평등권이라는 기본적 인권을 침해하는 윤리적 문제가 있다.

03 우대 정책은 차별을 받아 온 사회적 약자에게 혜택을 주는 사회 정책을 말한다.

04 공리주의 논리는 사회적 약자를 배려하면서 사회적 긴장을 완화하고 사회 전체의 평화와 행복을 증진할 수 있다는 입장에서 우대 정책을 ~~반대하는~~ (찬성하는) 논거이다.

05 재분배의 논리는 사회적 약자에게 경제적 부나 사회적 지위를 얻을 수 있는 유리한 기회를 부여할 필요가 있다는 것으로 우대 정책을 찬성하는 논거이다.

06 보상의 논리는 과거의 차별 때문에 받아 온 고통에 대해 보상받을 권리가 있다는 것으로 우대 정책을 찬성하는 논거이다.

07 ~~다양성의~~ (역차별의) 논리는 사회적 약자에 대한 특혜는 또 다른 차별을 낳을 수 있다는 것으로 우대 정책을 반대하는 논거이다.

08 보상 책임의 ~~정당성~~ (부당성) 논리는 과거의 차별에 대해 잘못이 없는 후손에게 책임을 지우는 것은 안 된다는 것으로 우대 정책을 반대하는 논거이다.

09 업적주의 원칙 위배 논리는 우대 정책에 따라 노력이나 성취를 무시하는 것은 공정하지 못하다는 것이다.

10 노직은 부자에게 세금을 걷어 사회적 약자를 지원하는 것은 ~~정당하다고~~ (부당하다고) 보았다.

11 인권은 인간으로서 당연히 누려야 하는 기본적인 권리이다.

12 ~~자유권적~~ (사회권적) 인권은 국가에 의해 보장받아야 할 권리로서, 인간으로서 최소한의 삶을 누릴 권리이다.

13 교정적 정의는 잘못된 것을 올바르게 바로잡는 것이다.

14 ~~응보주의는~~ (공리주의는) 처벌을 사회적 이익 증진을 위한 수단으로 본다.

15 ~~공리주의는~~ (응보주의는) 형벌의 본질은 범죄 행위에 상응하는 처벌을 가하는 것이라고 본다.

16 공정한 처벌은 유죄 조건과 비례성의 원칙을 바탕으로 해야 한다.

17 사형은 생명형이라고도 하며 가장 강력한 형벌이란 의미에서 극형이라고도 한다.

18 사형 제도를 찬성하는 입장에서는 처벌의 목적은 인과응보적 응징에 있다고 본다.

19 사형 제도를 ~~반대하는~~ (찬성하는) 입장에서는 종신형이 더 경제적 부담이 크고 비인간적임을 강조한다.

20 사형을 반대하는 사람들은 오판 가능성과 정치적 악용의 가능성을 근거로 제시한다.

21 ~~특수~~ (일반) 예방주의는 사형이 흉악 범죄 예방의 효과가 있으므로 존치해야 한다고 본다.

22 살인범의 생명권을 강조하는 입장에서는 사형에 반대한다.

23 칸트는 인간 존엄성의 관점에서 사형을 ~~반대하였다.~~ (지지)

24 칸트는 동등성의 원리에 따라 형벌이 가해져야 한다고 보았다.

25 칸트는 형벌이 보복의 차원에서 가해진다고 보았다.

26 벤담은 형벌은 사회적 효용성의 측면에서 평가되어야 한다고 보았다.

27 벤담은 처벌은 그 자체로는 해악이라고 보았다.

28 ~~벤담은~~ (베카리아는) 사형은 한 시민에 대한 국가의 전쟁이라고 보고 폐지를 주장하였다.

29 베카리아는 계약론과 공리주의적 관점에서 형벌을 이해하였다.

30 베카리아는 범죄 예방에 가장 효과적인 형벌은 ~~사형이라고~~ (종신형이라고) 보았다.

31 루소는 사회 계약에 따라 살인자는 사형에 처해질 수 있다고 보았다.

32 루소는 살인자는 사회의 구성원이 아니라 공공의 적이라고 보았다.

33 ~~공리주의에서는~~ (칸트는) 사형의 목적이 인과응보적 응징에 있다고 본다.

34 공리주의에서는 범죄를 예방하는 데 도움이 된다면 사형을 실시해도 좋다고 본다.

144 ①	**145** ③	**146** ①	**147** ⑤	**148** ⑤	**149** ④
150 ⑤	**151** ④	**152** ⑤	**153** ⑤	**154** ③	**155** ①
156 ②	**157** ⑤	**158** ③			

144 소수자 우대 정책에 대한 입장 비교　　정답 ①

문제 분석 갑은 재분배의 논거를 이유로 우대 정책을 찬성하는 입장이고, 을은 능력을 기준으로 삼아야 한다는 입장에서 우대 정책을 반대하는 입장입니다. 병은 공리주의적 논거에서 우대 정책을 찬성하는 입장입니다.

정답 찾기 ① 갑은 교육 환경과 같은 우연적 요인에 의해 실질적 평등이 실현되지 못하는 것은 부당하다고 봅니다.

오답 피하기 ② 을은 대학 입학 할당제를 시행할 경우 능력이 있는 학생의 입학 권리가 침해될 수 있다고 보는 입장입니다. ③ 병은 대학 입학 할당제가 사회 전체의 이익 증진에 기여하므로 필요하다고 봅니다. ④ 을의 입장입니다. 갑은 교육 환경을 고려하여 대학 입학 할당제를 실시해야 한다고 봅니다. ⑤ 을의 입장입니다. 병은 사회 전체의 이익을 입학 전형의 기준으로 삼아야 한다고 봅니다.

145 우대 정책에 대한 입장 비교　　정답 ③

문제 분석 갑은 보상의 논리를 근거로 우대 정책을 찬성하는 입장이고, 을은 반대하는 입장입니다.

정답 찾기 ③ 갑은 긍정, 을은 부정의 대답을 할 질문입니다. 갑은 과거의 차별로 고통받은 사람들을 우대해야 공정한 사회가 될 수 있다고 보는 입장이고, 을은 과거의 차별을 근거로 보상을 하는 것은 과거의 차별과 무관한 사람들에게 벌을 주는 것과 같다고 봅니다.

오답 피하기 ① 갑, 을은 업적과 성과를 기준으로 한 사회적 차별에 대해 논의하고 있지 않습니다. ② 갑, 을 모두 긍정의 대답을 할 질문입니다. ④ 갑, 을 모두 사회적 차별이 없어져야 한다고 봅니다. ⑤ 갑, 을 모두 부정의 대답을 할 질문입니다.

146 적극적 우대 정책에 대한 입장 비교　　정답 ①

문제 분석 (가)는 사회적 약자에 대한 적극적 우대 정책에 반대하는 입장이고, (나)는 찬성하는 입장입니다.

정답 찾기 (가)는 평등의 형식적인 측면을 중시하는 입장이고, (나)는 평등의 실질적인 측면을 중시하는 입장이므로 X의 경우 (나)는 (가)에 비해 낮습니다. (가)는 과거의 불평등에 대한 책임을 잘못이 없는 현재의 후손에게 부여하는 것은 부당하다는 입장이고, (나)는 과거의 차별로 고통 받은 사람들에게 보상을 해야 한다는 입장이므로 Y의 경우 (나)는 (가)에 비해 높습니다. (가)는 차별을 줄이기 위해 사회적 약자를 우대하는 것은 또 다른 차별을 초래한다고 보는 입장이고, (나)는 다양성을 바탕으로 여러 사회적 가치를 실현해야 한다고 보는 입장이므로 Z의 경우 (나)는 (가)에 비해 높습니다. 그러므로 (가)의 입장에 비해 (나)의 입장이 갖는 상대적 특징은 ㉠입니다.

오답 피하기 ②,③,④,⑤ (가)의 입장에 비해 (나)의 입장이 갖는 상대적 특징에 해당하지 않습니다.

147 소수 집단 우대 정책에 대한 입장 비교　　정답 ⑤

문제 분석 갑은 대학 입학 시 소수 집단 우대 정책이 필요하다는 입장이고, 을은 반대하는 입장입니다.

정답 찾기 ⑤ 을의 입장입니다. 갑은 소수 집단 우대 정책에 찬성하는 입장입니다.

오답 피하기 ① 갑은 소수 집단 우대 정책에 찬성하는 입장에서 대학 입학 정원에서 소수자의 몫을 할당하는 것은 정당하다고 봅니다. ② 갑은 소수 집단 우대 정책이 실질적 정의 실현에 기여한다고 봅니다. ③ 을은 소수 집단을 우대하는 입학 정책은 소수자에게 과도한 혜택을 주는 것으로 공정 경쟁의 원리에 어긋난다고 봅니다. ④ 을은 소수 집단을 우대하는 입학 정책이 능력이나 업적이 우수한 학생들에게 해를 끼친다고 봅니다.

148 우대 정책에 대한 입장 파악　　정답 ⑤

문제 분석 칼럼은 다양성의 논리를 근거로 우대 정책을 찬성하는 입장입니다. 다양성의 논리는 사회가 발전하려면 우대 정책을 통해 사회의 다양성을 증대시킬 필요가 있다는 논리입니다.

정답 찾기 ⑤ 다양성의 논리는 우대 정책을 통해 소수 집단을 유리하게 대우하는 것이 사회의 다양성을 증대시킴으로써 사회 발전에 기여한다는 것입니다.

오답 피하기 ①,②,③,④ 칼럼의 입장과는 거리가 멉니다.

149 우대 정책에 대한 찬반 입장 파악　　정답 ④

문제 분석 갑은 보상의 논리를 바탕으로 여성 우대 정책을 찬성하는 입장이고, 을은 역차별의 논리를 바탕으로 반대하는 입장입니다.

정답 찾기 ④ 우대 정책을 반대하는 사람들은 사회적 약자를 배려하여 실질적 측면의 평등을 실현하는 것은 또 다른 차별을 야기하므로 모두에게 형식적 기회를 동등하게 주는 것만으로도 충분하다고 봅니다.

오답 피하기 ①,②,③,⑤ 갑이 더 강조할 내용들입니다.

150 우대 정책에 대한 찬성과 반대의 입장 파악　　정답 ⑤

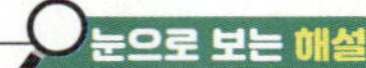

눈으로 보는 해설

㉠에 들어갈 수 있는 적절한 진술만을 〈보기〉에서 있는 대로 고른 것은?

> 갑 : 대학 입시에서 사회적 약자들을 배려하는 사회 배려자 전형이 확대된다는 소식을 들었어. 사회 배려자 전형이 확대되면 우리 사회가 좀 더 공정한 사회가 될 거야.→ 우대 정책 찬성
>
> 을 : 난 그렇게 생각하지 않아. 사회 배려자 전형이 확대되어 사회적 약자들을 우대하게 되면 그 전형으로 인해 지원하지 못하는 사람들에게는 역차별이 될 수 있어.→ 우대 정책 반대
>
> 갑 : 너는 ＿＿＿＿＿＿＿＿＿＿＿＿㉠＿＿＿＿＿＿＿＿＿＿＿

〔보기〕
ㄱ. 자격 조건에 기초하여 사람을 뽑는 것이 중요함을 간과하고 있어. ✕
ㄴ. 사회의 다양성 증진이 사회 발전에 필요하다는 것을 간과하고 있어. ○
ㄷ. 구성원 모두가 동등하게 이익을 누릴 권리가 있음을 간과하고 있어. ○
ㄹ. 과거 차별로 고통 받은 사람들을 보상할 필요가 있음을 간과하고 있어. ○

① ㄱ, ㄴ　　② ㄱ, ㄷ　　③ ㄷ, ㄹ
④ ㄱ, ㄴ, ㄹ　　⑤ ㄴ, ㄷ, ㄹ

문제 분석 갑은 대학 입시에서의 사회 배려자 전형이라는 우대 정책을 옹호하는 입장이고, 을은 반대하는 입장입니다.

정답 찾기 ㄴ, ㄷ, ㄹ. 소수 집단 우대 정책을 찬성하는 사람들은 소수 집단이 과거 차별 때문에 받아 온 고통에 대해 보상받을 권리가 있다는 점, 사회 발전과 관련하여 사회의 다양성을 증진시킬 필요가 있다는 점, 사회 정의 실현을 위해 모두가 동등하게 이익을 누리도록 할 필요가 있다는 점 등을 근거로 듭니다.

함정 피하기

ㄴ을 고르지 않았다면, 소수 집단 우대 정책을 찬성하는 근거에 대한 이해가 부족하기 때문입니다. 우대 정책을 지지하는 입장에서는 공리주의의 논리에서 우대 정책이 사회적 긴장을 완화하고 사회 전체의 평화와 행복을 증진하며 사회의 다양성 증진이 사회 발전에 도움이 된다고 주장합니다.

151 소수 집단 우대 정책에 대한 입장 파악 정답 ④

문제 분석 갑은 장애인, 여성, 소수 인종 등 소수 집단을 우대하는 정책을 찬성하는 입장이고, 을은 반대하는 입장입니다.

정답 찾기 ㄱ. 우대 정책을 지지하는 사람들은 우대 정책이 사회적 약자를 배려함으로써 정의 실현에 기여할 수 있다고 봅니다.

ㄴ. 우대 정책을 반대하는 사람들은 우대 정책이 사회적 약자에게 과도한 혜택을 제공함으로써 능력을 갖춘 사람들의 권리를 침해하여 역차별을 초래할 수 있다고 봅니다. ㄷ. 우대 정책을 지지하는 사람들은 우대 정책을 통하여 소외된 계층에게도 기회를 부여하여 궁극적으로 모든 성원들이 동등하게 이익을 누리도록 해야 한다고 봅니다.

오답 피하기 ㄹ. 우대 정책을 찬성하는 사람들의 입장입니다.

152 칸트와 베카리아의 형벌관 비교 정답 ⑤

문제 분석 갑은 칸트, 을은 베카리아입니다. 칸트는 응보주의적 관점에서 사형을 찬성하였고, 베카리아는 계약론과 공리주의적 관점에서 사형에 반대하였습니다.

정답 찾기 ⑤ 칸트와 베카리아 모두 형벌은 법을 바탕으로 부과되어야 한다고 보았으며, 형벌의 집행은 공적인 정의를 실현하는 것이라고 보았습니다.

오답 피하기 ① 칸트는 처벌이 아니라 처벌을 받을 행위를 원했기 때문에 주어지는 것이라고 보았습니다. ② 칸트는 형벌은 범죄를 저지른 사람의 인격을 존중하는 행위라고 보았습니다. ③ 베카리아는 종신 노역형이 범죄 예방에 기여하려면 사람들에게 지속적인 인상을 주어야 하므로 공개적으로 집행되어야 한다고 보았습니다. ④ 베카리아는 사형은 범죄 억제의 효과가 거의 없다고 보았습니다.

153 루소와 칸트의 형벌관 비교 정답 ⑤

문제 분석 갑은 루소, 을은 칸트입니다. 루소는 사회 계약에 따라, 칸트는 동등성의 원리에 따라 살인한 사람은 사형에 처해져야 한다고 보았습니다.

정답 찾기 ⑤ 루소와 칸트는 모두 사형제가 필요하다고 보았습니다. 루소는 시민의 생명 보존이라는 사회 계약의 목적을 달성하기 위해 사형 제도가 필요하다고 보았고, 칸트는 사형제가 인간 존엄성의 이념에 부합하는 제도라고 보았습니다.

오답 피하기 ① 루소가 긍정의 대답을 할 질문입니다. 루소는 살인범을 공공의 적이라고 보았습니다. ② 루소가 긍정의 대답을 할 질문입니다. 루소는 살인범을 사회 계약을 어겼으므로 사회를 구성하는 시민으로 볼 수 없다고 보았습니다. ③ 칸트가 긍정의 대답을 할 질문입니다. 칸트는 응보주의의 관점에서 살인자는 사형에 처해야 한다고 보았으며 형벌의 질과 양은 보복법에 따라 정해져야 한다고 주장하였습니다. ④ 칸트가 긍정의 대답을 할 질문입니다. 칸트는 살인범을 사형시키는 것이 공적 정의에 부합한다고 보았습니다.

154 벤담, 칸트, 베카리아의 형벌관 비교 정답 ③

고난도 평가원 기출				
①	②	❸	④	⑤
1%	1%	71%	4%	20%

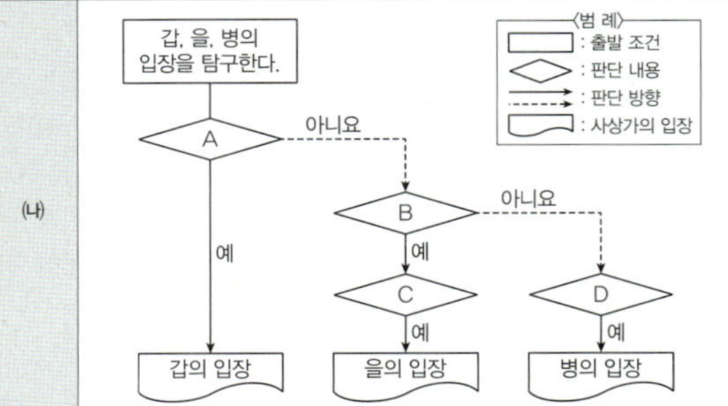

(가)의 갑, 을, 병 사상가들의 입장을 (나) 그림으로 탐구할 때, A~D에 들어갈 옳은 질문만을 〈보기〉에서 있는 대로 고른 것은?

(가)

갑 : 모든 형벌은 강도, 지속성, 보편성을 근거로 과도하지 않게 집행되어야 한다. 형벌의 가장 중요한 목적은 처벌을 본보기로 삼아 전체의 효용을 증진하는 것이다. → 벤담

을 : 모든 인간은 목적으로 대우받아야 한다. 사형은 살인범의 인간성을 훼손할 수 있는 모든 가혹 행위로부터 살인범의 인격을 존중하는 것이다. → 칸트

병 : 모든 사람들에게 살인범의 끝없는 비참한 상태를 보여주는 것이 사형보다 범죄 예방에 더 효과적이다. 형벌의 강도보다 지속성이 사람들에게 더 큰 영향을 준다. → 베카리아

〈보기〉

┌ 벤담이 부정할 질문
ㄱ. A : 사회 전체의 이익보다 살인범의 생명권을 우선해야 하는가?
칸트가 부정할
ㄴ. B : 사형은 범죄 억제 목적을 달성하기 위한 응보적 처벌인가? → 질문
ㄷ. C : 사형은 살인죄에 대한 동등성 원리에 부합하는 정당한 처벌인가? ○
ㄹ. D : 사형은 종신형에 비해 처벌의 사회적 효용이 낮은 형벌인가? ○

① ㄱ, ㄴ ② ㄱ, ㄷ ③ ㄷ, ㄹ
④ ㄱ, ㄴ, ㄹ ⑤ ㄴ, ㄷ, ㄹ

문제 분석 (가)의 갑은 벤담, 을은 칸트, 병은 베카리아입니다. 벤담은 형벌의 효용성을, 칸트는 범죄와 형벌의 동등성을, 베카리아는 형벌의 지속성을 중시하였습니다.

정답 찾기 ㄷ. 칸트는 동등성의 원리에 따라 형벌이 주어져야 한다고 보았으며, 살인자는 사형에 처해야 한다고 주장하였습니다.

ㄹ. 베카리아는 형벌의 강도보다 지속성이 중요하다고 보았으며, 사형보다 종신 노역형이 범죄 예방에 더 효과적이라고 보았습니다.

오답 피하기 ㄱ. 벤담이 부정의 대답을 할 질문입니다. 벤담은 공리주의 관점에서 형벌을 사회 전체의 이익을 증진하는 수단으로 보았습니다. ㄴ. 칸트가 부정의 대답을 할 질문입니다. 칸트는 형벌이 범죄 예방을 목적으로 가해지는 것이 아니라 단지 범죄를 저질렀기 때문에 가해지는 응분의 처벌이라고 보았습니다.

함정 피하기

⑤를 골랐다면 사형 제도에 대한 칸트의 입장을 정확하게 이해하지 못했기 때문입니다. "사형은 범죄 억제 목적을 달성하기 위한 응보적 처벌인가?"라는 질문에 대해 칸트와 베카리아 모두 부정의 대답을 할 것입니다. 베카리아는 낮은 범죄 예방 효과를 근거로 사형 제도에 반대하였고, 칸트는 범죄 억제 목적을 달성하기 위한 처벌이라는 점에 동의하지 않기 때문입니다.

155 형벌에 대한 베카리아의 입장 파악 정답 ①

문제 분석 제시문은 베카리아의 주장입니다. 베카리아는 형벌에 있어서 중요한 것은 강도가 아니라 지속도라고 보았습니다.

정답 찾기 첫째 관점 : 베카리아는 인간은 자신을 죽일 권리가 없으며, 그

권리를 타인이나 사회에 양도하는 것 역시 불가능하다고 주장하였습니다. 셋째 관점 : 사형 폐지를 주장한 베카리아는 사형이 한 국민에 대하여 국가가 국민의 생명을 파멸시키는 선전 포고라고 보았습니다.

오답 피하기 둘째 관점 : 베카리아는 사형은 사람들에게 잔혹함의 본보기를 제공하므로 유해하다고 보았습니다. 베카리아는 인간의 행동을 순화시켜야 할 법률이 잔혹한 본보기를 증폭시켜서는 안 된다고 주장하였습니다. 넷째 관점 : 베카리아는 범죄에 대한 가장 강력한 억제력이 한 악당이 처형되는 장면을 목격하는 데서 생겨나지 않는다고 주장하였습니다. 그는 사형이 무시무시하지만 효과 면에서는 일시적이라고 보았습니다.

156 형벌에 대한 칸트와 베카리아의 입장 비교　　　정답 ②

문제 분석 갑은 칸트, 을은 베카리아입니다. 칸트는 응보주의적 관점에서 형벌의 본질을 파악하였고, 베카리아는 범죄 억제력의 차원에서 형벌을 이해하였습니다.

정답 찾기 ㉠ 칸트는 동등성의 원리에 따라 형벌이 가해져야 하며 보복법만이 형벌의 질과 양을 명확하게 제시할 수 있다고 주장하였습니다. ㉢ 베카리아는 공리주의의 관점에서 형벌이 사회의 이익 증진을 위해 집행되어야 한다고 주장하였습니다.

오답 피하기 ㉡ 칸트는 사회 질서 유지를 위한 수단으로 형벌이 집행되어서는 안 된다고 주장하였습니다. ㉣ 베카리아는 자신의 생명을 빼앗을 권능을 타인이나 사회에 양도하는 것은 불가능하다고 보았습니다.

157 벤담의 형벌관 이해　　　정답 ⑤

문제 분석 제시문은 공리주의 관점에서 처벌을 이해한 벤담의 주장입니다. 벤담은 처벌은 범죄 예방을 목적으로 한다고 보았습니다.

정답 찾기 둘째 입장 : 벤담은 처벌은 그 자체로 해악이지만 사회 전체의 효용을 증진하는 데 기여할 수 있다면 정당화될 수 있다고 보았습니다. 셋째 입장 : 벤담은 처벌은 그 자체로 악이므로 처벌이 초래할 폐해가 예방할 폐해보다 커서는 안 된다고 보았습니다. 넷째 입장 : 벤담은 만일 처벌의 가치가 위법 행위에서 얻는 이득의 가치보다 작다면 그런 행위는 다시 저질러질 것이라고 보았습니다.

오답 피하기 첫째 입장 : 벤담은 처벌이 확실한 실효성이 없는 경우에는 처벌을 가해서는 안 된다고 주장하였습니다.

158 벤담, 루소, 베카리아의 형벌관 비교　　　정답 ③

문제 분석 갑은 벤담, 을은 루소, 병은 베카리아입니다. 벤담은 공리주의적 관점에서, 루소는 사회 계약론의 관점에서, 베카리아는 계약론과 공리주의적 관점에서 형벌을 논하였습니다.

정답 찾기 ㄷ. 베카리아는 범죄 예방의 측면에서 볼 때 사형보다는 종신 노역형이 효과적이라고 주장하며 사형 제도의 폐지를 주장하였습니다. ㄹ. 벤담과 베카리아는 모두 공리주의의 입장에서 형벌이 최대 다수의 최대 행복을 지향하여 사회 전체의 이익 증진에 기여해야 한다고 보았습니다.

오답 피하기 ㄱ. 칸트의 입장입니다. 벤담은 범죄 예방의 효과가 있을 경우 사형을 집행할 수 있다고 보는 입장입니다. ㄴ. 칸트의 입장입니다.

11강　국가와 시민의 윤리

핵심 개념 CHECK!　▶ 본문 094쪽

01 ○	02 ○	03 ○	04 ×	05 ×	06 ○	07 ×	08 ○
09 ○	10 ○	11 ×	12 ×	13 ○	14 ○	15 ○	16 ○
17 ○	18 ×	19 ○	20 ○	21 ○	22 ×	23 ○	24 ○
25 ○	26 ×	27 ○	28 ○	29 ○	30 ○	31 ×	32 ×
33 ×	34 ○	35 ○	36 ○	37 ×	38 ×		

○|× 문장 바로 알기

01 국가는 국민을 통치하고 명령을 내릴 수 있는 권위를 가진다.

02 본성론은 국가에 복종할 의무가 인간의 정치적인 본성에서 비롯된다고 보는 입장이다.

03 동의론은 국가에 복종할 의무가 개개인의 동의로부터 비롯된다고 보는 입장이다.

04 로크는 ~~명시적 동의를 통해서만~~ 국가에 대한 개인의 복종의 의무가 성립한다고 보았다.
　　　명시적 동의와 묵시적 동의를 통해

05 ~~정의론~~은 국가가 제공하는 여러 가지 혜택 때문에 국민의 복종의 의무가 생긴다고 본다.
혜택론

06 유교에서는 민본주의의 입장에서 통치자는 백성을 위한 정치를 해야 한다고 본다.

07 민본주의는 ~~통치자를~~ 국가의 근본으로 본 사상이다.
　　　백성을

08 맹자는 나라를 다스리는 통치자가 무엇보다 백성의 생업을 보장하는 데 힘써야 한다고 보았다.

09 공자의 대동 사회는 사회적 약자가 인간답게 살 수 있는 사회를 지향하였다.

10 정약용은 백성을 다스리는 사람은 개인의 이익보다 공익을 위해 힘써야 한다고 보았다.

11 ~~소극적 국가는~~ 모든 국민의 인간다운 삶을 보장하기 위해 힘쓰는 국가이다.
적극적 국가는

12 ~~적극적 국가는~~ 시장에 대한 국가의 개입을 최소화하고 국방과 치안에 힘쓰는 국가이다.
소극적 국가는

13 국가는 시민의 생명과 재산을 보호하고 보장해야 한다.

14 국가는 사회 보장과 복지 증진에 힘써야 한다.

15 국가는 구성원의 인권을 보장하는 데 힘써야 한다.

16 홉스는 '만인의 만인에 대한 투쟁' 상태에서 벗어나기 위해서는 계약을 통해 자신의 권리를 국가에 양도할 것을 주장하였다.

17	맹자는 군주가 인격을 수양하고 백성의 입장에서 통치할 것을 강조하였다.				

17 맹자는 군주가 인격을 수양하고 백성의 입장에서 통치할 것을 강조하였다.

18 사회 계약론자들에게 국가란 인간의 본성에 의해 ~~자연스럽게 구성된~~ 필요에 의해 계약으로 공동체이다.

19 맹자는 군주를 교체할 수 있다는 저항 가능성을 인정하였다.

20 시민은 권리를 누림과 동시에 의무를 져야 하는 존재이다.

21 정치 참여는 시민이 담당해야 할 의무 중 하나이다.

22 시민의 정치 참여는 ~~직접 민주주의로~~ 인한 한계를 보완하는 데 기여한다. 대의 민주주의로

23 시민 불복종도 시민의 정치 참여 중 한 가지에 해당한다.

24 선거로 뽑힌 사람은 대리인으로서 주인인 시민의 의사를 대변할 수 있어야 한다.

25 정치 참여를 통해 시민들은 국가 권력이 부당하게 개인의 권리를 침해하는 것을 경계할 수 있다.

26 시민 불복종은 법이나 정책에 변화를 가져올 목적으로 행해지는 ~~합법적인~~ 행위이다. 위법

27 소로는 법에 대한 존경보다 정의에 대한 존경심으로 살아야 한다고 보았다.

28 소로는 국민이기 이전에 한 인간으로서 살아야 한다고 보았다.

29 소로는 양심을 근거로 시민 불복종을 행해야 한다고 보았다.

30 롤스가 제시한 시민 불복종은 민주적인 입헌 체제를 바탕으로 하였다.

31 롤스는 ~~거의 정의로운 사회에서만~~ 개인이 국가에 저항할 수 있다고 보았다. 거의 정의로운 사회가 아니어도

32 롤스는 시민 불복종은 필요할 경우 ~~폭력이 허용된다고 보았다.~~ 폭력은 허용되지 않는다고 보았다.

33 롤스는 ~~모든 법이~~ 시민 불복종의 대상이 된다고 보았다. 일부 법이

34 롤스는 공적인 정의관을 바탕으로 시민 불복종을 행사해야 한다고 보았다.

35 소로는 양심에 어긋나는 모든 법에 불복종해야 한다고 보았다.

36 소로는 개인은 법에 우선하여 양심과 정의에 따라 행동해야 한다고 보았다.

37 롤스는 불복종에 따른 처벌을 감수하는 것이 ~~옳지 않다고~~ 본다. 옳다고

38 롤스와 소로는 모두 불복종을 정의의 실현을 위한 ~~합법적~~ 행위로 본다. 위법적

---

159 ④	**160** ③	**161** ③	**162** ④	**163** ④	**164** ②
165 ④	**166** ④	**167** ③	**168** ③	**169** ④	**170** ①
171 ④	**172** ③	**173** ②	**174** ②	**175** ③	

159 인권의 특징 이해 정답 ④

문제 분석 갑은 소극적 권리를, 을은 적극적 권리를 주장하는 입장입니다. 갑은 시민적·정치적 권리를, 을은 경제적·사회적·문화적 권리를 추구해야 한다고 봅니다.

정답 찾기 ㄱ. 을이 부정의 대답을 할 질문입니다. 을은 소극적 권리뿐만 아니라 적극적 권리로서의 복지권도 인권에 포함되어야 한다고 봅니다. ㄷ. 갑이 부정의 대답을 할 질문입니다. 갑은 인권이 자유권과 참정권으로 국한되어야 한다고 봅니다. ㄹ. 갑이 부정의 대답을 할 질문입니다. 갑은 사회적·경제적 평등의 실현이 인권을 침해할 수 있다고 봅니다.

오답 피하기 ㄴ. 갑, 을 모두 긍정의 대답을 할 질문입니다.

160 로크와 롤스의 입장 비교 정답 ③

문제 분석 갑은 로크, 을은 롤스입니다. 로크는 사회 계약론의 입장에서 사회를 개인의 생명, 자유, 재산을 보호하기 위한 수단으로 보았고, 롤스는 사회 구조와 제도의 바탕이 될 원칙을 원초적 입장에서 도출해야 한다고 보았습니다.

정답 찾기 ㄴ. 롤스는 시민들이 정치 체제를 인정하는 거의 정의로운 사회에서 일부 부정의한 법이나 정책에 대해 시민 불복종을 행사할 수 있다고 보았습니다. ㄷ. 롤스는 시민 불복종이 위법 행위이기는 하지만 정의로운 제도 유지와 강화에 기여하므로 도덕적으로는 정당화된다고 보았습니다.

오답 피하기 ㄱ. 로크는 정부에 복종할 의무는 선천적인 것이 아니라 개개인의 동의로부터 비롯된다고 보았습니다. ㄹ. 로크는 동의를 통해 복종의 의무가 생긴다고 보았으므로, 복종의 의무는 개인의 선택과 무관한 것이 아닙니다.

161 복지 제도에 대한 다양한 입장 비교 정답 ③

문제 분석 (가)는 보편적 복지를 강조하는 입장이고, (나)는 선택적 복지를 강조하는 입장입니다. (다)는 복지제도에 반대하는 노직의 입장입니다.

정답 찾기 ③ (다)는 사회적 약자를 위한 복지 제도를 위해 국가가 세금을 걷는 것은 부당하다고 보는 입장입니다.

오답 피하기 ① (가)는 복지 제도를 통해 계층 간의 갈등을 줄임으로써 사회 통합을 도모할 수 있다고 보는 입장입니다. ② (나)는 선택적 복지를 통해 자원의 낭비를 줄임으로써 자원을 효율적으로 배분할 수 있다고 보는 입장입니다. ④ (가), (나)는 국가가 국민의 복지를 위해 노력해야 한다고 보는 입장입니다. ⑤ (가)는 (나), (다)와 달리 모든 국민에게 복지를 동등하게 제공하는 보편적 복지의 실현을 강조하는 입장입니다.

162 공직자 윤리에 대한 정약용의 입장 이해 정답 ④

문제 분석 (가)는 정약용의 주장입니다. 정약용은 공직자는 청렴해야 하고 백성을 위해 공사(公事)에 힘써야 한다고 여겼습니다.

정답 찾기 ④ 정약용은 백성을 다스리는 사람은 공과 사를 구분하고 공익을 위해 봉사해야 한다고 보았습니다.

오답 피하기 ① 정약용은 유용성보다 공정성을 고려해야 한다고 보았습니다. ② 정약용은 연고주의에서 벗어나 업무를 처리해야 한다고 보았습니다. ③ 정약용은 개인적인 친분 관계에 따라 업무를 해서는 안 된다고

보았습니다. ⑤ 정약용은 원칙을 고수하며 일처리를 해야 한다고 보았습니다.

163 아리스토텔레스, 로크, 롤스의 입장 비교 정답 ④

눈으로 보는 해설

갑, 을, 병의 입장에 대한 옳은 설명만을 〈보기〉에서 있는 대로 고른 것은?

> 갑 : 본성적으로 국가 없이 생존할 수 있는 인간은 사악한 인간이거나 인간을 넘어선 존재이다. 국가는 자연의 피조물이며, 인간은 사회적 동물임이 명백하다.→ 아리스토텔레스
>
> 을 : 인간은 재산을 안전하게 향유하기 위하여 시민 사회의 구속을 받아들인다. 어떤 인간도 자신의 동의 없이 자연 상태를 떠나서 다른 사람의 정치권력에 복종할 수 없다.→ 로크
>
> 병 : 만일 사회의 기본 구조가 정의로울 경우에 모든 사람은 현존 체제에서 자신의 본분을 다해야 할 자연적 의무를 갖게 된다.→ 롤스

〔보기〕
ㄱ. 갑은 국가의 형성이 인간의 정치적 본성에서 비롯된다고 본다. ○
ㄴ. 을은 묵시적 동의를 통해서도 국가에 복종할 의무가 생긴다고 본다. ○
ㄷ. 병은 거의 정의로운 사회에서 국민은 법을 지킬 의무가 있다고 본다. ○
ㄹ. 을, 병은 국민은 통치 권력에 대해 저항할 수 없다고 본다. ×
→ 로크는 저항권 사상을, 롤스는 시민 불복종을 주장하였음

① ㄱ, ㄴ   ② ㄱ, ㄹ   ③ ㄷ, ㄹ
④ ㄱ, ㄴ, ㄷ   ⑤ ㄴ, ㄷ, ㄹ

문제 분석 갑은 아리스토텔레스, 을은 로크, 병은 롤스입니다. 아리스토텔레스는 본성론의 입장에서, 로크는 동의론의 입장에서, 롤스는 정의론의 입장에서 국가에 대한 국민의 복종의 의무를 논하였습니다.

정답 찾기 ㄱ. 아리스토텔레스는 국가가 만들어지는 것은 인간이 본성적으로 정치적 동물이기 때문이라고 보았습니다. ㄴ. 로크는 명시적 동의뿐만 아니라 묵시적 동의를 통해서도 국가에 복종할 의무가 생긴다고 보았습니다. ㄷ. 롤스는 사회가 정의롭거나 거의 정의로울 경우 국민은 국가의 법과 제도에 복종할 의무가 있다고 보았습니다.

오답 피하기 ㄹ. 로크는 국민의 뜻에 반하는 통치 권력에 대해서는 저항권을 행사할 수 있다고 보았고, 롤스도 시민들이 국가에 대해 불복종 행위를 할 수 있다고 보았습니다.

함정 피하기

ㄹ을 골랐다면 로크의 저항권과 롤스의 시민 불복종에 대한 이해가 부족하기 때문입니다. 로크는 국민의 저항권을 인정하였고, 롤스 역시 시민 불복종 행위를 긍정하였습니다. 다만 롤스는 시민 불복종이 정의에 관한 중대하고 명백한 침해에 국한되어 인정된다고 보았으며, 이는 정의의 제1원칙인 '평등한 자유의 원칙'의 침해 경우를 말합니다.

164 인권에 대한 이해 정답 ②

문제 분석 갑은 자유권을, 을은 복지권을 강조하는 입장입니다. 자유권은 소극적 권리에 해당하고, 복지권은 적극적 권리에 해당합니다.

정답 찾기 을은 국가가 복지권을 보장함으로써 경제적·사회적 불평등을 완화할 것을 추구하는 입장이므로 X의 경우 갑에 비해 을의 입장이 상대적으로 높습니다. 자유권은 국가의 소극적 역할을, 복지권은 국가의 적극적 역할을 요구하므로 Y의 경우 갑에 비해 을의 입장이 상대적으로 높습니다. 복지권은 인간이 최소한의 인간다운 삶을 살 권리를 의미하므로 Z의 경우 갑에 비해 을의 입장이 상대적으로 높습니다. 따라서 갑의 입장

에 비해 을의 입장이 갖는 상대적 특징은 ⓒ입니다.

오답 피하기 ①,③,④,⑤ 갑의 입장에 비해 을의 입장이 갖는 상대적 특징이 아닙니다.

165 맹자의 입장 이해 정답 ④

문제 분석 제시문은 모두 맹자의 주장입니다. 맹자는 군주가 인의(仁義)의 덕으로 다스리는 왕도(王道) 정치를 해야 한다고 보았습니다.

정답 찾기 첫째 입장 : 맹자는 인의를 해쳐 나라를 위태롭게 하고 백성을 고통스럽게 만드는 군주를 제거하는 것은 정당하다고 보았습니다. 둘째 입장 : 맹자는 군주가 백성을 사랑하는 부모와 같은 마음으로 통치해야 한다고 보았습니다. 넷째 입장 : 맹자는 백성들에게 일정한 생업을 보장해 주는 것이 군주가 제일 먼저 할 일이라고 보았습니다.

오답 피하기 셋째 입장 : 맹자는 군주가 힘이 아니라 덕을 바탕으로 통치해야 한다고 보았습니다.

166 대동 사회의 특징 이해 정답 ④

문제 분석 제시문은 공자가 제시한 이상 사회인 대동 사회에 대한 내용입니다. 대동 사회는 유능한 사람이 등용되고 모두가 함께 더불어 살아가는 사회입니다.

정답 찾기 ㄱ. 대동 사회는 통치자가 군자다운 도덕적 인격을 갖추고 다스리는 사회입니다. ㄷ. 대동 사회는 재화가 고르게 분배되어 모두가 인간다운 삶을 살 수 있는 사회입니다. ㄹ. 대동 사회는 사람들이 가족주의에 얽매이지 않고 서로를 사랑하며 사회적 약자를 배려하는 사회입니다.

오답 피하기 ㄴ. 분별적 지혜가 없어야 한다고 본 사상가는 노자나 장자와 같은 도가 사상가들입니다.

167 시민 불복종에 대한 롤스의 입장 이해 정답 ③

고난도 평가원 기출				
①	②	❸	④	⑤ 함정
8%	3%	51%	12%	26%

눈으로 보는 해설

다음 사상가의 입장만을 〈보기〉에서 있는 대로 고른 것은?

> 거의 정의로운 사회는 심각한 부정의가 존재할지도 모르지만 일종의 민주적 정부의 형태를 갖춘 사회이다. 이러한 사회에서 정의의 원칙들은 자유롭고 평등한 인간들 간의 자발적인 협동의 기본 조항으로서 공공적으로 인정된다. 그래서 시민 불복종에 참여함으로써 사람들이 의도하는 것은 다수의 정의감에 호소하여 자유로운 협동의 조건이 침해되었다는 것을 정당하게 알리는 것이다.→ 롤스

〔보기〕
ㄱ. 시민 불복종은 ~~정당한 폭력으로~~ 다수의 정의감에 호소하는 행위이다. × 비폭력적인 수단으로
ㄴ. 시민 불복종은 사회적 협동의 기본 원리에 근거한 양심적 항거이다. ○
ㄷ. 시민 불복종은 도덕적으로는 ~~옳지 못하지만~~ 불가피한 위법 행위이다. × 옳은
ㄹ. 민주적 정부의 법도 부정의하면 시민 불복종의 대상이 될 수 있다. ○

① ㄱ, ㄴ   ② ㄱ, ㄷ   ③ ㄴ, ㄹ
④ ㄱ, ㄷ, ㄹ   ⑤ ㄴ, ㄷ, ㄹ

문제 분석 제시문은 롤스의 주장입니다. 롤스는 시민 불복종을 거의 정의로운 사회에서 부정의를 시정하기 위해 의도적으로 법을 어기는 행위로 보았습니다.

 ㄴ. 롤스에 따르면 시민 불복종은 자유롭고 평등한 사람들 사이에 사회 협동체의 원칙이 존중되지 않고 있음을 알리는 것으로, 사회적 협동의 기본 원리에 근거한 양심적인 항거 행위입니다. ㄹ. 롤스는 민주적인 체제라도 어떤 법이 부정의하다면 시민 불복종을 통해 그 부당성을 사회의 다수자에게 알릴 수 있다고 보았습니다.

 ㄱ. 롤스는 시민 불복종이 폭력을 동반해서는 안 된다고 보았습니다. ㄷ. 롤스는 시민 불복종이 위법 행위이긴 하지만 도덕적으로는 옳은 행위라고 보았습니다.

함정 피하기

ㄷ을 골랐다면 롤스의 시민 불복종에 대한 이해가 부족한 것입니다. 롤스는 시민 불복종을 시민들에게 주어진 정치적이고 도덕적인 의무로 보았습니다.

168 소로와 롤스의 입장 비교   정답 ③

고난도 평가원 기출				
①	②	❸	④ 함정	⑤
10%	8%	51%	27%	4%

눈으로 보는 해설

갑, 을 사상가들의 입장으로 가장 적절한 것은?

갑 : 법에 대한 존경심보다 먼저 정의에 대한 존경심을 기르는 것이 바람직하다. 내가 떠맡을 권리가 있는 나의 유일한 책무는 내가 옳다고 생각하는 일을 행하는 것이다. 법에 대한 존경심 때문에 선량한 사람들조차 불의의 하수인이 되고 있다. → 소로

을 : 사회의 기본 구조가 합당하게 정의로운 것인 경우, 그 부정의가 지나치지만 않으면 부정의한 법도 구속력이 있음을 인정해야 한다. 시민 불복종은 법에 대한 충실성의 한계 내에서 법에 대한 불복종을 나타내는 것이어야 한다. → 롤스

① 갑 : 시민 불복종은 다수 국민이 공유한 정의관에 근거해야 한다. → 롤스
② 갑 : 법률과 양심을 시민 불복종의 정당성 판별 근거로 삼아야 한다. ✕
③ 을 : 양심에 충실한 거부라도 정당한 시민 불복종이 아닌 경우가 있다. ○
④ 을 : 시민 불복종은 체제의 정당성에 대한 비폭력적·공개적 저항이다. ✕
⑤ 갑, 을 : 시민 불복종은 공권력에 의한 처벌을 거부하는 수단이다. ✕
               감수하는

 갑은 소로, 을은 롤스입니다. 소로는 법에 대한 존경심보다 정의에 대한 존경심을 길러야 한다고 보았고, 롤스는 법에 대한 충실성의 한계 내에서 시민 불복종을 행사해야 한다고 주장하였습니다.

 ③ 롤스는 양심에 충실한 거부 중 공적인 정의관에 근거하지 않은 경우가 있을 수 있다고 보았습니다.

 ① 소로는 시민 불복종이 개인의 양심에 근거해야 한다고 보았습니다. ② 소로는 법률 중 불의한 법도 있을 수 있으므로 법률이 시민 불복종의 정당화 판별 근거가 된다고 보지 않았습니다. ④ 롤스는 시민 불복종이 체제의 정당성을 인정하는 범위 내에서 이루어지는 정치적 행위라고 보았습니다. ⑤ 소로와 롤스는 시민 불복종으로 인한 처벌은 감수해야 한다고 보았습니다.

함정 피하기

④를 골랐다면 롤스의 시민 불복종에 대한 이해가 부족한 것입니다. 롤스에 따르면 거의 정의로운 사회에서 시민들은 현존 체제를 받아들여야 할 의무를 가지며, 법과 제도가 부정의한 정도에 따라 시민 불복종은 정당화될 수 있지만 체제의 정당성과 시민 불복종의 위법성은 달라지지 않습니다.

169 롤스의 입장 이해   정답 ④

 제시문은 롤스의 주장입니다. 롤스는 시민 불복종은 사회 정의 실현을 목적으로 해야 하며 개인의 도덕 원칙이나 종교적 신념에 근거하면 안 된다고 보았습니다.

 ④ 롤스는 시민 불복종이 부정의한 법이나 정부 정책을 바꾸기 위한 목적으로 행해지는 것이라고 보았습니다.

 ① 롤스는 시민 불복종이 체제의 합법성을 인정하는 시민들에 의해 행해진다고 보았습니다. ② 롤스는 시민 불복종은 공공인인 행위로서 공개적으로 행해져야 한다고 보았습니다. ③ 롤스는 시민 불복종이 공동체 다수의 정의감을 바탕으로 하는 정치적 행위라고 보았습니다. ⑤ 롤스는 시민 불복종은 합법적 방법을 통해서도 시정되지 않는 부정의한 법과 정책을 바꾸기 위해 최후의 수단으로서 시도되어야 한다고 보았습니다.

170 소로와 롤스의 입장 비교   정답 ①

고난도 평가원 기출				
❶	②	③	④ 함정	⑤
44%	1%	4%	35%	13%

눈으로 보는 해설

갑, 을 사상가들의 입장만을 〈보기〉에서 있는 대로 고른 것은?

갑 : 시민은 한 순간이라도 자신의 양심을 입법자에게 맡겨야 하는가? 우리는 먼저 인간이어야 하고 그 다음에 국민이어야 한다. 단 한 명의 사람이라도 부당하게 가두는 정부 밑에서 의로운 사람이 진정 있을 곳은 감옥이다. → 소로

을 : 시민들의 부정의한 법에 대한 불복종은 공유된 정의관에 의해 정당화된다. 이러한 불복종은 거의 정의로운 국가에서 체제의 합법성을 인정하는 시민들에 의해서만 생긴다. 특히 평등한 기본적 자유 원칙의 침해는 굴종이 아니면 반항을 부른다. → 롤스

보기
ㄱ. 갑 : 개인은 법에 우선하여 양심과 정의에 따라 행동해야 한다. ○
ㄴ. 을 : 시민 불복종은 법에 대한 충실성을 거부하는 정치 행위이다. ✕
ㄷ. 을 : 시민 불복종의 대상은 일부의 부정의한 법이나 정책들에 한정된다. ○
ㄹ. 갑, 을 : 정의감에 호소하는 시민 불복종이 비폭력적일 필요는 없다. ✕

① ㄱ, ㄷ   ② ㄱ, ㄹ   ③ ㄴ, ㄹ
④ ㄱ, ㄴ, ㄷ   ⑤ ㄴ, ㄷ, ㄹ

 갑은 소로, 을은 롤스입니다. 소로는 양심을 시민 불복종의 근거로 보았으며, 롤스는 정의의 원칙에 위배되는 법과 정책이 시민 불복종의 대상이 된다고 보았습니다.

 ㄱ. 소로는 법에 대한 존경심보다 정의에 대한 존경심을 기르는 것이 바람직하다고 보았으며, 양심에 따라 행동할 것을 강조하였습니다. ㄷ. 롤스는 시민 불복종의 대상은 평등한 자유의 원칙과 기회 균등의 원칙에 위배되는 일부 부정의한 법과 정책으로 한정해야 한다고 보았습니다.

 ㄴ. 롤스는 시민 불복종이 법에 대한 충실성의 한계 내에서 행해져야 한다고 보았습니다. ㄹ. 롤스는 시민 불복종이 비폭력적이어야 한다고 보았습니다.

함정 피하기

ㄹ을 골랐다면 시민 불복종에 대한 이해가 부족한 것입니다. 시민 불복종의 정당화 조건에는 공개성, 최후의 수단, 행위 목적의 정당성, 비폭력성, 처벌의 감수 등이 있습니다.

171 시민 불복종에 대한 소로의 입장 파악　　　정답 ④

문제 분석 제시문은 시민 불복종을 강조한 소로의 주장입니다. 소로는 정의롭지 못한 정부에는 불복종해야 한다고 보았습니다.

정답 찾기 ④ 소로는 한 사람 한 사람이 양심에 따라 행동할 때 그들이 속한 사회나 국가도 더 나아질 수 있다고 주장하였습니다. 그는 단체에는 양심이 없다고 보았으며 양심적인 사람들이 모인 단체가 양심을 가진 단체가 된다고 여겼습니다.

오답 피하기 ① 소로는 불의한 법이 있다면 즉시 어겨야 한다고 주장하였습니다. ② 소로는 단 한 사람이라도 불의의 법을 어기는 것은 의미가 있다고 보았습니다. ③ 소로는 불의한 정부를 더 나은 정부로 만들어야 한다고 보았으며 무정부주의를 추구해야 한다고 주장하지 않았습니다. ⑤ 소로는 우리 모두는 국민이기보다 먼저 한 인간이어야 한다고 주장하였습니다.

172 시민 불복종에 대한 롤스의 입장 파악　　　정답 ③

문제 분석 제시문은 롤스의 시민 불복종에 대한 내용입니다. 롤스에 따르면 거의 정의로운 사회에서 시민들은 현존 체제를 받아들여야 할 의무를 가지며, 법과 제도가 부정의한 정도에 따라 시민 불복종은 정당화될 수 있지만 체제의 정당성과 시민 불복종의 위법성은 달라지지 않습니다.

정답 찾기 ③ 롤스는 시민 불복종을 규정하는 조건들을 법에의 충실성의 한도 내에서 정의로운 체제의 안정성을 유지하기 위한 방도를 세우는 방식으로 채택해야 한다고 주장하였습니다.

오답 피하기 ① 롤스는 시민 불복종이 도덕적으로는 옳은 행위이지만, 법적으로는 위법한 행위라고 보았습니다. ② 롤스는 시민 불복종은 법에 대한 충실성의 한계 내에서 행해져야 한다고 보았습니다. ④ 롤스는 시민 불복종은 부정의를 시정하기 위한 최후의 수단이라고 보았습니다. ⑤ 롤스는 시민 불복종이 어느 정도 정의로운 국가 내에서 그 체제의 합법성을 인정하고 받아들이는 시민들에 의해서만 생겨나며, 부정의한 법이나 정부 정책에 변혁을 가져올 목적으로 행해져야 한다고 보았습니다.

173 시민 불복종에 대한 마틴 루서 킹의 입장 이해　　　정답 ②

문제 분석 제시문은 마틴 루서 킹의 주장입니다.

정답 찾기 ② 마틴 루서 킹은 흑인들의 인권 신장을 위해 노력하였으며, 그 과정에서 잘못된 법률에 저항하는 시민 불복종의 필요성을 강조하였습니다. 그는 공정하지 못한 법이나 정책을 교정하기 위해 노력해야 한다고 주장했습니다.

오답 피하기 ① 마틴 루서 킹은 국가의 법이나 정책이 언제나 정의로울 수는 없으며, 부당한 것은 교정하기 위해 노력해야 한다고 보았습니다. ③ 마틴 루서 킹에 따르면, 부당한 법에 대해서는 위반할 수 있습니다. ④ 마틴 루서 킹은 국가의 법이나 정책이 국민의 정당한 권리를 침해해서는 안 된다고 보았습니다. ⑤ 마틴 루서 킹은 시민 불복종이 개인의 사적 이익을 얻기 위함이 아니라, 부당한 법이나 정책을 바로잡기 위한 것이라고 주장했습니다.

174 롤스와 로크의 입장 비교　　　정답 ②

문제 분석 갑은 롤스, 을은 로크입니다. 롤스는 정의롭지 못한 법과 정책에 대해 시민 불복종을 행사할 수 있다고 보았고, 로크는 제 역할을 다하지 못하는 국가 권력에 대해서 저항할 수 있다고 보았습니다.

정답 찾기 ② 롤스는 시민 불복종은 공공 연설과 같이 신중하고 양심적인 정치적 신념의 표현인 청원의 한 형태로 공개석상에서 이루어져야 한다고 주장하였습니다.

오답 피하기 ① 롤스는 시민 불복종이 위법 행위이긴 하지만 사회 정의 실현에 기여하므로 도덕적으로 정당화될 수 있다고 보았습니다. ③ 로크는 국가가 해야 할 역할을 제대로 하지 못하고 국민의 생명과 자유, 재산을 침해하게 되면 국민이 저항할 수 있다고 주장하였습니다. ④ 로크는 명시적 동의는 물론이고 묵시적 동의를 통해서도 준법의 의무가 생긴다고 보았습니다. ⑤ 롤스와 로크는 통치자가 절대 권력을 가져야 한다고 보지 않았습니다.

175 시민 불복종에 대한 소로와 롤스의 입장 비교　　　정답 ③

문제 분석 갑은 소로, 을은 롤스입니다. 소로는 정부의 법과 정책이 부정의할 경우 위반할 것을 강조하였고, 롤스는 합법적인 수단을 통해 부정의한 법과 정책이 시정되지 않을 경우 최후의 수단으로 시민 불복종을 할 수 있다고 보았습니다.

정답 찾기 ③ 롤스는 어떤 법이나 정책이 평등한 자유의 원칙이나 기회균등의 원칙이 현저하게 위배될 때 시민 불복종을 행사할 수 있다고 주장하였습니다.

오답 피하기 ①,② 소로는 개인의 양심이 시민 불복종의 근거가 된다고 주장하였습니다. ④ 롤스는 개인의 양심이나 종교적 신념을 근거로 한 행위는 시민 불복종에 포함되지 않는다고 보았습니다. ⑤ 소로와 롤스는 모두 시민 불복종을 위법 행위로 보았으며 이로 인한 처벌은 감수해야 한다고 보았습니다.

12강 과학 기술과 윤리

핵심 개념 CHECK!

▶ 본문 104쪽

01 ○ 02 ○ 03 × 04 × 05 ○ 06 ○ 07 × 08 ○
09 ○ 10 ○ 11 × 12 ○ 13 × 14 ○ 15 × 16 ○
17 ○ 18 × 19 × 20 ○ 21 ○ 22 × 23 ○ 24 ×
25 × 26 ○ 27 ○ 28 × 29 ○ 30 × 31 × 32 ○
33 × 34 × 35 ○ 36 ○

○× 문장 바로 알기

01 과학 기술의 발달로 인간은 시공간적 제약에서 벗어날 수 있게 되었다.

02 과학 기술은 인간의 주체성을 약화시키고 비인간화 현상을 초래하기도 한다.

03 과학 기술 ~~지상주의~~ (혐오주의)는 과학 기술에 대한 근거 없는 두려움을 조장할 수 있다.

04 과학 기술 ~~혐오주의~~ (지상주의)는 과학 기술에 대한 비판적 성찰을 가로막을 수 있다.

05 과학 기술의 발달로 전자·정보 판옵티콘은 더욱 공고해질 수 있다.

06 과학 기술의 가치 중립성을 강조하는 사람들은 과학 기술 그 자체는 선도 악도 아니라고 본다.

07 과학 기술의 가치 중립성을 ~~부정~~ (강조)하는 입장에서는 사실과 가치의 영역을 명확하게 나눈다.

08 과학 기술의 가치 중립성을 부정하는 사람들은 과학 기술에 대한 윤리적 성찰이 필요하다고 본다.

09 과학 기술은 객관적 사실의 영역이므로 가치 판단과 무관하다는 입장을 가치 중립의 입장이라고 한다.

10 하이데거는 과학 기술의 가치 중립성을 강조하는 입장에 대해 비판하였다.

11 ~~하이데거~~ (야스퍼스)는 과학 기술에 가치 판단이 개입해서는 안 된다고 보았다.

12 야스퍼스는 기술을 수단으로 보고 과학 기술의 가치 중립성을 강조하였다.

13 과학 기술자는 연구 과정에서 ~~주관적 판단~~ (객관성과 확실성)을 바탕으로 이론을 체계화해야 한다.

14 과학 기술의 정당화 맥락에서는 가치 중립성을 확보하는 것이 요구된다.

15 과학 기술의 개발은 인간의 존엄성 구현과 삶의 질 향상이라는 윤리적 목적과 ~~무관하다~~ (연결된다).

16 과학 기술은 정당화 과정을 거치면서 객관적 타당성이 있는 지식으로 확립된다.

17 과학 기술의 연구 목적을 설정하고, 연구 결과를 현실에 활용하는 과정에서는 과학 기술자의 가치가 개입될 수밖에 없다.

18 과학 기술이 미치는 영향력은 그것을 사용하는 사람들에게 한정~~되어 있다~~ (되지 않는다).

19 요나스는 ~~현재가 아니라 미래의 위험만을~~ (현재뿐만 아니라 미래의 위험까지) 고려해야 한다고 보았다.

20 요나스는 생태계 전체를 예방적 책임 대상에 포함시켜야 한다고 보았다.

21 요나스는 과학 기술에 대한 인간의 반성을 촉구하였다.

22 요나스는 ~~세대 간 호혜성의 원칙에 따라~~ (현세대가 다가올) 미래 세대를 책임져야 한다고 보았다.

23 과학 기술자의 책임은 내적 책임과 외적 책임으로 구분할 수 있다.

24 과학 기술자의 ~~내적~~ (외적) 책임은 연구 결과의 사회적 활용에 대한 책임이다.

25 과학 기술자는 ~~자료를 위조해서라도 사회적 책임을 다~~ (과학 기술 연구 윤리를 준수)해야 한다.

26 과학 기술자는 자신의 연구가 사회에 미칠 영향력을 인식하여 사회적 책임을 다하는 외적 책임을 져야 한다.

27 오펜하이머는 과학 연구 결과의 활용과 관련된 책임은 그것을 활용하는 사람이 져야 한다고 보았다.

28 오펜하이머는 과학적 발견 자체는 가치 중립적 영역이므로 사회적 책임의 대상이 아니라고 주장하였다.

29 하이젠베르크는 과학 연구 결과에 대한 과학 기술자의 사회적 책임을 강조하였다.

30 하이젠베르크는 과학 기술을 ~~윤리적 관점에서 평가해서는 안 된다~~ (에 대한 비판적 접근이 필요하다)고 본다.

31 과학 기술과 관련한 사회적 책임까지 강조하는 입장에서는 과학의 영역이 가치 중립적 영역이~~라~~ (아니라)고 본다.

32 요나스는 과학 기술 시대에 걸맞은 책임 윤리를 새롭게 확립해야 한다고 주장하였다.

33 요나스는 ~~책임을 과거 행위에 대한 소급적 영역으로 한정해야~~ (자신의 행위에 대한 소급적 책임뿐만 아니라 예견적 책임도 져야) 한다고 보았다.

34 요나스는 인간과 ~~자연은 공존을 위해 서로를 책임져야 한다~~ (만이 책임을 질 수 있는 존재라고)고 보았다.

35 시민들은 과학 기술의 사용 방향에 대한 선택과 결정에 적극적으로 참여해야 한다.

36 요나스에 따르면 책임질 수 있는 능력은 책임져야 한다는 당위로 연결된다.

▶ 본문 106~109쪽

176 ②	**177** ②	**178** ⑤	**179** ①	**180** ②	**181** ③
182 ⑤	**183** ④	**184** ④	**185** ③	**186** ④	**187** ④
188 ①	**189** ③	**190** ②	**191** ②		

176 과학 기술의 가치 중립성에 대한 입장 이해 정답 ②

문제 분석 (가)는 과학 기술에 주관적 가치가 개입되어서는 안 된다고 주장하므로 과학 기술의 가치 중립성을 강조하는 입장입니다. (나)의 ㉠에는 '객관적인 지식과 그 활용 과정에는 주관적 가치가 개입되어서는 안 된다.'가 들어가야 합니다.

정답 찾기 ② '모든 지식은 활용의 맥락에서 주관적 도덕 판단을 요구한다.'는 것은 과학 기술의 가치 중립성을 부정하는 입장의 근거에 해당합니다. 따라서 ㉠에 대한 반론의 근거로 적절합니다.

오답 피하기 ①, ③, ④, ⑤ 과학 기술의 가치 중립성을 강조하는 입장의 근거로 적절한 진술입니다.

177 과학 기술의 가치 중립성에 대한 입장 이해 정답 ②

문제 분석 그림의 수업 장면은 여학생의 주장을 대전제, 소전제, 결론의 형식으로 재구성한 삼단논법을 보여줍니다. 소전제 ㉠에는 '과학 기술의 연구 개발은 가치 중립적인 것이다.'가 들어가야 합니다.

정답 찾기 ② 소전제 ㉠에 대한 반론은 '과학 기술의 연구 개발은 가치 중립적이지 않다.' 즉 과학 기술의 가치 중립성을 부정하는 입장이 되어야 합니다. 따라서 과학 기술의 연구 목표를 설정할 때 가치 판단이 개입된다는 주장은 소전제 ㉠에 대한 반론으로 적절합니다.

오답 피하기 ①, ③, ④, ⑤ 소전제 ㉠에 찬성하는 입장(과학 기술의 가치 중립성을 강조하는 입장)의 근거에 해당합니다.

178 과학과 윤리의 관계 이해 정답 ⑤

문제 분석 갑은 과학이 윤리적 평가의 대상이 되어야 한다는 입장입니다. 반면 을은 과학 연구 활동은 윤리적 평가의 대상이 아니며 그 연구 결과의 활용이 윤리적 평가의 대상이라고 보는 입장입니다.

정답 찾기 ⑤ 갑의 입장에만 해당합니다. 을은 과학 연구 활동과 그 결과의 활용을 분리하여 평가해야 합니다고 봅니다.

오답 피하기 ① 갑은 과학이 윤리적 평가의 대상이라고 주장하므로 과학이 도덕적 가치와 연관된다고 봅니다. ② 을은 과학 연구 활동과 달리, 과학 연구 결과의 활용은 윤리적 평가의 대상이라고 봅니다. ③ 갑은 과학이 인간과 사회에 해악을 줄 가능성에 주목하고 있습니다. ④ 을은 과학 연구 활동은 윤리적 평가의 대상이 아니라고 봅니다.

179 과학과 윤리의 관계 이해 정답 ①

문제 분석 제시문은 과학을 사회·문화적 맥락에서 이해해야 한다고 주장함으로써 과학의 가치 중립성을 부정하고 있습니다.

정답 찾기 ㄱ. 제시문의 입장에서 긍정의 대답을 할 질문입니다. 제시문은 과학의 발전이 사회의 요구나 가치를 반영하고 있음을 강조합니다. ㄴ. 제시문의 입장에서 긍정의 대답을 할 질문입니다. 제시문은 위험과

불확실성이 증대될수록 과학자와 일반 대중이 함께하는 공동체가 필요함을 강조합니다.

오답 피하기 ㄷ. 제시문의 입장에서 부정의 대답을 할 질문입니다. 제시문은 과학에 사회 집단의 정치적 관계나 가치관 등이 반영될 수밖에 없다고 봅니다. ㄹ. 제시문의 입장에서 부정의 대답을 할 질문입니다. 제시문은 과학 관련 논의에서 과학자뿐만 아니라 일반 대중도 함께해야 한다고 봅니다.

180 과학 기술의 가치 중립성에 대한 입장 이해 정답 ②

눈으로 보는 **해설**

(가)의 갑, 을의 입장을 (나) 그림으로 탐구할 때, A~C에 해당하는 적절한 질문만을 〈보기〉에서 있는 대로 고른 것은?

(가)	갑 : 과학 기술을 연구하고 활용하는 존재는 인간이다. 따라서 과학 기술과 윤리적 가치는 분리하여 생각할 수 없다. 과학 기술자는 과학 기술의 계속적인 발전을 위해, 연구하고 활용하는 전 단계에서 과학 기술을 인간의 삶과 불가분의 영역으로 보아야 한다. → 과학 기술의 가치 중립성 부정 을 : 과학 기술은 본질적으로 객관적 사실을 전제로 한다. 과학 기술이 객관성을 확보하지 못하면 과학 기술의 지속적인 발전은 가로막힌다. 따라서 과학 기술자는 연구에서 활용의 단계에 이르기까지 항상 객관적 태도를 유지하고, 과학 기술의 독립적 영역을 지켜 나가야 한다. → 과학 기술의 가치 중립성 긍정

〈보기〉
ㄱ. A : 과학 기술의 지속적인 발전의 필요성을 인정하는가? ○
ㄴ. B : 과학 기술은 가치 판단으로부터 자유로워야 하는가? 갑:부정 을:긍정
ㄷ. B : 과학 기술은 활용의 단계에서 가치 중립적이어야 하는가? 갑:부정 을:긍정
ㄹ. C : 과학 기술 분야의 독립성 유지를 위해 노력해야 하는가? ○

① ㄱ, ㄷ ② ㄱ, ㄹ ③ ㄴ, ㄹ
④ ㄱ, ㄴ, ㄷ ⑤ ㄴ, ㄷ, ㄹ

문제 분석 갑은 과학 기술과 윤리적 가치는 분리될 수 없으며, 과학 기술이 인간의 삶과 밀접한 관계에 있다고 주장합니다. 반면 을은 과학 기술의 객관성 확보를 강조하며, 과학 기술의 독립적 영역을 유지해야 합니다고 주장합니다.

정답 찾기 ㄱ. 갑, 을 모두 긍정의 대답을 할 질문입니다. 갑, 을은 모두 과학 기술의 지속적인 발전이 필요하다고 봅니다. ㄹ. 을이 긍정의 대답을 할 질문입니다. 을은 과학 기술의 독립적 영역을 지켜 나가야 한다고 봅니다.

오답 피하기 ㄴ, ㄷ. 갑은 부정, 을은 긍정의 대답을 할 질문입니다. 갑은 과학 기술과 윤리적 가치는 분리될 수 없다고 봅니다. 반면 을은 과학 기술의 객관성 확보를 강조하며, 과학 기술자가 연구에서 활용의 단계에 이르기까지 항상 객관적 태도를 유지해야 한다고 봅니다.

함정 피하기

ㄴ이나 ㄷ을 골랐다면 갑, 을의 과학 기술의 가치 중립성에 대한 입장이 헷갈렸기 때문입니다. 갑은 과학 기술의 가치 중립성을 부정하며, 을은 과학 기술의 가치 중립성을 옹호하는 입장입니다. 과학 기술의 가치 중립성을 옹호하는 입장은 과학 기술의 객관성 확보를 강조하며, 과학 기술이 가치 판단으로부터 자유로울 것을 강조합니다.

181 과학 기술에 대한 입장 파악   정답 ③

문제 분석 그림의 강연자는 하이데거입니다. 하이데거는 과학 기술을 가치 중립적 도구로만 보게 될 경우 인간이 기술에 종속당할 것이라고 보았다.

정답 찾기 ③ 하이데거는 과학 기술을 가치 중립적인 것으로 고찰하여 무방비 상태가 된다면 인간이 오히려 과학 기술에 조종당하는 상황이 올 수 있다고 경고하였습니다.

오답 피하기 ①, ②, ④ 하이데거는 과학 기술에 대한 가치 판단과 윤리적 성찰이 필요하다고 보았습니다. ⑤ 하이데거는 과학 기술을 감추어져 있는 존재의 모습을 드러내 주는 수단이라고 보았습니다.

182 과학 기술의 성과와 윤리적 문제 이해   정답 ⑤

문제 분석 제시문의 '나'는 과학 기술의 긍정적 측면과 부정적 측면을 모두 고려하여 긍정적 측면은 발전시키고 부정적 측면에 대해서는 비판적 자세를 가져야 한다고 봅니다. 그런데 '어떤 사람들'은 과학 기술 지상주의의 입장으로 과학 기술의 발전을 지나치게 낙관적으로 봅니다.

정답 찾기 ⑤ 과학 기술 지상주의는 과학 기술이 갖는 부정적 측면을 간과하고, 인간의 반성적 사고 능력을 훼손할 수 있다는 문제점을 지닙니다.

오답 피하기 ① 과학 기술 지상주의는 과학 기술의 가치와 성과를 인정합니다. ② 과학 기술 지상주의는 과학 기술이 인류가 당면한 문제를 해결할 수 있다고 봅니다. ③ 과학 기술 지상주의는 과학 기술의 유용성이라는 긍정적 측면을 강조합니다. ④ 과학 기술 지상주의는 과학 기술의 발전에 대해 낙관적 입장이다.

183 과학 기술의 가치 중립성에 대한 입장 이해   정답 ④

문제 분석 갑은 과학 기술이 단지 객관적 지식의 발견과 활용을 목적으로 하기 때문에 가치 중립적이라고 봅니다. 반면 을은 과학 기술에는 어떤 목적이나 의도가 개입되어 있으므로 가치와 연결되어 있다고 봅니다.

정답 찾기 ④ 과학 기술을 가치 중립적으로 보는 입장은 사실과 가치의 영역을 명확하게 나누고, 사실을 다루는 과학 기술과 가치를 다루는 윤리는 엄격하게 구분되므로 과학 기술은 가치 판단으로부터 자유로워야 한다고 봅니다. 즉 과학 기술이 가치로부터 독립적임을 강조합니다. 따라서 갑의 입장에 비해 을의 입장은 X는 낮음, Y는 높음, Z는 낮음에 해당합니다.

오답 피하기 ①, ②, ③, ⑤ 갑의 입장에 비해 을의 입장이 갖는 상대적 특징에 해당하지 않습니다.

184 과학자의 책임에 대한 입장 비교   정답 ④

문제 분석 갑, 을은 모두 과학이 가치 중립적이지 않으며, 과학자는 연구 과정에서 연구 윤리를 준수해야 한고 봅니다. 하지만 갑은 과학자가 연구 과정에서의 내적 책임만 져야 한다고 보는 데 반해 을은 과학자가 연구 과정에서의 내적 책임뿐만 아니라 연구 결과가 미칠 사회적 영향을 인식하여 사회적 책임까지 져야 한다고 봅니다.

정답 찾기 ④ 갑은 과학자의 내적 책임을, 을은 과학자의 내적 책임과 사회적 책임을 모두 인정합니다. 따라서 '과학자에게 내적 책임과 더불어 사회적 책임도 부과해야 하는가?'가 토론의 핵심 쟁점으로 적절합니다.

오답 피하기 ① 갑, 을 모두 동의하는 내용으로 토론의 핵심 쟁점이 아닙니다. ② 갑, 을 모두 동의하지 않는 내용으로 토론의 핵심 쟁점이 아닙니다. ③ 갑은 과학자의 내적 책임을, 을은 과학자의 내적 책임과 더불어 사회적 책임을 인정하므로 토론의 핵심 쟁점이 아닙니다. ⑤ 갑, 을 모두 동의하는 내용으로 토론의 핵심 쟁점이 아닙니다.

185 과학자의 책임에 대한 입장 이해   정답 ③

문제 분석 제시문은 과학자에게 연구와 실험 자체에 대한 책임만 있을 뿐 연구와 실험의 결과가 사회에 미칠 영향에 대한 책임은 없다는 입장입니다.

정답 찾기 ㄴ. 제시문의 입장에서 긍정의 대답을 할 질문입니다. 제시문은 과학자에게 외적 책임이 없다고 봅니다. ㄷ. 제시문의 입장에서 긍정의 대답을 할 질문입니다. 제시문은 과학자에게 입증된 방법으로 연구와 실험을 진행할 책임이 있다고 봅니다.

오답 피하기 ㄱ. 제시문의 입장에서 부정의 대답을 할 질문입니다. 제시문은 과학적 발견의 활용에 대한 책임은 과학자의 몫이 아니라고 봅니다. ㄹ. 제시문의 입장에서 부정의 대답을 할 질문입니다. 제시문은 과학자에게 외적 책임이 없다고 봅니다.

186 과학자의 책임에 대한 입장 이해   정답 ④

고난도 평가원 기출   함정

①	②	③	❹	⑤
29.9%	9.1%	7%	41.3%	7.6%

🔍 눈으로 보는 해설

다음 글의 갑~정 중 적어도 세 명이 부정의 대답을 할 질문만을 〈보기〉에서 있는 대로 고른 것은?

> 과학자의 윤리적 책임은 내적 책임과 외적 책임으로 구분할 수 있다. 내적 책임은 연구 과정 자체에만 한정된 책임이며, 외적 책임은 연구 결과의 사회적 활용에 대한 책임이다. 따라서 논리적으로 다음과 같은 네 명의 입장이 가능하다. *한 사람만 긍정의 대답을 하거나 모두가 부정의 대답을 할 질문을 고르면 된다.*

	내적 책임	외적 책임
갑	있음	있음
을	있음	없음
병	없음	있음
정	없음	없음

〈보기〉

ㄱ. 과학자는 자료를 위조해서라도 사회적 책임을 다해야 하는가? → 병만 긍정

ㄴ. 과학자는 모든 책임에서 면제되어 자유롭게 연구해야 하는가? → 정만 긍정

ㄷ. 과학자는 연구 자체만이 아니라 사회적 부작용도 책임져야 하는가? → 갑만 긍정

ㄹ. 과학자는 어떠한 경우에도 연구 과정에서 표절을 해서는 안 되는가? → 갑, 을 긍정

① ㄱ, ㄴ   ② ㄱ, ㄹ   ③ ㄷ, ㄹ
④ ㄱ, ㄴ, ㄷ   ⑤ ㄴ, ㄷ, ㄹ

문제 분석 갑은 과학자의 내적 책임과 외적 책임을 모두, 을은 내적 책임만을, 병은 외적 책임만을 인정하는 입장입니다. 한편 정은 과학자의 내적 책임과 외적 책임을 모두 부정하는 입장입니다.

정답 찾기 ㄱ. 병만이 긍정의 대답을 할 질문입니다. ㄴ. 정만이 긍정의 대답을 할 질문입니다. ㄷ. 갑만이 긍정의 대답을 할 질문입니다.

오답 피하기 ㄹ. 갑, 을이 긍정의 대답을 할 질문으로, 병, 정은 부정의 대답을 할 질문에 해당합니다.

💣 함정 피하기

①을 골랐다면 〈보기〉 ㄷ이 적어도 세 명이 부정의 대답을 할 질문임을 파악하지 못한 것입니다. ㄷ은 과학자가 내적 책임만이 아니라 외적 책임도

187 요나스의 책임 윤리 이해　　　　　정답 ④

문제 분석 제시문은 요나스의 주장입니다. 요나스는 과학 기술이 발전한 시대에 새로운 책임 윤리를 확립해야 한다고 주장하였습니다.

정답 찾기 ④ 요나스는 칸트의 정언 명령을 생태학적 상황에 적용하는 새로운 명법을 제시하였습니다. "A이면 B하라."는 가언 명령이므로 새로운 명법으로 옳지 않습니다.

오답 피하기 ①, ②, ③, ⑤ 요나스의 입장에 해당합니다. 요나스는 과학 기술이 초래한 부정적인 영향에 주목해야 한다고 보았으며, 사후적 책임뿐만 아니라 과학 기술의 발전이 먼 미래에 끼치게 될 결과를 예측하여 책임져야 한다는 사전적 책임도 강조하였습니다.

188 요나스의 책임 윤리 이해　　　　　정답 ①

문제 분석 제시문은 요나스의 주장입니다. 요나스는 인간 중심적 전통 윤리는 도덕적 통제력을 상실해 '윤리적 공백'을 초래했다고 보았습니다. 이러한 문제를 해결하기 위해 요나스는 책임의 범위를 자연과 미래 세대까지 확장할 것을 주장하였습니다.

정답 찾기 ㄱ. 요나스가 긍정의 대답을 할 질문입니다. 요나스는 자신의 행위에 대한 소급적 책임뿐만 아니라 예견적 책임도 져야 한다고 보았습니다. ㄴ. 요나스가 긍정의 대답을 할 질문입니다. 요나스는 과학 기술을 무비판적으로 수용해서는 안 되며, 부작용에 대해 비판적으로 성찰해야 한다고 보았습니다.

오답 피하기 ㄷ. 요나스가 부정의 대답을 할 질문입니다. 요나스는 칸트의 정언 명법을 수용해 자신의 존재론적 책임 이론에 맞게 새로운 생태학적 정언 명법을 제시하였습니다. ㄹ. 요나스가 부정의 대답을 할 질문입니다. 요나스는 과학 기술의 긍정적인 영향보다 부정적인 영향에 주목해야 한다고 보았습니다.

189 과학 기술에 대한 입장 파악　　　　　정답 ③

문제 분석 갑은 베이컨, 을은 야스퍼스, 병은 요나스입니다. 베이컨은 과학 기술의 발전으로 불가능했던 많은 일들이 가능해질 것이며, 인류의 행복과 번영이 증대될 것이라고 봅니다. 야스퍼스는 기술 자체는 선도 악도 아니라고 보면서 과학 기술의 가치 중립성을 강조합니다. 요나스는 기존의 전통적 윤리관으로는 과학 기술 시대에 발생하는 문제를 해결하는 데 한계가 있다고 보면서 윤리적 책임의 범위를 확대해야 한다고 주장합니다.

정답 찾기 ③ 요나스는 과학 기술 문명이 인간을 포함한 생태계를 위험에 빠뜨릴 수 있다고 봅니다.

오답 피하기 ① 베이컨은 과학 기술이 가져다줄 긍정적 측면에 주목하고 있습니다. ② 야스퍼스는 과학 기술 자체는 가치 중립적이라고 주장하므로 도덕적 평가의 대상이 아니라고 볼 것입니다. ④ 베이컨과 야스퍼스는 과학 기술의 발전을 전면 거부해야 한다고 보지 않습니다. ⑤ 요나스는 과학 기술의 영향력이 점차 확장되고 있다고 보면서, 과학 기술에 대한 적절한 통제가 필요하다고 주장하였습니다.

190 과학자의 책임에 대한 입장 이해　　　　　정답 ②

문제 분석 (가)는 과학자가 사회적 책임을 져야 한다는 입장입니다. (나)의 ㉠에는 (가)의 입장에서 과학자는 과학적 지식 그 자체만을 추구해야 하며, 연구 결과에 대한 사회적 책임은 없다는 주장에 대한 반론이 들어가야 합니다.

정답 찾기 ② (가)의 입장에서는 (나)의 주장에 대해 "과학자에게 연구 결과의 활용에 대한 책임이 있음을 모르고 있다."라고 반론할 수 있습니다.

오답 피하기 ① (가)는 과학의 영역이 가치 중립적인 영역이 아니라는 입장입니다. ③ (나)의 주장은 과학자가 과학적 지식 그 자체만 추구해야 한다는 입장입니다. ④ (나)의 주장은 과학자에게는 연구 결과에 대한 사회적 책임이 없지만, 연구 결과를 활용한 사람에게는 사회적 책임이 있다는 입장입니다. ⑤ (가)는 과학자가 자신의 연구 결과가 미칠 사회적 영향을 인식하여 사회적 책임을 다해야 한다는 입장입니다.

191 과학자의 책임에 대한 입장 이해　　　　　정답 ②

문제 분석 갑은 하이젠베르크이고, 을은 오펜하이머입니다. 하이젠베르크는 과학 기술자가 인간 공동체의 차원에서 행동해야 하므로 자신의 연구 결과에 대해 책임을 져야 한다고 봅니다. 반면 오펜하이머는 과학 기술자가 연구 개발에만 충실하고 연구 개발의 사회적 활용에 대해서는 책임을 질 필요가 없다고 주장합니다.

정답 찾기 ② 하이젠베르크는 과학 기술의 가치 중립성을 인정하는 입장을 비판하면서, 과학 기술자는 연구 결과 활용에 대해 사회적 책임을 져야 한다고 봅니다.

오답 피하기 ① 과학 기술의 가치 중립성을 인정하는 입장에서 강조할 내용입니다. ③ 오펜하이머도 정보 조작을 해서는 안 된다는 데 동의할 것입니다. ④ 하이젠베르크는 과학 기술을 도덕적 관점에서 평가해야 한다고 봅니다. ⑤ 하이젠베르크는 과학 기술자가 자신의 연구 결과에 대해 사회적 책임을 다해야 한다는 입장입니다.

핵심 개념 CHECK!

▶ 본문 112쪽

01 ○	02 ×	03 ○	04 ×	05 ○	06 ○	07 ○	08 ×
09 ○	10 ×	11 ○	12 ○	13 ○	14 ○	15 ×	16 ×
17 ○	18 ×	19 ○	20 ×	21 ×	22 ○	23 ○	24 ×
25 ○	26 ○	27 ×	28 ○	29 ×	30 ○	31 ○	32 ○
33 ×	34 ○	35 ×	36 ×				

○|× 문장 바로 알기

01 저작권 보호론은 정보와 그 산물을 개인의 사유 재산으로 간주해야 한다고 본다.

02 ~~저작권 보호론~~은 양질의 정보 생산을 위해 정보 복제에 제약이 없어 정보 공유 권리론 야 한다고 본다.

03 저작권 보호론은 정보 창작자의 노력에 경제적 보상을 제공하여 창작 의욕을 높여야 한다고 본다.

04 ~~저작권 보호론~~은 모든 저작물을 인류가 생산한 정보와 지식을 활용하 정보 공유 권리론 여 구성된 공공재로 본다.

05 저작권 보호론은 정보 생산에 필요한 시간과 비용에 대하여 대가를 지불해야 한다고 본다.

06 정보 공유 권리론은 정보와 그 산물을 인류가 함께 누려야 할 자산으 로 본다.

07 정보 공유 권리론은 저작물에 관한 과도한 권리 행사가 정보 격차에 따른 불평등을 발생시킨다고 본다.

08 ~~정보 공유 권리론~~은 정보의 소유권 보장이 정보의 지속적 발전을 촉 저작권 보호론 진한다고 본다.

09 정보 공유 권리론은 정보를 공유할 때 정보의 질적인 발전이 가능하 다고 본다.

10 정보 공유 권리론은 저작권 보호론에 비해 정보의 공유재적 성격을 ~~부정한다.~~ 긍정

11 정보 공유 권리론과 저작권 보호론은 공통적으로 양질의 정보를 생산 하고자 하는 취지를 가지고 있다.

12 정보 윤리의 기본 원칙 중 책임의 원칙은 익명성으로 인한 비윤리적 행위를 막기 위한 것이다.

13 스피넬로(Spinello, R.)는 정보 윤리의 기본 원칙으로 자율성, 해악 금 지, 선행, 정의를 제시하였다.

14 정보 기술의 발달로 쌍방향 의사소통이 활발해졌다.

15 사이버 폭력은 시공간의 제약~~으로 인해 일상적으로 발생하기는 어렵~~ 을 받지 않고 일상적으로 발생할 수 있다. ~~다.~~

16 ~~사생활~~ 침해란 저작권법에 의해 배타적으로 보호되는 저작물을 무단 저작권 으로 이용하여 저작권자의 권리를 침해하는 행위를 말한다.

17 정보 통신 기술의 발전은 대중들의 정치 참여 기회의 확대에 기여한 다.

18 사이버 공간의 익명성은 반성적 성찰의 기회를 ~~증가시켜~~ 무책임한 행 없애 동을 ~~방지하도록 돕는다.~~ 방조하게 한다

19 매체란 정보를 시공간적으로 이동시키는 수단을 말한다.

20 뉴 미디어는 송수신자가 동시에 ~~참여해야만~~ 정보를 교환할 수 있다는 참여하지 않고도 특징을 지닌다.

21 뉴 미디어를 통한 개인 정보의 공개는 알 권리를 ~~충족시키면서 인격~~ 시킬 수 있지만 인격권의 침해로 이어질 수 있다. ~~권의 침해 가능성을 낮춘다.~~

22 국민의 알 권리는 헌법에 명시된 행복 추구권을 보장하는 데 필요하다.

23 알 권리를 주장하는 사람들은 사생활 보호가 공익을 위해 제한될 수 있다고 주장한다.

24 인격권에는 저작자가 자신의 저작에 관해 갖는 권리인 ~~성명권~~이 있다. 저작 인격권

25 매체가 발달하면서 자신과 관련된 정보의 유통 과정 전체를 개인이 통제하는 정보의 자기 결정권이 강조되고 있다.

26 잊힐 권리를 주장하는 사람들은 개인에게 자기 정보가 공개되지 않도 록 통제할 수 있는 권리가 있어야 한다고 주장한다.

27 잊힐 권리를 주장하는 사람들은 잊힐 권리의 보장이 개인 정보 유출 및 사생활 침해 문제~~로 이어짐~~을 강조한다. 를 방지할 수 있음

28 뉴 미디어상에서의 표현의 자유에는 한계가 있다는 것을 인식해야 한 다.

29 매체는 공익이나 ~~국익과 무관하게~~ 국민의 알 권리를 보장하기 위해 에 어긋나지 않도록 유의하면서 표현의 자유에 충실해야 한다.

30 매체는 객관성과 공정성을 유지하기 위해 독립성을 유지해야 한다.

31 미디어 리터러시를 통해 정보를 올바르게 이해하고 표현할 수 있어야 한다.

32 밀은 옳은 의견뿐만 아니라 잘못된 의견일지라도 표현의 자유를 억압 해서는 안 된다고 보았다.

33 밀은 다른 사람에게 피해를 ~~주더라도~~ 개인은 최대한의 자유를 누릴 주지 않는 한 수 있다고 주장하였다.

34 정보 윤리 중 해악 금지의 원칙은 가상 공간에서 타인과 사회에 해를 끼치는 행동을 해서는 안 된다는 내용이다.

35 뉴 미디어는 송수신자 간에 ~~일방향~~ 정보 교환을 가능하게 한다. 쌍방향

36 다양한 매체 중 ~~전자책이~~ 뉴 미디어에 해당한다. 포괄적 융합 매체가

192 정보 소유와 관련된 윤리적 쟁점 이해   정답 ①

문제 분석 갑은 정보를 대동강의 강물과 같이 공유의 대상이라고 보는 정보 공유 권리론의 입장입니다. 반면 을은 정보를 물통 속의 물과 같이 매매의 대상이라고 보는 저작권 보호론의 입장입니다.

정답 찾기 ① 갑은 정보와 그 산물을 인류가 함께 누려야 할 자산으로 보아 정보의 공공적 가치를 강조하는 입장입니다.

오답 피하기 ② 정보의 사적 소유권을 강조하는 것은 을의 입장입니다. ③ 정보를 공유 자산이라고 주장하는 것은 갑의 입장입니다. ④ 을은 정보에 대한 소유권이 개인의 노력에 근거하여 발생한다고 보는 입장입니다. ⑤ 을은 정보를 생산한 자에게 경제적 보상을 제공하여 창작 의욕을 높여야 한다고 보는 입장입니다.

193 정보 소유와 관련된 윤리적 쟁점 이해   정답 ③

문제 분석 갑은 정보를 모두가 나누어야 할 공공의 소중한 자산이라고 보는 정보 공유 권리론의 입장입니다. 반면 을은 정보를 소유권을 인정해야 할 개인의 재산이라고 보는 저작권 보호론의 입장입니다.

정답 찾기 ③ 양질의 정보 생산을 위해 정보의 공유를 강조하는 것은 갑의 입장입니다.

오답 피하기 ① 갑은 저작물에 관한 과도한 권리 행사가 정보 격차에 따른 불평등을 발생시킨다고 보고, 정보의 공유가 사회 경제적 불평등의 완화에 기여한다고 보는 입장입니다. ② 을은 정보 소유권 보장이 정보 창작자의 창작 의욕을 높여 정보의 지속적 발전을 촉진한다고 보는 입장입니다. ④ 갑은 정보를 인류의 공유 자산으로, 을은 정보를 개인의 사유 재산으로 간주합니다. ⑤ 갑, 을은 정보 소유에 대한 입장은 다르지만, 정보가 삶의 질 향상에 이바지할 수 있다고 봅니다.

194 악성 댓글 문제에 대한 규제 방안 비교   정답 ①

문제 분석 갑은 악성 댓글 문제를 도덕규범의 자율적 내면화와 실천을 통해 해결해야 한다고 보면서 자율적 규제를 강조합니다. 반면 을은 악성 댓글 문제를 이를 규제할 수 있는 법과 제도를 통해 해결해야 한다고 보면서 제도적 규제를 강조합니다.

정답 찾기 ① 갑, 을은 '사이버 공간의 악성 댓글 문제 해결을 위해 제도적 규제가 필요한가?'에 대해 상반된 입장을 보이고 있으므로, 토론의 핵심 쟁점으로 적절합니다.

오답 피하기 ②, ③, ④ 갑, 을이 모두 인정하는 내용이므로, 토론의 핵심 쟁점으로 적절하지 않습니다. ⑤ 갑, 을은 사이버 공간과 현실에서 도덕규범이 동일하게 적용되는지에 대해 논의하고 있지 않습니다.

195 정보화와 계층 격차에 대한 입장 비교   정답 ③

문제 분석 제시문의 '나'는 정보화의 진전으로 계층 격차가 완화될 것이라고 본다. 그런데 '어떤 사람들'은 정보화의 진전이 사회 불평등을 해소시킬 것이라는 주장은 구호에 불과한 것이라고 봅니다.

정답 찾기 ③ '나'는 '어떤 사람들'에게 정보화가 진전되면서 특정 계층만이 정보를 누리는 정보 독점 현상이 줄어들게 된다는 점을 간과하고 있다고 말할 수 있습니다.

오답 피하기 ① 정보화가 사회 불평등을 해소시키기 어렵다고 보는 것은 '어떤 사람들'의 입장입니다. ② '나'는 '어떤 사람들'에게 정보화의 진전으로 계층 격차가 완화될 수 있다는 점을 간과하고 있다고 말할 수 있습니다. ④ '어떤 사람들'은 경제력에 따라 접근 및 이용할 수 있는 정보에 차이가 있다고 봅니다. ⑤ 산업 사회에서의 빈부 격차가 정보 사회에서 재생산될 수 있다고 보는 것은 '어떤 사람들'의 입장입니다.

196 정보 소유와 관련된 윤리적 쟁점 이해   정답 ⑤

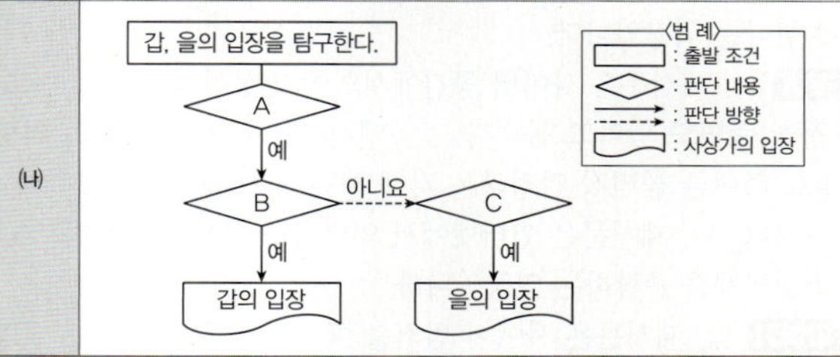

눈으로 보는 해설

(가)의 갑, 을의 입장을 (나) 그림으로 탐구할 때, A~C에 해당하는 적절한 질문을 〈보기〉에서 고른 것은?

(가)	갑 : 타인의 창작물을 무단으로 복제하여 정보 창작자에게 손해를 입히거나 이로부터 이득을 취하는 행위는 명백한 불법이다. 이는 양질의 정보 생산을 위해서도 금지해야 한다. 따라서 우리는 저작권을 보호해야 한다. 정보 사유론(저작권 보호론) 을 : 소프트웨어의 발전은 일종의 진화 과정과 같은 것이다. 소유권자가 존재한다는 것은 양질의 정보 생산 활동을 방해하며, 어떤 프로그램을 개발하려 할 때 무(無)에서 시작할 수밖에 없게 만든다. 따라서 우리는 정보를 공유해야 한다. 정보 공유론
(나)	[흐름도: 갑, 을의 입장을 탐구한다. → A (예) → B (아니요 → C) → B(예) 갑의 입장 / C(예) 을의 입장] 〈범례〉 출발 조건 / 판단 내용 / 판단 방향 / 사상가의 입장

〈보기〉
ㄱ. A : 정보 창작자의 배타적 권리를 보장하는 것은 잘못인가? → 갑이 부정
ㄴ. B : 양질의 정보를 생산할 수 있는 환경을 조성해야 하는가? → 갑, 을 모두 부정
ㄷ. B : 정보의 자유로운 복제는 정보의 생산 활동을 저해하는가? ○
ㄹ. C : 정보와 그 산물을 인류가 함께 누려야 할 자산으로 보는가? ○

① ㄱ, ㄴ ② ㄱ, ㄷ ③ ㄴ, ㄷ ④ ㄴ, ㄹ ⑤ ㄷ, ㄹ

문제 분석 갑은 저작권 보호론, 을은 정보 공유 권리론의 입장입니다.

정답 찾기 ㄷ. 갑은 긍정, 을은 부정의 대답을 할 질문입니다. 갑은 창작물을 무단으로 사용하는 것이 정보를 생산하는 데 방해가 된다고 봅니다. 반면 을은 정보 소유권자가 존재한다는 것이 오히려 정보의 생산 활동을 방해한다고 봅니다. ㄹ. 을이 긍정의 대답을 할 질문입니다. 을은 정보와 그 산물을 인류가 함께 누려야 할 자산으로 보아 모두가 공유해야 한다는 입장입니다.

오답 피하기 ㄱ. 갑이 부정의 대답을 할 질문입니다. 갑은 정보와 그 산물을 개인의 사유 재산으로 간주하여 지적 재산권을 보호해야 한다는 입장입니다. ㄴ. 갑, 을 모두 긍정의 대답을 할 질문입니다. 갑, 을은 모두 양질의 정보를 생산할 수 있는 환경을 조성해야 한다고 봅니다.

함정 피하기

ㄱ이나 ㄴ을 골랐다면 갑, 을의 정보 공유론에 대한 입장이 헷갈렸기 때문입니다. 갑은 카피라이트의 입장으로 저작권을 보호하는 것을 강조하는 입장이며, 을은 카피레프트의 입장으로 정보 공유론을 옹호하는 입장입니다. 저작권 보호를 강조하는 입장은 저작권 보호가 정보 창작자의 배타적 권리를 보장하며, 양질의 정보를 생산할 수 있는 환경을 조성한다고 주장합니다.

197 정보 사회에서의 정보 격차 문제 이해   정답 ②

문제 분석 제시된 신문 사설은 정보를 인간이 생활하는 데 필수적인 요소라고 보면서, 정보 격차 문제를 해결하기 위한 방안을 마련할 것을 강조

합니다. 정보 격차는 정보 사회에서 정보에 접근할 기회와 활용 능력의 차이 등으로 인해 사회 구성원들 간에 경제적·사회적 불균형이 발생하는 현상을 의미합니다.

정답 찾기 ② ㉠에는 정보 격차를 완화하기 위해 노력해야 한다는 내용이 들어가는 것이 적절합니다.

오답 피하기 ① ㉠에 들어갈 내용으로 적절하지 않습니다. 정보 사유화는 정보 격차를 더욱 심화시킬 우려가 있습니다. ③ 시민의 사생활 보호는 제시된 신문 사설의 내용과 관련이 없습니다. ④ ㉠에 들어갈 내용으로 적절하지 않습니다. 제시된 신문 사설은 정보 소외 계층에 대한 정부의 대책 마련을 강조합니다. ⑤ 책임의 분산 문제는 제시된 신문 사설의 내용과 관련이 없습니다.

198 사이버 공간에서의 익명성에 대한 입장 이해 　　정답 ④

문제 분석 제시문은 사이버 공간에서의 익명성이 긍정적 측면이 있지만, 무책임한 언행과 심각한 범죄의 원인이 되기 때문에 인터넷 실명제를 실시해야 한다는 입장입니다.

정답 찾기 ㄱ. 제시문은 사이버 공간에서의 익명성이 긍정적 측면도 있지만 부정적 측면도 있다고 봅니다. ㄷ. 제시문은 사이버 공간의 익명성이 사람들로 하여금 심리적 안정감을 갖게 하여 의사소통을 원활하게 해 준다고 봅니다. ㄹ. 제시문은 인터넷에서 익명성을 활용하지 못하도록 하는 인터넷 실명제를 주장하는 입장입니다.

오답 피하기 ㄴ. 제시문은 사이버 범죄를 예방하기 위해 인터넷 실명제와 같은 사회 제도가 필요하다고 봅니다.

199 사이버 폭력에 대한 평가 파악 　　정답 ①

문제 분석 갑은 공리주의자 벤담으로 공리의 원리를 강조하고 있습니다. 〈문제 상황〉의 A는 같은 반 친구인 K를 흉보는 글을 SNS에 올리려고 하고 있습니다.

정답 찾기 ① 공리주의는 사회 전체의 행복을 증진하거나 고통을 감소시키는 행위를 옳은 행위라고 봅니다. 따라서 벤담의 입장에서 볼 때, 사회적 고통의 총량을 최소화하는 것은 바람직한 행위입니다.

오답 피하기 ② 공리주의는 동기나 선의지보다 결과를 중시합니다. ③ 공리주의는 유용성을 강조합니다. 보편타당한 정언 명령에 따라 행동할 것을 강조하는 것은 칸트의 입장입니다. ④ 공리주의는 사회적 효용을 증가시키는 행위를 바람직한 행위라고 봅니다. ⑤ 공리주의는 타인의 이익보다 자신의 이익을 우선 고려할 것을 강조하지 않습니다.

200 혐오표현과 국가 규제에 대한 입장 비교 　　정답 ②

문제 분석 갑은 정보에 대한 접근은 자유로워야 하지만 생산과 유통은 국가가 규제해야 한다고 봅니다. 따라서 국가가 혐오표현을 규제할 책무가 있다고 주장합니다. 반면 을은 정보에 대한 접근은 물론 생산과 유통도 개인의 자율에 맡겨야 한다고 봅니다. 따라서 국가가 혐오표현을 규제할 일률적 기준을 마련할 수 없다고 주장합니다.

정답 찾기 ② 갑은 국가가 혐오표현의 유해성에 대한 법적 기준을 정해야 한다고 봅니다.

오답 피하기 ① 갑은 정보에 대한 접근은 자유로워야 한다고 봅니다. ③ 을은 정보에 대한 접근은 물론 생산과 유통도 개인의 자율에 맡겨야 한다고 봅니다. ④ 을은 정보의 접근, 생산 및 유통에 대해 국가가 규제하는 것에 반대합니다. ⑤ 을은 혐오표현에 대한 국가 규제는 표현의 자유를 침해하는 것이라고 봅니다.

201 정보 리터러시에 대한 입장 비교 　　정답 ④

문제 분석 갑은 정보 리터러시를 정보 접근 및 수용 능력으로 이해하는 반면 을은 정보 접근 및 수용 능력 이외에도 정보 생산 능력까지 포함하여 이해합니다. 한편 갑, 을은 모두 정보 약자에게 정보 복지가 보장되어야 한다고 주장합니다.

정답 찾기 ④ 을은 정보 격차가 주로 정보 생산 능력의 차이 때문에 발생한다고 봅니다. 따라서 정보 약자가 정보 생산에서 소외되지 않도록 해야 한다고 주장합니다.

오답 피하기 ① 갑은 정보 약자에게 정보 접근 및 수용 능력을 제공하는 정보 복지를 주장합니다. ② 정보 격차의 주된 원인을 정보 생산력의 차이로 보는 것은 을의 입장입니다. ③ 을은 정보 접근 및 수용 능력은 물론 정보 생산 능력까지 제공하는 정보 복지를 주장합니다. ⑤ 을은 정보 리터러시를 정보 접근 및 수용 능력뿐 아니라 정보 생산 능력까지 포함한 것으로 봅니다.

202 잊힐 권리와 알 권리에 대한 입장 이해 　　정답 ②

문제 분석 갑은 자신이 원하지 않는 정보를 삭제할 수 있는 '잊힐 권리'의 보장을 강조합니다. 반면 을은 사람들이 알아야 할 정보라면 삭제를 금지할 수 있는 '알 권리'의 보장을 강조합니다.

정답 찾기 ㄱ. 갑은 개인 정보를 비롯하여 자신이 공개되기를 원하지 않는 민감한 정보들이 많은 사람에게 공개되지 않도록 통제할 수 있는 잊힐 권리를 주장합니다. ㄷ. 을은 사생활일지라도 시장 선거에 필요한 정보와 같이 공익을 위한 것이라면 제한될 수 있다고 주장합니다.

오답 피하기 ㄴ. 잊힐 권리 보장이 알 권리 침해로 이어질 수 있음을 강조하는 것은 을의 입장입니다. ㄹ. 자기 정보에 대한 배타적 관리권이 절대적임을 강조하는 것은 갑의 입장입니다. 을은 잊힐 권리보다 알 권리가 우선되어야 함을 강조합니다.

203 표현의 자유와 한계에 대한 입장 이해 　　정답 ②

문제 분석 가상 대담 속 남자는 표현의 자유를 강조하면서 소수의 의견도 존중해야 한다고 봅니다. ㉠에는 소수의 의견이 옳지 않더라도 존중해야 하는 이유가 들어가야 합니다.

정답 찾기 ② 표현의 자유를 침해하면 진리를 명확하게 확인할 기회를 놓칠 수 있습니다. 비록 소수의 의견이 옳지 않더라도 논쟁을 펼치는 과정에서 기존의 진리가 지닌 가치와 의의를 재확인할 수 있습니다.

오답 피하기 ① 다수의 의견이라고 무조건 복종하는 것은 옳지 않습니다. ③ 모두가 동의한다고 해서 언제나 옳은 것은 아닙니다. ④ 다수의 의견이라도 오류가 있을 수 있으므로 진리의 표준은 아닙니다. ⑤ 사회적 유용성을 이유로 표현의 자유를 제한해서는 안 됩니다.

204 잊힐 권리와 알 권리 이해 　　정답 ④

문제 분석 제시문의 '나'는 잊힐 권리를 주장하고 있습니다. 그런데 '어떤 사람들'은 시민의 알 권리를 기본권으로 간주하면서 개인의 사생활 보호가 공익을 위해 제한될 수 있다고 봅니다.

정답 찾기 ④ '나'는 '어떤 사람들'과 달리 잊힐 권리를 인격권을 보장하는 요소로 간주합니다. 따라서 '나'는 '어떤 사람들'에게 자기 정보 통제를 통한 인격권의 보호가 중요함을 간과하고 있다고 말할 수 있습니다.

오답 피하기 ① '어떤 사람들'은 시민의 알 권리가 기본권에 해당한다고 봅니다. ② '어떤 사람들'은 잊힐 권리가 절대적인 것이라고 강조하지 않습니다. ③ '어떤 사람들'은 잊힐 권리 보장이 알 권리 침해로 이어질 수 있다고 봅니다. ⑤ 개인의 사생활 보호는 공익을 위해 제한될 수 있다고 보는 것은 '어떤 사람들'의 입장입니다.

205 뉴 미디어의 발달에 따른 윤리적 문제 이해   정답 ⑤

문제 분석 뉴 미디어의 발달에 따른 윤리적 문제에 대해 갑은 법률적 대응, 을은 기술적 대응, 병은 윤리적 대응이 필요하다고 봅니다. 따라서 갑은 타율적 규제, 을은 기술의 개발, 병은 자율적 규제를 통해 문제를 해결해야 한다고 주장합니다.

정답 찾기 ⑤ 병은 갑에 비해 자율적인 윤리의 실천을 강조합니다.

오답 피하기 ① 갑은 자율적 규제가 아닌 타율적 규제인 법률적 대응을 중시합니다. ② 을은 문제 해결을 위해 기술적 대응을 중시합니다. ③ 법률적 대응을 통해 문제를 해결할 것을 강조하는 것은 갑입니다. ④ 자율성을 바탕으로 문제를 해결할 것을 강조하는 것은 병입니다.

206 미디어 리터러시 이해   정답 ②

문제 분석 ㉠은 미디어 리터러시(media literacy)입니다. 미디어 리터러시는 매체가 형성하는 현실을 비판적으로 읽어 내면서 매체를 제대로 사용하고 바람직하게 표현하는 능력을 말합니다.

정답 찾기 ㄱ, ㄷ. 미디어 리터러시는 단순히 매체를 사용할 수 있는 능력이 아니라, 자신이 찾아낸 정보의 가치를 제대로 평가하기 위해 모든 사용자에게 필요한 비판적 사고 능력입니다. 정보 소비자들은 매체가 제공하는 정보를 비판적·능동적으로 받아들여야 합니다.

오답 피하기 ㄴ. 정보 소비자들은 매체가 제공하는 정보의 진위와 진실성을 판단하여 수용해야 합니다. ㄹ. 정보에는 거짓 정보가 포함되어 있거나 저작권이 있을 수 있으므로 이를 고려해야 합니다.

207 밀이 강조한 표현의 자유 이해   정답 ⑤

눈으로 보는 해설

다음 사상가의 입장만을 〈보기〉에서 있는 대로 고른 것은? ┌ 밀

> 어떤 생각을 억압한다는 것이 심각한 문제가 되는 가장 큰 이유는, 그런 행위가 현세대뿐만 아니라 미래의 인류에게까지, 그 의견에 찬성하는 사람은 물론이고 반대하는 사람에게까지 강도질을 하는 것과 같은 악을 저지르는 셈이 되기 때문이다. …… 이런 이유에서 사람들이 자유롭게 자기 의견을 가지고, 또 그 의견을 자유롭게 표현할 수 있지 않으면 안 된다. 그러나 다른 사람들이 옳지 못한 행동을 하도록 하는 데 직접적인 영향을 끼칠 수 있는 상황이라면, 의견의 자유도 무제한적으로 허용될 수는 없다. 어떤 종류의 행동이든 정당한 이유 없이 다른 사람에게 해를 끼치는 것은 강압적인 통제를 받을 수 있으며, 사안이 심각하다면 반드시 통제해야 한다.

〈보기〉
ㄱ. 소수의 의견이 진리이고 다수의 의견이 오류일 수는 <del>없다.</del> ✕
ㄴ. 개인의 자유가 타인에게 해를 끼칠 때에는 제한될 수 있다. ○
ㄷ. 잘못된 의견일지라도 자신의 의견을 표현할 수 있어야 한다. ○
ㄹ. 표현의 자유를 침해하는 것은 진리를 찾을 기회를 잃게 한다. ○

① ㄱ, ㄴ   ② ㄱ, ㄷ   ③ ㄴ, ㄹ
④ ㄱ, ㄷ, ㄹ   ⑤ ㄴ, ㄷ, ㄹ

문제 분석 제시문은 밀의 입장입니다. 밀은 다른 사람에게 피해를 주지 않는 한 개인은 최대한의 자유를 누릴 수 있다고 주장하였습니다.

정답 찾기 ㄴ. 밀은 자유를 제한할 수 있는 경우는 오직 타인에게 해악을 끼치는 경우라고 강조하였습니다. ㄷ. 밀은 누구나 자유롭게 자신의 의견을 표현할 수 있어야 하며, 옳은 의견뿐만 아니라 잘못된 의견일지라도 표현의 자유를 억압해서는 안 된다고 보았습니다. ㄹ. 밀은 표현의 자유를 침해하게 되면 진리를 찾을 기회를 잃거나 진리를 명확하게 드러낼 기회를 놓칠 수 있다고 주장하였습니다.

오답 피하기 ㄱ. 밀은 소수의 의견이 진리이고 다수의 의견이 오류일 수 있다고 보았습니다.

★ 함정 피하기

ㄱ을 골랐다면 밀의 표현의 자유에 대한 이해가 부족하기 때문입니다. 밀은 인간이란 항상 잘못 판단하고 행동하는 불완전한 존재이므로 토론을 막아서는 안 되며 자기와 다른 생각도 용납해야 한다고 주장하였습니다.

핵심 개념 CHECK!

▶ 본문 120쪽

01 ×	02 ○	03 ×	04 ○	05 ×	06 ○	07 ×	08 ○
09 ○	10 ×	11 ×	12 ×	13 ○	14 ○	15 ×	16 ○
17 ×	18 ○	19 ×	20 ○	21 ○	22 ○	23 ○	24 ×
25 ○	26 ○	27 ×	28 ○	29 ×	30 ○	31 ○	32 ○
33 ×	34 ×	35 ○	36 ×				

○|× 문장 바로 알기

01 동양에서는 전통적으로 자연을 ~~인간의 목적을 달성하기 위한 수단~~으로 여겼다.
　　→ 상의와 화해의 대상

02 유교에서는 인간이 자연을 본받아 다른 존재와 타인에게 인(仁)을 실천해야 한다고 본다.

03 ~~유교~~에서는 연기적(緣起的) 관점에서 자연을 이해해야 한다고 본다.
　　→ 불교

04 유교에서는 하늘을 인간이 따라야 할 도덕적 규범의 근원이라고 본다.

05 ~~유교~~에서는 인드라망처럼 우주와 인간이 한 몸으로 연결되어 있다고 본다.
　　→ 불교

06 불교에서는 만물이 원인과 조건에 의해 생멸(生滅)한다고 본다.

07 ~~불교~~에서는 인간과 자연이 조화를 이루는 천인합일(天人合一)의 경지를 지향한다.
　　→ 유교

08 도가에서는 자연을 목적이 없는 무위(無爲)의 체계로 파악한다.

09 노자에게 자연이란 '스스로 그러함', '인위적인 것에서 벗어난 상태'를 의미한다.

10 장자는 '천지는 나와 함께 살고 만물은 나와 더불어 하나'라는 ~~자타불이(自他不二)~~를 주장하였다.
　　→ 물아일체

11 베이컨은 ~~자연 안의 어떠한 존재도 수단으로 대해서는 안 된다~~고 보았다.
　　→ 자연을 인간을 위한 도구라고

12 베이컨은 ~~자연의 내재적 가치를~~ 이해하여 자연을 지배해야 한다고 주장하였다.
　　→ 을 인간을 위한 도구라고

13 데카르트에 따르면 자연은 영혼이 없는 물질이나 기계에 불과하다.

14 칸트는 인간만이 도덕적 의무를 실천할 능력을 소유한다고 보았다.

15 칸트는 ~~어떠한 경우에도 동물을 목적으로 대우해야 한다고 주장하였다.~~
　　→ 동물을 목적으로 대우하는 입장이 아니다.

16 칸트는 식물을 보존하는 것이 간접적 의무로 성립 가능하다고 보았다.

17 온건한 인간 중심주의는 ~~자연이 인간을 위한 수단적 가치로만 존재한다고 본다.~~
　　→ 자연 속에서 생활하는 인간의 삶을 위해 자연을 존중해야 한다고 본다

18 레건은 도덕적 고려의 대상을 인간으로 한정하지 말아야 한다고 주장하였다.

19 레건은 쾌고 감수 능력을 지닌 존재 모두를 도덕적 존중의 대상으로 ~~삼았다.~~
　　→ 삼는 것은 잘못이라고 보았다.

20 레건은 경제적 효용성의 관점으로만 동물의 가치를 평가해서는 안 된다고 보았다.

21 레건은 내재적 가치를 지닌 모든 동물은 동등하게 존중받을 권리가 있다고 보았다.

22 싱어는 개체가 쾌고 감수 능력을 지녀야만 도덕적 고려의 대상이 된다고 보았다.

23 싱어는 종의 차이만으로 도덕적 지위에 차별을 두어서는 안 된다고 주장하였다.

24 ~~싱어는~~ 삶의 주체인 동물의 권리를 의무론의 관점에서 존중해야 한다고 보았다.
　　→ 레건은

25 싱어는 인간만이 자기 행위에 대해 책임질 수 있는 삶의 주체라고 보았다.

26 슈바이처에 따르면 모든 생명은 살고자 하는 의지를 지니고 있으며 그 자체로 신성하다.

27 테일러는 ~~전체론적~~ 관점에서 도덕적 고려의 범주를 설정해야 한다고 보았다.
　　→ 개체론

28 테일러는 모든 생명체는 내재적 가치를 지니므로 도덕적 고려의 대상이라고 주장하였다.

29 테일러는 ~~도덕적 행위 능력 유무가 도덕적 고려 대상의 설정 근거라고~~ 보았다.
　　→ 가 아니라고

30 테일러는 인간이 다른 생명체보다 본래적으로 우월한 존재는 아니라고 보았다.

31 테일러는 인간에게 생명 공동체에 대한 불간섭의 의무가 있다고 주장하였다.

32 레오폴드에 따르면 자연은 그 자체로 도덕적으로 존중받을 가치가 있다.

33 레오폴드는 ~~생태계 안정에 기여하더라도 무생물은 도덕적 고려 대상이 아니라고~~ 보았다.
　　→ 무생물도 도덕적 고려 대상으로

34 레오폴드는 ~~생태계 전체의 유기적 관계와 균형보다 개체로서의 생명의 가치를~~ 중시하였다.
　　→ 개체로서의 생명의 가치보다 생태계 전체의 유기적 관계와 균형을

35 네스는 생태계의 모든 존재가 평등한 권리를 누려야 한다고 주장하였다.

36 네스는 기존의 세계관이 생명 중심적 평등을 ~~지나치게 증시한~~다고 비판하였다.
경시한다

기출+예상 문제로 주제 정복하기 ▶ 본문 122~127쪽

208 ①	209 ③	210 ④	211 ④	212 ⑤	213 ①
214 ②	215 ⑤	216 ①	217 ④	218 ②	219 ②
220 ⑤	221 ④	222 ①	223 ④	224 ①	225 ⑤
226 ③	227 ③	228 ③	229 ②		

208 불교와 도가의 자연관 비교 정답 ①

문제 분석 (가)는 불교, (나)는 도가 사상입니다.

정답 찾기 ㄱ. 불교는 모든 존재와 현상은 원인과 조건에 의해 생멸(生滅)한다고 보고 자연 만물의 상호 의존성을 강조합니다. ㄴ. 도가는 자연을 인위적인 가치와 목적과는 무관한 무위(無爲)의 체계라고 봅니다.

오답 피하기 ㄷ. 자연의 순리에 따르는 삶을 강조하는 것은 도가입니다. ㄹ. 불교와 도가는 모두 인간과 자연의 엄격한 분리가 아니라 조화와 합일을 추구합니다.

209 유교와 도가의 하늘에 대한 관점 이해 정답 ③

고난도 평가원 기출

①	② 함정	❸	④	⑤
1%	20%	66%	4%	6%

눈으로 보는 해설

(가), (나) 사상의 입장에 대한 설명으로 가장 적절한 것은?

(가)	본래의 마음[心]을 완전히 발휘할 수 있다면 그 본성[性]이 무엇인지 알 수 있다. 본성이 무엇인지 알 수 있다면 하늘이 무엇인지[天命]도 알 수 있다. → 유교
(나)	사람은 땅을 법칙으로 삼고 땅은 하늘을 법칙으로 삼는다. 하늘은 도(道)를 법칙으로 삼고 도는 자연(自然)을 법칙으로 삼는다. → 도가

① (가)는 하늘이 ~~인간 이외의~~ 만물에 대해서만 관심을 가진다고 본다. ×
② ~~(나)는~~ 하늘이 부여한 도덕적인 가치가 만물 속에 내재한다고 본다. ×
(가)는
③ (가)는 (나)와 달리 하늘이 만물에 법칙을 주는 최고 존재라고 본다. ○
④ (나)는 (가)와 달리 ~~하늘이~~ 만물 위에 존재하는 절대 원리라고 본다. ×
도가
⑤ (가), (나)는 하늘이 만물의 운명을 주재하는 ~~인격적~~ 존재라고 본다. ×

문제 분석 (가)는 유교, (나)는 도가 사상입니다. 유교는 하늘을 인간이 따라야 할 도덕적 규범이며, 시비를 구분하는 절대적 기준이라고 봅니다. 반면 도가는 하늘을 자연 그 자체로서 파악하며, 선악이나 시비와는 직접적인 관련이 없다고 봅니다.

정답 찾기 ③ 유교는 하늘이 만물에 법칙을 부여하는 최고 존재라고 보는 데 반해, 도가는 도를 만물의 근원이며 절대적 원리라고 봅니다.

오답 피하기 ① 유교는 하늘이 인간의 일에 관심을 갖고 개입한다고 봅니다. ② 도가는 하늘이 도덕적 가치를 만물에 부여했다고 보지 않습니다. ④ 도가는 하늘이 아니라 도를 절대적 원리라고 봅니다. ⑤ 하늘을 만물을 주재하는 인격적 존재로 보는 것은 유교입니다.

함정 피하기

②를 골랐다면 유교와 도가의 하늘에 대한 관점을 이해하지 못한 것입니다. 유교와 도가의 자연에 대한 관점(자연관)과 함께 하늘에 대한 관점(하늘관)을 묻는 문항이 출제될 수 있으므로 어떻게 다른지를 명확하게 정리해 두어야 합니다.

210 불교와 유교의 자연관 비교 정답 ④

문제 분석 (가)는 불교, (나)는 유교 사상입니다. 불교에서는 인연(因緣)과 공(空)을 강조하며, 유교에서는 하늘이 명한 성(性)을 따를 것을 강조합니다.

정답 찾기 ④ 만물이 무위(無爲)의 자연스러움을 따라야 함을 강조하는 사상은 도가입니다.

오답 피하기 ①, ② 불교는 자연 만물에 고정된 실체가 없다고 보며, 살아 있는 모든 생명에 대한 존중과 자비의 실천을 강조합니다. ③ 유교는 하늘을 도덕 원리의 원천으로 간주합니다. ⑤ 불교와 유교는 모두 자연 만물이 상의와 화해의 관계에 놓여 있다고 봅니다.

211 도가와 유교의 자연관 비교 정답 ④

문제 분석 (가)는 도가, (나)는 유교 사상입니다. 도가는 무위자연을 추구하여 인간의 인위적인 의지나 욕구와 무관하게 존재하는 자연의 가치와 아름다움을 중시합니다. 유교는 인간과 자연이 조화를 이루는 천인합일(天人合一)의 경지를 지향합니다.

정답 찾기 ④ 유교에서는 하늘을 도(道)의 도덕적 표현으로서 인간이 본받아야 할 것이라고 봅니다.

오답 피하기 ① 도가 사상에서는 인간과 하늘을 상호 독립된 것으로 이해하지 않습니다. ② 유교 사상에서는 자연을 기계적인 존재가 아니라 살아 있는 유기체로 봅니다. ③ 도가에서는 자연이 아무런 목적이 없는 무위(無爲)의 체계로서 무목적의 질서를 담고 있다고 봅니다. ⑤ 연기적 관점에서 자연을 이해해야 한다고 보는 것은 불교입니다.

212 동서양의 자연관 비교 정답 ⑤

문제 분석 갑은 도가 사상가인 노자, 을은 인간 중심주의 사상가인 베이컨입니다. 노자는 자연을 본받고 따르는 것을 이상적인 삶이라 보았으며, 베이컨은 인간의 힘은 자연을 관찰하고 분석하여 얻어지는 지식을 통해 생겨난다고 보았습니다.

정답 찾기 ⑤ 자연을 인간의 필요를 위해 존재하는 물질적 대상으로 여긴 것은 베이컨의 입장입니다.

오답 피하기 ① 노자는 만물의 생성과 존재의 근원인 도가 궁극적으로 지향하는 것을 자연으로 보았습니다. ② 노자에 따르면 자연이란 '스스로 그러함', '인위적인 것에서 벗어난 상태'를 의미합니다. ③, ④ 베이컨은 '지식이 곧 힘'이라고 주장하였으며, 자연 과학적 지식을 활용하여 자연을 정복하고 인간의 물질적 혜택과 복지를 증진해야 한다고 보았습니다.

213 도가와 유교의 하늘에 대한 관점 비교 정답 ①

문제 분석 (가)는 도가, (나)는 유교 사상입니다.

정답 찾기 ㄱ. 도가에서의 하늘은 인간과 직접적인 관련이 없는 자연 그 자체를 의미합니다. ㄷ. 유교에서의 하늘은 인간이 지닌 선한 본성의 근거가 됩니다.

오답 피하기 ㄴ, ㄹ. 하늘에 대한 유교의 관점입니다. 유교는 하늘을 인간이 따라야 할 도덕규범의 원천이자 시비를 구분하는 절대적 기준이라고 보며, 하늘이 세상사에 관여해 인간의 운명을 주재한다고 봅니다.

214 도가와 불교의 자연관 비교   정답 ②

문제 분석 (가)는 도가, (나)는 불교 사상입니다. 도가에서는 자연을 아무런 목적이 없는 무위(無爲)의 체계로 봅니다. 불교에서는 우주와 인간이 한 몸으로 연결되어 있다는 연기적 세계관을 지향합니다.

정답 찾기 ② B에는 도가에서 긍정, 불교에서 부정의 대답을 할 질문이 들어가야 합니다. 자연 만물을 불성을 지닌 고귀한 존재로 보는 것은 불교입니다.

오답 피하기 ① 동양의 자연관은 인간과 자연을 조화와 화해의 관계로 파악합니다. ③ 자연이 무위의 원리에 의해 운행된다고 보는 것은 도가입니다. ④ 불교에서는 세계를 연기적 관점에서 파악하여 만물이 상호 의존한다고 봅니다. ⑤ 불교에서는 살아 있는 것을 죽이지 않는 불살생의 계율을 으뜸으로 강조합니다.

215 유교의 자연관 이해   정답 ⑤

문제 분석 (가)는 유교 사상입니다. '천지를 운용하는 원리는 나의 본성이 된다.'는 표현에서 인간의 선한 본성이 하늘로부터 온다는 유교의 성선설을 추론해 볼 수 있습니다.

정답 찾기 ⑤ 유교에서는 인간이 자연을 본받아 다른 존재와 타인에게 인(仁)을 실천해야 한다고 봅니다.

오답 피하기 ① 도가에서는 자연을 아무런 목적이 없는 무위(無爲)의 체계라고 봅니다. ② 불교에서는 그물의 구슬들이 서로를 비추어 주기에 빛이 나는 인드라망처럼 우주와 인간이 한 몸으로 연결되어 있다고 봅니다. 인드라망은 불법을 지키는 수호신인 제석천이 사용했다고 전해지는 그물망입니다. ③ 불교에서는 자연의 모든 존재가 연기에 따라 원인과 조건에 의해 생겨난다고 봅니다. ④ 불교에서는 너와 내가 둘이 아니라는 자타불이가 만물에 대한 자비를 낳게 한다고 봅니다.

216 레건, 칸트, 베이컨의 환경 윤리 비교   정답 ①

고난도 평가원 기출				
❶	②	③	④ 함정	⑤
46.9%	7.7%	9.2%	20.7%	11.2%

눈으로 보는 해설

(가)의 갑, 을, 병 사상가들의 입장을 (나) 그림으로 표현할 때, A~D에 해당하는 적절한 질문만을 〈보기〉에서 있는 대로 고른 것은?

(가)	갑 : 자연의 다른 존재를 위한 유용성과는 독립적으로, 쾌고(快苦)를 느끼며 목표를 위해 행위하는 삶의 주체는 비록 의무를 지닐 수 없다 해도 삶을 영위할 권리를 갖는다. → 레건 을 : 자연의 피조물이 이성을 갖지 않는다고 해서 잔인하게 다루면 안 된다. 그렇게 다룰 경우, 고통에 대해 공감을 일으키는 인간의 자연적 소질이 약화되기 때문이다. → 칸트 병 : 자연을 사냥해서 노예로 만들어 인간의 이익에 봉사하도록 해야 한다. 지식은 인간이 자연을 의도에 맞게 변형하여 자연에 대한 지배력을 강화하는 데 유용하다. → 베이컨

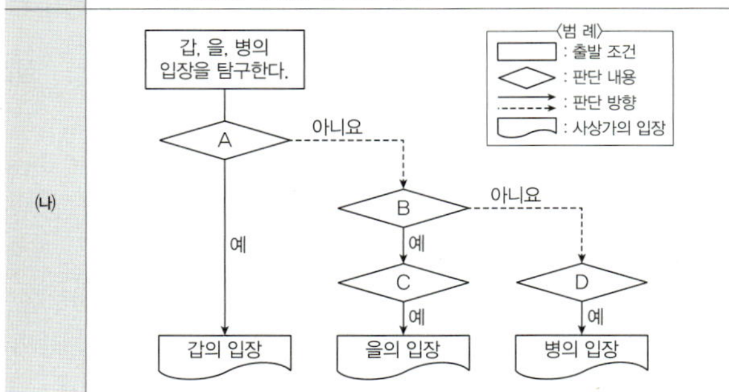

문제 분석 갑은 레건, 을은 칸트, 병은 베이컨입니다. 레건은 삶의 주체인 몇몇 동물들은 존중받아야 할 권리가 있다고 주장하였습니다. 칸트는 동물에 관한 의무를 인간성 실현을 위한 간접적 도덕적 의무로 보았습니다. 베이컨은 자연을 정복해 인간의 물질적 생활을 향상시키는 것을 과학의 목적으로 보았습니다.

정답 찾기 ㄱ. 레건은 긍정, 칸트와 베이컨은 부정의 대답을 할 질문입니다. 레건은 동물 권리론을 주장하면서 인간이 아닌 동물도 권리를 지닐 수 있다고 보았습니다. 칸트와 베이컨은 인간 중심주의 사상가로 인간만이 권리를 지닐 수 있다고 주장하였습니다. ㄷ. 칸트가 긍정의 대답을 할 질문입니다. 칸트는 이성적 존재인 인간만이 도덕적 의무를 실천할 능력을 지녔다고 보았습니다.

오답 피하기 ㄴ. 인간 중심주의 관점을 지닌 칸트, 베이컨 모두 부정의 대답을 할 질문입니다. ㄹ. 베이컨이 부정의 대답을 할 질문입니다. 베이컨은 자연을 수단적 가치로 이해하였습니다.

함정 피하기

④를 골랐다면 칸트가 ㄴ에 대해 긍정의 대답을 할 것이라고 잘못 파악한 것입니다. 칸트는 환경 윤리에서 인간 중심주의 입장에 해당합니다. 인간 중심주의에서는 인간을 제외한 자연을 모두 인간을 위한 수단적 존재로 여긴다는 점을 기억해 두어야 합니다!

217 칸트, 싱어의 환경 윤리 이해   정답 ④

문제 분석 갑은 칸트, 을은 싱어입니다. 칸트는 인간 중심주의, 싱어는 동물 중심주의 입장입니다.

정답 찾기 ④ 모든 생명체가 내재적 가치를 지니고 있다고 보는 것은 생명 중심주의 입장입니다.

오답 피하기 ①, ② 칸트에 따르면 동물을 학대하고 자연을 파괴하는 행위는 인간이 자신의 인간성을 타락시키는 행위로서, 이는 자신의 인간성을 지키고 고양해야 할 의무를 저버리는 행위입니다. ③ 싱어는 이익 평등 고려의 원칙에 따라 인간과 동물의 이익을 동등하게 고려해야 한다고 보았습니다. ⑤ 칸트와 싱어는 모두 인간이 도덕적 가치를 지닌 존재임을 인정합니다.

218 싱어와 칸트의 환경 윤리 이해   정답 ②

고난도 평가원 기출				
①	❷	③	④ 함정	⑤
3.1%	58.1%	4.2%	20%	13%

눈으로 보는 해설

서양 사상가 갑, 을의 입장에 대한 설명으로 옳은 것은

갑 → 싱어	자기가 속한 종(種)의 이익을 옹호하면서 다른 종의 이익을 배척하는 차별적 태도는 도덕적으로 정당화될 수 없다. 따라서 인간이 좀 더 나은 지적 능력을 소유하고 있다고 해서 쾌락과 고통을 느낄 수 있는 존재를 착취할 권한을 가질 수는 없다.

을 : 이성이 없지만 생명이 있는 동물들을 잔학하게 다루는 것은 인간의 자기 자신에 대한 의무에 어긋난다. 그리고 자연 중에 생명이 없지만 아름다운 것을 파괴하려는 성향도 인간의 자기 자신에 대한 의무에 어긋난다.

① 갑은 인간만이 아니라 모든 생명체가 동등한 가치를 지닌다고 본다. ×
② 을은 식물을 보존하는 것이 간접적인 의무로 성립 가능하다고 본다. ○
③ 갑은 을과 달리 동정심을 동물에 대한 도덕적 의무의 근거로 본다. ×
④ 갑, 을은 인간 이외 존재의 도덕적 지위도 인정해야 한다고 본다. ×
⑤ 갑, 을은 인간과 동물을 동등하게 대우하는 것이 도덕적이라고 본다. ×

문제 분석 갑은 싱어, 을은 칸트입니다. 싱어는 쾌락과 고통을 느끼는 존재를 차별해서는 안 된다고 주장하였으며, 칸트는 이성과 인격이 있는 존재만이 존엄성을 가지고 있다고 주장하였습니다.

정답 찾기 ② 칸트는 인간이 동물과 식물 자체를 존중하고 도덕적으로 배려해야 하는 직접적인 의무를 지지는 않지만, 동물과 식물이 인간과 관련되는 경우에는 간접적으로 고려할 수 있다고 보았습니다.

오답 피하기 ① 모든 생명체가 동등한 가치를 지닌다고 보는 것은 생명 중심주의 입장입니다. ③ 싱어는 동정심이 아니라 쾌고 감수 능력이 동물에 대한 도덕적 고려의 근거라고 보았습니다. ④, ⑤ 칸트는 인간 중심주의 입장입니다. 인간 중심주의는 인간 이외의 존재가 갖는 가치를 인간을 위한 수단으로서 인정합니다.

함정 피하기

④를 골랐다면 싱어와 칸트의 입장을 공통점과 차이점을 중심으로 제대로 이해하지 못한 것입니다. 인간 이외의 존재도 도덕적 지위를 갖고 있는지, 도덕적으로 고려해야 하는 대상의 범위가 어디까지인지 등에 대한 싱어와 칸트, 그리고 더 나아가 생명 중심주의와 생태 중심주의 입장을 명확하게 학습해 두어야 합니다.

219 레건, 싱어의 환경 윤리 비교   정답 ②

문제 분석 갑은 레건, 을은 싱어입니다.

정답 찾기 ㄱ. 레건과 싱어 모두 긍정의 대답을 할 질문입니다. 레건과 싱어는 도덕적 고려의 범위를 동물로 확대하는 동물 중심주의 입장으로, 탈인간 중심주의 관점에 해당합니다. ㄷ. 레건이 긍정의 대답을 할 질문입니다. 레건은 의무론의 관점에서 동물 권리론을, 싱어는 공리주의적 입장에서 동물 해방론을 주장하였습니다.

오답 피하기 ㄴ. 레건이 부정의 대답을 할 질문입니다. 레건은 비록 동물이 도덕적 행위 능력이 없더라도 삶의 주체로서 도덕적으로 존중받을 권리가 있다고 보았습니다. ㄹ. 싱어가 부정의 대답을 할 질문입니다. 전체론적 관점에서 생명 공동체의 안정을 추구하는 것은 생태 중심주의 입장에 해당합니다.

220 인간 중심주의 환경 윤리 이해   정답 ⑤

문제 분석 갑은 아리스토텔레스, 을은 아퀴나스, 병은 베이컨입니다. 아리스토텔레스, 아퀴나스, 베이컨은 모두 인간 중심주의를 대표하는 사상가들입니다.

정답 찾기 ⑤ 인간 중심주의는 도구적 자연관의 성격을 지닙니다. 도구적 자연관은 인간 이외의 모든 자연 존재의 가치를 오직 인간을 위한 수단으로서 인정합니다.

오답 피하기 ① 모든 생명체가 내재적 가치를 지니고 있다고 보는 것은 생명 중심주의입니다. ②, ③ 인간 중심주의에 따르면 인간만이 직접적인

도덕적 고려의 대상이며, 동물이나 식물 등 인간이 아닌 존재는 도덕적 고려의 대상이 아닙니다. ④ 인간만이 도덕적 행위의 주체라는 점에서 아리스토텔레스, 아퀴나스, 베이컨 모두 부정의 대답을 할 질문입니다.

221 칸트의 환경 윤리 이해   정답 ④

문제 분석 제시문은 칸트의 주장입니다. 칸트는 자율성과 이성적 능력을 지닌 인간만이 도덕적 행위의 주체라고 보았으며, 식물이나 동물을 함부로 다루는 행위가 인간성을 해친다고 주장하면서 이를 반대하였습니다.

정답 찾기 첫 번째 관점. 칸트는 이성을 지닌 인간만이 자율적인 도덕적 삶이 가능하다고 주장하였습니다. 세 번째 관점. 칸트는 자연에 대한 인간의 의무는 인간성을 위해 요청되는 간접적인 의무이며, 이성적 존재인 인간 상호 간의 의무만이 직접적인 의무라고 보았습니다. 네 번째 관점. 칸트는 자연을 무자비하게 파괴하고자 하는 성향은 다른 사람을 대하는 태도에도 영향을 미치므로 인간에 대한 의무를 거스르는 것이라고 보았습니다.

오답 피하기 두 번째 관점. 칸트는 인간 중심주의 입장에서 이성이 결여된 동물은 도덕의 주체가 될 수 없다고 보았습니다.

222 베이컨, 싱어의 환경 윤리 비교   정답 ①

문제 분석 갑은 인간 중심주의 사상가 베이컨, 을은 동물 중심주의 사상가 싱어입니다. 베이컨은 자연 과학적 지식을 활용하여 자연을 정복하고 인간의 물질적 혜택과 복지를 증진해야 한다고 보았습니다. 싱어는 자신이 속해 있는 종의 이익은 옹호하면서 다른 종의 이익을 배척하는 것을 종 차별주의로 규정하고 비판하였습니다.

정답 찾기 ㄱ. 베이컨은 자연의 본래적 가치를 인정하지 않고 자연을 인간을 위한 도구로 여깁니다. ㄷ. 싱어는 쾌고 감수 능력을 지닌 동물을 도덕적 고려 대상으로 삼습니다.

오답 피하기 ㄴ. 싱어는 고통을 느끼는 존재를 도덕적 고려의 대상으로 파악하기 때문에 식물의 이익은 고려하지 않습니다. ㄹ. 베이컨은 인간만을, 싱어는 고통을 느끼는 존재까지를 도덕적 고려의 대상으로 삼습니다. 따라서 식물의 생명을 위협하는 행위를 악한 행동으로 보지 않습니다.

223 칸트, 레건, 레오폴드의 환경 윤리 비교   정답 ④

문제 분석 갑은 칸트, 을은 레건, 병은 레오폴드입니다. 칸트는 인간 중심주의, 레건는 동물 중심주의, 레오폴드는 생태 중심주의 입장입니다.

정답 찾기 ㄱ. 칸트는 이성적 존재만이 목적으로 대우받아야 한다고 주장하였습니다. ㄴ. 유기체적 생명 공동체 자체가 도덕적 지위를 가진다는 주장은 레오폴드의 입장에만 해당합니다. 칸트는 인간만이, 레건은 삶의 주체인 일부 동물만이 도덕적 지위를 갖는다고 보았습니다. ㄹ. 동물 학대가 그른 주된 이유를 레건은 삶의 주체인 동물이 지닌 권리에서 찾고, 레오폴드는 동물이 대지 공동체의 구성원이라는 점에서 찾습니다.

오답 피하기 ㄷ. 칸트와 레오폴드의 공통 입장에 해당하지 않습니다. 칸트는 자연이 인간의 도덕적 감수성을 증진하는 데 이바지하기 때문에 인간이 자연을 폭력적으로 대해서는 안 된다고 주장하였습니다.

224 아퀴나스, 테일러, 레오폴드의 환경 윤리 비교   정답 ①

고난도 평가원 기출				
❶	②	③	④	⑤
22.6%	2.7%	8.6%	57%	6.3%

㈎의 갑, 을, 병의 입장을 ㈏ 그림으로 탐구할 때, A~D에 해당하는 적절한 질문만을 〈보기〉에서 있는 대로 고른 것은?

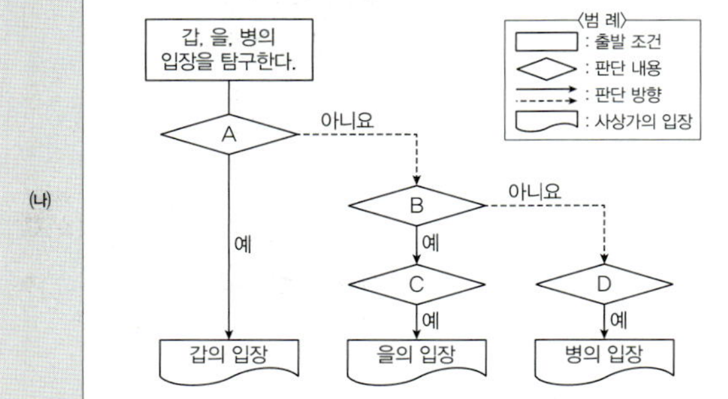

㈎
갑 : 동물을 이용하는 것이 자연법을 거스르는 것은 아니다. 하지만 인간이 동물의 고통에 동정심을 느낀다면 인간에게는 더 많은 동정심을 갖게 될 것이다. 이것이 바로 신의 뜻이다. → 아퀴나스

을 : 모든 생명체는 내재적 가치를 지니며 자기 보존을 위해 자신의 고유한 방식으로 각자의 선을 추구한다는 점에서 동등한 목적론적 삶의 중심이다. → 테일러

병 : 생명 공동체의 범위를 대지까지 확장시키기 위해서는 생태계를 경제적 관점뿐만 아니라 윤리적·심미적 관점으로도 살펴봐야 한다. → 레오폴드

〈보기〉
ㄱ. A : 인간은 다른 동물을 단지 수단으로만 취급해도 되는가? ○
ㄴ. B : 생명 없는 개체의 도덕적 가치를 존중하는 것은 불필요한가? ○
ㄷ. C : 생명 공동체 자체가 지닌 고유의 선을 고려해야 하는가? → 테일러 ×
ㄹ. D : 토양이 아닌 물[水]은 도덕 공동체의 범위에서 제외되는가? → 레오폴드 ×

① ㄱ, ㄴ ② ㄱ, ㄹ ③ ㄷ, ㄹ
④ ㄱ, ㄴ, ㄷ ⑤ ㄴ, ㄷ, ㄹ

문제 분석 갑은 아퀴나스, 을은 테일러, 병은 레오폴드입니다. 아퀴나스는 인간 중심주의, 테일러는 생명 중심주의, 레오폴드는 생태 중심주의 입장입니다.

정답 찾기 ㄱ. 아퀴나스는 긍정, 테일러와 레오폴드는 부정의 대답을 할 질문입니다. 아퀴나스는 신의 섭리에 따라 동물은 인간이 사용하도록 되어 있기 때문에 동물을 수단으로 이용해도 된다고 보았습니다. 반면 테일러는 모든 생명체는 동등한 목적론적 삶의 중심으로서 내재적 가치를 지닌다고 보았고, 레오폴드는 도덕 공동체의 범위를 식물, 동물, 토양, 물을 포함하는 대지까지 확대해야 한다고 주장하였습니다. ㄴ. 테일러는 긍정, 레오폴드는 부정의 대답을 할 질문입니다. 테일러는 생명 중심주의 입장으로, 생명이 있는 모든 개체가 지닌 도덕적 가치를 존중해야 한다고 보았습니다.

오답 피하기 ㄷ. 테일러가 부정의 대답을 할 질문입니다. 테일러는 생명 공동체 자체가 아닌 모든 개별 생명체가 고유의 선을 지닌다고 보았습니다. ㄹ. 레오폴드가 부정의 대답을 할 질문입니다. 레오폴드는 도덕 공동체의 범위를 토양, 물을 포함하는 대지까지 확대해야 한다고 보았습니다.

💣 **함정 피하기**

④를 골랐다면 환경 윤리에서의 개체론의 특징을 제대로 이해하지 못한 것입니다. 개체론은 전체를 이해할 때 부분들로 나누어 그 특성을 파악하고, 이를 다시 합하는 것으로 전체를 온전히 파악했다고 여깁니다. 테일러는 개별 생명체가 자체적으로 고유한 선을 지닌다고 보며, 테일러로 대표되는 생명 중심주의는 개체론적 환경 윤리에 해당합니다.

225 슈바이처의 환경 윤리 이해　　정답 ⑤

문제 분석 그림의 강연자는 생명 중심주의 사상가 슈바이처입니다. 슈바이처는 생명 외경 사상을 주장하였으며, 생명을 유지하고 고양하는 것은 선이고 생명을 파괴하고 훼손하는 것은 악이라고 보았습니다.

정답 찾기 ⑤ 슈바이처에 따르면 모든 생명은 살고자 하는 의지를 지니고 있으며 그 자체로 신성합니다.

오답 피하기 ① 생태 중심주의 입장에 해당합니다. ② 슈바이처는 생명 중심주의 입장으로, 인간 이외의 생명체인 동물, 식물까지도 도덕적 존중의 범위에 포함합니다. ③, ④ 인간 중심주의 입장에 해당합니다.

226 테일러, 네스, 레오폴드의 환경 윤리 이해　　정답 ③

문제 분석 갑은 테일러, 을은 네스, 병은 레오폴드입니다. 테일러는 생명 중심주의, 네스와 레오폴드는 생태 중심주의 입장입니다.

정답 찾기 ③ 네스와 레오폴드는 생태 중심주의의 대표적 사상가들입니다. 생태 중심주의는 무생물을 포함한 생태계 전체를 도덕적 고려의 대상으로 삼습니다.

오답 피하기 ① 테일러, 네스, 레오폴드 모두 인간을 도덕적 고려의 대상으로 파악하는 입장입니다. ② 생명 중심주의는 각 개체가 가지는 생명체의 도덕적 지위나 권리를 인정하고 이를 도덕적으로 배려하는 개체론에 해당합니다. 반면 생태 중심주의는 전체로서의 자연에 초점을 맞추는 전일론에 해당합니다. ④ 네스는 인간과 자연을 동일시함으로써 큰 자아실현을 이루어야 한다고 강조하였습니다. ⑤ 레오폴드는 전일론적 관점에서 도덕적 고려의 대상을 동물, 식물, 흙, 물까지 확대해야 한다고 주장하였습니다.

227 아리스토텔레스, 테일러, 레오폴드의 환경 윤리 이해　　정답 ③

문제 분석 갑은 아리스토텔레스, 을은 테일러, 병은 레오폴드입니다. 아리스토텔레스는 인간 중심주의, 테일러는 생명 중심주의, 레오폴드는 생태 중심주의 입장입니다.

정답 찾기 ㄴ. 아리스토텔레스는 인간 중심주의적 관점에서, 레오폴드는 생태 중심주의적 관점에서 자연을 바라봅니다. ㄷ. 테일러는 생명 중심주의 입장으로, 윤리적 고려 대상을 모든 생명체로 확대하였습니다. 반면 레오폴드는 생태 중심주의 입장으로, 윤리적 고려 대상을 무생물에게까지 확대하였습니다.

오답 피하기 ㄱ. 아리스토텔레스는 자연에 목적이 있다고 보는 목적론적 자연관을 가지고 있습니다. 기계론적 자연관은 자연을 목적이 없는 지배의 대상으로 보는 것입니다. ㄹ. 자연의 모든 존재가 도덕적 가치를 지닌다고 보는 것은 생태 중심주의 입장인 레오폴드에만 해당합니다.

228 싱어, 레오폴드의 환경 윤리 이해　　정답 ③

문제 분석 갑은 싱어, 을은 레오폴드입니다. 싱어는 동물 중심주의, 레오폴드는 생태 중심주의 입장입니다.

정답 찾기 ㄷ. 싱어는 인간을 포함해 쾌고 감수 능력을 지닌 동물을 도덕적 고려 대상으로 삼았습니다. 레오폴드는 쾌고 감수 능력을 지닌 동물뿐만 아니라 생태계를 이루는 무생물까지도 도덕적 고려의 대상으로 삼았습니다. ㄹ. 레오폴드는 생태 중심주의 입장에서 자연은 그 자체로 도덕적으로 존중받을 가치가 있다고 보았습니다.

오답 피하기 ㄱ. 싱어는 모든 동물이 아닌 쾌고 감수 능력을 지닌 동물을 평등하게 고려해야 한다고 주장하였습니다. ㄴ. 싱어와 레오폴드는 탈인간 중심주의에 해당하지만, 레오폴드는 전일론적 관점에서 생명 공동체 자체에 대한 존중을 강조하였습니다.

229 레오폴드, 테일러의 환경 윤리 비교   정답 ②

문제 분석 갑은 레오폴드, 을은 테일러이다. 레오폴드는 생태 중심주의, 테일러는 생명 중심주의 입장입니다.

정답 찾기 ② 생태 중심주의 입장에서 생명 중심주의 입장에 대해 무생물도 도덕적 고려의 대상으로 삼아야 함을 간과하고 있다고 비판할 수 있습니다.

오답 피하기 ① 생명 중심주의 입장에서 인간 중심주의나 동물 중심주의 입장에 대해 제기할 수 있는 비판입니다. 생명 중심주의는 모든 생명체가 그 자체로 도덕적 고려를 받아야 할 가치가 있다고 봅니다. ③ 생명 중심주의 입장에서 생태 중심주의 입장에 대해 제기할 수 있는 비판입니다. 생명 중심주의는 개체론의 관점에서 개별 생명체의 존재론적 가치를 강조합니다. ④ 생명 중심주의는 동물 이외의 식물까지도 도덕적 고려의 대상으로 삼아야 한다고 봅니다. ⑤ 자연에 대한 간접적 의무만을 강조하는 것은 인간 중심주의 입장에서 제기할 수 있는 비판입니다.

핵심 개념 CHECK!   ▶ 본문 130쪽

01 ○	02 ×	03 ○	04 ×	05 ○	06 ×	07 ○	08 ×
09 ○	10 ○	11 ×	12 ○	13 ×	14 ○	15 ○	16 ×
17 ×	18 ○	19 ○	20 ○	21 ×	22 ○	23 ○	24 ×
25 ○	26 ○	27 ×	28 ×	29 ○	30 ×	31 ○	32 ×
33 ○	34 ○	35 ○					

○|× 문장 바로 알기

01 오늘날 환경 문제는 자연을 오직 인간을 위한 수단으로 여기는 도구적 자연관에서 비롯되었다고 볼 수 있다.

02 ~~생명~~ 중심주의는 자연에 대한 인간의 지배를 정당화하여 오늘날 발생한 환경 문제의 원인으로 비판받기도 한다.
(인간)

03 베이컨은 자연을 인류의 복지를 위한 수단으로 보고 자연에 관한 지식의 활용을 강조하였다.

04 ~~테일러는~~ 자연을 단순한 물질 또는 기계로 파악함으로써 도덕적 고려의 대상에서 제외하였다.
(데카르트)

05 칸트는 자연을 도덕적으로 고려하는 인간의 의무는 간접적인 의무일 뿐이라고 보았다.

06 칸트는 자연 그 자체가 도덕적으로 존중받을 가치가 ~~있다~~고 보았다.
(없다)

07 오늘날 환경 문제는 국경을 초월하는 전 지구적인 문제이다.

08 오늘날 환경 문제는 장기간에 걸쳐 ~~발생하지만 책임 소재는 비교적 명확하다.~~
(하며, 책임 소재가 불분명하다.)

09 기후 정의는 기후 변화에 따른 불평등을 해소함으로써 실현되는 정의이다.

10 기후 정의는 기후 변화 문제를 형평성의 관점에서 바라본다.

11 ~~사막화는~~ 대기 중에 존재하는 온실가스의 작용으로 지구 표면의 기온이 상승하는 것이다.
(지구 온난화)

12 경제력과 기술력이 부족한 개발 도상국은 기후 변화에 대처하기가 어렵다.

13 기후 변화의 피해는 기후 변화에 ~~대응하고 있는 선진국에서~~ 훨씬 크게 나타나고 있다.
(상대적으로 영향을 덜 끼친 개발 도상국)

14 탄소 배출권 거래 제도는 경제적 유인을 제공해 온실가스를 효과적으로 감축할 수 있다는 장점이 있다.

15 탄소 배출권 거래 제도에 대해 환경 문제를 시장 논리로 접근한다는 비판도 있다.

16 탄소 배출권 거래 제도는 ~~파리 협정~~에서 제안되었다.
교토 의정서

17 ~~교토 의정서~~가 체결되어 탄소 배출 감축 의무가 선진국뿐만 아니라
파리 협정이
개발 도상국에까지 확대 적용되었다.

18 환경 문제는 미래 세대의 생존 및 삶의 질 문제와 직결된다.

19 요나스는 현세대가 지녀야 할 덕목으로 두려움, 겸손, 검소, 절제 등을
제시하였다.

20 요나스는 우리가 미래 세대의 존재와 그들의 삶의 질을 보장하는 것
이 의무라고 주장하였다.

21 요나스는 ~~자연의 모든 존재는~~ 미래의 생존에 대해 책임져야 한다고
인간이
보았다.

22 요나스는 칸트의 정언 명법을 수용해 생태학적 정언 명법을 제시하였
다.

23 요나스는 책임질 수 있는 능력은 책임을 져야 하는 당위를 수반한다
고 보았다.

24 요나스는 인류의 존속이라는 무조건적 명령을 이행하기 위해 현세대
~~에 국한된~~ 책임을 제시하였다.
뿐 아니라 자연과 미래 세대에 대한

25 요나스는 인간을 책임질 수 있는 유일한 존재로 보았다.

26 개발론은 인간의 경제 성장과 복지 향상을 중요하게 생각한다.

27 개발론은 자연이 ~~내재적~~ 가치를 지닌다고 보고 자연을 개발하는 것이
도구적
바람직하다고 본다.

28 환경적으로 건전하고 지속 가능한 발전은 개발과 보존을 ~~양자택일의~~
~~문제로~~ 본다.
조화와 양립 가능한 것으로

29 환경적으로 건전하고 지속 가능한 발전은 인간이 자연과 더불어 살
수 있게 한다.

30 기업은 ~~환경 문제보다 이윤 극대화를 최우선으로 해야~~ 한다.
이윤뿐만 아니라 생산과 폐기 과정에서 환경 문제를 고려해야

31 환경 문제가 전 지구적 문제로 부상하면서 국제적인 협력 체제가 필
요하다.

32 ~~바젤 협약~~은 오존층 파괴 물질의 생산과 사용을 규제하려는 목적에서
몬트리올 의정서는
체결한 협약이다.

33 개발과 보존의 딜레마를 해결하기 위해 '환경적으로 건전하고 지속
가능한 발전' 개념이 등장하였다.

34 인간의 과도한 자원 소비와 대량의 오염 물질 배출이 현대 환경 문제
의 대표적인 원인이다.

35 요나스는 인류를 연속적 세대로 이루어진 도덕 공동체로 보았으며,
당위적 요청을 근거로 인류 존속에 대한 현세대의 책임을 강조하였
다.

---

230 ③	**231** ③	**232** ②	**233** ④	**234** ⑤	**235** ①
236 ②	**237** ⑤	**238** ①	**239** ②	**240** ③	**241** ①
242 ①	**243** ②	**244** ①	**245** ②		

230 환경 문제와 동서양의 자연관   정답 ③

문제 분석 (가)의 갑은 서구의 인간 중심주의 입장이고, 을은 동양의 불교의 자연관입니다. (나)는 무분별한 자원 개발과 환경 파괴로 인한 지구 온난화 문제에 대한 내용입니다.

정답 찾기 ③ 불교는 인간을 포함한 우주의 모든 것이 상호 의존 관계로 존재한다는 연기적 세계관을 지향하기 때문에 인간은 자연과 공존을 모색해야 한다고 볼 것입니다.

오답 피하기 ① 인간 중심주의는 인간을 자연과 구별되는 유일한 존재로 여기고 인간만이 도덕적 가치를 지닌다고 봅니다. ② 인간 중심주의에 따르면 인간은 이성과 자율성을 지니기 때문에 도덕적으로 대우받아야 하지만, 자연은 인간의 이익에 이바지하는 한에서 가치가 있습니다. ④ 인간을 자연의 주인으로 보는 것은 인간과 자연을 이분법적으로 구분하여 인간이 자연보다 우월하다고 여기는 인간 중심주의의 입장입니다. ⑤ 자연을 효율적으로 이용한다는 것은 자연의 도구적 가치를 강조하는 인간 중심주의의 입장입니다.

231 기후 변화의 윤리적 문제   정답 ③

문제 분석 지구 온난화는 대기 중에 존재하는 온실가스의 작용으로 지구 표면의 기온이 상승하는 것입니다. 지구 온난화를 해결하기 위해서는 도구적 자연관에 근거한 서구의 인간 중심주의 관점에서 벗어나야 합니다.

정답 찾기 ③ 도구적 자연관은 자연을 오직 인간을 위한 수단으로 여기는 것입니다. 도구적 자연관에 입각한 시장 논리로 접근한다면 환경오염은 더욱 심화될 것입니다.

오답 피하기 ①, ② 지구 온난화는 화석 연료 사용으로 가속화되고 있으며 기상 이변 등 다양한 문제를 발생시키고 있습니다. ④, ⑤ 기후 변화 문제에 대응하기 위하여 생태 친화적인 에너지 체제로 전환하고 국제 협약을 통한 온실가스 배출 억제 규정을 마련해야 합니다.

232 기후 변화와 요나스의 책임 윤리   정답 ②

문제 분석 제시문은 요나스의 주장입니다. 요나스는 과학 기술 유토피아주의를 찬양하는 '희망의 원칙'이 아닌, '공포의 원칙'에 우선성을 둔 책임 윤리를 주장하였습니다. ㉠에는 요나스가 기후 변화 문제를 해결하기 위해 제시할 자세가 들어가야 합니다.

정답 찾기 ② 요나스는 부모가 자녀에 대해 책임지는 것처럼 자연에 대한 일방적이고 절대적인 책임이 현세대에게 요청된다고 보았습니다.

오답 피하기 ① 요나스는 인간만이 책임을 질 수 있는 유일한 존재라고 보면서, 자연에 대한 인간의 일방적 책임을 주장하였습니다. ③ 요나스는 자연에 대한 주인 의식이 아닌, 내재적이고 본질적인 가치를 지니는 생명에 대한 책임을 강조하였습니다. ④ 요나스는 과학의 무한한 진보를 신뢰하는 태도를 비판하였습니다. ⑤ 요나스는 행위의 직접적인 영향만이 아니라, 그 행위가 먼 미래에 끼치게 될 결과를 예측하여 이에 대해 책임을 져야 한다는 예견적 책임을 강조하였습니다.

233 탄소 배출권 거래 제도 이해   정답 ④

문제 분석 ㉠에는 탄소 배출권 거래 제도에 대한 비판이 들어가야 합니다.

정답 찾기 ④ 탄소 배출권 거래 제도는 시장 논리에 바탕을 두고 있기 때문에 비용을 지불한다면 환경 파괴도 정당화될 수 있다고 본다는 점에서 비판을 받고 있습니다.

 ① 탄소 배출권 거래 제도는 개발을 부정하는 것이 아니라, 무분별한 개발로 인한 기후 변화 문제를 해결하기 위한 것입니다. ② 탄소 배출권 거래 제도는 기후 변화 문제가 기업의 자율적 준수만으로 해결되기 어렵기 때문에, 국제적 대응 차원에서 도입된 것입니다. ③ 탄소 배출권 거래 제도는 기후 변화 문제를 해결하기 위한 것이지, 생태계의 순환 과정에 일체의 개입을 허용하지 않는 것이 아닙니다. ⑤ 탄소 배출권 거래 제도는 개인의 생태적 각성과 같은 개인적 차원을 넘어 국제적 대응 차원의 환경 문제 해결 방안입니다.

234 기후 변화의 윤리적 문제 정답 ⑤

눈으로 보는 해설

다음 글의 입장에서 긍정의 대답을 할 질문만을 〈보기〉에서 있는 대로 고른 것은?

> 기후 부정의란 기후 정의가 실현되지 못한 상태나 상황을 의미하는 것으로, 기후 변화로 인해 유발되는 환경적 위험이 사회경제적 약자들에게 집중적으로 발생하는 상황을 의미한다. 개발 도상국일수록 농업을 비롯해서 임업과 수산업 등 1차 산업에 대한 의존이 높은데 1차 산업은 다른 산업에 비해 기후 의존도가 높다. 따라서 기후 변화는 기후 변화에 별다른 책임이 없는 개발 도상국의 1차 산업 종사자들에게 보다 심각한 영향을 미치게 될 것이다. 게다가 개발 도상국은 기후 변화가 가져올 변화에 대응할 수 있는 자본과 기술, 정보력이 없기에 적응력이나 복원력이 매우 취약하다. 한 국가 안에서도 기후 변화로 인한 피해나 부담 정도의 편차가 큰 경우 기후 부정의가 나타난다. 기후 부정의는 더 나아가 자연을 이용하여 물질적 풍요를 누린 현세대와 기후 변화의 피해를 온전히 짊어질 미래 세대와의 불평등 문제로까지 확장된다.

〈보기〉
ㄱ. 기후 변화는 세대 간 기후 부정의를 유발할 수 있는가? ○
ㄴ. 기후 변화에 대처하는 대응 능력은 국가별로 동일한가? ✕
ㄷ. 기후 변화는 특정 국가나 특정 계층에 더 큰 피해를 주는가? ○
ㄹ. 기후 의존도가 높은 직업은 상대적으로 기후 변화에 취약한가? ○

① ㄱ, ㄴ ② ㄴ, ㄷ ③ ㄷ, ㄹ
④ ㄱ, ㄴ, ㄹ ⑤ ㄱ, ㄷ, ㄹ

문제 분석 제시문은 기후 부정의를 기후 정의가 실현되지 못한 상태로 정의하고, 기후 부정의가 국가 간뿐만 아니라 국가 내에서도 발생한다고 봅니다. 또한 기후 부정의가 세대 간 정의 문제로까지 연결된다고 주장합니다.

정답 찾기 ㄱ. 제시문은 기후 부정의가 현세대와 미래 세대 간의 불평등 문제로 확장될 수 있다고 봅니다. ㄷ. 제시문은 기후 변화가 개발 도상국이나 1차 산업 종사자 등 특정 국가나 특정 계층에 더 큰 피해를 준다고 봅니다. ㄹ. 제시문은 농업이나 임업, 수산업과 같이 기후 의존도가 높은 산업 종사자들이 다른 직업 종사자보다 기후 변화에 취약하다고 봅니다.

오답 피하기 ㄴ. 제시문의 입장에서 부정의 대답을 할 질문입니다. 제시문은 기후 변화에 대처하는 대응 능력이 해당 국가가 가진 자본과 기술, 정보력 등에 따라 상이하다고 봅니다.

함정 피하기

ㄴ을 골랐다면 현대 환경 문제에 대한 이해가 부족하기 때문입니다. 현대 환경 문제는 국경을 초월하는 전 지구적인 문제이며 책임 소재가 불분명하다는 특징을 지닙니다. 인간의 생존과 직결되며, 장기간에 걸쳐 발생하는 만큼 다시 회복하고 해결하는 데 많은 어려움이 있고 현세대에만 국한되는 것이 아니라 미래 세대까지 연결되는 특징을 지닙니다. 이와 같은 특징 때문에 환경 문제를 윤리적 관점에서 접근할 필요가 있습니다.

235 기후 변화와 공리주의 관점 정답 ①

문제 분석 (가)는 벤담의 주장으로 공리주의 관점입니다. (나)는 온실가스를 많이 배출하는 선진국이 기후 변화에 대한 책임을 모면할 수 없다는 주장입니다.

정답 찾기 ① 공리주의가 강조하는 공리의 원리는 최대 다수의 최대 행복을 추구하는 것입니다.

오답 피하기 ② 자연법 윤리는 선을 추구하고 악을 피하라는 자연법을 따를 것을 강조합니다. ③ 공리주의는 타인의 쾌락보다 자신의 쾌락을 우선 고려해야 한다고 주장하지 않습니다. ④ 덕 윤리는 유덕한 성품을 갖춘 사람이 합법한 행위를 습관화할 것을 강조합니다. ⑤ 칸트는 의무 의식에 따라 행동할 것을 강조합니다. 한편 공리주의는 행위의 결과를 중시합니다.

236 환경 문제와 동양의 자연관 정답 ②

문제 분석 (가)의 갑은 도가의 자연관, 을은 유교의 자연관입니다. (나)는 인류의 생존을 위협하고 생태계를 파괴하는 지구 온난화 문제입니다.

정답 찾기 ② 도가에서는 무위자연을 추구하여 인간의 인위적인 의지나 욕구와 무관하게 존재하는 자연의 가치와 아름다움을 중시합니다.

오답 피하기 ① 도가에서는 자연의 한 부분인 인간이 자연에 조작과 통제를 가하는 것에 반대합니다. ③ 유학에서는 인간과 자연이 조화를 이루는 천인합일(天人合一)의 경지를 지향합니다. ④ 유학에서는 하늘과 땅이 서로 느끼고 상응하며 맞물리면서 끊임없이 만물을 낳고 기르는 존재라고 하여 자연을 살아 있는 유기체라고 봅니다. ⑤ 동양의 자연관은 자연 친화적인 삶을 바탕으로 인간과 자연의 조화를 강조합니다.

237 기후 변화의 윤리적 문제 정답 ⑤

문제 분석 A는 지구 온난화이고, ㉠에는 서구 근대의 자연관이 들어가야 합니다. 서구 근대의 자연관은 이분법적 사고, 기계론적 사고, 환원론적 사고, 도구적 관점이라는 특징을 갖습니다.

정답 찾기 ㄷ. 자연을 인간의 이익과 욕구 충족을 위한 수단으로 삼는 것은 서구 근대의 도구적 관점입니다. ㄹ. 서구 근대 철학자 데카르트의 주장으로, 인간 중심주의 입장입니다.

오답 피하기 ㄱ. 동양의 자연관입니다. 전통적으로 동양에서는 자연을 상의와 화해의 대상으로 보았습니다. ㄴ. 인간과 동물뿐만 아니라 식물을 포함한 모든 생명체가 내재적 가치를 지닌다고 보는 것은 생명 중심주의 입장입니다.

238 미래 세대의 권리에 대한 입장 파악 정답 ①

고난도 평가원 기출				
❶	②	③	④ 함정	⑤
41%	15%	12%	27%	5%

눈으로 보는 해설

다음 토론의 핵심 쟁점으로 가장 적절한 것은?

> 갑 : 오늘날 환경 문제가 우리의 삶을 위협하고 있으므로 건강하고 쾌적한 환경에서 살 권리인 환경권이 강조되고 있습니다.
>
> 을 : 그렇습니다. 그런데 환경권은 현세대는 물론 미래 세대도 갖는 권리입니다. 따라서 현세대는 미래 세대가 환경적으로 위험에 빠지지 않도록 할 의무가 있습니다. 미래 세대의 권리 부정
>
> 갑 : 그렇지 않습니다. 지금 존재하지 않는 세대의 권리는 인정할 수 없습니다. 권리는 존재와 함께 시작되므로 현세대는 미래 세대에게 아무런 의무도 갖지 않습니다.

을 : 아닙니다. 권리의 소유는 존재 여부와 무관합니다. 현세대의
　　행위로 극심한 피해를 겪게 될 미래 세대를 도덕적으로 배려하
　　기 위해 미래 세대의 환경권을 인정해야 합니다.
미래 세대의 권리 인정

① 환경권의 귀속을 현존하는 인간으로 한정해야 하는가? ○
② 환경을 보호하려는 의무는 미래 세대만을 위한 것인가? ×
③ 환경권은 건강하고 쾌적한 삶의 영위를 위해 필요한가? ×
④ 현세대와 미래 세대 간에는 호혜적 관계가 성립되는가? ×
⑤ 환경 문제는 우리의 삶을 위협하는 전 지구적 문제인가? ×

문제 분석 갑, 을은 건강하고 쾌적한 환경에서 살 권리인 환경권에 대해
토론하고 있습니다.

정답 찾기 ① 갑은 지금 존재하지 않는 미래 세대의 환경권을 인정할 수
없다고 보는 반면, 을은 미래 세대를 도덕적으로 배려하기 위해 그들의
환경권을 인정해야 한다고 봅니다.

오답 피하기 ② 갑, 을은 환경을 보호하려는 의무가 아닌, 환경권에 대해
토론하고 있습니다. ③ 갑, 을은 모두 건강하고 쾌적한 환경에서 살 권리
인 환경권이 필요하다고 봅니다. ④ 현세대와 미래 세대의 관계는 토론의
주제가 아닙니다. ⑤ 갑, 을은 모두 환경 문제가 우리의 삶을 위협하고 있
다고 봅니다.

> ★ **함정 피하기**
>
> ④를 골랐다면 '호혜적 관계'의 의미를 파악하지 못하였거나, 제시문에서
> 자주 언급되고 있는 '현세대와 미래 세대'라는 용어만을 보고 오답을 고른
> 것으로 보입니다. 토론의 핵심 쟁점은 주로 제시문의 '아닙니다.' 또는 '그
> 렇지 않습니다.' 뒤에 나오는 경우가 많으므로 이 부분을 주의해서 읽도록
> 합니다.

239 요나스의 책임 윤리 이해　　　　　정답 ②

고난도 평가원 기출				
①	❷	③	④ 함정	⑤
3%	64%	4%	27%	1%

> 🔍 **눈으로 보는 해설**
>
> ㈎를 주장한 사상가의 입장에서 ㈏의 물음에 대해 제시할 답변으로 가장 적절한
> 것은?
>
> | ㈎ | 전통 윤리학과 달리 새로운 윤리학은 미리 사유된 위험 그 자체가 나침반이 되어야 한다. 미래에 있을 수 있는 심상치 않은 상황의 변화, 전 지구적 차원의 위험, 인류 몰락의 징조 등을 통해 비로소 윤리적 원리들이 발견될 수 있다. 이것을 '공포의 발견술'이라고 부른다. |
> |---|---|
> | ㈏ | 현대 사회에서 윤리적 책임과 관련하여 과학 기술자가 지녀야 할 바람직한 태도는 무엇인가? |
>
> ① 현재가 아니라 미래의 위험만을 고려해야 한다.
> ② 생태계 전체를 예방적 책임 대상에 포함시켜야 한다.
> ③ 연구의 위험이 확실할 때에만 예방 조치를 취해야 한다.
> ④ 세대 간 호혜성의 원칙에 따라 미래 세대를 책임져야 한다.
> ⑤ 사회에 대한 책임보다 과학적 연구 성과를 더 중시해야 한다.

문제 분석 ㈎를 주장한 사상가는 요나스입니다. 요나스는 인류의 존속
이라는 무조건적 명령을 이행하기 위해 미래 세대와 자연에 대해 책임지
려는 자세가 필요하다고 보았으며, '공포의 원칙'에 우선성을 둔 책임 윤
리를 주장하였습니다.

정답 찾기 ② 요나스에 따르면 인간의 책임 범위에는 현세대뿐만 아니라
미래 세대와 생태계 전체까지 포함되어야 합니다.

오답 피하기 ① 요나스는 현재뿐만 아니라 미래의 위험까지 고려해야 한
다고 보았습니다. ③ 요나스는 예견할 수 있는 모든 결과에 대해 책임지
려는 자세가 필요하다고 보았습니다. ④ 요나스는 현세대가 미래 세대와
자연에 대해 일방적이고 당위적인 책임을 져야 한다고 보았습니다. ⑤ 요
나스는 과학 기술이 미치는 사회적 영향에 대한 고려와 그에 대한 책임
있는 자세를 강조하였습니다.

> ★ **함정 피하기**
>
> ④를 골랐다면 요나스의 책임 윤리를 잘못 이해하고 있는 것입니다. 요나
> 스는 현세대가 앞으로 다가올 미래 세대까지 책임지려는 자세를 지녀야
> 한다고 주장하는데, 이는 세대 간 책임 문제가 호혜성의 원칙에 따른다고
> 볼 수 없다는 의미입니다.

240 미래 세대의 권리에 대한 입장 파악　　　　정답 ③

문제 분석 (가)는 현세대와 미래 세대 간에 호혜적 관계가 성립될 수 없으
므로 미래 세대의 도덕적 권리를 고려할 필요가 없다고 봅니다. 반면 (나)
는 세대 간 연속성을 근거로 미래 세대에게도 도덕적 권리를 부여해야 한
다고 봅니다.

정답 찾기 ㄴ. (가)는 미래 세대를 위해 현세대가 고통을 겪는 것은 옳지
않다고 봅니다. ㄷ. (나)는 세대 간 연속성을 근거로 미래 세대를 도덕적
으로 고려해야 한다고 봅니다.

오답 피하기 ㄱ. (가)는 미래 세대의 도덕적 권리를 고려할 필요가 없다고
봅니다. ㄹ. (나)는 미래 세대의 도덕적 권리를 인정하면서 미래 세대도
현세대와 동일한 인간이라고 주장하며, 인간은 결코 수단으로 취급되어
서는 안 된다고 봅니다.

241 환경 문제와 온건한 인간 중심주의　　　　정답 ①

문제 분석 갑, 을은 모두 온건한 인간 중심주의를 주장하고 있습니다. 온
건한 인간 중심주의는 인간이 다른 존재보다 본질적으로 더 가치 있다고
여긴다는 점에서 인간 중심주의에 해당합니다. 그러나 인간의 장기적
생존과 복지를 위해서 자연에 대한 세심한 보전과 관리가 필요하다고 봅
니다.

정답 찾기 ㄱ. 온건한 인간 중심주의는 자연에 대한 인간의 도덕적 책임
을 강조합니다. ㄴ. 온건한 인간 중심주의는 인간을 위한 환경 보존을 주
장합니다.

오답 피하기 ㄷ. 생태 중심주의 입장에 해당합니다. ㄹ. 생태 중심주의 입
장에서 온건한 인간 중심주의 입장에 대해 제기할 수 있는 비판입니다.
온건한 인간 중심주의는 자연을 보호하는 이유를 인간을 위한 것으로 봅
니다.

242 미래 세대에 대한 책임 문제　　　　정답 ①

문제 분석 갑은 현세대가 미래 세대의 필요나 욕구를 알 수 없으며, 미래
세대에 대해 아무런 의무를 갖지 않는다고 봅니다. 반면 을은 현세대가
미래 세대의 이해 관심과 필요를 알 수 있으며, 미래 세대의 권리를 존중
하고 환경 문제 해결을 위해 노력해야 한다고 봅니다.

정답 찾기 ① 을은 미래 세대에 대한 책임을 강조하며, 현세대가 인간으로
서 보편적으로 갖는 미래 세대의 필요를 예측할 수 있다고 봅니다. 또한
미래 세대의 생존을 위한 현세대의 환경 보존의 의무를 강조합니다. 따라
서 갑의 입장에 비해 을의 입장은 X는 낮음, Y는 높음, Z는 높음에 해당합
니다.

오답 피하기 ②, ③, ④, ⑤ X는 낮음, Y는 높음, Z는 높음에 해당하지 않
습니다.

243 환경 문제 해결을 위한 자세   정답 ②

문제 분석 제시문은 ㉠이 인간의 무분별하고 이기적인 경제 활동으로 인해 발생한다고 봅니다. 이러한 환경 문제의 해결을 위해서는 인간과 자연의 조화를 추구하는 자세와 관점의 전환이 필요합니다.

정답 찾기 ㄱ. 환경 문제를 해결하기 위해서는 인간의 이기적인 욕망에 대한 성찰과 조절이 필요합니다. ㄹ. 환경 문제를 해결하기 위해서는 인간과 자연의 공생을 추구하는 경제 활동이 요구됩니다.

오답 피하기 ㄴ. 제시문은 인간 중심주의가 환경 문제를 일으킨 주된 요인이라고 지적합니다. ㄷ. 제시문은 성장을 통해 물질적 행복을 얻고자 하는 태도가 환경 문제를 가져온다고 보므로, 경제 지상주의를 추구하지 않을 것입니다.

244 생태적 지속 가능성 이해   정답 ①

문제 분석 생태적 지속 가능성은 생태계의 본질적인 기능과 과정들을 유지하고 생태계의 생명 다양성을 보존할 수 있는 생태계의 능력을 의미합니다. 생태적 지속 가능성을 확보하기 위해서는 과도한 개발과 생산, 경제적 효율성과 편리함을 추구하는 생활양식에 대한 성찰을 바탕으로 개인과 국가, 국제적 차원의 노력이 뒷받침되어야 합니다.

정답 찾기 ① 오늘날 환경 윤리는 경제적 효율성을 강조하는 입장에서 벗어나 자연의 지속 가능성을 중시하는 생태적 지속 가능성을 강조하는 방향으로 전개되고 있습니다.

오답 피하기 ② 개인적 차원의 실천 방안에는 일회용품 사용 줄이기, 재활용 및 재사용하기, 자전거 이용하기 등이 있습니다. ③ 국가적 차원의 실천 방안은 환경 보전을 위한 각종 정책 및 제도 운용이 해당합니다. ④ 람사르 협약은 습지의 보호와 지속 가능한 이용에 관한 협약으로 국제적 차원의 실천 방안에 해당합니다. ⑤ 오늘날 환경 문제는 전 지구적으로 영향을 미치는 초국가적 성격을 지니므로, 국제적 차원의 실천 방안이 필요하다.

245 미래 세대에 대한 책임 문제   정답 ②

문제 분석 (가)를 주장한 사상가는 요나스입니다. (나)는 미래 세대가 현실적으로 실재하지 않는다는 비현존성 논증을 토대로 미래 세대에 대한 책임을 부정하고 있습니다.

정답 찾기 ② 요나스는 생태학적 정언 명법을 주장하면서 인류의 존속이라는 무조건적 명령을 이행할 것을 강조하였습니다.

오답 피하기 ① 요나스는 인간을 책임질 수 있는 유일한 존재로 보았습니다. ③ 요나스는 행위가 먼 미래에 끼치게 될 결과를 예측하여 이에 대해 책임을 져야 한다는 예견적 책임을 강조하였습니다. ④ 요나스는 현세대뿐만 아니라 미래 세대와 자연까지 고려해야 한다고 주장하였습니다. ⑤ 요나스는 예견할 수 있는 모든 결과에 대해 책임지려는 자세가 필요하다고 보았습니다.

Ⅴ. 문화와 윤리

16강 예술과 대중문화의 윤리

핵심 개념 CHECK!

▶ 본문 140쪽

01 ○	02 ○	03 ×	04 ×	05 ○	06 ○	07 ○	08 ×
09 ×	10 ○	11 ×	12 ○	13 ○	14 ×	15 ×	16 ○
17 ○	18 ○	19 ○	20 ×	21 ×	22 ×	23 ○	24 ×
25 ○	26 ○	27 ×	28 ○	29 ○	30 ×	31 ○	32 ○
33 ○	34 ○	35 ×					

○|× 문장 바로 알기

01 플라톤은 예술의 목적은 인간의 올바른 도덕적 품성을 함양하는 것이어야 한다고 본다.

02 플라톤은 국가가 예술의 윤리적 가치를 판단해야 한다고 본다.

03 ~~플라톤은~~ (예술 지상주의는) 예술이 다른 목적을 위한 도구로 사용하면 안 된다고 본다.

04 플라톤은 예술가는 도덕적 선(善)을 추구할 뿐 ~~미(美)적 가치를 배제해야~~ (미적 가치를 배제하지 않는다) 한다고 본다.

05 플라톤은 좋은 음악은 훌륭한 덕을 지닌 사람의 용기와 절제를 모방해야 한다고 본다.

06 톨스토이는 예술이 인간의 도덕적 함양에 기여할 수 있다고 본다.

07 톨스토이는 예술가도 사회 구성원이므로 사회 발전에 이바지해야 한다고 본다.

08 톨스토이는 예술의 목적이 ~~다수의 사람들의 즐거움을 위한 것이어야~~ (즐거움이 아니라 이웃 간의 사랑을 고양하는 것) 한다고 본다.

09 ~~톨스토이는~~ (와일드는) 예술이 예술 안에서만 완벽함을 추구해야 한다고 본다.

10 와일드는 예술의 영역과 도덕의 영역은 분리되어야 한다고 본다.

11 ~~와일드는~~ (도덕주의는) 예술을 통해 사회 모순을 비판해야 한다고 본다.

12 와일드는 예술의 독자성과 자율성을 강조해야 한다고 본다.

13 예술 지상주의는 예술의 사회적 영향력을 간과했다는 비판을 받는다.

14 도덕주의는 예술의 ~~사회성과~~ 자율성을 침해할 수 있다는 비판을 받는다. (도덕주의는 예술의 사회성을 강조한다.)

15 예술의 상업화의 등장은 자본주의 확산과 더불어 경제적 가치를 ~~경시하는 경향이~~ (중시하는 경향이) 반영된 결과이다.

16 예술의 상업화를 반대하는 입장에서는 예술 작품을 하나의 상품이자 부의 축적 수단으로만 취급했다고 본다.

17 예술의 상업화를 찬성하는 입장에서는 대중이 예술에 쉽게 접근할 기회를 제공했다고 본다.

18 아도르노는 상업화된 예술에 대해 문화 산업이라고 비판하였다.

19 대중문화는 대중 매체에 의해 대량으로 생산되고 복제되어 빠르게 전파되는 특징이 있다.

20 대중문화는 대중의 감수성, 취향 등 행동 양식에는 ~~영향을 주지 않는다.~~ (영향을 미친다.)

21 대중문화는 다양한 문화를 ~~비싼 비용~~ (저렴한 비용)으로 공급하여 더 많은 사람이 문화를 향유하게 하는 장점이 있다.

22 대중문화는 현실의 불합리하고 부정적인 측면을 개선하는 ~~것과는 거리가 있다.~~ (장점이 있다.)

23 대중문화를 생산하는 기업적 문화 산업은 다양한 판매 전략을 통해 이익을 창출한다.

24 대중문화는 물질적 필요에 따라 사용되고 버려지는 특징을 지닌 일반적 소비재에 ~~속한다.~~ (와 다르다.)

25 대중문화 생산자는 대중문화가 미칠 정신적 영향과 사회적 효과를 신중히 고려해야 한다.

26 대중문화의 자본 종속 문제란 자본의 힘이 대중문화를 지배하는 현상을 말한다.

27 자본을 소유한 소수의 집단이 대중문화를 독점하면 문화의 창조성과 다양성을 ~~높여줄 수 있다.~~ (저하시킨다.)

28 대중문화의 선정성과 폭력성은 청소년을 포함한 대중의 정서에 악영향을 줄 수 있으며, 모방 범죄로 이어진다.

29 대중문화의 선정성 문제는 대중문화가 수익성에 치중하여 자극적인 요소를 포함시키기 때문이다.

30 대중문화의 윤리적 규제를 ~~찬성~~ (반대)하는 입장에서는 대중은 다양한 문화를 즐길 권리가 있다고 주장한다.

31 대중문화의 윤리적 규제를 반대하는 입장에서는 대중문화의 자율성 및 표현의 자유를 강조한다.

32 건전한 대중문화를 보급하기 위해서 문화의 획일화가 아니라 문화의 다양성의 확보가 필요하다.

33 대중문화의 소비자인 대중들은 대중문화를 맹목적으로 받아들이기보다 주체적으로 선별하여 수용해야 한다.

34 국가에 의한 대중문화에 대한 검열은 특정한 정치적 의도를 관철하는 수단이 될 수도 있다.

35 대중문화에 대한 거대 자본의 진출은 대중문화가 창작자의 예술가 정신을 ~~중시하는~~ (제약하는) 계기가 되었다.

246 ③	247 ④	248 ④	249 ④	250 ①	251 ③
252 ④	253 ④	254 ①	255 ②	256 ①	257 ④
258 ②	259 ④	260 ⑤	261 ③		

246 예술 지상주의와 도덕주의 　　　　　정답 ③

문제 분석 갑은 예술은 본래 심미적 가치만을 추구하는 것이며 그 외 어떤 다른 목적도 염두하고 있지 않다고 보는 예술 지상주의의 입장입니다. 을은 예술의 사명은 인류 목적인 사랑의 세계를 건설하는 일이라고 본 도덕주의의 입장, 즉 톨스토이의 입장입니다.

정답 찾기 ③ 도덕주의는 예술은 사람들의 도덕적인 감정의 고양에 기여해야 한다고 봅니다.

오답 피하기 ① 도덕주의에 대한 입장입니다. ② 예술 지상주의는 도덕적 진리를 추구하지 않습니다. ④, ⑤ 심미주의에 대한 입장입니다.

247 플라톤의 도덕주의 　　　　　정답 ④

문제 분석 제시문을 주장한 사상가는 플라톤입니다. 플라톤은 예술이 사람의 품성 형성에 영향을 미친다고 봅니다.

정답 찾기 ㄴ. 플라톤은 도덕주의자로서 예술이 올바른 품성 함양을 위한 삶의 모범을 제공해야 한다고 봅니다. ㄹ. 플라톤은 예술가는 도덕적 이상을 모방하여 영혼의 조화를 추구해야 한다고 봅니다.

오답 피하기 ㄱ. 심미주의자의 주장입니다. ㄷ. 플라톤은 예술가는 예술을 통해 인격 완성을 위한 사회적 책임을 지녀야 한다고 봅니다.

248 칸트와 플라톤의 예술에 대한 입장 　　　　　정답 ④

함정 고난도 평가원 기출

①	②	③	❹	⑤
40%	3%	4%	46%	6%

눈으로 보는 해설

갑, 을의 입장에 대한 옳은 설명만을 〈보기〉에서 있는 대로 고른 것은?

> 갑 : 미적 판단과 도덕적 판단은 각기 고유성과 독자성을 지니지만 형식에 있어서 동일하므로 상징의 관계로 연결될 수 있다. 요컨대 둘 다 이해타산적 관심에서 벗어나고 자유의 체험을 내포하며 보편적인 타당성을 요청한다. → 칸트
>
> 을 : 예술은 영혼의 눈에만 보이는 '아름다움의 실재'를 모방해야 한다. 그리고 예술은 영혼을 위한 것이어야 한다. 젊은이들은 예술을 통해 아름다움을 관조함으로써 영혼이 아름다움에 동화되어 훌륭한 인격을 형성하게 된다. → 플라톤

〈보기〉
ㄱ. 갑 : 미는 도덕성을 고취하는 데 기여할 수 있다. ○
ㄴ. 갑 : 미와 도덕적 선은 서로 조화를 이룰 수 있다. ○
ㄷ. 을 : 미의 이데아는 이성에 의해 파악되는 객관적 실재이다. ○
ㄹ. 갑, 을 : 예술은 도덕적 평가로부터 자유로운 영역이다. ×

① ㄱ, ㄴ　　② ㄱ, ㄹ　　③ ㄷ, ㄹ
④ ㄱ, ㄴ, ㄷ　　⑤ ㄴ, ㄷ, ㄹ

문제 분석 갑은 칸트이고, 을은 플라톤입니다. 칸트는 자유로운 미적 체험이나 자유로운 도덕적 행위가 특정 이익을 추구하지 않는다는 점에서 미와 도덕성은 유사성을 가지며 미가 도덕의 상징이 된다고 봅니다. 플라톤은 도덕주의의 관점입니다.

정답 찾기 ㄱ. 칸트는 미적 판단과 도덕적 판단은 이해타산적 관심에서

벗어날 수 있으므로 도덕성을 고취하는 데 기여할 수 있다고 봅니다. ㄴ. 칸트는 미와 도덕적 선은 서로 조화를 이룰 수 있는 것으로 봅니다. ㄷ. 플라톤은 이데아는 인간이 감각하는 현실적 사물의 원형이며, 미의 이데아는 이성에 의해 파악되는 객관적 실재라고 봅니다.

오답 피하기 ㄹ. 플라톤은 예술이 도덕적 평가로부터 자유로운 영역이 아니라 예술은 인간의 도덕적 완성에 기여해야 한다고 봅니다.

> **함정 피하기**
>
> ㄷ를 고르지 못하였다면 이는 플라톤의 이데아의 개념을 정확히 인지하지 못한 것입니다. 플라톤에게 이데아는 존재자의 원형을 이루는 영원불변하는 실재입니다.

249 와일드와 톨스토이의 예술에 대한 입장 　　　　　정답 ④

문제 분석 갑은 예술 지상주의자인 와일드이고, 을은 도덕주의자인 톨스토이입니다.

정답 찾기 ㄱ. 와일드는 예술 이외의 다른 목적을 가지고 예술을 평가해서는 안 된다고 봅니다. ㄷ. 톨스토이는 선을 증진하는 예술을 좋은 예술로 규정하며 예술을 통해 인류애와 같은 도덕적 목적을 달성해야 한다고 봅니다. ㄹ. 와일드는 예술의 독립성을, 톨스토이는 사회성을 지향해야 한다고 봅니다.

오답 피하기 ㄴ. 톨스토이는 미적 요소를 배제하자고 주장하지 않습니다.

250 예술 지상주의와 도덕주의 　　　　　정답 ①

문제 분석 갑은 음과 음의 결합과 같은 형식에서 아름다움을 찾아야 한다고 보는 예술 지상주의의 입장이고, 을은 음악이 사람들에게 좋은 영향을 주어 풍습을 바로잡는 데 도움이 된다고 보는 도덕주의의 입장을 보여주고 있습니다.

정답 찾기 ㄱ. 예술 지상주의는 예술과 도덕의 영역은 분리되어야 한다고 보지만, 도덕주의는 예술과 도덕의 영역을 분리하지 않습니다. ㄴ. 예술 지상주의는 예술은 도덕성 함양을 위한 수단이 아니라고 보지만, 도덕주의는 예술은 도덕성 함양을 위한 수단이라고 봅니다.

오답 피하기 ㄷ, ㄹ. 도덕주의가 긍정의 대답을 할 질문입니다.

251 플라톤, 예술 지상주의, 칸트 　　　　　정답 ③

문제 분석 갑은 도덕주의자인 플라톤이고, 을은 예술 지상주의자인 와일드이고, 병은 칸트입니다.

정답 찾기 ③ 칸트는 미와 선은 특정 이해를 초월한다는 점에서 형식의 유사성이 있다고 보며, 미와 도덕적 선은 서로 조화를 이룰 수 있는 것으로 봅니다.

오답 피하기 ① 플라톤은 예술 활동에 대한 검열이 필요하다고 봅니다. ② 와일드는 예술의 목적 달성을 위한 외재적 가치가 아니라 예술을 위한 예술, 즉 내재적 가치를 추구해야 한다고 봅니다. ④ 와일드의 주장에 해당한다. ⑤ 플라톤의 입장에 해당합니다.

252 예악 사상과 와일드의 입장 　　　　　정답 ④

문제 분석 갑은 예와 음악을 통해 백성을 바르게 이끌어야 한다고 예악 사상을 주장한 유교 사상가입니다. 을은 예술의 목적은 오직 예술 그 자체만 표현한다고 본 예술 지상주의인 와일드입니다.

정답 찾기 ④ 와일드는 예술은 예술 안에서만 완벽함을 추구해야 하지 예술을 넘어서는 영역에 대해 관심을 가질 필요가 없다고 봅니다.

오답 피하기 ① 예술 지상주의의 입장에 해당합니다. ② 예악사상이 미적 요소를 배제하라고 주장한 것은 아닙니다. ③ 도덕주의의 입장에 해당한다. ⑤ 예술 지상주의의 입장에 해당합니다.

253 도덕주의가 예술 지상주의에 제기할 반론   정답 ④

문제 분석 갑은 유교 사상가, 을은 플라톤, 병은 와일드입니다.

정답 찾기 ④ 갑, 을은 도덕주의의 입장입니다. 따라서 도덕주의 사상가들이 예술 지상주의에 제기할 반론은 예술이 사회의 도덕성 완성에 기여할 수 있다는 점입니다.

오답 피하기 ①, ②, ③, ⑤ 예술 지상주의가 도덕주의에 제기할 수 있는 반론에 해당합니다.

254 아도르노와 슈스터만의 입장   정답 ①

문제 분석 갑은 자본주의에서 대중 예술을 문화 산업으로 파악하는 아도르노이고, 을은 대중 예술이 삶 속에서 미적인 가치를 구현할 수 있다는 슈스터만의 주장입니다.

정답 찾기 ① 아도르노는 자본주의에서 문화 산업은 문화 소비자들의 자발성과 상상력을 위축시키고, 대중이 적극적으로 사유하는 것을 불가능하게 만들며, 규격화와 대량 생산을 위한 끝없는 평준화 작업이라고 비판합니다. 따라서 문화 산업은 기존 질서를 옹호하고 사회를 몰개성화한다고 봅니다.

오답 피하기 ② 아도르노는 예술이 삶의 고통을 은폐하는 것이 아니라고 봅니다. ③ 슈스터만은 예술이 실제 삶과 분리된 것이 아니라 통합되어 있다고 봅니다. ④ 슈스터만은 삶 속에서 기능하는 대중 예술 작품도 미적인 가치를 지닌다고 봅니다. ⑤ 아도르노는 문화 산업이 대중을 적극적인 사유의 주체가 되지 못하게 한다고 봅니다.

255 아도르노의 문화 산업의 이해   정답 ②

문제 분석 제시문은 아도르노의 글입니다. 아도르노는 자본주의에서 문화 산업은 문화 소비자들의 자발성과 상상력을 위축시킨다고 봅니다. 그는 문화 산업이 독점한 대중 예술은 개인의 특성을 획일화하여 자신의 논리를 관철시킨다고 봅니다.

정답 찾기 ㄱ. 아도르노는 대중 예술품의 주된 가치는 시장 내 교환 가치에 의해 결정된다고 봅니다. ㄷ. 아도르노는 대중 예술은 현실적 모순을 은폐하고 대중 의식을 조작한다고 봅니다.

오답 피하기 ㄴ. 아도르노는 대중 예술의 영역과 권력의 영역은 무관하게 작용하는 것이 아니라, 문화 산업은 대중을 통제함으로써 지배 계급의 이념을 재생산한다고 봅니다. ㄹ. 아도르노는 대중 예술이 개인의 고유한 체험이라고 생각하는 것은 착각이며 문화 산업이 지니는 획일화와 사이비 개성화의 결과일 뿐이라고 봅니다.

256 기술적 복제에 대한 예술 이해   정답 ①

문제 분석 제시문은 벤야민의 글입니다. 벤야민은 기술적 복제가 가능한 시대에서 원작인 예술작품의 아우라, 즉 유일성의 가치는 위축되지만 대량 복제 기술의 등장으로 대중들은 수공적 복제가 가능했던 시대보다 더 많은 전시 기회를 갖게 된다고 주장합니다.

정답 찾기 ① 벤야민은 대중 예술은 원작이 가지고 있는 유일성의 가치를 높여주는 것이 아니라 위축시킨다고 봅니다.

오답 피하기 ② 벤야민은 대중 예술은 표준화된 생산을 통해 미적 체험을 제공한다고 봅니다. ③ 벤야민은 대중 예술의 복제 기술이 예술 작품의 신비감(아우라)을 축소시킨다고 봅니다. ④ 벤야민은 기술적 복제가 가능한 시대에서 표준화된 대량 생산은 작품들의 전시 가능성을 높여 대중과 예술의 거리를 좁혀준다고 봅니다. ⑤ 벤야민은 기술적 복제가 가능한 시대에서 예술은 숭배 가치가 줄고 전시 가능성으로서의 가치가 늘어난다고 봅니다.

257 아도르노와 벤야민의 예술관   정답 ④

문제 분석 갑은 아도르노, 을은 벤야민입니다.

정답 찾기 ④ 벤야민은 복제 기술의 발달로 인해 원작인 예술 작품의 아우라(신비감)는 감소된다고 봅니다.

오답 피하기 ① 아도르노는 문화 산업이 사회를 몰개성화한다고 봅니다. ② 아도르노는 문화 산업 속 대중의 창작 욕구는 약화된다고 봅니다. ③ 벤야민은 예술 작품의 복제로 예술작품의 신비감은 감소하지만 대중과 예술의 거리를 좁혀줌으로써, 대중에게서 미적 체험의 기회를 높인다고 봅니다. ⑤ 아도르노는 문화 산업 속에서 대중문화를 향유하는 대중은 주체적 문화 생산자가 되지 못한다고 봅니다.

258 영화 속 폭력성에 대한 이해   정답 ②

문제 분석 갑은 영화 속 폭력은 긍정적인 작용을 할 수 있다는 입장이고, 을은 영화 속 폭력은 지나치게 미화되며, 피해자의 고통에 대한 관심을 적게 하기 때문에 문제가 있다고 보는 입장입니다.

정답 찾기 ㄱ. 갑은 영화 속 폭력적 장면은 개인이 지닌 분노와 욕구를 해소하는 데 도움이 되기 때문에 부정적 감정을 정화하는 효과가 있다고 봅니다. ㄷ. 을은 영화 속 폭력이 지나치게 미화되어, 대중의 폭력에 대한 그릇된 인식을 야기한다고 봅니다.

오답 피하기 ㄴ. 갑은 영화를 통한 대리 경험은 현실의 일탈 행위를 줄여줄 수 있다고 봅니다. ㄹ. 갑은 영화 속 폭력을 규제하자고 주장하지 않습니다.

259 아도르노의 대중문화 이해   정답 ④

눈으로 보는 해설

학생 갑, 을, 병이 모두 옳은 대답을 했다고 할 때, A 사상가의 입장만을 〈보기〉에서 있는 대로 고른 것은?

> 교사 : 대중문화에 대한 A 사상가[아도르노]의 입장을 발표해보세요.
> 갑 : 상업화된 예술은 예술과 인간의 본질을 왜곡시키는 과정이라고 보았습니다.
> 을 : 대중문화는 모든 사람들의 사고를 동질적으로 반응하게 만들기 위한 도구라고 보았습니다.
> 병 : 예술이 본질적인 미적 가치보다 상품으로서의 교환 가치에 의해 평가되는 것에 대해 비판적인 입장이었습니다.

〈보기〉
ㄱ. 대중문화는 기존의 지배 관계를 정당화하고 재생산한다. ○
ㄴ. 대중문화의 영역과 권력의 영역은 상호 ~~무관하게~~ 작동한다. ×
ㄷ. 대중문화는 대중들이 적극적으로 사유하는 것을 불가능하게 만든다. ○
ㄹ. 대중문화의 조종자들은 대중 매체를 이용해 자신의 상업적 이익을 극대화하고자 한다. ○

① ㄱ, ㄴ   ② ㄴ, ㄷ   ③ ㄱ, ㄴ, ㄹ
④ ㄱ, ㄷ, ㄹ   ⑤ ㄴ, ㄷ, ㄹ

문제 분석 A 사상가는 아도르노입니다. 아도르노는 상업화된 예술은 예술과 인간의 본질을 왜곡하고, 모든 사람의 사고를 동질적으로 만든다는 점에서 비판합니다.

정답 찾기 ㄱ. 아도르노는 대중문화가 기존의 지배 관계를 정당화하고 재생산하는 데 기여한다고 봅니다. ㄷ. 아도르노는 대중문화가 대중들이 적극적으로 사유하는 것을 가로막는다고 봅니다. ㄹ. 아도르노는 대중문화의 조종자들이 대중매체를 통해 자신의 이익을 극대화하고 사람들의 생각을 동질화한다는 점에서 문화산업을 비판합니다.

함정 피하기

ㄴ을 골랐다면 아도르노의 대중문화에 대한 입장을 정확하게 이해하지 못했기 때문입니다. 아도르노는 상업화된 현대 예술은 자본에 종속되어 문화 산업으로 획일화되었다고 주장합니다. 이렇듯 자본은 권력화되어 대중문화에 영향을 끼칩니다. 따라서 '대중문화의 영역과 권력의 영역은 상호 무관하게 작동한다'는 ㄴ은 옳지 않습니다.

260 아도르노의 문화 산업　　　　　정답 ⑤

문제 분석 (가)는 아도르노의 문화 산업에 대한 입장입니다. (나)는 상업화된 예술에 대한 아도르노의 입장을 고르면 됩니다.

정답 찾기 ⑤ 아도르노는 상업화된 예술을 대중의 사회 현실에 대한 반성적이고 창의적인 면을 상실하게 할 가능성이 있다는 점에서 비판합니다.

오답 피하기 ① 아도르노는 문화를 상품화하는 현상에 대해 비판합니다. ② 아도르노는 대중의 비판 의식을 강화시키는 것이 아니라 약화시킨다고 봅니다. ③ 아도르노는 예술 상품화 현상은 획일화된 사고를 낳으므로 창작 욕구를 불러일으키지 않는다고 봅니다. ④ 아도르노는 대중 예술의 감상은 획일화되었으므로 개인의 개성을 드러내지 못하게 한다고 봅니다.

261 자본이 대중 예술에 미치는 영향　　　　　정답 ③

문제 분석 제시문의 '나'는 자본이 대중문화의 영역에 지배적인 영향력을 행사할 때 문제가 된다고 보고 있습니다. 반면에 어떤 사람은 자본이 대중문화에 적극적으로 개입하여 경제적 보상을 주고 대중문화의 질과 양을 발전시킨다고 봅니다.

정답 찾기 ③ '나'는 어떤 사람에게 자본에 종속된 대중문화는 다수의 대중 취향만을 좇기 때문에 문화의 다양성을 훼손할 수 있음을 간과한다고 비판할 수 있습니다.

오답 피하기 ① 어떤 사람이 강조한 내용으로 적절하지 않습니다. ④ 어떤 사람은 자본이 투입된 대중문화가 질적으로 성장해 왔음을 강조하고 있습니다. ②, ⑤ '나'가 어떤 사람에게 비판할 내용으로 적절하지 않습니다.

17강　의식주 윤리와 윤리적 소비

핵심 개념 CHECK!　　▶ 본문 148쪽

01 ○	02 ○	03 ×	04 ○	05 ○	06 ×	07 ○	08 ×
09 ○	10 ×	11 ×	12 ×	13 ○	14 ○	15 ○	16 ○
17 ○	18 ○	19 ○	20 ○	21 ×	22 ○	23 ○	24 ×
25 ×	26 ○	27 ○	28 ○	29 ○	30 ○	31 ○	32 ×
33 ○	34 ○						

○|× 문장 바로 알기

01 최신 유행과 변화하는 소비자 취향에 즉각 대응함으로써 생산과 소비가 의루어지는 의류를 패스트패션이라 한다.

02 패스트패션은 생산 과정에서 환경과 인권에 대한 가치를 간과할 위험이 있다.

03 패스트패션은 ~~대중의 기호를 무시하고 사회적 격식만 강조하게 된다는 문제점을 지닌다.~~ 패스트패션은 대중의 기호를 빠르게 반영하는 특성이 있다.

04 유행 추구 현상은 동조 소비를 불러와 선택의 자유가 상실될 위험이 있다.

05 유교에서는 음식을 먹는 행위에서 인간다운 품위를 유지해야 한다고 본다.

06 유교와 불교에서는 공통적으로 ~~음식을 섭취하는 목적은 생존 유지에만 국한되어야 한다고 본다.~~ 유교와 불교는 음식을 섭취하는 목적을 생존 유지에 국한하지 않았다.

07 유교는 음식에 대한 절제가 유교의 도덕을 실천할 수 있는 바탕이 된다고 본다.

08 불교는 음식을 먹는 것과 깨달음을 위한 수행은 서로 ~~관련이 없는 별개의 영역이라고 본다.~~ 불교에서는 '어떻게', '무엇을' 먹는지 또한 수행과 관련된다고 본다.

09 불교에서는 음식을 통해 세상 모든 존재의 상호 의존성을 파악해야 한다고 본다.

10 먹을거리의 선택 문제는 개인의 건강과 관련된 문제일 뿐 생태계 차원에 ~~영향을 미치지 않는다.~~ 먹을거리를 선택하는 문제는 개인의 건강뿐 아니라 사회적 차원, 생태적 차원에 영향을 미친다.

11 푸드 마일리지가 ~~높은~~ 낮은 식품일수록 탄소를 적게 배출하고 더 안전한 먹거리임을 의미한다.

12 볼노브는 진정한 거주는 단순히 공간을 점유하는 행위에 ~~국한된다고 본다.~~ 볼노브는 거주의 실현을 통해 단순히 공간을 점유하는 것이 아닌 자신의 본질을 실현하는 것으로 이해한다.

13 볼노브는 집은 인간 삶의 중심이며 긴장을 풀고 세계로 나가기 위한 바탕이 되는 공간이라고 본다.

14 하이데거는 거주함의 근본 특성은 위협으로부터의 보살핌이라고 본다.

15 하이데거는 건축함과 주거함을 통해 집의 실존적 의미를 되찾아야 한다고 본다.

16 주거의 불안전성은 인간의 기본권인 주거권이 침해될 가능성을 높인다.

17 아리스토텔레스는 먹는 행위는 인간의 이성에 의해 조절되어야 한다고 본다.

18 아리스토텔레스와 유교 모두 폭식은 인간의 도덕성에 해가 되므로 경계해야 한다고 본다.

19 합리적 소비란 자신의 경제력 내에서 가장 큰 만족을 추구하는 소비를 의미한다.

20 윤리적 소비는 생태적으로 건강한 소비를 지향하는 윤리적 가치를 내포하고 있다.

21 ~~윤리적 소비~~ 를 강조하는 입장에서는 소비에 있어 개인의 욕망 충족과 선호를 최우선적으로 추구한다.
합리적 소비

22 윤리적 소비에서 강조하는 소비자의 의무는 생태적 영향력을 고려한 지속 가능한 소비를 하는 것이다.

23 환경 오염, 노동자의 인권의 침해 등과 같이 윤리적 문제를 일으킨 기업의 제품 구매를 거부하는 것은 윤리적 소비에 해당한다.

24 ~~합리적 소비는 윤리적 소비에 비해~~ 도덕적 가치 실현을 중시하고 경
윤리적 소비는 합리적 소비에 비해
제 활동 전반의 윤리성에 관심을 지닌다.

25 과시적 소비는 소비를 통해 자신의 재력과 부를 ~~은폐~~ 하고자 한다.
과시

26 베블런은 과시 소비란 ~~제품의 이미지보다 제품의 실제 사용 가치를~~
제품의 사용 가치보다 제품의 이미지를
중시한 소비라고 정의했다.

27 보드리야르는 현대인은 상품의 구입을 통해 자신의 사회적 지위와 위세를 드러내고자 필요 이상의 것을 소비한다고 비판한다.

28 보드리야르는 현대 사회에서 소비의 대상은 상품의 기호와 상품이 지닌 이미지에 불과하다고 주장했다.

29 사회적 기업은 취약 계층의 고용 및 복지의 문제를 해결하는 과정에서 등장하였다.

30 사회적 기업은 일반 기업과 달리 공공성을 기반으로 사회적 목적을 우선적으로 추구하는 특징을 지닌다.

31 공정 여행은 여행 지역의 경제, 환경, 문화에 대한 존중과 보호의 의무를 다하는 의미를 내포하고 있다.

32 공정 무역은 생산자에게 공정한 가격을 지불하고 생산자 단체와 직거래를 통해 유통과정을 ~~늘려~~ 생산자에게 합당한 이윤을 보장한다.
줄여

33 합리적 소비는 소비자 개인의 경제적 이익이나 만족감을 중시하는 특징이 있다.

34 명품 선호 현상을 긍정적으로 보는 입장에서는 명품의 희소성이 소유자의 만족감을 높여 준다고 주장한다.

---

262 ②	263 ⑤	264 ②	265 ①	266 ⑤	267 ④
268 ④	269 ⑤	270 ①	271 ②	272 ②	273 ②
274 ④	275 ④	276 ④	277 ⑤		

262 유교와 불교의 음식 문화   정답 ②

문제 분석 (가)는 유교의 음식에 대한 태도를 보줍니다. 유교에서는 음식에 대한 절제를 지니고 욕구를 다스려야 한다고 봅니다. (나)는 불교의 음식에 대한 태도를 보여줍니다. 불교는 음식을 섭취하는 문제를 수행과 연계하여 보고, 음식을 통해 세상 모든 존재의 상호 의존성을 강조해야 한다고 봅니다.

정답 찾기 ② 유교는 음식을 섭취하는 목적이 단지 생존 유지에만 있는 것이 아니라, 도덕을 실천할 바탕으로서 도덕의 수행으로 인식합니다.

오답 피하기 ① 유교는 음식을 먹는 행위에 있어 인간다운 품위를 유지해야 한다고 봅니다. ③ 불교는 음식을 통해 세상 모든 만물이 연결되어 있음을 이해해야 한다고 봅니다. ④ 불교는 '어떻게', '무엇을' 먹느냐는 문제는 깨달음을 위한 수행과 관련이 있다고 봅니다. ⑤ 유교와 불교 모두 음식을 섭취하는 데 있어 조절과 절제가 필요하다고 봅니다.

263 볼노브의 거주함의 의미   정답 ⑤

문제 분석 제시문의 사상가는 볼노브입니다. 볼노브는 집은 인간 삶의 중심이며, 인간은 집에서 안식을 누리고 이를 바탕으로 세계로 나아가게 된다고 봅니다. 즉 그에게 집은 외부 세계로부터 자신을 지키고 보호하는 공간의 의미를 지닙니다.

정답 찾기 ⑤ 볼노브는 거주 공간은 외부 세계에 대해 열릴 수 있는 닫힘의 공간으로 이해합니다.

오답 피하기 ① 볼노브는 인간에게 거주 공간은 친숙해지면서 자신의 삶을 지속할 수 있는 자기 세계의 중심이어야 한다고 봅니다. ② 볼노브는 인간은 자기 주거 공간을 스스로 만들어 나가야 한다고 봅니다. ③ 볼노브는 인간의 거주 공간은 집 밖의 세계와 구분이 되는 공간이어야 한다고 봅니다. ④ 볼노브는 인간에게 주거 공간은 편안하고 친숙한 안정성을 느낄 수 있어야 한다고 봅니다.

264 패스트 패션의 윤리적 문제   정답 ②

문제 분석 (가)는 패스트 패션 산업이 인간다운 삶의 권리에 기여해야 한다는 입장입니다. (나)는 패스트 패션이 생산 비용을 절감하고 이윤을 창출함으로써 기업과 소비자에게 모두 유용하다는 관점을 보여주고 있습니다. (가)의 입장에서 (나)의 입장에 대해 제시할 비판을 고르면 됩니다.

정답 찾기 ㄱ. 패스트 패션은 자연 생태계를 위협하는 부작용을 초래하기 때문에, 환경과 인권에 대한 기업의 역할과 책임을 간과하고 있다고 비판할 수 있습니다. ㄷ. 패스트 패션은 유행과 욕구를 충족하는데 집중하기 때문에, 욕구 충족만이 소비자의 도덕 판단 기준이 아님을 간과하고 있다고 비판할 수 있습니다.

오답 피하기 ㄴ, ㄹ. (가)의 입장에서 (나)의 입장에 대해 제시할 적절한 비판으로 보기 어렵습니다.

265 공자의 음식에 대한 태도   정답 ①

문제 분석 유교 사상가인 공자는 음식에 대한 지나친 욕심을 가지지 않아야 한다고 봅니다.

정답 찾기 ① 공자는 먹을 때에도 인(仁)을 떠나지 않아야 한다고 보며, 먹는다는 것은 자신과 타인을 살피는 덕의 실천으로 인식합니다.

 ②, ③, ④, ⑤ 공자가 강조하는 음식에 대한 태도로 보기 어렵습니다.

266 공정한 식량 생산 시스템에 대한 입장   정답 ⑤

 제시문은 산업화되고 세계화된 지금의 시스템 하에서 먹거리의 안정성이 위협받고 환경이 파괴되고 있음을 비판하고 있습니다. 따라서 음식 소비에서 공정한 식량 시스템 형성을 위해 우리가 지녀야 할 역할에 주목하고 있습니다.

 ⑤ 제시문은 현대인들에게 단순히 소비자에만 머무는 것이 아니라 좋은 먹거리를 만드는 공동의 생산자로서 역할을 규정하고 있습니다.

 ① 제시문은 건강한 삶에 기여하는 음식 문화 소비가 필요하다고 주장하고 있습니다. ② 제시문은 음식 소비는 개인뿐만 아니라 공동체에 영향을 미친다고 보고, 공동체를 고려한 음식 소비를 주장하고 있습니다. ③ 제시문은 공정한 식량 시스템 구축에 소비자의 참여가 필요하다고 봅니다. ④ 제시문은 식량 정의 실현을 위해서 식량 생산을 독점하는 지금의 식량 생산 시스템에서 벗어나야 한다고 주장합니다.

267 음식 정의 문제   정답 ④

 제시문은 음식 정의에 대해 다루고 있습니다. 즉 가난한 사람이든 부유한 사람이든 건강하고 몸에 좋은 음식을 먹을 권리는 누구에게나 주어져야 한다고 보며, 좋은 먹을거리를 제공할 사회적 의무에 대해 논의하고 있습니다.

 ㄱ. 좋은 음식을 먹을 권리는 소득에 상관없이 평등하게 주어져야 한다고 봅니다. ㄴ. 음식을 바라보는 문제를 인권의 문제로 보고, 사회적 의무로 이해합니다. ㄷ. 저소득 주민들도 신선한 양질의 먹을 거리를 먹을 권리가 있음을 말하고 있습니다.

 ㄹ. 제시문에서 음식 선택 기준이 개인의 선호의 문제라고 말하고 있지 않습니다.

268 볼노브의 거주에 대한 입장   정답 ④

눈으로 보는 해설

┌ 볼노브
다음 사상가가 부정의 대답을 할 질문으로 가장 적절한 것은?

> 집은 인간 삶의 중심이며 요람이다. 집은 인간의 삶을 한 곳에 뿌리 내리게 하고, 세계와 우주로 열리는 통로이다. 우리는 집에서 휴식하고 안정을 얻고, 보다 크고 넓은 장소로 진입한다. 인간에게 주는 편안함과 한 장소에 뿌리내리게 해 주는 힘을 바탕으로 집은 인간의 전 생애에 걸쳐 삶의 터전인 동시에 확고한 중심으로 작용한다.

① 집은 보다 넓은 사회로 나아가게 하는 중심이 되는가? ○
② 집은 거주자의 자아 정체성에 기여한다고 보아야 하는가? ○
③ 집은 인간의 삶을 정착시키게 하고 휴식을 가능하게 하는가? ○
④ 집은 공간을 분할하게 하여 인간을 ~~내부에만~~ 존재하게 하는가? ×
⑤ 집은 외부로부터 분리되면서도 연결이 되는 통로의 역할을 하는가? ○

 볼노브는 집이 인간 삶의 중심이므로, 집에서 안식을 누리고 이를 바탕으로 세상으로 나아가야 한다고 봅니다. 그는 인간에게 주는 편안함과 한 장소에 뿌리내리게 해주는 힘을 바탕으로 거주함을 이해해야 한다고 봅니다.

 ④ 볼노브는 집을 인간의 삶을 한 곳에 뿌리내리게 하며 나아가 세계와 우주로 열리는 통로로 이해합니다. 따라서 집을 인간의 내부에만 존재하게 한다고 보는 관점은 아닙니다.

 ① 볼노브는 집을 보다 넓은 우주와 세계로 나아가게 하는 통로로 이해합니다. ② 볼노브는 집이 거주자의 자아 정체성에 기여한다고

봅니다. ③ 볼노브는 집은 인간의 삶을 정착시키고 휴식하게 하는 공간으로서 의미를 지닌다고 봅니다. ⑤ 볼노브는 집은 외부로부터 분리되면서도 연결이 되는 통로의 역할을 한다고 이해합니다.

④를 고르지 못했다면 볼노브의 사상을 정확하게 이해하지 못했기 때문입니다. 볼노브는 "인간은 어떤 특정한 자리에 정착하여 거주할 공간인 집을 필요로 한다."라고 하여 주거가 인간의 삶을 위한 기본 바탕이라고 보았습니다. 한편 하이데거는 "인간은 집에서 비로소 평화를 누리게 된다."라고 하여 주거를 심리적 안정과 평화를 주는 곳으로 보았습니다.

269 패스트패션에 대한 입장 비교   정답 ⑤

 갑은 패스트패션이 대량 생산과 대량 소비를 조장한다고 주장하면서, 패스트패션으로 인해 환경오염, 자원 고갈, 인권 등의 윤리적 문제가 발생한다고 보는 입장입니다. 을은 패스트패션이 사회적 유용성에 기여한다고 보는 입장입니다. 갑이 을에게 제기할 반론을 고르면 됩니다.

 ⑤ 갑은 을에 대해 의복의 생산 단가를 낮추기 위해 노동자의 임금 착취가 발생할 수 있다고 비판합니다.

 ①, ②, ③, ④ 갑이 을에게 제기할 비판으로 적절하지 않습니다.

270 베블런의 과시적 소비   정답 ①

 그림의 강연자는 베블런입니다. 베블런은 과시적 소비는 자신의 부와 명성을 타인에게 명백하게 증명하려는 경쟁적인 소비 행위라고 봅니다.

 ① 베블런은 유한계급의 소비 행태는 심지어 절대 빈곤에 시달리는 빈민에게까지 영향을 준다는 점에서 사회 구조 전반에 확산된다고 봅니다.

 ② 베블런은 과시적 욕구가 사회 구조 전반에 환산될 수 있다고 보므로, 최상위 계급만 과시적 소비를 욕구하는 것은 아니라고 봅니다. ③ 베블런은 유한계급은 소비를 통해 자신의 재력을 과시하고자 한다고 이해합니다. ④ 베블런은 유한계급의 생활 관습과 가치 기준이 사회 최하위층에도 영향을 준다고 보므로 무관심하다고 보지 않습니다. ⑤ 베블런은 사회 전체적인 부가 증대된다고 하여 과시적 소비의 욕망이 사라지지 않는다고 봅니다.

271 보드리야르의 과시 소비 비판   정답 ②

 제시문의 사상가는 보드리야르입니다. 보드리야르는 현대인은 상품을 소비한다고 생각하지만 정작 소비하는 것은 상품의 기호이자 상품의 이미지라고 보며 과시 소비를 비판하고 있습니다.

 ② 보드리야르는 현대인이 생산 질서의 지배를 받는 과시 소비를 한다고 봅니다.

 ① 보드리야르는 현대인이 소비 활동에서 주체성을 상실한다고 보고 있습니다. ③ 보드리야르는 현대인이 상품의 구입과 사용을 통해 사회적 지위를 과시하고자 한다고 봅니다. ④ 보드리야르는 현대인의 소비 대상이 상품 그 자체가 아닌 상품의 이미지라고 봅니다. ⑤ 보드리야르는 광고 매체가 상품을 기호로 전달한다고 이해합니다.

272 합리적 소비와 윤리적 소비   정답 ②

 (가)는 합리적 소비에 대한 내용이고, (나)는 윤리적 소비에 대한 내용입니다. 합리적 소비는 자신의 경제력 안에서 최선의 제품을 구매하는 것을 권장하는 소비입니다. 이와 달리 윤리적 소비는 평화, 인권, 사회 정의, 환경 등 인류의 보편 가치를 중시하는 소비를 의미합니다.

 ㄱ. 합리적 소비는 자율적 선택권과 최적의 효용이 소비의 필수적 요소라고 보고 있습니다. ㄷ. 윤리적 소비는 생태적 영향을 고려한 지속 가능한 소비를 의미하며, 지속 가능한 소비는 소비자의 의무라고 이해합니다.

 ㄴ. 합리적 소비는 공공성을 상품 선택의 기준으로 제시하지 않습니다. ㄹ. 윤리적 소비는 인권과 노동 평화 등 인류의 보편 가치를 소비 생활에 반영할 것을 주장합니다.

273 합리적 소비와 윤리적 소비 쟁점   정답 ②

 갑은 최소 비용으로 최대 만족을 얻을 수 있는 소비를 추구하는 합리적 소비를 지지하고, 을은 사회 정의와 환경 등을 고려하는 윤리적 소비를 지지하고 있습니다.

 ② 갑은 합리적 소비를 통해 자원이 효율적으로 분배되어 자원 남용 문제를 해결할 수 있다고 보지만, 을은 그러한 주장은 시장 경제 논리만을 강조함으로 자원의 남용 문제를 해결할 수 없다고 봅니다.

 ①, ③, ④, ⑤ 토론의 쟁점이라 보기 어렵습니다.

274 사회적 기업의 의미   정답 ④

 A에 들어갈 개념은 사회적 기업입니다. 사회적 기업이란 취약 계층의 고용 및 복지의 문제를 해결하는 과정에서 등장하였으며, 일반 기업과 달리 주로 취약 계층을 대상으로 운영되고, 공공성을 기반으로 사회적 목적을 우선적으로 추구합니다.

 ④ 사회적 기업은 공익적 사업을 하면서도 운영 자금을 스스로 마련하며, 자립적 운영을 위한 이익을 추구합니다.

 ① 사회적 기업은 일반 기업과 달리 취약 계층을 대상으로 운영됩니다. ② 사회적 기업은 사회 문제 해결에 도움을 되는 공익적 사업을 합니다. ③ 사회적 기업은 발생한 이익을 공익을 위한 일이나 지역 사회에 재투자합니다. ⑤ 사회적 기업은 이윤 추구보다 공공성을 우선적으로 추구하는 특징을 지닙니다.

275 베블런의 과시 소비   정답 ④

 베블런은 상류 계급이 재력을 과시하기 위해 과시 소비를 한다고 보며, 자신과 타인을 구별 지어 자신을 드러내는 방편으로 낭비를 위한 소비를 한다고 봅니다.

 ㄱ. 베블런은 유한계급은 과시 소비를 통해 세속적 명성을 드러낸다고 봅니다. ㄷ. 베블런은 과시 소비는 타인에게 자신의 부유함을 증명하기 위해 한다고 봅니다. ㄹ. 베블런은 과시적 소비는 개인의 인간 접촉이 광범위하게 이루어지고 인구 이동이 심한 도시인에게 행해진다고 봅니다.

 ㄴ. 베블런은 과시 소비는 제품의 사용 가치보다 제품의 이미지를 위한 소비라고 봅니다.

276 합리적 소비와 윤리적 소비 비교   정답 ④

눈으로 보는 해설

(가)의 갑, 을의 입장을 (나) 그림으로 표현할 때, A~C에 해당하는 옳은 진술만을 〈보기〉에서 있는 대로 고른 것은?

(가)	갑 : 소비 행위를 할 때에는 자신의 경제력 안에서 최선의 제품을 구매해야 한다. 경제 활동의 가장 중요한 원칙은 '투자 대비 산출 가치의 극대화'이며, 가장 적은 돈을 소비하여 가장 활용 가치가 큰 물건을 선택하는 것이 합리적인 것이다. → 합리적 소비 을 : 소비 행위를 할 때에는 그 행위와 연결된 정치, 사회, 환경 등 다양한 영역의 연결을 충분히 고려해야 한다. 예컨대 인간과 동물, 환경을 착취하고 해를 끼치는 비윤리적 상품에 돈을 지불하지 않고, 윤리적 상품에 지갑을 열어야 한다. → 윤리적 소비

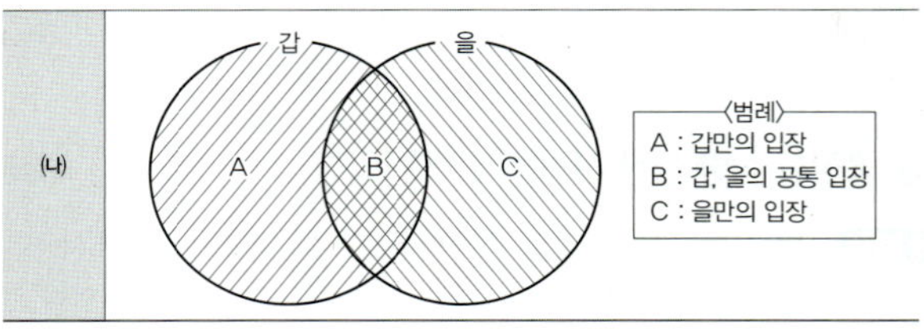

보기

ㄱ. A : 경제적 효율을 극대화하는 소비를 위한 이성적 판단이 필요하다. ○
ㄴ. B : 재화의 활용 가치가 크면 경제력을 벗어나는 소비를 허용해야 한다. ×
    └ 과시 소비
ㄷ. C : 상품을 구매하는 행위를 통해서도 정의 실현에 기여할 수 있다. ○
ㄹ. C : 생산 과정에서 생산자의 인권을 침해하는 상품을 구입하지 말아야 한다. ○

① ㄱ, ㄴ   ② ㄴ, ㄷ   ③ ㄱ, ㄴ, ㄹ
④ ㄱ, ㄷ, ㄹ   ⑤ ㄴ, ㄷ, ㄹ

 갑은 합리적 소비를 강조하는 입장이고, 을은 윤리적 소비를 강조하는 입장입니다.

 ㄱ. 경제적 효율을 극대화하는 소비를 강조하는 것은 갑입니다. ㄷ. 상품을 구매하는 데 있어서도 윤리적 가치를 실현할 수 있다고 보는 입장은 을입니다. ㄹ. 생산 과정에서 생산자의 인권을 침해하는 상품을 구입하지 말아야 한다고 보는 입장은 을입니다.

 ㄴ. 갑, 을 모두 경제력을 벗어나는 과시 소비를 허용하자고 보지 않습니다.

함정 피하기

ㄴ을 골랐다면 합리적 소비와 윤리적 소비의 개념을 정확하게 이해하지 못한 것입니다. 합리적 소비는 한정된 소득 범위에서 싸고 좋은 물건을 구매하는 것으로, 합리성과 효율성을 중시합니다. 윤리적 소비는 소비자가 윤리적인 가치 판단과 신념에 따라 상품을 구매하는 것으로, 인권과 노동을 중시합니다. 두 소비 행위 모두 경제력을 벗어나는 소비의 허용을 옹호하지 않습니다.

277 윤리적 소비를 강조하는 입장   정답 ⑤

 제시문을 주장한 사람은 현대의 소비문화를 비판하면서, 사회적으로 책임을 다하는 소비 태도가 필요하다고 보고 있습니다.

 ⑤ 윤리적 소비를 주장하는 입장에서는 실용성과 효용성보다 생태적 지속 가능성을 중시하는 소비를 강조합니다.

 ①, ②, ③, ④ 윤리적 소비의 특징으로 적절합니다.

핵심 개념 CHECK!

▶ 본문 156쪽

01 ×	02 ○	03 ×	04 ○	05 ○	06 ○	07 ×	08 ○
09 ×	10 ○	11 ×	12 ×	13 ○	14 ○	15 ○	16 ×
17 ○	18 ○	19 ○	20 ○	21 ×	22 ○	23 ×	24 ○
25 ○	26 ○	27 ×	28 ○	29 ○	30 ○	31 ×	32 ×
33 ×							

O|X 문장 바로 알기

01 동화주의는 주류 문화를 중심으로 하되, 비주류 문화의 정체성을 ~~인정하는 입장이다.~~
동화주의는 비주류의 문화의 주류 문화로의 편입을 강조한다.

02 샐러드 그릇 모형은 서로 다른 문화에 대등한 가치를 부여하고 문화 공존을 지향한다.

03 ~~국수 대접 모형은~~ 샐러드 그릇 모형과 달리 단일한 문화 정체성의 창출을 추구한다.
용광로 모형

04 문화의 다양성을 존중하는 자세는 삶의 경험과 문화 자원을 풍부하게 해주고 상호 존중과 공존의 지혜를 학습할 수 있다는 긍정적인 측면이 있다.

05 문화가 상대적인 것처럼 윤리도 상대적이라 주장하는 입장은 문화를 비판적으로 성찰할 수 없다는 문제점이 있다.

06 동화주의는 소수의 비주류 문화가 주류 문화에 편입되어야 함을 강조한다.

07 다문화주의는 소수 문화에 대한 ~~불관용을 통해~~ 국민 통합을 이끌어내야 한다고 본다.
다문화주의는 문화의 공존을 강조한다.

08 자문화 중심주의는 자신의 문화를 기준으로 다른 문화를 평가하고 우열을 가려야 한다는 입장이다.

09 ~~문화 사대주의는~~ 다양한 문화가 지닌 고유성과 상대적 가치를 이해하고 존중해야 한다는 입장을 의미한다.
문화 상대주의는

10 ~~문화 상대주의는~~ 타 문화를 무조건 동경하며 자신의 문화를 열등하게 여기는 입장을 의미한다.
문화 사대주의는

11 문화 다양성 협약은 각 지역의 문화적 고유성과 다양성을 보호하고 문화 상품을 자유 무역 대상으로 ~~삼기로 한~~ 협약을 의미한다.
에서 제외하기로 한

12 관용은 자신의 생각에 오류가 ~~없음을~~ 자각하고, 다른 생각을 인정하고 받아들이려는 이성적 태도를 의미한다.
있을 수도 있음을

13 관용과 불관용의 경계를 명확하게 하려는 노력은 다문화 사회의 혼란과 무질서를 예방하는 길이다.

14 무제한적인 관용은 인권 침해와 사회 혼란을 초래할 수 있다.

15 용광로 모델은 다양한 문화가 하나로 용해되는 상태를 추구한다.

16 여러 민족의 민속놀이의 공통점을 모아 새로운 놀이를 만들어 즐기도록 한다는 것은 다문화 정책에 관한 ~~샐러드 그릇~~ 모델이다.
용광로

17 인간은 종교를 통해 삶과 죽음의 의미와 같은 궁극적 물음에 대한 대답을 얻고자 한다.

18 인간이 소망하는 것을 대상에 투사한 것이 신이라고 보는 관점에서는 종교는 인간의 필요로 만들어졌다고 본다.

19 엘리아데는 종교를 우리의 일상 가운데 성스러움이 드러나는 현상으로 설명한다.

20 엘리아데는 인간은 본래 종교적 존재이며, 이 세계는 성과 속이 공존한다고 본다.

21 엘리아데는 ~~자연의 세계가 아닌 초자연적의 세계에서만~~ 성스러움을 찾을 수 있다고 본다.
엘리아데는 자연의 세계 속에서 성스러움이 드러날 수 있다고 본다.

22 프로이트는 종교란 환상이며, 심리적 필요에 의해 만들어진 것으로 규정한다.

23 마르크스는 ~~신이 실재한다는~~ 관점에서 신에게 의지하려는 ~~믿음이 종교라고 본다.~~
마르크스는 신이 실재한다고 규정하지 않는다.

24 도킨스는 진화론과 유전자 결정론을 바탕으로 이 세상을 창조한 초월적인 신은 존재하지 않는다고 주장한다.

25 종교와 윤리는 인간 존엄성을 실현하려는 윤리적 계율을 중시한다는 공통점이 있다.

26 종교 간 갈등은 서로 다른 종교를 믿는 사람들의 가치관 차이에서 비롯되거나 교리가 달라서 발생하는 경우가 많다.

27 종교 간의 갈등은 개인 차원의 이성적 노력만으로 극복될 수 ~~있다.~~
없다

28 종교 갈등을 극복하기 위해서는 종교적 진리에 대한 인간의 인식은 상대적이고 오류가 있을 수 있기 때문에 관용의 자세가 요청된다.

29 부버는 종교 간 대화와 협력을 통해 더불어 살아갈 수 있는 참된 공동 생활이 가능하다고 본다.

30 한스 큉은 세계의 평화를 위해서 종교의 평화가 필요하다고 주장하면서, 종교들의 공통점을 찾아 나가야 한다고 본다.

31 뮐러는 종교 간 갈등을 극복하기 위해서는 ~~분쟁의 근원인 종교를 점진적으로 폐기해야 한다고 본다.~~
뮐러는 다른 종교를 이해하기 위한 노력이 필요하다 보았지 종교의 폐기를 주장하지 않았다.

32 종교 간의 갈등을 극복하기 위해서는 종교 간의 대화를 통해 종교적 신념의 ~~단일화를~~ 추구해야 한다.
조화를

33 엘리아데는 성스러움에 대한 개인적 체험을 ~~적대시~~해야 한다고 본다.
수용

기출+예상 문제로 주제 정복하기

▸본문 158~161쪽

278 ④	279 ⑤	280 ③	281 ②	282 ④	283 ④
284 ②	285 ③	286 ⑤	287 ①	288 ③	289 ④
290 ③	291 ③	292 ①	293 ②		

278 국수 대접 모형과 샐러드 그릇 모형 정답 ④

문제 분석 (가)는 문화 다양성을 인정하면서도 주류 문화가 있어야 한다고 보는 국수 대접 모형이고, (나)는 한 사회의 다양한 문화들을 모두 평등하게 인정해야 한다고 보는 샐러드 볼 모형입니다.

정답 찾기 ㄱ. 국수 대접 모형은 주류 문화를 전제로 소수 민족의 문화적 정체성을 인정합니다. ㄴ. 샐러드 볼 모형은 각 문화의 정체성과 가치에 대한 존중을 인정합니다. ㄹ. 국수 대접 모형과 샐러드 볼 모형은 다양한 문화를 전제로 한 사회 통합을 강조합니다.

오답 피하기 ㄷ. 동화주의에 대한 설명입니다.

279 동화주의 모형과 샐러드 그릇 모형 정답 ⑤

문제 분석 (가)는 소수 민족의 문화, 사회적 특성을 포기하고 주류 사회의 일원이 되도록 편입함을 강조합니다. (나)는 여러 문화의 각각의 정체성을 대등하게 유지하며 조화를 이룰 것을 강조합니다.

정답 찾기 ⑤ 국수 대접 모형에 대한 설명으로 (가), (나) 입장에서 모두 부정의 대답을 할 것입니다.

오답 피하기 ①, ② (나)가 긍정의 대답을 할 질문입니다. ③, ④ (가)가 긍정의 대답을 할 질문입니다.

280 사회 통합을 위한 방안 모색 정답 ③

문제 분석 칼럼에서는 사회 통합을 위해서는 다수가 공유해온 규범만을 강요하지 않고, 이주민의 문화를 표현할 수 있고 수용할 태도가 필요하다고 봅니다.

정답 찾기 ③ 이주민의 고유한 문화적 특수성을 유지할 기회를 보장해야 국가적 유대감을 증진시키는 통합이 가능하다고 봅니다.

오답 피하기 ① 통합 과정에서 우리 사회의 전통적 관행과 규범을 고수하지 않으려는 태도가 필요하다고 주장하고 있습니다. ② 공용어와 공동의 문화를 강요할 경우 오히려 통합을 위협한다고 봅니다. ④ 문화와 삶의 양식의 통일을 요구해서는 안 된다고 봅니다. ⑤ 제시문은 이주민에게 기본적 시민권은 보장하되 관습과 신앙 및 삶의 양식의 통일을 요구하지 않아야 한다고 봅니다. 즉 이주민의 삶의 양식 변화보다 기본적 시민권 보장이 우선되어야 한다고 봅니다.

281 관용의 의미 정답 ②

문제 분석 문화적 편견과 차별 극복을 위해 관용이 필요합니다. 그러나 무제한적인 관용은 인권 침해와 사회 혼란을 초래할 수 있으므로, 인류의 보편적 가치에 반하는 것들에 대해서는 불관용해야 합니다.

정답 찾기 ② 〈가상 대담〉에서 여자는 교육받을 필요가 없다는 관점에서 학교를 보내지 않는 것은 인류의 보편적 가치를 침해하는 것으로 볼 수 있습니다. 자녀의 기본적 권리를 침해하는 관용은 허용되어서는 안 된다고 볼 것입니다.

오답 피하기 ①, ③, ④ 인류의 보편 가치를 침해하는 것을 용인해야 한다고 보지 않을 것입니다. ⑤ 제시문에서 제시한 이유로 보기 어렵습니다.

282 다문화의 존중과 관용 정답 ④

문제 분석 제시문에서는 다문화 공존을 위한 자세를 강조하고 있습니다. 각 문화가 지닌 고유성과 상대적 가치를 이해하고 존중하되, 보편 윤리에 어긋나지 않은지 살펴보아야 한다는 점을 강조합니다.

정답 찾기 ④ 다문화 공존을 위해서는 보편 윤리에 어긋나지 않은 문화인지가 우선 검토되어야 한다는 점을 제시문에서 강조하고 있습니다. 따라서 무제한적인 관용의 자세를 강조했다고 보기 어렵습니다.

오답 피하기 ① 제시문에서는 각 문화가 지닌 고유성과 상대적 가치를 이해하고 존중하는 자세를 강조하고 있습니다. 따라서 다문화에 대한 편견과 배타적인 태도를 버리라 할 것입니다. ② 제시문에서는 다문화 시대에 공존하기 위해 서로를 이해하고 존중하는 태도가 필요하다고 봅니다. ③ 다문화 존중은 보편적인 가치를 존중해준다는 점에서 인간 존중의 가치를 실천하는 계기가 됩니다. ⑤ 다문화 존중을 통해 다른 문화에 대한 이해를 높이는 기회로 삼을 수 있다고 봅니다.

283 다문화 정책 모형 비교 정답 ④

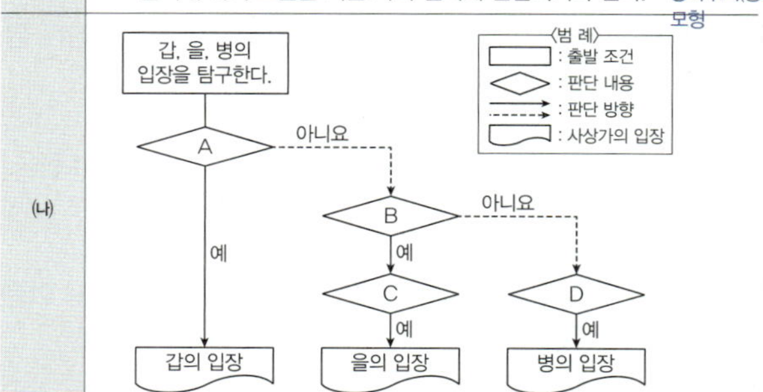

눈으로 보는 해설

(가)의 갑, 을, 병의 입장을 (나) 그림으로 표현할 때, A~D에 해당하는 적절한 질문만을 〈보기〉에서 있는 대로 고른 것은?

(가)
갑 : 그릇에 담긴 다양한 야채가 고유한 맛과 색을 유지하면서 전체적인 맛의 조화를 이루듯, 다양한 인종과 민족들이 각각의 특성을 유지하고 평등하게 공존해야한다. → 샐러드 그릇 모형
을 : 국수의 면과 국물이 주를 이루고 여기에 갖가지 고명을 얹혀 입맛을 돋우듯이, 소수 집단의 문화를 색다른 맛을 더해주는 고명으로 인식하여 소수 집단의 문화적 전통을 존중해야 한다. → 국수 대접 모형
병 : 소수 집단의 언어, 문화 등의 차이는 사회적 갈등을 초래하는 원인이 되므로, 주류 문화의 사회적 질서와 가치를 소수 집단에게 받아들이게 하여 그들을 기존 사회 질서에 편입시켜야 한다. → 동화주의(용광로) 모형

(나)

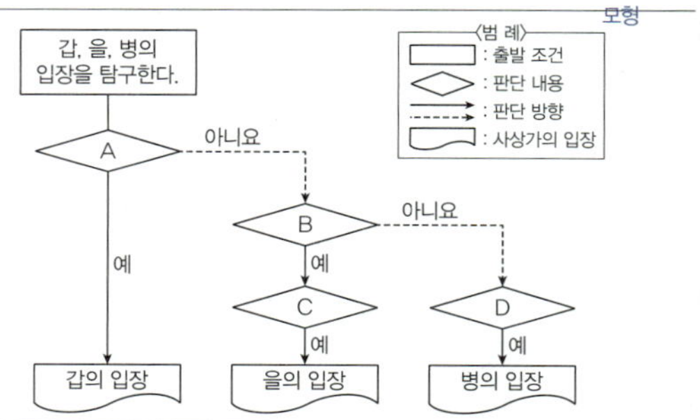

보기
ㄱ. A : 다양한 문화가 동등하게 공존함으로써 조화를 이루어야 하는가? ○
ㄴ. B : 소수 집단의 문화 정체성을 존중해야 하는가? ○
ㄷ. C : 주류 문화의 존재를 인정하면서도, 소수 집단 문화를 보호해야 하는가? ○
ㄹ. D : 다양한 이질적인 문화를 ~~그대로 인정하고 존중~~해야 하는가? ×

① ㄱ, ㄷ ② ㄱ, ㄹ ③ ㄴ, ㄹ
④ ㄱ, ㄴ, ㄷ ⑤ ㄴ, ㄷ, ㄹ

문제 분석 갑은 샐러드 그릇 모형을, 을은 국수 대접 모형을, 병은 동화주의 모형을 제시하고 있습니다.

정답 찾기 ㄱ. 다양한 문화가 동등하게 공존함으로써 조화를 이루어야 한다고 보는 입장은 샐러드 그릇 모형의 특징입니다. ㄴ. 국수 대접 모형은 주류 문화를 전제하면서도 소수 민족의 문화적 정체성을 존중합니다. 이와 달리 동화주의는 소수 문화의 특성을 포기하고 주류 문화의 일원이 되도록 편입을 강조합니다. ㄷ. 국수 대접 모형의 특징입니다.

오답 피하기 ㄹ. 동화주의 모형은 다양한 이질적인 문화를 그대로 인정하고 존중하자고 주장하지 않습니다.

ㄴ을 고르지 못했다면 국수 대접 모형과 동화주의 모형에 대한 이해가 부족하기 때문입니다. 소수 집단의 문화 정체성에 대한 존중에 있어 국수 대접 모형은 소수 집단의 문화 정체성이 국수의 고명과 같이 역할할 수 있다고 생각합니다. 한편 동화주의 모형은 용광로 모형으로, 소수 집단의 문화 정체성을 용해하여 주류 문화에 편입될 것을 주장합니다.

284 동화주의와 다문화주의 비교 　　　　정답 ②

문제 분석 갑은 이주민 문화를 주류 문화에 편입시켜야 한다고 보는 동화주의의 입장입니다. 을은 이주민 문화와 기존 문화를 평등하게 인정해야 한다고 보는 샐러드 그릇 모형인 다문화주의에 대한 입장입니다.

정답 찾기 ㄱ. 동화주의는 단일 문화에 바탕을 둔 사회 통합을 지향한다고 주장합니다. ㄹ. 샐러드 그릇 모형은 각 문화의 고유성을 인정하면서 공존을 지향해야 한다고 주장합니다.

오답 피하기 ㄴ. 동화주의에 대한 입장입니다. ㄷ. 샐러드 그릇 모형에 대한 입장입니다.

285 문화 다양성 존중과 관용 　　　　정답 ③

문제 분석 나는 문화 상대성은 인정하되 윤리 상대주의를 인정하지 않아야 한다고 주장합니다. 어떤 사람들은 모든 문화가 상대적이면서도 다른 도덕 규칙을 지니고 있으므로 윤리가 상대적일 수 있다고 봅니다.

정답 찾기 ③ 문화 상대주의를 윤리 상대주의로 확장해서 이해하면 보편 윤리를 위반하는 문화까지 인정하게 되어 비판적, 윤리적 성찰을 방해할 수 있습니다.

오답 피하기 ①, ②, ④, ⑤ ㉠에 들어갈 내용으로 적절하지 않습니다.

286 종교와 도덕의 관계 　　　　정답 ⑤

문제 분석 그림은 도덕의 최종 근거를 종교에서 찾아야 하는가에 대해 토론하고 있습니다. 갑은 도덕의 최종 근거는 종교에서 찾아야 한다고 보는 입장이고, 을은 도덕의 최종 근거는 종교가 아닌 이성에서 찾을 수 있다고 봅니다.

정답 찾기 ⑤ 갑, 을 모두 명확하고 보편적인 도덕 판단 기준이 존재한다고 봅니다. 갑은 종교에서 찾고, 을은 이성에서 찾습니다.

오답 피하기 ① 갑은 도덕적 의무는 오류 가능성이 없는 신의 명령에서 찾을 수 있다고 봅니다. ② 갑은 인간의 이성이 아닌 만물을 창조한 신의 명령에서 도덕 판단의 최종 근거를 찾아야 한다고 봅니다. ③ 을은 윤리적 판단에서 종교적 권위보다 합리적 이성을 중시해야 한다고 봅니다. ④ 을은 인간은 이성을 지니고 옳고 그름을 판단한다고 봅니다.

287 종교 평화를 위한 큉의 입장 　　　　정답 ①

문제 분석 제시문의 사상가는 한스 큉입니다. 큉은 종교 간 대화를 통해 종교 평화가 가능하며, 이를 통한 세계 평화에 대해 논의합니다.

정답 찾기 ㄱ. 큉은 종교들이 공유하는 가르침을 통해 화합과 공존을 모색할 수 있다고 봅니다. ㄴ. 큉은 종교 간 관용은 세계 평화를 위해 필요한 조건이라고 봅니다.

오답 피하기 ㄷ. 큉은 타 종교에 대한 무지와 편견은 차별을 낳을 수 있으므로 갈등을 낳는다고 봅니다. ㄹ. 큉은 종교의 단일화를 강조하지 않습니다.

288 엘리아데와 도킨스의 입장 　　　　정답 ③

문제 분석 갑은 종교를 일상 속에서 성스러움의 만남으로 이해한 엘리아데의 주장입니다. 을은 자연과 물리적인 세계 너머에 초월적 존재인 신이 존재하지 않는다고 보는 도킨스입니다.

정답 찾기 ③ 도킨스는 자연을 물리학으로 설명할 수 있다고 보는 입장이므로, 초월적 존재를 전제하지 않아도 자연을 설명할 수 있다고 봅니다.

오답 피하기 ① 엘리아데는 종교가 심리적 필요에 의해 만들어진 것이 아니라 신이 실재한다고 봅니다. ② 엘리아데는 종교적 인간은 자연을 성스러운 것으로 간주한다고 봅니다. ④ 도킨스는 과학을 통해 인간의 윤리적 행위를 설명할 수 있다고 보는데, 그는 윤리적 행위는 자연 선택의 결과로 봅니다. ⑤ 도킨스는 초월적 신의 존재를 인정하지 않습니다.

289 틸리히의 종교에 관한 입장 　　　　정답 ④

문제 분석 틸리히는 종교가 인간이 갖고 있는 삶과 죽음 등과 같은 궁극적 관심에 대해 해답을 준다고 보며, 종교를 궁극적 관심에 붙잡힌 상태로 봅니다. 그는 진정한 종교란 유한하지 않는 궁극성에 대해 관심을 가지는 것으로 이해합니다.

정답 찾기 ㄱ. 틸리히는 종교는 삶과 죽음의 의미를 묻고 답하는 것이라고 봅니다. ㄷ. 틸리히는 종교는 모든 존재의 근원으로서의 존재와의 만남으로 이해합니다. ㄹ. 틸리히는 종교적 관심은 궁극성에 대한 관심이라는 점에서 절대적이지만, 그 관심의 개별적인 표현은 다양한 종교에서 다양하게 드러난다고 봅니다.

오답 피하기 ㄴ. 제시문에서 틸리히는 종교는 유한한 실재를 하나의 신으로 만들면 우상이 되기 때문에 하나의 신으로 만들면 안 된다고 봅니다. 틸리히는 진정한 종교는 유한하지 않는 궁극성에 대해 관심을 갖는 것이라 봅니다.

290 프로이트와 엘리아데의 종교관 　　　　정답 ③

문제 분석 갑은 프로이트이고 을은 엘리아데입니다. 프로이트는 성숙하지 못한 인간의 모습을 종교가 반영한다고 보아 종교를 지양해야 한다고 봅니다. 이와 달리 엘리아데는 종교는 신성성을 자신의 내부에서 발견하는 것으로 보고 인간은 종교적 존재라는 점을 강조합니다.

정답 찾기 ③ 엘리아데는 종교적 인간은 자연을 성스럽게 여긴다고 봅니다.

오답 피하기 ① 프로이트는 종교를 지양해야 한다고 봅니다. ② 프로이트는 신을 실재한다고 보지 않습니다. ④ 엘리아데는 종교는 인간의 삶과 관련되므로 현실 세계와 무관하다고 보지 않습니다. ⑤ 엘리아데는 종교를 인간의 소망을 성취하기 위해 존재하는 것으로 이해하지 않습니다.

291 엘리아데의 종교 의미 　　　　정답 ③

다음 사상가가 긍정의 대답을 할 질문으로 가장 적절한 것은?

'성(聖)'과 '속(俗)'을 논할 때 조심해야 할 것은 두 가지의 세계가 따로 존재한다는 그릇된 생각이다. 성과 속이라는 표현은 하나의 세계를 바라보는 두 가지 국면과 두 가지 차원을 말하는 것이다. 성과 속을 다른 두 개의 세계로 본다면 현대에는 인간이 과학과 기술로 자신의 세계를 좀 더 광범위하게 통제하고 조절할 수 있게 되었기 때문에 성의 세계란 미개한 사회의 인간에게만 가능하고 필요한 것이라는 결론이 나오게 된다. → 성과 속의 조화를 강조한 엘리아데의 입장

① 자연적인 것을 추구하고 초자연적인 것은 배제해야 하는가?
② 종교적 인간과 비종교적 인간을 보다 철저히 구분해야 하는가?
③ 성스러운 것은 세속적인 것을 통해 드러날 수 있음을 알아 하는가?
④ 자연이 지니는 성스러움은 과학적 발견의 대상임을 자각해야 하는가?
⑤ 성스러움을 자연물에서 찾는 것은 미신을 숭배하는 잘못된 자세인가?

문제 분석 엘리아데는 성은 세속과 떨어져 고립되어 있는 것이 아니며, 현실 세계에 들어와 우리의 체험의 대상이 된다고 봅니다.

> **함정 피하기**
>
> ③을 고르지 못했다면 엘리아데의 사상에 대한 이해가 부족하기 때문입니다. 엘리아데는 성스러움의 세계와 세속의 세계가 조화를 이룰 수 있다고 보았습니다. 그는 종교를 일상 가운데 성스러움이 드러나는 현상으로 설명하였으며 일상 속에서 얼마든지 성스러운 체험을 할 수 있다고 보았습니다.

292 볼테르의 종교에 대한 입장　　　　　　　정답 ①

문제 분석 (가)는 볼테르의 주장입니다. 볼테르는 종교 간 관용이 필요하다고 주장하면서 종교의 자유를 옹호하였습니다.

정답 찾기 ① 볼테르는 종교 갈등을 극복하기 위해서 자신의 종교를 타인에게 강요해서는 안 된다고 봅니다.

오답 피하기 ② 볼테르는 자신이 믿는 교리가 참이라는 믿음을 강화하라고 주장한 것은 아닙니다. ③ 볼테르는 종교의 자유를 강조합니다. ④ 볼테르는 종교적 가르침의 지향이 다르다는 점을 인정해야 한다고 봅니다. ⑤ 볼테르는 종교를 폐기하라고 주장한 것은 아닙니다.

293 종교 갈등 해결 방안　　　　　　　　　정답 ②

문제 분석 제시문은 카슈미르 분쟁에 대한 내용입니다. 카슈미르 분쟁은 종교 갈등의 대표적인 사례입니다.

정답 찾기 ㄱ. 종교 갈등을 해결하기 위해서는 종교 간 배타성에서 벗어나 공존을 추구해야 합니다. ㄷ. 종교 간 협력을 모색하기 위해 관용의 자세가 필요합니다.

오답 피하기 ㄴ. 종교의 신념의 일치를 도모하는 자세는 종교 갈등을 해결하는 바람직한 자세가 될 수 없습니다. ㄹ. 종교적 진리를 부정하는 자세는 종교 갈등을 해결하는 올바른 자세로 볼 수 없습니다.

VI. 평화와 공존의 윤리

19강 갈등 해결과 소통의 윤리

핵심 개념 CHECK!

▶ 본문 166쪽

01 ○ 02 ○ 03 ○ 04 ○ 05 ○ 06 × 07 ○ 08 ○
09 ○ 10 × 11 ○ 12 ○ 13 × 14 ○ 15 × 16 ○
17 ○ 18 × 19 ○ 20 ○ 21 ○ 22 × 23 ○ 24 ○
25 ○ 26 ○ 27 × 28 ○ 29 ○ 30 ○ 31 × 32 ○
33 × 34 ○

○ × 문장 바로 알기

01 갈등이란 칡뿌리와 등나무가 얽혀 있는 것과 같이 개인이나 집단 사이의 목표나 이해관계가 달라 충돌하는 상황을 의미한다.

02 현대 사회는 갈수록 복잡하고 다원화됨으로써 개인과 집단 간 갈등 양상이 다양하게 나타난다.

03 사회 갈등은 사회적 가치의 희소성, 가치관이나 이해관계의 차이에서 발생한다.

04 사회 갈등은 사회에 내재된 문제를 명확히 인식하게 함으로써 사회 발전의 계기가 될 수도 있다.

05 계층 갈등이란 자원의 축적과 분배가 불공정하다는 인식에서 비롯된 갈등을 의미한다.

06 경제적 자원이 불균등하게 분배될수록 사회 구성원의 갈등 정도는 ~~낮아진다.~~
높아진다

07 세대 갈등은 대개 연령과 시대별 경험 차이로 발생한다.

08 세대 갈등을 완화하기 위해서는 세대 간 차이를 자연스럽게 받아들이고, 세대 간 공감대를 형성하는 자세가 필요하다.

09 지역 갈등은 성장과 효율성을 중시하는 경제 개발 과정에서 주로 나타나게 되었다.

10 연고주의에 기반을 둔 지역 갈등은 사회적 판단과 평가에 이중 잣대를 적용함으로서 사회 통합에 ~~기여한다.~~
저해한다

11 지역 갈등을 해소하기 위해서는 지역마다 특색 있는 발전을 위해 국가와 사회가 균형 있게 지원해야 한다.

12 사회 통합을 위해 개인의 이익이 공동선의 조화를 이룰 수 있도록 해야 한다.

13 진정한 사회 통합을 이루기 위해서는 각자 자신의 정체성을 ~~버리는 태도가 요청된다.~~
자신의 정체성을 유지하면서도 타인과 다름을 인정하는 열린 자세가 필요하다.

14 국가는 사회적 분열이 구조적으로 심화하는 것을 방지할 수 있도록 합리적 논의가 가능한 민주주의적인 절차를 마련해야 한다.

15 뒤르켐은 유기적 연대가 아닌 ~~기계적 연대를 바탕으로~~ 한 사회 통합을 강조하였다.
유기적 연대를 바탕으로

16 이념 갈등은 이상적인 것으로 여기는 생각이나 견해의 차이에 따른 갈등이다.

17 한정된 사회적 자원을 두고 서로 경쟁할 때 사회 갈등이 발생한다.

18 소통은 ~~결정된 것을 상대방에게 전하고 상대방이 받아들이도록 하는 것을 의미한다.~~
결정된 것을 상대방에 전하는 것이 아니라, 나와 상대방이 서로 의견을 주고 받는 공유의 과정이다.

19 담론은 현실에서 전개되는 각종 사건과 행위를 해석하고 인식하는 틀을 제공한다.

20 공자는 화이부동이라는 말을 통해 조화의 중요성을 강조하였다.

21 장자는 진정한 소통을 위해서는 서로 다른 것을 그 자체로 인정하고 그것의 상호 의존 관계를 이해해야 한다고 본다.

22 장자는 도(道)의 관점에서 옳고 그름을 ~~명확히 구분하는 태도를~~ 지녀야 한다고 주장하였다.
장자는 도의 관점에서 옳고 그름은 서로 다른 것이 아니라 똑같은 것이라고 본다.

23 원효는 불교의 여러 교설 간의 대립을 해소하기 위해 화쟁 사상을 제시하였다.

24 원효는 일면을 보고 전체를 판단하는 것은 편협한 견해를 낳아 독선에 빠져 갈등을 일으키게 한다고 본다.

25 하버마스는 개인의 주관적인 도덕 판단만으로 도덕규범이 성립될 수 없으므로 대화가 필요하다고 주장하였다.

26 하버마스는 모든 사람에게 담론에 참여할 기회가 개방되어야 한다고 본다.

27 하버마스는 ~~담론에 참여한 시민보다 전문가의 발언을 중시 여겨야 한다고~~ 주장하였다.
하버마스는 담론에 참여한 모든 사람의 발언을 평등하게 여겨야 한다고 본다.

28 하버마스는 대화에 참여한 당사자들은 논쟁의 절차를 준수하여 정당성을 확보해야 한다고 주장하였다.

29 하버마스는 대화에 참여하는 당사자들은 기만하거나 속이려는 의도 없이 말하는 바를 진실하게 표현해야 한다고 주장하였다.

30 아펠은 의사소통 공동체의 모든 구성원이 져야 하는 숙고적 책임을 강조하였다.

31 아펠은 의사소통 공동체의 구성원들은 담론에 참여해야 할 책임만 ~~지닐 뿐 의사소통 공동체를 유지할 책임은 지니지 않는다고 본다.~~
아펠은 공동체 구성원이 담론에 참여해야 할 의무뿐만이 아니라 의사소통 공동체를 유지할 책임도 동시에 지닌다고 본다.

32 아펠은 보편적인 윤리 규범은 토론을 통해 합리적으로 조정하는 과정에서 형성된다고 본다.

33 공자는 화이부동이라는 말을 통해 자신의 원칙을 ~~버리고~~ 남과 조화를 이루어야 한다고 주장하였다.
잃지 않고

34 밀은 인간의 오류 가능성을 전제하고 이를 검증하는 토론을 강조하였다.

기출+예상 문제로 주제 정복하기

▶ 본문 168~171쪽

294 ②	295 ①	296 ③	297 ③	298 ②	299 ①
300 ②	301 ①	302 ①	303 ⑤	304 ⑤	305 ⑤
306 ③	307 ⑤	308 ④	309 ⑤		

294 지역 이기주의 해결 정답 ②

문제 분석 갑은 니부어이고, A는 님비 현상입니다. 님비 현상은 자기 지역에 혐오 시설의 건립을 반대하는 지역 이기주의를 보여주고 있으며, 이러한 지역 이기주의는 지역 갈등을 초래할 수 있습니다. 니부어는 사회 윤리적 차원에서 문제 해결을 논의합니다.

정답 찾기 ㄱ. 니부어는 문제 해결에 필요한 법률과 제도 시행을 강조하는 사회 윤리 사상가입니다. ㄹ. 니부어는 구성원들 간 갈등을 해결하기 위한 협의체를 통한 정치적 해결을 강조합니다.

오답 피하기 ㄴ, ㄷ. 니부어는 집단 이기주의와 같은 문제들은 개인의 양심에 호소하기보다 정치적 강제력을 이용해야 한다고 봅니다. 따라서 개개인의 양심에 호소하거나 윤리 의식 함양은 집단 이기주의를 해결한 적절한 해결책이라고 보기 어렵습니다.

295 세대 갈등 정답 ①

문제 분석 제시문에서 강조하는 자세는 청년 세대와 기성 세대의 보완이다. 이러한 자세는 세대 갈등을 해결하기 위해 요청된다고 볼 수 있습니다.

정답 찾기 ① 세대 갈등은 어느 사회나 연령과 시대별 경험의 차이로 나타나는 보편적인 현상입니다. 이러한 갈등을 해결하기 위해서는 세대 간 차이를 자연스럽게 수용하고 적극적으로 소통함으로서 세대 간 공감대를 형성하는 것이어야 합니다.

오답 피하기 ②, ③, ④, ⑤ 제시문에서 해결하고자 하는 갈등이 아닙니다.

296 보편적 복지와 선별적 복지 정답 ③

문제 분석 갑은 무상 보육을 소득에 상관없이 누구에게나 제공해야 한다고 보는 입장이고, 을은 무상 보육은 취약 대상을 대상으로 실시해야 한다고 보는 선별적 복지를 강조하는 입장입니다. 복지 혜택 분배에 관련하여 사회 갈등이 나타날 수 있습니다.

정답 찾기 ㄴ. 갑은 전 국민에게 소득과 관계없이 누구나 복지를 누릴 수 있어야 한다고 보는 입장입니다. ㄷ. 을은 취약 계층, 즉 저소득층을 대상으로 선별적으로 복지가 실시되어야 한다고 보는 입장입니다.

오답 피하기 ㄱ. 갑은 보편적 복지를 주장합니다. ㄹ. 을은 취약 계층에게 복지 혜택을 제공해야 한다고 보는 입장입니다.

297 남녀 갈등 해결 정답 ③

문제 분석 (가)는 음양론으로 남녀가 보완적 관계를 이루어야 한다는 글입니다. (나)는 남녀 간 업무 능력에는 큰 차이가 없지만, 남녀 간 임금 격차가 크다는 관점에서 남녀 갈등이 지속화되고 있다고 진단한 글입니다.

정답 찾기 ③ 남녀 갈등을 완화하기 위해서는 선천적인 요소의 차이가 차별로 나아가지 않도록 해야 합니다.

오답 피하기 ① 사회 내 여성의 고정된 역할을 강조하는 것은 남녀 갈등을 해결하기 위한 방안으로 보기 어렵습니다. ②, ④ 남녀의 역할에 우열을

두는 것은 남녀 갈등을 해결하기 위한 방안이 아닙니다. ⑤ 남녀간 임금 격차의 현상 유지를 강조하는 것은 바람직한 자세가 아닙니다.

298 무상 급식에 대한 입장 비교 정답 ②

눈으로 보는 해설

갑, 을의 입장에 대한 설명으로 옳은 것을 〈보기〉에서 고른 것은?

> 갑 : 국가는 모든 학생에게 급식을 제공할 책임이 있어. 정부는 복지 예산을 대폭 확충하여 전국의 모든 학생들에게 무상 급식을 실시해야 한다고 생각해. → 보편 복지의 입장
> 을 : 급식비를 낼 수 있는 학생에게까지 무상 급식을 시행하는 것은 세금 낭비야. 어려운 가정의 학생들을 선별하여 무상 급식 뿐만 아니라 더 많은 지원을 해야 한다고 생각해.→ 선별 복지의 입장

보기

> ㄱ. 갑은 모든 학생에게 고루 적용되는 보편적 복지가 실시되어야 한다고 본다. ○
> ㄴ. 갑은 을과 달리 국가는 어려운 처지에 놓인 학생들에게 ~~보다 많은 지원~~을 할 책임이 있다고 본다. ×
> ㄷ. 을은 어려운 가정의 학생에만 적용되는 선별적 복지가 실시되어야 한다고 본다. ○
> ㄹ. 갑은 을과 달리 급식비를 낼 수 있는 학생들에게는 무상 급식을 시행할 필요가 없다고 본다. ×

① ㄱ, ㄴ ② ㄱ, ㄷ ③ ㄴ, ㄹ
④ ㄱ, ㄷ, ㄹ ⑤ ㄴ, ㄷ, ㄹ

문제 분석 갑은 국가가 무상 급식을 모든 학생에게 제공할 책임이 있다고 봅니다. 이와 달리 을은 국가가 무상 급식을 어려운 가정의 학생을 선별하여 제공해야 한다고 봅니다.

정답 찾기 ㄱ. 갑은 모든 학생에게 고르게 무상 급식을 실시해야 한다고 주장하면서 보편적 복지를 강조한다고 볼 수 있습니다. ㄷ. 을은 어려운 가정의 학생에만 적용되는 선별적 복지가 실시되어야 한다고 주장합니다.

오답 피하기 ㄴ. 을의 입장입니다. ㄹ. 을은 어려운 가정의 학생들에게 무상 급식을 실시해야 한다고 주장합니다.

함정 피하기

> ㄴ이나 ㄹ을 골랐다면 제시문을 정확하게 이해하지 못했기 때문입니다. 갑은 보편적 복지를, 을은 필요한 사람에게만 혜택을 주는 선별적 복지를 주장합니다. '국가가 어려운 처지에 놓은 학생들에게 보다 많은 지원을 할 책임'을 강조하는 것은 선별적 복지의 주장입니다.

299 갈등의 긍정적인 효과 정답 ①

문제 분석 제시문은 A시와 B시가 축제 모방으로 인해 갈등을 겪었지만, 갈등을 통해 공동 발전을 위한 협력을 모색하게 되었고, 더욱 발전하게 되었다는 내용입니다.

정답 찾기 ① 신문 기사에서 추론할 내용은 갈등이 무조건 나쁜 것이 아니라 오히려 갈등을 잘 해결했을 때 서로 발전을 도모할 수 있다는 입장입니다.

오답 피하기 ② 갈등을 잘 해결하였을 때는 오히려 사회가 발전할 동력이 될 수 있습니다. ③ 갈등의 근본적 원인을 찾아 이를 해결할 때 사회가 발전할 수 있습니다. ④ 갈등을 합리적으로 해결하는 자세를 지니는 것이 중요합니다. ⑤ 갈등은 부정적인 것만이 아니라 사회 발전의 동력이 될 수도 있기 때문에, 갈등의 양면성을 잘 이해해야 합니다.

300 갈등 해결을 위한 자세　　　정답 ②

문제 분석 제시문은 우리나라의 사회 갈등 수준이 심각하다고 보고, 이러한 갈등을 줄여나가기 위한 자세를 묻고 있습니다.

정답 찾기 ② 정책 결정 과정에서 해당 전문가만 참여하게 하는 것은 올바른 갈등 해결의 자세로 보기 어렵습니다. 갈등의 당사자들이 모두 평등하게 문제를 인식하고 이를 해결할 수 있는 주체가 될 수 있다고 보아야 합니다.

오답 피하기 ① 갈등을 해결하기 위해서는 상호 대화를 가능하게 하는 합리적 대화 창구의 마련이 중요합니다. ③ 자신과 다른 의견을 지닌 사람의 주장을 차이로 인정하고 수용하는 자세를 지니는 것이 갈등을 해결하기 위해 필요합니다. ④ 사회 갈등을 해소하기 위해 개인은 자신의 이익만을 추구하지 말고, 공동체의 협력에 기여해야 합니다. ⑤ 사회 갈등을 해소하기 위해 다양한 이해 집단이 대화를 통해 문제를 해결할 수 있는 절차가 마련되어야 합니다.

301 층간 소음 문제 해결　　　정답 ①

문제 분석 제시된 신문 기사는 공동주택 층간 소음으로 인한 갈등을 해결한 사례를 보여주고 있습니다. 특히 A 아파트는 층간 소음에 따른 이웃 갈등이 증가하나 이를 조정할 절차를 만들고 주민들 간 서로 협력하고 이해하는 문화를 장려하여 갈등을 줄였음을 이해할 수 있습니다.

정답 찾기 ① 제시된 사례에서는 층간 소음의 문제를 서로 상생하는 문화를 장려함으로서 해결하였습니다. 제시문에서 강력한 법적 조치로 해결했다는 내용은 나와 있지 않습니다.

오답 피하기 ② 제시된 사례에서는 층간 소음으로 인한 갈등을 줄이기 위해 주민 공청회를 통해 조정 절차를 만들었음을 알 수 있습니다. ③ 제시된 사례는 층간 소음 문제를 이웃 주민과 협력을 통해 해결한 사례입니다. ④ 제시된 사례는 갈등 해결을 위해 주민들이 서로 협력하고 이해하는 문화가 필요함을 보여주고 있습니다. ⑤ 제시된 사례에서는 갈등을 해결하기 위한 조정 절차를 마련함으로써, 갈등 해결에 있어 조정자의 역할을 중요하게 인식했음을 알 수 있습니다.

302 하버마스의 담론 윤리　　　정답 ①

문제 분석 하버마스는 시민의 의사를 공적 결정에 올바르게 반영하기 위해서는 의사소통적 합리성이 공론장에서 작동해야 한다고 주장한 담론윤리 사상가입니다. 담론 윤리는 행정·경제 체제의 영향력이 과도하게 강화되면서 시민의 의사가 공적 결정에 올바르게 반영되지 못하는 문제를 해소하기 위해 등장하였습니다.

정답 찾기 ① 하버마스는 공론장에서 행정 및 경제 체제의 효율성을 강조하는 것이 아니라 시민의 의사를 공적 결정에 반영함을 강조해야 한다고 봅니다.

오답 피하기 ② 하버마스는 공론장에서 기업과 정부가 정책 결정을 할 때 시민의 의견을 경청해야 한다고 봅니다. ③ 하버마스는 공정한 담론 절차를 준수한 합의 결과는 수용되어야 한다고 봅니다. ④ 하버마스는 시민이 참여할 수 있는 공론장의 개방성의 유지가 필요하다고 봅니다. ⑤ 하버마스는 공론장에서 정확하고 이해 가능하며 진실한 말로 주장해야 한다고 주장하였습니다.

303 하버마스의 담론 윤리　　　정답 ⑤

문제 분석 갑은 현대 대의 민주주의가 시민들의 의견을 충분히 반영하지 못하는 대표성의 문제가 있음을 지적하고 있습니다. 을이 제시한 어떤 사상가는 하버마스입니다.

정답 찾기 ⑤ 하버마스는 개방된 토론을 통해 사회 쟁점에 대해 깊이 있게 심의함으로써 대표성 문제를 지닌 대의 민주주의 문제를 해결할 수 있다고 보았습니다.

오답 피하기 ① 하버마스는 정책 결정에 있어 시민, 즉 비전문가의 배제를 강조하지 않습니다. ② 하버마스는 심의 절차의 효율성보다 심의 절차의 정당성을 강조하면서 시민의 참여를 강조하였습니다. ③ 하버마스는 의사 결정 과정을 일원화 하지 않았으며, 담론을 통해 최선의 결과를 도출해야 한다고 주장하였습니다. ④ 하버마스는 합리적 공론의 장에서 정치적 비판을 반대하지 않았습니다.

304 하버마스의 합리적 의사소통　　　정답 ⑤

문제 분석 제시문은 하버마스의 글입니다. 하버마스는 시민들의 합리적 의사 소통을 통해 건강한 민주 사회를 유지할 수 있다고 보며, 시민들은 공적 문제에 대한 문제 제기를 하고, 이를 통한 토론이 활성화 되어야 한다고 주장하였습니다.

정답 찾기 ⑤ 하버마스는 의사소통의 합리성을 실현함으로써 토론의 합의에 도달할 수 있다고 보았습니다.

오답 피하기 ① 하버마스는 토론의 절차가 공정해야 함을 강조하였습니다. ② 하버마스는 공적 문제에 대한 문제 제기가 있어야만 민주주의가 발전할 수 있다고 봅니다. ③ 하버마스는 토론의 결과가 반영된 법일지라도 민주적 공론장에서 토론의 대상이 될 수 있다고 봅니다. ④ 하버마스는 정치적 문제 해결을 위한 공적 토론을 강조하였습니다.

305 원효의 화쟁 사상　　　정답 ⑤

문제 분석 제시된 대화 속 스승은 원효입니다. 원효는 서로 대립하고 갈등하는 현실 속의 사람들은 다양한 입장들을 인정하면서도 더 높은 차원에서 통합하는 화쟁의 정신을 실현해야 한다고 주장하였습니다.

정답 찾기 ⑤ 원효는 열린 마음으로 서로 다른 견해들의 조화를 추구해 가는 삶의 태도를 강조하였습니다.

오답 피하기 ① 유교의 주장입니다. ② 불교는 불변의 자아를 전제하지 않습니다. ③ 불교는 인간의 본성을 악하다고 보지 않습니다. ⑤ 불교는 절대자와의 합일을 지향하지 않습니다.

306 원효의 화쟁 사상 적용　　　정답 ③

문제 분석 (가)의 사상가는 원효입니다. 원효는 갈등 상황에 있는 개인이나 집단이 자신에 대한 집착과 상대방에 대한 편견을 버려야 서로 화해하고 포용할 수 있다고 봅니다. (나)는 다문화 사회 속 외국인에 대한 부정적 인식과 차별의 문제를 다루고 있습니다.

정답 찾기 ③ 원효는 상대방에 대한 편견을 버려야 갈등이 해소되고 서로 화해할 수 있다고 봅니다. 따라서 외국인에 대한 부정적 편견을 버리고 다름을 인정하는 자세를 통해 더 높은 차원에서 회통해야 함을 강조할 것입니다.

오답 피하기 ① 원효는 다름을 인정해야 한다고 본 사상가입니다. ② 원효는 외국인의 다름을 제거하라고 논의하지 않을 것입니다. ④ 원효는 외국인에게 한국 문화만을 수용하라고 하지 않을 것입니다. ⑤ 원효는 여러 교리와 사상이 있음을 부정하지 않습니다. 따라서 다양성을 부정해야 한다고 보는 관점은 원효가 제시할 조언으로 옳지 않습니다.

307 하버마스의 담론 윤리 적용　　　정답 ⑤

문제 분석 (가) 사상가는 담론 윤리 사상가인 하버마스입니다. (나)는 생태 습지 개발 여부를 두고 주민들이 갈등하는 상황입니다.

정답 찾기 ⑤ 하버마스는 서로 갈등하는 다양한 의견을 합리적으로 논의하여 합의에 도달할 수 있어야 한다고 주장합니다.

오답 피하기 ① 하버마스는 다른 사람의 주장을 경청하는 자세가 필요함을 강조합니다. ② 하버마스는 자신에게 이익이 되지 않는다고 하여 주장을 배제하라고 논하지 않습니다. ③ 하버마스는 모든 시민이 토론의 주체가 될 수 있으므로, 전문가의 결론만을 받아들이라고 논하지 않습니다. ④ 하버마스는 개발 여부에 대한 판단은 주민들의 합리적인 토론의 결과에 따라야 한다고 보지 정부에 일임하라고 논하지 않습니다.

308 장자의 논의   정답 ④

문제 분석 그림의 스승은 장자입니다. 장자는 서로 다른 것들의 상호 작용을 통해 만물이 존재할 수 있음을 인식한다면 갈등을 줄여나갈 수 있다고 보고, 진정한 의미의 소통을 위해서는 서로 다른 것을 그 자체로 인정하고 그것의 상호 의존 관계를 이해해야 한다고 봅니다.

정답 찾기 ㄴ. 장자는 만물은 서로 다른 것의 상호 작용을 통해 존재한다고 봅니다. ㄹ. 장자는 다름 그 자체를 인정하고 상호 의존 관계를 이해해야 갈등이 줄어들 수 있다고 봅니다.

오답 피하기 ㄱ, ㄷ. 장자는 서로 다른 것의 차이를 그 자체로 인정해야 한다고 주장합니다.

309 하버마스의 진정한 대화를 위한 자세   정답 ⑤

눈으로 보는 해설

┌ 하버마스
(가) 사상가가 (나)의 질문에 대해 제시할 자세로 옳지 <u>않은</u> 것은?

(가)	이상적 의사소통이 이루어지기 위해서는 모든 대화 참여자에게 발언할 수 있는 동등한 기회가 주어져야 한다. 또한 주장의 근거를 제시하거나 요구하여 사실을 확인할 수 있어야 한다. 그리고 대화 참여자들은 자신의 입장, 감정, 바람 등을 진실하게 말해야 한다.
(나)	기자 : 바람직한 대화가 이루어지기 위한 자세는 어떠해야 합니까? 사상가 : ______

① 상대방의 주장을 충분히 경청해야 합니다. ○
② 상대방을 동등한 인격을 지닌 존재로 대해야 합니다. ○
③ 자신의 오류 가능성을 인정하고 대화에 참여해야 합니다. ○
④ 자신이 주장할 때에는 객관적인 근거를 제시해야 합니다. ○
⑤ 개인적인 욕구, 희망 사항 등을 ~~제외하고~~ 발언해야 합니다. ×

문제 분석 (가)는 담론 윤리 사상가 하버마스입니다. 따라서 (나)의 질문에 대해 하버마스가 강조한 자세를 파악하는 문제입니다.

정답 찾기 ⑤ 하버마스는 대화와 토론에 있어 개인적인 욕구와 희망 사항도 발언에 포함될 수 있다고 봅니다.

오답 피하기 ① 하버마스는 대화에 있어 상대방의 주장을 충분히 경청하는 자세가 필요하다고 봅니다. ② 하버마스는 상대방을 동등한 인격을 지닌 존재로 대하는 자세를 통해 대화에 임해야 한다고 봅니다. ③ 하버마스는 자신의 주장이 틀릴 수 있음을 인정하는 자세가 필요하다고 봅니다. ④ 하버마스는 합리적인 대화가 가능하기 위해서는 주장의 타당성을 위해 객관적 근거의 제시가 필요하다고 봅니다.

함정 피하기

⑤를 고르지 못했다면 하버마스의 담론 윤리에 대한 정확한 이해가 부족하기 때문입니다. 하버마스는 담론 윤리를 통해 서로를 이해하여 합의를 이루어 나가는 과정을 중시하고, 생활에서 의사소통의 합리성이 작용하고 있음을 주장합니다. 인간은 사회적 존재로서 자신을 비롯한 다른 구성원들 모두 의사소통의 합리성을 지니고 있고, 다른 사람의 주장을 수용하거나 거부할 수 있으며, 자신의 의사 표현에 대해 책임질 수 있는 존재라는 것입니다.

20강 민족 통합의 윤리

핵심 개념 CHECK!   ▶ 본문 174쪽

01 ○	02 ○	03 ○	04 ×	05 ○	06 ×	07 ○	08 ○
09 ○	10 ×	11 ○	12 ×	13 ○	14 ×	15 ○	16 ○
17 ×	18 ○	19 ○	20 ○	21 ×	22 ○	23 ×	24 ○
25 ○	26 ○	27 ○	28 ○	29 ○	30 ×	31 ○	32 ×
33 ○							

○|× 문장 바로 알기

01 현재 남북 분단 상황은 정전 상태로 언제든 전쟁이 일어날 수 있는 불완전한 구조이다.

02 남북 분단은 국가 민족의 정치적 문제일 뿐만 아니라 남북한 주민들의 인간다운 삶을 저해하는 윤리적 문제이기도 하다.

03 통일은 남북한 구성원들이 자유롭고 평화를 누리며 살아갈 수 있도록 한다.

04 통일은 ~~이웃 나라와는 관계가 없는 우리 민족의 문제일 뿐이다.~~
통일은 우리민족의 문제일 뿐만 아니라 이웃 나라와도 관계를 고려해야 하는 문제이다.

05 분단 비용에는 외교 경쟁에서 발생하는 비용뿐 아니라 이산 가족의 아픔과 같은 사회 정서적 비용이 포함된다.

06 분단 비용은 국방비와 같이 남북한 갈등으로 발생하는 ~~유형의 지출 비용만~~을 의미한다.
유무형의 비용 총체를

07 분단 비용은 분단이 지속되는 한 지속적으로 지출해야 하는 비용이다.

08 통일 비용은 일정 기간만 부담하면 되지만 통일이 주는 편익은 훨씬 오랫동안 지속된다.

09 통일 편익은 통일 시점을 언제로 정하는지에 따라 산출 결과가 달라질 수 있다.

10 통일 이후에는 남북한 주민들이 분담해야 하는 ~~분단 비용이 더 커진~~다.
통일 이후 분단 비용은 소멸된다.

11 통일 비용은 통일 과정과 통일 이후 남북한 격차를 해소하고 이질적인 요소를 통합하는 데 필요한 비용을 의미한다.

12 막대한 통일 비용으로 조세 부담이 늘어나고 경제적 위기에 처할 수 있다는 주장은 통일을 ~~찬성~~하는 논거이다.
반대

13 통일이 되면 국제 사회에서 한반도의 위상이 높아지는 등 경제 외적인 편익도 얻을 수 있다.

14 통일은 ~~남한의 노동력과 북한의 기술력~~이 결합하여 동반 상승 효과를 낼 수 있다.
북한의 노동력 및 자원과 남한의 기술력

15 통일을 통해 감시와 억압 속에 살아가는 북한 주민의 인권 문제를 해결할 수 있다.

16 통일은 국제적 차원에서 동북 아시아의 평화에 기여할 수 있다.

17 ~~군사력 강화 및 핵 무장을 통한 국방력 강화~~를 위해 통일은 필요하다. .
전쟁의 공포가 사라진 평화 국가의 도래를

18 바람직한 통일은 인류가 공동으로 추구하는 보편적 가치를 바탕으로 이루어져야 한다.

19 통일 한국은 전쟁의 공포가 사라진 평화로운 국가를 지향해야 한다.

20 통일 한국은 자신의 신념과 선택에 따른 자유로운 삶이 보장되는 국가를 지향해야 한다.

21 북한은 세계 인권 선언에서 제시하는 인권을 제도 속에서 충실하게 ~~보장하고 있다.~~ 북한은 사회 전반에 걸친 강압과 감시로 인권이 충분히 보장받지 못하고 있다.

22 통일 한국은 모든 사람의 존엄과 가치가 존중되는 인권 국가를 지향해야 한다.

23 통일 한국은 출신 성분과 출신 지역에 따라 교육이나 직업 선택의 기회 제공에 ~~차별을 두어야 한다.~~ 차별을 두어서는 안 된다.

24 통일 한국은 경제적 양극화의 문제를 해결하고 모두가 합당한 대우를 받는 정의로운 국가를 지향해야 한다.

25 사회 통합을 이루기 위해서는 비정치적 성격을 지닌 문화, 예술, 스포츠 교류를 통해 우리 민족이 함께 할 기회를 넓혀나가야 한다. .

26 진정한 통일을 이루기 위해서는 남북한 출신 주민 간 열린 마음과 대화를 통해 서로를 이해하도록 노력해야 한다.

27 통일을 이루기 위해서는 북한을 경계의 대상이자 동반자라는 양면적인 측면에서 올바로 인식해야 한다.

28 통일을 논의하는 과정에서 표출되는 남남 갈등을 해결하기 위해 노력해야 한다.

29 통일을 논의할 때에는 우리나라를 둘러싼 외세에 의존하는 것이 아니라 자주성을 실현해야 한다.

30 남북한 사회 통합을 위해서는 ~~부담이 큰 정치적 교류부터 시작하여 부담이 적은 문화적 교류까지~~ 단계적으로 교류해야 한다.
부담이 적은 문화적 교류부터 시작하여 부담이 많은 정치적 교류까지

31 한반도 통일을 위해서는 동북아시아 주변국 뿐만 아니라 국제 사회와 협력 관계를 긴밀하게 하여 우호적인 통일 환경을 조성하도록 노력해야 한다.

32 독일의 통일 과정을 통해 통일에 대한 사전 준비가 ~~부족해도~~ 의지와 노력만으로 통일을 원만하게 실현할 수 ~~있다는~~ 교훈을 얻을 수 있다.
부족할 경우
수 없다는

33 통일 한국이 지향해야 할 가치에는 평화, 자유, 인권, 정의 등이 있다.

---

310 ①	311 ①	312 ③	313 ②	314 ①	315 ①
316 ③	317 ④	318 ⑤	319 ④	320 ②	321 ④
322 ②	323 ⑤	324 ④	325 ④		

310 민족의 개념 분석 　　　　　　　　　　정답 ①

문제 분석 제시문의 대화는 민족 개념을 정의하는 두 가지의 관점입니다. 갑은 민족의 정체성이 혈연 중심의 객관적 요소보다 민족 의식과 같은 주관적 요소가 중요하다는 입장입니다. 이와 달리 을은 민족이란 일정한 지역, 언어, 역사 등 객관적 요소의 공유를 통해 동질감을 갖는 공동체로 규정합니다.

정답 찾기 ① 토론을 통해 민족의 개념을 정의하는 규정 방식의 차이를 볼 수 있습니다. 즉 토론의 핵심 쟁점은 민족은 언제부터 어떤 요소에 의해 형성되어 왔는가를 묻고 있습니다.

오답 피하기 ②, ③, ④, ⑤ 제시문의 쟁점과는 무관합니다.

311 통일의 당위성 　　　　　　　　　　　정답 ①

문제 분석 (가)는 인도주의적 차원에서 통일의 당위성을 논의하고 있는 입장이고, (나)는 통일의 문제를 비용과 편익의 논의로 다루어야 한다고 봅니다.

정답 찾기 ㄱ. (가)는 통일을 당위적 차원으로 접근하고 있습니다. ㄷ. (나)는 통일은 비용과 편익의 문제로 다루어져야 한다고 보기 때문에 경제적 실익을 고려한 통일의 논의를 강조했다고 볼 수 있습니다.

오답 피하기 ㄴ. 민족 전통성 계승 차원의 논의는 (나)에서 드러나지 않았습니다. ㄹ. (가)는 통일은 이익과 손해를 떠나 이루어져야 한다고 보기 때문에 통일이 유보되어야 한다고 보지 않습니다.

312 통일의 필요성 　　　　　　　　　　　정답 ③

문제 분석 그림은 통일이 필요한 이유에 대한 설문조사 결과를 담고 있습니다. 제시된 그림에서 통일이 필요한 이유로 국력 증진, 전쟁 위협 등의 불안감 탈피, 민족성 회복, 이산가족 문제 해결, 분단 비용 절감 등을 제시하고 있습니다.

정답 찾기 ③ 분단 비용 절감을 통일의 근거로 보고 있지만, 그것을 가장 중요한 이유로 보고 있지는 않습니다.

오답 피하기 ① 그림에서는 통일이 필요한 이유로 국력 증진의 기대가 담겨 있습니다. ② 이산가족의 고통 해소도 통일이 필요한 이유로 제시되어 있습니다. ④ 통일이 필요한 이유로 전쟁 위협 탈피를 제시하고 있으므로, 평화를 원하고 있다고 추론할 수 있습니다. ⑤ 역사적으로 한 민족이라는 점도 통일이 필요한 근거로 제시되고 있습니다.

313 통일을 위한 노력 　　　　　　　　　　정답 ②

문제 분석 제시된 칼럼에서는 통일을 위해서는 남남갈등을 극복하려는 노력이 우선되어야 한다는 점을 통해 통일에 대한 국민들의 관심과 공감대 형성의 필요성에 대해 논의하고 있습니다.

정답 찾기 ② 칼럼에서는 통일은 반드시 이루어져야 하지만 우리 사회에 통일 필요성에 대한 부정적이고 회의적인 시각이 있다는 점에 대해 비판하고 있습니다. 따라서 통일에 대한 국민적 공감대가 우선되어야 한다가 칼럼의 제목이 될 수 있습니다.

오답 피하기 ① 통일 비용과 관련한 내용은 제시문에서 언급되지 않습니다. ③ 제시문에서 통일은 반드시 이루어져야 한다는 관점을 보여주고 있습니다. ④ 제시문에서 통일을 위해서는 남한 내부적 합의가 필요함을 논의하고 있지, 남북한 정치적 교류에 대해서는 언급하고 있지 않습니다. ⑤ 제시문에서는 남북 경제 격차에 대한 논의를 하고 있지 않습니다.

🔍 **눈으로 보는 해설**

갑, 을의 입장에 대한 옳은 설명만 〈보기〉에서 있는 대로 고른 것은?

> 갑 : 통일을 하려면 남북한의 격차를 줄이기 위해 들어가는 비용
> 이 너무 커. 독일도 통일 이후 통합의 과정에서 막대한 통일
> 비용이 발생했는데, 지금 현재의 남북한 경제적 격차를 고려
> 하면 우리도 적지 않은 통일 비용이 들어갈 것으로 생각돼.
> 따라서 통일을 하지 않았으면 좋겠어. → 통일 반대
> 을 : 아니야. 통일은 오히려 군사비와 같이 분단 상태에서 과도하
> 게 소모되는 분단 비용을 해소해줘 지금 현재 남북한 모두
> 인구 및 경제 규모 대비 적정 수준 이상의 군사비를 지출하
> 고 있는데, 분단이 지속될수록 이러한 비용은 지속적으로 지
> 출돼. 따라서 이러한 소모적인 비용을 줄이기 위해 통일은
> 필요하다고 생각해. → 통일 찬성

> 〔보기〕
> ㄱ. 갑은 통일 비용을 위한 조세 부담 증가를 근거로 분단을 유지하
> 자고 본다. ○
> ㄴ. 갑은 실향민의 아픔과 고통을 해결하기 위해 통일이 필요하다
> 고 본다. ✕
> ㄷ. 을은 통일 찬성하는 근거로 실용주의적 측면에 근거하여 필요
> 하다고 본다. ○
> ㄹ. 갑, 을은 통일을 통해 군사비가 감소할 수 있다는 근거로 통일
> 을 지지하고 있다. ✕

> ① ㄱ, ㄷ　　② ㄱ, ㄹ　　③ ㄴ, ㄹ
> ④ ㄱ, ㄴ, ㄷ　　⑤ ㄴ, ㄷ, ㄹ

문제 분석 갑은 통일에 대해 막대한 통일 비용의 발생을 들어 반대하고 있고, 을은 통일은 오히려 분단 비용을 감소시킨다는 측면에서 찬성하고 있는 입장입니다.

정답 찾기 ㄱ. 갑은 통일 비용을 위한 조세 부담의 증가를 근거로 통일이 아닌 현 상태, 즉 분단을 유지하자고 보는 입장입니다. ㄷ. 을은 통일을 찬성하는 입장으로, 소모적인 군사비 등을 감소시키기 위해 통일이 필요하다고 보는 입장입니다.

오답 피하기 ㄴ, ㄹ. 갑은 통일을 반대하는 입장입니다.

💣 **함정 피하기**

> ㄴ이나 ㄹ을 골랐다면 제시문을 정확하게 이해하지 못했기 때문입니다. 갑은 막대한 통일 비용을 이유로 통일을 반대하는 입장입니다. 따라서 실향민의 아픔과 고통을 해결보다는 경제적 비용을 이유로 통일을 반대하는 입장입니다. 통일을 통해 군사비가 감소할 수 있다는 근거로 통일을 지지하는 입장은 을에만 해당합니다.

315 북한 인권 문제　　　　정답 ①

문제 분석 칼럼은 북한 주민의 인권 상황이 열악하며, 북한 주민의 인권 상황을 개선하기 위해 국제 사회와 우리 정부가 노력해야 함을 제시하고 있습니다.

정답 찾기 ① 칼럼에서는 인권은 누구나 누려야 하는 가치이므로, 북한 주민의 인권 상황을 개선하기 위한 국제 사회의 공조가 필요하다고 주장하고 있습니다.

오답 피하기 ② 칼럼은 북한 주민의 인권 증진을 위해 북한의 변화를 유도해야 한다고 보는 입장입니다. ③ 칼럼은 북한의 의식주 문제 등 인권이 위협받는 상황의 문제를 해결하기 위해 국제 사회와 우리 정부의 노력에 대해서 필요하다고 논의하고 있습니다. ④ 칼럼은 출신 성분에 따라 계층

을 분류하고 있는 점을 대표적인 인권 침해 상황으로 제시하고 있습니다. ⑤ 칼럼에서는 북한이 국제 연합의 회원국이나 그 의무를 제대로 이행하지 못한다고 제시합니다.

316 분단 비용과 통일 비용　　　　정답 ③

문제 분석 ㉠은 분단 비용이고 ㉡은 통일 비용입니다.

정답 찾기 ③ 통일 비용은 통일 과정과 통일 이후의 사회 통합과 안정을 위해 지출하는 비용이므로, 통일 이전에 평화 정착을 위해 지불해야 하는 비용을 의미하지 않습니다. 이는 평화비용입니다.

오답 피하기 ① 분단 비용에는 이산가족의 고통과 같은 정서적 비용도 포함됩니다. ② 한반도 정세 불안과 같은 전쟁의 공포도 무형의 분단 비용에 포함됩니다. ④ 통일 비용에는 남북한 통일 과정에서 북한 주민의 복지 비용으로 사용되는 비용이 포함됩니다. ⑤ 통일 비용은 분단 비용과 달리 생산적인 투자적 성격의 비용입니다.

317 통일 찬성 논거　　　　정답 ④

문제 분석 제시된 그림에서는 통일을 찬성하는 근거를 묻고 있습니다.

정답 찾기 갑은 통일을 통해 소모적이고 낭비되고 있는 국가 역량을 발전적인 곳에 사용할 수 있다는 측면에서 통일을 지지하고 있습니다. 병은 통일은 남북한 주민들의 인권을 보장하는 데 기여할 수 있다는 측면에서 통일을 지지하고 있습니다. 정은 통일은 전쟁의 공포를 없애고 세계의 평화에도 기여할 수 있다는 측면에서 통일을 지지하고 있습니다.

오답 피하기 을이 제시한 서로 다른 체제 속 문화적 이질감이 심화되고 있다는 점은 통일을 지지하는 근거로 보기 어렵습니다. 무가 제시한 통합 과정에서 정치적·군사적 혼란이 발생한다는 점은 통일을 지지하는 근거로 보기 어렵습니다.

318 독일 통일이 우리에게 주는 시사점　　　　정답 ⑤

문제 분석 독일은 통일 이후 제도적 차원의 통일을 노력했으나, 사회·문화적 통합을 제대로 해결하지 못해 양 지역 주민들 간의 갈등이 오랫동안 지속되었습니다.

정답 찾기 ⑤ 독일 통일은 남북한의 이질성을 줄이면서 남북한 주민들 간의 마음의 통합이 이루어져야 진정한 의미의 통일이 가능하다는 시사점을 제공합니다.

오답 피하기 ① 외형적인 통일을 위한 조속한 통합은 남북한 주민들의 이질감을 더 심화시킬 가능성이 큽니다. ②, ④ 제시문을 통해 파악할 수 없는 내용입니다. ③ 제시문에서는 정치·군사적 방식보다는 사회·문화적 통합의 중요성을 강조하고 있습니다.

319 통일을 이루어야 하는 이유　　　　정답 ④

문제 분석 제시문은 남북통일을 해야 하는 이유로 공리주의 원칙을 제시하고 있습니다. 공리주의는 사회 전체의 이익이 되는 행위를 추구하는 도덕 원리입니다.

정답 찾기 ④ 공리주의 관점에서 통일을 지지할 근거는 통일이 사회 전체의 이익이 된다는 점입니다. 즉 분단보다 통일이 우리에게 더 큰 이익을 주니까 라고 대답할 것입니다.

오답 피하기 ①, ②, ③, ⑤ 공리주의에서 제시하는 통일을 지지하는 근거로 보기 어렵습니다.

320 열린 민족주의　　　　정답 ②

문제 분석 통일이 지향하는 민족 통합의 윤리는 배타적인 폐쇄적 민족주

의가 아니라, 여러 민족과 공존 공영 할 수 있는 열린 민족주의입니다. 갑은 폐쇄적 민족주의이고 을은 개방적 태도를 강조하는 열린 민족주의입니다.

정답 찾기 ㄱ. 폐쇄적 민족주의에서는 민족의 객관적 요소를 바탕으로 한 민족 정체성 추구를 강조합니다. ㄷ. 열린 민족주의는 열린 공동체 의식에 근거한 민족 정체성 추구를 중시합니다.

오답 피하기 ㄴ. 폐쇄적 민족주의는 민족의 이익과 번영을 최우선으로 삼습니다. 따라서 인류의 보편적 가치보다 민족의 이익과 번영이 우선합니다. ㄹ. 세계 시민주의의 입장입니다.

321 바람직한 통일 방안　　정답 ④

문제 분석 제시문은 통일 문제를 바라보는 인식 차이가 커 통일 정책 수립에 어려움이 있다는 점입니다. 제시문에서는 결국 전체 국민들의 광범위한 여론 수렴이 필요하다는 점을 강조하고 있습니다.

정답 찾기 ④ 진보와 보수 단체의 실무자들의 통일관이 화합하기 어려운 차이가 있으므로, 통일 문제를 논의할 때에는 전체 국민의 광범위한 여론 수렴을 통해 합의를 도출해야 할 것을 강조하고 있습니다.

오답 피하기 ①, ②, ③, ⑤ 제시문에서 제시하는 바람직한 통일 방안으로 보기 어렵습니다.

322 독일 통일이 주는 시사점　　정답 ②

문제 분석 독일은 대화와 타협을 통한 평화적 통일을 도출해냈지만, 갑작스럽게 이루어졌기 때문에 통일 이후 여러 문제에 봉착하였습니다. 제시문에서 보여주는 문제점은 동서독 주민들의 갈등에 관련한 내용입니다.

정답 찾기 ② 동서독 주민들은 서로 다른 체제와 가치관 속에서 갈등을 빚고 있습니다. 이러한 독일 통일이 주는 시사점은 남북한 주민들의 이질감을 해소하기 위해서는 사회·문화적 통합을 위한 노력이 선행되어야 한다는 점입니다.

오답 피하기 ① 남북한의 차이를 인정하고 이를 해소하기 위한 노력에 대해 논의하고 있습니다. ③ 남북한 통일은 정치적 차원의 통합 외에도 사회문화적 통합을 통해 진정한 통일을 이뤄내야 합니다. ④ 제시된 내용은 사회문화적 교류가 필요함을 강조하고 있습니다. ⑤ 제시문에서 드러나지 않습니다.

323 통일의 방향　　정답 ⑤

문제 분석 통일 후 사회 통합을 이끌어내기 위해서는 스포츠 교류, 문화 교류 등 비정치적 교류를 통한 남북한 신뢰 구축을 바탕으로 해야 합니다.

정답 찾기 ⑤ 통일을 이루기 위해서는 상호 신뢰를 구축하기 위한 비정치적 교류, 즉 사회 문화적 교류가 우선해야 한다는 점을 제시하고 있습니다.

오답 피하기 ①, ②, ③, ④ 제시문에서 강조하는 내용으로 보기 어렵습니다.

324 바람직한 통일 방법　　정답 ④

문제 분석 (가)의 글은 통일이 지닌 의미와 통일은 단계적인 통일을 이루어야 한다는 점, 주변 국가들의 안정과 세계 평화에 기여해야 한다는 점 등을 보여주고 있습니다. (나)는 바람직한 통일 방법에 대해 묻고 있습니다.

정답 찾기 ㄱ. 통일로 인한 혼란을 최소화하기 위해 국민적 합의를 기초로 한 민주적 통일을 지향해야 합니다. ㄴ. 전쟁과 폭력이 아닌 평화적인 방법으로의 통일을 통해 한반도의 평화와 번영을 도모할 수 있습니다. ㄷ. 통일은 우리 민족만의 문제가 아닌 동북아시아의 긴장을 완화하여 세계 평화에 기여하는 일입니다. 따라서 주변국과의 협력 강화를 통해 통일

을 지지하도록 유도해야 합니다.

오답 피하기 ㄹ. 통일은 단계적으로 이루어야 합니다. 즉 사회문화적 교류와 같은 비정치적 교류를 우선하여 정치군사적 통합으로 나아가야 합니다.

325 공리주의에서 보는 통일 근거　　정답 ④

눈으로 보는 해설

┌ 벤담
(가) 사상가의 입장에서 (나)의 ㉠에 들어갈 내용으로 가장 적절한 것은?

(가)	한 행위가 가져다주는 쾌락의 총량과 고통의 총량을 계산해 보라. 이 둘을 비교하여 차감했을 때 쾌락 쪽이 남는다면 그 행위는 관련자 전체 또는 개인들이 모인 사회와 관련하여 일반적으로 좋은 성향을 지니는 것이라고 할 수 있다. 그러나 만일 고통 쪽이 남는다면 일반적으로 나쁜 성향을 지닌 것이라고 할 수 있다.
(나)	남북 통일은 이루어져야 한다. 그 이유는 ㉠

① 손상된 민족의 자긍심을 회복해야 하기 때문이다. ✕
② 같은 역사와 전통을 지닌 하나의 민족이기 때문이다. ✕
③ 평화와 인권 등 보편적 가치를 실현해야 하기 때문이다. ✕
④ 분단보다 통일이 우리에게 더 큰 이익을 가져오기 때문이다. ○
⑤ 남북 간의 격차를 해소하고 동질성을 회복해야 하기 때문이다. ✕

문제 분석 (가)의 사상가는 벤담입니다. 벤담은 사회 전체에 이익을 주는 선택이 옳다고 보는 공리주의자입니다.

정답 찾기 ④ 공리주의자는 분단보다 통일이 우리에게 더 큰 이익이 되기 때문에 통일을 지지합니다.

오답 피하기 ①, ②, ③, ⑤ 공리주의가 논의하는 통일 찬성 논거로 보기 어렵습니다.

함정 피하기

④를 고르지 못했다면 공리주의 입장에서의 통일 찬/반 근거를 이해하지 못했기 때문입니다. 공리주의는 개인과 사회에 이익을 주는 선택을 옳다고 보는 입장입니다. 이에 따라 분단 비용이 장기적으로 통일 비용보다 적게 들 것이기 때문에 통일에 찬성하거나, 막대한 통일을 감당하기 보다는 당면한 현실 문제를 해결하는 것이 보다 이익이기 때문에 통일에 반대하는 것 등이 공리주의 입장에서의 통일에 대한 입장이라 할 수 있습니다.

핵심 개념 CHECK!

▶ 본문 182쪽

01 ×	02 ○	03 ○	04 ○	05 ×	06 ○	07 ×	08 ○
09 ×	10 ○	11 ×	12 ○	13 ○	14 ×	15 ×	16 ○
17 ○	18 ×	19 ×	20 ○	21 ○	22 ×	23 ○	24 ×
25 ○	26 ×	27 ×	28 ×	29 ×	30 ×	31 ○	32 ×
33 ×	34 ×	35 ×	36 ×	37 ○			

○|× 문장 바로 알기

01 국제 분쟁은 자율적 타협을 통해 쉽게 해결된다.
국제 분쟁은 다양한 분쟁의 원인들이 얽혀 있으므로
쉽게 해결되지 않는다.

02 국제 분쟁이 종교와 민족 갈등과 결부되면 상호 간 적대감이 증폭될 수 있다.

03 국제 분쟁은 인류가 지향하는 보편적 가치를 훼손하는 윤리적 문제를 발생시킬 위험이 있다.

04 헌팅턴은 문명 간의 충돌 가능성이 세계 평화의 가장 큰 위협 요소가 된다고 본다.

05 현실주의는 국익과 도덕성이 충돌할 때 국익보다 도덕성을 우선시해야 한다고 주장한다.
도덕성보다 국익을

06 현실주의는 분쟁을 해결하기 위해서 국력을 키워 세력 균형을 유지해야 한다고 본다.

07 구성주의는 각 국가의 정체성은 상대국과의 상호 작용과 무관하게 스스로 규정하는 것으로 본다.
관련 지어

08 구성주의는 국익은 자국과 상대국의 관계와 상호 작용에 의해 좌우된다고 본다.

09 구성주의는 분쟁 해결을 위해 국제기구, 국제 법 등 제도의 개선으로 집단 안보가 형성되어야 한다고 본다.
이상주의는

10 이상주의는 분쟁 관계에서 국익보다 인류 보편적 가치를 고려해야 한다고 본다.

11 칸트는 국제적 사회 계약을 통해 연맹 체제를 단일 국가로 전환해야 한다고 본다.
칸트는 단일 국가로의
전환을 주장하지 않았다.

12 칸트는 개별 국가의 시민적 정치 체제는 공화적 체제를 갖추어야 한다고 본다.

13 칸트는 영구 평화를 위해 연맹 체제의 단계에서도 개별 국가의 주권은 인정되어야 한다고 본다.

14 칸트는 연맹의 확산을 통해 국제 사회는 무정부적 자연 상태에 머물러 있어야 한다고 본다.
벗어나야

15 갈퉁은 직접적 폭력과 전쟁, 테러, 범죄 등으로부터 해방된 상태인 소극적 평화를 진정한 평화로 규정한다.
갈퉁이 제시한 진정한 평화는 적극적 평화의 상태이다.

16 갈퉁은 진정한 평화를 달성하기 위해서는 다양한 폭력들을 모두 제거해야 한다고 본다.

17 적극적 평화는 인간 안보의 차원으로 평화의 의미를 확대한다.

18 소극적 평화는 빈곤, 억압, 차별 등이 모두 사라진 상태이다.
적극적

19 세계화가 진행되면서 국제 사회 상호 의존성은 더욱 약화되고 있다.
강화

20 싱어는 공리주의적 입장에서 해외 원조가 인류에게 주어진 의무라고 본다.

21 싱어는 이익 평등 고려의 원칙에 따라 고통받는 사람들은 누구나 차별 없이 도움을 받아야 한다고 본다.

22 싱어는 도움을 줄 대상을 자신이 속한 공동체의 구성원으로 한정해야 한다고 주장한다.
한정하는 것이 아니라 지구촌 전체로 확대해야 한다고 본다.

23 싱어는 사회 내 부조와 해외 원조는 본질적으로 차이가 없다고 본다.

24 롤스는 해외 원조는 당위의 차원이 아니라 개인이 선택할 문제라고 본다.
노직은

25 롤스는 해외 원조의 목적은 빈곤국이 '질서 정연한 사회'로 이행하도록 돕는 것이라고 본다.

26 롤스는 국제 사회의 최소 수혜자에게 가장 유리하도록 원조해야 한다고 본다.
롤스는 원조에서 차등의 원칙을 주장하지 않았다.

27 롤스는 원조의 최종 목표는 국가 간의 경제적 불평등 해소라고 본다.
질서 정연한 사회의 성원이 되도록 하는 것

28 롤스는 모든 빈곤국을 원조의 대상으로 간주해야 한다고 본다.
롤스의 원조 대상에서 질서 정연한 빈곤국은 제외된다.

29 롤스와 싱어는 공통적으로 원조를 통해 모든 사회의 복지 수준을 일치시켜야 한다고 본다.
두 사상가 모두 복지 수준의 일치를 원조의 목적으로 제시하지 않았다.

30 노직은 인류의 행복 증진을 위해 원조의 의무가 이행되어야 한다고 본다.
싱어는

31 노직은 원조의 의무를 실행하기 위한 과세는 강제 노동과 같다고 본다.

32 롤스는 싱어와 달리 원조의 대상은 질서 정연한 빈곤국까지도 포함되어야 한다고 본다.
롤스는 질서 정연한 빈곤국은
원조의 대상으로 보지 않는다.

33 노직은 싱어와 달리 원조의 의무는 국경을 초월한 세계 시민적 의무라고 본다.
노직은 원조를 의무로 규정하지 않는다. 이는 싱어의 주장이다.

34 공적 개발원조는 경제적 자원, 기술 이전 등을 통해 국제 사회의 형사적 정의 실현에 기여한다.
분배적

35 형사적 정의는 재화의 공정한 분배를 통해 실현된다.
분배적

36 싱어는 약소국에 대한 원조의 근거를 ~~정치·문화적 측면에서~~ 의무로 보았다.
윤리적 차원에서

37 싱어는 극빈자를 돕기 위해 소득의 1% 기부를 주장하였다.

기출+예상 문제로 주제 정복하기 ▶ 본문 184~187쪽

326 ④	327 ②	328 ①	329 ④	330 ②	331 ③
332 ①	333 ④	334 ④	335 ⑤	336 ①	337 ④
338 ④	339 ③	340 ③	341 ③		

326 구성주의와 현실주의   정답 ④

문제 분석 (가)는 국제 관계 중 구성주의를 보여주고, (나)는 현실주의 입장을 보여주고 있습니다.

정답 찾기 ④ 현실주의는 국제 관계는 이기적인 갈등이며, 국익을 위한 모든 정책과 제도를 용인합니다. 따라서 현실주의는 국제 기구 또한 자국의 이익 증진의 관점에서 바라보아야 한다고 봅니다.

오답 피하기 ① 구성주의는 국가의 정체성은 국가들의 교류와 대화를 통해 지속적으로 변화하는 것으로 봅니다. ② 구성주의는 분쟁 해결을 위해 국가 간 공유된 문화와 역사와 같은 공동의 기반으로 조화로운 정체성을 형성해야 한다고 봅니다. ③ 현실주의는 국가 간 이익 충돌을 해결할 수 있는 강력한 국제 기구란 존재하지 않는다고 봅니다. ⑤ 구성주의와 현실주의 모두 국제법과 국제 규범의 실효성에는 한계가 있다고 봅니다.

327 칸트의 영구 평화론   정답 ②

문제 분석 (가)는 세계 평화를 실현할 방법에 대해 묻고 있고, (나)는 국가 간 영구 평화를 위한 확정 조항에 대한 그림입니다. (나)의 확정 조항을 제시한 사상가는 영구 평화론을 주장한 칸트입니다.

정답 찾기 ② 칸트는 국제 사회의 갈등을 해결하기 위해서 국제법, 국제 기구의 창설을 강조하였습니다.

오답 피하기 ① 칸트는 영구 평화를 위해 단일한 세계 공화국 수립을 제시하지 않습니다. ③ 현실주의 입장입니다. ④ 칸트는 전쟁 방지를 위해 국제법, 국제 기구, 국제 규범을 강조하였습니다. ⑤ 칸트는 각 주권 국가의 개별 권력의 폐지를 논하지 않았습니다.

328 칸트의 영구 평화론   정답 ①

문제 분석 제시문을 주장한 사상가는 칸트입니다. 칸트는 전쟁의 폭력성과 적대성이라는 악순환에서 벗어나기 위해 영구 평화론을 주장하였습니다. 그는 모든 국가가 평화를 유지하기 위해 자유로운 국가들 간의 연맹에 참여할 것을 주장하였습니다. 연맹에 참여한 나라의 국민들은 자유와 평화를 보장받을 수 있고, 평화를 요구하는 시민들에 의해 국가 지도자는 쉽게 전쟁을 일으킬 수 없다고 봅니다.

정답 찾기 ① 칸트의 영구 평화론은 연맹의 참여를 강조하지, 단일 국가로의 전환을 강조하는 것은 아닙니다.

오답 피하기 ② 칸트는 개별 국가의 시민적 정체는 공화정체여야 한다는 점을 강조하였습니다. ③ 칸트는 연맹 체제의 단계에서 개별 국가의 주권은 여전히 인정된다고 주장합니다. ④ 칸트는 세계 시민법은 인류의 평화적인 교류 조건에 한정되어야 한다고 봅니다. ⑤ 칸트는 연맹의 확산을 통해 국제 사회는 무규범의 자연 상태를 벗어나야 한다고 봅니다.

329 갈퉁과 왈처의 정의 전쟁론   정답 ④

문제 분석 갑은 소극적 평화를 넘어 모든 폭력이 제거된 적극적 평화를 진정한 평화로 규정한 갈퉁입니다. 을은 정의로운 전쟁을 위해서는 전쟁 개시, 수행과정, 종식에서 정당성을 갖춰야 한다고 주장한 왈처입니다.

정답 찾기 ④ 왈처는 개전의 측면에서 정당화 될 수 없는 전쟁이라 할지라도 그 수행 과정과 전후처리 과정은 정의로워야 한다고 주장합니다. 따라서 부당하게 전쟁이 개시되더라도 정당하게 종식될 수 있다는 입장을 제시합니다.

오답 피하기 ① 갈퉁은 평화를 위해서는 폭력적 수단을 용인해서는 안 된다고 봅니다. ② 갈퉁은 모든 전쟁의 종식은 소극적 평화를 의미하며, 소극적 평화만으로 적극적 평화가 보장되는 것은 아니라고 봅니다. ③ 왈처는 전쟁 개시 이전에 전쟁을 막기 위한 평화적 수단을 동원해야 하며, 전쟁은 최후의 수단이라고 봅니다. ⑤ 왈처는 정의를 위한 전쟁은 필요하다고 봅니다.

330 칸트의 영구 평화론   정답 ②

고난도 평가원 기출

| | ① | ❷ | ③ | ④ | ⑤ |
| 함정 | 47% | 30% | 10% | 3% | 8% |

눈으로 보는 해설

다음 서양 사상가의 주장으로 옳은 것은?

> 세계 평화는 받는 것이 아니라 성취해야 하는 것이다. 평화란 모든 전쟁의 종결을 의미하므로 그 앞에 '영원한'이라는 수식어를 붙이는 것은 용어의 중복일 따름이다. 평화는 도덕적 입법의 최고 자리에 위치한 이성이 명령하는 보편적 의무이다. 국가들은 서로를 하나의 인격체로 대하고, 무력과 기만을 근절해 평화를 예비해야 한다. 공화국으로 전환한 계몽된 자유 국가들이 연방을 결성하고, 호혜적인 질서를 수립함으로써 평화를 확정해야 한다. → 칸트

① 자유 국가들 간의 연방 단계에서 ~~세계 정부를~~ 수립해야 한다. ✕
② 세계 시민법은 보편적 우호 조건을 규정하는 데 국한되어야 한다. ○
③ 도덕적 입법의 한계를 ~~세계 정부의 강제력으로 보완해야~~ 한다. ✕
④ 세계 평화의 정착을 위해 개별 국가의 주권은 ~~폐지되어야~~ 한다. ✕
⑤ 세계 평화는 ~~실제로는 불가능하나~~ 정치적 의무로 설정해야 한다. ✕

문제 분석 제시문은 칸트의 영구 평화론의 일부입니다. 칸트의 영구 평화론은 국제 연합이 결성하는 데 큰 영향을 끼쳤습니다.

정답 찾기 ② 칸트는 세계 평화를 위해서 개별 국가들이 정체성을 유지하되, 보편적 우호 관계를 맺어야 한다고 주장하였습니다.

오답 피하기 ①, ③, ④ 개별 국가를 통합하는 세계 정부 수립은 칸트와 관련이 없습니다. ⑤ 칸트는 공화정체의 개별 국가들이 연방을 결성하여 세계 평화를 실현할 수 있다고 보았습니다.

함정 피하기

①을 골랐다면 칸트의 영구 평화론에 대한 이해가 부족하기 때문입니다. 칸트는 개별 국가의 주권의 폐지를 논의하지 않았으며, 연맹의 확산을 통해 자연 상태를 벗어날 것을 주장합니다. 또한 칸트는 국제법은 개별 국가의 주권을 인정한 상태에서, 연맹의 차원에서 적용되어야 한다고 봅니다.

331 현실주의와 이상주의 비교   정답 ③

문제 분석 갑은 현실주의의 관점을 보여주고 있고, 을은 이상주의 입장을 보여주고 있습니다. 현실주의는 국가 간 세력 균형을 통해 국제 분쟁을

해결하고자 하고, 이상주의는 국제 기구, 국제법, 국제 규범을 통한 제도의 개선을 통해 국제 분쟁을 해결하고자 합니다.

정답 찾기 ㄴ. 현실주의만 긍정할 주장입니다. 현실주의는 국익과 도덕성이 충돌하면 국익을 우선해야 한다고 주장합니다. ㄷ. 현실주의만 긍정할 주장입니다. 현실주의는 분쟁 해결을 위해 국력을 키워 세력 균형을 유지해야 한다고 주장합니다.

오답 피하기 ㄱ. 이상주의가 긍정의 대답을 할 질문입니다. ㄹ. 구성주의가 긍정의 대답을 할 질문입니다.

332 현실주의, 이상주의, 구성주의 비교 　　　정답 ①

문제 분석 갑은 국제 정치를 국가의 이익의 관점에서 정의된 권력의 투쟁으로 인식하는 현실주의이고, 을은 국제 분쟁은 국가 간 도덕성 확보로 해결할 수 있다고 본 이상주의이고, 병은 국제 관계는 국가 간 상호 작용에 의해 좌우될 수 있다고 본 구성주의의 관점입니다.

정답 찾기 ① 현실주의는 국가 간 갈등을 해결하기 위해서는 국가 간 세력 균형을 이루면 된다고 봅니다.

오답 피하기 ② 현실주의는 세력 균형을 통해 국제적 분쟁을 억제해야 한다고 봅니다. ③ 이상주의는 집단 안보의 형성을 통해 국제 분쟁을 해결할 수 있다고 봅니다. ④ 이상주의는 국제 질서가 세력 균형과 같은 정책에 의해 왜곡되어 있다고 보며, 국가 간 도덕성을 확보하여 국제 분쟁을 해결할 수 있다고 봅니다. ⑤ 구성주의는 국제 관계는 고정된 것이 아니라 국가 간 상호 작용을 통해 구성된다고 보는 입장입니다.

333 갈퉁의 적극적 평화 　　　정답 ④

문제 분석 제시문의 사상가는 갈퉁입니다. 갈퉁은 평화를 물리적 폭력은 물론 폭력을 자행하게 하는 구조적 폭력과 이를 뒷받침하는 문화적 폭력까지 없는 상태로 정의하였습니다. 그의 평화는 정의와 인간 존엄성, 삶의 질까지 바탕을 둔 넓은 의미를 지닙니다.

정답 찾기 ④ 갈퉁이 정의한 문화적 폭력은 종교, 언어, 예술 등을 통해서 직접적 폭력 행위와 구조적 폭력을 용인하고 정당화 하는 기능을 수행하는 상징적인 폭력입니다. 따라서 그는 문화적 폭력이 모든 폭력을 미화하거나 정당화 하는 수단이라고 봅니다.

오답 피하기 ① 구조적 폭력에 대한 설명입니다. ② 갈퉁은 직접적 폭력은 폭력의 결과를 의도한 행위자가 존재하나, 구조적 폭력은 의도한 행위자가 존재하지 않는다고 봅니다. ③ 갈퉁의 진정한 평화는 적극적 평화입니다. 선지의 내용은 소극적 평화에 대한 내용입니다. ⑤ 갈퉁은 직접적 폭력 뿐 아니라 구조적 폭력과 문화적 폭력을 제거하는 적극적 평화의 달성을 주장합니다.

334 롤스와 싱어의 원조 　　　정답 ④

문제 분석 갑은 롤스이고 을은 싱어입니다. 롤스는 불리한 여건으로 고통받는 사회를 질서 정연한 사회가 되도록 원조해야 한다고 봅니다. 이와 달리 싱어는 인류 전체의 공리 증진이라는 차원에서 굶주림과 고통을 겪고 있는 세계의 빈민을 원조해야 한다고 봅니다.

정답 찾기 ④ 싱어는 공리주의자로, 원조 주체의 과도한 희생을 전제하지 않는 범위 내에서의 원조를 강조합니다.

오답 피하기 ① 롤스의 원조의 목적은 국가 간 경제적 평등을 위한 것이 아닙니다. ② 롤스의 원조의 목적은 고통받는 사회가 질서 정연한 사회가 되도록 하는 것입니다. 즉 인권의 개선을 위한 제도 변화가 원조의 목적입니다. ③ 싱어는 원조 대상은 최대 효용의 원리에 따라 결정되어야 한다고 봅니다. ⑤ 롤스와 싱어의 원조의 목적은 고통받는 사회들 간 부의 수준 조정에 있지 않습니다.

335 싱어와 롤스의 원조에 대한 입장 　　　정답 ⑤

문제 분석 갑은 싱어이고, 을은 롤스입니다. 두 사상가 모두 해외 원조를 자선이 아니라 도덕적 의무로 규정합니다.

정답 찾기 ⑤ 싱어의 입장입니다. 롤스는 빈곤하더라도 질서 정연한 사회는 원조할 필요가 없다고 보았습니다.

오답 피하기 ① 싱어는 빈곤한 사람을 어느 사회에 소속되어 있느냐와 관계없이 원조의 대상으로 보고 있습니다. ② 싱어는 공리주의자로서, 원조는 인류의 고통 감소와 쾌락 증진을 위한 것이라고 봅니다. ③ 롤스의 원조의 목적은 고통받는 사회가 질서 정연한 사회가 되도록 하는 것입니다. 원조 대상국이 질서 정연한 사회에 들어가면 원조는 중단되어야 한다고 봅니다. ④ 롤스는 원조를 통해 만민의 복지 수준의 일치를 도모한 것은 아닙니다.

336 싱어, 노직, 롤스의 입장 　　　정답 ①

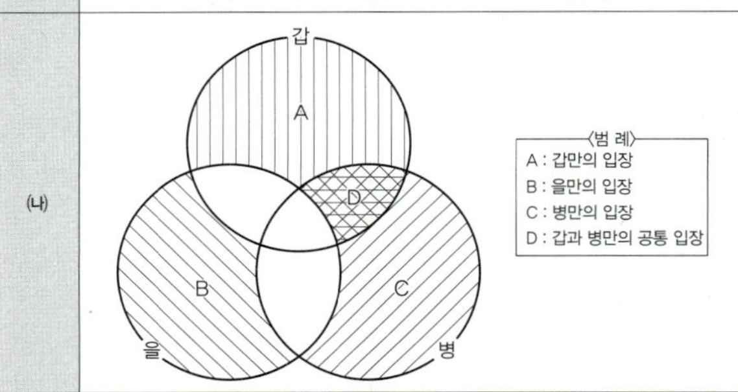

눈으로 보는 해설

(가)의 갑, 을, 병의 입장을 (나) 그림으로 표현할 때, A~D에 해당하는 적절한 진술만을 〈보기〉에서 있는 대로 고른 것은?

(가)	갑 : 전 세계 사람들의 이익은 그 사람의 국적과 상관없이 동등하게 고려되어야 한다. 우리 모두는 세계 시민으로서 전 지구적 차원의 원조에 동참해야 한다. → 싱어 을 : 우리를 불가침의 개인들로 간주하는 정의로운 국가는 최소 국가뿐이다. 원조는 개인의 자유로운 선택에 근거해야 한다. → 노직 병 : 만민은 정의롭거나 적정 수준의 사회 체제로 나아가는 데 있어서 불리한 여건으로 인해 고통받고 있는 사회의 국민들을 도와야 한다. → 롤스
(나)	 갑 A D B　　　C 을　　　병 〈범례〉 A : 갑만의 입장 B : 을만의 입장 C : 병만의 입장 D : 갑과 병만의 공통 입장

보기

ㄱ. A : 원조는 인류의 행복 증진을 위한 의무 이행이어야 한다. ○
ㄴ. B : 원조의 의무를 실행하기 위한 과세는 강제 노동과 같다. ○
ㄷ. C : 원조의 대상은 ~~질서 정연한 빈곤국~~까지도 포함해야 한다. ×
ㄹ. D : 원조의 최종 목표는 ~~국가 간의 경제적 불평등 해소~~이다. ×

① ㄱ, ㄴ　　　② ㄱ, ㄹ　　　③ ㄷ, ㄹ
④ ㄱ, ㄴ, ㄷ　　　⑤ ㄴ, ㄷ, ㄹ

문제 분석 갑은 싱어, 을은 노직, 병은 롤스입니다. 싱어는 공리주의의 입장에서 이익 평등 고려의 원칙에 따라 자국과 타국의 빈민을 차별하지 않아야 한다고 봅니다. 노직은 자유 지상주의의 입장에서 해외 원조는 자선이 되어야 한다고 봅니다. 롤스는 고통받는 사회를 도울 의무가 있다고 주장하며, 고통받는 사회가 질서 정연한 사회가 되도록 도와야 한다고 봅니다.

정답 찾기 ㄱ. 싱어는 공리주의의 입장으로, 인류 전체의 행복을 증진시켜야 할 의무의 관점에서 원조를 논하고 있습니다. ㄴ. 노직은 자유 지상주의 입장으로 원조는 의무가 아닌 자선의 영역이라고 봅니다. 따라서 타인을 도울지는 자신의 소유권을 행사하는 것이므로 개인의 자유로운 선택에 맡겨야 한다고 주장합니다.

오답 피하기 ㄷ. 롤스는 빈곤국이 질서 정연한 사회라면 원조의 대상으로 규정하지 않습니다. ㄹ. 싱어와 롤스 모두 국가 간 경제적 불평등 해소를 원조의 최종 목적으로 제시하지 않습니다.

> **함정 피하기**
>
> ㄹ을 골랐다면 롤스와 싱어의 원조의 최종 목표를 잘 모르고 있는 것입니다. 롤스와 싱어 모두 최종 목표가 국가 간 불평등 해소에 있지는 않습니다.

337 롤스와 싱어의 입장 비교   정답 ④

고난도 평가원 기출				
①	②	③	❹	⑤
2%	28%	18%	31%	19%

눈으로 보는 해설

갑, 을 사상가들의 입장으로 옳지 <u>않은</u> 것은?

> 갑 : 만민들의 사회의 기본 구조에서 일단 원조의 의무가 충족 되고 모든 만민이 자유주의적 정부나 적정 수준의 정부가 작동하는 상황에 이르게 되면, 상이한 만민 간의 평균적 부의 차이를 다시 좁혀야 할 이유는 없다. → 롤스
>
> 을 : 기아의 원인은 인구 과잉이 아니라 가난한 나라 사람들에 대한 무관심이다. 선진국 사람들은 기아로 고통받는 사람들과 자신들의 이익관심을 동등하게 고려하여 넘쳐 나는 식량을 원조함으로써 인류 전체의 행복을 증진시켜야 한다. → 싱어

① 갑 : 모든 국가의 복지 및 부의 수준을 일치시킬 필요는 없다. ○
② 갑 : 인권을 강조하는 것은 빈곤과 기아 문제 해결에 도움이 된다. ○
③ 을 : 사회 내 부조와 해외 원조 사이에 본질적인 차이는 없다. ○
④ 을 : 원조는 그 결과와 무관하게 빈곤자들에 대한 관심의 실천이다. ✕
⑤ 갑, 을 : 절대 빈곤 해결을 위한 원조는 보편적 의무로 간주해야 한다. ○

문제 분석 갑은 롤스이고, 을은 싱어입니다. 롤스는 원조를 통해 고통을 겪고 있는 사회의 정치 문화를 개선할 수 있다고 논의합니다. 싱어는 공리주의적 입장에서 인류 전체의 행복을 증진시켜야 한다는 관점에서 원조를 논의합니다.

정답 찾기 ④ 싱어는 공리주의의 입장에서 좋은 결과를 가져오는 행위를 옳은 행위로 규정합니다. 즉 그는 가난한 사람들에 대한 원조가 결과적으로 인류 전체의 행복과 관련되어야 한다고 봅니다.

오답 피하기 ① 롤스는 모든 국가의 복지 및 부의 수준 일치는 원조의 목적이 아니라고 봅니다. ② 롤스는 인권을 강조하는 것은 빈곤과 기아 문제에 해결이 된다고 봅니다. ③ 싱어는 사회 내 부조와 해외 원조 사이 본질적 차이가 없으며, 어떤 나라에 속해 있는지는 중요하지 않다고 봅니다. ⑤ 롤스는 절대 빈곤을 해결하기 위한 원조가 인권 보장에 도움이 되어 질서 정연한 사회로 전환될 수 있도록 돕는다고 봅니다. 싱어는 절대 빈곤에 처한 사람에 대한 원조는 행복을 위한 보편적 의무라고 봅니다. 따라서 두 사상가 모두 절대 빈곤을 위한 원조를 보편적 의무로 간주해야 한다고 봅니다.

> **함정 피하기**
>
> ④을 답으로 고르지 않았다면, 싱어의 입장이 공리주의를 대변한다는 점을 간과한 점이 큽니다. 싱어의 논의는 인류 전체의 행복 증진을 위한 원조 의무를 논의한 것이므로 결과와 무관하다고 보기 어렵습니다.

338 롤스와 싱어의 입장 비교   정답 ④

문제 분석 갑은 원조의 목적을 고통 받는 사회들을 질서 정연한 만민들의 사회로 가입시키는 것이어야 한다고 본 롤스입니다. 을은 공리주의 관점에서 원조를 논한 싱어입니다.

정답 찾기 ④ 싱어는 부를 분배하기 위한 전 지구적 단일 기준의 마련을 주장하였습니다.

오답 피하기 ① 롤스는 빈곤과 기근의 문제는 물질적 자원의 부족 때문에 발생하는 것이 아니라 합당한 제도가 마련되지 않아서 발생한다고 봅니다. ② 롤스는 원조의 의무는 고통받는 사회가 질서 정연한 사회가 될 때까지 부여되어야 한다고 봅니다. ③ 싱어의 원조의 목적은 국가 간 부의 수준을 일치시키는 것과 무관합니다. ⑤ 롤스와 싱어 모두 원조는 자선이 아닌 의무라고 규정합니다.

339 롤스와 싱어의 입장 비교   정답 ③

문제 분석 갑은 롤스, 을은 싱어입니다.

정답 찾기 ㄷ. 싱어는 원조의 목적을 인류 전체의 행복을 증진시키는 것으로 봅니다. ㄹ. 싱어는 질서 정연한 사회라도 절대 빈곤에 처한 사람을 도와야 한다고 봅니다.

오답 피하기 ㄱ. 롤스는 질서 정연한 사회는 원조의 대상이 될 수 없다고 봅니다. ㄴ. 싱어는 공리주의자로서 좋은 결과가 있어야 옳다고 봅니다. 따라서 원조의 문제를 결과와 무관하게 보지 않습니다.

340 노직, 싱어의 입장 비교   정답 ③

문제 분석 갑은 자유 지상주의자인 노직이고, 을은 공리주의자인 싱어입니다. 노직은 싱어, 롤스와 달리 원조의 문제를 의무가 아닌 자선의 문제로 이해하고 있습니다.

정답 찾기 ③ 노직은 원조 여부 결정은 오로지 개인의 자유에 맡겨야 한다고 봅니다.

오답 피하기 ①, ②, ④, ⑤ 싱어가 긍정의 대답을 할 질문입니다.

341 롤스의 해외 원조   정답 ③

문제 분석 제시문을 주장한 사상가는 롤스입니다. 롤스는 한 사회의 부와 복지의 수준을 결정하는 주된 요인은 정치문화로 보고, 원조를 통해 정치 문화의 개선을 도와야 한다고 봅니다.

정답 찾기 두 번째 견해. 롤스는 정의론의 차등의 원칙을 국제적 분배 정의에 적용시키지 않습니다. 네 번째 견해. 롤스는 원조의 목적을 고통을 겪는 사회가 질서 정연한 만민의 사회의 구성원이 되도록 하는 것에 있다고 봅니다.

오답 피하기 첫 번째 견해. 롤스는 원조의 주체를 개인으로 한정하지 않고, 국가도 원조의 주체로 봅니다. 세 번째 견해. 롤스가 주장한 원조의 대상은 고통받는 사회입니다. 인간의 권리를 보장하지 못하는 무법적 국가는 원조의 대상에서 제외됩니다.

memo

memo

memo

BON. **N** 본제

BON. N제
본

기 출 문 제 학 습 **전략** 교 과 서

기출의 바이블